501 GERMAN VERBS

fully conjugated in all the tenses

Alphabetically arranged

Second Edition

by

Henry Strutz

Formerly Associate Professor of Languages
S.U.N.Y., Agricultural & Technical College
Alfred, New York

BARRON'S EDUCATIONAL SERIES, INC.

All inquiries should be addressed to:
Barron's Educational Series, Inc.
250 Wireless Boulevard
Hauppauge, NY 11788

International Standard Book No. 0-8120-4433-9

Library of Congress Catalog Card No. 89-18474

Library of Congress Cataloging-in-Publication Data

Strutz, Henry.
501 German verbs fully conjugated in all the tenses: alphabetically arranged / by Henry Strutz. — 2nd ed.
p. cm.
ISBN 0-8120-4433-9
1. German language — Verb — Tables. I. Title. II. Title: Five-hundred-one German verbs fully conjugated in all the tenses. Title: Five-hundred-and-one German verbs fully conjugated in all the tenses.
PF3271.S85 1990
438.2′421—dc20 89-18474
CIP

PRINTED IN THE UNITED STATES OF AMERICA

3 9792 98

Contents

Foreword

The verb is a very important part of speech; it denotes action or state of being. The noted American historian and poet, Carl Sandburg, once declared that the Civil War was fought over a verb, namely whether it was correct to say "The United States *is*" or "The United States *are*."

For each of the 501 verbs listed in this book, the student will find the principal parts of each verb at the top of the page. The principal parts consist of:

1. the Infinitive
2. the third person singular of the Past Tense
3. the Past Participle (preceded by *ist* for *sein* verbs)
4. the third person singular of the Present Tense

EXAMPLE: ENGLISH: *to speak, spoke, spoken, speaks*
GERMAN: *sprechen, sprach, gesprochen, spricht*

These are the basic forms of the verb and should be memorized, especially in the case of the irregular or strong verbs, i.e., verbs which change the stem vowel of the Infinitive to form the Past Tense and whose Past Participle ends in *en*. More than one-half the verbs in this book are strong or irregular verbs.

Weak or regular verbs do not change the stem vowel of the Infinitive to form the Past Tense but merely add the ending *te* (plus personal endings in the second person singular and the three persons of the plural). Past Participles of weak verbs end in *t*.

EXAMPLE: ENGLISH: *to play, played, played, plays*
GERMAN: *spielen, spielte, gespielt, spielt*

Both English and German have strong and weak verbs.

With the exception of a small group of verbs called irregular weak verbs (in some texts called mixed verbs or "hybrids"—see index), verbs in German are either weak or strong. The strong or irregular verbs are not as difficult to learn as it might seem, if it is remembered that most of them can be classified into seven major groups. For example, the verbs *bleiben, leihen, meiden, preisen, reiben, scheiden, scheinen, schreien, schweigen, steigen, treiben, verzeihen, weisen,* etc., all follow the same pattern as *schreiben* in their principal parts:

schreiben, schrieb, geschrieben, schreibt

There are six other major groupings (the "Ablautsreihen") of the strong verbs with which you should familiarize yourself. You will then agree that the English author, H. H. Munro (Saki), exaggerated the difficulty of German verbs when, in his story "Tobermory," he told of a professor who had to flee England after a cat, which he had trained to talk, compromised the weekend guests at an English manor house by revealing their secrets which it (the cat) had overheard. A few weeks thereafter, the newspapers reported that the professor had been found dead in the Dresden Zoo in Germany. Upon hearing this news, one of the guests, who had been embarrassed by the activities of the professor and his remarkable cat, commented that it served the professor right if he was trying to teach the poor animals those horrible German irregular verbs.

Below the principal parts, you will find the Imperative or Command Form. Since there are three ways of saying *you* in German (*du, ihr* and *Sie*), there are thus three ways of giving commands to people. The first form of the Imperative is the *du* or familiar singular form which ends in *e* in most cases, although this *e* is frequently dropped in colloquial speech. The second form is the *ihr* or Familiar Plural Imperative. It is exactly the same as the *ihr* form (second person plural) of the Present Tense. The polite or *Sie* Imperative (called in some texts the Conventional or Formal Imperative) is simply the infinitive plus *Sie*, except for the imperative of *sein*, which is *seien Sie!*

The fully conjugated forms of the six tenses of the Indicative will be found on the left hand side of each page. These six tenses state a fact, or, in their interrogative (question) form, ask a question about a fact. You should refer to a grammar for more detailed information concerning the use of these tenses: the idiomatic use of the Present for the Future; the use of the Present Perfect in colloquial speech and in non-connected narratives where English uses the past; the Future and Future Perfect used idiomatically to express probability; the very important matter of *sein* and intransitive verbs, etc. See also "Special Verb Uses," page xxii.

The right-hand side of each page is devoted to the tenses of the Subjunctive mood, which is used to denote unreality, possibility, doubt in the mind of the speaker, etc. For information concerning the use of the Subjunctive (indirect discourse; the use of the Past Subjunctive or Present Subjunctive II for the Conditional; etc.), you should also consult a grammar and "The Subjunctive Mood," page xxx.

There are four "Times" in the Subjunctive: Present, Past, Future, and Future Perfect time. Each of these "Times" has a primary and a secondary form (indicated by I and II in many grammars). This more recent classification of the forms of the Subjunctive corresponds better to its actual use. However, since some grammars still use the traditional names for the tenses of the Subjunctive (which parallel the names for the tenses of the Indicative), they have been given in parentheses. The form *ginge*, for example, may be called the Imperfect or Past Subjunctive of *gehen* in some books. In most grammars published today, however, it will be called the Present Subjunctive Secondary (II) or General Subjunctive. The student will find *ginge* listed in this book under Subjunctive, Present Time, Secondary. The alternate designation Imperfect Subjunctive is also given in parentheses.

The Present Participle of the verb (i.e., *dancing* dolls, *flying* saucers, *singing* dogs) has been omitted, since in almost all cases it merely adds a *d* to the infinitive. The student should remember that the Present Participle is used only adjectivally (as in the above examples) or adverbially. Verbal nouns are expressed in German by the infinitive: *das Tanzen*—dancing; *das Fliegen*—flying; *das Singen*—singing.

German verbs can often be combined with prefixes. The matter of prefixes is of great importance. The index therefore devotes considerable attention to them, although, of necessity, it is by no means complete in its listings of verbs which can be combined with prefixes. There are three groups of prefixes: the separable, inseparable and doubtful prefixes.

In the case of separable prefix verbs (see *sich an-ziehen*), the prefix is placed at the end of the clause in the Present and Past Tenses (except in subordinate clauses). The Past Participle is written as one word, with the prefix in front of the Past Participle of the verb itself (*angezogen*).

In the case of verbs beginning with an inseparable prefix (*be, ent, emp, er, ge, ver, zer,* etc.), the Past Participle does not begin with *ge*.

The third group, the doubtful prefixes, is infrequently encountered, except for a few verbs like *übersetzen* and *wiederholen*. See *wiederholen* (to repeat) and *wieder-holen* (bring again). These prefixes are: *durch, hinter, um, unter, über,* and *wieder*. They are called "doubtful" because when used literally (pronounced with the stress on the prefix) the prefix separates as with separable prefix verbs; when used figuratively, they are conjugated like inseparable prefix verbs.

Word order is an extremely important topic in German. The basic rule is that the verb is always the second unit of a simple declarative sentence. For detailed rules on Normal (subject-verb), Inverted (verb-subject) and Transposed (in subordinate clauses) Word Order you should consult a grammar. For instance, Past Participles are normally placed at the end of the clause or sentence, except in subordinate clauses.

This new edition of 501 GERMAN VERBS has many features that should be very useful to you in studying German. The examples given in the new sections "Special Verb Uses," "Some Pointers on the Use of Tenses," "Verbs with a Dative Object" and "Impersonal Verbs" will help you to understand and master difficult areas.

Because this book is a quick reference source for the completely conjugated forms of German verbs, it should assist you considerably in learning and using German verbs.

Henry Strutz

Pronunciation

Anyone unfamiliar with both English and German would find German pronunciation easier. Once the basic German sound system is learned, there are few problems, since, unlike English, German is spoken as it is written. There are few deviations from specific sound values.

Long and Short Vowels

An unstressed **e** usually in the last syllable of a word, is always pronounced, as in **komme, Rose, Lampe.** In verb forms like the first person singular of the present tense, the **e** is often dropped in colloquial speech. Both **ich komme** and **ich komm** are possible. The **e** in inseparable prefixes (**be, emp, ent, er, ge, miß, ver, zer**) and in the combinations **el, eln, en, er, ern, et** at the end of a word is unstressed and always short.

EXAMPLES: **begonnen, verrechnet, Bremen, Regel, Lehrer**

As a general rule, a vowel is long if it is:

1. doubled (**Seele, Beethoven, Boot**),
2. followed by an "h" (**Mahler, Brahms, Ohm**),
3. followed by a single consonant (**Schumann, Not, Ton**)

LONG VOWELS	APPROXIMATE ENGLISH EQUIVALENTS	EXAMPLES
a	alms, gods, ah, balm	**baden, Wahn**
e	eight, great, gate	**ehren, ewig**
i or **ie**	bee, beaver, eagle, glee	**Wien, lieben, wir**
o	so, boat, glow, road	**Rose, Ton, Mohn**
u	boom, bloom, womb, tomb	**ruhen, rufen**

DIPHTHONGS	APPROXIMATE ENGLISH EQUIVALENTS	EXAMPLES
au	chow house, town, bow	**Maus, braun**
ei, ai	kite, bright, white, light	**Wein, mein, Kaiser**
eu, äu	foil, joint, toil, toy	**freuen, streuen, Häuser**

LONG UMLAUTED VOWELS	APPROXIMATE ENGLISH EQUIVALENTS	EXAMPLES
ä	pale, sacred, grail	**Ähre, Mähren**
ö	early, bird, worm, her (with lips forward and rounded)	**öd, öl, hören**
ü	cream, treat, feel (with lips forward and rounded)	**fühlen, für, trüb**

SHORT VOWELS	APPROXIMATE ENGLISH EQUIVALENTS	EXAMPLES
a	pond, wand, lot	**alt, Apfel, Anfang**
e	let, help, get	**vergessen, Brett, Netz**
i	bring, fish, win	**ich, will, Fisch**
o	love, sub, blood	**Loch, noch, trotz**
u	bush, good, full	**Busch, Butter, Kuß**

SHORT UMLAUTED VOWELS	APPROXIMATE ENGLISH EQUIVALENTS	EXAMPLES
ä	when, men, ten	**Händel, Äpfel, Bäcker**
ö	girl, hurl, twirl (with lips forward and rounded)	**Hölle, Köchin, Götter**
ü	wish, pin, thin (with lips forward and rounded)	**Küßchen, Schüssel, wünschen, Sünde, dünn**

Consonants

LETTERS	SOUND IN ENGLISH	EXAMPLES
b	*b* (as in English *boy*)	**bin, lieben, beben**
	p (between vowel and consonant or at end of word, as in *map*)	**liebt, Leib**
c	*ts* (before *e, i, ö*, and ä, as in *wits*)	**Cäsar**
	k (as in *cold*)	**Coburg**
ch	*kh* (strongly aspirated, breathy sound, as in *hula-hula* or *Hugh*)	**durch**
chs	*k* (as in *king, locks, box*)	**Lachs, wachsen**
d	*d* (as in *dollar*)	**Dank, Bruder**
	t (between vowel and consonant and at end of word, as in *cat*)	**band, Hund**
g	*g* (as in *gods*)	**tragen, Geist**
	k (at end of word, as in *back*)	**Tag, trug**
h	*h* (as in *hand*)	**Hand, Hans**
	not sounded between two vowels	**gehen, sehen**
-ig	sounded like **ich** in North German pronunciation	**ewig, König**
j	*y* (as in *year*)	**Jahr, ja**
qu	*kv* (as in kvass, a fermented beverage)	**Quell, Qualität**
r	*r* (rolled in the throat, as in French, or trilled with the tip of the tongue, as in Spanish or Irish)	**Reise**

s	*z* (preceding vowels or between them, as in *zap, is*)	**See, sehen, lesen**
	sh (at the beginning of a word before *p* or *t*, as in *shell*)	**spielen, stellen**
	s, ss (in all other cases, as in *sing*)	**Was ist das?**
ß, ss	*s, ss* (as in *sell*)	**Weiß, wissen**
sch	*sh* (as in *show*)	**Fisch, Fleisch, Schande**
sh	pronounced separately	**aushalten (aus + halten)**
ti, tz	*ts* (as in *wits*)	**Katze, Nation**
v	*f* (as in *father*)	**Vater, vier**
	v (words of non-Germanic origin, as in *violin*)	**Violine, violett**
w	*v* (as in *vest*)	**Wasser, wir**
z	*ts* (as in *grits*)	**Zeit, kurz, ganz**

Tenses and Moods in German, with English Equivalents

German	English
Infinitiv (*Nennform*)	Infinitive
Imperativ (*Befehlsform*)	Imperative or Command
Präsens (*Gegenwart*)	Present Indicative
Imperfekt (*Vergangenheit*)	Past or Imperfect Indicative
Perfekt (*vollendete Gegenwart*)	Present Perfect Indicative
Plusquamperfekt (*vollendete Vergangenheit*)	Pluperfect or Past Perfect Indicative
Futur, I (*Zukunft*)	Future Indicative
Futur, II (*vollendete Zukunft*)	Future Perfect Indicative
Konjunktiv (*Möglichkeitsform*) *Präsens*	Present Subjunctive, primary (Pres. Subj.)
Konjunktiv Imperfekt	Present Subjunctive, secondary (Past Subjunctive)
Konjunktiv Perfekt	Past Subjunctive, primary (Perfect Subjunctive)
Konjunktiv Plusquamperfekt	Past Subjunctive, secondary (Pluperf. Subj.)
Konjunktiv Futur, I	Future Subjunctive, primary (Future Subjunctive)
Konjunktiv Futur, II	Future Perfect Subj., primary (Fut. Perf. Subj.)
Konditional (*Bedingungsform*)	Future Subjunctive, secondary (Pres. Conditional)
Konditional Perfekt	Future Perfect Subjunctive, secondary (Past Conditional)

Sample English Verb Conjugation

speak PRINC. PARTS: to speak, spoke, spoken, speaks
IMPERATIVE: speak

	INDICATIVE	SUBJUNCTIVE PRIMARY	SUBJUNCTIVE SECONDARY
		Present Time	
	Present	(*Pres. Subj.*)	(*Imperf. Subj.*)
I	speak (am speaking, do speak)	speak (may speak)	spoke (might or would speak)
you	speak	speak	spoke
he (she, it)	speaks	speak	spoke
we	speak	speak	spoke
you	speak	speak	spoke
they	speak	speak	spoke
	Imperfect		
I	spoke (was speaking, did speak)		
you	spoke		
he (she, it)	spoke		
we	spoke		
you	spoke		
they	spoke		
		Past Time	
	Perfect	(*Perf. Subj.*)	(*Pluperf. Subj.*)
I	have spoken (spoke)	have spoken (may have spoken)	had spoken (might or would have spoken)
you	have spoken	have spoken	had spoken
he (she, it)	has spoken	have spoken	had spoken
we	have spoken	have spoken	had spoken
you	have spoken	have spoken	had spoken
they	have spoken	have spoken	had spoken
	Pluperfect		
I	had spoken		
you	had spoken		
he (she, it)	had spoken		
we	had spoken		
you	had spoken		
they	had spoken		
		Future Time	
	Future	(*Fut. Subj.*)	(*Pres. Conditional*)
I	shall speak	shall speak (may speak)	should speak
you	will speak	will speak	would speak
he (she, it)	will speak	will speak	would speak
we	shall speak	shall speak	should speak
you	will speak	will speak	would speak
they	will speak	will speak	would speak
		Future Perfect Time	
	Future Perfect	(*Fut. Perf. Subj.*)	(*Past Conditional*)
I	shall have spoken	shall (would, may) have spoken	should have spoken
you	will have spoken	will have spoken	would have spoken
he (she, it)	will have spoken	will have spoken	would have spoken
we	shall have spoken	shall have spoken	should have spoken
you	will have spoken	will have spoken	would have spoken
they	will have spoken	will have spoken	would have spoken

Sample German Verb Conjugation

PRINC. PARTS: sprechen, sprach, gesprochen, spricht
IMPERATIVE: sprich!, sprecht!, sprechen Sie!

sprechen
to speak, talk

INDICATIVE		SUBJUNCTIVE	
		PRIMARY	SECONDARY
		Present Time	
	Present	*(Pres. Subj.)*	*(Imperf. Subj.)*
ich	sprech E	sprech E	spräch E
du	sprich ST	sprech EST	spräch EST
er	sprich T	sprech E	spräch E
wir	sprech EN	sprech EN	spräch EN
ihr	sprech T	sprech ET	spräch ET
sie	sprech EN	sprech EN	spräch EN
	Imperfect		
ich	sprach		
du	sprach ST		
er	sprach		
wir	sprach EN		
ihr	sprach T		
sie	sprach EN		
		Past Time	
	Perfect	*(Perf. Subj.)*	*(Pluperf. Subj.)*
ich	habe gesprochen	habe gesprochen	hätte gesprochen
du	hast gesprochen	habest gesprochen	hättest gesprochen
er	hat gesprochen	habe gesprochen	hätte gesprochen
wir	haben gesprochen	haben gesprochen	hätten gesprochen
ihr	habt gesprochen	habet gesprochen	hättet gesprochen
sie	haben gesprochen	haben gesprochen	hätten gesprochen
	Pluperfect		
ich	hatte gesprochen		
du	hattest gesprochen		
er	hatte gesprochen		
wir	hatten gesprochen		
ihr	hattet gesprochen		
sie	hatten gesprochen		
		Future Time	
	Future	*(Fut. Subj.)*	*(Pres. Conditional)*
ich	werde sprechen	werde sprechen	würde sprechen
du	wirst sprechen	werdest sprechen	würdest sprechen
er	wird sprechen	werde sprechen	würde sprechen
wir	werden sprechen	werden sprechen	würden sprechen
ihr	werdet sprechen	werdet sprechen	würdet sprechen
sie	werden sprechen	werden sprechen	würden sprechen
		Future Perfect Time	
	Future Perfect	*(Fut. Perf. Subj.)*	*(Past Conditional)*
ich	werde gesprochen haben	werde gesprochen haben	würde gesprochen haben
du	wirst gesprochen haben	werdest gesprochen haben	würdest gesprochen haben
er	wird gesprochen haben	werde gesprochen haben	würde gesprochen haben
wir	werden gesprochen haben	werden gesprochen haben	würden gesprochen haben
ihr	werdet gesprochen haben	werdet gesprochen haben	würdet gesprochen haben
sie	werden gesprochen haben	werden gesprochen haben	würden gesprochen haben

Sample English Verb Conjugation — Passive Voice

to be loved PRINC. PARTS: to be loved, was loved, has been loved, is loved
IMPERATIVE: be loved

	INDICATIVE	SUBJUNCTIVE PRIMARY	SUBJUNCTIVE SECONDARY
		Present Time	
	Present	(*Pres. Subj.*)	(*Imperf. Subj.*)
I	am loved	may be loved	were loved (might or would be loved)
you	are loved	may be loved	were loved
he (she, it)	is loved	may be loved	were loved
we	are loved	may be loved	were loved
you	are loved	may be loved	were loved
they	are loved	may be loved	were loved
	Imperfect		
I	was loved		
you	were loved		
he (she, it)	was loved		
we	were loved		
you	were loved		
they	were loved		
		Past Time	
	Perfect	(*Perf. Subj.*)	(*Pluperf. Subj.*)
I	have been loved (was loved)	may have been loved	had been loved (might or would have been loved)
you	have been loved	may have been loved	had been loved
he (she, it)	has been loved	may have been loved	had been loved
we	have been loved	may have been loved	had been loved
you	have been loved	may have been loved	had been loved
they	have been loved	may have been loved	had been loved
	Pluperfect		
I	had been loved		
you	had been loved		
he (she, it)	had been loved		
we	had been loved		
you	had been loved		
they	had been loved		
		Future Time	
	Future	(*Fut. Subj.*)	(*Pres. Conditional*)
I	shall be loved	shall be loved (may be loved)	should be loved
you	will be loved	will be loved	would be loved
he (she, it)	will be loved	will be loved	would be loved
we	shall be loved	shall be loved	should be loved
you	will be loved	will be loved	would be loved
they	will be loved	will be loved	would be loved
		Future Perfect Time	
	Future Perfect	(*Fut. Perf. Subj.*)	(*Past Conditional*)
I	shall have been loved	shall (may, would) have been loved	should have been loved
you	will have been loved	will have been loved	would have been loved
he (she, it)	will have been loved	will have been loved	would have been loved
we	shall have been loved	shall have been loved	should have been loved
you	will have been loved	will have been loved	would have been loved
they	will have been loved	will have been loved	would have been loved

Sample German Verb Conjugation — Passive Voice

geliebt werden

to be loved

PRINC. PARTS: geliebt werden, wurde geliebt, ist geliebt worden, wird geliebt

IMPERATIVE: werde geliebt!, werdet geliebt!, werden Sie geliebt!

	INDICATIVE	SUBJUNCTIVE PRIMARY	SUBJUNCTIVE SECONDARY
		Present Time	
	Present	*(Pres. Subj.)*	*(Imperf. Subj.)*
ich	werde geliebt	werde geliebt	würde geliebt
du	wirst geliebt	werdest geliebt	würdest geliebt
er	wird geliebt	werde geliebt	würde geliebt
wir	werden geliebt	werden geliebt	würden geliebt
ihr	werdet geliebt	werdet geliebt	würdet geliebt
sie	werden geliebt	werden geliebt	würden geliebt
	Imperfect		
ich	wurde geliebt		
du	wurdest geliebt		
er	wurde geliebt		
wir	wurden geliebt		
ihr	wurdet geliebt		
sie	wurden geliebt		
		Past Time	
	Perfect	*(Perf. Subj.)*	*(Pluperf. Subj.)*
ich	bin geliebt worden	sei geliebt worden	wäre geliebt worden
du	bist geliebt worden	seiest geliebt worden	wärest geliebt worden
er	ist geliebt worden	sei geliebt worden	wäre geliebt worden
wir	sind geliebt worden	seien geliebt worden	wären geliebt worden
ihr	seid geliebt worden	seiet geliebt worden	wäret geliebt worden
sie	sind geliebt worden	seien geliebt worden	wären geliebt worden
	Pluperfect		
ich	war geliebt worden		
du	warst geliebt worden		
er	war geliebt worden		
wir	waren geliebt worden		
ihr	wart geliebt worden		
sie	waren geliebt worden		
		Future Time	
	Future	*(Fut. Subj.)*	*(Pres. Conditional)*
ich	werde geliebt werden	werde geliebt werden	würde geliebt werden
du	wirst geliebt werden	werdest geliebt werden	würdest geliebt werden
er	wird geliebt werden	werde geliebt werden	würde geliebt werden
wir	werden geliebt werden	werden geliebt werden	würden geliebt werden
ihr	werdet geliebt werden	werdet geliebt werden	würdet geliebt werden
sie	werden geliebt werden	werden geliebt werden	würden geliebt werden
		Future Perfect Time	
	Future Perfect	*(Fut. Perf. Subj.)*	*(Past Conditional)*
ich	werde geliebt worden sein	werde geliebt worden sein	würde geliebt worden sein
du	wirst geliebt worden sein	werdest geliebt worden sein	würdest geliebt worden sein
er	wird geliebt worden sein	werde geliebt worden sein	würde geliebt worden sein
wir	werden geliebt worden sein	werden geliebt worden sein	würden geliebt worden sein
ihr	werdet geliebt worden sein	werdet geliebt worden sein	würdet geliebt worden sein
sie	werden geliebt worden sein	werden geliebt worden sein	würden geliebt worden sein

Most verbs, in English and in German, are weak, i.e., they do not change their stem vowel but merely add a suffix to form the past tense. In English this suffix is "ed." In German it is "te."

EXAMPLE:	Infinitive	Imperfect	Past Participle
English:	to hope	hoped	hoped
German:	hoffen	hoffte	gehofft

Such verbs are called "weak" or regular because the verb itself does not do the "work" of showing the change to past time, but instead relies upon a suffix to do it.

In the case of strong verbs, however, in English and German, the verb itself accomplishes the change to past time by changing its stem vowel.

EXAMPLE:	Infinitive	Imperfect	Past Participle
English:	to write	wrote	written
German:	schreiben	schrieb	geschrieben

The *Ablautsreihen* will not be discussed as such, since the subject is fraught with much philology with which the student need not be burdened. It will, nevertheless, aid in the learning of strong verbs to know that most of them can be classified according to their pattern of change.

Principal Parts of Some Strong Verbs
Arranged According to Pattern of Change

I	INFINITIVE	PAST (IMPERFECT)	PAST PARTICIPLE	3RD SINGULAR PRESENT
	ei	**i**	**i**	**ei**
A	beißen—*to cut*	biß	gebissen	beißt
	gleichen—*to equal*	glich	geglichen	gleicht
	gleiten*—*to glide*	glitt	ist geglitten	gleitet
	greifen—*to seize*	griff	gegriffen	greift
	kneifen—*to pinch*	kniff	gekniffen	kneift
	leiden—*to suffer*	litt	gelitten	leidet
	pfeifen—*to whistle*	pfiff	gepfiffen	pfeift
	reißen—*to tear*	riß	gerissen	reißt
	schleichen—*to sneak*	schlich	ist geschlichen	schleicht
	schleifen—*to polish*	schliff	geschliffen	schleift
	schmeißen—*to fling*	schmiß	geschmissen	schmeißt
	schneiden—*to cut*	schnitt	geschnitten	schneidet
	schreiten—*to stride*	schritt	ist geschritten	schreitet
	streichen—*to stroke*	strich	gestrichen	streicht
	streiten—*to quarrel*	stritt	gestritten	streitet
	weichen—to yield	wich	ist gewichen	weicht

*THE WEAK FORMS: gleiten, gleitete, ist gegleitet, gleitet, are less frequently found

I INFINITIVE	PAST (IMPERFECT)	PAST PARTICIPLE	3RD SINGULAR PRESENT
ei	**ie**	**ie**	**ei**
B bleiben—*to remain*	blieb	ist geblieben	bleibt
gedeihen—*to thrive*	gedieh	ist gediehen	gedeiht
leihen—*to lend*	lieh	geliehen	leiht
meiden—*to avoid*	mied	gemieden	meidet
preisen—*to praise*	pries	gepriesen	preist
reiben—*to rub*	rieb	gerieben	reibt
scheiden—*to separate*	schied	geschieden	scheidet
scheinen—*to shine, seem*	schien	geschienen	scheint
schreiben—*to write*	schrieb	geschrieben	schreibt
schreien—*to scream*	schrie	geschrieen	schreit
schweigen—*to be silent*	schwieg	geschwiegen	schweigt
speien—*to spew*	spie	gespieen	speit
steigen—*to climb*	stieg	ist gestiegen	steigt
treiben—*to drive*	trieb	getrieben	treibt
weisen—*to point out*	wies	gewiesen	weist

II INFINITIVE	PAST (IMPERFECT)	PAST PARTICIPLE	3RD SINGULAR PRESENT
ie	**o***	**o***	**ie**
biegen—*to bend*	bog	gebogen	biegt
bieten—*to offer*	bot	geboten	bietet
fliegen—*to fly*	flog	ist geflogen	fliegt
fliehen—*to flee*	floh	ist geflohen	flieht
fließen—*to flow*	floß	ist geflossen	fließt
frieren—*to freeze*	fror	gefroren	friert
genießen—*to enjoy*	genoß	genossen	genießt
gießen—*to pour*	goß	gegossen	gießt
kriechen—*to creep*	kroch	ist gekrochen	kriecht
riechen—*to smell*	roch	gerochen	riecht
schieben—*to push*	schob	geschoben	schiebt
schießen—*to shoot*	schoß	geschossen	schießt
schließen—*to close*	schloß	geschlossen	schließt
wiegen—*to weigh*	wog	gewogen	wiegt
ziehen—*to pull*	zog **	gezogen **	zieht

**(Note change to *g* from *h* of infinitive in Past Tense and Past Participle)

* When one consonant follows *o* in the Past Tense and in the Past Participle, the *o* is a long *o*. When two consonants follow (ß is a double consonant), the *o* is short.

Other verbs which follow this pattern but do not have "ie" in the infinitive are:

saufen—*to drink*	soff	gesoffen	säuft
saugen—*to suck*	sog	gesogen	saugt
heben—*to lift*	hob	gehoben	hebt

Exception

liegen—*to lie*	lag	gelegen	liegt

III	INFINITIVE	PAST (IMPERFECT)	PAST PARTICIPLE	3RD SINGULAR PRESENT
	i	**a**	**u**	**i**
A	binden—*to bind*	band	gebunden	bindet
	dringen—*to urge*	drang	ist gedrungen	dringt
	finden—*to find*	fand	gefunden	findet
	gelingen—*to succeed*	gelang	ist gelungen	gelingt
	klingen—*to ring*	klang	geklungen	klingt
	ringen—*to struggle*	rang	gerungen	ringt
	schwingen—*to swing*	schwang	geschwungen	schwingt
	singen—*to sing*	sang	gesungen	singt
	springen—*to jump*	sprang	ist gesprungen	springt
	stinken—*to stink*	stank	gestunken	stinkt
	trinken—*to drink*	trank	getrunken	trinkt
	zwingen—*to force*	zwang	gezwungen	zwingt
	i	**a**	**o**	**i**
B	beginnen—*to begin*	begann	begonnen	beginnt
	gewinnen—*to win*	gewann	gewonnen	gewinnt
	rinnen—*to run*	rann	ist geronnen	rinnt
	schwimmen—*to swim*	schwamm	ist geschwommen	schwimmt
	sinnen—*to meditate*	sann	gesonnen	sinnt
	spinnen—*to spin*	spann	gesponnen	spinnt

IV	INFINITIVE	PAST (IMPERFECT)	PAST PARTICIPLE	3RD SINGULAR PRESENT
	e	**a**	**e**	**i, ie, e**
A	essen—*to eat*	aß	gegessen	ißt
	geben—*to give*	gab	gegeben	gibt
	genesen—*to recover*	genas	ist genesen	genest
	geschehen—*to happen*	geschah	ist geschehen	geschieht
	lesen—*to read*	las	gelesen	liest
	messen—*to measure*	maß	gemessen	mißt
	sehen—*to see*	sah	gesehen	sieht
	treten—*to step*	trat	ist getreten	tritt
	vergessen—*to forget*	vergaß	vergessen	vergißt
	e	**a**	**o**	**i, ie**
B	befehlen—*to order*	befahl	befohlen	befiehlt
	bergen—*to save*	barg	geborgen	birgt
	brechen—*to break*	brach	gebrochen	bricht
	empfehlen—*to recommend*	empfahl	empfohlen	empfiehlt
	helfen—*to help*	half	geholfen	hilft
	nehmen—*to take*	nahm	genommen	nimmt
	sprechen—*to speak*	sprach	gesprochen	spricht
	stehlen—*to steal*	stahl	gestohlen	stiehlt
	sterben—*to die*	starb	ist gestorben	stirbt
	treffen—*to meet, hit*	traf	getroffen	trifft
	verderben—*to spoil*	verdarb	verdorben	verdirbt
	werben—*to solicit*	warb	geworben	wirbt
	werfen—*to throw*	warf	geworfen	wirft

V	INFINITIVE	PAST (IMPERFECT)	PAST PARTICIPLE	3RD SINGULAR PRESENT
	a	**u**	**a**	**ä, a**
	backen—*to bake*	buk	gebacken	bäckt
	fahren—*to travel*	fuhr	ist gefahren	fährt
	graben—*to dig*	grub	gegraben	gräbt
	schaffen—*to create*	schuf	geschaffen	schafft
	schlagen—*to beat*	schlug	geschlagen	schlägt
	tragen—*to carry*	trug	getragen	trägt
	wachsen—*to grow*	wuchs	ist gewachsen	wächst
	waschen—*to wash*	wusch	gewaschen	wäscht

VI INFINITIVE	PAST (IMPERFECT)	PAST PARITCIPLE	3RD SINGULAR PRESENT
a	**ie**	**a**	**ä**
blasen—*to blow*	blies	geblasen	bläst
braten—*to roast*	briet	gebraten	brät
fallen—*to fall*	fiel	ist gefallen	fällt
halten—*to hold*	hielt	gehalten	hält
lassen—*to let*	ließ	gelassen	läßt
raten—*to advise*	riet	geraten	rät
schlafen—*to sleep*	schlief	geschlafen	schläft

The following verbs, because they have the same change in the Past, and show the same vowel in the Infinitive and Past Participle, are also listed in Group VI:

heißen—*to be called*	hieß	geheißen	heißt
laufen—*to run*	lief	ist gelaufen	läuft
rufen—*to call*	rief	gerufen	ruft
stoßen—*to push*	stieß	gestoßen	stößt

Irregular Verbs Which Do Not Fit into the Other Patterns

VII INFINITIVE	PAST (IMPERFECT)	PAST PARTICIPLE	3RD SINGULAR PRESENT
gehen—*to go*	ging	ist gegangen	geht
haben—*to have*	hatte	gehabt	hat
kommen—*to come*	kam	ist gekommen	kommt
sein—*to be*	war	ist gewesen	ist
tun—*to do*	tat	getan	tut
werden—*to become*	wurde	ist geworden	wird

Principal Parts of Modal Auxiliaries

dürfen—*to be permitted*	durfte	gedurft, dürfen*	darf
können—*to be able*	konnte	gekonnt, können*	kann
mögen—*to like*	mochte	gemocht, mögen*	mag
müssen—*to have to*	mußte	gemußt, müssen*	muß
sollen—*to be supposed to*	sollte	gesollt, sollen*	soll
wollen—*to want*	wollte	gewollt, wollen*	will

* When immediately preceded by an infinitive.

Principal Parts of Irregular Mixed Verbs and *Wissen*

These verbs are called "mixed" because they have the characteristics of both weak and strong verbs. Like weak verbs, they add "te" endings to the Past Tense, and their Past Participles end in "t." They also, in the manner of strong verbs, change the stem vowel of the Infinitive in the Past Tense and in the Past Participle.

INFINITIVE	PAST (IMPERFECT)	PAST PARTICIPLE	3RD SINGULAR PRESENT
brennen—*to burn*	brannte	gebrannt	brennt
bringen—*to bring*	brachte	gebracht	bringt
denken—*to think*	dachte	gedacht	denkt
kennen—*to know*	kannte	gekannt	kennt
nennen—*to name*	nannte	genannt	nennt
rennen—*to run*	rannte	gerannt	rennt
senden—*to send*	sandte	gesandt	sendet
wenden—*to turn*	wandte	gewandt	wendet
wissen—*to know (a fact)*	wußte	gewußt	weiß

Special Verb Uses

Verbal Nouns

Verbal nouns are identical with the Infinitive. Like all German nouns, they are capitalized. All are neuter. Usually they are translated by "ing" forms in English, although sometimes it is better to use the Infinitive.

Papageno konnte das Plaudern nicht lassen.
Papageno couldn't stop chattering.
Siegfried hatte das Fürchten nicht gelernt.
Siegfried had not learned to fear.

In compound German nouns the verbal noun is second, whereas it appears first in English.

Im Weiterschreiten find' er Qual und Glück. (*Faust, II*)
In striding onward let him find torment and bliss.
„Beim Memoirenschreiben bleiben Sie bei der Wahrheit," riet er dem Präsidenten.
"When writing (your) memoirs, stick to the truth," he advised the President.
Sie sang „Beim Schlafengehen" von Richard Strauß.
She sang "Upon Going To Sleep" by Richard Strauss.

Present Participles

The present participle of **sein** is **seiend.** All other verbs merely add a "**d**" to the Infinitive. Present Participles translate into "ing" forms in English. But they are not verbal nouns. They are used only as adjectives, with ending patterns like other adjectives, or as adverbs. Adverbs never take an ending.

Sie erzählte die rührende Geschichte vom Fliegenden Holländer.
She told the touching story of the Flying Dutchman.
Verzweifelnd, aber dennoch suchend, kam er ans Land.
Despairing, yet seeking, he came ashore.
Wählen Sie ein Thema, das Sie brennend interessiert!
Choose a subject that interests you passionately.
Das Innere des Tempels bot uns einen atemraubenden Anblick.
The interior of the temple presented us with a breathtaking sight.

English Forms of "to be" and "to do"

Do not translate progressive ("to be") and emphatic ("to do") forms of English Present and Past Tenses and of the Negative Imperative (command form).

Ich schreibe einen Brief an Vatti. Haben Sie eine Briefmarke?
I'm writing a letter to daddy. Do you have a stamp?

Wo arbeitet sie? Arbeitete sie nicht für ihren Vater? Arbeitet sie noch für ihn?
Where is she working? Wasn't she working for her father? Does she still work for him?
Regnet es viel hier in Salzburg?
Does it rain much here in Salzburg?
Ja, aber heute regnet es nicht, und gestern regnete es auch nicht.
Yes, but it isn't raining today and it didn't rain yesterday.

Archaic and jocular constructions in English, especially in proverbs, resemble German usage.

Wer den Pfennig nicht ehrt, ist des Thalers nicht wert.
Who honors not the penny deserves not the dollar.

Past Participles

In both English and German, Past or "Perfect" Participles are used to form Compound Tenses. In German the Past Participle is placed at the end of the clause, except in subordinate clauses, when the finite (conjugated auxiliary) verb comes last.

Wir haben es schon gesehen.
We have already seen it.
Sie hat ihm einen Brief geschrieben.
She has written him a letter.

The word order of the two examples above in subordinate clauses is as follows:

Ich weiß nicht, ob wir es schon gesehen haben.
I don't know if we've already seen it.
Ich glaube, daß sie ihm einen Brief geschrieben hat.
I believe that she has written him a letter.

As in English, Past Participles can also be used as adjectives. In German, of course, the rules for adjective endings apply:

in ungemessenen Räumen
in unmeasured areas of space
verlorenes (gesuchtes, gefundenes) Glück
lost (sought, found) happiness
nie geahnte Möglichkeiten
never suspected possibilities

Adjectives placed after the noun they modify (postpositive) have no ending, as in: **Der Stuhl ist gebrochen.** (The chair is broken.)

With the exception of most "**-ieren**" verbs and all verbs beginning with an inseparable prefix (**be-**, **emp-**, **ent-**, **er-**, **ge-**, **miß-**, **ver-**, **zer-**), the past participle begins with **ge**, as in all of the above examples except "**verloren.**"

Past Participles of Strong Verbs end in **en**, as in:

gebissen bitten
gegeben given
gesungen sung
getrunken drunk

Weak, or Regular Verbs, have a participle ending in "**t**," as do the Irregular Mixed Verbs.

gelebt lived
geliebt loved
gebracht brought
gedacht thought

To help you with Strong (irregular) Verbs, you should study the table of "Principal Parts of Some Strong Verbs—Arranged According to Pattern of Change" on page xvi.

Sein Verbs

Most verbs use **haben** as the helping verb in the perfect tenses. But verbs that do not generally take a direct object, known as Intransitive Verbs, are conjugated with **sein.**

aufstehen—*to get up*
begegnen—*to meet*
bleiben—*to remain*
fahren—*to travel*
fallen—*to fall*
fliegen—*to fly*
fliehen—*to flee*
folgen—*to follow*
gehen—*to go*
geschehen—*to happen*
kommen—*to come*
laufen—*to run*
reisen—*to travel*
schreiten—*to step*
schwimmen—*to swim*
sein—*to be*
springen—*to jump*
steigen—*to climb*
sterben—*to die*
wandern—*to wander, hike*
weichen—*to yield*
werden—*to become*

The verbs listed above are among those usually conjugated with **sein.** Nevertheless, some of them can be used transitively (with a direct object), and then the auxiliary is **haben.** Contrast the following:

Ich bin mit der Bahn, nicht mit dem Wagen gefahren. (intransitive)
I traveled by train, not by car.
Ich habe den neuen Wagen noch nicht gefahren. (transitive)
I haven't yet driven the new car.
Meine Freunde haben mich nach Hause gefahren. (transitive)
My friends drove me home.

Remember that the inseparable prefix **be** often serves to make intransitive verbs transitive. Thus **kommen** is intransitive, but **bekommen** (to receive, get) is transitive.

Wir sind nicht gekommen.	**Wir hatten die Antwort schon bekommen.**
We didn't come.	We had already received the answer.

Reisen is conjugated with **sein,** but **bereisen** uses **haben** as the auxiliary.

Er ist durch viele Länder gereist.
He traveled through many countries.
Er hat viele Länder bereist.
He traveled (in) many countries.

Sometimes, however, as with **fahren** and **schwimmen,** the verb itself can be used transitively. The form **beschwimmen** does not exist.

Die Rheinmädchen haben den ganzen Rhein von der Schweiz bis zur Nordsee geschwommen.
The Rhine Maidens swam the entire Rhine from Switzerland to the North Sea.

The Rhine is the direct object, and therefore **haben** is the auxiliary. More usually, when a preposition completes the meaning, **schwimmen** is conjugated with **sein.**

Wir sind im Schwimmbad (im Rhein, im See) geschwommen.
We swam in the swimming pool (the Rhine, the lake).

Some Pointers on the Use of Tenses

The word "tense" derives from *tempus* (time). The names of the tenses are labels that enable you to identify when an action takes place.

Present Tense

With the exception of the Emphatic ("to do") and Progressive ("to be") forms discussed in "Special Verb Uses," the Present is generally used as in English:

Wer zuletzt lacht, lacht am besten.
Who laughs last laughs best.

Most first person singular (**ich**) forms end in "**e**." The "**e**" is generally omitted in colloquial speech. Nevertheless, it can be used for emphasis.

Ich schwöre (versichere, behaupte, sage, schreibe), ich habe es nicht getan.
I swear (assure, declare, say, write) I didn't do it.

Both English and German can use the Present Tense for the Future. This is done more frequently in German.

„Morgen les ich wieder Angelus Silesius. Dann koch ich euch ein schönes schlesisches Himmelreich."
„So etwas eß ich nicht."
„Du bekommst es sowieso."
"Tomorrow I'll read Angelus Silesius again. Then I'll cook you a heavenly Silesian dish."
"I won't eat anything like that."
"You'll be getting it anyway."

Continuing Action

German, like French, Spanish, or Italian, uses the Present Tense for action begun in the past and continuing into the present. **Seit** (since) or **schon** (already) usually accompany the verb.

Seit Jahren träumen und sprechen wir davon.
For years we've been dreaming and talking about that.
Er ist schon zwei Jahre bei der Bundeswehr.
He has already been in the (West German) army for two years.
Lili wartet schon zehn Minuten unter der Laterne.
Lili has already been waiting for ten minutes under the street light.

Imperfect

The Imperfect, sometimes referred to as a "Narrative Past Tense," is used in written and spoken German to express a series of connected past events.

Newspaper accounts and reports (oral or written) normally employ the Imperfect. Sometimes a speaker may begin with the Present Perfect (the usual past tense in conversation) and then switch to the Imperfect for telling a story.

Sie hat uns ein modernes Märchen vorgelesen. Sie erzählte:

„Es war einmal ein König. Er hatte eine schöne Tochter. Sie erkrankte an einem unbekannten Leiden. Alle Weisen und Priester konnten ihr nicht helfen. Ein kühner Student kam, und versuchte, sie zu heilen. Er kannte viele Heilkräuter und wollte neue entdecken. Mit zahlreichen Priestern und Weisen zog er in den Wald. Der König unterstützte ihr Unternehmen, und verbot allen anderen die weitere Plünderung und Ausnutzung des Waldes. Er beschloß auch, die Luft- und Bodenverseuchung zu bekämpfen. Der Student und seine neuen Wissenschaftler suchten und fanden neue Pflanzen. Die Forscher kamen in die Stadt zurück, und machten viele Versuche. Endlich gelang es ihnen, wirksame Heilmittel herzustellen. Die Prinzessin wurde geheilt und heiratete den Studenten. Sie lebten glücklich immerdar."

She read a modern fairy tale to us. She related:

"Once upon a time there was a king. He had a beautiful daughter. She took sick with an unknown illness. All the wise men and priests couldn't help her. A bold student came and tried to heal her. He was familiar with many medicinal herbs and wanted to discover new ones. He went to the woods with numerous priests and wise men. The king supported their undertaking and forbade all others any further plundering and exploitation of the forest. He also resolved to combat air and soil pollution. The student and his new scientists looked for and found new plants. The researchers returned to the city and performed many experiments. Finally, they succeeded in producing effective therapies. The princess was cured and married the student. They lived happily ever after."

In the preceding story some of the imperfect forms are weak (i.e., they end in **te**) and some are strong because the vowel of the Infinitive changes. See "Principal Parts of Some Strong Verbs" (page xvi) and "Principal Parts of Irregular Mixed Verbs" (page xxi).

Here is a recapitulation of some of the weak and strong forms with their infinitives.

STRONG

Es war einmal ein König. Er verbot, beschloß . . . . (sein, verbieten, beschließen)
Once upon a time there was a king. He forbade, resolved . . . . (to be, to forbid, to resolve)
Ein Student kam, zog in den Wald. (kommen, ziehen)
A student came, went to the woods. (to come, to go)
Sie fanden. (finden)
They found. (to find)

WEAK

Sie suchten, machten, heilten. (suchen, machen, heilen)
They looked for (sought), made, healed. (to look for, to make, to heal)
Sie lebten glücklich. (leben)
They lived happily. (to live)

Present Perfect

A tense formed with a Past Participle and a helping verb (auxiliary) is called a "Perfect" Tense in both English and German. In German the auxiliary can be either **haben** (to have) or **sein** (to be).

The German Present Perfect sometimes can be translated as an English Present Perfect. But often an English Imperfect (Past) Tense must be used.

Sie hat es schon gekauft.
She has already bought it.

Sie hat es letzte Woche gekauft.
She bought it last week.

Gestern haben wir Champagner getrunken.
Yesterday we drank champagne.

Goethe hat länger als Schiller gelebt.
Goethe lived longer than Schiller.

Speakers in Bavaria, Austria, and other southern areas have a preference for the Present Perfect and tend to avoid the Imperfect. Nevertheless, the Imperfect of **sein (war), haben (hatte),** and of the modal auxiliaries **(durfte, konnte, mochte, mußte, sollte, wollte)** is quite common in colloquial speech.

Sie war froh, denn sie hatte alles, was sie wollte.
She was content, for she had everything she wanted.

For most verbs, however, the Present Perfect is commonly used for past actions, especially if they are not sequential.

Wir haben den neuen Wagen genommen. Immer sind wir langsam gefahren. Unterwegs haben wir viel Interessantes gesehen und erlebt.
We took the new car. We always drove slowly. Along the way we saw and experienced many interesting things.

If the speaker then went on to relate one of those interesting experiences, she or he might switch to the Imperfect, especially in northern areas.

Past Perfect

The Pluperfect, or Past Perfect Tense is used, as in English, for an action in the past completed before another action or time in the past.

Er suchte seine Uhr, aber er hatte sie verloren. Man hatte sie ihm gestohlen.
He looked for his watch but he had lost it. It had been stolen from him.

Future and Future Perfect

Both English and German use an auxiliary with the Infinitive to form the Future Tense. In English the auxiliaries are "shall," "will," or forms of "to go." German uses the Present Tense of **werden** plus the Infinitive.

Wir werden es bald tun.
We shall (will) do it soon.

Note that forms of **gehen** are never used to express the future in German. "We're going to do it soon," would either be expressed in the Future Tense, as above, or colloquially, by the use of the Present Tense with a future implication:

Wir tun's bald.
We'll do it soon.

The Future Perfect also uses the Present Tense of **werden** but with a Perfect Infinitive, i.e., the Past Participle of the main verb and the auxiliaries **haben** or **sein.**

Bis dann, werden wir es getan haben.
By then, we will have done it.

Both the Future and Future Perfect are used to express probability; the adverb **wohl** usually accompanies. In the German folk song "Verständige Liebe" ("Sensible Love"), a young man hears a stirring outside and sings:

Wird wohl mein Feinsliebchen sein.
That's probably my little sweetheart.

But when she passes by and pays him no mind, he declares:

Wird's wohl nicht gewesen sein.
It probably wasn't she.

The Conditional

English forms of "would" to express the Conditional are expressed in German by the Imperfect Subjunctive (Subjunctive II) forms of **werden.** These are: **würde, würdest, würde; würden, würdet, würden.** Both languages use the auxiliary "would" **(würde)** with the Infinitive.

Würden Sie bitte so lieb sein?
Would you please be so kind?
Was würde sie an meiner Stelle tun?
What would she do in my place?

The Conditional is often combined with the Subjunctive.

Sie würde uns helfen, wenn sie (es) nur könnte.
She would help us if she only could.

For additional examples, see The Subjunctive Mood (page xxx).

The Subjunctive Mood

The Indicative Mood states, indicates, or questions something factual. Possibility, uncertainty, or contingency are the province of the Subjunctive, a word that means "subjoined," i.e., connected to or dependent on some other conditions. Contrast the following:

INDICATIVE	SUBJUNCTIVE
The Force is with you.	The Force be with you.
It pleases the court.	If it please the court.
God helps me.	So help me God.
God saves the Queen.	God save the Queen.
Death does part us.	Till death us do part.
The king lives long.	Long live the king!

In English the Subjunctive form of "is" is "be"; in German the Subjunctive of **ist** is **sei.** In almost all other instances in English the Present Indicative and Subjunctive are distinguished by the absence of an "s" in the Subjunctive forms, as in the examples above. In German, the third person singular of the Present Indicative ends in "**t**"; in the Subjunctive, the ending is "**e.**"

Er stehe fest und sehe hier sich um. (Goethe, *Faust II*)
Let him stand fast and look about him.
Er bringe es sofort!
Let him bring it at once.

The Subjunctive is often used in combination with the Conditional to express conditions contrary to fact.

Wenn wir mehr Geld hätten, würden wir lange Reisen machen.
If we had more money, we would take long trips.
Wenn wir mehr Geld gehabt hätten, würden wir lange Reisen gemacht haben.
If we had had more money, we would have taken long trips.

Imperfect Subjunctive

The Imperfect Subjunctive (also called Secondary or General or Subjunctive II) can substitute for the Conditional (the forms with "would" in English or **würde** in German). For weak verbs the Imperfect Indicative and the Imperfect Subjunctive are the same (endings in **te, test,** etc.) To form the Imperfect Subjunctive of strong verbs, Subjunctive endings are added to the Past Tense (Imperfect Indicative):

ich —— e	**wir —— en**
du —— est	**ihr —— et**
er, sie, es, man —— e	**sie, Sie —— en**

Strong verbs also add an **umlaut** in the Subjunctive if the vowel in the Past Tense is an "**a**," "**o**," or "**u.**"

INDICATIVE	SUBJUNCTIVE
kam	**käme**
flog	**flöge**
trug	**trüge**

Imperfect Subjunctive forms of **kommen, wissen,** the six modals, and especially of **haben (hätte)** and **sein (wäre)** are colloquial and are used frequently.

Wenn er nur könnte!
If he only could!
Hätten wir nur mehr Zeit (Geld, Glück, Liebe, Verständnis) gehabt.
If we had only had more time (money, luck, love, understanding).

The Imperfect Subjunctive forms of many strong verbs often are used in a more literary sense. The Conditional usually substitutes for them. "If we had more free time, we would read more" can be expressed in German as, **„Wenn wir mehr Freizeit hätten, würden wir mehr lesen."** or **„Wenn wir mehr Freizeit hätten, läsen wir mehr."** The Conditional **(würde)** is more common than the construction with **läsen.**

In addition to strong verbs, the modal auxiliaries, **haben,** and **wissen,** also add an **umlaut** to the Imperfect Indicative to form the Imperfect Subjunctive. Contrast the Indicative **flog** and the Subjunctive **flöge** in the following excerpt from Eichendorff's famous poem "**Mondnacht**":

Es war, als hätt' der Himmel	It was as if the sky had
Die Erde still geküßt,	Quietly kissed the earth
Daß sie . . .	So that she (earth, Gaia)
Von ihm nun träumen müßt' . . .	Might dream of him, Sky, . . .
Und meine Seele . . .	And my soul . . .
Flog durch die stillen Lande,	Flew through the silent countryside
Als flöge sie nach Haus.	As if it were flying home.

Hätte, müßte, and **flöge** are umlauted Subjunctive forms. An umlauted verb form is not a sure sign of the subjunctive. **Küssen** and **träumen** are regular, weak verbs and have an umlaut in all forms. A few strong verbs, such as **fallen, halten, lassen,** and **laufen,** umlaut the second and third person singular forms of the Present Indicative but have no umlauts in any other forms, Indicative or Subjunctive (see "Principal Parts Of Some Strong Verbs, Group VI") (page xvii).

Indirect Discourse

A special use of the subjunctive is for Indirect Discourse, speech not quoted directly but reported or summarized. There is a distinct possibility that, unwittingly or deliberately, someone recounting another's statement may not cite it exactly as it was uttered. To use the Subjunctive in indirect discourse doesn't necessarily mean that you disbelieve or seek to cast doubt on what you're reporting. It is a formal way of maintaining objectivity, keeping distance, not committing yourself. It is commonly heard in news broadcasts. Because Austria is concerned with safeguarding its nonaligned status, Austrian news media make frequent and scrupulous use of it.

In the following examples, direct and indirect speech are contrasted. Either the Present or Imperfect Subjunctive is used. As in English, Conditional forms often replace the Future. In English and in German "that" may be omitted. Remember, however, that **daß** is a subordinating conjunction. If used, the finite verb will be at the end; if not, normal word order is used.

Der Präsident sagte: „Unser Land hat keine Atomwaffen."
The President said, "Our country has no atomic weapons."
Der Präsident sagte, sein Land habe (hätte) keine Atomwaffen.
The President said his country has (had) no atomic weapons.
Der Botschafter versicherte: „Meine Regierung arbeitet unermüdlich für den Frieden."
The ambassador assured, "My government is working tirelessly for peace."
Der Botschafter versicherte, seine Regierung arbeite (arbeitete) unermüdlich für den Frieden.
The ambassador assured that his government was working tirelessly for peace.
Der Minister erklärte: „Unsere Republik ist eine echte Demokratie."
The minister declared, "Our republic is a genuine democracy."
Der Minister erklärte, seine Republik sei (wäre) eine echte Demokratie.
The minister declared (that) his republic was a genuine democracy.

Of course, it is possible to have the Subjunctive in a direct quote. The President in the first example could have continued his speech in the Subjunctive:

„Selbst wenn wir sie hätten, würden wir sie nur zu friedlichen Zwecken gebrauchen."
"Even if we had them (atomic weapons), we would use them only for peaceful purposes."

Verbs with a Dative Object

In German the dative case is used to indicate an indirect object. "Dative" derives from the Latin "to give"; one gives (offers, swears, lends) service, trust, allegiance, thanks, orders, advice, congratulations, etc. to someone. The words "to" or "for" can be used when translating into English, but they are frequently omitted.

„Ich kann Ihnen Fisch oder Fleisch bringen (geben, servieren).
Aber ich empfehle Ihnen den Fisch," sagte der Kellner.
"I can bring (give, serve) you (to you) fish or meat.
But I recommend the fish (to you)," said the waiter.

In the examples above, "you" is the indirect object (dative), and "fish" and "meat" are direct objects.

Some verbs take the dative (indirect object) in German but the accusative (direct object) in English. Some of the more common verbs that take the dative are:

antworten—*to answer*
ausweichen—*to avoid, be evasive*
begegnen—*to meet*
danken—*to thank*
dienen—*to serve*
drohen—*to threaten*
fehlen—*to be lacking*
folgen—*to follow*
gefallen—*to be pleasing*
gehorchen—*to obey*
gehören—*to belong*
gelingen—*to succeed*
genügen—*to suffice, be enough*
gleichen—*to resemble*
gratulieren—*to congratuate*
helfen—*to help*
nutzen—*to be of use, utilize*
passen—*to fit*
raten—*to advise*
schaden—*to be harmful*
trotzen—*to defy*
vertrauen—*to trust*
verzeihen—*to excuse*
weh tun—*to hurt*
widersprechen—*to contradict*
zustimmen—*to agree to*

Note the dative objects in the following passage about the Rhine gold legend.

Die Rheinmädchen vertrauten ihren eigenen Kräften zu sehr. Das schadete ihnen. Es gelang dem Zwerg, ihnen das Gold zu stehlen. Der Ring gehörte den Riesen nicht. Brünnhilde sollte dem Willen ihres Vaters dienen. Er befahl ihr, dem Wälsung nicht zu helfen. Sie aber gehorchte ihm nicht. Sie trotzte seinen Befehlen.

The Rhine Maidens trusted their own powers too much. That was harmful to them. The dwarf succeeded in stealing the gold from them. The ring didn't belong to the giants. Brünnhilde was supposed to serve the will of her father. He ordered her not to help the Volsung. But she didn't obey him. She defied his orders.

Unlike English, German has three ways to say "you": **du, ihr,** and **Sie.** The second person singular **du** and its plural **ihr** are the familiar forms, used to address family members, friends, animals, children, and deities. The formal or polite **Sie** is both singular and plural.

The pronouns **du** and **ihr** are usually omitted in the Imperative. **Sie** is expressed.

Most familiar singular (**du**) Imperatives end in "**e.**" In colloquial German this "**e**" is dropped. In the following examples **du, ihr,** and **Sie** Imperative forms are compared.

Komm(e) Zigan, spiel(e) uns 'was vor! Sing(e) und tanz(e) mit uns!
Come, Gypsy, play something for us. Sing and dance with us.
Kommt, Zigeuner, spielt uns 'was vor. Singt und tanzt mit uns.
Come, Gypsies, play something for us. Sing and dance with us.
Kommen Sie, Zigeuner, spielen Sie uns 'was vor!
Come, Gypsies, play something for us.
Singen Sie und tanzen Sie mit uns!
Sing and dance with us.

If you include yourself in a command, either invert the "we" form of the present or use the **ihr** Imperative of **lassen.**

Singen wir! Tanzen wir! Die ganze Nacht.
Nein! Trinken wir noch eins und dann gehen wir!
Let's sing, let's dance all night!
No! Let's have one more drink and (let's) go.
Laßt uns singen (tanzen, trinken), fröhlich sein!
Let us sing (dance, drink), be happy!

Subject Pronouns

singular	*plural*
ich **(I)**	*wir* **(we)**
du **(you)**	*ihr* **(you)**
er **(he),** *sie* **(she),**	*sie* **(they)**
es **(it),** *man* **(one)**	**Sie* **(you)**

*The polite form *Sie* (you) is used to address one person or several. Only a capital *S* distinguishes it from the *sie* (they) form. Both, therefore, constitute the third person plural.

achten

PRINC. PARTS: achten, achtete, geachtet, achtet
IMPERATIVE: achte!, achtet!, achten Sie!

to pay attention to, respect, heed

INDICATIVE		SUBJUNCTIVE	
		PRIMARY	SECONDARY
		Present Time	
	Present	(*Pres. Subj.*)	(*Imperf. Subj.*)
ich	achte	achte	achtete
du	achtest	achtest	achtetest
er	achtet	achte	achtete
wir	achten	achten	achteten
ihr	achtet	achtet	achtetet
sie	achten	achten	achteten
	Imperfect		
ich	achtete		
du	achtetest		
er	achtete		
wir	achteten		
ihr	achtetet		
sie	achteten		
		Past Time	
	Perfect	(*Perf. Subj.*)	(*Pluperf. Subj.*)
ich	habe geachtet	habe geachtet	hätte geachtet
du	hast geachtet	habest geachtet	hättest geachtet
er	hat geachtet	habe geachtet	hätte geachtet
wir	haben geachtet	haben geachtet	hätten geachtet
ihr	habt geachtet	habet geachtet	hättet geachtet
sie	haben geachtet	haben geachtet	hätten geachtet
	Pluperfect		
ich	hatte geachtet		
du	hattest geachtet		
er	hatte geachtet		
wir	hatten geachtet		
ihr	hattet geachtet		
sie	hatten geachtet		
		Future Time	
	Future	(*Fut. Subj.*)	(*Pres. Conditional*)
ich	werde achten	werde achten	würde achten
du	wirst achten	werdest achten	würdest achten
er	wird achten	werde achten	würde achten
wir	werden achten	werden achten	würden achten
ihr	werdet achten	werdet achten	würdet achten
sie	werden achten	werden achten	würden achten
		Future Perfect Time	
	Future Perfect	(*Fut. Perf. Subj.*)	(*Past Conditional*)
ich	werde geachtet haben	werde geachtet haben	würde geachtet haben
du	wirst geachtet haben	werdest geachtet haben	würdest geachtet haben
er	wird geachtet haben	werde geachtet haben	würde geachtet haben
wir	werden geachtet haben	werden geachtet haben	würden geachtet haben
ihr	werdet geachtet haben	werdet geachtet haben	würdet geachtet haben
sie	werden geachtet haben	werden geachtet haben	würden geachtet haben

ächzen

to groan, moan

PRINC. PARTS: ächzen, ächzte, geächzt, ächzt
IMPERATIVE: ächze!, ächzt!, ächzen Sie!

INDICATIVE		SUBJUNCTIVE	
		PRIMARY	SECONDARY
		Present Time	
	Present	(*Pres. Subj.*)	(*Imperf. Subj.*
ich	ächze	ächze	ächzte
du	ächzt	ächzest	ächztest
er	ächzt	ächze	ächzte
wir	ächzen	ächzen	ächzten
ihr	ächzt	ächzet	ächztet
sie	ächzen	ächzen	ächzten
	Imperfect		
ich	ächzte		
du	ächztest		
er	ächzte		
wir	ächzten		
ihr	ächztet		
sie	ächzten		
		Past Time	
	Perfect	(*Perf. Subj.*)	(*Pluperf. Subj.*)
ich	habe geächzt	habe geächzt	hätte geächzt
du	hast geächzt	habest geächzt	hättest geächzt
er	hat geächzt	habe geächzt	hätte geächzt
wir	haben geächzt	haben geächzt	hätten geächzt
ihr	habt geächzt	habet geächzt	hättet geächzt
sie	haben geächzt	haben geächzt	hätten geächzt
	Pluperfect		
ich	hatte geächzt		
du	hattest geächzt		
er	hatte geächzt		
wir	hatten geächzt		
ihr	hattet geächzt		
sie	hatten geächzt		
		Future Time	
	Future	(*Fut. Subj.*)	(*Pres. Conditional*)
ich	werde ächzen	werde ächzen	würde ächzen
du	wirst ächzen	werdest ächzen	würdest ächzen
er	wird ächzen	werde ächzen	würde ächzen
wir	werden ächzen	werden ächzen	würden ächzen
ihr	werdet ächzen	werdet ächzen	würdet ächzen
sie	werden ächzen	werden ächzen	würden ächzen
		Future Perfect Time	
	Future Perfect	(*Fut. Perf. Subj.*)	(*Past Conditional*)
ich	werde geächzt haben	werde geächzt haben	würde geächzt haben
du	wirst geächzt haben	werdest geächzt haben	würdest geächzt haben
er	wird geächzt haben	werde geächzt haben	würde geächzt haben
wir	werden geächzt haben	werden geächzt haben	würden geächzt haben
ihr	werdet geächzt haben	werdet geächzt haben	würdet geächzt haben
sie	werden geächzt haben	werden geächzt haben	würden geächzt haben

PRINC. PARTS: anfangen, fing an, angefangen, fängt an
IMPERATIVE: fange an!, fangt an!, fangen Sie an!

INDICATIVE	SUBJUNCTIVE PRIMARY	SUBJUNCTIVE SECONDARY
	Present Time	
Present	*(Pres. Subj.)*	*(Imperf. Subj.)*
ich fange an	fange an	finge an
du fängst an	fangest an	fingest an
er fängt an	fange an	finge an
wir fangen an	fangen an	fingen an
ihr fangt an	fanget an	finget an
sie fangen an	fangen an	fingen an
Imperfect		
ich fing an		
du fingst an		
er fing an		
wir fingen an		
ihr fingt an		
sie fingen an		
	Past Time	
Perfect	*(Perf. Subj.)*	*(Pluperf. Subj.)*
ich habe angefangen	habe angefangen	hätte angefangen
du hast angefangen	habest angefangen	hättest angefangen
er hat angefangen	habe angefangen	hätte angefangen
wir haben angefangen	haben angefangen	hätten angefangen
ihr habt angefangen	habet angefangen	hättet angefangen
sie haben angefangen	haben angefangen	hätten angefangen
Pluperfect		
ich hatte angefangen		
du hattest angefangen		
er hatte angefangen		
wir hatten angefangen		
ihr hattet angefangen		
sie hatten angefangen		
	Future Time	
Future	*(Fut. Subj.)*	*(Pres. Conditional)*
ich werde anfangen	werde anfangen	würde anfangen
du wirst anfangen	werdest anfangen	würdest anfangen
er wird anfangen	werde anfangen	würde anfangen
wir werden anfangen	werden anfangen	würden anfangen
ihr werdet anfangen	werdet anfangen	würdet anfangen
sie werden anfangen	werden anfangen	würden anfangen
	Future Perfect Time	
Future Perfect	*(Fut. Perf. Subj.)*	*(Past Conditional)*
ich werde angefangen haben	werde angefangen haben	würde angefangen haben
du wirst angefangen haben	werdest angefangen haben	würdest angefangen haben
er wird angefangen haben	werde angefangen haben	würde angefangen haben
wir werden angefangen haben	werden angefangen haben	würden angefangen haben
ihr werdet angefangen haben	werdet angefangen haben	würdet angefangen haben
sie werden angefangen haben	werden angefangen haben	würden angefangen haben

ankommen

to arrive; succeed; matter

PRINC. PARTS: ankommen, kam an, ist angekommen, kommt an

IMPERATIVE: komme an!, kommt an!, kommen Sie an!

INDICATIVE		SUBJUNCTIVE	
		PRIMARY	SECONDARY
		Present Time	
	Present	(*Pres. Subj.*)	(*Imperf. Subj.*)
ich	komme an	komme an	käme an
du	kommst an	kommest an	kämest an
er	kommt an	komme an	käme an
wir	kommen an	kommen an	kämen an
ihr	kommt an	kommet an	kämet an
sie	kommen an	kommen an	kämen an
	Imperfect		
ich	kam an		
du	kamst an		
er	kam an		
wir	kamen an		
ihr	kamt an		
sie	kamen an		
		Past Time	
	Perfect	(*Perf. Subj.*)	(*Pluperf. Subj.*)
ich	bin angekommen	sei angekommen	wäre angekommen
du	bist angekommen	seiest angekommen	wärest angekommen
er	ist angekommen	sei angekommen	wäre angekommen
wir	sind angekommen	seien angekommen	wären angekommen
ihr	seid angekommen	seiet angekommen	wäret angekommen
sie	sind angekommen	seien angekommen	wären angekommen
	Pluperfect		
ich	war angekommen		
du	warst angekommen		
er	war angekommen		
wir	waren angekommen		
ihr	wart angekommen		
sie	waren angekommen		
		Future Time	
	Future	(*Fut. Subj.*)	(*Pres. Conditional*)
ich	werde ankommen	werde ankommen	würde ankommen
du	wirst ankommen	werdest ankommen	würdest ankommen
er	wird ankommen	werde ankommen	würde ankommen
wir	werden ankommen	werden ankommen	würden ankommen
ihr	werdet ankommen	werdet ankommen	würdet ankommen
sie	werden ankommen	werden ankommen	würden ankommen
		Future Perfect Time	
	Future Perfect	(*Fut. Perf. Subj.*)	(*Past Conditional*)
ich	werde angekommen sein	werde angekommen sein	würde angekommen sein
du	wirst angekommen sein	werdest angekommen sein	würdest angekommen sein
er	wird angekommen sein	werde angekommen sein	würde angekommen sein
wir	werden angekommen sein	werden angekommen sein	würden angekommen sein
ihr	werdet angekommen sein	werdet angekommen sein	würdet angekommen sein
sie	werden angekommen sein	werden angekommen sein	würden angekommen sein

antworten

PRINC. PARTS: antworten, antwortete, geantwortet, antwortet
IMPERATIVE: antworte!, antwortet!, antworten Sie!

to answer, reply

	INDICATIVE	SUBJUNCTIVE PRIMARY	SUBJUNCTIVE SECONDARY
		Present Time	
	Present	(*Pres. Subj.*)	(*Imperf. Subj.*)
ich	antworte	antworte	antwortete
du	antwortest	antwortest	antwortetest
er	antwortet	antworte	antwortete
wir	antworten	antworten	antworteten
ihr	antwortet	antwortet	antwortetet
sie	antworten	antworten	antworteten
	Imperfect		
ich	antwortete		
du	antwortetest		
er	antwortete		
wir	antworteten		
ihr	antwortetet		
sie	antworteten		
		Past Time	
	Perfect	(*Perf. Subj.*)	(*Pluperf. Subj.*)
ich	habe geantwortet	habe geantwortet	hätte geantwortet
du	hast geantwortet	habest geantwortet	hättest geantwortet
er	hat geantwortet	habe geantwortet	hätte geantwortet
wir	haben geantwortet	haben geantwortet	hätten geantwortet
ihr	habt geantwortet	habet geantwortet	hättet geantwortet
sie	haben geantwortet	haben geantwortet	hätten geantwortet
	Pluperfect		
ich	hatte geantwortet		
du	hattest geantwortet		
er	hatte geantwortet		
wir	hatten geantwortet		
ihr	hattet geantwortet		
sie	hatten geantwortet		
		Future Time	
	Future	(*Fut. Subj.*)	(*Pres. Conditional*)
ich	werde antworten	werde antworten	würde antworten
du	wirst antworten	werdest antworten	würdest antworten
er	wird antworten	werde antworten	würde antworten
wir	werden antworten	werden antworten	würden antworten
ihr	werdet antworten	werdet antworten	würdet antworten
sie	werden antworten	werden antworten	würden antworten
		Future Perfect Time	
	Future Perfect	(*Fut. Perf. Subj.*)	(*Past Conditional*)
ich	werde geantwortet haben	werde geantwortet haben	würde geantwortet haben
du	wirst geantwortet haben	werdest geantwortet haben	würdest geantwortet haben
er	wird geantwortet haben	werde geantwortet haben	würde geantwortet haben
wir	werden geantwortet haben	werden geantwortet haben	würden geantwortet haben
ihr	werdet geantwortet haben	werdet geantwortet haben	würdet geantwortet haben
sie	werden geantwortet haben	werden geantwortet haben	würden geantwortet haben

sich anziehen

to get dressed

PRINC. PARTS: sich anziehen, zog sich an, sich angezogen, zieht sich an
IMPERATIVE: ziehe dich an!, zieht euch an!, ziehen Sie sich an!

INDICATIVE		SUBJUNCTIVE PRIMARY	SUBJUNCTIVE SECONDARY
		Present Time	
	Present	(*Pres. Subj.*)	(*Imperf. Subj.*)
ich	ziehe mich an	ziehe mich an	zöge mich an
du	ziehst dich an	ziehest dich an	zögest dich an
er	zieht sich an	ziehe sich an	zöge sich an
wir	ziehen uns an	ziehen uns an	zögen uns an
ihr	zieht euch an	ziehet euch an	zöget euch an
sie	ziehen sich an	ziehen sich an	zögen sich an
	Imperfect		
ich	zog mich an		
du	zogst dich an		
er	zog sich an		
wir	zogen uns an		
ihr	zogt euch an		
sie	zogen sich an		
		Past Time	
	Perfect	(*Perf. Subj.*)	(*Pluperf. Subj.*)
ich	habe mich angezogen	habe mich angezogen	hätte mich angezogen
du	hast dich angezogen	habest dich angezogen	hättest dich angezogen
er	hat sich angezogen	habe sich angezogen	hätte sich angezogen
wir	haben uns angezogen	haben uns angezogen	hätten uns angezogen
ihr	habt euch angezogen	habet euch angezogen	hättet euch angezogen
sie	haben sich angezogen	haben sich angezogen	hätten sich angezogen
	Pluperfect		
ich	hatte mich angezogen		
du	hattest dich angezogen		
er	hatte sich angezogen		
wir	hatten uns angezogen		
ihr	hattet euch angezogen		
sie	hatten sich angezogen		
		Future Time	
	Future	(*Fut. Subj.*)	(*Pres. Conditional*)
ich	werde mich anziehen	werde mich anziehen	würde mich anziehen
du	wirst dich anziehen	werdest dich anziehen	würdest dich anziehen
er	wird sich anziehen	werde sich anziehen	würde sich anziehen
wir	werden uns anziehen	werden uns anziehen	würden uns anziehen
ihr	werdet euch anziehen	werdet euch anziehen	würdet euch anziehen
sie	werden sich anziehen	werden sich anziehen	würden sich anziehen
		Future Perfect Time	
	Future Perfect	(*Fut. Perf. Subj.*)	(*Past Conditional*)
ich	werde mich angezogen haben	werde mich angezogen haben	würde mich angezogen haben
du	wirst dich angezogen haben	werdest dich angezogen haben	würdest dich angezogen haben
er	wird sich angezogen haben	werde sich angezogen haben	würde sich angezogen haben
wir	werden uns angezogen haben	werden uns angezogen haben	würden uns angezogen haben
ihr	werdet euch angezogen haben	werdet euch angezogen haben	würdet euch angezogen haben
sie	werden sich angezogen haben	werden sich angezogen haben	würden sich angezogen haben

PRINC. PARTS: arbeiten, arbeitete, gearbeitet, arbeitet
IMPERATIVE: arbeite!, arbeitet!, arbeiten Sie!

	INDICATIVE	SUBJUNCTIVE PRIMARY	SUBJUNCTIVE SECONDARY
		Present Time	
	Present	*(Pres. Subj.)*	*(Imperf. Subj.)*
ich	arbeite	arbeite	arbeitete
du	arbeitest	arbeitest	arbeitetest
er	arbeitet	arbeite	arbeitete
wir	arbeiten	arbeiten	arbeiteten
ihr	arbeitet	arbeitet	arbeitetet
sie	arbeiten	arbeiten	arbeiteten
	Imperfect		
ich	arbeitete		
du	arbeitetest		
er	arbeitete		
wir	arbeiteten		
ihr	arbeitetet		
sie	arbeiteten		
		Past Time	
	Perfect	*(Perf. Subj.)*	*(Pluperf. Subj.)*
ich	habe gearbeitet	habe gearbeitet	hätte gearbeitet
du	hast gearbeitet	habest gearbeitet	hättest gearbeitet
er	hat gearbeitet	habe gearbeitet	hätte gearbeitet
wir	haben gearbeitet	haben gearbeitet	hätten gearbeitet
ihr	habt gearbeitet	habet gearbeitet	hättet gearbeitet
sie	haben gearbeitet	haben gearbeitet	hätten gearbeitet
	Pluperfect		
ich	hatte gearbeitet		
du	hattest gearbeitet		
er	hatte gearbeitet		
wir	hatten gearbeitet		
ihr	hattet gearbeitet		
sie	hatten gearbeitet		
		Future Time	
	Future	*(Fut. Subj.)*	*(Pres. Conditional)*
ich	werde arbeiten	werde arbeiten	würde arbeiten
du	wirst arbeiten	werdest arbeiten	würdest arbeiten
er	wird arbeiten	werde arbeiten	würde arbeiten
wir	werden arbeiten	werden arbeiten	würden arbeiten
ihr	werdet arbeiten	werdet arbeiten	würdet arbeiten
sie	werden arbeiten	werden arbeiten	würden arbeiten
		Future Perfect Time	
	Future Perfect	*(Fut. Perf. Subj.)*	*(Past Conditional)*
ich	werde gearbeitet haben	werde gearbeitet haben	würde gearbeitet haben
du	wirst gearbeitet haben	werdest gearbeitet haben	würdest gearbeitet haben
er	wird gearbeitet haben	werde gearbeitet haben	würde gearbeitet haben
wir	werden gearbeitet haben	werden gearbeitet haben	würden gearbeitet haben
ihr	werdet gearbeitet haben	werdet gearbeitet haben	würdet gearbeitet haben
sie	werden gearbeitet haben	werden gearbeitet haben	würden gearbeitet haben

atmen

to breathe

PRINC. PARTS: atmen, atmete, geatmet, atmet
IMPERATIVE: atme!, atmet!, atmen Sie!

	INDICATIVE	SUBJUNCTIVE PRIMARY	SUBJUNCTIVE SECONDARY
		Present Time	
	Present	(*Pres. Subj.*)	(*Imperf. Subj.*)
ich	atme	atme	atmete
du	atmest	atmest	atmetest
er	atmet	atme	atmete
wir	atmen	atmen	atmeten
ihr	atmet	atmet	atmetet
sie	atmen	atmen	atmeten
	Imperfect		
ich	atmete		
du	atmetest		
er	atmete		
wir	atmeten		
ihr	atmetet		
sie	atmeten		
		Past Time	
	Perfect	(*Perf. Subj.*)	(*Pluperf. Subj.*)
ich	habe geatmet	habe geatmet	hätte geatmet
du	hast geatmet	habest geatmet	hättest geatmet
er	hat geatmet	habe geatmet	hätte geatmet
wir	haben geatmet	haben geatmet	hätten geatmet
ihr	habt geatmet	habet geatmet	hättet geatmet
sie	haben geatmet	haben geatmet	hätten geatmet
	Pluperfect		
ich	hatte geatmet		
du	hattest geatmet		
er	hatte geatmet		
wir	hatten geatmet		
ihr	hattet geatmet		
sie	hatten geatmet		
		Future Time	
	Future	(*Fut. Subj.*)	(*Pres. Conditional*)
ich	werde atmen	werde atmen	würde atmen
du	wirst atmen	werdest atmen	würdest atmen
er	wird atmen	werde atmen	würde atmen
wir	werden atmen	werden atmen	würden atmen
ihr	werdet atmen	werdet atmen	würdet atmen
sie	werden atmen	werden atmen	würden atmen
		Future Perfect Time	
	Future Perfect	(*Fut. Perf. Subj.*)	(*Past Conditional*)
ich	werde geatmet haben	werde geatmet haben	würde geatmet haben
du	wirst geatmet haben	werdest geatmet haben	würdest geatmet haben
er	wird geatmet haben	werde geatmet haben	würde geatmet haben
wir	werden geatmet haben	werden geatmet haben	würden geatmet haben
ihr	werdet geatmet haben	werdet geatmet haben	würdet geatmet haben
sie	werden geatmet haben	werden geatmet haben	würden geatmet haben

	INDICATIVE	SUBJUNCTIVE PRIMARY	SUBJUNCTIVE SECONDARY
		Present Time	
	Present	(*Pres. Subj.*)	(*Imperf. Subj.*)
ich	halte auf	halte auf	hielte auf
du	hältst auf	haltest auf	hieltest auf
er	hält auf	halte auf	hielte auf
wir	halten auf	halten auf	hielten auf
ihr	haltet auf	haltet auf	hieltet auf
sie	halten auf	halten auf	hielten auf
	Imperfect		
ich	hielt auf		
du	hieltest auf		
er	hielt auf		
wir	hielten auf		
ihr	hieltet auf		
sie	hielten auf		
		Past Time	
	Perfect	(*Perf. Subj.*)	(*Pluperf. Subj.*)
ich	habe aufgehalten	habe aufgehalten	hätte aufgehalten
du	hast aufgehalten	habest aufgehalten	hättest aufgehalten
er	hat aufgehalten	habe aufgehalten	hätte aufgehalten
wir	haben aufgehalten	haben aufgehalten	hätten aufgehalten
ihr	habt aufgehalten	habet aufgehalten	hättet aufgehalten
sie	haben aufgehalten	haben aufgehalten	hätten aufgehalten
	Pluperfect		
ich	hatte aufgehalten		
du	hattest aufgehalten		
er	hatte aufgehalten		
wir	hatten aufgehalten		
ihr	hattet aufgehalten		
sie	hatten aufgehalten		
		Future Time	
	Future	(*Fut. Subj.*)	(*Pres. Conditional*)
ich	werde aufhalten	werde aufhalten	würde aufhalten
du	wirst aufhalten	werdest aufhalten	würdest aufhalten
er	wird aufhalten	werde aufhalten	würde aufhalten
wir	werden aufhalten	werden aufhalten	würden aufhalten
ihr	werdet aufhalten	werdet aufhalten	würdet aufhalten
sie	werden aufhalten	werden aufhalten	würden aufhalten
		Future Perfect Time	
	Future Perfect	(*Fut. Perf. Subj.*)	(*Past Conditional*)
ich	werde aufgehalten haben	werde aufgehalten haben	würde aufgehalten haben
du	wirst aufgehalten haben	werdest aufgehalten haben	würdest aufgehalten haben
er	wird aufgehalten haben	werde aufgehalten haben	würde aufgehalten haben
wir	werden aufgehalten haben	werden aufgehalten haben	würden aufgehalten haben
ihr	werdet aufgehalten haben	werdet aufgehalten haben	würdet aufgehalten haben
sie	werden aufgehalten haben	werden aufgehalten haben	würden aufgehalten haben

auskommen

to come out; have enough of, make do; get along with

PRINC. PARTS: auskommen, kam aus, ist ausgekommen, kommt aus
IMPERATIVE: komme aus!, kommt aus!, kommen Sie aus!

INDICATIVE		SUBJUNCTIVE	
		PRIMARY	SECONDARY
		Present Time	
	Present	(*Pres. Subj.*)	(*Imperf. Subj.*)
ich	komme aus	komme aus	käme aus
du	kommst aus	kommest aus	kämest aus
er	kommt aus	komme aus	käme aus
wir	kommen aus	kommen aus	kämen aus
ihr	kommt aus	kommet aus	kämet aus
sie	kommen aus	kommen aus	kämen aus
	Imperfect		
ich	kam aus		
du	kamst aus		
er	kam aus		
wir	kamen aus		
ihr	kamt aus		
sie	kamen aus		
		Past Time	
	Perfect	(*Perf. Subj.*)	(*Pluperf. Subj.*)
ich	bin ausgekommen	sei ausgekommen	wäre ausgekommen
du	bist ausgekommen	seiest ausgekommen	wärest ausgekommen
er	ist ausgekommen	sei ausgekommen	wäre ausgekommen
wir	sind ausgekommen	seien ausgekommen	wären ausgekommen
ihr	seid ausgekommen	seiet ausgekommen	wäret ausgekommen
sie	sind ausgekommen	seien ausgekommen	wären ausgekommen
	Pluperfect		
ich	war ausgekommen		
du	warst ausgekommen		
er	war ausgekommen		
wir	waren ausgekommen		
ihr	wart ausgekommen		
sie	waren ausgekommen		
		Future Time	
	Future	(*Fut. Subj.*)	(*Pres. Conditional*)
ich	werde auskommen	werde auskommen	würde auskommen
du	wirst auskommen	werdest auskommen	würdest auskommen
er	wird auskommen	werde auskommen	würde auskommen
wir	werden auskommen	werden auskommen	würden auskommen
ihr	werdet auskommen	werdet auskommen	würdet auskommen
sie	werden auskommen	werden auskommen	würden auskommen
		Future Perfect Time	
	Future Perfect	(*Fut. Perf. Subj.*)	(*Past Conditional*)
ich	werde ausgekommen sein	werde ausgekommen sein	würde ausgekommen sein
du	wirst ausgekommen sein	werdest ausgekommen sein	würdest ausgekommen sein
er	wird ausgekommen sein	werde ausgekommen sein	würde ausgekommen sein
wir	werden ausgekommen sein	werden ausgekommen sein	würden ausgekommen sein
ihr	werdet ausgekommen sein	werdet ausgekommen sein	würdet ausgekommen sein
sie	werden ausgekommen sein	werden ausgekommen sein	würden ausgekommen sein

ausstellen

PRINC. PARTS: ausstellen, stellte aus, ausgestellt, stellt aus
IMPERATIVE: stelle aus!, stellt aus!, stellen Sie aus!

to exhibit, expose; write out

INDICATIVE		SUBJUNCTIVE PRIMARY	SUBJUNCTIVE SECONDARY
		Present Time	
	Present	(*Pres. Subj.*)	(*Imperf. Subj.*)
ich	stelle aus	stelle aus	stellte aus
du	stellst aus	stellest aus	stelltest aus
er	stellt aus	stelle aus	stellte aus
wir	stellen aus	stellen aus	stellten aus
ihr	stellt aus	stellet aus	stelltet aus
sie	stellen aus	stellen aus	stellten aus
	Imperfect		
ich	stellte aus		
du	stelltest aus		
er	stellte aus		
wir	stellten aus		
ihr	stelltet aus		
sie	stellten aus		
		Past Time	
	Perfect	(*Perf. Subj.*)	(*Pluperf. Subj.*)
ich	habe ausgestellt	habe ausgestellt	hätte ausgestellt
du	hast ausgestellt	habest ausgestellt	hättest ausgestellt
er	hat ausgestellt	habe ausgestellt	hätte ausgestellt
wir	haben ausgestellt	haben ausgestellt	hätten ausgestellt
ihr	habt ausgestellt	habet ausgestellt	hättet ausgestellt
sie	haben ausgestellt	haben ausgestellt	hätten ausgestellt
	Pluperfect		
ich	hatte ausgestellt		
du	hattest ausgestellt		
er	hatte ausgestellt		
wir	hatten ausgestellt		
ihr	hattet ausgestellt		
sie	hatten ausgestellt		
		Future Time	
	Future	(*Fut. Subj.*)	(*Pres. Conditional*)
ich	werde ausstellen	werde ausstellen	würde ausstellen
du	wirst ausstellen	werdest ausstellen	würdest ausstellen
er	wird ausstellen	werde ausstellen	würde ausstellen
wir	werden ausstellen	werden ausstellen	würden ausstellen
ihr	werdet ausstellen	werdet ausstellen	würdet ausstellen
sie	werden ausstellen	werden ausstellen	würden ausstellen
		Future Perfect Time	
	Future Perfect	(*Fut. Perf. Subj.*)	(*Past Conditional*)
ich	werde ausgestellt haben	werde ausgestellt haben	würde ausgestellt haben
du	wirst ausgestellt haben	werdest ausgestellt haben	würdest ausgestellt haben
er	wird ausgestellt haben	werde ausgestellt haben	würde ausgestellt haben
wir	werden ausgestellt haben	werden ausgestellt haben	würden ausgestellt haben
ihr	werdet ausgestellt haben	werdet ausgestellt haben	würdet ausgestellt haben
sie	werden ausgestellt haben	werden ausgestellt haben	würden ausgestellt haben

sich ausziehen

to get undressed

PRINC. PARTS: sich ausziehen, zog sich aus, hat sich ausgezogen, zieht sich aus

IMPERATIVE: ziehe dich aus!, zieht euch aus! ziehen Sie sich aus!

	INDICATIVE	SUBJUNCTIVE PRIMARY	SUBJUNCTIVE SECONDARY
		Present Time	
	Present	(*Pres. Subj.*)	(*Imperf. Subj.*)
ich	ziehe mich aus	ziehe mich aus	zöge mich aus
du	ziehst dich aus	ziehest dich aus	zögest dich aus
er	zieht sich aus	ziehe sich aus	zöge sich aus
wir	ziehen uns aus	ziehen uns aus	zögen uns aus
ihr	zieht euch aus	ziehet euch aus	zöget euch aus
sie	ziehen sich aus	ziehen sich aus	zögen sich aus
	Imperfect		
ich	zog mich aus		
du	zogst dich aus		
er	zog sich aus		
wir	zogen uns aus		
ihr	zogt euch aus		
sie	zogen sich aus		
		Past Time	
	Perfect	(*Perf. Subj.*)	(*Pluperf. Subj.*)
ich	habe mich ausgezogen	habe mich ausgezogen	hätte mich ausgezogen
du	hast dich ausgezogen	habest dich ausgezogen	hättest dich ausgezogen
er	hat sich ausgezogen	habe sich ausgezogen	hätte sich ausgezogen
wir	haben uns ausgezogen	haben uns ausgezogen	hätten uns ausgezogen
ihr	habt euch ausgezogen	habet euch ausgezogen	hättet euch ausgezogen
sie	haben sich ausgezogen	haben sich ausgezogen	hätten sich ausgezogen
	Pluperfect		
ich	hatte mich ausgezogen		
du	hattest dich ausgezogen		
er	hatte sich ausgezogen		
wir	hatten uns ausgezogen		
ihr	hattet euch ausgezogen		
sie	hatten sich ausgezogen		
		Future Time	
	Future	(*Fut. Subj.*)	(*Pres. Conditional*)
ich	werde mich ausziehen	werde mich ausziehen	würde mich ausziehen
du	wirst dich ausziehen	werdest dich ausziehen	würdest dich ausziehen
er	wird sich ausziehen	werde sich ausziehen	würde sich ausziehen
wir	werden uns ausziehen	werden uns ausziehen	würden uns ausziehen
ihr	werdet euch ausziehen	werdet euch ausziehen	würdet euch ausziehen
sie	werden sich ausziehen	werden sich ausziehen	würden sich ausziehen
		Future Perfect Time	
	Future Perfect	(*Fut. Perf. Subj.*)	(*Past Conditional*)
ich	werde mich ausgezogen haben	werde mich ausgezogen haben	würde mich ausgezogen haben
du	wirst dich ausgezogen haben	werdest dich ausgezogen haben	würdest dich ausgezogen haben
er	wird sich ausgezogen haben	werde sich ausgezogen haben	würde sich ausgezogen haben
wir	werden uns ausgezogen haben	werden uns ausgezogen haben	würden uns ausgezogen haben
ihr	werdet euch ausgezogen haben	werdet euch ausgezogen haben	würdet euch ausgezogen haben
sie	werden sich ausgezogen haben	werden sich ausgezogen haben	würden sich ausgezogen haben

PRINC. PARTS: backen, buk (backte), gebacken, bäckt
IMPERATIVE: backe!, backt!, backen Sie!

	INDICATIVE	SUBJUNCTIVE PRIMARY	SUBJUNCTIVE SECONDARY
		Present Time	
	Present	*(Pres. Subj.)*	*(Imperf. Subj.)*
ich	backe	backe	büke *or* backte
du	bäckst	backest	bükest *or* backtest
er	bäckt	backe	büke *or* backte
wir	backen	backen	büken *or* backten
ihr	backt	backet	büket *or* backtet
sie	backen	backen	büken *or* backten
	Imperfect		
ich	buk *or* backte		
du	bukst *or* backtest		
er	buk *or* backte		
wir	buken *or* backten		
ihr	bukt *or* backtet		
sie	buken *or* backten		
		Past Time	
	Perfect	*(Perf. Subj.)*	*(Pluperf. Subj.)*
ich	habe gebacken	habe gebacken	hätte gebacken
du	hast gebacken	habest gebacken	hättest gebacken
er	hat gebacken	habe gebacken	hätte gebacken
wir	haben gebacken	haben gebacken	hätten gebacken
ihr	habt gebacken	habet gebacken	hättet gebacken
sie	haben gebacken	haben gebacken	hätten gebacken
	Pluperfect		
ich	hatte gebacken		
du	hattest gebacken		
er	hatte gebacken		
wir	hatten gebacken		
ihr	hattet gebacken		
sie	hatten gebacken		
		Future Time	
	Future	*(Fut. Subj.)*	*(Pres. Conditional)*
ich	werde backen	werde backen	würde backen
du	wirst backen	werdest backen	würdest backen
er	wird backen	werde backen	würde backen
wir	werden backen	werden backen	würden backen
ihr	werdet backen	werdet backen	würdet backen
sie	werden backen	werden backen	würden backen
		Future Perfect Time	
	Future Perfect	*(Fut. Perf. Subj.)*	*(Past Conditional)*
ich	werde gebacken haben	werde gebacken haben	würde gebacken haben
du	wirst gebacken haben	werdest gebacken haben	würdest gebacken haben
er	wird gebacken haben	werde gebacken haben	würde gebacken haben
wir	werden gebacken haben	werden gebacken haben	würden gebacken haben
ihr	werdet gebacken haben	werdet gebacken haben	würdet gebacken haben
sie	werden gebacken haben	werden gebacken haben	würden gebacken haben

baden

to bathe

PRINC. PARTS: baden, badete, gebadet, badet
IMPERATIVE: bade!, badet!, baden Sie!

INDICATIVE		SUBJUNCTIVE	
		PRIMARY	SECONDARY
		Present Time	
	Present	(*Pres. Subj.*)	(*Imperf. Subj.*)
ich	bade	bade	badete
du	badest	badest	badetest
er	badet	bade	badete
wir	baden	baden	badeten
ihr	badet	badet	badetet
sie	baden	baden	badeten
	Imperfect		
ich	badete		
du	badetest		
er	badete		
wir	badeten		
ihr	badetet		
sie	badeten		
		Past Time	
	Perfect	(*Perf. Subj.*)	(*Pluperf. Subj.*)
ich	habe gebadet	habe gebadet	hätte gebadet
du	hast gebadet	habest gebadet	hättest gebadet
er	hat gebadet	habe gebadet	hätte gebadet
wir	haben gebadet	haben gebadet	hätten gebadet
ihr	habt gebadet	habet gebadet	hättet gebadet
sie	haben gebadet	haben gebadet	hätten gebadet
	Pluperfect		
ich	hatte gebadet		
du	hattest gebadet		
er	hatte gebadet		
wir	hatten gebadet		
ihr	hattet gebadet		
sie	hatten gebadet		
		Future Time	
	Future	(*Fut. Subj.*)	(*Pres. Conditional*)
ich	werde baden	werde baden	würde baden
du	wirst baden	werdest baden	würdest baden
er	wird baden	werde baden	würde baden
wir	werden baden	werden baden	würden baden
ihr	werdet baden	werdet baden	würdet baden
sie	werden baden	werden baden	würden baden
		Future Perfect Time	
	Future Perfect	(*Fut. Perf. Subj.*)	(*Past Conditional*)
ich	werde gebadet haben	werde gebadet haben	würde gebadet haben
du	wirst gebadet haben	werdest gebadet haben	würdest gebadet haben
er	wird gebadet haben	werde gebadet haben	würde gebadet haben
wir	werden gebadet haben	werden gebadet haben	würden gebadet haben
ihr	werdet gebadet haben	werdet gebadet haben	würdet gebadet haben
sie	werden gebadet haben	werden gebadet haben	würden gebadet haben

bauen

PRINC. PARTS: bauen, baute, gebaut, baut — *to build, construct, cultivate, mine*
IMPERATIVE: baue!, baut!, bauen Sie!

INDICATIVE	SUBJUNCTIVE: PRIMARY	SUBJUNCTIVE: SECONDARY
	Present Time	
Present	(*Pres. Subj.*)	(*Imperf. Subj.*)
ich baue	baue	baute
du baust	bauest	bautest
er baut	baue	baute
wir bauen	bauen	bauten
ihr baut	bauet	bautet
sie bauen	bauen	bauten

INDICATIVE		
Imperfect		
ich baute		
du bautest		
er baute		
wir bauten		
ihr bautet		
sie bauten		
	Past Time	
Perfect	(*Perf. Subj.*)	(*Pluperf. Subj.*)
ich habe gebaut	habe gebaut	hätte gebaut
du hast gebaut	habest gebaut	hättest gebaut
er hat gebaut	habe gebaut	hätte gebaut
wir haben gebaut	haben gebaut	hätten gebaut
ihr habt gebaut	habet gebaut	hättet gebaut
sie haben geabut	haben gebaut	hätten gebaut
Pluperfect		
ich hatte gebaut		
du hattest gebaut		
er hatte gebaut		
wir hatten gebaut		
ihr hattet gebaut		
sie hatten gebaut		

INDICATIVE	SUBJUNCTIVE: PRIMARY	SUBJUNCTIVE: SECONDARY
	Future Time	
Future	(*Fut. Subj.*)	(*Pres. Conditional*)
ich werde bauen	werde bauen	würde bauen
du wirst bauen	werdest bauen	würdest bauen
er wird bauen	werde bauen	würde bauen
wir werden bauen	werden bauen	würden bauen
ihr werdet bauen	werdet bauen	würdet bauen
sie werden bauen	werden bauen	würden bauen
	Future Perfect Time	
Future Perfect	(*Fut. Perf. Subj.*)	(*Past Conditional*)
ich werde gebaut haben	werde gebaut haben	würde gebaut haben
du wirst gebaut haben	werdest gebaut haben	würdest gebaut haben
er wird gebaut haben	werde gebaut haben	würde gebaut haben
wir werden gebaut haben	werden gebaut haben	würden gebaut haben
ihr werdet gebaut haben	werdet gebaut haben	würdet gebaut haben
sie werden gebaut haben	werden gebaut haben	würden gebaut haben

beben

to tremble, quake

PRINC. PARTS: beben, bebte, gebebt, bebt
IMPERATIVE: bebe!, bebt!, beben Sie!

INDICATIVE		SUBJUNCTIVE	
		PRIMARY	SECONDARY
		Present Time	
	Present	(*Pres. Subj.*)	(*Imperf. Subj.*)
ich	bebe	bebe	bebte
du	bebst	bebest	bebtest
er	bebt	bebe	bebte
wir	beben	beben	bebten
ihr	bebt	bebet	bebtet
sie	beben	beben	bebten
	Imperfect		
ich	bebte		
du	bebtest		
er	bebte		
wir	bebten		
ihr	bebtet		
sie	bebten		
		Past Time	
	Perfect	(*Perf. Subj.*)	(*Pluperf. Subj.*)
ich	habe gebebt	habe gebebt	hätte gebebt
du	hast gebebt	habest gebebt	hättest gebebt
er	hat gebebt	habe gebebt	hätte gebebt
wir	haben gebebt	haben gebebt	hätten gebebt
ihr	habt gebebt	habet gebebt	hättet gebebt
sie	haben gebebt	haben gebebt	hätten gebebt
	Pluperfect		
ich	hatte gebebt		
du	hattest gebebt		
er	hatte gebebt		
wir	hatten gebebt		
ihr	hattet gebebt		
sie	hatten gebebt		
		Future Time	
	Future	(*Fut. Subj.*)	(*Pres. Conditional*)
ich	werde beben	werde beben	würde beben
du	wirst beben	werdest beben	würdest beben
er	wird beben	werde beben	würde beben
wir	werden beben	werden beben	würden beben
ihr	werdet beben	werdet beben	würdet beben
sie	werden beben	werden beben	würden beben
		Future Perfect Time	
	Future Perfect	(*Fut. Perf. Subj.*)	(*Past Conditional*)
ich	werde gebebt haben	werde gebebt haben	würde gebebt haben
du	wirst gebebt haben	werdest gebebt haben	würdest gebebt haben
er	wird gebebt haben	werde gebebt haben	würde gebebt haben
wir	werden gebebt haben	werden gebebt haben	würden gebebt haben
ihr	werdet gebebt haben	werdet gebebt haben	würdet gebebt haben
sie	werden gebebt haben	werden gebebt haben	würden gebebt haben

bedeuten

PRINC. PARTS: bedeuten, bedeutete, bedeutet, bedeutet
IMPERATIVE: bedeute!, bedeutet!, bedeuten Sie!

to mean, signify

	INDICATIVE	SUBJUNCTIVE PRIMARY	SUBJUNCTIVE SECONDARY
		Present Time	
	Present	(*Pres. Subj.*)	(*Imperf. Subj.*)
ich	bedeute	bedeute	bedeutete
du	bedeutest	bedeutest	bedeutetest
er	bedeutet	bedeute	bedeutete
wir	bedeuten	bedeuten	bedeuteten
ihr	bedeutet	bedeutet	bedeutetet
sie	bedeuten	bedeuten	bedeuteten
	Imperfect		
ich	bedeutete		
du	bedeutetest		
er	bedeutete		
wir	bedeuteten		
ihr	bedeutetet		
sie	bedeuteten		
		Past Time	
	Perfect	(*Perf. Subj.*)	(*Pluperf. Subj.*)
ich	habe bedeutet	habe bedeutet	hätte bedeutet
du	hast bedeutet	habest bedeutet	hättest bedeutet
er	hat bedeutet	habe bedeutet	hätte bedeutet
wir	haben bedeutet	haben bedeutet	hätten bedeutet
ihr	habt bedeutet	habet bedeutet	hättet bedeutet
sie	haben bedeutet	haben bedeutet	hätten bedeutet
	Pluperfect		
ich	hatte bedeutet		
du	hattest bedeutet		
er	hatte bedeutet		
wir	hatten bedeutet		
ihr	hattet bedeutet		
sie	hatten bedeutet		
		Future Time	
	Future	(*Fut. Subj.*)	(*Pres. Conditional*)
ich	werde bedeuten	werde bedeuten	würde bedeuten
du	wirst bedeuten	werdest bedeuten	würdest bedeuten
er	wird bedeuten	werde bedeuten	würde bedeuten
wir	werden bedeuten	werden bedeuten	würden bedeuten
ihr	werdet bedeuten	werdet bedeuten	würdet bedeuten
sie	werden bedeuten	werden bedeuten	würden bedeuten
		Future Perfect Time	
	Future Perfect	(*Fut. Perf. Subj.*)	(*Past Conditional*)
ich	werde bedeutet haben	werde bedeutet haben	würde bedeutet haben
du	wirst bedeutet haben	werdest bedeutet haben	würdest bedeutet haben
er	wird bedeutet haben	werde bedeutet haben	würde bedeutet haben
wir	werden bedeutet haben	werden bedeutet haben	würden bedeutet haben
ihr	werdet bedeutet haben	werdet bedeutet haben	würdet bedeutet haben
sie	werden bedeutet haben	werden bedeutet haben	würden bedeutet haben

sich bedienen

to help one's-self; make use of something

PRINC. PARTS: sich bedienen, bediente sich, hat sich bedient, bedient sich
IMPERATIVE: bediene dich!, bedient euch!, bedienen Sie sich!

INDICATIVE		SUBJUNCTIVE PRIMARY	SUBJUNCTIVE SECONDARY
		Present Time	
	Present	(*Pres. Subj.*)	(*Imperf. Subj.*)
ich	bediene mich	bediene mich	bediente mich
du	bedienst dich	bedienest dich	bedientest dich
er	bedient sich	bediene sich	bediente sich
wir	bedienen uns	bedienen uns	bedienten uns
ihr	bedient euch	bedienet euch	bedientet euch
sie	bedienen sich	bedienen sich	bedienten sich
	Imperfect		
ich	bediente mich		
du	bedientest dich		
er	bediente sich		
wir	bedienten uns		
ihr	bedientet euch		
sie	bedienten sich		
		Past Time	
	Perfect	(*Perf. Subj.*)	(*Pluperf. Subj.*)
ich	habe mich bedient	habe mich bedient	hätte mich bedient
du	hast dich bedient	habest dich bedient	hättest dich bedient
er	hat sich bedient	habe sich bedient	hätte sich bedient
wir	haben uns bedient	haben uns bedient	hätten uns bedient
ihr	habt euch bedient	habet euch bedient	hättet euch bedient
sie	haben sich bedient	haben sich bedient	hätten sich bedient
	Pluperfect		
ich	hatte mich bedient		
du	hattest dich bedient		
er	hatte sich bedient		
wir	hatten uns bedient		
ihr	hattet euch bedient		
sie	hatten sich bedient		
		Future Time	
	Future	(*Fut. Subj.*)	(*Pres. Conditional*)
ich	werde mich bedienen	werde mich bedienen	würde mich bedienen
du	wirst dich bedienen	werdest dich bedienen	würdest dich bedienen
er	wird sich bedienen	werde sich bedienen	würde sich bedienen
wir	werden uns bedienen	werden uns bedienen	würden uns bedienen
ihr	werdet euch bedienen	werdet euch bedienen	würdet euch bedienen
sie	werden sich bedienen	werden sich bedienen	würden sich bedienen
		Future Perfect Time	
	Future Perfect	(*Fut. Perf. Subj.*)	(*Past Conditional*)
ich	werde mich bedient haben	werde mich bedient haben	würde mich bedient haben
du	wirst dich bedient haben	werdest dich bedient haben	würdest dich bedient haben
er	wird sich bedient haben	werde sich bedient haben	würde sich bedient haben
wir	werden uns bedient haben	werden uns bedient haben	würden uns bedient haben
ihr	werdet euch bedient haben	werdet euch bedient haben	würdet euch bedient haben
sie	werden sich bedient haben	werden sich bedient haben	würden sich bedient haben

PRINC. PARTS: bedingen, bedingte, bedungen, bedingt
IMPERATIVE: bedinge!, bedingt!, bedingen Sie!

to stipulate, limit

INDICATIVE	SUBJUNCTIVE PRIMARY	SUBJUNCTIVE SECONDARY
	Present Time	
Present	*(Pres. Subj.)*	*(Imperf. Subj.)*
ich bedinge	bedinge	bedünge
du bedingst	bedingest	bedüngest
er bedingt	bedinge	bedünge
wir bedingen	bedingen	bedüngen
ihr bedingt	bedinget	bedünget
sie bedingen	bedingen	bedüngen
Imperfect		
ich bedingte		
du bedingtest		
er bedingte		
wir bedingten		
ihr bedingtet		
sie bedingten		
	Past Time	
Perfect	*(Perf. Subj.)*	*(Pluperf. Subj.)*
ich habe bedungen	habe bedungen	hätte bedungen
du hast bedungen	habest bedungen	hättest bedungen
er hat bedungen	habe bedungen	hätte bedungen
wir haben bedungen	haben bedungen	hätten bedungen
ihr habt bedungen	habet bedungen	hättet bedungen
sie haben bedungen	haben bedungen	hätten bedungen
Pluperfect		
ich hatte bedungen		
du hattest bedungen		
er hatte bedungen		
wir hatten bedungen		
ihr hattet bedungen		
sie hatten bedungen		
	Future Time	
Future	*(Fut. Subj.)*	*(Pres. Conditional)*
ich werde bedingen	werde bedingen	würde bedingen
du wirst bedingen	werdest bedingen	würdest bedingen
er wird bedingen	werde bedingen	würde bedingen
wir werden bedingen	werden bedingen	würden bedingen
ihr werdet bedingen	werdet bedingen	würdet bedingen
sie werden bedingen	werden bedingen	würden bedingen
	Future Perfect Time	
Future Perfect	*(Fut. Perf. Subj.)*	*(Past Conditional)*
ich werde bedungen haben	werde bedungen haben	würde bedungen haben
du wirst bedungen haben	werdest bedungen haben	würdest bedungen haben
er wird bedungen haben	werde bedungen haben	würde bedungen haben
wir werden bedungen haben	werden bedungen haben	würden bedungen haben
ihr werdet bedungen haben	werdet bedungen haben	würdet bedungen haben
sie werden bedungen haben	werden bedungen haben	würden bedungen haben

sich beeilen

to hurry

PRINC. PARTS: sich beeilen, beeilte sich, hat sich beeilt, beeilt sich
IMPERATIVE: beeile dich!, beeilt euch!, beeilen Sie sich!

	INDICATIVE	SUBJUNCTIVE PRIMARY	SUBJUNCTIVE SECONDARY
		Present Time	
	Present	(*Pres. Subj.*)	(*Imperf. Subj.*)
ich	beeile mich	beeile mich	beeilte mich
du	beeilst dich	beeilest dich	beeiltest dich
er	beeilt sich	beeile sich	beeilte sich
wir	beeilen uns	beeilen uns	beeilten uns
ihr	beeilt euch	beeilet euch	beeiltet euch
sie	beeilen sich	beeilen sich	beeilten sich
	Imperfect		
ich	beeilte mich		
du	beeiltest dich		
er	beeilte sich		
wir	beeilten uns		
ihr	beeiltet euch		
sie	beeilten sich		
		Past Time	
	Perfect	(*Perf. Subj.*)	(*Pluperf. Subj.*)
ich	habe mich beeilt	habe mich beeilt	hätte mich beeilt
du	hast dich beeilt	habest dich beeilt	hättest dich beeilt
er	hat sich beeilt	habe sich beeilt	hätte sich beeilt
wir	haben uns beeilt	haben uns beeilt	hätten uns beeilt
ihr	habt euch beeilt	habet euch beeilt	hättet euch beeilt
sie	haben sich beeilt	haben sich beeilt	hätten sich beeilt
	Pluperfect		
ich	hatte mich beeilt		
du	hattest dich beeilt		
er	hatte sich beeilt		
wir	hatten uns beeilt		
ihr	hattet euch beeilt		
sie	hatten sich beeilt		
		Future Time	
	Future	(*Fut. Subj.*)	(*Pres. Conditional*)
ich	werde mich beeilen	werde mich beeilen	würde mich beeilen
du	wirst dich beeilen	werdest dich beeilen	würdest dich beeilen
er	wird sich beeilen	werde sich beeilen	würde sich beeilen
wir	werden uns beeilen	werden uns beeilen	würden uns beeilen
ihr	werdet euch beeilen	werdet euch beeilen	würdet euch beeilen
sie	werden sich beeilen	werden sich beeilen	würden sich beeilen
		Future Perfect Time	
	Future Perfect	(*Fut. Perf. Subj.*)	(*Past Conditional*)
ich	werde mich beeilt haben	werde mich beeilt haben	würde mich beeilt haben
du	wirst dich beeilt haben	werdest dich beeilt haben	würdest dich beeilt haben
er	wird sich beeilt haben	werde sich beeilt haben	würde sich beeilt haben
wir	werden uns beeilt haben	werden uns beeilt haben	würden uns beeilt haben
ihr	werdet euch beeilt haben	werdet euch beeilt haben	würdet euch beeilt haben
sie	werden sich beeilt haben	werden sich beeilt haben	würden sich beeilt haben

befehlen

PRINC. PARTS: befehlen, befahl, befohlen, befiehlt
IMPERATIVE: befiehl!, befehlt!, befehlen Sie!

to order, command

INDICATIVE		SUBJUNCTIVE	
		PRIMARY	SECONDARY
		Present Time	
	Present	*(Pres. Subj.)*	*(Imperf. Subj.)*
ich	befehle	befehle	beföhle
du	befiehlst	befehlest	beföhlest
er	befiehlt	befehle	beföhle
wir	befehlen	befehlen	beföhlen
ihr	befehlt	befehlet	beföhlet
sie	befehlen	befehlen	beföhlen
	Imperfect		
ich	befahl		
du	befahlst		
er	befahl		
wir	befahlen		
ihr	befahlt		
sie	befahlen		
		Past Time	
	Perfect	*(Perf. Subj.)*	*(Pluperf. Subj.)*
ich	habe befohlen	habe befohlen	hätte befohlen
du	hast befohlen	habest befohlen	hättest befohlen
er	hat befohlen	habe befohlen	hätte befohlen
wir	haben befohlen	haben befohlen	hätten befohlen
ihr	habt befohlen	habet befohlen	hättet befohlen
sie	haben befohlen	haben befohlen	hätten befohlen
	Pluperfect		
ich	hatte befohlen		
du	hattest befohlen		
er	hatte befohlen		
wir	hatten befohlen		
ihr	hattet befohlen		
sie	hatten befohlen		
		Future Time	
	Future	*(Fut. Subj.)*	*(Pres. Conditional)*
ich	werde befehlen	werde befehlen	würde befehlen
du	wirst befehlen	werdest befehlen	würdest befehlen
er	wird befehlen	werde befehlen	würde befehlen
wir	werden befehlen	werden befehlen	würden befehlen
ihr	werdet befehlen	werdet befehlen	würdet befehlen
sie	werden befehlen	werden befehlen	würden befehlen
		Future Perfect Time	
	Future Perfect	*(Fut. Perf. Subj.)*	*(Past Conditional)*
ich	werde befohlen haben	werde befohlen haben	würde befohlen haben
du	wirst befohlen haben	werdest befohlen haben	würdest befohlen haben
er	wird befohlen haben	werde befohlen haben	würde befohlen haben
wir	werden befohlen haben	werden befohlen haben	würden befohlen haben
ihr	werdet befohlen haben	werdet befohlen haben	würdet befohlen haben
sie	werden befohlen haben	werden befohlen haben	würden befohlen haben

sich befinden

to be, find oneself, feel

PRINC. PARTS: sich befinden, befand sich, hat sich befunden, befindet sich
IMPERATIVE: befinde dich!, befindet euch!, befinden Sie sich!

INDICATIVE		SUBJUNCTIVE	
		PRIMARY	SECONDARY
		Present Time	
	Present	(*Pres. Subj.*)	(*Imperf. Subj.*)
ich	befinde mich	befinde mich	befände mich
du	befindest dich	befindest dich	befändest dich
er	befindet sich	befinde sich	befände sich
wir	befinden uns	befinden uns	befänden uns
ihr	befindet euch	befindet euch	befändet euch
sie	befinden sich	befinden sich	befänden sich
	Imperfect		
ich	befand mich		
du	befandest dich		
er	befand sich		
wir	befanden uns		
ihr	befandet euch		
sie	befanden sich		
		Past Time	
	Perfect	(*Perf. Subj.*)	(*Pluperf. Subj.*)
ich	habe mich befunden	habe mich befunden	hätte mich befunden
du	hast dich befunden	habest dich befunden	hättest dich befunden
er	hat sich befunden	habe sich befunden	hätte sich befunden
wir	haben uns befunden	haben uns befunden	hätten uns befunden
ihr	habt euch befunden	habet euch befunden	hättet euch befunden
sie	haben sich befunden	haben sich befunden	hätten sich befunden
	Pluperfect		
ich	hatte mich befunden		
du	hattest dich befunden		
er	hatte sich befunden		
wir	hatten uns befunden		
ihr	hattet euch befunden		
sie	hatten sich befunden		
		Future Time	
	Future	(*Fut. Subj.*)	(*Pres. Conditional*)
ich	werde mich befinden	werde mich befinden	würde mich befinden
du	wirst dich befinden	werdest dich befinden	würdest dich befinden
er	wird sich befinden	werde sich befinden	würde sich befinden
wir	werden uns befinden	werden uns befinden	würden uns befinden
ihr	werdet euch befinden	werdet euch befinden	würdet euch befinden
sie	werden sich befinden	werden sich befinden	würden sich befinden
		Future Perfect Time	
	Future Perfect	(*Fut. Perf. Subj.*)	(*Past Conditional*)
ich	werde mich befunden haben	werde mich befunden haben	würde mich befunden haben
du	wirst dich befunden haben	werdest dich befunden haben	würdest dich befunden haben
er	wird sich befunden haben	werde sich befunden haben	würde sich befunden haben
wir	werden uns befunden haben	werden uns befunden haben	würden uns befunden haben
ihr	werdet euch befunden haben	werdet euch befunden haben	würdet euch befunden haben
sie	werden sich befunden haben	werden sich befunden haben	würden sich befunden haben

PRINC. PARTS: befreien, befreite, befreit, befreit
IMPERATIVE: befreie!, befreit!, befreien Sie! *to liberate, set free; exempt*

	INDICATIVE	SUBJUNCTIVE PRIMARY	SUBJUNCTIVE SECONDARY
		Present Time	
	Present	*(Pres. Subj.)*	*(Imperf. Subj.)*
ich	befreie	befreie	befreite
du	befreist	befreiest	befreitest
er	befreit	befreie	befreite
wir	befreien	befreien	befreiten
ihr	befreit	befreiet	befreitet
sie	befreien	befreien	befreiten
	Imperfect		
ich	befreite		
du	befreitest		
er	befreite		
wir	befreiten		
ihr	befreitet		
sie	befreiten		
		Past Time	
	Perfect	*(Perf. Subj.)*	*(Pluperf. Subj.)*
ich	habe befreit	habe befreit	hätte befreit
du	hast befreit	habest befreit	hättest befreit
er	hat befreit	habe befreit	hätte befreit
wir	haben befreit	haben befreit	hätten befreit
ihr	habt befreit	habet befreit	hättet befreit
sie	haben befreit	haben befreit	hätten befreit
	Pluperfect		
ich	hatte befreit		
du	hattest befreit		
er	hatte befreit		
wir	hatten befreit		
ihr	hattet befreit		
sie	hatten befreit		
		Future Time	
	Future	*(Fut. Subj.)*	*(Pres. Conditional)*
ich	werde befreien	werde befreien	würde befreien
du	wirst befreien	werdest befreien	würdest befreien
er	wird befreien	werde befreien	würde befreien
wir	werden befreien	werden befreien	würden befreien
ihr	werdet befreien	werdet befreien	würdet befreien
sie	werden befreien	werden befreien	würden befreien
		Future Perfect Time	
	Future Perfect	*(Fut. Perf. Subj.)*	*(Past Conditional)*
ich	werde befreit haben	werde befreit haben	würde befreit haben
du	wirst befreit haben	werdest befreit haben	würdest befreit haben
er	wird befreit haben	werde befreit haben	würde befreit haben
wir	werden befreit haben	werden befreit haben	würden befreit haben
ihr	werdet befreit haben	werdet befreit haben	würdet befreit haben
sie	werden befreit haben	werden befreit haben	würden befreit haben

begegnen

to meet

PRINC. PARTS: begegnen, begegnete, ist begegnet, begegnet
IMPERATIVE: begegne!, begegnet!, begegnen Sie!

INDICATIVE		SUBJUNCTIVE PRIMARY	SUBJUNCTIVE SECONDARY
		Present Time	
	Present	*(Pres. Subj.)*	*(Imperf. Subj.)*
ich	begegne	begegne	begegnete
du	begegnest	begegnest	begegnetest
er	begegnet	begegne	begegnete
wir	begegnen	begegnen	begegneten
ihr	begegnet	begegnet	begegnetet
sie	begegnen	begegnen	begegneten
	Imperfect		
ich	begegnete		
du	begegnetest		
er	begegnete		
wir	begegneten		
ihr	begegnetet		
sie	begegneten		
		Past Time	
	Perfect	*(Perf. Subj.)*	*(Pluperf. Subj.)*
ich	bin begegnet	sei begegnet	wäre begegnet
du	bist begegnet	seiest begegnet	wärest begegnet
er	ist begegnet	sei begegnet	wäre begegnet
wir	sind begegnet	seien begegnet	wären begegnet
ihr	seid begegnet	seiet begegnet	wäret begegnet
sie	sind begegnet	seien begegnet	wären begegnet
	Pluperfect		
ich	war begegnet		
du	warst begegnet		
er	war begegnet		
wir	waren begegnet		
ihr	wart begegnet		
sie	waren begegnet		
		Future Time	
	Future	*(Fut. Subj.)*	*(Pres. Conditional)*
ich	werde begegnen	werde begegnen	würde begegnen
du	wirst begegnen	werdest begegnen	würdest begegnen
er	wird begegnen	werde begegnen	würde begegnen
wir	werden begegnen	werden begegnen	würden begegnen
ihr	werdet begegnen	werdet begegnen	würdet begegnen
sie	werden begegnen	werden begegnen	würden begegnen
		Future Perfect Time	
	Future Perfect	*(Fut. Perf. Subj.)*	*(Past Conditional)*
ich	werde begegnet sein	werde begegnet sein	würde begegnet sein
du	wirst begegnet sein	werdest begegnet sein	würdest begegnet sein
er	wird begegnet sein	werde begegnet sein	würde begegnet sein
wir	werden begegnet sein	werden begegnet sein	würden begegnet sein
ihr	werdet begegnet sein	werdet begegnet sein	würdet begegnet sein
sie	werden begegnet sein	werden begegnet sein	würden begegnet sein

PRINC. PARTS: begehren, begehrte, begehrt, begehrt
IMPERATIVE: begehre!, begehrt!, begehren Sie!

to desire, demand

	INDICATIVE	SUBJUNCTIVE PRIMARY	SUBJUNCTIVE SECONDARY
		Present Time	
	Present	(*Pres. Subj.*)	(*Imperf. Subj.*)
ich	begehre	begehre	begehrte
du	begehrst	begehrest	begehrtest
er	begehrt	begehre	begehrte
wir	begehren	begehren	begehrten
ihr	begehrt	begehret	begehrtet
sie	begehren	begehren	begehrten
	Imperfect		
ich	begehrte		
du	begehrtest		
er	begehrte		
wir	begehrten		
ihr	begehrtet		
sie	begehrten		
		Past Time	
	Perfect	(*Perf. Subj.*)	(*Pluperf. Subj.*)
ich	habe begehrt	habe begehrt	hätte begehrt
du	hast begehrt	habest begehrt	hättest begehrt
er	hat begehrt	habe begehrt	hätte begehrt
wir	haben begehrt	haben begehrt	hätten begehrt
ihr	habt begehrt	habet begehrt	hättet begehrt
sie	haben begehrt	haben begehrt	hätten begehrt
	Pluperfect		
ich	hatte begehrt		
du	hattest begehrt		
er	hatte begehrt		
wir	hatten begehrt		
ihr	hattet begehrt		
sie	hatten begehrt		
		Future Time	
	Future	(*Fut. Subj.*)	(*Pres. Conditional*)
ich	werde begehren	werde begehren	würde begehren
du	wirst begehren	werdest begehren	würdest begehren
er	wird begehren	werde begehren	würde begehren
wir	werden begehren	werden begehren	würden begehren
ihr	werdet begehren	werdet begehren	würdet begehren
sie	werden begehren	werden begehren	würden begehren
		Future Perfect Time	
	Future Perfect	(*Fut. Perf. Subj.*)	(*Past Conditional*)
ich	werde begehrt haben	werde begehrt haben	würde begehrt haben
du	wirst begehrt haben	werdest begehrt haben	würdest begehrt haben
er	wird begehrt haben	werde begehrt haben	würde begehrt haben
wir	werden begehrt haben	werden begehrt haben	würden begehrt haben
ihr	werdet begehrt haben	werdet begehrt haben	würdet begehrt haben
sie	werden begehrt haben	werden begehrt haben	würden begehrt haben

beginnen

to begin

PRINC. PARTS: beginnen, begann, begonnen, beginnt
IMPERATIVE: beginne!, beginnt! beginnen Sie!

	INDICATIVE	SUBJUNCTIVE PRIMARY	SUBJUNCTIVE SECONDARY
		Present Time	
	Present	(*Pres. Subj.*)	(*Imperf. Subj.*)
ich	beginne	beginne	begönne *
du	beginnst	beginnest	begönnest
er	beginnt	beginne	begönne
wir	beginnen	beginnen	begönnen
ihr	beginnt	beginnet	begönnet
sie	beginnen	beginnen	begönnen
	Imperfect		
ich	begann		
du	begannst		
er	begann		
wir	begannen		
ihr	begannt		
sie	begannen		
		Past Time	
	Perfect	(*Perf. Subj.*)	(*Pluperf. Subj.*)
ich	habe begonnen	habe begonnen	hätte begonnen
du	hast begonnen	habest begonnen	hättest begonnen
er	hat begonnen	habe begonnen	hätte begonnen
wir	haben begonnen	haben begonnen	hätten begonnen
ihr	habt begonnen	habet begonnen	hättet begonnen
sie	haben begonnen	haben begonnen	hätten begonnen
	Pluperfect		
ich	hatte begonnen		
du	hattest begonnen		
er	hatte begonnen		
wir	hatten begonnen		
ihr	hattet begonnen		
sie	hatten begonnen		
		Future Time	
	Future	(*Fut. Subj.*)	(*Pres. Conditional*)
ich	werde beginnen	werde beginnen	würde beginnen
du	wirst beginnen	werdest beginnen	würdest beginnen
er	wird beginnen	werde beginnen	würde beginnen
wir	werden beginnen	werden beginnen	würden beginnen
ihr	werdet beginnen	werdet beginnen	würdet beginnen
sie	werden beginnen	werden beginnen	würden beginnen
		Future Perfect Time	
	Future Perfect	(*Fut. Perf. Subj.*)	(*Past Conditional*)
ich	werde begonnen haben	werde begonnen haben	würde begonnen haben
du	wirst begonnen haben	werdest begonnen haben	würdest begonnen haben
er	wird begonnen haben	werde begonnen haben	würde begonnen haben
wir	werden begonnen haben	werden begonnen haben	würden begonnen haben
ihr	werdet begonnen haben	werdet begonnen haben	würdet begonnen haben
sie	werden begonnen haben	werden begonnen haben	würden begonnen haben

*The forms begänne, begännest, etc. are less frequently found.

begleiten

PRINC. PARTS: begleiten, begleitete, begleitet, begleitet
IMPERATIVE: begleite!, begleitet!, begleiten Sie!

to accompany

	INDICATIVE	SUBJUNCTIVE	
		PRIMARY	SECONDARY
		Present Time	
	Present	(*Pres. Subj.*)	(*Imperf. Subj.*)
ich	begleite	begleite	begleitete
du	begleitest	begleitest	begleitetest
er	begleitet	begleite	begleitete
wir	begleiten	begleiten	begleiteten
ihr	begleitet	begleitet	begleitetet
sie	begleiten	begleiten	begleiteten
	Imperfect		
ich	begleitete		
du	begleitetest		
er	begleitete		
wir	begleiteten		
ihr	begleitetet		
sie	begleiteten		
		Past Time	
	Perfect	(*Perf. Subj.*)	(*Pluperf. Subj.*)
ich	habe begleitet	habe begleitet	hätte begleitet
du	hast begleitet	habest begleitet	hättest begleitet
er	hat begleitet	habe begleitet	hätte begleitet
wir	haben begleitet	haben begleitet	hätten begleitet
ihr	habt begleitet	habet begleitet	hättet begleitet
sie	haben begleitet	haben begleitet	hätten begleitet
	Pluperfect		
ich	hatte begleitet		
du	hattest begleitet		
er	hatte begleitet		
wir	hatten begleitet		
ihr	hattet begleitet		
sie	hatten begleitet		
		Future Time	
	Future	(*Fut. Subj.*)	(*Pres. Conditional*)
ich	werde begleiten	werde begleiten	würde begleiten
du	wirst begleiten	werdest begleiten	würdest begleiten
er	wird begleiten	werde begleiten	würde begleiten
wir	werden begleiten	werden begleiten	würden begleiten
ihr	werdet begleiten	werdet begleiten	würdet begleiten
sie	werden begleiten	werden begleiten	würden begleiten
		Future Perfect Time	
	Future Perfect	(*Fut. Perf. Subj.*)	(*Past Conditional*)
ich	werde begleitet haben	werde begleitet haben	würde begleitet haben
du	wirst begleitet haben	werdest begleitet haben	würdest begleitet haben
er	wird begleitet haben	werde begleitet haben	würde begleitet haben
wir	werden begleitet haben	werden begleitet haben	würden begleitet haben
ihr	werdet begleitet haben	werdet begleitet haben	würdet begleitet haben
sie	werden begleitet haben	werden begleitet haben	würden begleitet haben

beglücken

to make happy, bless

PRINC. PARTS: beglücken, beglückte, beglückt, beglückt
IMPERATIVE: beglücke!, beglückt!, beglücken Sie!

	INDICATIVE	SUBJUNCTIVE PRIMARY	SUBJUNCTIVE SECONDARY
		Present Time	
	Present	*(Pres. Subj.)*	*(Imperf. Subj.)*
ich	beglücke	beglücke	beglückte
du	beglückst	beglückest	beglücktest
er	beglückt	beglücke	beglückte
wir	beglücken	beglücken	beglückten
ihr	beglückt	beglücket	beglücktet
sie	beglücken	beglücken	beglückten
	Imperfect		
ich	beglückte		
du	beglücktest		
er	beglückte		
wir	beglückten		
ihr	beglücktet		
sie	beglückten		
		Past Time	
	Perfect	*(Perf. Subj.)*	*(Pluperf. Subj.)*
ich	habe beglückt	habe beglückt	hätte beglückt
du	hast beglückt	habest beglückt	hättest beglückt
er	hat beglückt	habe beglückt	hätte beglückt
wir	haben beglückt	haben beglückt	hätten beglückt
ihr	habt beglückt	habet beglückt	hättet beglückt
sie	haben beglückt	haben beglückt	hätten beglückt
	Pluperfect		
ich	hatte beglückt		
du	hattest beglückt		
er	hatte beglückt		
wir	hatten beglückt		
ihr	hattet beglückt		
sie	hatten beglückt		
		Future Time	
	Future	*(Fut. Subj.)*	*(Pres. Conditional)*
ich	werde beglücken	werde beglücken	würde beglücken
du	wirst beglücken	werdest beglücken	würdest beglücken
er	wird beglücken	werde beglücken	würde beglücken
wir	werden beglücken	werden beglücken	würden beglücken
ihr	werdet beglücken	werdet beglücken	würdet beglücken
sie	werden beglücken	werden beglücken	würden beglücken
		Future Perfect Time	
	Future Perfect	*(Fut. Perf. Subj.)*	*(Past Conditional)*
ich	werde beglückt haben	werde beglückt haben	würde beglückt haben
du	wirst beglückt haben	werdest beglückt haben	würdest beglückt haben
er	wird beglückt haben	werde beglückt haben	würde beglückt haben
wir	werden beglückt haben	werden beglückt haben	würden beglückt haben
ihr	werdet beglückt haben	werdet beglückt haben	würdet beglückt haben
sie	werden beglückt haben	werden beglückt haben	würden beglückt haben

PRINC. PARTS: behalten, behielt, behalten, behält
IMPERATIVE: behalte!, behaltet!, behalten Sie!

to retain, keep

INDICATIVE		SUBJUNCTIVE	
		PRIMARY	SECONDARY
		Present Time	
	Present	(*Pres. Subj.*)	(*Imperf. Subj.*)
ich	behalte	behalte	behielte
du	behältst	behaltest	behieltest
er	behält	behalte	behielte
wir	behalten	behalten	behielten
ihr	behaltet	behaltet	behieltet
sie	behalten	behalten	behielten
	Imperfect		
ich	behielt		
du	behieltest		
er	behielt		
wir	behielten		
ihr	behieltet		
sie	behielten		
		Past Time	
	Perfect	(*Perf. Subj.*)	(*Pluperf. Subj.*)
ich	habe behalten	habe behalten	hätte behalten
du	hast behalten	habest behalten	hättest behalten
er	hat behalten	habe behalten	hätte behalten
wir	haben behalten	haben behalten	hätten behalten
ihr	habt behalten	habet behalten	hättet behalten
sie	haben behalten	haben behalten	hätten behalten
	Pluperfect		
ich	hatte behalten		
du	hattest behalten		
er	hatte behalten		
wir	hatten behalten		
ihr	hattet behalten		
sie	hatten behalten		
		Future Time	
	Future	(*Fut. Subj.*)	(*Pres. Conditional*)
ich	werde behalten	werde behalten	würde behalten
du	wirst behalten	werdest behalten	würdest behalten
er	wird behalten	werde behalten	würde behalten
wir	werden behalten	werden behalten	würden behalten
ihr	werdet behalten	werdet behalten	würdet behalten
sie	werden behalten	werden behalten	würden behalten
		Future Perfect Time	
	Future Perfect	(*Fut. Perf. Subj.*)	(*Past Conditional*)
ich	werde behalten haben	werde behalten haben	würde behalten haben
du	wirst behalten haben	werdest behalten haben	würdest behalten haben
er	wird behalten haben	werde behalten haben	würde behalten haben
wir	werden behalten haben	werden behalten haben	würden behalten haben
ihr	werdet behalten haben	werdet behalten haben	würdet behalten haben
sie	werden behalten haben	werden behalten haben	würden behalten haben

beißen

to bite

PRINC. PARTS: beißen, biß, gebissen, beißt
IMPERATIVE: beiße!, beißt!, beißen Sie!

INDICATIVE		SUBJUNCTIVE	
		PRIMARY	SECONDARY
		Present Time	
	Present	*(Pres. Subj.)*	*(Imperf. Subj.)*
ich	beiße	beiße	bisse
du	beißt	beißest	bissest
er	beißt	beiße	bisse
wir	beißen	beißen	bissen
ihr	beißt	beißet	bisset
sie	beißen	beißen	bissen
	Imperfect		
ich	biß		
du	bissest		
er	biß		
wir	bissen		
ihr	bißt		
sie	bissen		
		Past Time	
	Perfect	*(Perf. Subj.)*	*(Pluperf. Subj.)*
ich	habe gebissen	habe gebissen	hätte gebissen
du	hast gebissen	habest gebissen	hättest gebissen
er	hat gebissen	habe gebissen	hätte gebissen
wir	haben gebissen	haben gebissen	hätten gebissen
ihr	habt gebissen	habet gebissen	hättet gebissen
sie	haben gebissen	haben gebissen	hätten gebissen
	Pluperfect		
ich	hatte gebissen		
du	hattest gebissen		
er	hatte gebissen		
wir	hatten gebissen		
ihr	hattet gebissen		
sie	hatten gebissen		
		Future Time	
	Future	*(Fut. Subj.)*	*(Pres. Conditional)*
ich	werde beißen	werde beißen	würde beißen
du	wirst beißen	werdest beißen	würdest beißen
er	wird beißen	werde beißen	würde beißen
wir	werden beißen	werden beißen	würden beißen
ihr	werdet beißen	werdet beißen	würdet beißen
sie	werden beißen	werden beißen	würden beißen
		Future Perfect Time	
	Future Perfect	*(Fut. Perf. Subj.)*	*(Past Conditional)*
ich	werde gebissen haben	werde gebissen haben	würde gebissen haben
du	wirst gebissen haben	werdest gebissen haben	würdest gebissen haben
er	wird gebissen haben	werde gebissen haben	würde gebissen haben
wir	werden gebissen haben	werden gebissen haben	würden gebissen haben
ihr	werdet gebissen haben	werdet gebissen haben	würdet gebissen haben
sie	werden gebissen haben	werden gebissen haben	würden gebissen haben

PRINC. PARTS: bejahen, bejahte, bejaht, bejaht — *to answer in the affirmative, agree, assent*
IMPERATIVE: bejahe!, bejaht!, bejahen Sie!

INDICATIVE		SUBJUNCTIVE PRIMARY	SUBJUNCTIVE SECONDARY
		Present Time	
	Present	*(Pres. Subj.)*	*(Imperf. Subj.)*
ich	bejahe	bejahe	bejahte
du	bejahst	bejahest	bejahtest
er	bejaht	bejahe	bejahte
wir	bejahen	bejahen	bejahten
ihr	bejaht	bejahet	bejahtet
sie	bejahen	bejahen	bejahten
	Imperfect		
ich	bejahte		
du	bejahtest		
er	bejahte		
wir	bejahten		
ihr	bejahtet		
sie	bejahten		
		Past Time	
	Perfect	*(Perf. Subj.)*	*(Pluperf. Subj.)*
ich	habe bejaht	habe bejaht	hätte bejaht
du	hast bejaht	habest bejaht	hättest bejaht
er	hat bejaht	habe bejaht	hätte bejaht
wir	haben bejaht	haben bejaht	hätten bejaht
ihr	habt bejaht	habet bejaht	hättet bejaht
sie	haben bejaht	haben bejaht	hätten bejaht
	Pluperfect		
ich	hatte bejaht		
du	hattest bejaht		
er	hatte bejaht		
wir	hatten bejaht		
ihr	hattet bejaht		
sie	hatten bejaht		
		Future Time	
	Future	*(Fut. Subj.)*	*(Pres. Conditional)*
ich	werde bejahen	werde bejahen	würde bejahen
du	wirst bejahen	werdest bejahen	würdest bejahen
er	wird bejahen	werde bejahen	würde bejahen
wir	werden bejahen	werden bejahen	würden bejahen
ihr	werdet bejahen	werdet bejahen	würdet bejahen
sie	werden bejahen	werden bejahen	würden bejahen
		Future Perfect Time	
	Future Perfect	*(Fut. Perf. Subj.)*	*(Past Conditional)*
ich	werde bejaht haben	werde bejaht haben	würde bejaht haben
du	wirst bejaht haben	werdest bejaht haben	würdest bejaht haben
er	wird bejaht haben	werde bejaht haben	würde bejaht haben
wir	werden bejaht haben	werden bejaht haben	würden bejaht haben
ihr	werdet bejaht haben	werdet bejaht haben	würdet bejaht haben
sie	werden bejaht haben	werden bejaht haben	würden bejaht haben

bekehren

to convert

PRINC. PARTS: bekehren, bekehrte, bekehrt, bekehrt
IMPERATIVE: bekehre!, bekehrt!, bekehren Sie!

INDICATIVE		SUBJUNCTIVE PRIMARY	SUBJUNCTIVE SECONDARY
		Present Time	
	Present	*(Pres. Subj.)*	*(Imperf. Subj.)*
ich	bekehre	bekehre	bekehrte
du	bekehrst	bekehrest	bekehrtest
er	bekehrt	bekehre	bekehrte
wir	bekehren	bekehren	bekehrten
ihr	bekehrt	bekehret	bekehrtet
sie	bekehren	bekehren	bekehrten
	Imperfect		
ich	bekehrte		
du	bekehrtest		
er	bekehrte		
wir	bekehrten		
ihr	bekehrtet		
sie	bekehrten		
		Past Time	
	Perfect	*(Perf. Subj.)*	*(Pluperf. Subj.)*
ich	habe bekehrt	habe bekehrt	hätte bekehrt
du	hast bekehrt	habest bekehrt	hättest bekehrt
er	hat bekehrt	habe bekehrt	hätte bekehrt
wir	haben bekehrt	haben bekehrt	hätten bekehrt
ihr	habt bekehrt	habet bekehrt	hättet bekehrt
sie	haben bekehrt	haben bekehrt	hätten bekehrt
	Pluperfect		
ich	hatte bekehrt		
du	hattest bekehrt		
er	hatte bekehrt		
wir	hatten bekehrt		
ihr	hattet bekehrt		
sie	hatten bekehrt		
		Future Time	
	Future	*(Fut. Subj.)*	*(Pres. Conditional)*
ich	werde bekehren	werde bekehren	würde bekehren
du	wirst bekehren	werdest bekehren	würdest bekehren
er	wird bekehren	werde bekehren	würde bekehren
wir	werden bekehren	werden bekehren	würden bekehren
ihr	werdet bekehren	werdet bekehren	würdet bekehren
sie	werden bekehren	werden bekehren	würden bekehren
		Future Perfect Time	
	Future Perfect	*(Fut. Perf. Subj.)*	*(Past Conditional)*
ich	werde bekehrt haben	werde bekehrt haben	würde bekehrt haben
du	wirst bekehrt haben	werdest bekehrt haben	würdest bekehrt haben
er	wird bekehrt haben	werde bekehrt haben	würde bekehrt hapen
wir	werden bekehrt haben	werden bekehrt haben	würden bekehrt haben
ihr	werdet bekehrt haben	werdet bekehrt haben	würdet bekehrt haben
sie	werden bekehrt haben	werden bekehrt haben	würden bekehrt haben

bekommen

PRINC. PARTS: bekommen, bekam, bekommen, bekommt — *1. to get, receive;*
IMPERATIVE: bekomme!, bekommt!, bekommen Sie! — *2. to agree with, suit**

	INDICATIVE	SUBJUNCTIVE PRIMARY	SUBJUNCTIVE SECONDARY
		Present Time	
	Present	(*Pres. Subj.*)	(*Imperf. Subj.*)
ich	bekomme	bekomme	bekäme
du	bekommst	bekommest	bekämest
er	bekommt	bekomme	bekäme
wir	bekommen	bekommen	bekämen
ihr	bekommt	bekommet	bekämet
sie	bekommen	bekommen	bekämen
	Imperfect		
ich	bekam		
du	bekamst		
er	bekam		
wir	bekamen		
ihr	bekamt		
sie	bekamen		
		Past Time	
	Perfect	(*Perf. Subj.*)	(*Pluperf. Subj.*)
ich	habe bekommen	habe bekommen	hätte bekommen
du	hast bekommen	habest bekommen	hättest bekommen
er	hat bekommen	habe bekommen	hätte bekommen
wir	haben bekommen	haben bekommen	hätten bekommen
ihr	habt bekommen	habet bekommen	hättet bekommen
sie	haben bekommen	haben bekommen	hätten bekommen
	Pluperfect		
ich	hatte bekommen		
du	hattest bekommen		
er	hatte bekommen		
wir	hatten bekommen		
ihr	hattet bekommen		
sie	hatten bekommen		
		Future Time	
	Future	(*Fut. Subj.*)	(*Pres. Conditional*)
ich	werde bekommen	werde bekommen	würde bekommen
du	wirst bekommen	werdest bekommen	würdest bekommen
er	wird bekommen	werde bekommen	würde bekommen
wir	werden bekommen	werden bekommen	würden bekommen
ihr	werdet bekommen	werdet bekommen	würdet bekommen
sie	werden bekommen	werden bekommen	würden bekommen
		Future Perfect Time	
	Future Perfect	(*Fut. Perf. Subj.*)	(*Past Conditional*)
ich	werde bekommen haben	werde bekommen haben	würde bekommen haben
du	wirst bekommen haben	werdest bekommen haben	würdest bekommen haben
er	wird bekommen haben	werde bekommen haben	würde bekommen haben
wir	werden bekommen haben	werden bekommen haben	würden bekommen haben
ihr	werdet bekommen haben	werdet bekommen haben	würdet bekommen haben
sie	werden bekommen haben	werden bekommen haben	würden bekommen haben

* In this meaning *bekommen* is conjugated with *sein*, usually impersonally.
EXAMPLE: *Das ist ihm gut bekommen.*

beleben

to enliven, animate; cheer, brighten

PRINC. PARTS: beleben, belebte, belebt, belebt
IMPERATIVE: belebe!, belebt!, beleben Sie!

	INDICATIVE	SUBJUNCTIVE	
		PRIMARY	SECONDARY
	Present	(*Pres. Subj.*)	(*Imperf. Subj.*)
ich	belebe	belebe	belebte
du	belebst	belebest	belebtest
er	belebt	belebe	belebte
wir	beleben	beleben	belebten
ihr	belebt	belebet	belebtet
sie	beleben	beleben	belebten
	Imperfect		
ich	belebte		
du	belebtest		
er	belebte		
wir	belebten		
ihr	belebtet		
sie	belebten		
		Past Time	
	Perfect	(*Perf. Subj.*)	(*Pluperf. Subj.*)
ich	habe belebt	habe belebt	hätte belebt
du	hast belebt	habest belebt	hättest belebt
er	hat belebt	habe belebt	hätte belebt
wir	haben belebt	haben belebt	hätten belebt
ihr	habt belebt	habet belebt	hättet belebt
sie	haben belebt	haben belebt	hätten belebt
	Pluperfect		
ich	hatte belebt		
du	hattest belebt		
er	hatte belebt		
wir	hatten belebt		
ihr	hattet belebt		
sie	hatten belebt		
		Future Time	
	Future	(*Fut. Subj.*)	(*Pres. Conditional*)
ich	werde beleben	werde beleben	würde beleben
du	wirst beleben	werdest beleben	würdest beleben
er	wird beleben	werde beleben	würde beleben
wir	werden beleben	werden beleben	würden beleben
ihr	werdet beleben	werdet beleben	würdet beleben
sie	werden beleben	werden beleben	würden beleben
		Future Perfect Time	
	Future Perfect	(*Fut. Perf. Subj.*)	(*Past Conditional*)
ich	werde belebt haben	werde belebt haben	würde belebt haben
du	wirst belebt haben	werdest belebt haben	würdest belebt haben
er	wird belebt haben	werde belebt haben	würde belebt haben
wir	werden belebt haben	werden belebt haben	würden belebt haben
ihr	werdet belebt haben	werdet belebt haben	würdet belebt haben
sie	werden belebt haben	werden belebt haben	würden belebt haben

beleidigen

PRINC. PARTS: beleidigen, beleidigte, beleidigt, beleidigt
IMPERATIVE: beleidige!, beleidigt!, beleidigen Sie!

to insult, offend

	INDICATIVE	SUBJUNCTIVE PRIMARY	SUBJUNCTIVE SECONDARY
		Present Time	
	Present	(*Pres. Subj.*)	(*Imperf. Subj.*)
ich	beleidige	beleidige	beleidigte
du	beleidigst	beleidigest	beleidigtest
er	beleidigt	beleidige	beleidigte
wir	beleidigen	beleidigen	beleidigten
ihr	beleidigt	beleidiget	beleidigtet
sie	beleidigen	beleidigen	beleidigten
	Imperfect		
ich	beleidigte		
du	beleidigtest		
er	beleidigte		
wir	beleidigten		
ihr	beleidigtet		
sie	beleidigten		
		Past Time	
	Perfect	(*Perf. Subj.*)	(*Pluperf. Subj.*)
ich	habe beleidigt	habe beleidigt	hätte beleidigt
du	hast beleidigt	habest beleidigt	hättest beleidigt
er	hat beleidigt	habe beleidigt	hätte beleidigt
wir	haben beleidigt	haben beleidigt	hätten beleidigt
ihr	habt beleidigt	habet beleidigt	hättet beleidigt
sie	haben beleidigt	haben beleidigt	hätten beleidigt
	Pluperfect		
ich	hatte beleidigt		
du	hattest beleidigt		
er	hatte beleidigt		
wir	hatten beleidigt		
ihr	hattet beleidigt		
sie	hatten beleidigt		
		Future Time	
	Future	(*Fut. Subj.*)	(*Pres. Conditional*)
ich	werde beleidigen	werde beleidigen	würde beleidigen
du	wirst beleidigen	werdest beleidigen	würdest beleidigen
er	wird beleidigen	werde beleidigen	würde beleidigen
wir	werden beleidigen	werden beleidigen	würden beleidigen
ihr	werdet beleidigen	werdet beleidigen	würdet beleidigen
sie	werden beleidigen	werden beleidigen	würden beleidigen
		Future Perfect Time	
	Future Perfect	(*Fut. Perf. Subj.*)	(*Past Conditional*)
ich	werde beleidigt haben	werde beleidigt haben	würde beleidigt haben
du	wirst beleidigt haben	werdest beleidigt haben	würdest beleidigt haben
er	wird beleidigt haben	werde beleidigt haben	würde beleidigt haben
wir	werden beleidigt haben	werden beleidigt haben	würden beleidigt haben
ihr	werdet beleidigt haben	werdet beleidigt haben	würdet beleidigt haben
sie	werden beleidigt haben	werden beleidigt haben	würden beleidigt haben

bellen

to bark, bay

PRINC. PARTS: bellen, bellte, gebellt, bellt
IMPERATIVE: belle!, bellt!, bellen Sie!

INDICATIVE		SUBJUNCTIVE	
		PRIMARY	SECONDARY
		Present Time	
	Present	*(Pres. Subj.)*	*(Imperf. Subj.)*
ich	belle	belle	bellte
du	bellst	bellest	belltest
er	bellt	belle	bellte
wir	bellen	bellen	bellten
ihr	bellt	bellet	belltest
sie	bellen	bellen	bellten
	Imperfect		
ich	bellte		
du	belltest		
er	bellte		
wir	bellten		
ihr	belltet		
sie	bellten		
		Past Time	
	Perfect	*(Perf. Subj.)*	*(Pluperf. Subj.)*
ich	habe gebellt	habe gebellt	hätte gebellt
du	hast gebellt	habest gebellt	hättest gebellt
er	hat gebellt	habe gebellt	hätte gebellt
wir	haben gebellt	haben gebellt	hätten gebellt
ihr	habt gebellt	habet gebellt	hättet gebellt
sie	haben gebellt	haben gebellt	hätten gebellt
	Pluperfect		
ich	hatte gebellt		
du	hattest gebellt		
er	hatte gebellt		
wir	hatten gebellt		
ihr	hattet gebellt		
sie	hatten gebellt		
		Future Time	
	Future	*(Fut. Subj.)*	*(Pres. Conditional)*
ich	werde bellen	werde bellen	würde bellen
du	wirst bellen	werdest bellen	würdest bellen
er	wird bellen	werde bellen	würde bellen
wir	werden bellen	werden bellen	würden bellen
ihr	werdet bellen	werdet bellen	würdet bellen
sie	werden bellen	werden bellen	würden bellen
		Future Perfect Time	
	Future Perfect	*(Fut. Perf. Subj.)*	*(Past Conditional)*
ich	werde gebellt haben	werde gebellt haben	würde gebellt haben
du	wirst gebellt haben	werdest gebellt haben	würdest gebellt haben
er	wird gebellt haben	werde gebellt haben	würde gebellt haben
wir	werden gebellt haben	werden gebellt haben	würden gebellt haben
ihr	werdet gebellt haben	werdet gebellt haben	würdet gebellt haben
sie	werden gebellt haben	werden gebellt haben	würden gebellt haben

PRINC. PARTS: bergen, barg, geborgen, birgt
IMPERATIVE: birg!, bergt!, bergen Sie!

to save, salvage, recover, conceal

INDICATIVE		SUBJUNCTIVE		
		PRIMARY	SECONDARY	
		Present Time		
	Present	*(Pres. Subj.)*	*(Imperf. Subj.)*	
ich	berge	berge	bürge	bärge
du	birgst	bergest	bürgest	bärgest
er	birgt	berge	bürge *or*	bärge
wir	bergen	bergen	bürgen	bärgen
ihr	bergt	berget	bürget	bärget
sie	bergen	bergen	bürgen	bärgen

	Imperfect
ich	barg
du	bargst
er	barg
wir	bargen
ihr	bargt
sie	bargen

		Past Time	
	Perfect	*(Perf. Subj.)*	*(Pluperf. Subj.)*
ich	habe geborgen	habe geborgen	hätte geborgen
du	hast geborgen	habest geborgen	hättest geborgen
er	hat geborgen	habe geborgen	hätte geborgen
wir	haben geborgen	haben geborgen	hätten geborgen
ihr	habt geborgen	habet geborgen	hättet geborgen
sie	haben geborgen	haben geborgen	hätten geborgen

	Pluperfect
ich	hatte geborgen
du	hattest geborgen
er	hatte geborgen
wir	hatten geborgen
ihr	hattet geborgen
sie	hatten geborgen

		Future Time	
	Future	*(Fut. Subj.)*	*(Pres. Conditional)*
ich	werde bergen	werde bergen	würde bergen
du	wirst bergen	werdest bergen	würdest bergen
er	wird bergen	werde bergen	würde bergen
wir	werden bergen	werden bergen	würden bergen
ihr	werdet bergen	werdet bergen	würdet bergen
sie	werden bergen	werden bergen	würden bergen

		Future Perfect Time	
	Future Perfect	*(Fut. Perf. Subj.)*	*(Past Conditional)*
ich	werde geborgen haben	werde geborgen haben	würde geborgen haben
du	wirst geborgen haben	werdest geborgen haben	würdest geborgen haben
er	wird geborgen haben	werde geborgen haben	würde geborgen haben
wir	werden geborgen haben	werden geborgen haben	würden geborgen haben
ihr	werdet geborgen haben	werdet geborgen haben	würdet geborgen haben
sie	werden geborgen haben	werden geborgen haben	würden geborgen haben

berichten

to report

PRINC. PARTS: berichten, berichtete, berichtet, berichtet
IMPERATIVE: berichte!, berichtet!, berichten Sie!

INDICATIVE		SUBJUNCTIVE	
		PRIMARY	SECONDARY
		Present Time	
	Present	(*Pres. Subj.*)	(*Imperf. Subj.*)
ich	berichte	berichte	berichtete
du	berichtest	berichtest	berichtetest
er	berichtet	berichte	berichtete
wir	berichten	berichten	berichteten
ihr	berichtet	berichtet	berichtetet
sie	berichten	berichten	berichteten
	Imperfect		
ich	berichtete		
du	berichtetest		
er	berichtete		
wir	berichteten		
ihr	berichtetet		
sie	berichteten		
		Past Time	
	Perfect	(*Perf. Subj.*)	(*Pluperf. Subj.*)
ich	habe berichtet	habe berichtet	hätte berichtet
du	hast berichtet	habest berichtet	hättest berichtet
er	hat berichtet	habe berichtet	hätte berichtet
wir	haben berichtet	haben berichtet	hätten berichtet
ihr	habt berichtet	habet berichtet	hättet berichtet
sie	haben berichtet	haben berichtet	hätten berichtet
	Pluperfect		
ich	hatte berichtet		
du	hattest berichtet		
er	hatte berichtet		
wir	hatten berichtet		
ihr	hattet berichtet		
sie	hatten berichtet		
		Future Time	
	Future	(*Fut. Subj.*)	(*Pres. Conditional*)
ich	werde berichten	werde berichten	würde berichten
du	wirst berichten	werdest berichten	würdest berichten
er	wird berichten	werde berichten	würde berichten
wir	werden berichten	werden berichten	würden berichten
ihr	werdet berichten	werdet berichten	würdet berichten
sie	werden berichten	werden berichten	würden berichten
		Future Perfect Time	
	Future Perfect	(*Fut. Perf. Subj.*)	(*Past Conditional*)
ich	werde berichtet haben	werde berichtet haben	würde berichtet haben
du	wirst berichtet haben	werdest berichtet haben	würdest berichtet haben
er	wird berichtet haben	werde berichtet haben	würde berichtet haben
wir	werden berichtet haben	werden berichtet haben	würden berichtet haben
ihr	werdet berichtet haben	werdet berichtet haben	würdet berichtet haben
sie	werden berichtet haben	werden berichtet haben	würden berichtet haben

bersten

to burst

PRINC. PARTS: bersten,* barst, ist geborsten, birst
IMPERATIVE: birst!, berstet!, bersten Sie!**

INDICATIVE		SUBJUNCTIVE	
		PRIMARY	SECONDARY
		Present Time	
	Present	(*Pres. Subj.*)	(*Imperf. Subj.*)
ich	berste	berste	bärste *or* börste
du	birst	berstest	bärstest *or* börstest
er	birst	berste	bärste *or* börste
wir	bersten	bersten	bärsten *or* börsten
ihr	berstet	berstet	bärstet *or* börstet
sie	bersten	bersten	bärsten *or* börsten
	Imperfect		
ich	barst		
du	barstest		
er	barst		
wir	barsten		
ihr	barstet		
sie	barsten		
		Past Time	
	Perfect	(*Perf. Subj.*)	(*Pluperf. Subj.*)
ich	bin geborsten	sei geborsten	wäre geborsten
du	bist geborsten	seiest geborsten	wärest geborsten
er	ist geborsten	sei geborsten	wäre geborsten
wir	sind geborsten	seien geborsten	wären geborsten
ihr	seid geborsten	seiet geborsten	wäret geborsten
sie	sind geborsten	seien geborsten	wären geborsten
	Pluperfect		
ich	war geborsten		
du	warst geborsten		
er	war geborsten		
wir	waren geborsten		
ihr	wart geborsten		
sie	waren geborsten		
		Future Time	
	Future	(*Fut. Subj.*)	(*Pres. Conditional*)
ich	werde bersten	werde bersten	würde bersten
du	wirst bersten	werdest bersten	würdest bersten
er	wird bersten	werde bersten	würde bersten
wir	werden bersten	werden bersten	würden bersten
ihr	werdet bersten	werdet bersten	würdet bersten
sie	werden bersten	werden bersten	würden bersten
		Future Perfect Time	
	Future Perfect	(*Fut. Perf. Subj.*)	(*Past Conditional*)
ich	werde geborsten sein	werde geborsten sein	würde geborsten sein
du	wirst geborsten sein	werdest geborsten sein	würdest geborsten sein
er	wird geborsten sein	werde geborsten sein	würde geborsten sein
wir	werden geborsten sein	werden geborsten sein	würden geborsten sein
ihr	werdet geborsten sein	werdet geborsten sein	würdet geborsten sein
sie	werden geborsten sein	werden geborsten sein	würden geborsten sein

* Forms other than the third person are infrequently found.
** The imperative is unusual.

beschuldigen

to accuse, charge (with)

PRINC. PARTS: beschuldigen, beschuldigte, beschuldigt, beschuldigt
IMPERATIVE: beschuldige!, beschuldigt!, beschuldigen Sie!

	INDICATIVE	SUBJUNCTIVE PRIMARY	SUBJUNCTIVE SECONDARY
		Present Time	
	Present	*(Pres. Subj.)*	*(Imperf. Subj.)*
ich	beschuldige	beschuldige	beschuldigte
du	beschuldigst	beschuldigest	beschuldigtest
er	beschuldigt	beschuldige	beschuldigte
wir	beschuldigen	beschuldigen	beschuldigten
ihr	beschuldigt	beschuldiget	beschuldigtet
sie	beschuldigen	beschuldigen	beschuldigten
	Imperfect		
ich	beschuldigte		
du	beschuldigtest		
er	beschuldigte		
wir	beschuldigten		
ihr	beschuldigtet		
sie	beschuldigten		
		Past Time	
	Perfect	*(Perf. Subj.)*	*(Pluperf. Subj.)*
ich	habe beschuldigt	habe beschuldigt	hätte beschuldigt
du	hast beschuldigt	habest beschuldigt	hättest beschuldigt
er	hat beschuldigt	habe beschuldigt	hätte beschuldigt
wir	haben beschuldigt	haben beschuldigt	hätten beschuldigt
ihr	habt beschuldigt	habet beschuldigt	hättet beschuldigt
sie	haben beschuldigt	haben beschuldigt	hätten beschuldigt
	Pluperfect		
ich	hatte beschuldigt		
du	hattest beschuldigt		
er	hatte beschuldigt		
wir	hatten beschuldigt		
ihr	hattet beschuldigt		
sie	hatten beschuldigt		
		Future Time	
	Future	*(Fut. Subj.)*	*(Pres. Conditional)*
ich	werde beschuldigen	werde beschuldigen	würde beschuldigen
du	wirst beschuldigen	werdest beschuldigen	würdest beschuldigen
er	wird beschuldigen	werde beschuldigen	würde beschuldigen
wir	werden beschuldigen	werden beschuldigen	würden beschuldigen
ihr	werdet beschuldigen	werdet beschuldigen	würdet beschuldigen
sie	werden beschuldigen	werden beschuldigen	würden beschuldigen
		Future Perfect Time	
	Future Perfect	*(Fut. Perf. Subj.)*	*(Past Conditional)*
ich	werde beschuldigt haben	werde beschuldigt haben	würde beschuldigt haben
du	wirst beschuldigt haben	werdest beschuldigt haben.	würdest beschuldigt haben
er	wird beschuldigt haben	werde beschuldigt haben	würde beschuldigt haben
wir	werden beschuldigt haben	werden beschuldigt haben	würden beschuldigt haben
ihr	werdet beschuldigt haben	werdet beschuldigt haben	würdet beschuldigt haben
sie	werden beschuldigt haben	werden beschuldigt haben	würden beschuldigt haben

beseelen

PRINC. PARTS: beseelen, beseelte, beseelt, beseelt
IMPERATIVE: beseele!, beseelt!, beseelen Sie!

to animate

INDICATIVE		SUBJUNCTIVE	
		PRIMARY	SECONDARY
		Present Time	
	Present	(*Pres. Subj.*)	(*Imperf. Subj.*)
ich	beseele	beseele	beseelte
du	beseelst	beseelest	beseeltest
er	beseelt	beseele	beseelte
wir	beseelen	beseelen	beseelten
ihr	beseelt	beseelet	beseeltet
sie	beseelen	beseelen	beseelten
	Imperfect		
ich	beseelte		
du	beseeltest		
er	beseelte		
wir	beseelten		
ihr	beseeltet		
sie	beseelten		
		Past Time	
	Perfect	(*Perf. Subj.*)	(*Pluperf. Subj.*)
ich	habe beseelt	habe beseelt	hätte beseelt
du	hast beseelt	habest beseelt	hättest beseelt
er	hat beseelt	habe beseelt	hätte beseelt
wir	haben beseelt	haben beseelt	hätten beseelt
ihr	habt beseelt	habet beseelt	hättet beseelt
sie	haben beseelt	haben beseelt	hätten beseelt
	Pluperfect		
ich	hatte beseelt		
du	hattest beseelt		
er	hatte beseelt		
wir	hatten beseelt		
ihr	hattet beseelt		
sie	hatten beseelt		
		Future Time	
	Future	(*Fut. Subj.*)	(*Pres. Conditional*)
ich	werde beseelen	werde beseelen	würde beseelen
du	wirst beseelen	werdest beseelen	würdest beseelen
er	wird beseelen	werde beseelen	würde beseelen
wir	werden beseelen	werden beseelen	würden beseelen
ihr	werdet beseelen	werdet beseelen	würdet beseelen
sie	werden beseelen	werden beseelen	würden beseelen
		Future Perfect Time	
	Future Perfect	(*Fut. Perf. Subj.*)	(*Past Conditional*)
ich	werde beseelt haben	werde beseelt haben	würde beseelt haben
du	wirst beseelt haben	werdest beseelt haben	würdest beseelt haben
er	wird beseelt haben	werde beseelt haben	würde beseelt haben
wir	werden beseelt haben	werden beseelt haben	würden beseelt haben
ihr	werdet beseelt haben	werdet beseelt haben	würdet beseelt haben
sie	werden beseelt haben	werden beseelt haben	würden beseelt haben

besitzen

to possess, own

PRINC. PARTS: besitzen, besaß, besessen, besitzt
IMPERATIVE: besitze!, besitzt!, besitzen Sie!

INDICATIVE		SUBJUNCTIVE	
		PRIMARY	SECONDARY
		Present Time	
	Present	(*Pres. Subj.*)	(*Imperf. Subj.*)
ich	besitze	besitze	besäße
du	besitzt	besitzest	besäßest
er	besitzt	besitze	besäße
wir	besitzen	besitzen	besäßen
ihr	besitzt	besitzet	besäßet
sie	besitzen	besitzen	besäßen
	Imperfect		
ich	besaß		
du	besaßest		
er	besaß		
wir	besaßen		
ihr	besaßt		
sie	besaßen		
		Past Time	
	Perfect	(*Perf. Subj.*)	(*Pluperf. Subj.*)
ich	habe besessen	habe besessen	hätte besessen
du	hast besessen	habest besessen	hättest besessen
er	hat besessen	habe besessen	hätte besessen
wir	haben besessen	haben besessen	hätten besessen
ihr	habt besessen	habet besessen	hättet besessen
sie	haben besessen	haben besessen	hätten besessen
	Pluperfect		
ich	hatte besessen		
du	hattest besessen		
er	hatte besessen		
wir	hatten besessen		
ihr	hattet besessen		
sie	hatten besessen		
		Future Time	
	Future	(*Fut. Subj.*)	(*Pres. Conditional*)
ich	werde besitzen	werde besitzen	würde besitzen
du	wirst besitzen	werdest besitzen	würdest besitzen
er	wird besitzen	werde besitzen	würde besitzen
wir	werden besitzen	werden besitzen	würden besitzen
ihr	werdet besitzen	werdet besitzen	würdet besitzen
sie	werden besitzen	werden besitzen	würden besitzen
		Future Perfect Time	
	Future Perfect	(*Fut. Perf. Subj.*)	(*Past Conditional*)
ich	werde besessen haben	werde besessen haben	würde besessen haben
du	wirst besessen haben	werdest besessen haben	würdest besessen haben
er	wird besessen haben	werde besessen haben	würde besessen haben
wir	werden besessen haben	werden besessen haben	würden besessen haben
ihr	werdet besessen haben	werdet besessen haben	würdet besessen haben
sie	werden besessen haben	werden besessen haben	würden besessen haben

bestellen

PRINC. PARTS: bestellen, bestellte, bestellt, bestellt
IMPERATIVE: bestelle!, bestellt!, bestellen Sie!

to order (goods); arrange; deliver

	INDICATIVE	SUBJUNCTIVE PRIMARY	SUBJUNCTIVE SECONDARY
		Present Time	
	Present	*(Pres. Subj.)*	*(Imperf. Subj.)*
ich	bestelle	bestelle	bestellte
du	bestellst	bestellest	bestelltest
er	bestellt	bestelle	bestellte
wir	bestellen	bestellen	bestellten
ihr	bestellt	bestellet	bestelltet
sie	bestellen	bestellen	bestellten
	Imperfect		
ich	bestellte		
du	bestelltest		
er	bestellte		
wir	bestellten		
ihr	bestelltet		
sie	bestellten		
		Past Time	
	Perfect	*(Perf. Subj.)*	*(Pluperf. Subj.)*
ich	habe bestellt	habe bestellt	hätte bestellt
du	hast bestellt	habest bestellt	hättest bestellt
er	hat bestellt	habe bestellt	hätte bestellt
wir	haben bestellt	haben bestellt	hätten bestellt
ihr	habt bestellt	habet bestellt	hättet bestellt
sie	haben bestellt	haben bestellt	hätten bestellt
	Pluperfect		
ich	hatte bestellt		
du	hattest bestellt		
er	hatte bestellt		
wir	hatten bestellt		
ihr	hattet bestellt		
sie	hatten bestellt		
		Future Time	
	Future	*(Fut. Subj.)*	*(Pres. Conditional)*
ich	werde bestellen	werde bestellen	würde bestellen
du	wirst bestellen	werdest bestellen	würdest bestellen
er	wird bestellen	werde bestellen	würde bestellen
wir	werden bestellen	werden bestellen	würden bestellen
ihr	werdet bestellen	werdet bestellen	würdet bestellen
sie	werden bestellen	werden bestellen	würden bestellen
		Future Perfect Time	
	Future Perfect	*(Fut. Perf. Subj.)*	*(Past Conditional)*
ich	werde bestellt haben	werde bestellt haben	würde bestellt haben
du	wirst bestellt haben	werdest bestellt haben	würdest bestellt haben
er	wird bestellt haben	werde bestellt haben	würde bestellt haben
wir	werden bestellt haben	werden bestellt haben	würden bestellt haben
ihr	werdet bestellt haben	werdet bestellt haben	würdet bestellt haben
sie	werden bestellt haben	werden bestellt haben	würden bestellt haben

besuchen

to visit, attend

PRINC. PARTS: besuchen, besuchte, besucht, besucht
IMPERATIVE: besuche!, besucht!, besuchen Sie!

INDICATIVE		SUBJUNCTIVE PRIMARY	SUBJUNCTIVE SECONDARY
		Present Time	
	Present	(*Pres. Subj.*)	(*Imperf. Subj.*)
ich	besuche	besuche	besuchte
du	besuchst	besuchest	besuchtest
er	besucht	besuche	besuchte
wir	besuchen	besuchen	besuchten
ihr	besucht	besuchet	besuchtet
sie	besuchen	besuchen	besuchten
	Imperfect		
ich	besuchte		
du	besuchtest		
er	besuchte		
wir	besuchten		
ihr	besuchtet		
sie	besuchten		
		Past Time	
	Perfect	(*Perf. Subj.*)	(*Pluperf. Subj.*)
ich	habe besucht	habe besucht	hätte besucht
du	hast besucht	habest besucht	hättest besucht
er	hat besucht	habe besucht	hätte besucht
wir	haben besucht	haben besucht	hätten besucht
ihr	habt besucht	habet besucht	hättet besucht
sie	haben besucht	haben besucht	hätten besucht
	Pluperfect		
ich	hatte besucht		
du	hattest besucht		
er	hatte besucht		
wir	hatten besucht		
ihr	hattet besucht		
sie	hatten besucht		
		Future Time	
	Future	(*Fut. Subj.*)	(*Pres. Conditional*)
ich	werde besuchen	werde besuchen	würde besuchen
du	wirst besuchen	werdest besuchen	würdest besuchen
er	wird besuchen	werde besuchen	würde besuchen
wir	werden besuchen	werden besuchen	würden besuchen
ihr	werdet besuchen	werdet besuchen	würdet besuchen
sie	werden besuchen	werden besuchen	würden besuchen
		Future Perfect Time	
	Future Perfect	(*Fut. Perf. Subj.*)	(*Past Conditional*)
ich	werde besucht haben	werde besucht haben	würde besucht haben
du	wirst besucht haben	werdest besucht haben	würdest besucht haben
er	wird besucht haben	werde besucht haben	würde besucht haben
wir	werden besucht haben	werden besucht haben	würden besucht haben
ihr	werdet besucht haben	werdet besucht haben	würdet besucht haben
sie	werden besucht haben	werden besucht haben	würden besucht haben

beten

to pray

PRINC. PARTS: beten, betete, gebetet, betet
IMPERATIVE: bete!, betet!, beten Sie!

INDICATIVE		SUBJUNCTIVE	
		PRIMARY	SECONDARY
		Present Time	
	Present	*(Pres. Subj.)*	*(Imperf. Subj.)*
ich	bete	bete	betete
du	betest	betest	betetest
er	betet	bete	betete
wir	beten	beten	beteten
ihr	betet	betet	betetet
sie	beten	beten	beteten
	Imperfect		
ich	betete		
du	betetest		
er	betete		
wir	beteten		
ihr	betetet		
sie	beteten		
		Past Time	
	Perfect	*(Perf. Subj.)*	*(Pluperf. Subj.)*
ich	habe gebetet	habe gebetet	hätte gebetet
du	hast gebetet	habest gebetet	hättest gebetet
er	hat gebetet	habe gebetet	hätte gebetet
wir	haben gebetet	haben gebetet	hätten gebetet
ihr	habet gebetet	habet gebetet	hättet gebetet
sie	haben gebetet	haben gebetet	hätten gebetet
	Pluperfect		
ich	hatte gebetet		
du	hattest gebetet		
er	hatte gebetet		
wir	hatten gebetet		
ihr	hattet gebetet		
sie	hatten gebetet		
		Future Time	
	Future	*(Fut. Subj.)*	*(Pres. Conditional)*
ich	werde beten	werde beten	würde beten
du	wirst beten	werdest beten	würdest beten
er	wird beten	werde beten	würde beten
wir	werden beten	werden beten	würden beten
ihr	werdet beten	werdet beten	würdet beten
sie	werden beten	werden beten	würden beten
		Future Perfect Time	
	Future Perfect	*(Fut. Perf. Subj.)*	*(Past Conditional)*
ich	werde gebetet haben	werde gebetet haben	würde gebetet haben
du	wirst gebetet haben	werdest gebetet haben	würdest gebetet haben
er	wird gebetet haben	werde gebetet haben	würde gebetet haben
wir	werden gebetet haben	werden gebetet haben	würden gebetet haben
ihr	werdet gebetet haben	werdet gebetet haben	würdet gebetet haben
sie	werden gebetet haben	werden gebetet haben	würden gebetet haben

betrügen

to deceive, cheat

PRINC. PARTS: betrügen, betrog, betrogen, betrügt
IMPERATIVE: betrüge!, betrügt!, betrügen Sie!

	INDICATIVE	SUBJUNCTIVE PRIMARY	SUBJUNCTIVE SECONDARY
		Present Time	
	Present	(*Pres. Subj.*)	(*Imperf. Subj.*)
ich	betrüge	betrüge	betröge
du	betrügst	betrügest	betrögest
er	betrügt	betrüge	betröge
wir	betrügen	betrügen	betrögen
ihr	betrügt	betrüget	betröget
sie	betrügen	betrügen	betrögen
	Imperfect		
ich	betrog		
du	betrogst		
er	betrog		
wir	betrogen		
ihr	betrogt		
sie	betrogen		
		Past Time	
	Perfect	(*Perf. Subj.*)	(*Pluperf. Subj.*)
ich	habe betrogen	habe betrogen	hätte betrogen
du	hast betrogen	habest betrogen	hättest betrogen
er	hat betrogen	habe betrogen	hätte betrogen
wir	haben betrogen	haben betrogen	hätten betrogen
ihr	habt betrogen	habet betrogen	hättet betrogen
sie	haben betrogen	haben betrogen	hätten betrogen
	Pluperfect		
ich	hatte betrogen		
du	hattest betrogen		
er	hatte betrogen		
wir	hatten betrogen		
ihr	hattet betrogen		
sie	hatten betrogen		
		Future Time	
	Future	(*Fut. Subj.*)	(*Pres. Conditional*)
ich	werde betrügen	werde betrügen	würde betrügen
du	wirst betrügen	werdest betrügen	würdest betrügen
er	wird betrügen	werde betrügen	würde betrügen
wir	werden betrügen	werden betrügen	würden betrügen
ihr	werdet betrügen	werdet betrügen	würdet betrügen
sie	werden betrügen	werden betrügen	würden betrügen
		Future Perfect Time	
	Future Perfect	(*Fut. Perf. Subj.*)	(*Past Conditional*)
ich	werde betrogen haben	werde betrogen haben	würde betrogen haben
du	wirst betrogen haben	werdest betrogen haben	würdest betrogen haben
er	wird betrogen haben	werde betrogen haben	würde betrogen haben
wir	werden betrogen haben	werden betrogen haben	würden betrogen haben
ihr	werdet betrogen haben	werdet betrogen haben	würdet betrogen haben
sie	werden betrogen haben	werden betrogen haben	würden betrogen haben

bewegen

PRINC. PARTS: bewegen, bewegte, bewegt, bewegt
IMPERATIVE: bewege!, bewegt!, bewegen Sie!

to move, agitate, shake

	INDICATIVE	SUBJUNCTIVE PRIMARY	SUBJUNCTIVE SECONDARY
		Present Time	
	Present	*(Pres. Subj.)*	*(Imperf. Subj.)*
ich	bewege	bewege	bewegte
du	bewegst	bewegest	bewegtest
er	bewegt	bewege	bewegte
wir	bewegen	bewegen	bewegten
ihr	bewegt	beweget	bewegtet
sie	bewegen	bewegen	bewegten
	Imperfect		
ich	bewegte		
du	bewegtest		
er	bewegte		
wir	bewegten		
ihr	bewegtet		
sie	bewegten		
		Past Time	
	Perfect	*(Perf. Subj.)*	*(Pluperf. Subj.)*
ich	habe bewegt	habe bewegt	hätte bewegt
du	hast bewegt	habest bewegt	hättest bewegt
er	hat bewegt	habe bewegt	hätte bewegt
wir	haben bewegt	haben bewegt	hätten bewegt
ihr	habt bewegt	habet bewegt	hättet bewegt
sie	haben bewegt	haben bewegt	hätten bewegt
	Pluperfect		
ich	hatte bewegt		
du	hattest bewegt		
er	hatte bewegt		
wir	hatten bewegt		
ihr	hattet bewegt		
sie	hatten bewegt		
		Future Time	
	Future	*(Fut. Subj.)*	*(Pres. Conditional)*
ich	werde bewegen	werde bewegen	würde bewegen
du	wirst bewegen	werdest bewegen	würdest bewegen
er	wird bewegen	werde bewegen	würde bewegen
wir	werden bewegen	werden bewegen	würden bewegen
ihr	werdet bewegen	werdet bewegen	würdet bewegen
sie	werden bewegen	werden bewegen	würden bewegen
		Future Perfect Time	
	Future Perfect	*(Fut. Perf. Subj.)*	*(Past Conditional)*
ich	werde bewegt haben	werde bewegt haben	würde bewegt haben
du	wirst bewegt haben	werdest bewegt haben	würdest bewegt haben
er	wird bewegt haben	werde bewegt haben	würde bewegt haben
wir	werden bewegt haben	werden bewegt haben	würden bewegt haben
ihr	werdet bewegt haben	werdet bewegt haben	würdet bewegt haben
sie	werden bewegt haben	werden bewegt haben	würden bewegt haben

bewegen

to induce, persuade, prevail upon

PRINC. PARTS: bewegen, bewog, bewogen, bewegt
IMPERATIVE: bewege!, bewegt!, bewegen Sie!

	INDICATIVE	SUBJUNCTIVE PRIMARY	SUBJUNCTIVE SECONDARY
		Present Time	
	Present	(*Pres. Subj.*)	(*Imperf. Subj.*)
ich	bewege	bewege	bewöge
du	bewegst	bewegest	bewögest
er	bewegt	bewege	bewöge
wir	bewegen	bewegen	bewögen
ihr	bewegt	beweget	bewöget
sie	bewegen	bewegen	bewögen
	Imperfect		
ich	bewog		
du	bewogst		
er	bewog		
wir	bewogen		
ihr	bewogt		
sie	bewogen		
		Past Time	
	Perfect	(*Perf. Subj.*)	(*Pluperf. Subj.*)
ich	habe bewogen	habe bewogen	hätte bewogen
du	hast bewogen	habest bewogen	hättest bewogen
er	hat bewogen	habe bewogen	hätte bewogen
wir	haben bewogen	haben bewogen	hätten bewogen
ihr	habt bewogen	habet bewogen	hättet bewogen
sie	haben bewogen	haben bewogen	hätten bewogen
	Pluperfect		
ich	hatte bewogen		
du	hattest bewogen		
er	hatte bewogen		
wir	hatten bewogen		
ihr	hattet bewogen		
sie	hatten bewogen		
		Future Time	
	Future	(*Fut. Subj.*)	(*Pres. Conditional*)
ich	werde bewegen	werde bewegen	würde bewegen
du	wirst bewegen	werdest bewegen	würdest bewegen
er	wird bewegen	werde bewegen	würde bewegen
wir	werden bewegen	werden bewegen	würden bewegen
ihr	werdet bewegen	werdet bewegen	würdet bewegen
sie	werden bewegen	werden bewegen	würden bewegen
		Future Perfect Time	
	Future Perfect	(*Fut. Perf. Subj.*)	(*Past Conditional*)
ich	werde bewogen haben	werde bewogen haben	würde bewogen haben
du	wirst bewogen haben	werdest bewogen haben	würdest bewogen haben
er	wird bewogen haben	werde bewogen haben	würde bewogen haben
wir	werden bewogen haben	werden bewogen haben	würden bewogen haben
ihr	werdet bewogen haben	werdet bewogen haben	würdet bewogen haben
sie	werden bewogen haben	werden bewogen haben	würden bewogen haben

PRINC. PARTS: bezeichnen, bezeichnete, bezeichnet, bezeichnet — *to designate, mark, label*
IMPERATIVE: bezeichne!, bezeichnet!, bezeichnen Sie!

	INDICATIVE	PRIMARY	SECONDARY
		Present Time	
	Present	*(Pres. Subj.)*	*(Imperf. Subj.)*
ich	bezeichne	bezeichne	bezeichnete
du	bezeichnest	bezeichnest	bezeichnetest
er	bezeichnet	bezeichne	bezeichnete
wir	bezeichnen	bezeichnen	bezeichneten
ihr	bezeichnet	bezeichnet	bezeichnetet
sie	bezeichnen	bezeichnen	bezeichneten
	Imperfect		
ich	bezeichnete		
du	bezeichnetest		
er	bezeichnete		
wir	bezeichneten		
ihr	bezeichnetet		
sie	bezeichneten	*Past Time*	
	Perfect	*(Perf. Subj.)*	*(Pluperf. Subj.)*
ich	habe bezeichnet	habe bezeichnet	hätte bezeichnet
du	hast bezeichnet	habest bezeichnet	hättest bezeichnet
er	hat bezeichnet	habe bezeichnet	hätte bezeichnet
wir	haben bezeichnet	haben bezeichnet	hätten bezeichnet
ihr	habt bezeichnet	habet bezeichnet	hättet bezeichnet
sie	haben bezeichnet	haben bezeichnet	hätten bezeichnet
	Pluperfect		
ich	hatte bezeichnet		
du	hattest bezeichnet		
er	hatte bezeichnet		
wir	hatten bezeichnet		
ihr	hattet bezeichnet		
sie	hatten bezeichnet	*Future Time*	
	Future	*(Fut. Subj.)*	*(Pres. Conditional)*
ich	werde bezeichnen	werde bezeichnen	würde bezeichnen
du	wirst bezeichnen	werdest bezeichnen	würdest bezeichnen
er	wird bezeichnen	werde bezeichnen	würde bezeichnen
wir	werden bezeichnen	werden bezeichnen	würden bezeichnen
ihr	werdet bezeichnen	werdet bezeichnen	würdet bezeichnen
sie	werden bezeichnen	werden bezeichnen	würden bezeichnen
		Future Perfect Time	
	Future Perfect	*(Fut. Perf. Subj.)*	*(Past Conditional)*
ich	werde bezeichnet haben	werde bezeichnet haben	würde bezeichnet haben
du	wirst bezeichnet haben	werdest bezeichnet haben	würdest bezeichnet haben
er	wird bezeichnet haben	werde bezeichnet haben	würde bezeichnet haben
wir	werden bezeichnet haben	werden bezeichnet haben	würden bezeichnet haben
ihr	werdet bezeichnet haben	werdet bezeichnet haben	würdet bezeichnet haben
sie	werden bezeichnet haben	werden bezeichnet haben	würden bezeichnet haben

biegen

to bend

PRINC. PARTS: biegen, bog, gebogen, biegt
IMPERATIVE: biege!, biegt!, biegen Sie!

INDICATIVE		SUBJUNCTIVE	
		PRIMARY	SECONDARY
		Present Time	
	Present	(*Pres. Subj.*)	(*Imperf. Subj.*)
ich	biege	biege	böge
du	biegst	biegest	bögest
er	biegt	biege	böge
wir	biegen	biegen	bögen
ihr	biegt	bieget	böget
sie	biegen	biegen	bögen
	Imperfect		
ich	bog		
du	bogst		
er	bog		
wir	bogen		
ihr	bogt		
sie	bogen		
		Past Time	
	Perfect	(*Perf. Subj.*)	(*Pluperf. Subj.*)
ich	habe gebogen	habe gebogen	hätte gebogen
du	hast gebogen	habest gebogen	hättest gebogen
er	hat gebogen	habe gebogen	hätte gebogen
wir	haben gebogen	haben gebogen	hätten gebogen
ihr	habt gebogen	habet gebogen	hättet gebogen
sie	haben gebogen	haben gebogen	hätten gebogen
	Pluperfect		
ich	hatte gebogen		
du	hattest gebogen		
er	hatte gebogen		
wir	hatten gebogen		
ihr	hattet gebogen		
sie	hatten gebogen		
		Future Time	
	Future	(*Fut. Subj.*)	(*Pres. Conditional*)
ich	werde biegen	werde biegen	würde biegen
du	wirst biegen	werdest biegen	würdest biegen
er	wird biegen	werde biegen	würde biegen
wir	werden biegen	werden biegen	würden biegen
ihr	werdet biegen	werdet biegen	würdet biegen
sie	werden biegen	werden biegen	würden biegen
		Future Perfect Time	
	Future Perfect	(*Fut. Perf. Subj.*)	(*Past Conditional*)
ich	werde gebogen haben	werde gebogen haben	würde gebogen haben
du	wirst gebogen haben	werdest gebogen haben	würdest gebogen haben
er	wird gebogen haben	werde gebogen haben	würde gebogen haben
wir	werden gebogen haben	werden gebogen haben	würden gebogen haben
ihr	werdet gebogen haben	werdet gebogen haben	würdet gebogen haben
sie	werden gebogen haben	werden gebogen haben	würden gebogen haben

PRINC. PARTS: bieten, bot, geboten, bietet
IMPERATIVE: biete!, bietet!, bieten Sie!

to offer, bid

INDICATIVE		SUBJUNCTIVE PRIMARY	SUBJUNCTIVE SECONDARY
		Present Time	
	Present	(*Pres. Subj.*)	(*Imperf. Subj.*)
ich	biete	biete	böte
du	bietest	bietest	bötest
er	bietet	biete	bötet
wir	bieten	bieten	böten
ihr	bietet	bietet	bötet
sie	bieten	bieten	böten
	Imperfect		
ich	bot		
du	botest		
er	bot		
wir	boten		
ihr	botet		
sie	boten		
		Past Time	
	Perfect	(*Perf. Subj.*)	(*Pluperf. Subj.*)
ich	habe geboten	habe geboten	hätte geboten
du	hast geboten	habest geboten	hättest geboten
er	hat geboten	habe geboten	hätte geboten
wir	haben geboten	haben geboten	hätten geboten
ihr	habt geboten	habet geboten	hättet geboten
sie	haben geboten	haben geboten	hätten geboten
	Pluperfect		
ich	hatte geboten		
du	hattest geboten		
er	hatte geboten		
wir	hatten geboten		
ihr	hattet geboten		
sie	hatten geboten		
		Future Time	
	Future	(*Fut. Subj.*)	(*Pres. Conditional*)
ich	werde bieten	werde bieten	würde bieten
du	wirst bieten	werdest bieten	würdest bieten
er	wird bieten	werde bieten	würde bieten
wir	werden bieten	werden bieten	würden bieten
ihr	werdet bieten	werdet bieten	würdet bieten
sie	werden bieten	werden bieten	würden bieten
		Future Perfect Time	
	Future Perfect	(*Fut. Perf. Subj.*)	(*Past Conditional*)
ich	werde geboten haben	werde geboten haben	würde geboten haben
du	wirst geboten haben	werdest geboten haben	würdest geboten haben
er	wird geboten haben	werde geboten haben	würde geboten haben
wir	werden geboten haben	werden geboten haben	würden geboten haben
ihr	werdet geboten haben	werdet geboten haben	würdet geboten haben
sie	werden geboten haben	werden geboten haben	würden geboten haben

binden

to bind, tie

PRINC. PARTS: binden, band, gebunden, bindet
IMPERATIVE: binde!, bindet!, binden Sie!

	INDICATIVE	SUBJUNCTIVE PRIMARY	SUBJUNCTIVE SECONDARY
		Present Time	
	Present	*(Pres. Subj.)*	*(Imperf. Subj.)*
ich	binde	binde	bände
du	bindest	bindest	bändest
er	bindet	binde	bände
wir	binden	binden	bänden
ihr	bindet	bindet	bändet
sie	binden	binden	bänden
	Imperfect		
ich	band		
du	bandest		
er	band		
wir	banden		
ihr	bandet		
sie	banden		
		Past Time	
	Perfect	*(Perf. Subj.)*	*(Pluperf. Subj.)*
ich	habe gebunden	habe gebunden	hätte gebunden
du	hast gebunden	habest gebunden	hättest gebunden
er	hat gebunden	habe gebunden	hätte gebunden
wir	haben gebunden	haben gebunden	hätten gebunden
ihr	habt gebunden	habet gebunden	hättet gebunden
sie	haben gebunden	haben gebunden	hätten gebunden
	Pluperfect		
ich	hatte gebunden		
du	hattest gebunden		
er	hatte gebunden		
wir	hatten gebunden		
ihr	hattet gebunden		
sie	hatten gebunden		
		Future Time	
	Future	*(Fut. Subj.)*	*(Pres. Conditional)*
ich	werde binden	werde binden	würde binden
du	wirst binden	werdest binden	würdest binden
er	wird binden	werde binden	würde binden
wir	werden binden	werden binden	würden binden
ihr	werdet binden	werdet binden	würdet binden
sie	werden binden	werden binden	würden binden
		Future Perfect Time	
	Future Perfect	*(Fut. Perf. Subj.)*	*(Past Conditional)*
ich	werde gebunden haben	werde gebunden haben	würde gebunden haben
du	wirst gebunden haben	werdest gebunden haben	würdest gebunden haben
er	wird gebunden haben	werde gebunden haben	würde gebunden haben
wir	werden gebunden haben	werden gebunden haben	würden gebunden haben
ihr	werdet gebunden haben	werdet gebunden haben	würdet gebunden haben
sie	werden gebunden haben	werden gebunden haben	würden gebunden haben

PRINC. PARTS: bitten, bat, gebeten, bittet
IMPERATIVE: bitte!, bittet!, bitten Sie!

to ask (for), request, beg, intercede

INDICATIVE	SUBJUNCTIVE	
	PRIMARY	SECONDARY
	Present Time	
Present	*(Pres. Subj.)*	*(Imperf. Subj.)*
ich bitte	bitte	bäte
du bittest	bittest	bätest
er bittet	bitte	bäte
wir bitten	bitten	bäten
ihr bittet	bittet	bätet
sie bitten	bitten	bäten
Imperfect		
ich bat		
du batest		
er bat		
wir baten		
ihr batet		
sie baten		
	Past Time	
Perfect	*(Perf. Subj.)*	*(Pluperf. Subj.)*
ich habe gebeten	habe gebeten	hätte gebeten
du hast gebeten	habest gebeten	hättest gebeten
er hat gebeten	habe gebeten	hätte gebeten
wir haben gebeten	haben gebeten	hätten gebeten
ihr habt gebeten	habet gebeten	hättet gebeten
sie haben gebeten	haben gebeten	hätten gebeten
Pluperfect		
ich hatte gebeten		
du hattest gebeten		
er hatte gebeten		
wir hatten gebeten		
ihr hattet gebeten		
sie hatten gebeten		
	Future Time	
Future	*(Fut. Subj.)*	*(Pres. Conditional)*
ich werde bitten	werde bitten	würde bitten
du wirst bitten	werdest bitten	würdest bitten
er wird bitten	werde bitten	würde bitten
wir werden bitten	werden bitten	würden bitten
ihr werdet bitten	werdet bitten	würdet bitten
sie werden bitten	werden bitten	würden bitten
	Future Perfect Time	
Future Perfect	*(Fut. Perf. Subj.)*	*(Past Conditional)*
ich werde gebeten haben	werde gebeten haben	würde gebeten haben
du wirst gebeten haben	werdest gebeten haben	würdest gebeten haben
er wird gebeten haben	werde gebeten haben	würde gebeten haben
wir werden gebeten haben	werden gebeten haben	würden gebeten haben
ihr werdet gebeten haben	werdet gebeten haben	würdet gebeten haben
sie werden gebeten haben	werden gebeten haben	würden gebeten haben

blasen

to blow, to play a wind or brass instrument

PRINC. PARTS: blasen, blies, geblasen, bläst
IMPERATIVE: blase!, blast!, blasen Sie!

INDICATIVE		SUBJUNCTIVE	
		PRIMARY	SECONDARY
		Present Time	
	Present	*(Pres. Subj.)*	*(Imperf. Subj.)*
ich	blase	blase	bliese
du	bläst	blasest	bliesest
er	bläst	blase	bliese
wir	blasen	blasen	bliesen
ihr	blast	blaset	blieset
sie	blasen	blasen	bliesen
	Imperfect		
ich	blies		
du	bliesest		
er	blies		
wir	bliesen		
ihr	bliest		
sie	bliesen		
		Past Time	
	Perfect	*(Perf. Subj.)*	*(Pluperf. Subj.)*
ich	habe geblasen	habe geblasen	hätte geblasen
du	hast geblasen	habest geblasen	hättest geblasen
er	hat geblasen	habe geblasen	hätte geblasen
wir	haben geblasen	haben geblasen	hätten geblasen
ihr	habt geblasen	habet geblasen	hättet geblasen
sie	haben geblasen	haben geblasen	hätten geblasen
	Pluperfect		
ich	hatte geblasen		
du	hattest geblasen		
er	hatte geblasen		
wir	hatten geblasen		
ihr	hattet geblasen		
sie	hatten geblasen		
		Future Time	
	Future	*(Fut. Subj.)*	*(Pres. Conditional)*
ich	werde blasen	werde blasen	würde blasen
du	wirst blasen	werdest blasen	würdest blasen
er	wird blasen	werde blasen	würde blasen
wir	werden blasen	werden blasen	würden blasen
ihr	werdet blasen	werdet blasen	würdet blasen
sie	werden blasen	werden blasen	würden blasen
		Future Perfect Time	
	Future Perfect	*(Fut. Perf. Subj.)*	*(Past Conditional)*
ich	werde geblasen haben	werde geblasen haben	würde geblasen haben
du	wirst geblasen haben	werdest geblasen haben	würdest geblasen haben
er	wird geblasen haben	werde geblasen haben	würde geblasen haben
wir	werden geblasen haben	werden geblasen haben	würden geblasen haben
ihr	werdet geblasen haben	werdet geblasen haben	würdet geblasen haben
sie	werden geblasen haben	werden geblasen haben	würden geblasen haben

PRINC. PARTS: bleiben, blieb, ist geblieben, bleibt
IMPERATIVE: bleibe!, bleibt!, bleiben Sie!

to remain, stay

	INDICATIVE	SUBJUNCTIVE PRIMARY	SUBJUNCTIVE SECONDARY
		Present Time	
	Present	*(Pres. Subj.)*	*(Imperf. Subj.)*
ich	bleibe	bleibe	bliebe
du	bleibst	bleibest	bliebest
er	bleibt	bleibe	bliebe
wir	bleiben	bleiben	blieben
ihr	bleibt	bleibet	bliebet
sie	bleiben	bleiben	blieben

	INDICATIVE		
	Imperfect		
ich	blieb		
du	bliebst		
er	blieb		
wir	blieben		
ihr	bliebt		
sie	blieben		
		Past Time	
	Perfect	*(Perf. Subj.)*	*(Pluperf. Subj.)*
ich	bin geblieben	sei geblieben	wäre geblieben
du	bist geblieben	seiest geblieben	wärest geblieben
er	ist geblieben	sei geblieben	wäre geblieben
wir	sind geblieben	seien geblieben	wären geblieben
ihr	seid geblieben	seiet geblieben	wäret geblieben
sie	sind geblieben	seien geblieben	wären geblieben
	Pluperfect		
ich	war geblieben		
du	warst geblieben		
er	war geblieben		
wir	waren geblieben		
ihr	wart geblieben		
sie	waren geblieben		

		Future Time	
	Future	*(Fut. Subj.)*	*(Pres. Conditional)*
ich	werde bleiben	werde bleiben	würde bleiben
du	wirst bleiben	werdest bleiben	würdest bleiben
er	wird bleiben	werde bleiben	würde bleiben
wir	werden bleiben	werden bleiben	würden bleiben
ihr	werdet bleiben	werdet bleiben	würdet bleiben
sie	werden bleiben	werden bleiben	würden bleiben

		Future Perfect Time	
	Future Perfect	*(Fut. Perf. Subj.)*	*(Past Conditional)*
ich	werde geblieben sein	werde geblieben sein	würde geblieben sein
du	wirst geblieben sein	werdest geblieben sein	würdest geblieben sein
er	wird geblieben sein	werde geblieben sein	würde geblieben sein
wir	werden geblieben sein	werden geblieben sein	würden geblieben sein
ihr	werdet geblieben sein	werdet geblieben sein	würdet geblieben sein
sie	werden geblieben sein	werden geblieben sein	würden geblieben sein

blicken

to look, glance

PRINC. PARTS: blicken, blickte, geblickt, blickt
IMPERATIVE: blicke!, blickt!, blicken Sie!

INDICATIVE		SUBJUNCTIVE	
		PRIMARY	SECONDARY
		Present Time	
	Present	*(Pres. Subj.)*	*(Imperf. Subj.)*
ich	blicke	blicke	blickte
du	blickst	blickest	blicktest
er	blickt	blicke	blickte
wir	blicken	blicken	blickten
ihr	blickt	blicket	blicktet
sie	blicken	blicken	blickten
	Imperfect		
ich	blickte		
du	blicktest		
er	blickte		
wir	blickten		
ihr	blicktet		
sie	blickten		
		Past Time	
	Perfect	*(Perf. Subj.)*	*(Pluperf. Subj.)*
ich	habe geblickt	habe geblickt	hätte geblickt
du	hast geblickt	habest geblickt	hättest geblickt
er	hat geblickt	habe geblickt	hätte geblickt
wir	haben geblickt	haben geblickt	hätten geblickt
ihr	habt geblickt	habet geblickt	hättet geblickt
sie	haben geblickt	haben geblickt	hätten geblickt
	Pluperfect		
ich	hatte geblickt		
du	hattest geblickt		
er	hatte geblickt		
wir	hatten geblickt		
ihr	hattet geblickt		
sie	hatten geblickt		
		Future Time	
	Future	*(Fut. Subj.)*	*(Pres. Conditional)*
ich	werde blicken	werde blicken	würde blicken
du	wirst blicken	werdest blicken	würdest blicken
er	wird blicken	werde blicken	würde blicken
wir	werden blicken	werden blicken	würden blicken
ihr	werdet blicken	werdet blicken	würdet blicken
sie	werden blicken	werden blicken	würden blicken
		Future Perfect Time	
	Future Perfect	*(Fut. Perf. Subj.)*	*(Past Conditional)*
ich	werde geblickt haben	werde geblickt haben	würde geblickt haben
du	wirst geblickt haben	werdest geblickt haben	würdest geblickt haben
er	wird geblickt haben	werde geblickt haben	würde geblickt haben
wir	werden geblickt haben	werden geblickt haben	würden geblickt haben
ihr	werdet geblickt haben	werdet geblickt haben	würdet geblickt haben
sie	werden geblickt haben	werden geblickt haben	würden geblickt haben

PRINC. PARTS: blitzen*, blitzte, geblitzt, blitzt
IMPERATIVE: blitze!, blitzt!, blitzen Sie!

to flash, sparkle, emit lightning

	INDICATIVE	SUBJUNCTIVE PRIMARY	SUBJUNCTIVE SECONDARY
		Present Time	
	Present	(*Pres. Subj.*)	(*Imperf. Subj.*)
ich	blitze	blitze	blitzte
du	blitzt	blitzest	blitztest
er	blitzt	blitze	blitzte
wir	blitzen	blitzen	blitzten
ihr	blitzt	blitzet	blitztet
sie	blitzen	blitzen	blitzten
	Imperfect		
ich	blitzte		
du	blitztest		
er	blitzte		
wir	blitzten		
ihr	blitztet		
sie	blitzten		
		Past Time	
	Perfect	(*Perf. Subj.*)	(*Pluperf. Subj.*)
ich	habe geblitzt	habe geblitzt	hätte geblitzt
du	hast geblitzt	habest geblitzt	hättest geblitzt
er	hat geblitzt	habe geblitzt	hätte geblitzt
wir	haben geblitzt	haben geblitzt	hätten geblitzt
ihr	habt geblitzt	habet geblitzt	hättet geblitzt
sie	haben geblitzt	haben geblitzt	hätten geblitzt
	Pluperfect		
ich	hatte geblitzt		
du	hattest geblitzt		
er	hatte geblitzt		
wir	hatten geblitzt		
ihr	hattet geblitzt		
sie	hatten geblitzt		
		Future Time	
	Future	(*Fut. Subj.*)	(*Pres. Conditional*)
ich	werde blitzen	werde blitzen	würde blitzen
du	wirst blitzen	werdest blitzen	würdest blitzen
er	wird blitzen	werde blitzen	würde blitzen
wir	werden blitzen	werden blitzen	würden blitzen
ihr	werdet blitzen	werdet blitzen	würdet blitzen
sie	werden blitzen	werden blitzen	würden blitzen
		Future Perfect Time	
	Future Perfect	(*Fut. Perf. Subj.*)	(*Past Conditional*)
ich	werde geblitzt haben	werde geblitzt haben	würde geblitzt haben
du	wirst geblitzt haben	werdest geblitzt haben	würdest geblitzt haben
er	wird geblitzt haben	werde geblitzt haben	würde geblitzt haben
wir	werden geblitzt haben	werden geblitzt haben	würden geblitzt haben
ihr	werdet geblitzt haben	werdet geblitzt haben	würdet geblitzt haben
sie	werden geblitzt haben	werden geblitzt haben	würden geblitzt haben

* Third person forms are most frequently found. EXAMPLE: *Es blitzt.* There is lightning.

blühen

to bloom, flower, flourish

PRINC. PARTS: blühen, blühte, geblüht, blüht
IMPERATIVE: blühe!, blüht!, blühen Sie!

INDICATIVE		SUBJUNCTIVE PRIMARY	SUBJUNCTIVE SECONDARY
		Present Time	
	Present	*(Pres. Subj.)*	*(Imperf. Subj.)*
ich	blühe	blühe	blühte
du	blühst	blühest	blühtest
er	blüht	blühe	blühte
wir	blühen	blühen	blühten
ihr	blüht	blühet	blühtet
sie	blühen	blühen	blühten
	Imperfect		
ich	blühte		
du	blühtest		
er	blühte		
wir	blühten		
ihr	blühtet		
sie	blühten		
		Past Time	
	Perfect	*(Perf. Subj.)*	*(Pluperf. Subj.)*
ich	habe geblüht	habe geblüht	hätte geblüht
du	hast geblüht	habest geblüht	hättest geblüht
er	hat geblüht	habe geblüht	hätte geblüht
wir	haben geblüht	haben geblüht	hätten geblüht
ihr	habt geblüht	habet geblüht	hättet geblüht
sie	haben geblüht	haben geblüht	hätten geblüht
	Pluperfect		
ich	hatte geblüht		
du	hattest geblüht		
er	hatte geblüht		
wir	hatten geblüht		
ihr	hattet geblüht		
sie	hatten geblüht		
		Future Time	
	Future	*(Fut. Subj.)*	*(Pres. Conditional)*
ich	werde blühen	werde blühen	würde blühen
du	wirst blühen	werdest blühen	würdest blühen
er	wird blühen	werde blühen	würde blühen
wir	werden blühen	werden blühen	würden blühen
ihr	werdet blühen	werdet blühen	würdet blühen
sie	werden blühen	werden blühen	würden blühen
		Future Perfect Time	
	Future Perfect	*(Fut. Perf. Subj.)*	*(Past Conditional)*
ich	werde geblüht haben	werde geblüht haben	würde geblüht haben
du	wirst geblüht haben	werdest geblüht haben	würdest geblüht haben
er	wird geblüht haben	werde geblüht haben	würde geblüht haben
wir	werden geblüht haben	werden geblüht haben	würden geblüht haben
ihr	werdet geblüht haben	werdet geblüht haben	würdet geblüht haben
sie	werden geblüht haben	werden geblüht haben	würden geblüht haben

bluten

to bleed

PRINC. PARTS: bluten, blutete, geblutet, blutet
IMPERATIVE: blute!, blutet!, bluten Sie!

INDICATIVE		SUBJUNCTIVE	
		PRIMARY	SECONDARY
		Present Time	
	Present	*(Pres. Subj.)*	*(Imperf. Subj.)*
ich	blute	blute	blutete
du	blutest	blutest	blutetest
er	blutet	blute	blutete
wir	bluten	bluten	bluteten
ihr	blutet	blutet	blutetet
sie	bluten	bluten	bluteten

	Imperfect
ich	blutete
du	blutetest
er	blutete
wir	bluteten
ihr	blutetet
sie	bluteten

		Past Time	
	Perfect	*(Perf. Subj.)*	*(Pluperf. Subj.)*
ich	habe geblutet	habe geblutet	hätte geblutet
du	hast geblutet	habest geblutet	hättest geblutet
er	hat geblutet	habe geblutet	hätte geblutet
wir	haben geblutet	haben geblutet	hätten geblutet
ihr	habt geblutet	habet geblutet	hättet geblutet
sie	haben geblutet	haben geblutet	hätten geblutet

	Pluperfect
ich	hatte geblutet
du	hattest geblutet
er	hatte geblutet
wir	hatten geblutet
ihr	hattet geblutet
sie	hatten geblutet

		Future Time	
	Future	*(Fut. Subj.)*	*(Pres. Conditional)*
ich	werde bluten	werde bluten	würde bluten
du	wirst bluten	werdest bluten	würdest bluten
er	wird bluten	werde bluten	würde bluten
wir	werden bluten	werden bluten	würden bluten
ihr	werdet bluten	werdet bluten	würdet bluten
sie	werden bluten	werden bluten	würden bluten

		Future Perfect Time	
	Future Perfect	*(Fut. Perf. Subj.)*	*(Past Conditional)*
ich	werde geblutet haben	werde geblutet haben	würde geblutet haben
du	wirst geblutet haben	werdest geblutet haben	würdest geblutet haben
er	wird geblutet haben	werde geblutet haben	würde geblutet haben
wir	werden geblutet haben	werden geblutet haben	würden geblutet haben
ihr	werdet geblutet haben	werdet geblutet haben	würdet geblutet hapen
sie	werden geblutet haben	werden geblutet haben	würden geblutet haben

braten

to roast

PRINC. PARTS: braten, briet, gebraten, brät
IMPERATIVE: brate!, bratet!, braten Sie!

	INDICATIVE	SUBJUNCTIVE PRIMARY	SUBJUNCTIVE SECONDARY
		Present Time	
	Present	(*Pres. Subj.*)	(*Imperf. Subj.*)
ich	brate	brate	briete
du	brätst	bratest	brietest
er	brät	brate	briete
wir	braten	braten	brieten
ihr	bratet	bratet	brietet
sie	braten	braten	brieten

	Imperfect
ich	briet
du	brietst
er	briet
wir	brieten
ihr	brietet
sie	brieten

	Perfect	*Past Time* (*Perf. Subj.*)	(*Pluperf. Subj.*)
ich	habe gebraten	habe gebraten	hätte gebraten
du	hast gebraten	habest gebraten	hättest gebraten
er	hat gebraten	habe gebraten	hätte gebraten
wir	haben gebraten	haben gebraten	hätten gebraten
ihr	habt gebraten	habet gebraten	hättet gebraten
sie	haben gebraten	haben gebraten	hätten gebraten

	Pluperfect
ich	hatte gebraten
du	hattest gebraten
er	hatte gebraten
wir	hatten gebraten
ihr	hattet gebraten
sie	hatten gebraten

	Future	*Future Time* (*Fut. Subj.*)	(*Pres. Conditional*)
ich	werde braten	werde braten	würde braten
du	wirst braten	werdest braten	würdest braten
er	wird braten	werde braten	würde braten
wir	werden braten	werden braten	würden braten
ihr	werdet braten	werdet braten	würdet braten
sie	werden braten	werden braten	würden braten

	Future Perfect	*Future Perfect Time* (*Fut. Perf. Subj.*)	(*Past Conditional*)
ich	werde gebraten haben	werde gebraten haben	würde gebraten haben
du	wirst gebraten haben	werdest gebraten haben	würdest gebraten haben
er	wird gebraten haben	werde gebraten haben	würde gebraten haben
wir	werden gebraten haben	werden gebraten haben	würden gebraten haben
ihr	werdet gebraten haben	werdet gebraten haben	würdet gebraten haben
sie	werden gebraten haben	werden gebraten haben	würden gebraten haben

PRINC. PARTS: brauchen, brauchte, gebraucht, braucht
IMPERATIVE: brauche!, braucht!, brauchen Sie!

INDICATIVE		SUBJUNCTIVE PRIMARY	SUBJUNCTIVE SECONDARY
		Present Time	
	Present	*(Pres. Subj.)*	*(Imperf. Subj.)*
ich	brauche	brauche	brauchte*
du	brauchst	brauchest	brauchtest
er	braucht	brauche	brauchte
wir	brauchen	brauchen	brauchten
ihr	braucht	brauchet	brauchtet
sie	brauchen	brauchen	brauchten
	Imperfect		
ich	brauchte		
du	brauchtest		
er	brauchte		
wir	brauchten		
ihr	brauchtet		
sie	brauchten		
		Past Time	
	Perfect	*(Perf. Subj.)*	*(Pluperf. Subj.)*
ich	habe gebraucht	habe gebraucht	hätte gebraucht
du	hast gebraucht	habest gebraucht	hättest gebraucht
er	hat gebraucht	habe gebraucht	hätte gebraucht
wir	haben gebraucht	haben gebraucht	hätten gebraucht
ihr	habt gebraucht	habet gebraucht	hättet gebraucht
sie	haben gebraucht	haben gebraucht	hätten gebraucht
	Pluperfect		
ich	hatte gebraucht		
du	hattest gebraucht		
er	hatte gebraucht		
wir	hatten gebraucht		
ihr	hattet gebraucht		
sie	hatten gebraucht		
		Future Time	
	Future	*(Fut. Subj.)*	*(Pres. Conditional)*
ich	werde brauchen	werde brauchen	würde brauchen
du	wirst brauchen	werdest brauchen	würdest brauchen
er	wird brauchen	werde brauchen	würde brauchen
wir	werden brauchen	werden brauchen	würden brauchen
ihr	werdet brauchen	werdet brauchen	würdet brauchen
sie	werden brauchen	werden brauchen	würden brauchen
		Future Perfect Time	
	Future Perfect	*(Fut. Perf. Subj.)*	*(Past Conditional)*
ich	werde gebraucht haben	werde gebraucht haben	würde gebraucht haben
du	wirst gebraucht haben	werdest gebraucht haben	würdest gebraucht haben
er	wird gebraucht haben	werde gebraucht haben	würde gebraucht haben
wir	werden gebraucht haben	werden gebraucht haben	würden gebraucht haben
ihr	werdet gebraucht haben	werdet gebraucht haben	würdet gebraucht haben
sie	werden gebraucht haben	werden gebraucht haben	würden gebraucht haben

*The umlauted forms: *bräuchte*, etc, are frequently found in southern German-speaking areas.

brauen

to brew

PRINC. PARTS: brauen, braute, gebraut, braut
IMPERATIVE: braue!, braut!, brauen Sie!

	INDICATIVE	SUBJUNCTIVE PRIMARY	SUBJUNCTIVE SECONDARY
		Present Time	
	Present	(*Pres. Subj.*)	(*Imperf. Subj.*)
ich	braue	braue	braute
du	braust	brauest	brautest
er	braut	braue	braute
wir	brauen	brauen	brauten
ihr	braut	brauet	brautet
sie	brauen	brauen	brauten
	Imperfect		
ich	braute		
du	brautest		
er	braute		
wir	brauten		
ihr	brautet		
sie	brauten		
		Past Time	
	Perfect	(*Perf. Subj.*)	(*Pluperf. Subj.*)
ich	habe gebraut	habe gebraut	hätte gebraut
du	hast gebraut	habest gebraut	hättest gebraut
er	hat gebraut	habe gebraut	hätte gebraut
wir	haben gebraut	haben gebraut	hätten gebraut
ihr	habt gebraut	habet gebraut	hättet gebraut
sie	haben gebraut	haben gebraut	hätten gebraut
	Pluperfect		
ich	hatte gebraut		
du	hattest gebraut		
er	hatte gebraut		
wir	hatten gebraut		
ihr	hattet gebraut		
sie	hatten gebraut		
		Future Time	
	Future	(*Fut. Subj.*)	(*Pres. Conditional*)
ich	werde brauen	werde brauen	würde brauen
du	wirst brauen	werdest brauen	würdest brauen
er	wird brauen	werde brauen	würde brauen
wir	werden brauen	werden brauen	würden brauen
ihr	werdet brauen	werdet brauen	würdet brauen
sie	werden brauen	werden brauen	würden brauen
		Future Perfect Time	
	Future Perfect	(*Fut. Perf. Subj.*)	(*Past Conditional*)
ich	werde gebraut haben	werde gebraut haben	würde gebraut haben
du	wirst gebraut haben	werdest gebraut haben	würdest gebraut haben
er	wird gebraut haben	werde gebraut haben	würde gebraut haben
wir	werden gebraut haben	werden gebraut haben	würden gebraut haben
ihr	werdet gebraut haben	werdet gebraut haben	würdet gebraut haben
sie	werden gebraut haben	werden gebraut haben	würden gebraut haben

PRINC. PARTS: brausen, brauste, gebraust, braust
IMPERATIVE: brause!, braust!, brausen Sie!

to storm, roar; take a shower

	INDICATIVE	SUBJUNCTIVE	
		PRIMARY	SECONDARY
		Present Time	
	Present	(*Pres. Subj.*)	(*Imperf. Subj.*)
ich	brause	brause	brauste
du	braust	brausest	braustest
er	braust	brause	brauste
wir	brausen	brausen	brausten
ihr	braust	brauset	braustet
sie	brausen	brausen	brausten
	Imperfect		
ich	brauste		
du	braustest		
er	brauste		
wir	brausten		
ihr	braustet		
sie	brausten		
		Past Time	
	Perfect	(*Perf. Subj.*)	(*Pluperf. Subj.*)
ich	habe gebraust	habe gebraust	hätte gebraust
du	hast gebraust	habest gebraust	hättest gebraust
er	hat gebraust	habe gebraust	hätte gebraust
wir	haben gebraust	haben gebraust	hätten gebraust
ihr	habt gebraust	habet gebraust	hättet gebraust
sie	haben gebraust	haben gebraust	hätten gebraust
	Pluperfect		
ich	hatte gebraust		
du	hattest gebraust		
er	hatte gebraust		
wir	hatten gebraust		
ihr	hattet gebraust		
sie	hatten gebraust		
		Future Time	
	Future	(*Fut. Subj.*)	(*Pres. Conditional*)
ich	werde brausen	werde brausen	würde brausen
du	wirst brausen	werdest brausen	würdest brausen
er	wird brausen	werde brausen	würde brausen
wir	werden brausen	werden brausen	würden brausen
ihr	werdet brausen	werdet brausen	würdet brausen
sie	werden brausen	werden brausen	würden brausen
		Future Perfect Time	
	Future Perfect	(*Fut. Perf. Subj.*)	(*Past Conditional*)
ich	werde gebraust haben	werde gebraust haben	würde gebraust haben
du	wirst gebraust haben	werdest gebraust haben	würdest gebraust haben
er	wird gebraust haben	werde gebraust haben	würde gebraust haben
wir	werden gebraust haben	werden gebraust haben	würden gebraust haben
ihr	werdet gebraust haben	werdet gebraust haben	würdet gebraust haben
sie	werden gebraust haben	werden gebraust haben	würden gebraust haben

brechen

to break

PRINC. PARTS: brechen, brach, gebrochen, bricht
IMPERATIVE: brich!, brecht!, brechen Sie!

	INDICATIVE	SUBJUNCTIVE PRIMARY	SUBJUNCTIVE SECONDARY
		Present Time	
	Present	*(Pres. Subj.)*	*(Imperf. Subj.)*
ich	breche	breche	bräche
du	brichst	brechest	brächest
er	bricht	breche	bräche
wir	brechen	brechen	brächen
ihr	brecht	brechet	brächet
sie	brechen	brechen	brächen
	Imperfect		
ich	brach		
du	brachst		
er	brach		
wir	brachen		
ihr	bracht		
sie	brachen		
		Past Time	
	Perfect	*(Perf. Subj.)*	*(Pluperf. Subj.)*
ich	habe gebrochen	habe gebrochen	hätte gebrochen
du	hast gebrochen	habest gebrochen	hättest gebrochen
er	hat gebrochen	habe gebrochen	hätte gebrochen
wir	haben gebrochen	haben gebrochen	hätten gebrochen
ihr	habt gebrochen	habet gebrochen	hättet gebrochen
sie	haben gebrochen	haben gebrochen	hätten gebrochen
	Pluperfect		
ich	hatte gebrochen		
du	hattest gebrochen		
er	hatte gebrochen		
wir	hatten gebrochen		
ihr	hattet gebrochen		
sie	hatten gebrochen		
		Future Time	
	Future	*(Fut. Subj.)*	*(Pres. Conditional)*
ich	werde brechen	werde brechen	würde brechen
du	wirst brechen	werdest brechen	würdest brechen
er	wird brechen	werde brechen	würde brechen
wir	werden brechen	werden brechen	würden brechen
ihr	werdet brechen	werdet brechen	würdet brechen
sie	werden brechen	werden brechen	würden brechen
		Future Perfect Time	
	Future Perfect	*(Fut. Perf. Subj.)*	*(Past Conditional)*
ich	werde gebrochen haben	werde gebrochen haben	würde gebrochen haben
du	wirst gebrochen haben	werdest gebrochen haben	würdest gebrochen haben
er	wird gebrochen haben	werde gebrochen haben	würde gebrochen haben
wir	werden gebrochen haben	werden gebrochen haben	würden gebrochen haben
ihr	werdet gebrochen haben	werdet gebrochen haben	würdet gebrochen haben
sie	werden gebrochen haben	werden gebrochen haben	würden gebrochen haben

PRINC. PARTS: brennen, brannte, gebrannt, brennt
IMPERATIVE: brenne!, brennt!, brennen Sie!

to burn

	INDICATIVE	SUBJUNCTIVE PRIMARY	SUBJUNCTIVE SECONDARY
		Present Time	
	Present	(*Pres. Subj.*)	(*Imperf. Subj.*)
ich	brenne	brenne	brennte
du	brennst	brennest	brenntest
er	brennt	brenne	brennte
wir	brennen	brennen	brennten
ihr	brennt	brennet	brenntet
sie	brennen	brennen	brennten
	Imperfect		
ich	brannte		
du	branntest		
er	brannte		
wir	brannten		
ihr	branntet		
sie	brannten		
		Past Time	
	Perfect	(*Perf. Subj.*)	(*Pluperf. Subj.*)
ich	habe gebrannt	habe gebrannt	hätte gebrannt
du	hast gebrannt	habest gebrannt	hättest gebrannt
er	hat gebrannt	habe gebrannt	hätte gebrannt
wir	haben gebrannt	haben gebrannt	hätten gebrannt
ihr	habt gebrannt	habet gebrannt	hättet gebrannt
sie	haben gebrannt	haben gebrannt	hätten gebrannt
	Pluperfect		
ich	hatte gebrannt		
du	hattest gebrannt		
er	hatte gebrannt		
wir	hatten gebrannt		
ihr	hattet gebrannt		
sie	hatten gebrannt		
		Future Time	
	Future	(*Fut. Subj.*)	(*Pres. Conditional*)
ich	werde brennen	werde brennen	würde brennen
du	wirst brennen	werdest brennen	würdest brennen
er	wird brennen	werde brennen	würde brennen
wir	werden brennen	werden brennen	würden brennen
ihr	werdet brennen	werdet brennen	würdet brennen
sie	werden brennen	werden brennen	würden brennen
		Future Perfect Time	
	Future Perfect	(*Fut. Perf. Subj.*)	(*Past Conditional*)
ich	werde gebrannt haben	werde gebrannt haben	würde gebrannt haben
du	wirst gebrannt haben	werdest gebrannt haben	würdest gebrannt haben
er	wird gebrannt haben	werde gebrannt haben	würde gebrannt haben
wir	werden gebrannt haben	werden gebrannt haben	würden gebrannt haben
ihr	werdet gebrannt haben	werdet gebrannt haben	würdet gebrannt haben
sie	werden gebrannt haben	werden gebrannt haben	würden gebrannt haben

bringen

to bring, convey

PRINC. PARTS: bringen, brachte, gebracht, bringt
IMPERATIVE: bringe!, bringt!, bringen Sie!

	INDICATIVE	SUBJUNCTIVE	
		PRIMARY	SECONDARY
		Present Time	
	Present	(*Pres. Subj.*)	(*Imperf. Subj.*)
ich	bringe	bringe	brächte
du	bringst	bringest	brächtest
er	bringt	bringe	brächte
wir	bringen	bringen	brächten
ihr	bringt	bringet	brächtet
sie	bringen	bringen	brächten

	Imperfect
ich	brachte
du	brachtest
er	brachte
wir	brachten
ihr	brachtet
sie	brachten

		Past Time	
	Perfect	(*Perf. Subj.*)	(*Pluperf. Subj.*)
ich	habe gebracht	habe gebracht	hätte gebracht
du	hast gebracht	habest gebracht	hättest gebracht
er	hat gebracht	habe gebracht	hätte gebracht
wir	haben gebracht	haben gebracht	hätten gebracht
ihr	habt gebracht	habet gebracht	hättet gebracht
sie	haben gebracht	haben gebracht	hätten gebracht

	Pluperfect
ich	hatte gebracht
du	hattest gebracht
er	hatte gebracht
wir	hatten gebracht
ihr	hattet gebracht
sie	hatten gebracht

		Future Time	
	Future	(*Fut. Subj.*)	(*Pres. Conditional*)
ich	werde bringen	werde bringen	würde bringen
du	wirst bringen	werdest bringen	würdest bringen
er	wird bringen	werde bringen	würde bringen
wir	werden bringen	werden bringen	würden bringen
ihr	werdet bringen	werdet bringen	würdet bringen
sie	werden bringen	werden bringen	würden bringen

		Future Perfect Time	
	Future Perfect	(*Fut. Perf. Subj.*)	(*Past Conditional*)
ich	werde gebracht haben	werde gebracht haben	würde gebracht haben
du	wirst gebracht haben	werdest gebracht haben	würdest gebracht haben
er	wird gebracht haben	werde gebracht haben	würde gebracht haben
wir	werden gebracht haben	werden gebracht haben	würden gebracht haben
ihr	werdet gebracht haben	werdet gebracht haben	würdet gebracht haben
sie	werden gebracht haben	werden gebracht haben	würden gebracht haben

PRINC. PARTS: brüllen, brüllte, gebrüllt, brüllt
IMPERATIVE: brülle!, brüllt!, brüllen Sie!

to roar, shout

INDICATIVE	SUBJUNCTIVE PRIMARY	SUBJUNCTIVE SECONDARY
	Present Time	
Present	*(Pres. Subj.)*	*(Imperf. Subj.)*
ich brülle	brülle	brüllte
du brüllst	brüllest	brülltest
er brüllt	brülle	brüllte
wir brüllen	brüllen	brüllten
ihr brüllt	brüllet	brülltet
sie brüllen	brüllen	brüllten
Imperfect		
ich brüllte		
du brülltest		
er brüllte		
wir brüllten		
ihr brülltet		
sie brüllten		
	Past Time	
Perfect	*(Perf. Subj.)*	*(Pluperf. Subj.)*
ich habe gebrüllt	habe gebrüllt	hätte gebrüllt
du hast gebrüllt	habest gebrüllt	hättest gebrüllt
er hat gebrüllt	habe gebrüllt	hätte gebrüllt
wir haben gebrüllt	haben gebrüllt	hätten gebrüllt
ihr habt gebrüllt	habet gebrüllt	hättet gebrüllt
sie haben gebrüllt	haben gebrüllt	hätten gebrüllt
Pluperfect		
ich hatte gebrüllt		
du hattest gebrüllt		
er hatte gebrüllt		
wir hatten gebrüllt		
ihr hattet gebrüllt		
sie hatten gebrüllt		
	Future Time	
Future	*(Fut. Subj.)*	*(Pres. Conditional)*
ich werde brüllen	werde brüllen	würde brüllen
du wirst brüllen	werdest brüllen	würdest brüllen
er wird brüllen	werde brüllen	würde brüllen
wir werden brüllen	werden brüllen	würden brüllen
ihr werdet brüllen	werdet brüllen	würdet brüllen
sie werden brüllen	werden brüllen	würden brüllen
	Future Perfect Time	
Future Perfect	*(Fut. Perf. Subj.)*	*(Past Conditional)*
ich werde gebrüllt haben	werde gebrüllt haben	würde gebrüllt haben
du wirst gebrüllt haben	werdest gebrüllt haben	würdest gebrüllt haben
er wird gebrüllt haben	werde gebrüllt haben	würde gebrüllt haben
wir werden gebrüllt haben	werden gebrüllt haben	würden gebrüllt haben
ihr werdet gebrüllt haben	werdet gebrüllt haben	würdet gebrüllt haben
sie werden gebrüllt haben	werden gebrüllt haben	würden gebrüllt haben

sich brüsten

to boast, brag

PRINC. PARTS: sich brüsten, brüstete sich, hat sich gebrüstet, brüstet sich
IMPERATIVE: brüste dich!, brüstet euch!, brüsten Sie sich!

INDICATIVE		SUBJUNCTIVE	
		PRIMARY	SECONDARY
		Present Time	
	Present	(*Pres. Subj.*)	(*Imperf. Subj.*)
ich	brüste mich	brüste mich	brüstete mich
du	brüstest dich	brüstest dich	brüstetest dich
er	brüstet sich	brüste sich	brüstete sich
wir	brüsten uns	brüsten uns	brüsteten uns
ihr	brüstet euch	brüstet euch	brüstetet euch
sie	brüsten sich	brüsten sich	brüsteten sich
	Imperfect		
ich	brüstete mich		
du	brüstetest dich		
er	brüstete sich		
wir	brüsteten uns		
ihr	brüstetet euch		
sie	brüsteten sich		
		Past Time	
	Perfect	(*Perf. Subj.*)	(*Pluperf. Subj.*)
ich	habe mich gebrüstet	habe mich gebrüstet	hätte mich gebrüstet
du	hast dich gebrüstet	habest dich gebrüstet	hättest dich gebrüstet
er	hat sich gebrüstet	habe sich gebrüstet	hätte sich gebrüstet
wir	haben uns gebrüstet	haben uns gebrüstet	hätten uns gebrüstet
ihr	habt euch gebrüstet	habet euch gebrüstet	hättet euch gebrüstet
sie	haben sich gebrüstet	haben sich gebrüstet	hätten sich gebrüstet
	Pluperfect		
ich	hatte mich gebrüstet		
du	hattest dich gebrüstet		
er	hatte sich gebrüstet		
wir	hatten uns gebrüstet		
ihr	hattet euch gebrüstet		
sie	hatten sich gebrüstet		
		Future Time	
	Future	(*Fut. Subj.*)	(*Pres. Conditional*)
ich	werde mich brüsten	werde mich brüsten	würde mich brüsten
du	wirst dich brüsten	werdest dich brüsten	würdest dich brüsten
er	wird sich brüsten	werde sich brüsten	würde sich brüsten
wir	werden uns brüsten	werden uns brüsten	würden uns brüsten
ihr	werdet euch brüsten	werdet euch brüsten	würdet euch brüsten
sie	werden sich brüsten	werden sich brüsten	würden sich brüsten
		Future Perfect Time	
	Future Perfect	(*Fut. Perf. Subj.*)	(*Past Conditional*)
ich	werde mich gebrüstet haben	werde mich gebrüstet haben	würde mich gebrüstet haben
du	wirst dich gebrüstet haben	werdest dich gebrüstet haben	würdest dich gebrüstet haben
er	wird sich gebrüstet haben	werde sich gebrüstet haben	würde sich gebrüstet haben
wir	werden uns gebrüstet haben	werden uns gebrüstet haben	würden uns gebrüstet haben
ihr	werdet euch gebrüstet haben	werdet euch gebrüstet haben	würdet euch gebrüstet haben
sie	werden sich gebrüstet haben	werden sich gebrüstet haben	würden sich gebrüstet haben

PRINC. PARTS: buchen, buchte, gebucht, bucht
IMPERATIVE: buche!, bucht!, buchen Sie!

to book, enter

	INDICATIVE	SUBJUNCTIVE PRIMARY	SUBJUNCTIVE SECONDARY
		Present Time	
	Present	(*Pres. Subj.*)	(*Imperf. Subj.*)
ich	buche	buche	buchte
du	buchst	buchest	buchtest
er	bucht	buche	buchte
wir	buchen	buchen	buchten
ihr	bucht	buchet	buchtet
sie	buchen	buchen	buchten
	Imperfect		
ich	buchte		
du	buchtest		
er	buchte		
wir	buchten		
ihr	buchtet		
sie	buchten		
		Past Time	
	Perfect	(*Perf. Subj.*)	(*Pluperf. Subj.*)
ich	habe gebucht	habe gebucht	hätte gebucht
du	hast gebucht	habest gebucht	hättest gebucht
er	hat gebucht	habe gebucht	hätte gebucht
wir	haben gebucht	haben gebucht	hätten gebucht
ihr	habt gebucht	habet gebucht	hättet gebucht
sie	haben gebucht	haben gebucht	hätten gebucht
	Pluperfect		
ich	hatte gebucht		
du	hattest gebucht		
er	hatte gebucht		
wir	hatten gebucht		
ihr	hattet gebucht		
sie	hatten gebucht		
		Future Time	
	Future	(*Fut. Subj.*)	(*Pres. Conditional*)
ich	werde buchen	werde buchen	würde buchen
du	wirst buchen	werdest buchen	würdest buchen
er	wird buchen	werde buchen	würde buchen
wir	werden buchen	werden buchen	würden buchen
ihr	werdet buchen	werdet buchen	würdet buchen
sie	werden buchen	werden buchen	würden buchen
		Future Perfect Time	
	Future Perfect	(*Fut. Perf. Subj.*)	(*Past Conditional*)
ich	werde gebucht haben	werde gebucht haben	würde gebucht haben
du	wirst gebucht haben	werdest gebucht haben	würdest gebucht haben
er	wird gebucht haben	werde gebucht haben	würde gebucht haben
wir	werden gebucht haben	werden gebucht haben	würden gebucht haben
ihr	werdet gebucht haben	werdet gebucht haben	würdet gebucht haben
sie	werden gebucht haben	werden gebucht haben	würden gebucht haben

sich bücken

to stoop, bend

PRINC. PARTS: sich bücken, bückte sich, hat sich gebückt, bückt sich
IMPERATIVE: bücke dich!, bückt euch!, bücken Sie sich!

INDICATIVE		SUBJUNCTIVE	
		PRIMARY	SECONDARY
		Present Time	
	Present	(*Pres. Subj.*)	(*Imperf. Subj.*)
ich	bücke mich	bücke mich	bückte mich
du	bückst dich	bückest dich	bücktest dich
er	bückt sich	bücke sich	bückte sich
wir	bücken uns	bücken uns	bückten uns
ihr	bückt euch	bücket euch	bücktet euch
sie	bücken sich	bücken sich	bückten sich
	Imperfect		
ich	bückte mich		
du	bücktest dich		
er	bückte sich		
wir	bückten uns		
ihr	bücktet euch		
sie	bückten sich		
		Past Time	
	Perfect	(*Perf. Subj.*)	(*Pluperf. Subj.*)
ich	habe mich gebückt	habe mich gebückt	hätte mich gebückt
du	hast dich gebückt	habest dich gebückt	hättest dich gebückt
er	hat sich gebückt	habe sich gebückt	hätte sich gebückt
wir	haben uns gebückt	haben uns gebückt	hätten uns gebückt
ihr	habt euch gebückt	habet euch gebückt	hättet euch gebückt
sie	haben sich gebückt	haben sich gebückt	hätten sich gebückt
	Pluperfect		
ich	hatte mich gebückt		
du	hattest dich gebückt		
er	hatte sich gebückt		
wir	hatten uns gebückt		
ihr	hattet euch gebückt		
sie	hatten sich gebückt		
		Future Time	
	Future	(*Fut. Subj.*)	(*Pres. Conditional*)
ich	werde mich bücken	werde mich bücken	würde mich bücken
du	wirst dich bücken	werdest dich bücken	würdest dich bücken
er	wird sich bücken	werde sich bücken	würde sich bücken
wir	werden uns bücken	werden uns bücken	würden uns bücken
ihr	werdet euch bücken	werdet euch bücken	würdet euch bücken
sie	werden sich bücken	werden sich bücken	würden sich bücken
		Future Perfect Time	
	Future Perfect	(*Fut. Perf. Subj.*)	(*Past Conditional*)
ich	werde mich gebückt haben	werde mich gebückt haben	würde mich gebückt haben
du	wirst dich gebückt haben	werdest dich gebückt haben	würdest dich gebückt haben
er	wird sich gebückt haben	werde sich gebückt haben	würde sich gebückt haben
wir	werden uns gebückt haben	werden uns gebückt haben	würden uns gebückt haben
ihr	werdet euch gebückt haben	werdet euch gebückt haben	würdet euch gebückt haben
sie	werden sich gebückt haben	werden sich gebückt haben	würden sich gebückt haben

PRINC. PARTS: buhlen, buhlte, gebuhlt, buhlt
IMPERATIVE: buhle!, buhlt!, buhlen Sie!

to make love to, woo; strive, vie

	INDICATIVE	SUBJUNCTIVE PRIMARY	SUBJUNCTIVE SECONDARY
		Present Time	
	Present	(*Pres. Subj.*)	(*Imperf. Subj.*)
ich	buhle	buhle	buhlte
du	buhlst	buhlest	buhltest
er	buhlt	buhle	buhlte
wir	buhlen	buhlen	buhlten
ihr	buhlt	buhlet	buhltet
sie	buhlen	buhlen	buhlten
	Imperfect		
ich	buhlte		
du	buhltest		
er	buhlte		
wir	buhlten		
ihr	buhltet		
sie	buhlten		
		Past Time	
	Perfect	(*Perf. Subj.*)	(*Pluperf. Subj.*)
ich	habe gebuhlt	habe gebuhlt	hätte gebuhlt
du	hast gebuhlt	habest gebuhlt	hättest gebuhlt
er	hat gebuhlt	habe gebuhlt	hätte gebuhlt
wir	haben gebuhlt	haben gebuhlt	hätten gebuhlt
ihr	habt gebuhlt	habet gebuhlt	hättet gebuhlt
sie	haben gebuhlt	haben gebuhlt	hätten gebuhlt
	Pluperfect		
ich	hatte gebuhlt		
du	hattest gebuhlt		
er	hatte gebuhlt		
wir	hatten gebuhlt		
ihr	hattet gebuhlt		
sie	hatten gebuhlt		
		Future Time	
	Future	(*Fut. Subj.*)	(*Pres. Conditional*)
ich	werde buhlen	werde buhlen	würde buhlen
du	wirst buhlen	werdest buhlen	würdest buhlen
er	wird buhlen	werde buhlen	würde buhlen
wir	werden buhlen	werden buhlen	würden buhlen
ihr	werdet buhlen	werdet buhlen	würdet buhlen
sie	werden buhlen	werden buhlen	würden buhlen
		Future Perfect Time	
	Future Perfect	(*Fut. Perf. Subj.*)	(*Past Conditional*)
ich	werde gebuhlt haben	werde gebuhlt haben	würde gebuhlt haben
du	wirst gebuhlt haben	werdest gebuhlt haben	würdest gebuhlt haben
er	wird gebuhlt haben	werde gebuhlt haben	würde gebuhlt haben
wir	werden gebuhlt haben	werden gebuhlt haben	würden gebuhlt haben
ihr	werdet gebuhlt haben	werdet gebuhlt haben	würdet gebuhlt haben
sie	werden gebuhlt haben	werden gebuhlt haben	würden gebuhlt haben

bürsten

to brush

PRINC. PARTS: bürsten, bürstete, gebürstet, bürstet
IMPERATIVE: bürste!, bürstet!, bürsten Sie!

INDICATIVE		SUBJUNCTIVE PRIMARY	SUBJUNCTIVE SECONDARY
		Present Time	
	Present	(*Pres. Subj.*)	(*Imperf. Subj.*)
ich	bürste	bürste	bürstete
du	bürstest	bürstest	bürstetest
er	bürstet	bürste	bürstete
wir	bürsten	bürsten	bürsteten
ihr	bürstet	bürstet	bürstetet
sie	bürsten	bürsten	bürsteten
	Imperfect		
ich	bürstete		
du	bürstetest		
er	bürstete		
wir	bürsteten		
ihr	bürstetet		
sie	bürsteten		
		Past Time	
	Perfect	(*Perf. Subj.*)	(*Pluperf. Subj.*)
ich	habe gebürstet	habe gebürstet	hätte gebürstet
du	hast gebürstet	habest gebürstet	hättest gebürstet
er	hat gebürstet	habe gebürstet	hätte gebürstet
wir	haben gebürstet	haben gebürstet	hätten gebürstet
ihr	habt gebürstet	habet gebürstet	hättet gebürstet
sie	haben gebürstet	haben gebürstet	hätten gebürstet
	Pluperfect		
ich	hatte gebürstet		
du	hattest gebürstet		
er	hatte gebürstet		
wir	hatten gebürstet		
ihr	hattet gebürstet		
sie	hatten gebürstet		
		Future Time	
	Future	(*Fut. Subj.*)	(*Pres. Conditional*)
ich	werde bürsten	werde bürsten	würde bürsten
du	wirst bürsten	werdest bürsten	würdest bürsten
er	wird bürsten	werde bürsten	würde bürsten
wir	werden bürsten	werden bürsten	würden bürsten
ihr	werdet bürsten	werdet bürsten	würdet bürsten
sie	werden bürsten	werden bürsten	würden bürsten
		Future Perfect Time	
	Future Perfect	(*Fut. Perf. Subj.*)	(*Past Conditional*)
ich	werde gebürstet haben	werde gebürstet haben	würde gebürstet haben
du	wirst gebürstet haben	werdest gebürstet haben	würdest gebürstet haben
er	wird gebürstet haben	werde gebürstet haben	würde gebürstet haben
wir	werden gebürstet haben	werden gebürstet haben	würden gebürstet haben
ihr	werdet gebürstet haben	werdet gebürstet haben	würdet gebürstet haben
sie	werden gebürstet haben	werden gebürstet haben	würden gebürstet haben

PRINC. PARTS: dämpfen, dämpfte, gedämpft, dämpft — *to muffle, damp, quench, attenuate, smother*
IMPERATIVE: dämpfe!, dämpft!, dämpfen Sie!

	INDICATIVE	SUBJUNCTIVE PRIMARY	SUBJUNCTIVE SECONDARY
		Present Time	
	Present	*(Pres. Subj.)*	*(Imperf. Subj.)*
ich	dämpfe	dämpfe	dämpfte
du	dämpfst	dämpfest	dämpftest
er	dämpft	dämpfe	dämpfte
wir	dämpfen	dämpfen	dämpften
ihr	dämpft	dämpfet	dämpftet
sie	dämpfen	dämpfen	dämpften
	Imperfect		
ich	dämpfte		
du	dämpftest		
er	dämpfte		
wir	dämpften		
ihr	dämpftet		
sie	dämpften		
		Past Time	
	Perfect	*(Perf. Subj.)*	*(Pluperf. Subj.)*
ich	habe gedämpft	habe gedämpft	hätte gedämpft
du	hast gedämpft	habest gedämpft	hättest gedämpft
er	hat gedämpft	habe gedämpft	hätte gedämpft
wir	haben gedämpft	haben gedämpft	hätten gedämpft
ihr	habt gedämpft	habet gedämpft	hättet gedämpft
sie	haben gedämpft	haben gedämpft	hätten gedämpft
	Pluperfect		
ich	hatte gedämpft		
du	hattest gedämpft		
er	hatte gedämpft		
wir	hatten gedämpft		
ihr	hattet gedämpft		
sie	hatten gedämpft		
		Future Time	
	Future	*(Fut. Subj.)*	*(Pres. Conditional)*
ich	werde dämpfen	werde dämpfen	würde dämpfen
du	wirst dämpfen	werdest dämpfen	würdest dämpfen
er	wird dämpfen	werde dämpfen	würde dämpfen
wir	werden dämpfen	werden dämpfen	würden dämpfen
ihr	werdet dämpfen	werdet dämpfen	würdet dämpfen
sie	werden dämpfen	werden dämpfen	würden dämpfen
		Future Perfect Time	
	Future Perfect	*(Fut. Perf. Subj.)*	*(Past Conditional)*
ich	werde gedämpft haben	werde gedämpft haben	würde gedämpft haben
du	wirst gedämpft haben	werdest gedämpft haben	würdest gedämpft haben
er	wird gedämpft haben	werde gedämpft haben	würde gedämpft haben
wir	werden gedämpft haben	werden gedämpft haben	würden gedämpft haben
ihr	werdet gedämpft haben	werdet gedämpft haben	würdet gedämpft haben
sie	werden gedämpft haben	werden gedämpft haben	würden gedämpft haben

danken

to thank

PRINC. PARTS: danken, dankte, gedankt, dankt
IMPERATIVE: danke!, dankt!, danken Sie!

	INDICATIVE	SUBJUNCTIVE PRIMARY	SUBJUNCTIVE SECONDARY
		Present Time	
	Present	(*Pres. Subj.*)	(*Imperf. Subj.*)
ich	danke	danke	dankte
du	dankst	dankest	danktest
er	dankt	danke	dankte
wir	danken	danken	dankten
ihr	dankt	danket	danktet
sie	danken	danken	dankten
	Imperfect		
ich	dankte		
du	danktest		
er	dankte		
wir	dankten		
ihr	danktet		
sie	dankten		
		Past Time	
	Perfect	(*Perf. Subj.*)	(*Pluperf. Subj.*)
ich	habe gedankt	habe gedankt	hätte gedankt
du	hast gedankt	habest gedankt	hättest gedankt
er	hat gedankt	habe gedankt	hätte gedankt
wir	haben gedankt	haben gedankt	hätten gedankt
ihr	habt gedankt	habet gedankt	hättet gedankt
sie	haben gedankt	haben gedankt	hätten gedankt
	Pluperfect		
ich	hatte gedankt		
du	hattest gedankt		
er	hatte gedankt		
wir	hatten gedankt		
ihr	hattet gedankt		
sie	hatten gedankt		
		Future Time	
	Future	(*Fut. Subj.*)	(*Pres. Conditional*)
ich	werde danken	werde danken	würde danken
du	wirst danken	werdest danken	würdest danken
er	wird danken	werde danken	würde danken
wir	werden danken	werden danken	würden danken
ihr	werdet danken	werdet danken	würdet danken
sie	werden danken	werden danken	würden danken
		Future Perfect Time	
	Future Perfect	(*Fut. Perf. Subj.*)	(*Past Conditional*)
ich	werde gedankt haben	werde gedankt haben	würde gedankt haben
du	wirst gedankt haben	werdest gedankt haben	würdest gedankt haben
er	wird gedankt haben	werde gedankt haben	würde gedankt haben
wir	werden gedankt haben	werden gedankt haben	würden gedankt haben
ihr	werdet gedankt haben	werdet gedankt haben	würdet gedankt haben
sie	werden gedankt haben	werden gedankt haben	würden gedankt haben

decken

PRINC. PARTS: decken, deckte, gedeckt, deckt
IMPERATIVE: decke!, deckt!, decken Sie!

to cover, set (a table)

INDICATIVE		SUBJUNCTIVE PRIMARY	SUBJUNCTIVE SECONDARY
		Present Time	
	Present	*(Pres. Subj.)*	*(Imperf. Subj.)*
ich	decke	decke	deckte
du	deckst	deckest	decktest
er	deckt	decke	deckte
wir	decken	decken	deckten
ihr	deckt	decket	decktet
sie	decken	decken	deckten
	Imperfect		
ich	deckte		
du	decktest		
er	deckte		
wir	deckten		
ihr	decktet		
sie	deckten		
		Past Time	
	Perfect	*(Perf. Subj.)*	*(Pluperf. Subj.)*
ich	habe gedeckt	habe gedeckt	hätte gedeckt
du	hast gedeckt	habest gedeckt	hättest gedeckt
er	hat gedeckt	habe gedeckt	hätte gedeckt
wir	haben gedeckt	haben gedeckt	hätten gedeckt
ihr	habt gedeckt	habet gedeckt	hättet gedeckt
sie	haben gedeckt	haben gedeckt	hätten gedeckt
	Pluperfect		
ich	hatte gedeckt		
du	hattest gedeckt		
er	hatte gedeckt		
wir	hatten gedeckt		
ihr	hattet gedeckt		
sie	hatten gedeckt		
		Future Time	
	Future	*(Fut. Subj.)*	*(Pres. Conditional)*
ich	werde decken	werde decken	würde decken
du	wirst decken	werdest decken	würdest decken
er	wird decken	werde decken	würde decken
wir	werden decken	werden decken	würden decken
ihr	werdet decken	werdet decken	würdet decken
sie	werden decken	werden decken	würden decken
		Future Perfect Time	
	Future Perfect	*(Fut. Perf. Subj.)*	*(Past Conditional)*
ich	werde gedeckt haben	werde gedeckt haben	würde gedeckt haben
du	wirst gedeckt haben	werdest gedeckt haben	würdest gedeckt haben
er	wird gedeckt haben	werde gedeckt haben	würde gedeckt haben
wir	werden gedeckt haben	werden gedeckt haben	würden gedeckt haben
ihr	werdet gedeckt haben	werdet gedeckt haben	würdet gedeckt haben
sie	werden gedeckt haben	werden gedeckt haben	würden gedeckt haben

denken

to think

PRINC. PARTS: denken, dachte, gedacht, denkt
IMPERATIVE: denke!, denkt!, denken Sie!

INDICATIVE		SUBJUNCTIVE	
		PRIMARY	SECONDARY
		Present Time	
	Present	(*Pres. Subj.*)	(*Imperf. Subj.*)
ich	denke	denke	dächte
du	denkst	denkest	dächtest
er	denkt	denke	dächte
wir	denken	denken	dächten
ihr	denkt	denket	dächtet
sie	denken	denken	dächten
	Imperfect		
ich	dachte		
du	dachtest		
er	dachte		
wir	dachten		
ihr	dachtet		
sie	dachten		
		Past Time	
	Perfect	(*Perf. Subj.*)	(*Pluperf. Subj.*)
ich	habe gedacht	habe gedacht	hätte gedacht
du	hast gedacht	habest gedacht	hättest gedacht
er	hat gedacht	habe gedacht	hätte gedacht
wir	haben gedacht	haben gedacht	hätten gedacht
ihr	habt gedacht	habet gedacht	hättet gedacht
sie	haben gedacht	haben gedacht	hätten gedacht
	Pluperfect		
ich	hatte gedacht		
du	hattest gedacht		
er	hatte gedacht		
wir	hatten gedacht		
ihr	hattet gedacht		
sie	hatten gedacht		
		Future Time	
	Future	(*Fut. Subj.*)	(*Pres. Conditional*)
ich	werde denken	werde denken	würde denken
du	wirst denken	werdest denken	würdest denken
er	wird denken	werde denken	würde denken
wir	werden denken	werden denken	würden denken
ihr	werdet denken	werdet denken	würdet denken
sie	werden denken	werden denken	würden denken
		Future Perfect Time	
	Future Perfect	(*Fut. Perf. Subj.*)	(*Past Conditional*)
ich	werde gedacht haben	werde gedacht haben	würde gedacht haben
du	wirst gedacht haben	werdest gedacht haben	würdest gedacht haben
er	wird gedacht haben	werde gedacht haben	würde gedacht haben
wir	werden gedacht haben	werden gedacht haben	würden gedacht haben
ihr	werdet gedacht haben	werdet gedacht haben	würdet gedacht haben
sie	werden gedacht haben	werden gedacht haben	würden gedacht haben

PRINC. PARTS: dichten, dichtete, gedichtet, dichtet — *to write poetry, invent;*
IMPERATIVE: dichte!, dichtet!, dichten Sie! — *to tighten, caulk*

INDICATIVE		SUBJUNCTIVE PRIMARY	SUBJUNCTIVE SECONDARY
		Present Time	
	Present	*(Pres. Subj.)*	*(Imperf. Subj.)*
ich	dichte	dichte	dichtete
du	dichtest	dichtest	dichtetest
er	dichtet	dichte	dichtete
wir	dichten	dichten	dichteten
ihr	dichtet	dichtet	dichtetet
sie	dichten	dichten	dichteten
	Imperfect		
ich	dichtete		
du	dichtetest		
er	dichtete		
wir	dichteten		
ihr	dichtetet		
sie	dichteten		
		Past Time	
	Perfect	*(Perf. Subj.)*	*(Pluperf. Subj.)*
ich	habe gedichtet	habe gedichtet	hätte gedichtet
du	hast gedichtet	habest gedichtet	hättest gedichtet
er	hat gedichtet	habe gedichtet	hätte gedichtet
wir	haben gedichtet	haben gedichtet	hätten gedichtet
ihr	habt gedichtet	habet gedichtet	hättet gedichtet
sie	haben gedichtet	haben gedichtet	hätten gedichtet
	Pluperfect		
ich	hatte gedichtet		
du	hattest gedichtet		
er	hatte gedichtet		
wir	hatten gedichtet		
ihr	hattet gedichtet		
sie	hatten gedichtet		
		Future Time	
	Future	*(Fut. Subj.)*	*(Pres. Conditional)*
ich	werde dichten	werde dichten	würde dichten
du	wirst dichten	werdest dichten	würdest dichten
er	wird dichten	werde dichten	würde dichten
wir	werden dichten	werden dichten	würden dichten
ihr	werdet dichten	werdet dichten	würdet dichten
sie	werden dichten	werden dichten	würden dichten
		Future Perfect Time	
	Future Perfect	*(Fut. Perf. Subj.)*	*(Past Conditional)*
ich	werde gedichtet haben	werde gedichtet haben	würde gedichtet haben
du	wirst gedichtet haben	werdest gedichtet haben	würdest gedichtet haben
er	wird gedichtet haben	werde gedichtet haben	würde gedichtet haben
wir	werden gedichtet haben	werden gedichtet haben	würden gedichtet haben
ihr	werdet gedichtet haben	werdet gedichtet haben	würdet gedichtet haben
sie	werden gedichtet haben	werden gedichtet haben	würden gedichtet haben

dienen

to serve

PRINC. PARTS: dienen, diente, gedient, dient
IMPERATIVE: diene!, dient!, dienen Sie!

	INDICATIVE	SUBJUNCTIVE PRIMARY	SUBJUNCTIVE SECONDARY
		Present Time	
	Present	(*Pres. Subj.*)	(*Imperf. Subj.*)
ich	diene	diene	diente
du	dienst	dienest	dientest
er	dient	diene	diente
wir	dienen	dienen	dienten
ihr	dient	dienet	dientet
sie	dienen	dienen	dienten
	Imperfect		
ich	diente		
du	dientest		
er	diente		
wir	dienten		
ihr	dientet		
sie	dienten		
		Past Time	
	Perfect	(*Perf. Subj.*)	(*Pluperf. Subj.*)
ich	habe gedient	habe gedient	hätte gedient
du	hast gedient	habest gedient	hättest gedient
er	hat gedient	habe gedient	hätte gedient
wir	haben gedient	haben gedient	hätten gedient
ihr	habt gedient	habet gedient	hättet gedient
sie	haben gedient	haben gedient	hätten gedient
	Pluperfect		
ich	hatte gedient		
du	hattest gedient		
er	hatte gedient		
wir	hatten gedient		
ihr	hattet gedient		
sie	hatten gedient		
		Future Time	
	Future	(*Fut. Subj.*)	(*Pres. Conditional*)
ich	werde dienen	werde dienen	würde dienen
du	wirst dienen	werdest dienen	würdest dienen
er	wird dienen	werde dienen	würde dienen
wir	werden dienen	werden dienen	würden dienen
ihr	werdet dienen	werdet dienen	würdet dienen
sie	werden dienen	werden dienen	würden dienen
		Future Perfect Time	
	Future Perfect	(*Fut. Perf. Subj.*)	(*Past Conditional*)
ich	werde gedient haben	werde gedient haben	würde gedient haben
du	wirst gedient haben	werdest gedient haben	würdest gedient haben
er	wird gedient haben	werde gedient haben	würde gedient haben
wir	werden gedient haben	werden gedient haben	würden gedient haben
ihr	werdet gedient haben	werdet gedient haben	würdet gedient haben
sie	werden gedient haben	werden gedient haben	würden gedient haben

dringen

PRINC. PARTS: dringen, drang, ist gedrungen, dringt
IMPERATIVE: dringe!, dringt!, dringen Sie!

to urge, press forward, rush, pierce, penetrate

INDICATIVE		SUBJUNCTIVE	
		PRIMARY	SECONDARY
		Present Time	
	Present	(*Pres. Subj.*)	(*Imperf. Subj.*)
ich	dringe	dringe	dränge
du	dringst	dringest	drängest
er	dringt	dringe	dränge
wir	dringen	dringen	drängen
ihr	dringt	dringet	dränget
sie	dringen	dringen	drängen
	Imperfect		
ich	drang		
du	drangst		
er	drang		
wir	drangen		
ihr	drangt		
sie	drangen		
		Past Time	
	Perfect	(*Perf. Subj.*)	(*Pluperf. Subj.*)
ich	bin gedrungen	sei gedrungen	wäre gedrungen
du	bist gedrungen	seiest gedrungen	wärest gedrungen
er	ist gedrungen	sei gedrungen	wäre gedrungen
wir	sind gedrungen	seien gedrungen	wären gedrungen
ihr	seid gedrungen	seiet gedrungen	wäret gedrungen
sie	sind gedrungen	seien gedrungen	wären gedrungen
	Pluperfect		
ich	war gedrungen		
du	warst gedrungen		
er	war gedrungen		
wir	waren gedrungen		
ihr	wart gedrungen		
sie	waren gedrungen		
		Future Time	
	Future	(*Fut. Subj.*)	(*Pres. Conditional*)
ich	werde dringen	werde dringen	würde dringen
du	wirst dringen	werdest dringen	würdest dringen
er	wird dringen	werde dringen	würde dringen
wir	werden dringen	werden dringen	würden dringen
ihr	werdet dringen	werdet dringen	würdet dringen
sie	werden dringen	werden dringen	würden dringen
		Future Perfect Time	
	Future Perfect	(*Fut. Perf. Subj.*)	(*Past Conditional*)
ich	werde gedrungen sein	werde gedrungen sein	würde gedrungen sein
du	wirst gedrungen sein	werdest gedrungen sein	würdest gedrungen sein
er	wird gedrungen sein	werde gedrungen sein	würde gedrungen sein
wir	werden gedrungen sein	werden gedrungen sein	würden gedrungen sein
ihr	werdet gedrungen sein	werdet gedrungen sein	würdet gedrungen sein
sie	werden gedrungen sein	werden gedrungen sein	würden gedrungen sein

drucken

to print

PRINC. PARTS: drucken, druckte, gedruckt, druckt
IMPERATIVE: drucke!, druckt!, drucken Sie!

	INDICATIVE	SUBJUNCTIVE PRIMARY	SUBJUNCTIVE SECONDARY
		Present Time	
	Present	*(Pres. Subj.)*	*(Imperf. Subj.)*
ich	drucke	drucke	druckte
du	druckst	druckest	drucktest
er	druckt	drucke	druckte
wir	drucken	drucken	druckten
ihr	druckt	drucket	drucktet
sie	drucken	drucken	druckten
	Imperfect		
ich	druckte		
du	drucktest		
er	druckte		
wir	druckten		
ihr	drucktet		
sie	druckten		
		Past Time	
	Perfect	*(Perf. Subj.)*	*(Pluperf. Subj.)*
ich	habe gedruckt	habe gedruckt	hätte gedruckt
du	hast gedruckt	habest gedruckt	hättest gedruckt
er	hat gedruckt	habe gedruckt	hätte gedruckt
wir	haben gedruckt	haben gedruckt	hätten gedruckt
ihr	habt gedruckt	habet gedruckt	hättet gedruckt
sie	haben gedruckt	haben gedruckt	hätten gedruckt
	Pluperfect		
ich	hatte gedruckt		
du	hattest gedruckt		
er	hatte gedruckt		
wir	hatten gedruckt		
ihr	hattet gedruckt		
sie	hatten gedruckt		
		Future Time	
	Future	*(Fut. Subj.)*	*(Pres. Conditional)*
ich	werde drucken	werde drucken	würde drucken
du	wirst drucken	werdest drucken	würdest drucken
er	wird drucken	werde drucken	würde drucken
wir	werden drucken	werden drucken	würden drucken
ihr	werdet drucken	werdet drucken	würdet drucken
sie	werden drucken	werden drucken	würden drucken
		Future Perfect Time	
	Future Perfect	*(Fut. Perf. Subj.)*	*(Past Conditional)*
ich	werde gedruckt haben	werde gedruckt haben	würde gedruckt haben
du	wirst gedruckt haben	werdest gedruckt haben	würdest gedruckt haben
er	wird gedruckt haben	werde gedruckt haben	würde gedruckt haben
wir	werden gedruckt haben	werden gedruckt haben	würden gedruckt haben
ihr	werdet gedruckt haben	werdet gedruckt haben	würdet gedruckt haben
sie	werden gedruckt haben	werden gedruckt haben	würden gedruckt haben

PRINC. PARTS: drücken, drückte, gedrückt, drückt — *to squeeze, push, press; oppress*
IMPERATIVE: drücke!, drückt!, drücken Sie!

	INDICATIVE	SUBJUNCTIVE PRIMARY	SUBJUNCTIVE SECONDARY
		Present Time	
	Present	(*Pres. Subj.*)	(*Imperf. Subj.*)
ich	drücke	drücke	drückte
du	drückst	drückest	drücktest
er	drückt	drücke	drückte
wir	drücken	drücken	drückten
ihr	drückt	drücket	drücktet
sie	drücken	drücken	drückten
	Imperfect		
ich	drückte		
du	drücktest		
er	drückte		
wir	drückten		
ihr	drücktet		
sie	drückten		
		Past Time	
	Perfect	(*Perf. Subj.*)	(*Pluperf. Subj.*)
ich	habe gedrückt	habe gedrückt	hätte gedrückt
du	hast gedrückt	habest gedrückt	hättest gedrückt
er	hat gedrückt	habe gedrückt	hätte gedrückt
wir	haben gedrückt	haben gedrückt	hätten gedrückt
ihr	habt gedrückt	habet gedrückt	hättet gedrückt
sie	haben gedrückt	haben gedrückt	hätten gedrückt
	Pluperfect		
ich	hatte gedrückt		
du	hattest gedrückt		
er	hatte gedrückt		
wir	hatten gedrückt		
ihr	hattet gedrückt		
sie	hatten gedrückt		
		Future Time	
	Future	(*Fut. Subj.*)	(*Pres. Conditional*)
ich	werde drücken	werde drücken	würde drücken
du	wirst drücken	werdest drücken	würdest drücken
er	wird drücken	werde drücken	würde drücken
wir	werden drücken	werden drücken	würden drücken
ihr	werdet drücken	werdet drücken	würdet drücken
sie	werden drücken	werden drücken	würden drücken
		Future Perfect Time	
	Future Perfect	(*Fut. Perf. Subj.*)	(*Past Conditional*)
ich	werde gedrückt haben	werde gedrückt haben	würde gedrückt haben
du	wirst gedrückt haben	werdest gedrückt haben	würdest gedrückt haben
er	wird gedrückt haben	werde gedrückt haben	würde gedrückt haben
wir	werden gedrückt haben	werden gedrückt haben	würden gedrückt haben
ihr	werdet gedrückt haben	werdet gedrückt haben	würdet gedrückt haben
sie	werden gedrückt haben	werden gedrückt haben	würden gedrückt haben

ducken

to stoop, duck, humble, bring down

PRINC. PARTS: ducken, duckte, geduckt, duckt
IMPERATIVE: ducke!, duckt!, ducken Sie!

INDICATIVE		SUBJUNCTIVE PRIMARY	SUBJUNCTIVE SECONDARY
		Present Time	
	Present	*(Pres. Subj.)*	*(Imperf. Subj.)*
ich	ducke	ducke	duckte
du	duckst	duckest	ducktest
er	duckt	ducke	duckte
wir	ducken	ducken	duckten
ihr	duckt	ducket	ducktet
sie	ducken	ducken	duckten
	Imperfect		
ich	duckte		
du	ducktest		
er	duckte		
wir	duckten		
ihr	ducktet		
sie	duckten		
		Past Time	
	Perfect	*(Perf. Subj.)*	*(Pluperf. Subj.)*
ich	habe geduckt	habe geduckt	hätte geduckt
du	hast geduckt	habest geduckt	hättest geduckt
er	hat geduckt	habe geduckt	hätte geduckt
wir	haben geduckt	haben geduckt	hätten geduckt
ihr	habt geduckt	habet geduckt	hättet geduckt
sie	haben geduckt	haben geduckt	hätten geduckt
	Pluperfect		
ich	hatte geduckt		
du	hattest geduckt		
er	hatte geduckt		
wir	hatten geduckt		
ihr	hattet geduckt		
sie	hatten geduckt		
		Future Time	
	Future	*(Fut. Subj.)*	*(Pres. Conditional)*
ich	werde ducken	werde ducken	würde ducken
du	wirst ducken	werdest ducken	würdest ducken
er	wird ducken	werde ducken	würde ducken
wir	werden ducken	werden ducken	würden ducken
ihr	werdet ducken	werdet ducken	würdet ducken
sie	werden ducken	werden ducken	würden ducken
		Future Perfect Time	
	Future Perfect	*(Fut. Perf. Subj.)*	*(Past Conditional)*
ich	werde geduckt haben	werde geduckt haben	würde geduckt haben
du	wirst geduckt haben	werdest geduckt haben	würdest geduckt haben
er	wird geduckt haben	werde geduckt haben	würde geduckt haben
wir	werden geduckt haben	werden geduckt haben	würden geduckt haben
ihr	werdet geduckt haben	werdet geduckt haben	würdet geduckt haben
sie	werden geduckt haben	werden geduckt haben	würden geduckt haben

PRINC. PARTS: dürfen, durfte, gedurft,* darf
IMPERATIVE: not used

to be permitted, be allowed, may

INDICATIVE		SUBJUNCTIVE PRIMARY	SUBJUNCTIVE SECONDARY
		Present Time	
	Present	*(Pres. Subj.)*	*(Imperf. Subj.)*
ich	darf	dürfe	dürfte
du	darfst	dürfest	dürftest
er	darf	dürfe	dürfte
wir	dürfen	dürfen	dürften
ihr	dürft	dürfet	dürftet
sie	dürfen	dürfen	dürften
	Imperfect		
ich	durfte		
du	durftest		
er	durfte		
wir	durften		
ihr	durftet		
sie	durften		
		Past Time	
	Perfect	*(Perf. Subj.)*	*(Pluperf. Subj.)*
ich	habe gedurft	habe gedurft	hätte gedurft
du	hast gedurft	habest gedurft	hättest gedurft
er	hat gedurft	habe gedurft	hätte gedurft
wir	haben gedurft	haben gedurft	hätten gedurft
ihr	habt gedurft	habet gedurft	hättet gedurft
sie	haben gedurft	haben gedurft	hätten gedurft
	Pluperfect		
ich	hatte gedurft		
du	hattest gedurft		
er	hatte gedurft		
wir	hatten gedurft		
ihr	hattet gedurft		
sie	hatten gedurft		
		Future Time	
	Future	*(Fut. Subj.)*	*(Pres. Conditional)*
ich	werde dürfen	werde dürfen	würde dürfen
du	wirst dürfen	werdest dürfen	würdest dürfen
er	wird dürfen	werde dürfen	würde dürfen
wir	werden dürfen	werden dürfen	würden dürfen
ihr	werdet dürfen	werdet dürfen	würdet dürfen
sie	werden dürfen	werden dürfen	würden dürfen
		Future Perfect Time	
	Future Perfect	*(Fut. Perf. Subj.)*	*(Past Conditional)*
ich	werde gedurft haben	werde gedurft haben	würde gedurft haben
du	wirst gedurft haben	werdest gedurft haben	würdest gedurft haben
er	wird gedurft haben	werde gedurft haben	würde gedurft haben
wir	werden gedurft haben	werden gedurft haben	würden gedurft haben
ihr	werdet gedurft haben	werdet gedurft haben	würdet gedurft haben
sie	werden gedurft haben	werden gedurft haben	würden gedurft haben

* **Dürfen** when preceded by an infinitive. See sprechen dürfen.

dürsten*

to thirst, be thirsty

PRINC. PARTS: dürsten, dürstete, gedürstet, dürstet
IMPERATIVE: dürste!, dürstet!, dürsten Sie!

INDICATIVE		SUBJUNCTIVE	
		PRIMARY	SECONDARY
		Present Time	
	Present	(*Pres. Subj.*)	(*Imperf. Subj.*)
ich	dürste	dürste	dürstete
du	dürstest	dürstest	dürstetest
er	dürstet	dürste	dürstete
wir	dürsten	dürsten	dürsteten
ihr	dürstet	dürstet	dürstetet
sie	dürsten	dürsten	dürsteten
	Imperfect		
ich	dürstete		
du	dürstetest		
er	dürstete		
wir	dürsteten		
ihr	dürstetet		
sie	dürsteten		
		Past Time	
	Perfect	(*Perf. Subj.*)	(*Pluperf. Subj.*)
ich	habe gedürstet	habe gedürstet	hätte gedürstet
du	hast gedürstet	habest gedürstet	hättest gedürstet
er	hat gedürstet	habe gedürstet	hätte gedürstet
wir	haben gedürstet	haben gedürstet	hätten gedürstet
ihr	habt gedürstet	habet gedürstet	hättet gedürstet
sie	haben gedürstet	haben gedürstet	hätten gedürstet
	Pluperfect		
ich	hatte gedürstet		
du	hattest gedürstet		
er	hatte gedürstet		
wir	hatten gedürstet		
ihr	hattet gedürstet		
sie	hatten gedürstet		
		Future Time	
	Future	(*Fut. Subj.*)	(*Pres. Conditional*)
ich	werde dürsten	werde dürsten	würde dürsten
du	wirst dürsten	werdest dürsten	würdest dürsten
er	wird dürsten	werde dürsten	würde dürsten
wir	werden dürsten	werden dürsten	würden dürsten
ihr	werdet dürsten	werdet dürsten	würdet dürsten
sie	werden dürsten	werden dürsten	würden dürsten
		Future Perfect Time	
	Future Perfect	(*Fut. Perf. Subj.*)	(*Past Conditional*)
ich	werde gedürstet haben	werde gedürstet haben	würde gedürstet haben
du	wirst gedürstet haben	werdest gedürstet haben	würdest gedürstet haben
er	wird gedürstet haben	werde gedürstet haben	würde gedürstet haben
wir	werden gedürstet haben	werden gedürstet haben	würden gedürstet haben
ihr	werdet gedürstet haben	werdet gedürstet haben	würdet gedürstet haben
sie	werden gedürstet haben	werden gedürstet haben	würden gedürstet haben

* The unumlauted forms **dursten, durstete, gedurstet, durstet,** are less frequently encountered.

PRINC. PARTS: ehren, ehrte, geehrt, ehrt
IMPERATIVE: ehre!, ehrt!, ehren Sie!

to honor; esteem

	INDICATIVE	SUBJUNCTIVE PRIMARY	SUBJUNCTIVE SECONDARY
		Present Time	
	Present	(*Pres. Subj.*)	(*Imperf. Subj.*)
ich	ehre	ehre	ehrte
du	ehrst	ehrest	ehrtest
er	ehrt	ehre	ehrte
wir	ehren	ehren	ehrten
ihr	ehrt	ehret	ehrtet
sie	ehren	ehren	ehrten
	Imperfect		
ich	ehrte		
du	ehrtest		
er	ehrte		
wir	ehrten		
ihr	ehrtet		
sie	ehrten		
		Past Time	
	Perfect	(*Perf. Subj.*)	(*Pluperf. Subj.*)
ich	habe geehrt	habe geehrt	hätte geehrt
du	hast geehrt	habest geehrt	hättest geehrt
er	hat geehrt	habe geehrt	hätte geehrt
wir	haben geehrt	haben geehrt	hätten geehrt
ihr	habt geehrt	habet geehrt	hättet geehrt
sie	haben geehrt	haben geehrt	hätten geehrt
	Pluperfect		
ich	hatte geehrt		
du	hattest geehrt		
er	hatte geehrt		
wir	hatten geehrt		
ihr	hattet geehrt		
sie	hatten geehrt		
		Future Time	
	Future	(*Fut. Subj.*)	(*Pres. Conditional*)
ich	werde ehren	werde ehren	würde ehren
du	wirst ehren	werdest ehren	würdest ehren
er	wird ehren	werde ehren	würde ehren
wir	werden ehren	werden ehren	würden ehren
ihr	werdet ehren	werdet ehren	würdet ehren
sie	werden ehren	werden ehren	würden ehren
		Future Perfect Time	
	Future Perfect	(*Fut. Perf. Subj.*)	(*Past Conditional*)
ich	werde geehrt haben	werde geehrt haben	würde geehrt haben
du	wirst geehrt haben	werdest geehrt haben	würdest geehrt haben
er	wird geehrt haben	werde geehrt haben	würde geehrt haben
wir	werden geehrt haben	werden geehrt haben	würden geehrt haben
ihr	werdet geehrt haben	werdet geehrt haben	würdet geehrt haben
sie	werden geehrt haben	werden geehrt haben	würden geehrt haben

empfangen

to receive

PRINC. PARTS: empfangen, empfing, empfangen, empfängt
IMPERATIVE: empfange!, empfangt!, empfangen Sie!

INDICATIVE		SUBJUNCTIVE PRIMARY	SUBJUNCTIVE SECONDARY
		Present Time	
	Present	(*Pres. Subj.*)	(*Imperf. Subj.*)
ich	empfange	empfange	empfinge
du	empfängst	empfangest	empfingest
er	empfängt	empfange	empfinge
wir	empfangen	empfangen	empfingen
ihr	empfangt	empfanget	empfinget
sie	empfangen	empfangen	empfingen
	Imperfect		
ich	empfing		
du	empfingst		
er	empfing		
wir	empfingen		
ihr	empfingt		
sie	empfingen		
		Past Time	
	Perfect	(*Perf. Subj.*)	(*Pluperf. Subj.*)
ich	habe empfangen	habe empfangen	hätte empfangen
du	hast empfangen	habest empfangen	hättest empfangen
er	hat empfangen	habe empfangen	hätte empfangen
wir	haben empfangen	haben empfangen	hätten empfangen
ihr	habt empfangen	habet empfangen	hättet empfangen
sie	haben empfangen	haben empfangen	hätten empfangen
	Pluperfect		
ich	hatte empfangen		
du	hattest empfangen		
er	hatte empfangen		
wir	hatten empfangen		
ihr	hattet empfangen		
sie	hatten empfangen		
		Future Time	
	Future	(*Fut. Subj.*)	(*Pres. Conditional*)
ich	werde empfangen	werde empfangen	würde empfangen
du	wirst empfangen	werdest empfangen	würdest empfangen
er	wird empfangen	werde empfangen	würde empfangen
wir	werden empfangen	werden empfangen	würden empfangen
ihr	werdet empfangen	werdet empfangen	würdet empfangen
sie	werden empfangen	werden empfangen	würden empfangen
		Future Perfect Time	
	Future Perfect	(*Fut. Perf. Subj.*)	(*Past Conditional*)
ich	werde empfangen haben	werde empfangen haben	würde empfangen haben
du	wirst empfangen haben	werdest empfangen haben	würdest empfangen haben
er	wird empfangen haben	werde empfangen haben	würde empfangen haben
wir	werden empfangen haben	werden empfangen haben	würden empfangen haben
ihr	werdet empfangen haben	werdet empfangen haben	würdet empfangen haben
sie	werden empfangen haben	werden empfangen haben	würden empfangen haben

PRINC. PARTS: empfehlen, empfahl, empfohlen, empfiehlt
IMPERATIVE: empfiehl!, empfehlt!, empfehlen Sie!

INDICATIVE		SUBJUNCTIVE		
		PRIMARY	SECONDARY	
		Present Time		
	Present	*(Pres. Subj.)*	*(Imperf. Subj.)*	
ich	empfehle	empfehle	empföhle	empfähle
du	empfiehlst	empfehlest	empföhlest	empfählest
er	empfiehlt	empfehle	empföhle *or*	empfähle
wir	empfehlen	empfehlen	empföhlen	empfählen
ihr	empfehlt	empfehlet	empföhlet	empfählet
sie	empfehlen	empfehlen	empföhlen	empfählen
	Imperfect			
ich	empfahl			
du	empfahlst			
er	empfahl			
wir	empfahlen			
ihr	empfahlt			
sie	empfahlen			
		Past Time		
	Perfect	*(Perf. Subj.)*	*(Pluperf. Subj.)*	
ich	habe empfohlen	habe empfohlen	hätte empfohlen	
du	hast empfohlen	habest empfohlen	hättest empfohlen	
er	hat empfohlen	habe empfohlen	hätte empfohlen	
wir	haben empfohlen	haben empfohlen	hätten empfohlen	
ihr	habt empfohlen	habet empfohlen	hättet empfohlen	
sie	haben empfohlen	haben empfohlen	hätten empfohlen	
	Pluperfect			
ich	hatte empfohlen			
du	hattest empfohlen			
er	hatte empfohlen			
wir	hatten empfohlen			
ihr	hattet empfohlen			
sie	hatten empfohlen			
		Future Time		
	Future	*(Fut. Subj.)*	*(Pres. Conditional)*	
ich	werde empfehlen	werde empfehlen	würde empfehlen	
du	wirst empfehlen	werdest empfehlen	würdest empfehlen	
er	wird empfehlen	werde empfehlen	würde empfehlen	
wir	werden empfehlen	werden empfehlen	würden empfehlen	
ihr	werdet empfehlen	werdet empfehlen	würdet empfehlen	
sie	werden empfehlen	werden empfehlen	würden empfehlen	
		Future Perfect Time		
	Future Perfect	*(Fut. Perf. Subj.)*	*(Past Conditional)*	
ich	werde empfohlen haben	werde empfohlen haben	würde empfohlen haben	
du	wirst empfohlen haben	werdest empfohlen haben	würdest empfohlen haben	
er	wird empfohlen haben	werde empfohlen haben	würde empfohlen haben	
wir	werden empfohlen haben	werden empfohlen haben	würden empfohlen haben	
ihr	werdet empfohlen haben	werdet empfohlen haben	würdet empfohlen haben	
sie	werden empfohlen haben	werden empfohlen haben	würden empfohlen haben	

entbehren

to do without; lack, miss

PRINC. PARTS: entbehren, entbehrte, entbehrt, entbehrt
IMPERATIVE: entbehre!, entbehrt!, entbehren Sie!

INDICATIVE		SUBJUNCTIVE	
		PRIMARY	SECONDARY
		Present Time	
	Present	(*Pres. Subj.*)	(*Imperf. Subj.*)
ich	entbehre	entbehre	entbehrte
du	entbehrst	entbehrest	entbehrtest
er	entbehrt	entbehre	entbehrte
wir	entbehren	entbehren	entbehrten
ihr	entbehrt	entbehret	entbehrtet
sie	entbehren	entbehren	entbehrten
	Imperfect		
ich	entbehrte		
du	entbehrtest		
er	entbehrte		
wir	entbehrten		
ihr	entbehrtet		
sie	entbehrten		
		Past Time	
	Perfect	(*Perf. Subj.*)	(*Pluperf. Subj.*)
ich	habe entbehrt	habe entbehrt	hätte entbehrt
du	hast entbehrt	habest entbehrt	hättest entbehrt
er	hat entbehrt	habe entbehrt	hätte entbehrt
wir	haben entbehrt	haben entbehrt	hätten entbehrt
ihr	habt entbehrt	habet entbehrt	hättet entbehrt
sie	haben entbehrt	haben entbehrt	hätten entbehrt
	Pluperfect		
ich	hatte entbehrt		
du	hattest entbehrt		
er	hatte entbehrt		
wir	hatten entbehrt		
ihr	hattet entbehrt		
sie	hatten entbehrt		
		Future Time	
	Future	(*Fut. Subj.*)	(*Pres. Conditional*)
ich	werde entbehren	werde entbehren	würde entbehren
du	wirst entbehren	werdest entbehren	würdest entbehren
er	wird entbehren	werde entbehren	würde entbehren
wir	werden entbehren	werden entbehren	würden entbehren
ihr	werdet entbehren	werdet entbehren	würdet entbehren
sie	werden entbehren	werden entbehren	würden entbehren
		Future Perfect Time	
	Future Perfect	(*Fut. Perf. Subj.*)	(*Past Conditional*)
ich	werde entbehrt haben	werde entbehrt haben	würde entbehrt haben
du	wirst entbehrt haben	werdest entbehrt haben	würdest entbehrt haben
er	wird entbehrt haben	werde entbehrt haben	würde entbehrt haben
wir	werden entbehrt haben	werden entbehrt haben	würden entbehrt haben
ihr	werdet entbehrt haben	werdet entbehrt haben	würdet entbehrt haben
sie	werden entbehrt haben	werden entbehrt haben	würden entbehrt haben

PRINC. PARTS: entfernen, entfernte, entfernt, entfernt
IMPERATIVE: entferne!, entfernt!, entfernen Sie!

to remove, make distant

	INDICATIVE	SUBJUNCTIVE PRIMARY	SUBJUNCTIVE SECONDARY
		Present Time	
	Present	(*Pres. Subj.*)	(*Imperf. Subj.*)
ich	entferne	entferne	entfernte
du	entfernst	entfernest	entferntest
er	entfernt	entferne	entfernte
wir	entfernen	entfernen	entfernten
ihr	entfernt	entfernet	entferntet
sie	entfernen	entfernen	entfernten

	Imperfect
ich	entfernte
du	entferntest
er	entfernte
wir	entfernten
ihr	entferntet
sie	entfernten

		Past Time	
	Perfect	(*Perf. Subj.*)	(*Pluperf. Subj.*)
ich	habe entfernt	habe entfernt	hätte entfernt
du	hast entfernt	habest entfernt	hättest entfernt
er	hat entfernt	habe entfernt	hätte entfernt
wir	haben entfernt	haben entfernt	hätten entfernt
ihr	habt entfernt	habet entfernt	hättet entfernt
sie	haben entfernt	haben entfernt	hätten entfernt

	Pluperfect
ich	hatte entfernt
du	hattest entfernt
er	hatte entfernt
wir	hatten entfernt
ihr	hattet entfernt
sie	hatten entfernt

		Future Time	
	Future	(*Fut. Subj.*)	(*Pres. Conditional*)
ich	werde entfernen	werde entfernen	würde entfernen
du	wirst entfernen	werdest entfernen	würdest entfernen
er	wird entfernen	werde entfernen	würde entfernen
wir	werden entfernen	werden entfernen	würden entfernen
ihr	werdet entfernen	werdet entfernen	würdet entfernen
sie	werden entfernen	werden entfernen	würden entfernen

		Future Perfect Time	
	Future Perfect	(*Fut. Perf. Subj.*)	(*Past Conditional*)
ich	werde entfernt haben	werde entfernt haben	würde entfernt haben
du	wirst entfernt haben	werdest entfernt haben	würdest entfernt haben
er	wird entfernt haben	werde entfernt haben	würde entfernt haben
wir	werden entfernt haben	werden entfernt haben	würden entfernt haben
ihr	werdet entfernt haben	werdet entfernt haben	würdet entfernt haben
sie	werden entfernt haben	werden entfernt haben	würden entfernt haben

entführen

to carry off, abduct, kidnap

PRINC. PARTS: entführen, entführte, entführt, entführt
IMPERATIVE: entführe!, entführt!, entführen Sie!

	INDICATIVE	SUBJUNCTIVE PRIMARY	SUBJUNCTIVE SECONDARY
		Present Time	
	Present	*(Pres. Subj.)*	*(Imperf. Subj.)*
ich	entführe	entführe	entführte
du	entführst	entführest	entführtest
er	entführt	entführe	entführte
wir	entführen	entführen	entführten
ihr	entführt	entführet	entführtet
sie	entführen	entführen	entführten
	Imperfect		
ich	entführte		
du	entführtest		
er	entführte		
wir	entführten		
ihr	entführtet		
sie	entführten		
		Past Time	
	Perfect	*(Perf. Subj.)*	*(Pluperf. Subj.)*
ich	habe entführt	habe entführt	hätte entführt
du	hast entführt	habest entführt	hättest entführt
er	hat entführt	habe entführt	hätte entführt
wir	haben entführt	haben entführt	hätten entführt
ihr	habt entführt	habet entführt	hättet entführt
sie	haben entführt	haben entführt	hätten entführt
	Pluperfect		
ich	hatte entführt		
du	hattest entführt		
er	hatte entführt		
wir	hatten entführt		
ihr	hattet entführt		
sie	hatten entführt		
		Future Time	
	Future	*(Fut. Subj.)*	*(Pres. Conditional)*
ich	werde entführen	werde entführen	würde entführen
du	wirst entführen	werdest entführen	würdest entführen
er	wird entführen	werde entführen	würde entführen
wir	werden entführen	werden entführen	würden entführen
ihr	werdet entführen	werdet entführen	würdet entführen
sie	werden entführen	werden entführen	würden entführen
		Future Perfect Time	
	Future Perfect	*(Fut. Perf. Subj.)*	*(Past Conditional)*
ich	werde entführt haben	werde entführt haben	würde entführt haben
du	wirst entführt haben	werdest entführt haben	würdest entführt haben
er	wird entführt haben	werde entführt haben	würde entführt haben
wir	werden entführt haben	werden entführt haben	würden entführt haben
ihr	werdet entführt haben	werdet entführt haben	würdet entführt haben
sie	werden entführt haben	werden entführt haben	würden entführt haben

PRINC. PARTS: entgegnen, entgegnete, entgegnet, entgegnet — *to reply, retort, answer*
IMPERATIVE: entgegne!, entgegnet!, entgegnen Sie!

INDICATIVE		SUBJUNCTIVE	
		PRIMARY	SECONDARY
		Present Time	
	Present	(*Pres. Subj.*)	(*Imperf. Subj.*)
ich	entgegne	entgegne	entgegnete
du	entgegnest	entgegnest	entgegnetest
er	entgegnet	entgegne	entgegnete
wir	entgegnen	entgegnen	entgegneten
ihr	entgegnet	entgegnet	entgegnetet
sie	entgegnen	entgegnen	entgegneten
	Imperfect		
ich	entgegnete		
du	entgegnetest		
er	entgegnete		
wir	entgegneten		
ihr	entgegnetet		
sie	entgegneten		
		Past Time	
	Perfect	(*Perf. Subj.*)	(*Pluperf. Subj.*)
ich	habe entgegnet	habe entgegnet	hätte entgegnet
du	hast entgegnet	habest entgegnet	hättest entgegnet
er	hat entgegnet	habe entgegnet	hätte entgegnet
wir	haben entgegnet	haben entgegnet	hätten entgegnet
ihr	habt entgegnet	habet entgegnet	hättet entgegnet
sie	haben entgegnet	haben entgegnet	hätten entgegnet
	Pluperfect		
ich	hatte entgegnet		
du	hattest entgegnet		
er	hatte entgegnet		
wir	hatten entgegnet		
ihr	hattet entgegnet		
sie	hatten entgegnet		
		Future Time	
	Future	(*Fut. Subj.*)	(*Pres. Conditional*)
ich	werde entgegnen	werde entgegnen	würde entgegnen
du	wirst entgegnen	werdest entgegnen	würdest entgegnen
er	wird entgegnen	werde entgegnen	würde entgegnen
wir	werden entgegnen	werden entgegnen	würden entgegnen
ihr	werdet entgegnen	werdet entgegnen	würdet entgegnen
sie	werden entgegnen	werden entgegnen	würden entgegnen
		Future Perfect Time	
	Future Perfect	(*Fut. Perf. Subj.*)	(*Past Conditional*)
ich	werde entgegnet haben	werde entgegnet haben	würde entgegnet haben
du	wirst entgegnet haben	werdest entgegnet haben	würdest entgegnet haben
er	wird entgegnet haben	werde entgegnet haben	würde entgegnet haben
wir	werden entgegnet haben	werden entgegnet haben	würden entgegnet haben
ihr	werdet entgegnet haben	werdet entgegnet haben	würdet entgegnet haben
sie	werden entgegnet haben	werden entgegnet haben	würden entgegnet haben

enthalten

to contain, hold

PRINC. PARTS: enthalten,* enthielt, enthalten, enthält
IMPERATIVE: enthalte!, enthaltet!, enthalten Sie!

INDICATIVE		SUBJUNCTIVE	
		PRIMARY	SECONDARY
		Present Time	
	Present	(*Pres. Subj.*)	(*Imperf. Subj.*)
ich	enthalte	enthalte	enthielte
du	enthältst	enthaltest	enthieltest
er	enthält	enthalte	enthielte
wir	enthalten	enthalten	enthielten
ihr	enthaltet	enthaltet	enthieltet
sie	enthalten	enthalten	enthielten
	Imperfect		
ich	enthielt		
du	enthieltest		
er	enthielt		
wir	enthielten		
ihr	enthieltet		
sie	enthielten		
		Past Time	
	Perfect	(*Perf. Subj.*)	(*Pluperf. Subj.*)
ich	habe enthalten	habe enthalten	hätte enthalten
du	hast enthalten	habest enthalten	hättest enthalten
er	hat enthalten	habe enthalten	hätte enthalten
wir	haben enthalten	haben enthalten	hätten enthalten
ihr	habt enthalten	habet enthalten	hättet enthalten
sie	haben enthalten	haben enthalten	hätten enthalten
	Pluperfect		
ich	hatte enthalten		
du	hattest enthalten		
er	hatte enthalten		
wir	hatten enthalten		
ihr	hattet enthalten		
sie	hatten enthalten		
		Future Time	
	Future	(*Fut. Subj.*)	(*Pres. Conditional*)
ich	werde enthalten	werde enthalten	würde enthalten
du	wirst enthalten	werdest enthalten	würdest enthalten
er	wird enthalten	werde enthalten	würde enthalten
wir	werden enthalten	werden enthalten	würden enthalten
ihr	werdet enthalten	werdet enthalten	würdet enthalten
sie	werden enthalten	werden enthalten	würden enthalten
		Future Perfect Time	
	Future Perfect	(*Fut. Perf. Subj.*)	(*Past Conditional*)
ich	werde enthalten haben	werde enthalten haben	würde enthalten haben
du	wirst enthalten haben	werdest enthalten haben	würdest enthalten haben
er	wird enthalten haben	werde enthalten haben	würde enthalten haben
wir	werden enthalten haben	werden enthalten haben	würden enthalten haben
ihr	werdet enthalten haben	werdet enthalten haben	würdet enthalten haben
sie	werden enthalten haben	werden enthalten haben	würden enthalten haben

* the reflexive verb sich enthalten, enthielt sich, hat sich enthalten, enthält sich, means to abstain from

PRINC. PARTS: entkommen, entkam, ist entkommen, entkommt
IMPERATIVE: entkomme!, entkommt!, entkommen Sie!

entkommen

to escape, get away

INDICATIVE		SUBJUNCTIVE PRIMARY	SUBJUNCTIVE SECONDARY
		Present Time	
	Present	(*Pres. Subj.*)	(*Imperf. Subj.*)
ich	entkomme	entkomme	entkäme
du	entkommst	entkommest	entkämest
er	entkommt	entkomme	entkäme
wir	entkommen	entkommen	entkämen
ihr	entkommt	entkommet	entkämet
sie	entkommen	entkommen	entkämen
	Imperfect		
ich	entkam		
du	entkamst		
er	entkam		
wir	entkamen		
ihr	entkamt		
sie	entkamen		
		Past Time	
	Perfect	(*Perf. Subj.*)	(*Pluperf. Subj.*)
ich	bin entkommen	sei entkommen	wäre entkommen
du	bist entkommen	seiest entkommen	wärest entkommen
er	ist entkommen	sei entkommen	wäre entkommen
wir	sind entkommen	seien entkommen	wären entkommen
ihr	seid entkommen	seiet entkommen	wäret entkommen
sie	sind entkommen	seien entkommen	wären entkommen
	Pluperfect		
ich	war entkommen		
du	warst entkommen		
er	war entkommen		
wir	waren entkommen		
ihr	wart entkommen		
sie	waren entkommen		
		Future Time	
	Future	(*Fut. Subj.*)	(*Pres. Conditional*)
ich	werde entkommen	werde entkommen	würde entkommen
du	wirst entkommen	werdest entkommen	würdest entkommen
er	wird entkommen	werde entkommen	würde entkommen
wir	werden entkommen	werden entkommen	würden entkommen
ihr	werdet entkommen	werdet entkommen	würdet entkommen
sie	werden entkommen	werden entkommen	würden entkommen
		Future Perfect Time	
	Future Perfect	(*Fut. Perf. Subj.*)	(*Past Conditional*)
ich	werde entkommen sein	werde entkommen sein	würde entkommen sein
du	wirst entkommen sein	werdest entkommen sein	würdest entkommen sein
er	wird entkommen sein	werde entkommen sein	würde entkommen sein
wir	werden entkommen sein	werden entkommen sein	würden entkommen sein
ihr	werdet entkommen sein	werdet entkommen sein	würdet entkommen sein
sie	werden entkommen sein	werden entkommen sein	würden entkommen sein

entschuldigen

to excuse, apologize

PRINC. PARTS: entschuldigen, entschuldigte, entschuldigt, entschuldigt
IMPERATIVE: entschuldige!, entschuldigt!, entschuldigen Sie!

INDICATIVE		SUBJUNCTIVE PRIMARY	SUBJUNCTIVE SECONDARY
		Present Time	
	Present	(*Pres. Subj.*)	(*Imperf. Subj.*)
ich	entschuldige	entschuldige	entschuldigte
du	entschuldigst	entschuldigest	entschuldigtest
er	entschuldigt	entschuldige	entschuldigte
wir	entschuldigen	entschuldigen	entschuldigten
ihr	entschuldigt	entschuldiget	entschuldigtet
sie	entschuldigen	entschuldigen	entschuldigten
	Imperfect		
ich	entschuldigte		
du	entschuldigtest		
er	entschuldigte		
wir	entschuldigten		
ihr	entschuldigtet		
sie	entschuldigten	*Past Time*	
	Perfect	(*Perf. Subj.*)	(*Pluperf. Subj.*)
ich	habe entschuldigt	habe entschuldigt	hätte entschuldigt
du	hast entschuldigt	habest entschuldigt	hättest entschuldigt
er	hat entschuldigt	habe entschuldigt	hätte entschuldigt
wir	haben entschuldigt	haben entschuldigt	hätten entschuldigt
ihr	habt entschuldigt	habet entschuldigt	hättet entschuldigt
sie	haben entschuldigt	haben entschuldigt	hätten entschuldigt
	Pluperfect		
ich	hatte entschuldigt		
du	hattest entschuldigt		
er	hatte entschuldigt		
wir	hatten entschuldigt		
ihr	hattet entschuldigt		
sie	hatten entschuldigt	*Future Time*	
	Future	(*Fut. Subj.*)	(*Pres. Conditional*)
ich	werde entschuldigen	werde entschuldigen	würde entschuldigen
du	wirst entschuldigen	werdest entschuldigen	würdest entschuldigen
er	wird entschuldigen	werde entschuldigen	würde entschuldigen
wir	werden entschuldigen	werden entschuldigen	würden entschuldigen
ihr	werdet entschuldigen	werdet entschuldigen	würdet entschuldigen
sie	werden entschuldigen	werden entschuldigen	würden entschuldigen
		Future Perfect Time	
	Future Perfect	(*Fut. Perf. Subj.*)	(*Past Conditional*)
ich	werde entschuldigt haben	werde entschuldigt haben	würde entschuldigt haben
du	wirst entschuldigt haben	werdest entschuldigt haben	würdest entschuldigt haben
er	wird entschuldigt haben	werde entschuldigt haben	würde entschuldigt haben
wir	werden entschuldigt haben	werden entschuldigt haben	würden entschuldigt haben
ihr	werdet entschuldigt haben	werdet entschuldigt haben	würdet entschuldigt haben
sie	werden entschuldigt haben	werden entschuldigt haben	würden entschuldigt haben

PRINC. PARTS: entstellen, entstellte, entstellt, entstellt
IMPERATIVE: entstelle!, entstellt!, entstellen Sie! *to disfigure, deform*

	INDICATIVE	SUBJUNCTIVE PRIMARY	SUBJUNCTIVE SECONDARY
		Present Time	
	Present	(*Pres. Subj.*)	(*Imperf. Subj.*)
ich	entstelle	entstelle	entstellte
du	entstellst	entstellest	entstelltest
er	entstellt	entstelle	entstellte
wir	entstellen	entstellen	entstellten
ihr	entstellt	entstellet	entstelltet
sie	entstellen	entstellen	entstellten
	Imperfect		
ich	entstellte		
du	entstelltest		
er	entstellte		
wir	entstellten		
ihr	entstelltet		
sie	entstellten		
		Past Time	
	Perfect	(*Perf. Subj.*)	(*Pluperf. Subj.*)
ich	habe entstellt	habe entstellt	hätte entstellt
du	hast entstellt	habest entstellt	hättest entstellt
er	hat entstellt	habe entstellt	hätte entstellt
wir	haben entstellt	haben entstellt	hätten entstellt
ihr	habt entstellt	habet entstellt	hättet entstellt
sie	haben entstellt	haben entstellt	hätten entstellt
	Pluperfect		
ich	hatte entstellt		
du	hattest entstellt		
er	hatte entstellt		
wir	hatten entstellt		
ihr	hattet entstellt		
sie	hatten entstellt		
		Future Time	
	Future	(*Fut. Subj.*)	(*Pres. Conditional*)
ich	werde entstellen	werde entstellen	würde entstellen
du	wirst entstellen	werdest entstellen	würdest entstellen
er	wird entstellen	werde entstellen	würde entstellen
wir	werden entstellen	werden entstellen	würden entstellen
ihr	werdet entstellen	werdet entstellen	würdet entstellen
sie	werden entstellen	werden entstellen	würden entstellen
		Future Perfect Time	
	Future Perfect	(*Fut. Perf. Subj.*)	(*Past Conditional*)
ich	werde entstellt haben	werde entstellt haben	würde entstellt haben
du	wirst entstellt haben	werdest entstellt haben	würdest entstellt haben
er	wird entstellt haben	werde entstellt haben	würde entstellt haben
wir	werden entstellt haben	werden entstellt haben	würden entstellt haben
ihr	werdet entstellt haben	werdet entstellt haben	würdet entstellt haben
sie	werden entstellt haben	werden entstellt haben	würden entstellt haben

erfinden

to invent, discover, find out

PRINC. PARTS: erfinden, erfand, erfunden, erfindet
IMPERATIVE: erfinde!, erfindet!, erfinden Sie!

	INDICATIVE	SUBJUNCTIVE PRIMARY	SUBJUNCTIVE SECONDARY
		Present Time	
	Present	(*Pres. Subj.*)	(*Imperf. Subj.*)
ich	erfinde	erfinde	erfände
du	erfindest	erfindest	erfändest
er	erfindet	erfinde	erfände
wir	erfinden	erfinden	erfänden
ihr	erfindet	erfindet	erfändet
sie	erfinden	erfinden	erfänden
	Imperfect		
ich	erfand		
du	erfandst		
er	erfand		
wir	erfanden		
ihr	erfandet		
sie	erfanden		
		Past Time	
	Perfect	(*Perf. Subj.*)	(*Pluperf. Subj.*)
ich	habe erfunden	habe erfunden	hätte erfunden
du	hast erfunden	habest erfunden	hättest erfunden
er	hat erfunden	habe erfunden	hätte erfunden
wir	haben erfunden	haben erfunden	hätten erfunden
ihr	habt erfunden	habet erfunden	hättet erfunden
sie	haben erfunden	haben erfunden	hätten erfunden
	Pluperfect		
ich	hatte erfunden		
du	hattest erfunden		
er	hatte erfunden		
wir	hatten erfunden		
ihr	hattet erfunden		
sie	hatten erfunden		
		Future Time	
	Future	(*Fut. Subj.*)	(*Pres. Conditional*)
ich	werde erfinden	werde erfinden	würde erfinden
du	wirst erfinden	werdest erfinden	würdest erfinden
er	wird erfinden	werde erfinden	würde erfinden
wir	werden erfinden	werden erfinden	würden erfinden
ihr	werdet erfinden	werdet erfinden	würdet erfinden
sie	werden erfinden	werden erfinden	würden erfinden
		Future Perfect Time	
	Future Perfect	(*Fut. Perf. Subj.*)	(*Past Conditional*)
ich	werde erfunden haben	werde erfunden haben	würde erfunden haben
du	wirst erfunden haben	werdest erfunden haben	würdest erfunden haben
er	wird erfunden haben	werde erfunden haben	würde erfunden haben
wir	werden erfunden haben	werden erfunden haben	würden erfunden haben
ihr	werdet erfunden haben	werdet erfunden haben	würdet erfunden haben
sie	werden erfunden haben	werden erfunden haben	würden erfunden haben

PRINC. PARTS: erhalten, erhielt, erhalten, erhält
IMPERATIVE: erhalte!, erhaltet!, erhalten Sie!

to obtain, receive, preserve

INDICATIVE		SUBJUNCTIVE	
		PRIMARY	SECONDARY
		Present Time	
	Present	(*Pres. Subj.*)	(*Imperf. Subj.*)
ich	erhalte	erhalte	erhielte
du	erhältst	erhaltest	erhieltest
er	erhält	erhalte	erhielte
wir	erhalten	erhalten	erhielten
ihr	erhaltet	erhaltet	erhieltet
sie	erhalten	erhalten	erhielten
	Imperfect		
ich	erhielt		
du	erhieltest		
er	erhielt		
wir	erhielten		
ihr	erhieltet		
sie	erhielten		
		Past Time	
	Perfect	(*Perf. Subj.*)	(*Pluperf. Subj.*)
ich	habe erhalten	habe erhalten	hätte erhalten
du	hast erhalten	habest erhalten	hättest erhalten
er	hat erhalten	habe erhalten	hätte erhalten
wir	haben erhalten	haben erhalten	hätten erhalten
ihr	habt erhalten	habet erhalten	hättet erhalten
sie	haben erhalten	haben erhalten	hätten erhalten
	Pluperfect		
ich	hatte erhalten		
du	hattest erhalten		
er	hatte erhalten		
wir	hatten erhalten		
ihr	hattet erhalten		
sie	hatten erhalten		
		Future Time	
	Future	(*Fut. Subj.*)	(*Pres. Conditional*)
ich	werde erhalten	werde erhalten	würde erhalten
du	wirst erhalten	werdest erhalten	würdest erhalten
er	wird erhalten	werde erhalten	würde erhalten
wir	werden erhalten	werden erhalten	würden erhalten
ihr	werdet erhalten	werdet erhalten	würdet erhalten
sie	werden erhalten	werden erhalten	würden erhalten
		Future Perfect Time	
	Future Perfect	(*Fut. Perf. Subj.*)	(*Past Conditional*)
ich	werde erhalten haben	werde erhalten haben	würde erhalten haben
du	wirst erhalten haben	werdest erhalten haben	würdest erhalten haben
er	wird erhalten haben	werde erhalten haben	würde erhalten haben
wir	werden erhalten haben	werden erhalten haben	würden erhalten haben
ihr	werdet erhalten haben	werdet erhalten haben	würdet erhalten haben
sie	werden erhalten haben	werden erhalten haben	würden erhalten haben

sich erkälten

to catch a cold

PRINC. PARTS: sich erkälten, erkältete sich, hat sich erkältet, erkältet sich

IMPERATIVE: erkälte dich!, erkältet euch!, erkälten Sie sich!

INDICATIVE		SUBJUNCTIVE PRIMARY	SUBJUNCTIVE SECONDARY
		Present Time	
	Present	*(Pres. Subj.)*	*(Imperf. Subj.)*
ich	erkälte mich	erkälte mich	erkältete mich
du	erkältest dich	erkältest dich	erkältetest dich
er	erkältet sich	erkälte sich	erkältete sich
wir	erkälten uns	erkälten uns	erkälteten uns
ihr	erkältet euch	erkältet euch	erkältetet euch
sie	erkälten sich	erkälten sich	erkälteten sich
	Imperfect		
ich	erkältete mich		
du	erkältetest dich		
er	erkältete sich		
wir	erkälteten uns		
ihr	erkältetet euch		
sie	erkälteten sich		
		Past Time	
	Perfect	*(Perf. Subj.)*	*(Pluperf. Subj.)*
ich	habe mich erkältet	habe mich erkältet	hätte mich erkältet
du	hast dich erkältet	habest dich erkältet	hättest dich erkältet
er	hat sich erkältet	habe sich erkältet	hätte sich erkältet
wir	haben uns erkältet	haben uns erkältet	hätten uns erkältet
ihr	habt euch erkältet	habet euch erkältet	hättet euch erkältet
sie	haben sich erkältet	haben sich erkältet	hätten sich erkältet
	Pluperfect		
ich	hatte mich erkältet		
du	hattest dich erkältet		
er	hatte sich erkältet		
wir	hatten uns erkältet		
ihr	hattet euch erkältet		
sie	hatten sich erkältet		
		Future Time	
	Future	*(Fut. Subj.)*	*(Pres. Conditional)*
ich	werde mich erkälten	werde mich erkälten	würde mich erkälten
du	wirst dich erkälten	werdest dich erkälten	würdest dich erkälten
er	wird sich erkälten	werde sich erkälten	würde sich erkälten
wir	werden uns erkälten	werden uns erkälten	würden uns erkälten
ihr	werdet euch erkälten	werdet euch erkälten	würdet euch erkälten
sie	werden sich erkälten	werden sich erkälten	würden sich erkälten
		Future Perfect Time	
	Future Perfect	*(Fut. Perf. Subj.)*	*(Past Conditional)*
ich	werde mich erkältet haben	werde mich erkältet haben	würde mich erkältet haben
du	wirst dich erkältet haben	werdest dich erkältet haben	würdest dich erkältet haben
er	wird sich erkältet haben	werde sich erkältet haben	würde sich erkältet haben
wir	werden uns erkältet haben	werden uns erkältet haben	würden uns erkältet haben
ihr	werdet euch erkältet haben	werdet euch erkältet haben	würdet euch erkältet haben
sie	werden sich erkältet haben	werden sich erkältet haben	würden sich erkältet haben

PRINC. PARTS: erklären, erklärte, erklärt, erklärt — *to explain, declare, announce*
IMPERATIVE: erkläre!, erklärt!, erklären Sie!

	INDICATIVE	SUBJUNCTIVE PRIMARY	SUBJUNCTIVE SECONDARY
		Present Time	
	Present	*(Pres. Subj.)*	*(Imperf. Subj.)*
ich	erkläre	erkläre	erklärte
du	erklärst	erklärest	erklärtest
er	erklärt	erkläre	erklärte
wir	erklären	erklären	erklärten
ihr	erklärt	erkläret	erklärtet
sie	erklären	erklären	erklärten
	Imperfect		
ich	erklärte		
du	erklärtest		
er	erklärte		
wir	erklärten		
ihr	erklärtet		
sie	erklärten		
		Past Time	
	Perfect	*(Perf. Subj.)*	*(Pluperf. Subj.)*
ich	habe erklärt	habe erklärt	hätte erklärt
du	hast erklärt	habest erklärt	hättest erklärt
er	hat erklärt	habe erklärt	hätte erklärt
wir	haben erklärt	haben erklärt	hätten erklärt
ihr	habt erklärt	habet erklärt	hättet erklärt
sie	haben erklärt	haben erklärt	hätten erklärt
	Pluperfect		
ich	hatte erklärt		
du	hattest erklärt		
er	hatte erklärt		
wir	hatten erklärt		
ihr	hattet erklärt		
sie	hatten erklärt		
		Future Time	
	Future	*(Fut. Subj.)*	*(Pres. Conditional)*
ich	werde erklären	werde erklären	würde erklären
du	wirst erklären	werdest erklären	würdest erklären
er	wird erklären	werde erklären	würde erklären
wir	werden erklären	werden erklären	würden erklären
ihr	werdet erklären	werdet erklären	würdet erklären
sie	werden erklären	werden erklären	würden erklären
		Future Perfect Time	
	Future Perfect	*(Fut. Perf. Subj.)*	*(Past Conditional)*
ich	werde erklärt haben	werde erklärt haben	würde erklärt haben
du	wirst erklärt haben	werdest erklärt haben	würdest erklärt haben
er	wird erklärt haben	werde erklärt haben	würde erklärt haben
wir	werden erklärt haben	werden erklärt haben	würden erklärt haben
ihr	werdet erklärt haben	werdet erklärt haben	würdet erklärt haben
sie	werden erklärt haben	werden erklärt haben	würden erklärt haben

erlöschen

to become extinguished, dim, go out

PRINC. PARTS: erlöschen,* erlosch, ist erloschen, erlischt
IMPERATIVE: erlisch!, erlöscht!, erlöschen Sie!**

INDICATIVE		SUBJUNCTIVE	
		PRIMARY	SECONDARY
		Present Time	
	Present	(*Pres. Subj.*)	(*Imperf. Subj.*)
ich	erlösche	erlösche	erlösche
du	erlischst	erlöschest	erlöschest
er	erlischt	erlösche	erlösche
wir	erlöschen	erlöschen	erlöschen
ihr	erlöscht	erlöschet	erlöschet
sie	erlöschen	erlöschen	erlöschen
	Imperfect		
ich	erlosch		
du	erloschest		
er	erlosch		
wir	erloschen		
ihr	erloscht		
sie	erloschen		
		Past Time	
	Perfect	(*Perf. Subj.*)	(*Pluperf. Subj.*)
ich	bin erloschen	sei erloschen	wäre erloschen
du	bist erloschen	seiest erloschen	wärest erloschen
er	ist erloschen	sei erloschen	wäre erloschen
wir	sind erloschen	seien erloschen	wären erloschen
ihr	seid erloschen	seiet erloschen	wäret erloschen
sie	sind erloschen	seien erloschen	wären erloschen
	Pluperfect		
ich	war erloschen		
du	warst erloschen		
er	war erloschen		
wir	waren erloschen		
ihr	wart erloschen		
sie	waren erloschen		
		Future Time	
	Future	(*Fut. Subj.*)	(*Pres. Conditional*)
ich	werde erlöschen	werde erlöschen	würde erlöschen
du	wirst erlöschen	werdest erlöschen	würdest erlöschen
er	wird erlöschen	werde erlöschen	würde erlöschen
wir	werden erlöschen	werden erlöschen	würden erlöschen
ihr	werdet erlöschen	werdet erlöschen	würdet erlöschen
sie	werden erlöschen	werden erlöschen	würden erlöschen
		Future Perfect Time	
	Future Perfect	(*Fut. Perf. Subj.*)	(*Past Conditional*)
ich	werde erloschen sein	werde erloschen sein	würde erloschen sein
du	wirst erloschen sein	werdest erloschen sein	würdest erloschen sein
er	wird erloschen sein	werde erloschen sein	würde erloschen sein
wir	werden erloschen sein	werden erloschen sein	würden erloschen sein
ihr	werdet erloschen sein	werdet erloschen sein	würdet erloschen sein
sie	werden erloschen sein	werden erloschen sein	würden erloschen sein

* Forms other than the third person are infrequently found.
** The imperative is unusual.

PRINC. PARTS: errichten, errichtete, errichtet, errichtet
IMPERATIVE: errichte!, errichtet!, errichten Sie!

to erect, establish

	INDICATIVE	SUBJUNCTIVE PRIMARY	SUBJUNCTIVE SECONDARY
		Present Time	
	Present	*(Pres. Subj.)*	*(Imperf. Subj.)*
ich	errichte	errichte	errichtete
du	errichtest	errichtest	errichtetest
er	errichtet	errichte	errichtete
wir	errichten	errichten	errichteten
ihr	errichtet	errichtet	errichtetet
sie	errichten	errichten	errichteten
	Imperfect		
ich	errichtete		
du	errichtetest		
er	errichtete		
wir	errichteten		
ihr	errichtetet		
sie	errichteten		
		Past Time	
	Perfect	*(Perf. Subj.)*	*(Pluperf. Subj.)*
ich	habe errichtet	habe errichtet	hätte errichtet
du	hast errichtet	habest errichtet	hättest errichtet
er	hat errichtet	habe errichtet	hätte errichtet
wir	haben errichtet	haben errichtet	hätten errichtet
ihr	habt errichtet	habet errichtet	hättet errichtet
sie	haben errichtet	haben errichtet	hätten errichtet
	Pluperfect		
ich	hatte errichtet		
du	hattest errichtet		
er	hatte errichtet		
wir	hatten errichtet		
ihr	hattet errichtet		
sie	hatten errichtet		
		Future Time	
	Future	*(Fut. Subj.)*	*(Pres. Conditional)*
ich	werde errichten	werde errichten	würde errichten
du	wirst errichten	werdest errichten	würdest errichten
er	wird errichten	werde errichten	würde errichten
wir	werden errichten	werden errichten	würden errichten
ihr	werdet errichten	werdet errichten	würdet errichten
sie	werden errichten	werden errichten	würden errichten
		Future Perfect Time	
	Future Perfect	*(Fut. Perf. Subj.)*	*(Past Conditional)*
ich	werde errichtet haben	werde errichtet haben	würde errichtet haben
du	wirst errichtet haben	werdest errichtet haben	würdest errichtet haben
er	wird errichtet haben	werde errichtet haben	würde errichtet haben
wir	werden errichtet haben	werden errichtet haben	würden errichtet haben
ihr	werdet errichtet haben	werdet errichtet haben	würdet errichtet haben
sie	werden errichtet haben	werden errichtet haben	würden errichtet haben

erschöpfen

to exhaust, drain

PRINC. PARTS: erschöpfen, erschöpfte, erschöpft, erschöpft
IMPERATIVE: erschöpfe!, erschöpft!, erschöpfen Sie!

	INDICATIVE	SUBJUNCTIVE PRIMARY	SUBJUNCTIVE SECONDARY
		Present Time	
	Present	*(Pres. Subj.)*	*(Imperf. Subj.)*
ich	erschöpfe	erschöpfe	erschöpfte
du	erschöpfst	erschöpfest	erschöpftest
er	erschöpft	erschöpfe	erschöpfte
wir	erschöpfen	erschöpfen	erschöpften
ihr	erschöpft	erschöpfet	erschöpftet
sie	erschöpfen	erschöpfen	erschöpften
	Imperfect		
ich	erschöpfte		
du	erschöpftest		
er	erschöpfte		
wir	erschöpften		
ihr	erschöpftet		
sie	erschöpften		
		Past Time	
	Perfect	*(Perf. Subj.)*	*(Pluperf. Subj.)*
ich	habe erschöpft	habe erschöpft	hätte erschöpft
du	hast erschöpft	habest erschöpft	hättest erschöpft
er	hat erschöpft	habe erschöpft	hätte erschöpft
wir	haben erschöpft	haben erschöpft	hätten erschöpft
ihr	habt erschöpft	habet erschöpft	hättet erschöpft
sie	haben erschöpft	haben erschöpft	hätten erschöpft
	Pluperfect		
ich	hatte erschöpft		
du	hattest erschöpft		
er	hatte erschöpft		
wir	hatten erschöpft		
ihr	hattet erschöpft		
sie	hatten erschöpft		
		Future Time	
	Future	*(Fut. Subj.)*	*(Pres. Conditional)*
ich	werde erschöpfen	werde erschöpfen	würde erschöpfen
du	wirst erschöpfen	werdest erschöpfen	würdest erschöpfen
er	wird erschöpfen	werde erschöpfen	würde erschöpfen
wir	werden erschöpfen	werden erschöpfen	würden erschöpfen
ihr	werdet erschöpfen	werdet erschöpfen	würdet erschöpfen
sie	werden erschöpfen	werden erschöpfen	würden erschöpfen
		Future Perfect Time	
	Future Perfect	*(Fut. Perf. Subj.)*	*(Past Conditional)*
ich	werde erschöpft haben	werde erschöpft haben	würde erschöpft haben
du	wirst erschöpft haben	werdest erschöpft haben	würdest erschöpft haben
er	wird erschöpft haben	werde erschöpft haben	würde erschöpft haben
wir	werden erschöpft haben	werden erschöpft haben	würden erschöpft haben
ihr	werdet erschöpft haben	werdet erschöpft haben	würdet erschöpft haben
sie	werden erschöpft haben	werden erschöpft haben	würden erschöpft haben

PRINC. PARTS: erschrecken,* erschrak, ist erschrocken, erschrickt
IMPERATIVE: erschrick!, erschreckt!, erschrecken Sie!

erschrecken
to be frightened

	INDICATIVE	SUBJUNCTIVE PRIMARY	SUBJUNCTIVE SECONDARY
		Present Time	
	Present	*(Pres. Subj.)*	*(Imperf. Subj.)*
ich	erschrecke	erschrecke	erschräke
du	erschrickst	erschreckest	erschräkest
er	erschrickt	erschrecke	erschräke
wir	erschrecken	erschrecken	erschräken
ihr	erschreckt	erschrecket	erschräket
sie	erschrecken	erschrecken	erschräken
	Imperfect		
ich	erschrak		
du	erschrakst		
er	erschrak		
wir	erschraken		
ihr	erschrakt		
sie	erschraken		
		Past Time	
	Perfect	*(Perf. Subj.)*	*(Pluperf. Subj.)*
ich	bin erschrocken	sei erschrocken	wäre erschrocken
du	bist erschrocken	seiest erschrocken	wärest erschrocken
er	ist erschrocken	sei erschrocken	wäre erschrocken
wir	sind erschrocken	seien erschrocken	wären erschrocken
ihr	seid erschrocken	seiet erschrocken	wäret erschrocken
sie	sind erschrocken	seien erschrocken	wären erschrocken
	Pluperfect		
ich	war erschrocken		
du	warst erschrocken		
er	war erschrocken		
wir	waren erschrocken		
ihr	wart erschrocken		
sie	waren erschrocken		
		Future Time	
	Future	*(Fut. Subj.)*	*(Pres. Conditional)*
ich	werde erschrecken	werde erschrecken	würde erschrecken
du	wirst erschrecken	werdest erschrecken	würdest erschrecken
er	wird erschrecken	werde erschrecken	würde erschrecken
wir	werden erschrecken	werden erschrecken	würden erschrecken
ihr	werdet erschrecken	werdet erschrecken	würdet erschrecken
sie	werden erschrecken	werden erschrecken	würden erschrecken
		Future Perfect Time	
	Future Perfect	*(Fut. Perf. Subj.)*	*(Past Conditional)*
ich	werde erschrocken sein	werde erschrocken sein	würde erschrocken sein
du	wirst erschrocken sein	werdest erschrocken sein	würdest erschrocken sein
er	wird erschrocken sein	werde erschrocken sein	würde erschrocken sein
wir	werden erschrocken sein	werden erschrocken sein	würden erschrocken sein
ihr	werdet erschrocken sein	werdet erschrocken sein	würdet erschrocken sein
sie	werden erschrocken sein	werden erschrocken sein	würden erschrocken sein

* **Erschrecken** meaning "to frighten" is a weak verb. PRINC. PARTS: erschrecken, erschreckte, erschreckt, erschreckt.

ersticken

to choke, stifle

PRINC. PARTS: ersticken, erstickte, erstickt, erstickt
IMPERATIVE: ersticke!, erstickt!, ersticken Sie!

	INDICATIVE	SUBJUNCTIVE PRIMARY	SUBJUNCTIVE SECONDARY
		Present Time	
	Present	*(Pres. Subj.)*	*(Imperf. Subj.)*
ich	ersticke	ersticke	erstickte
du	erstickst	erstickest	ersticktest
er	erstickt	ersticke	erstickte
wir	ersticken	ersticken	erstickten
ihr	erstickt	ersticket	ersticktet
sie	ersticken	ersticken	erstickten
	Imperfect		
ich	erstickte		
du	ersticktest		
er	erstickte		
wir	erstickten		
ihr	ersticktet		
sie	erstickten		
		Past Time	
	Perfect	*(Perf. Subj.)*	*(Pluperf. Subj.)*
ich	habe erstickt	habe erstickt	hätte erstickt
du	hast erstickt	habest erstickt	hättest erstickt
er	hat erstickt	habe erstickt	hätte erstickt
wir	haben erstickt	haben erstickt	hätten erstickt
ihr	habt erstickt	habet erstickt	hättet erstickt
sie	haben erstickt	haben erstickt	hätten erstickt
	Pluperfect		
ich	hatte erstickt		
du	hattest erstickt		
er	hatte erstickt		
wir	hatten erstickt		
ihr	hattet erstickt		
sie	hatten erstickt		
		Future Time	
	Future	*(Fut. Subj.)*	*(Pres. Conditional)*
ich	werde ersticken	werde ersticken	würde ersticken
du	wirst ersticken	werdest ersticken	würdest ersticken
er	wird ersticken	werde ersticken	würde ersticken
wir	werden ersticken	werden ersticken	würden ersticken
ihr	werdet ersticken	werdet ersticken	würdet ersticken
sie	werden ersticken	werden ersticken	würden ersticken
		Future Perfect Time	
	Future Perfect	*(Fut. Perf. Subj.)*	*(Past Conditional)*
ich	werde erstickt haben	werde erstickt haben	würde erstickt haben
du	wirst erstickt haben	werdest erstickt haben	würdest erstickt haben
er	wird erstickt haben	werde erstickt haben	würde erstickt haben
wir	werden erstickt haben	werden erstickt haben	würden erstickt haben
ihr	werdet erstickt haben	werdet erstickt haben	würdet erstickt haben
sie	werden erstickt haben	werden erstickt haben	würden erstickt haben

PRINC. PARTS: erwägen, erwog, erwogen, erwägt
IMPERATIVE: erwäge!, erwägt!, erwägen Sie!

to consider, ponder

INDICATIVE		SUBJUNCTIVE	
		PRIMARY	SECONDARY
		Present Time	
	Present	*(Pres. Subj.)*	*(Imperf. Subj.)*
ich	erwäge	erwäge	erwöge
du	erwägst	erwägest	erwögest
er	erwägt	erwäge	erwöge
wir	erwägen	erwägen	erwögen
ihr	erwägt	erwäget	erwöget
sie	erwägen	erwägen	erwögen
	Imperfect		
ich	erwog		
du	erwogst		
er	erwog		
wir	erwogen		
ihr	erwogt		
sie	erwogen		
		Past Time	
	Perfect	*(Perf. Subj.)*	*(Pluperf. Subj.)*
ich	habe erwogen	habe erwogen	hätte erwogen
du	hast erwogen	habest erwogen	hättest erwogen
er	hat erwogen	habe erwogen	hätte erwogen
wir	haben erwogen	haben erwogen	hätten erwogen
ihr	habt erwogen	habet erwogen	hättet erwogen
sie	haben erwogen	haben erwogen	hätten erwogen
	Pluperfect		
ich	hatte erwogen		
du	hattest erwogen		
er	hatte erwogen		
wir	hatten erwogen		
ihr	hattet erwogen		
sie	hatten erwogen		
		Future Time	
	Future	*(Fut. Subj.)*	*(Pres. Conditional)*
ich	werde erwägen	werde erwägen	würde erwägen
du	wirst erwägen	werdest erwägen	würdest erwägen
er	wird erwägen	werde erwägen	würde erwägen
wir	werden erwägen	werden erwägen	würden erwägen
ihr	werdet erwägen	werdet erwägen	würdet erwägen
sie	werden erwägen	werden erwägen	würden erwägen
		Future Perfect Time	
	Future Perfect	*(Fut. Perf. Subj.)*	*(Past Conditional)*
ich	werde erwogen haben	werde erwogen haben	würde erwogen haben
du	wirst erwogen haben	werdest erwogen haben	würdest erwogen haben
er	wird erwogen haben	werde erwogen haben	würde erwogen haben
wir	werden erwogen haben	werden erwogen haben	würden erwogen haben
ihr	werdet erwogen haben	werdet erwogen haben	würdet erwogen haben
sie	werden erwogen haben	werden erwogen haben	würden erwogen haben

erwähnen

to mention

PRINC. PARTS: erwähnen, erwähnte, erwähnt, erwähnt
IMPERATIVE: erwähne!, erwähnt!, erwähnen Sie!

	INDICATIVE	SUBJUNCTIVE PRIMARY	SUBJUNCTIVE SECONDARY
		Present Time	
	Present	*(Pres. Subj.)*	*(Imperf. Subj.)*
ich	erwähne	erwähne	erwähnte
du	erwähnst	erwähnest	erwähntest
er	erwähnt	erwähne	erwähnte
wir	erwähnen	erwähnen	erwähnten
ihr	erwähnt	erwähnet	erwähntet
sie	erwähnen	erwähnen	erwähnten
	Imperfect		
ich	erwähnte		
du	erwähntest		
er	erwähnte		
wir	erwähnten		
ihr	erwähntet		
sie	erwähnten		
		Past Time	
	Perfect	*(Perf. Subj.)*	*(Pluperf. Subj.)*
ich	habe erwähnt	habe erwähnt	hätte erwähnt
du	hast erwähnt	habest erwähnt	hättest erwähnt
er	hat erwähnt	habe erwähnt	hätte erwähnt
wir	haben erwähnt	haben erwähnt	hätten erwähnt
ihr	habt erwähnt	habet erwähnt	hättet erwähnt
sie	haben erwähnt	haben erwähnt	hätten erwähnt
	Pluperfect		
ich	hatte erwähnt		
du	hattest erwähnt		
er	hatte erwähnt		
wir	hatten erwähnt		
ihr	hattet erwähnt		
sie	hatten erwähnt		
		Future Time	
	Future	*(Fut. Subj.)*	*(Pres. Conditional)*
ich	werde erwähnen	werde erwähnen	würde erwähnen
du	wirst erwähnen	werdest erwähnen	würdest erwähnen
er	wird erwähnen	werde erwähnen	würde erwähnen
wir	werden erwähnen	werden erwähnen	würden erwähnen
ihr	werdet erwähnen	werdet erwähnen	würdet erwähnen
sie	werden erwähnen	werden erwähnen	würden erwähnen
		Future Perfect Time	
	Future Perfect	*(Fut. Perf. Subj.)*	*(Past Conditional)*
ich	werde erwähnt haben	werde erwähnt haben	würde erwähnt haben
du	wirst erwähnt haben	werdest erwähnt haben	würdest erwähnt haben
er	wird erwähnt haben	werde erwähnt haben	würde erwähnt haben
wir	werden erwähnt haben	werden erwähnt haben	würden erwähnt haben
ihr	werdet erwähnt haben	werdet erwähnt haben	würdet erwähnt haben
sie	werden erwähnt haben	werden erwähnt haben	würden erwähnt haben

erzählen

PRINC. PARTS: erzählen, erzählte, erzählt, erzählt
IMPERATIVE: erzähle!, erzählt!, erzählen Sie!

to tell, relate

	INDICATIVE	SUBJUNCTIVE PRIMARY	SUBJUNCTIVE SECONDARY
		Present Time	
	Present	*(Pres. Subj.)*	*(Imperf. Subj.)*
ich	erzähle	erzähle	erzählte
du	erzählst	erzählest	erzähltest
er	erzählt	erzähle	erzählte
wir	erzählen	erzählen	erzählten
ihr	erzählt	erzählet	erzähltet
sie	erzählen	erzählen	erzählten
	Imperfect		
ich	erzählte		
du	erzähltest		
er	erzählte		
wir	erzählten		
ihr	erzähltet		
sie	erzählten		
		Past Time	
	Perfect	*(Perf. Subj.)*	*(Pluperf. Subj.)*
ich	habe erzählt	habe erzählt	hätte erzählt
du	hast erzählt	habest erzählt	hättest erzählt
er	hat erzählt	habe erzählt	hätte erzählt
wir	haben erzählt	haben erzählt	hätten erzählt
ihr	habt erzählt	habet erzählt	hättet erzählt
sie	haben erzählt	haben erzählt	hätten erzählt
	Pluperfect		
ich	hatte erzählt		
du	hattest erzählt		
er	hatte erzählt		
wir	hatten erzählt		
ihr	hattet erzählt		
sie	hatten erzählt		
		Future Time	
	Future	*(Fut. Subj.)*	*(Pres. Conditional)*
ich	werde erzählen	werde erzählen	würde erzählen
du	wirst erzählen	werdest erzählen	würdest erzählen
er	wird erzählen	werde erzählen	würde erzählen
wir	werden erzählen	werden erzählen	würden erzählen
ihr	werdet erzählen	werdet erzählen	würdet erzählen
sie	werden erzählen	werden erzählen	würden erzählen
		Future Perfect Time	
	Future Perfect	*(Fut. Perf. Subj.)*	*(Past Conditional)*
ich	werde erzählt haben	werde erzählt haben	würde erzählt haben
du	wirst erzählt haben	werdest erzählt haben	würdest erzählt haben
er	wird erzählt haben	werde erzählt haben	würde erzählt haben
wir	werden erzählt haben	werden erzählt haben	würden erzählt haben
ihr	werdet erzählt haben	werdet erzählt haben	würdet erzählt haben
sie	werden erzählt haben	werden erzählt haben	würden erzählt haben

essen

to eat

PRINC. PARTS: essen, aß, gegessen, ißt
IMPERATIVE: iß!, eßt!, essen Sie!

INDICATIVE	SUBJUNCTIVE PRIMARY	SUBJUNCTIVE SECONDARY
	Present Time	
Present	(*Pres. Subj.*)	(*Imperf. Subj.*)
ich esse	esse	äße
du ißt	essest	äßest
er ißt	esse	äße
wir essen	essen	äßen
ihr eßt	esset	äßet
sie essen	essen	äßen
Imperfect		
ich aß		
du aßest		
er aß		
wir aßen		
ihr aßt		
sie aßen		
	Past Time	
Perfect	(*Perf. Subj.*)	(*Pluperf. Subj.*)
ich habe gegessen	habe gegessen	hätte gegessen
du hast gegessen	habest gegessen	hättest gegessen
er hat gegessen	habe gegessen	hätte gegessen
wir haben gegessen	haben gegessen	hätten gegessen
ihr habt gegessen	habet gegessen	hättet gegessen
sie haben gegessen	haben gegessen	hätten gegessen
Pluperfect		
ich hatte gegessen		
du hattest gegessen		
er hatte gegessen		
wir hatten gegessen		
ihr hattet gegessen		
sie hatten gegessen		
	Future Time	
Future	(*Fut. Subj.*)	(*Pres. Conditional*)
ich werde essen	werde essen	würde essen
du wirst essen	werdest essen	würdest essen
er wird essen	werde essen	würde essen
wir werden essen	werden essen	würden essen
ihr werdet essen	werdet essen	würdet essen
sie werden essen	werden essen	würden essen
	Future Perfect Time	
Future Perfect	(*Fut. Perf. Subj.*)	(*Past Conditional*)
ich werde gegessen haben	werde gegessen haben	würde gegessen haben
du wirst gegessen haben	werdest gegessen haben	würdest gegessen haben
er wird gegessen haben	werde gegessen haben	würde gegessen haben
wir werden gegessen haben	werden gegessen haben	würden gegessen haben
ihr werdet gegessen haben	werdet gegessen haben	würdet gegessen haben
sie werden gegessen haben	werden gegessen haben	würden gegessen haben

PRINC. PARTS: fahren, fuhr, ist gefahren, fährt
IMPERATIVE: fahre!, fahrt!, fahren Sie!

to travel, drive, ride, go

INDICATIVE		SUBJUNCTIVE	
		PRIMARY	SECONDARY
		Present Time	
	Present	(*Pres. Subj.*)	(*Imperf. Subj.*)
ich	fahre	fahre	führe
du	fährst	fahrest	führest
er	fährt	fahre	führe
wir	fahren	fahren	führen
ihr	fahrt	fahret	führet
sie	fahren	fahren	führen
	Imperfect		
ich	fuhr		
du	fuhrst		
er	fuhr		
wir	fuhren		
ihr	fuhrt		
sie	fuhren		
		Past Time	
	Perfect	(*Perf. Subj.*)	(*Pluperf. Subj.*)
ich	bin gefahren	sei gefahren	wäre gefahren
du	bist gefahren	seiest gefahren	wärest gefahren
er	ist gefahren	sei gefahren	wäre gefahren
wir	sind gefahren	seien gefahren	wären gefahren
ihr	seid gefahren	seiet gefahren	wäret gefahren
sie	sind gefahren	seien gefahren	wären gefahren
	Pluperfect		
ich	war gefahren		
du	warst gefahren		
er	war gefahren		
wir	waren gefahren		
ihr	wart gefahren		
sie	waren gefahren		
		Future Time	
	Future	(*Fut. Subj.*)	(*Pres. Conditional*)
ich	werde fahren	werde fahren	würde fahren
du	wirst fahren	werdest fahren	würdest fahren
er	wird fahren	werde fahren	würde fahren
wir	werden fahren	werden fahren	würden fahren
ihr	werdet fahren	werdet fahren	würdet fahren
sie	werden fahren	werden fahren	würden fahren
		Future Perfect Time	
	Future Perfect	(*Fut. Perf. Subj.*)	(*Past Conditional*)
ich	werde gefahren sein	werde gefahren sein	würde gefahren sein
du	wirst gefahren sein	werdest gefahren sein	würdest gefahren sein
er	wird gefahren sein	werde gefahren sein	würde gefahren sein
wir	werden gefahren sein	werden gefahren sein	würden gefahren sein
ihr	werdet gefahren sein	werdet gefahren sein	würdet gefahren sein
sie	werden gefahren sein	werden gefahren sein	würden gefahren sein

fallen

to fall

PRINC. PARTS: fallen, fiel, ist gefallen, fällt
IMPERATIVE: falle!, fallt!, fallen Sie!

INDICATIVE		SUBJUNCTIVE PRIMARY	SUBJUNCTIVE SECONDARY
		Present Time	
	Present	(*Pres. Subj.*)	(*Imperf. Subj.*)
ich	falle	falle	fiele
du	fällst	fallest	fielest
er	fällt	falle	fiele
wir	fallen	fallen	fielen
ihr	fallt	fallet	fielet
sie	fallen	fallen	fielen
	Imperfect		
ich	fiel		
du	fielst		
er	fiel		
wir	fielen		
ihr	fielt		
sie	fielen		
		Past Time	
	Perfect	(*Perf. Subj.*)	(*Pluperf. Subj.*)
ich	bin gefallen	sei gefallen	wäre gefallen
du	bist gefallen	seiest gefallen	wärest gefallen
er	ist gefallen	sei gefallen	wäre gefallen
wir	sind gefallen	seien gefallen	wären gefallen
ihr	seid gefallen	seiet gefallen	wäret gefallen
sie	sind gefallen	seien gefallen	wären gefallen
	Pluperfect		
ich	war gefallen		
du	warst gefallen		
er	war gefallen		
wir	waren gefallen		
ihr	wart gefallen		
sie	waren gefallen		
		Future Time	
	Future	(*Fut. Subj.*)	(*Pres. Conditional*)
ich	werde fallen	werde fallen	würde fallen
du	wirst fallen	werdest fallen	würdest fallen
er	wird fallen	werde fallen	würde fallen
wir	werden fallen	werden fallen	würden fallen
ihr	werdet fallen	werdet fallen	würdet fallen
sie	werden fallen	werden fallen	würden fallen
		Future Perfect Time	
	Future Perfect	(*Fut. Perf. Subj.*)	(*Past Conditional*)
ich	werde gefallen sein	werde gefallen sein	würde gefallen sein
du	wirst gefallen sein	werdest gefallen sein	würdest gefallen sein
er	wird gefallen sein	werde gefallen sein	würde gefallen sein
wir	werden gefallen sein	werden gefallen sein	würden gefallen sein
ihr	werdet gefallen sein	werdet gefallen sein	würdet gefallen sein
sie	werden gefallen sein	werden gefallen sein	würden gefallen sein

falten

PRINC. PARTS: falten, faltete, gefaltet, faltet
IMPERATIVE: falte!, faltet!, falten Sie!

to fold

INDICATIVE		SUBJUNCTIVE	
		PRIMARY	SECONDARY
		Present Time	
	Present	(*Pres. Subj.*)	(*Imperf. Subj.*)
ich	falte	falte	faltete
du	faltest	faltest	faltetest
er	faltet	falte	faltete
wir	falten	falten	falteten
ihr	faltet	faltet	faltetet
sie	falten	falten	falteten
	Imperfect		
ich	faltete		
du	faltetest		
er	faltete		
wir	falteten		
ihr	faltetet		
sie	falteten		
		Past Time	
	Perfect	(*Perf. Subj.*)	(*Pluperf. Subj.*)
ich	habe gefaltet	habe gefaltet	hätte gefaltet
du	hast gefaltet	habest gefaltet	hättest gefaltet
er	hat gefaltet	habe gefaltet	hätte gefaltet
wir	haben gefaltet	haben gefaltet	hätten gefaltet
ihr	habt gefaltet	habet gefaltet	hättet gefaltet
sie	haben gefaltet	haben gefaltet	hätten gefaltet
	Pluperfect		
ich	hatte gefaltet		
du	hattest gefaltet		
er	hatte gefaltet		
wir	hatten gefaltet		
ihr	hattet gefaltet		
sie	hatten gefaltet		
		Future Time	
	Future	(*Fut. Subj.*)	(*Pres. Conditional*)
ich	werde falten	werde falten	würde falten
du	wird falten	werdest falten	würdest falten
er	wirst falten	werde falten	würde falten
wir	werden falten	werden falten	würden falten
ihr	werdet falten	werdet falten	würdet falten
sie	werden falten	werden falten	würden falten
		Future Perfect Time	
	Future Perfect	(*Fut. Perf. Subj.*)	(*Past Conditional*)
ich	werde gefaltet haben	werde gefaltet haben	würde gefaltet haben
du	wird gefaltet haben	werdest gefaltet haben	würdest gefaltet haben
er	wirst gefaltet haben	werde gefaltet haben	würde gefaltet haben
wir	werden gefaltet haben	werden gefaltet haben	würden gefaltet haben
ihr	werdet gefaltet haben	werdet gefaltet haben	würdet gefaltet haben
sie	werden gefaltet haben	werden gefaltet haben	würden gefaltet haben

fangen

to catch, capture

PRINC. PARTS: fangen, fing, gefangen, fängt
IMPERATIVE: fange!, fangt!, fangen Sie!

INDICATIVE		SUBJUNCTIVE	
		PRIMARY	SECONDARY
		Present Time	
	Present	(*Pres. Subj.*)	(*Imperf. Subj.*)
ich	fange	fange	finge
du	fängst	fangest	fingest
er	fängt	fange	finge
wir	fangen	fangen	fingen
ihr	fangt	fanget	finget
sie	fangen	fangen	fingen
	Imperfect		
ich	fing		
du	fingst		
er	fing		
wir	fingen		
ihr	fingt		
sie	fingen		
		Past Time	
	Perfect	(*Perf. Subj.*)	(*Pluperf. Subj.*)
ich	habe gefangen	habe gefangen	hätte gefangen
du	hast gefangen	habest gefangen	hättest gefangen
er	hat gefangen	habe gefangen	hätte gefangen
wir	haben gefangen	haben gefangen	hätten gefangen
ihr	habt gefangen	habet gefangen	hättet gefangen
sie	haben gefangen	haben gefangen	hätten gefangen
	Pluperfect		
ich	hatte gefangen		
du	hattest gefangen		
er	hatte gefangen		
wir	hatten gefangen		
ihr	hattet gefangen		
sie	hatten gefangen		
		Future Time	
	Future	(*Fut. Subj.*)	(*Pres. Conditional*)
ich	werde fangen	werde fangen	würde fangen
du	wirst fangen	werdest fangen	würdest fangen
er	wird fangen	werde fangen	würde fangen
wir	werden fangen	werden fangen	würden fangen
ihr	werdet fangen	werdet fangen	würdet fangen
sie	werden fangen	werden fangen	würden fangen
		Future Perfect Time	
	Future Perfect	(*Fut. Perf. Subj.*)	(*Past Conditional*)
ich	werde gefangen haben	werde gefangen haben	würde gefangen haben
du	wirst gefangen haben	werdest gefangen haben	würdest gefangen haben
er	wird gefangen haben	werde gefangen haben	würde gefangen haben
wir	werden gefangen haben	werden gefangen haben	würden gefangen haben
ihr	werdet gefangen haben	werdet gefangen haben	würdet gefangen haben
sie	werden gefangen haben	werden gefangen haben	würden gefangen haben

PRINC. PARTS: fassen, faßte, gefaßt, faßt
IMPERATIVE: fasse!, faßt!, fassen Sie!

to grasp, seize, contain, conceive

INDICATIVE	SUBJUNCTIVE PRIMARY	SUBJUNCTIVE SECONDARY
	Present Time	
Present	(*Pres. Subj.*)	(*Imperf. Subj.*)
ich fasse	fasse	faßte
du faßt	fassest	faßtest
er faßt	fasse	faßte
wir fassen	fassen	faßten
ihr faßt	fasset	faßtet
sie fassen	fassen	faßten
Imperfect		
ich faßte		
du faßtest		
er faßte		
wir faßten		
ihr faßtet		
sie faßten		
	Past Time	
Perfect	(*Perf. Subj.*)	(*Pluperf. Subj.*)
ich habe gefaßt	habe gefaßt	hätte gefaßt
du hast gefaßt	habest gefaßt	hättest gefaßt
er hat gefaßt	habe gefaßt	hätte gefaßt
wir haben gefaßt	haben gefaßt	hätten gefaßt
ihr habt gefaßt	habet gefaßt	hättet gefaßt
sie haben gefaßt	haben gefaßt	hätten gefaßt
Pluperfect		
ich hatte gefaßt		
du hattest gefaßt		
er hatte gefaßt		
wir hatten gefaßt		
ihr hattet gefaßt		
sie hatten gefaßt		
	Future Time	
Future	(*Fut. Subj.*)	(*Pres. Conditional*)
ich werde fassen	werde fassen	würde fassen
du wirst fassen	werdest fassen	würdest fassen
er wird fassen	werde fassen	würde fassen
wir werden fassen	werden fassen	würden fassen
ihr werdet fassen	werdet fassen	würdet fassen
sie werden fassen	werden fassen	würden fassen
	Future Perfect Time	
Future Perfect	(*Fut. Perf. Subj.*)	(*Past Conditional*)
ich werde gefaßt haben	werde gefaßt haben	würde gefaßt haben
du wirst gefaßt haben	werdest gefaßt haben	würdest gefaßt haben
er wird gefaßt haben	werde gefaßt haben	würde gefaßt haben
wir werden gefaßt haben	werden gefaßt haben	würden gefaßt haben
ihr werdet gefaßt haben	werdet gefaßt haben	würdet gefaßt haben
sie werden gefaßt haben	werden gefaßt haben	würden gefaßt haben

fechten

to fight, fence

PRINC. PARTS: fechten, focht, gefochten, ficht
IMPERATIVE: ficht!, fechtet!, fechten Sie!

	INDICATIVE	SUBJUNCTIVE PRIMARY	SUBJUNCTIVE SECONDARY
		Present Time	
	Present	(*Pres. Subj.*)	(*Imperf. Subj.*)
ich	fechte	fechte	föchte
du	fichtst	fechtest	föchtest
er	ficht	fechte	föchte
wir	fechten	fechten	föchten
ihr	fechtet	fechtet	föchtet
sie	fechten	fechten	föchten
	Imperfect		
ich	focht		
du	fochtest		
er	focht		
wir	fochten		
ihr	fochtet		
sie	fochten		
		Past Time	
	Perfect	(*Perf. Subj.*)	(*Pluperf. Subj.*)
ich	habe gefochten	habe gefochten	hätte gefochten
du	hast gefochten	habest gefochten	hättest gefochten
er	hat gefochten	habe gefochten	hätte gefochten
wir	haben gefochten	haben gefochten	hätten gefochten
ihr	habt gefochten	habet gefochten	hättet gefochten
sie	haben gefochten	haben gefochten	hätten gefochten
	Pluperfect		
ich	hatte gefochten		
du	hattest gefochten		
er	hatte gefochten		
wir	hatten gefochten		
ihr	hattet gefochten		
sie	hatten gefochten		
		Future Time	
	Future	(*Fut. Subj.*)	(*Pres. Conditional*)
ich	werde fechten	werde gefochten	würde fechten
du	wirst fechten	werdest gefochten	würdest fechten
er	wird fechten	werde gefochten	würde fechten
wir	werden fechten	werden gefochten	würden fechten
ihr	werdet fechten	werdet gefochten	würdet fechten
sie	werden fechten	werden gefochten	würden fechten
		Future Perfect Time	
	Future Perfect	(*Fut. Perf. Subj.*)	(*Past Conditional*)
ich	werde gefochten haben	werde gefochten haben	würde gefochten haben
du	wirst gefochten haben	werdest gefochten haben	würdest gefochten haben
er	wird gefochten haben	werde gefochten haben	würde gefochten haben
wir	werden gefochten haben	werden gefochten haben	würden gefochten haben
ihr	werdet gefochten haben	werdet gefochten haben	würdet gefochten haben
sie	werden gefochten haben	werden gefochten haben	würden gefochten haben

PRINC. PARTS: feststellen, stellte fest, festgestellt, stellt fest
IMPERATIVE: stelle fest!, stellt fest!, stellen Sie fest!

feststellen

to ascertain, establish

	INDICATIVE	SUBJUNCTIVE PRIMARY	SUBJUNCTIVE SECONDARY
		Present Time	
	Present	*(Pres. Subj.)*	*(Imperf. Subj.)*
ich	stelle fest	stelle fest	stellte fest
du	stellst fest	stellest fest	stelltest fest
er	stellt fest	stelle fest	stellte fest
wir	stellen fest	stellen fest	stellten fest
ihr	stellt fest	stellet fest	stelltet fest
sie	stellen fest	stellen fest	stellten fest
	Imperfect		
ich	stellte fest		
du	stelltest fest		
er	stellte fest		
wir	stellten fest		
ihr	stelltet fest		
sie	stellten fest		
		Past Time	
	Perfect	*(Perf. Subj.)*	*(Pluperf. Subj.)*
ich	habe festgestellt	habe festgestellt	hätte festgestellt
du	hast festgestellt	habest festgestellt	hättest festgestellt
er	hat festgestellt	habe festgestellt	hätte festgestellt
wir	haben festgestellt	haben festgestellt	hätten festgestellt
ihr	habt festgestellt	habet festgestellt	hättet festgestellt
sie	haben festgestellt	haben festgestellt	hätten festgestellt
	Pluperfect		
ich	hatte festgestellt		
du	hattest festgestellt		
er	hatte festgestellt		
wir	hatten festgestellt		
ihr	hattet festgestellt		
sie	hatten festgestellt		
		Future Time	
	Future	*(Fut. Subj.)*	*(Pres. Conditional)*
ich	werde feststellen	werde feststellen	würde feststellen
du	wirst feststellen	werdest feststellen	würdest feststellen
er	wird feststellen	werde feststellen	würde feststellen
wir	werden feststellen	werden feststellen	würden feststellen
ihr	werdet feststellen	werdet feststellen	würdet feststellen
sie	werden feststellen	werden feststellen	würden feststellen
		Future Perfect Time	
	Future Perfect	*(Fut. Perf. Subj.)*	*(Past Conditional)*
ich	werde festgestellt haben	werde festgestellt haben	würde festgestellt haben
du	wirst festgestellt haben	werdest festgestellt haben	würdest festgestellt haben
er	wird festgestellt haben	werde festgestellt haben	würde festgestellt haben
wir	werden festgestellt haben	werden festgestellt haben	würden festgestellt haben
ihr	werdet festgestellt haben	werdet festgestellt haben	würdet festgestellt haben
sie	werden festgestellt haben	werden festgestellt haben	würden festgestellt haben

finden

to find

PRINC. PARTS: finden, fand, gefunden, findet
IMPERATIVE: finde!, findet!, finden Sie!

INDICATIVE		SUBJUNCTIVE	
		PRIMARY	SECONDARY
		Present Time	
	Present	*(Pres. Subj.)*	*(Imperf. Subj.)*
ich	finde	finde	fände
du	findest	findest	fändest
er	findet	finde	fände
wir	finden	finden	fänden
ihr	findet	findet	fändet
sie	finden	finden	fänden
	Imperfect		
ich	fand		
du	fandst		
er	fand		
wir	fanden		
ihr	fandet		
sie	fanden		
		Past Time	
	Perfect	*(Perf. Subj.)*	*(Pluperf. Subj.)*
ich	habe gefunden	habe gefunden	hätte gefunden
du	hast gefunden	habest gefunden	hättest gefunden
er	hat gefunden	habe gefunden	hätte gefunden
wir	haben gefunden	haben gefunden	hätten gefunden
ihr	habt gefunden	habet gefunden	hättet gefunden
sie	haben gefunden	haben gefunden	hätten gefunden
	Pluperfect		
ich	hatte gefunden		
du	hattest gefunden		
er	hatte gefunden		
wir	hatten gefunden		
ihr	hattet gefunden		
sie	hatten gefunden		
		Future Time	
	Future	*(Fut. Subj.)*	*(Pres. Conditional)*
ich	werde finden	werde finden	würde finden
du	wirst finden	werdest finden	würdest finden
er	wird finden	werde finden	würde finden
wir	werden finden	werden finden	würden finden
ihr	werdet finden	werdet finden	würdet finden
sie	werden finden	werden finden	würden finden
		Future Perfect Time	
	Future Perfect	*(Fut. Perf. Subj.)*	*(Past Conditional)*
ich	werde gefunden haben	werde gefunden haben	würde gefunden haben
du	wirst gefunden haben	werdest gefunden haben	würdest gefunden haben
er	wird gefunden haben	werde gefunden haben	würde gefunden haben
wir	werden gefunden haben	werden gefunden haben	würden gefunden haben
ihr	werdet gefunden haben	werdet gefunden haben	würdet gefunden haben
sie	werden gefunden haben	werden gefunden haben	würden gefunden haben

PRINC. PARTS: flicken, flickte, geflickt, flickt
IMPERATIVE: flicke!, flickt!, flicken Sie!

to patch, repair

INDICATIVE	SUBJUNCTIVE PRIMARY	SUBJUNCTIVE SECONDARY
	Present Time	
Present	*(Pres. Subj.)*	*(Imperf. Subj.)*
ich flicke	flicke	flickte
du flickst	flickest	flicktest
er flickt	flicke	flickte
wir flicken	flicken	flickten
ihr flickt	flicket	flicktet
sie flicken	flicken	flickten
Imperfect		
ich flickte		
du flicktest		
er flickte		
wir flickten		
ihr flicktet		
sie flickten		
	Past Time	
Perfect	*(Perf. Subj.)*	*(Pluperf. Subj.)*
ich habe geflickt	habe geflickt	hätte geflickt
du hast geflickt	habest geflickt	hättest geflickt
er hat geflickt	habe geflickt	hätte geflickt
wir haben geflickt	haben geflickt	hätten geflickt
ihr habt geflickt	habet geflickt	hättet geflickt
sie haben geflickt	haben geflickt	hätten geflickt
Pluperfect		
ich hatte geflickt		
du hattest geflickt		
er hatte geflickt		
wir hatten geflickt		
ihr hattet geflickt		
sie hatten geflickt		
	Future Time	
Future	*(Fut. Subj.)*	*(Pres. Conditional)*
ich werde flicken	werde flicken	würde flicken
du wirst flicken	werdest flicken	würdest flicken
er wird flicken	werde flicken	würde flicken
wir werden flicken	werden flicken	würden flicken
ihr werdet flicken	werdet flicken	würdet flicken
sie werden flicken	werden flicken	würden flicken
	Future Perfect Time	
Future Perfect	*(Fut. Perf. Subj.)*	*(Past Conditional)*
ich werde geflickt haben	werde geflickt haben	würde geflickt haben
du wirst geflickt haben	werdest geflickt haben	würdest geflickt haben
er wird geflickt haben	werde geflickt haben	würde geflickt haben
wir werden geflickt haben	werden geflickt haben	würden geflickt haben
ihr werdet geflickt haben	werdet geflickt haben	würdet geflickt haben
sie werden geflickt haben	werden geflickt haben	würden geflickt haben

fliegen

to fly

PRINC. PARTS: fliegen, flog, ist geflogen, fliegt
IMPERATIVE: fliege!, fliegt!, fliegen Sie!

	INDICATIVE	SUBJUNCTIVE PRIMARY	SUBJUNCTIVE SECONDARY
		Present Time	
	Present	*(Pres. Subj.)*	*(Imperf. Subj.)*
ich	fliege	fliege	flöge
du	fliegst	fliegest	flögest
er	fliegt	fliege	flöge
wir	fliegen	fliegen	flögen
ihr	fliegt	flieget	flöget
sie	fliegen	fliegen	flögen
	Imperfect		
ich	flog		
du	flogst		
er	flog		
wir	flogen		
ihr	flogt		
sie	flogen		
		Past Time	
	Perfect	*(Perf. Subj.)*	*(Pluperf. Subj.)*
ich	bin geflogen	sei geflogen	wäre geflogen
du	bist geflogen	seiest geflogen	wärest geflogen
er	ist geflogen	sei geflogen	wäre geflogen
wir	sind geflogen	seien geflogen	wären geflogen
ihr	seid geflogen	seiet geflogen	wäret geflogen
sie	sind geflogen	seien geflogen	wären geflogen
	Pluperfect		
ich	war geflogen		
du	warst geflogen		
er	war geflogen		
wir	waren geflogen		
ihr	wart geflogen		
sie	waren geflogen		
		Future Time	
	Future	*(Fut. Subj.)*	*(Pres. Conditional)*
ich	werde fliegen	werde fliegen	würde fliegen
du	wirst fliegen	werdest fliegen	würdest fliegen
er	wird fliegen	werde fliegen	würde fliegen
wir	werden fliegen	werden fliegen	würden fliegen
ihr	werdet fliegen	werdet fliegen	würdet fliegen
sie	werden fliegen	werden fliegen	würden fliegen
		Future Perfect Time	
	Future Perfect	*(Fut. Perf. Subj.)*	*(Past Conditional)*
ich	werde geflogen sein	werde geflogen sein	würde geflogen sein
du	wirst geflogen sein	werdest geflogen sein	würdest geflogen sein
er	wird geflogen sein	werde geflogen sein	würde geflogen sein
wir	werden geflogen sein	werden geflogen sein	würden geflogen sein
ihr	werdet geflogen sein	werdet geflogen sein	würdet geflogen sein
sie	werden geflogen sein	werden geflogen sein	würden geflogen sein

PRINC. PARTS: fliehen, floh, ist geflohen, flieht
IMPERATIVE: fliehe!, flieht!, fliehen Sie!

to flee, shun, avoid

INDICATIVE	SUBJUNCTIVE PRIMARY	SUBJUNCTIVE SECONDARY
	Present Time	
Present	(*Pres. Subj.*)	(*Imperf. Subj.*)
ich fliehe	fliehe	flöhe
du fliehst	fliehest	flöhest
er flieht	fliehe	flöhe
wir fliehen	fliehen	flöhen
ihr flieht	fliehet	flöhet
sie fliehen	fliehen	flöhen
Imperfect		
ich floh		
du flohst		
er floh		
wir flohen		
ihr floht		
sie flohen		
	Past Time	
Perfect	(*Perf. Subj.*)	(*Pluperf. Subj.*)
ich bin geflohen	sei geflohen	wäre geflohen
du bist geflohen	seiest geflohen	wärest geflohen
er ist geflohen	sei geflohen	wäre geflohen
wir sind geflohen	seien geflohen	wären geflohen
ihr seid geflohen	seiet geflohen	wäret geflohen
sie sind geflohen	seien geflohen	wären geflohen
Pluperfect		
ich war geflohen		
du warst geflohen		
er war geflohen		
wir waren geflohen		
ihr wart geflohen		
sie waren geflohen		
	Future Time	
Future	(*Fut. Subj.*)	(*Pres. Conditional*)
ich werde fliehen	werde fliehen	würde fliehen
du wirst fliehen	werdest fliehen	würdest fliehen
er wird fliehen	werde fliehen	würde fliehen
wir werden fliehen	werden fliehen	würden fliehen
ihr werdet fliehen	werdet fliehen	würdet fliehen
sie werden fliehen	werden fliehen	würden fliehen
	Future Perfect Time	
Future Perfect	(*Fut. Perf. Subj.*)	(*Past Conditional*)
ich werde geflohen sein	werde geflohen sein	würde geflohen sein
du wirst geflohen sein	werdest geflohen sein	würdest geflohen sein
er wird geflohen sein	werde geflohen sein	würde geflohen sein
wir werden geflohen sein	werden geflohen sein	würden geflohen sein
ihr werdet geflohen sein	werdet geflohen sein	würdet geflohen sein
sie werden geflohen sein	werden geflohen sein	würden geflohen sein

fließen

to flow

PRINC. PARTS: fließen,* floß, ist geflossen, fließt
IMPERATIVE: fließe!, fließt!, fließen Sie!**

INDICATIVE		SUBJUNCTIVE	
		PRIMARY	SECONDARY
		Present Time	
	Present	(*Pres. Subj.*)	(*Imperf. Subj.*)
ich	fließe	fließe	flösse
du	fließt	fließest	flössest
er	fließt	fließe	flösse
wir	fließen	fließen	flössen
ihr	fließt	fließet	flösset
sie	fließen	fließen	flössen
	Imperfect		
ich	floß		
du	flossest		
er	floß		
wir	flossen		
ihr	floßt		
sie	flossen		
		Past Time	
	Perfect	(*Perf. Subj.*)	(*Pluperf. Subj.*)
ich	bin geflossen	sei geflossen	wäre geflossen
du	bist geflossen	seiest geflossen	wärest geflossen
er	ist geflossen	sei geflossen	wäre geflossen
wir	sind geflossen	seien geflossen	wären geflossen
ihr	seid geflossen	seiet geflossen	wäret geflossen
sie	sind geflossen	seien geflossen	wären geflossen
	Pluperfect		
ich	war geflossen		
du	warst geflossen		
er	war geflossen		
wir	waren geflossen		
ihr	wart geflossen		
sie	waren geflossen		
		Future Time	
	Future	(*Fut. Subj.*)	(*Pres. Conditional*)
ich	werde fließen	werde fließen	würde fließen
du	wirst fließen	werdest fließen	würdest fließen
er	wird fließen	werde fließen	würde fließen
wir	werden fließen	werden fließen	würden fließen
ihr	werdet fließen	werdet fließen	würdet fließen
sie	werden fließen	werden fließen	würden fließen
		Future Perfect Time	
	Future Perfect	(*Fut. Perf. Subj.*)	(*Past Conditional*)
ich	werde geflossen sein	werde geflossen sein	würde geflossen sein
du	wirst geflossen sein	werdest geflossen sein	würdest geflossen sein
er	wird geflossen sein	werde geflossen sein	würde geflossen sein
wir	werden geflossen sein	werden geflossen sein	würden geflossen sein
ihr	werdet geflossen sein	werdet geflossen sein	würdet geflossen sein
sie	werden geflossen sein	werden geflossen sein	würden geflossen sein

* Forms other than the third person are infrequently found.
** The imperative is unusual.

fluchen

PRINC. PARTS: fluchen, fluchte, geflucht, flucht
IMPERATIVE: fluche!, flucht!, fluchen Sie!

to curse, swear

INDICATIVE		SUBJUNCTIVE	
		PRIMARY	SECONDARY
		Present Time	
	Present	(*Pres. Subj.*)	(*Imperf. Subj.*)
ich	fluche	fluche	fluchte
du	fluchst	fluchest	fluchtest
er	flucht	fluche	fluchte
wir	fluchen	fluchen	fluchten
ihr	flucht	fluchet	fluchtet
sie	fluchen	fluchen	fluchten
	Imperfect		
ich	fluchte		
du	fluchtest		
er	fluchte		
wir	fluchten		
ihr	fluchtet		
sie	fluchten		
		Past Time	
	Perfect	(*Perf. Subj.*)	(*Pluperf. Subj.*)
ich	habe geflucht	habe geflucht	hätte geflucht
du	hast geflucht	habest geflucht	hättest geflucht
er	hat geflucht	habe geflucht	hätte geflucht
wir	haben geflucht	haben geflucht	hätten geflucht
ihr	habt geflucht	habet geflucht	hättet geflucht
sie	haben geflucht	haben geflucht	hätten geflucht
	Pluperfect		
ich	hatte geflucht		
du	hattest geflucht		
er	hatte geflucht		
wir	hatten geflucht		
ihr	hattet geflucht		
sie	hatten geflucht		
		Future Time	
	Future	(*Fut. Subj.*)	(*Pres. Conditional*)
ich	werde fluchen	werde fluchen	würde fluchen
du	wirst fluchen	werdest fluchen	würdest fluchen
er	wird fluchen	werde fluchen	würde fluchen
wir	werden fluchen	werden fluchen	würden fluchen
ihr	werdet fluchen	werdet fluchen	würdet fluchen
sie	werden fluchen	werden fluchen	würden fluchen
		Future Perfect Time	
	Future Perfect	(*Fut. Perf. Subj.*)	(*Past Conditional*)
ich	werde geflucht haben	werde geflucht haben	würde geflucht haben
du	wirst geflucht haben	werdest geflucht haben	würdest geflucht haben
er	wird geflucht haben	werde geflucht haben	würde geflucht haben
wir	werden geflucht haben	werden geflucht haben	würden geflucht haben
ihr	werdet geflucht haben	werdet geflucht haben	würdet geflucht haben
sie	werden geflucht haben	werden geflucht haben	würden geflucht haben

fluten

to flood, surge

PRINC. PARTS: fluten*, flutete, geflutet, flutet
IMPERATIVE: flute!, flutet!, fluten Sie!

INDICATIVE		SUBJUNCTIVE	
		PRIMARY	SECONDARY
		Present Time	
	Present	(*Pres. Subj.*)	(*Imperf. Subj.*)
ich	flute	flute	flutete
du	flutest	flutest	flutetest
er	flutet	flute	flutete
wir	fluten	fluten	fluteten
ihr	flutet	flutet	flutetet
sie	fluten	fluten	fluteten
	Imperfect		
ich	flutete		
du	flutetest		
er	flutete		
wir	fluteten		
ihr	flutetet		
sie	fluteten		
		Past Time	
	Perfect	(*Perf. Subj.*)	(*Pluperf. Subj.*)
ich	habe geflutet	habe geflutet	hätte geflutet
du	hast geflutet	habest geflutet	hättest geflutet
er	hat geflutet	habe geflutet	hätte geflutet
wir	haben geflutet	haben geflutet	hätten geflutet
ihr	habt geflutet	habet geflutet	hättet geflutet
sie	haben geflutet	haben geflutet	hätten geflutet
	Pluperfect		
ich	hatte geflutet		
du	hattest geflutet		
er	hatte geflutet		
wir	hatten geflutet		
ihr	hattet geflutet		
sie	hatten geflutet		
		Future Time	
	Future	(*Fut. Subj.*)	(*Pres. Conditional*)
ich	werde fluten	werde fluten	würde fluten
du	wirst fluten	werdest fluten	würdest fluten
er	wird fluten	werde fluten	würde fluten
wir	werden fluten	werden fluten	würden fluten
ihr	werdet fluten	werdet fluten	würdet fluten
sie	werden fluten	werden fluten	würden fluten
		Future Perfect Time	
	Future Perfect	(*Fut. Perf. Subj.*)	(*Past Conditional*)
ich	werde geflutet haben	werde geflutet haben	würde geflutet haben
du	wirst geflutet haben	werdest geflutet haben	würdest geflutet haben
er	wird geflutet haben	werde geflutet haben	würde geflutet haben
wir	werden geflutet haben	werden geflutet haben	würden geflutet haben
ihr	werdet geflutet haben	werdet geflutet haben	würdet geflutet haben
sie	werden geflutet haben	werden geflutet haben	würden geflutet haben

* Forms other than the third person are infrequently found.

folgen

to follow

PRINC. PARTS: folgen, folgte, ist gefolgt, folgt
IMPERATIVE: folge!, folgt!, folgen Sie!

INDICATIVE	SUBJUNCTIVE PRIMARY	SUBJUNCTIVE SECONDARY
	Present Time	
Present	(*Pres. Subj.*)	(*Imperf. Subj.*)
ich folge	folge	folgte
du folgst	folgest	folgtest
er folgt	folge	folgte
wir folgen	folgen	folgten
ihr folgt	folget	folgtet
sie folgen	folgen	folgten
Imperfect		
ich folgte		
du folgtest		
er folgte		
wir folgten		
ihr folgtet		
sie folgten		
	Past Time	
Perfect	(*Perf. Subj.*)	(*Pluperf. Subj.*)
ich bin gefolgt	sei gefolgt	wäre gefolgt
du bist gefolgt	seiest gefolgt	wärest gefolgt
er ist gefolgt	sei gefolgt	wäre gefolgt
wir sind gefolgt	seien gefolgt	wären gefolgt
ihr seid gefolgt	seiet gefolgt	wäret gefolgt
sie sind gefolgt	seien gefolgt	wären gefolgt
Pluperfect		
ich war gefolgt		
du warst gefolgt		
er war gefolgt		
wir waren gefolgt		
ihr wart gefolgt		
sie waren gefolgt		
	Future Time	
Future	(*Fut. Subj.*)	(*Pres. Conditional*)
ich werde folgen	werde folgen	würde folgen
du wirst folgen	werdest folgen	würdest folgen
er wird folgen	werde folgen	würde folgen
wir werden folgen	werden folgen	würden folgen
ihr werdet folgen	werdet folgen	würdet folgen
sie werden folgen	werden folgen	würden folgen
	Future Perfect Time	
Future Perfect	(*Fut. Perf. Subj.*)	(*Past Conditional*)
ich werde gefolgt sein	werde gefolgt sein	würde gefolgt sein
du wirst gefolgt sein	werdest gefolgt sein	würdest gefolgt sein
er wird gefolgt sein	werde gefolgt sein	würde gefolgt sein
wir werden gefolgt sein	werden gefolgt sein	würden gefolgt sein
ihr werdet gefolgt sein	werdet gefolgt sein	würdet gefolgt sein
sie werden gefolgt sein	werden gefolgt sein	würden gefolgt sein

frachten

to load; carry (freight), ship

PRINC. PARTS: frachten, frachtete, gefrachtet, frachtet
IMPERATIVE: frachte!, frachtet!, frachten Sie!

INDICATIVE		SUBJUNCTIVE PRIMARY	SUBJUNCTIVE SECONDARY
		Present Time	
	Present	(*Pres. Subj.*)	(*Imperf. Subj.*)
ich	frachte	frachte	frachtete
du	frachtest	frachtest	frachtetest
er	frachtet	frachte	frachtete
wir	frachten	frachten	frachteten
ihr	frachtet	frachtet	frachtetet
sie	frachten	frachten	frachteten
	Imperfect		
ich	frachtete		
du	frachtetest		
er	frachtete		
wir	frachteten		
ihr	frachtetet		
sie	frachteten		
		Past Time	
	Perfect	(*Perf. Subj.*)	(*Pluperf. Subj.*)
ich	habe gefrachtet	habe gefrachtet	hätte gefrachtet
du	hast gefrachtet	habest gefrachtet	hättest gefrachtet
er	hat gefrachtet	habe gefrachtet	hätte gefrachtet
wir	haben gefrachtet	haben gefrachtet	hätten gefrachtet
ihr	habt gefrachtet	habet gefrachtet	hättet gefrachtet
sie	haben gefrachtet	haben gefrachtet	hätten gefrachtet
	Pluperfect		
ich	hatte gefrachtet		
du	hattest gefrachtet		
er	hatte gefrachtet		
wir	hatten gefrachtet		
ihr	hattet gefrachtet		
sie	hatten gefrachtet		
		Future Time	
	Future	(*Fut. Subj.*)	(*Pres. Conditional*)
ich	werde frachten	werde frachten	würde frachten
du	wirst frachten	werdest frachten	würdest frachten
er	wird frachten	werde frachten	würde frachten
wir	werden frachten	werden frachten	würden frachten
ihr	werdet frachten	werdet frachten	würdet frachten
sie	werden frachten	werden frachten	würden frachten
		Future Perfect Time	
	Future Perfect	(*Fut. Perf. Subj.*)	(*Past Conditional*)
ich	werde gefrachtet haben	werde gefrachtet haben	würde gefrachtet haben
du	wirst gefrachtet haben	werdest gefrachtet haben	würdest gefrachtet haben
er	wird gefrachtet haben	werde gefrachtet haben	würde gefrachtet haben
wir	werden gefrachtet haben	werden gefrachtet haben	würden gefrachtet haben
ihr	werdet gefrachtet haben	werdet gefrachtet haben	würdet gefrachtet haben
sie	werden gefrachtet haben	werden gefrachtet haben	würden gefrachtet haben

PRINC. PARTS: fragen, fragte, gefragt, fragt
IMPERATIVE: frage!, fragt!, fragen Sie!

to ask (a question)

INDICATIVE		SUBJUNCTIVE	
		PRIMARY	SECONDARY
		Present Time	
	Present	*(Pres. Subj.)*	*(Imperf. Subj.)*
ich	frage	frage	fragte
du	fragst	fragest	fragtest
er	fragt	frage	fragte
wir	fragen	fragen	fragten
ihr	fragt	fraget	fragtet
sie	fragen	fragen	fragten
	Imperfect		
ich	fragte		
du	fragtest		
er	fragte		
wir	fragten		
ihr	fragtet		
sie	fragten		
		Past Time	
	Perfect	*(Perf. Subj.)*	*(Pluperf. Subj.)*
ich	habe gefragt	habe gefragt	hätte gefragt
du	hast gefragt	habest gefragt	hättest gefragt
er	hat gefragt	habe gefragt	hätte gefragt
wir	haben gefragt	haben gefragt	hätten gefragt
ihr	habt gefragt	habet gefragt	hättet gefragt
sie	haben gefragt	haben gefragt	hätten gefragt
	Pluperfect		
ich	hatte gefragt		
du	hattest gefragt		
er	hatte gefragt		
wir	hatten gefragt		
ihr	hattet gefragt		
sie	hatten gefragt		
		Future Time	
	Future	*(Fut. Subj.)*	*(Pres. Conditional)*
ich	werde fragen	werde fragen	würde fragen
du	wirst fragen	werdest fragen	würdest fragen
er	wird fragen	werde fragen	würde fragen
wir	werden fragen	werden fragen	würden fragen
ihr	werdet fragen	werdet fragen	würdet fragen
sie	werden fragen	werden fragen	würden fragen
		Future Perfect Time	
	Future Perfect	*(Fut. Perf. Subj.)*	*(Past Conditional)*
ich	werde gefragt haben	werde gefragt haben	würde gefragt haben
du	wirst gefragt haben	werdest gefragt haben	würdest gefragt haben
er	wird gefragt haben	werde gefragt haben	würde gefragt haben
wir	werden gefragt haben	werden gefragt haben	würden gefragt haben
ihr	werdet gefragt haben	werdet gefragt haben	würdet gefragt haben
sie	werden gefragt haben	werden gefragt haben	würden gefragt haben

freien

to woo, court

PRINC. PARTS: freien, freite, gefreit, freit
IMPERATIVE: freie!, freit!, freien Sie!

	INDICATIVE	SUBJUNCTIVE PRIMARY	SUBJUNCTIVE SECONDARY
		Present Time	
	Present	(*Pres. Subj.*)	(*Imperf. Subj.*)
ich	freie	freie	freite
du	freist	freiest	freitest
er	freit	freie	freite
wir	freien	freien	freiten
ihr	freit	freiet	freitet
sie	freien	freien	freiten
	Imperfect		
ich	freite		
du	freitest		
er	freite		
wir	freiten		
ihr	freitet		
sie	freiten		
		Past Time	
	Perfect	(*Perf. Subj.*)	(*Pluperf. Subj.*)
ich	habe gefreit	habe gefreit	hätte gefreit
du	hast gefreit	habest gefreit	hättest gefreit
er	hat gefreit	habe gefreit	hätte gefreit
wir	haben gefreit	haben gefreit	hätten gefreit
ihr	habt gefreit	habet gefreit	hättet gefreit
sie	haben gefreit	haben gefreit	hätten gefreit
	Pluperfect		
ich	hatte gefreit		
du	hattest gefreit		
er	hatte gefreit		
wir	hatten gefreit		
ihr	hattet gefreit		
sie	hatten gefreit		
		Future Time	
	Future	(*Fut. Subj.*)	(*Pres. Conditional*)
ich	werde freien	werde freien	würde freien
du	wirst freien	werdest freien	würdest freien
er	wird freien	werde freien	würde freien
wir	werden freien	werden freien	würden freien
ihr	werdet freien	werdet freien	würdet freien
sie	werden freien	werden freien	würden freien
		Future Perfect Time	
	Future Perfect	(*Fut. Perf. Subj.*)	(*Past Conditional*)
ich	werde gefreit haben	werde gefreit haben	würde gefreit haben
du	wirst gefreit haben	werdest gefreit haben	würdest gefreit haben
er	wird gefreit haben	werde gefreit haben	würde gefreit haben
wir	werden gefreit haben	werden gefreit haben	würden gefreit haben
ihr	werdet gefreit haben	werdet gefreit haben	würdet gefreit haben
sie	werden gefreit haben	werden gefreit haben	würden gefreit haben

fressen*

PRINC. PARTS: fressen, fraß, gefressen, frißt
IMPERATIVE: friß!, freßt!, fressen Sie!

to eat, feed, devour

INDICATIVE		SUBJUNCTIVE PRIMARY	SUBJUNCTIVE SECONDARY
		Present Time	
	Present	*(Pres. Subj.)*	*(Imperf. Subj.)*
ich	fresse	fresse	fräße
du	frißt	fressest	fräßest
er	frißt	fresse	fräße
wir	fressen	fressen	fräßen
ihr	freßt	fresset	fräßet
sie	fressen	fressen	fräßen
	Imperfect		
ich	fraß		
du	fraßest		
er	fraß		
wir	fraßen		
ihr	fraßt		
sie	fraßen		
		Past Time	
	Perfect	*(Perf. Subj.)*	*(Pluperf. Subj.)*
ich	habe gefressen	habe gefressen	hätte gefressen
du	hast gefressen	habest gefressen	hättest gefressen
er	hat gefressen	habe gefressen	hätte gefressen
wir	haben gefressen	haben gefressen	hätten gefressen
ihr	habt gefressen	habet gefressen	hättet gefressen
sie	haben gefressen	haben gefressen	hätten gefressen
	Pluperfect		
ich	hatte gefressen		
du	hattest gefressen		
er	hatte gefressen		
wir	hatten gefressen		
ihr	hattet gefressen		
sie	hatten gefressen		
		Future Time	
	Future	*(Fut. Subj.)*	*(Pres. Conditional)*
ich	werde fressen	werde fressen	würde fressen
du	wirst fressen	werdest fressen	würdest fressen
er	wird fressen	werde fressen	würde fressen
wir	werden fressen	werden fressen	würden fressen
ihr	werdet fressen	werdet fressen	würdet fressen
sie	werden fressen	werden fressen	würden fressen
		Future Perfect Time	
	Future Perfect	*(Fut. Perf. Subj.)*	*(Past Conditional)*
ich	werde gefressen haben	werde gefressen haben	würde gefressen haben
du	wirst gefressen haben	werdest gefressen haben	würdest gefressen haben
er	wird gefressen haben	werde gefressen haben	würde gefressen haben
wir	werden gefressen haben	werden gefressen haben	würden gefressen haben
ihr	werdet gefressen haben	werdet gefressen haben	würdet gefressen haben
sie	werden gefressen haben	werden gefressen haben	würden gefressen haben

* Used for animals and humans who eat ravenously.

sich freuen*

to be glad or pleased, rejoice

PRINC. PARTS: sich freuen, freute sich, hat sich gefreut, freut sich
IMPERATIVE: freue dich!, freut euch!, freuen Sie sich!

INDICATIVE		SUBJUNCTIVE PRIMARY	SUBJUNCTIVE SECONDARY
		Present Time	
	Present	(*Pres. Subj.*)	(*Imperf. Subj.*)
ich	freue mich	freue mich	freute mich
du	freust dich	freuest dich	freutest dich
er	freut sich	freue sich	freute sich
wir	freuen uns	freuen uns	freuten uns
ihr	freut euch	freuet euch	freutet euch
sie	freuen sich	freuen sich	freuten sich
	Imperfect		
ich	freute mich		
du	freutest dich		
er	freute sich		
wir	freuten uns		
ihr	freutet euch		
sie	freuten sich		
		Past Time	
	Perfect	(*Perf. Subj.*)	(*Pluperf. Subj.*)
ich	habe mich gefreut	habe mich gefreut	hätte mich gefreut
du	hast dich gefreut	habest dich gefreut	hättest dich gefreut
er	hat sich gefreut	habe sich gefreut	hätte sich gefreut
wir	haben uns gefreut	haben uns gefreut	hätten uns gefreut
ihr	habt euch gefreut	habet euch gefreut	hättet euch gefreut
sie	haben sich gefreut	haben sich gefreut	hätten sich gefreut
	Pluperfect		
ich	hatte mich gefreut		
du	hattest dich gefreut		
er	hatte sich gefreut		
wir	hatten uns gefreut		
ihr	hattet euch gefreut		
sie	hatten sich gefreut		
		Future Time	
	Future	(*Fut. Subj.*)	(*Pres. Conditional*)
ich	werde mich freuen	werde mich freuen	würde mich freuen
du	wirst dich freuen	werdest dich freuen	würdest dich freuen
er	wird sich freuen	werde sich freuen	würde sich freuen
wir	werden uns freuen	werden uns freuen	würden uns freuen
ihr	werdet euch freuen	werdet euch freuen	würdet euch freuen
sie	werden sich freuen	werden sich freuen	würden sich freuen
		Future Perfect Time	
	Future Perfect	(*Fut. Perf. Subj.*)	(*Past Conditional*)
ich	werde mich gefreut haben	werde mich gefreut haben	würde mich gefreut haben
du	wirst dich gefreut haben	werdest dich gefreut haben	würdest dich gefreut haben
er	wird sich gefreut haben	werde sich gefreut haben	würde sich gefreut haben
wir	werden uns gefreut haben	werden uns gefreut haben	würden uns gefreut haben
ihr	werdet euch gefreut haben	werdet euch gefreut haben	würdet euch gefreut haben
sie	werden sich gefreut haben	werden sich gefreut haben	würden sich gefreut haben

* The impersonal construction, **es freut mich** (**dich etc.**) is also frequently used. Thus, the English sentence, "I am glad that you are here," may be rendered into German either as 1. **Ich freue mich, daß Sie hier sind.**, or 2. **Es freut mich, daß Sie hier sind.**

PRINC. PARTS: frieren, fror, gefroren, friert
IMPERATIVE: friere!, friert!, frieren Sie!

to freeze, feel cold

INDICATIVE		SUBJUNCTIVE	
		PRIMARY	SECONDARY
		Present Time	
	Present	(*Pres. Subj.*)	(*Imperf. Subj.*)
ich	friere	friere	fröre
du	frierst	frierest	frörest
er	friert	friere	fröre
wir	frieren	frieren	frören
ihr	friert	frieret	fröret
sie	frieren	frieren	frören
	Imperfect		
ich	fror		
du	frorst		
er	fror		
wir	froren		
ihr	frort		
sie	froren		
		Past Time	
	Perfect	(*Perf. Subj.*)	(*Pluperf. Subj.*)
ich	habe gefroren	habe gefroren	hätte gefroren
du	hast gefroren	habest gefroren	hättest gefroren
er	hat gefroren	habe gefroren	hätte gefroren
wir	haben gefroren	haben gefroren	hätten gefroren
ihr	habt gefroren	habet gefroren	hättet gefroren
sie	haben gefroren	haben gefroren	hätten gefroren
	Pluperfect		
ich	hatte gefroren		
du	hattest gefroren		
er	hatte gefroren		
wir	hatten gefroren		
ihr	hattet gefroren		
sie	hatten gefroren		
		Future Time	
	Future	(*Fut. Subj.*)	(*Pres. Conditional*)
ich	werde frieren	werde frieren	würde frieren
du	wirst frieren	werdest frieren	würdest frieren
er	wird frieren	werde frieren	würde frieren
wir	werden frieren	werden frieren	würden frieren
ihr	werdet frieren	werdet frieren	würdet frieren
sie	werden frieren	werden frieren	würden frieren
		Future Perfect Time	
	Future Perfect	(*Fut. Perf. Subj.*)	(*Past Conditional*)
ich	werde gefroren haben	werde gefroren haben	würde gefroren haben
du	wirst gefroren haben	werdest gefroren haben	würdest gefroren haben
er	wird gefroren haben	werde gefroren haben	würde gefroren haben
wir	werden gefroren haben	werden gefroren haben	würden gefroren haben
ihr	werdet gefroren haben	werdet gefroren haben	würdet gefroren haben
sie	werden gefroren haben	werden gefroren haben	würden gefroren haben

frohlocken

to rejoice, triumph, shout for joy

PRINC. PARTS: frohlocken, frohlockte, frohlockt, frohlockt
IMPERATIVE: frohlocke!, frohlockt!, frohlocken Sie!

	INDICATIVE	SUBJUNCTIVE PRIMARY	SUBJUNCTIVE SECONDARY
		Present Time	
	Present	*(Pres. Subj.)*	*(Imperf. Subj.)*
ich	frohlocke	frohlocke	frohlockte
du	frohlockst	frohlockest	frohlocktest
er	frohlockt	frohlocke	frohlockte
wir	frohlocken	frohlocken	frohlockten
ihr	frohlockt	frohlocket	frohlocktet
sie	frohlocken	frohlocken	frohlockten
	Imperfect		
ich	frohlockte		
du	frohlocktest		
er	frohlockte		
wir	frohlockten		
ihr	frohlocktet		
sie	frohlockten		
		Past Time	
	Perfect	*(Perf. Subj.)*	*(Pluperf. Subj.)*
ich	habe frohlockt	habe frohlockt	hätte frohlockt
du	hast frohlockt	habest frohlockt	hättest frohlockt
er	hat frohlockt	habe frohlockt	hätte frohlockt
wir	haben frohlockt	haben frohlockt	hätten frohlockt
ihr	habt frohlockt	habet frohlockt	hättet frohlockt
sie	haben frohlockt	haben frohlockt	hätten frohlockt
	Pluperfect		
ich	hatte frohlockt		
du	hattest frohlockt		
er	hatte frohlockt		
wir	hatten frohlockt		
ihr	hattet frohlockt		
sie	hatten frohlockt		
		Future Time	
	Future	*(Fut. Subj.)*	*(Pres. Conditional)*
ich	werde frohlocken	werde frohlocken	würde frohlocken
du	wirst frohlocken	werdest frohlocken	würdest frohlocken
er	wird frohlocken	werde frohlocken	würde frohlocken
wir	werden frohlocken	werden frohlocken	würden frohlocken
ihr	werdet frohlocken	werdet frohlocken	würdet frohlocken
sie	werden frohlocken	werden frohlocken	würden frohlocken
		Future Perfect Time	
	Future Perfect	*(Fut. Perf. Subj.)*	*(Past Conditional)*
ich	werde frohlockt haben	werde frohlockt haben	würde frohlockt haben
du	wirst frohlockt haben	werdest frohlockt haben	würdest frohlockt haben
er	wird frohlockt haben	werde frohlockt haben	würde frohlockt haben
wir	werden frohlockt haben	werden frohlockt haben	würden frohlockt haben
ihr	werdet frohlockt haben	werdet frohlockt haben	würdet frohlockt haben
sie	werden frohlockt haben	werden frohlockt haben	würden frohlockt haben

PRINC. PARTS: frühstücken, frühstückte, gefrühstückt, frühstückt
IMPERATIVE: frühstücke!, frühstückt!, frühstücken Sie!

frühstücken
to eat breakfast

INDICATIVE		SUBJUNCTIVE	
		PRIMARY	SECONDARY
		Present Time	
	Present	(*Pres. Subj.*)	(*Imperf. Subj.*)
ich	frühstücke	frühstücke	frühstückte
du	frühstückst	frühstückest	frühstücktest
er	frühstückt	frühstücke	frühstückte
wir	frühstücken	frühstücken	frühstückten
ihr	frühstückt	frühstücket	frühstücktet
sie	frühstücken	frühstücken	frühstückten
	Imperfect		
ich	frühstückte		
du	frühstücktest		
er	frühstückte		
wir	frühstückten		
ihr	frühstücktet		
sie	frühstückten		
		Past Time	
	Perfect	(*Perf. Subj.*)	(*Pluperf. Subj.*)
ich	habe gefrühstückt	habe gefrühstückt	hätte gefrühstückt
du	hast gefrühstückt	habest gefrühstückt	hättest gefrühstückt
er	hat gefrühstückt	habe gefrühstückt	hätte gefrühstückt
wir	haben gefrühstückt	haben gefrühstückt	hätten gefrühstückt
ihr	habt gefrühstückt	habet gefrühstückt	hättet gefrühstückt
sie	haben gefrühstückt	haben gefrühstückt	hätten gefrühstückt
	Pluperfect		
ich	hatte gefrühstückt		
du	hattest gefrühstückt		
er	hatte gefrühstückt		
wir	hatten gefrühstückt		
ihr	hattet gefrühstückt		
sie	hatten gefrühstückt		
		Future Time	
	Future	(*Fut. Subj.*)	(*Pres. Conditional*)
ich	werde frühstücken	werde frühstücken	würde frühstücken
du	wirst frühstücken	werdest frühstücken	würdest frühstücken
er	wird frühstücken	werde frühstücken	würde frühstücken
wir	werden frühstücken	werden frühstücken	würden frühstücken
ihr	werdet frühstücken	werdet frühstücken	würdet frühstücken
sie	werden frühstücken	werden frühstücken	würden frühstücken
		Future Perfect Time	
	Future Perfect	(*Fut. Perf. Subj.*)	(*Past Conditional*)
ich	werde gefrühstückt haben	werde gefrühstückt haben	würde gefrühstückt haben
du	wirst gefrühstückt haben	werdest gefrühstückt haben	würdest gefrühstückt haben
er	wird gefrühstückt haben	werde gefrühstückt haben	würde gefrühstückt haben
wir	werden gefrühstückt haben	werden gefrühstückt haben	würden gefrühstückt haben
ihr	werdet gefrühstückt haben	werdet gefrühstückt haben	würdet gefrühstückt haben
sie	werden gefrühstückt haben	werden gefrühstückt haben	würden gefrühstückt haben

fühlen

to feel, perceive

PRINC. PARTS: fühlen, fühlte, gefühlt, fühlt
IMPERATIVE: fühle!, fühlt!, fühlen Sie!

INDICATIVE		SUBJUNCTIVE	
		PRIMARY	SECONDARY
		Present Time	
	Present	*(Pres. Subj.)*	*(Imperf. Subj.)*
ich	fühle	fühle	fühlte
du	fühlst	fühlest	fühltest
er	fühlt	fühle	fühlte
wir	fühlen	fühlen	fühlten
ihr	fühlt	fühlet	fühltet
sie	fühlen	fühlen	fühlten
	Imperfect		
ich	fühlte		
du	fühltest		
er	fühlte		
wir	fühlten		
ihr	fühltet		
sie	fühlten		
		Past Time	
	Perfect	*(Perf. Subj.)*	*(Pluperf. Subj.)*
ich	habe gefühlt	habe gefühlt	hätte gefühlt
du	hast gefühlt	habest gefühlt	hättest gefühlt
er	hat gefühlt	habe gefühlt	hätte gefühlt
wir	haben gefühlt	haben gefühlt	hätten gefühlt
ihr	habt gefühlt	habet gefühlt	hättet gefühlt
sie	haben gefühlt	haben gefühlt	hätten gefühlt
	Pluperfect		
ich	hatte gefühlt		
du	hattest gefühlt		
er	hatte gefühlt		
wir	hatten gefühlt		
ihr	hattet gefühlt		
sie	hatten gefühlt		
		Future Time	
	Future	*(Fut. Subj.)*	*(Pres. Conditional)*
ich	werde fühlen	werde fühlen	würde fühlen
du	wirst fühlen	werdest fühlen	würdest fühlen
er	wird fühlen	werde fühlen	würde fühlen
wir	werden fühlen	werden fühlen	würden fühlen
ihr	werdet fühlen	werdet fühlen	würdet fühlen
sie	werden fühlen	werden fühlen	würden fühlen
		Future Perfect Time	
	Future Perfect	*(Fut. Perf. Subj.)*	*(Past Conditional)*
ich	werde gefühlt haben	werde gefühlt haben	würde gefühlt haben
du	wirst gefühlt haben	werdest gefühlt haben	würdest gefühlt haben
er	wird gefühlt haben	werde gefühlt haben	würde gefühlt haben
wir	werden gefühlt haben	werden gefühlt haben	würden gefühlt haben
ihr	werdet gefühlt haben	werdet gefühlt haben	würdet gefühlt haben
sie	werden gefühlt haben	werden gefühlt haben	würden gefühlt haben

führen

to lead

PRINC. PARTS: führen, führte, geführt, führt
IMPERATIVE: führe!, führt!, führen Sie!

INDICATIVE		SUBJUNCTIVE	
		PRIMARY	SECONDARY
		Present Time	
	Present	(*Pres. Subj.*)	(*Imperf. Subj.*)
ich	führe	führe	führte
du	führst	führest	führtest
er	führt	führe	führte
wir	führen	führen	führten
ihr	führt	führet	führtet
sie	führen	führen	führten
	Imperfect		
ich	führte		
du	führtest		
er	führte		
wir	führten		
ihr	führtet		
sie	führten		
		Past Time	
	Perfect	(*Perf. Subj.*)	(*Pluperf. Subj.*)
ich	habe geführt	habe geführt	hätte geführt
du	hast geführt	habest geführt	hättest geführt
er	hat geführt	habe geführt	hätte geführt
wir	haben geführt	haben geführt	hätten geführt
ihr	habt gebührt	habet geführt	hättet geführt
sie	haben geführt	haben geführt	hätten geführt
	Pluperfect		
ich	hatte geführt		
du	hattest geführt		
er	hatte geführt		
wir	hatten geführt		
ihr	hattet geführt		
sie	hatten geführt		
		Future Time	
	Future	(*Fut. Subj.*)	(*Pres. Conditional*)
ich	werde führen	werde führen	würde führen
du	wirst führen	werdest führen	würdest führen
er	wird führen	werde führen	würde führen
wir	werden führen	werden führen	würden führen
ihr	werdet führen	werdet führen	würdet führen
sie	werden führen	werden führen	würden führen
		Future Perfect Time	
	Future Perfect	(*Fut. Perf. Subj.*)	(*Past Conditional*)
ich	werde geführt haben	werde geführt haben	würde geführt haben
du	wirst geführt haben	werdest geführt haben	würdest geführt haben
er	wird geführt haben	werde geführt haben	würde geführt haben
wir	werden geführt haben	werden geführt haben	würden geführt haben
ihr	werdet geführt haben	werdet geführt haben	würdet geführt haben
sie	werden geführt haben	werden geführt haben	würden geführt haben

füllen

to fill

PRINC. PARTS: füllen, füllte, gefüllt, füllt
IMPERATIVE: fülle!, füllt!, füllen Sie!

INDICATIVE		SUBJUNCTIVE	
		PRIMARY	SECONDARY
		Present Time	
	Present	*(Pres. Subj.)*	*(Imperf. Subj.)*
ich	fülle	fülle	füllte
du	füllst	füllest	fülltest
er	füllt	fülle	füllte
wir	füllen	füllen	füllten
ihr	füllt	füllet	fülltet
sie	füllen	füllen	füllten
	Imperfect		
ich	füllte		
du	fülltest		
er	füllte		
wir	füllten		
ihr	fülltet		
sie	füllten		
		Past Time	
	Perfect	*(Perf. Subj.)*	*(Pluperf. Subj.)*
ich	habe gefüllt	habe gefüllt	hätte gefüllt
du	hast gefüllt	habest gefüllt	hättest gefüllt
er	hat gefüllt	habe gefüllt	hätte gefüllt
wir	haben gefüllt	haben gefüllt	hätten gefüllt
ihr	habt gefüllt	habet gefüllt	hättet gefüllt
sie	haben gefüllt	haben gefüllt	hätten gefüllt
	Pluperfect		
ich	hatte gefüllt		
du	hattest gefüllt		
er	hatte gefüllt		
wir	hatten gefüllt		
ihr	hattet gefüllt		
sie	hatten gefüllt		
		Future Time	
	Future	*(Fut. Subj.)*	*(Pres. Conditional)*
ich	werde füllen	werde füllen	würde füllen
du	wirst füllen	werdest füllen	würdest füllen
er	wird füllen	werde füllen	würde füllen
wir	werden füllen	werden füllen	würden füllen
ihr	werdet füllen	werdet füllen	würdet füllen
sie	werden füllen	werden füllen	würden füllen
		Future Perfect Time	
	Future Perfect	*(Fut. Perf. Subj.)*	*(Past Conditional)*
ich	werde gefüllt haben	werde gefüllt haben	würde gefüllt haben
du	wirst gefüllt haben	werdest gefüllt haben	würdest gefüllt haben
er	wird gefüllt haben	werde gefüllt haben	würde gefüllt haben
wir	werden gefüllt haben	werden gefüllt haben	würden gefüllt haben
ihr	werdet gefüllt haben	werdet gefüllt haben	würdet gefüllt haben
sie	werden gefüllt haben	werden gefüllt haben	würden gefüllt haben

PRINC. PARTS: fürchten, fürchtete, gefürchtet, fürchtet
IMPERATIVE: fürchte!, fürchtet!, fürchten Sie!

to fear

INDICATIVE		SUBJUNCTIVE	
		PRIMARY	SECONDARY
		Present Time	
	Present	*(Pres. Subj.)*	*(Imperf. Subj.)*
ich	fürchte	fürchte	fürchtete
du	fürchtest	fürchtest	fürchtetest
er	fürchtet	fürchte	fürchtete
wir	fürchten	fürchten	fürchteten
ihr	fürchtet	fürchtet	fürchtetet
sie	fürchten	fürchten	fürchteten
	Imperfect		
ich	fürchtete		
du	fürchtetest		
er	fürchtete		
wir	fürchteten		
ihr	fürchtetet		
sie	fürchteten		
		Past Time	
	Perfect	*(Perf. Subj.)*	*(Pluperf. Subj.)*
ich	habe gefürchtet	habe gefürchtet	hätte gefürchtet
du	hast gefürchtet	habest gefürchtet	hättest gefürchtet
er	hat gefürchtet	habe gefürchtet	hätte gefürchtet
wir	haben gefürchtet	haben gefürchtet	hätten gefürchtet
ihr	habt gefürchtet	habet gefürchtet	hättet gefürchtet
sie	haben gefürchtet	haben gefürchtet	hätten gefürchtet
	Pluperfect		
ich	hatte gefürchtet		
du	hattest gefürchtet		
er	hatte gefürchtet		
wir	hatten gefürchtet		
ihr	hattet gefürchtet		
sie	hatten gefürchtet		
		Future Time	
	Future	*(Fut. Subj.)*	*(Pres. Conditional)*
ich	werde fürchten	werde fürchten	würde fürchten
du	wirst fürchten	werdest fürchten	würdest fürchten
er	wird fürchten	werde fürchten	würde fürchten
wir	werden fürchten	werden fürchten	würden fürchten
ihr	werdet fürchten	werdet fürchten	würdet fürchten
sie	werden fürchten	werden fürchten	würden fürchten
		Future Perfect Time	
	Future Perfect	*(Fut. Perf. Subj.)*	*(Past Conditional)*
ich	werde gefürchtet haben	werde gefürchtet haben	würde gefürchtet haben
du	wirst gefürchtet haben	werdest gefürchtet haben	würdest gefürchtet haben
er	wird gefürchtet haben	werde gefürchtet haben	würde gefürchtet haben
wir	werden gefürchtet haben	werden gefürchtet haben	würden gefürchtet haben
ihr	werdet gefürchtet haben	werdet gefürchtet haben	würdet gefürchtet haben
sie	werden gefürchtet haben	werden gefürchtet haben	würden gefürchtet haben

gähnen

to yawn, gape

PRINC. PARTS: gähnen, gähnte, gegähnt, gähnt
IMPERATIVE: gähne!, gähnt!, gähnen Sie!

	INDICATIVE	SUBJUNCTIVE PRIMARY	SUBJUNCTIVE SECONDARY
		Present Time	
	Present	(*Pres. Subj.*)	(*Imperf. Subj.*)
ich	gähne	gähne	gähnte
du	gähnst	gähnest	gähntest
er	gähnt	gähne	gähnte
wir	gähnen	gähnen	gähnten
ihr	gähnt	gähnet	gähntet
sie	gähnen	gähnen	gähnten
	Imperfect		
ich	gähnte		
du	gähntest		
er	gähnte		
wir	gähnten		
ihr	gähntet		
sie	gähnten		
		Past Time	
	Perfect	(*Perf. Subj.*)	(*Pluperf. Subj.*)
ich	habe gegähnt	habe gegähnt	hätte gegähnt
du	hast gegähnt	habest gegähnt	hättest gegähnt
er	hat gegähnt	habe gegähnt	hätte gegähnt
wir	haben gegähnt	haben gegähnt	hätten gegähnt
ihr	habt gegähnt	habet gegähnt	hättet gegähnt
sie	haben gegähnt	haben gegähnt	hätten gegähnt
	Pluperfect		
ich	hatte gegähnt		
du	hattest gegähnt		
er	hatte gegähnt		
wir	hatten gegähnt		
ihr	hattet gegähnt		
sie	hatten gegähnt		
		Future Time	
	Future	(*Fut. Subj.*)	(*Pres. Conditional*)
ich	werde gähnen	werde gähnen	würde gähnen
du	wirst gähnen	werdest gähnen	würdest gähnen
er	wird gähnen	werde gähnen	würde gähnen
wir	werden gähnen	werden gähnen	würden gähnen
ihr	werdet gähnen	werdet gähnen	würdet gähnen
sie	werden gähnen	werden gähnen	würden gähnen
		Future Perfect Time	
	Future Perfect	(*Fut. Perf. Subj.*)	(*Past Conditional*)
ich	werde gegähnt haben	werde gegähnt haben	würde gegähnt haben
du	wirst gegähnt haben	werdest gegähnt haben	würdest gegähnt haben
er	wird gegähnt haben	werde gegähnt haben	würde gegähnt haben
wir	werden gegähnt haben	werden gegähnt haben	würden gegähnt haben
ihr	werdet gegähnt haben	werdet gegähnt haben	würdet gegähnt haben
sie	werden gegähnt haben	werden gegähnt haben	würden gegähnt haben

PRINC. PARTS: gären,* gor,** gegoren, gärt
IMPERATIVE: gäre!, gärt!, gären Sie!†

INDICATIVE		SUBJUNCTIVE	
		PRIMARY	SECONDARY
		Present Time	
Present		(*Pres. Subj.*)	(*Imperf. Subj.*)
ich	gäre	gäre	göre
du	gärst	gärest	görest
er	gärt	gäre	göre
wir	gären	gären	gören
ihr	gärt	gäret	göret
sie	gären	gären	gören
Imperfect			
ich	gor		
du	gorst		
er	gor		
wir	goren		
ihr	gort		
sie	goren		
		Past Time	
Perfect		(*Perf. Subj.*)	(*Pluperf. Subj.*)
ich	habe gegoren	habe gegoren	hätte gegoren
du	hast gegoren	habest gegoren	hättest gegoren
er	hat gegoren	habe gegoren	hätte gegoren
wir	haben gegoren	haben gegoren	hätten gegoren
ihr	habt gegoren	habet gegoren	hättet gegoren
sie	haben gegoren	haben gegoren	hätten gegoren
Pluperfect			
ich	hatte gegoren		
du	hattest gegoren		
er	hatte gegoren		
wir	hatten gegoren		
ihr	hattet gegoren		
sie	hatten gegoren		
		Future Time	
Future		(*Fut. Subj.*)	(*Pres. Conditional*)
ich	werde gären	werde gären	würde gären
du	wirst gären	werdest gären	würdest gären
er	wird gären	werde gären	würde gären
wir	werden gären	werden gären	würden gären
ihr	werdet gären	werdet gären	würdet gären
sie	werden gären	werden gären	würden gären
		Future Perfect Time	
Future Perfect		(*Fut. Perf. Subj.*)	(*Past Conditional*)
ich	werde gegoren haben	werde gegoren haben	würde gegoren haben
du	wirst gegoren haben	werdest gegoren haben	würdest gegoren haben
er	wird gegoren haben	werde gegoren haben	würde gegoren haben
wir	werden gegoren haben	werden gegoren haben	würden gegoren haben
ihr	werdet gegoren haben	werdet gegoren haben	würdet gegoren haben
sie	werden gegoren haben	werden gegoren haben	würden gegoren haben

* Forms other than the third person are infrequently found.
** When used figuratively, **gären** is weak. PRINC. PARTS: gären, gärte, gegärt, gärt.
† The imperative is unusual.

gebären

to give birth to

PRINC. PARTS: gebären, gebar, hat geboren,* gebiert
IMPERATIVE: gebier!, gebiert!, gebären Sie!

INDICATIVE		SUBJUNCTIVE	
		PRIMARY	SECONDARY
		Present Time	
	Present	(*Pres. Subj.*)	(*Imperf. Subj.*)
ich	gebäre	gebäre	gebäre
du	gebierst	gebärest	gebärest
er	gebiert	gebäre	gebäre
wir	gebären	gebären	gebären
ihr	gebärt	gebäret	gebäret
sie	gebären	gebären	gebären
	Imperfect		
ich	gebar		
du	gebarst		
er	gebar		
wir	gebaren		
ihr	gebart		
sie	gebaren		
		Past Time	
	Perfect	(*Perf. Subj.*)	(*Pluperf. Subj.*)
ich	habe geboren	habe geboren	hätte geboren
du	hast geboren	habest geboren	hättest geboren
er	hat geboren	habe geboren	hätte geboren
wir	haben geboren	haben geboren	hätten geboren
ihr	habt geboren	habet geboren	hättet geboren
sie	haben geboren	haben geboren	hätten geboren
	Pluperfect		
ich	hatte geboren		
du	hattest geboren		
er	hatte geboren		
wir	hatten geboren		
ihr	hattet geboren		
sie	hatten geboren		
		Future Time	
	Future	(*Fut. Subj.*)	(*Pres. Conditional*)
ich	werde gebären	werde gebären	würde gebären
du	wirst gebären	werdest gebären	würdest gebären
er	wird gebären	werde gebären	würde gebären
wir	werden gebären	werden gebären	würden gebären
ihr	werdet gebären	werdet gebären	würdet gebären
sie	werden gebären	werden gebären	würden gebären
		Future Perfect Time	
	Future Perfect	(*Fut. Perf. Subj.*)	(*Past Conditional*)
ich	werde geboren haben	werde geboren haben	würde geboren haben
du	wirst geboren haben	werdest geboren haben	würdest geboren haben
er	wird geboren haben	werde geboren haben	würde geboren haben
wir	werden geboren haben	werden geboren haben	würden geboren haben
ihr	werdet geboren haben	werdet geboren haben	würdet geboren haben
sie	werden geboren haben	werden geboren haben	würden geboren haben

*The active perfect forms of this verb, which in the first person, can only be used by a mother, are given above. The passive perfect forms (I was born, etc.), use *sein* (for living persons) or *werden* (for persons no longer living), not *haben*, as the auxiliary verb and will be more commonly found.

geben

to give

PRINC. PARTS: geben, gab, gegeben, gibt
IMPERATIVE: gib!, gebt!, geben Sie!

INDICATIVE		SUBJUNCTIVE PRIMARY	SUBJUNCTIVE SECONDARY
		Present Time	
	Present	(*Pres. Subj.*)	(*Imperf. Subj.*)
ich	gebe	gebe	gäbe
du	gibst	gebest	gäbest
er	gibt	gebe	gäbe
wir	geben	geben	gäben
ihr	gebt	gebet	gäbet
sie	geben	geben	gäben
	Imperfect		
ich	gab		
du	gabst		
er	gab		
wir	gaben		
ihr	gabt		
sie	gaben		
		Past Time	
	Perfect	(*Perf. Subj.*)	(*Pluperf. Subj.*)
ich	habe gegeben	habe gegeben	hätte gegeben
du	hast gegeben	habest gegeben	hättest gegeben
er	hat gegeben	habe gegeben	hätte gegeben
wir	haben gegeben	haben gegeben	hätten gegeben
ihr	habt gegeben	habet gegeben	hättet gegeben
sie	haben gegeben	haben gegeben	hätten gegeben
	Pluperfect		
ich	hatte gegeben		
du	hattest gegeben		
er	hatte gegeben		
wir	hatten gegeben		
ihr	hattet gegeben		
sie	hatten gegeben		
		Future Time	
	Future	(*Fut. Subj.*)	(*Pres. Conditional*)
ich	werde geben	werde geben	würde geben
du	wirst geben	werdest geben	würdest geben
er	wird geben	werde geben	würde geben
wir	werden geben	werden geben	würden geben
ihr	werdet geben	werdet geben	würdet geben
sie	werden geben	werden geben	würden geben
		Future Perfect Time	
	Future Perfect	(*Fut. Perf. Subj.*)	(*Past Conditional*)
ich	werde gegeben haben	werde gegeben haben	würde gegeben haben
du	wirst gegeben haben	werdest gegeben haben	würdest gegeben haben
er	wird gegeben haben	werde gegeben haben	würde gegeben haben
wir	werden gegeben haben	werden gegeben haben	würden gegeben haben
ihr	werdet gegeben haben	werdet gegeben haben	würdet gegeben haben
sie	werden gegeben haben	werden gegeben haben	würden gegeben haben

gebrauchen

to use

PRINC. PARTS: gebrauchen, gebrauchte, gebraucht, gebraucht
IMPERATIVE: gebrauche!, gebraucht!, gebrauchen Sie!

	INDICATIVE	SUBJUNCTIVE PRIMARY	SUBJUNCTIVE SECONDARY
		Present Time	
	Present	(*Pres. Subj.*)	(*Imperf. Subj.*)
ich	gebrauche	gebrauche	gebrauchte
du	gebrauchst	gebrauchest	gebrauchtest
er	gebraucht	gebrauche	gebrauchte
wir	gebrauchen	gebrauchen	gebrauchten
ihr	gebraucht	gebrauchet	gebrauchtet
sie	gebrauchen	gebrauchen	gebrauchten
	Imperfect		
ich	gebrauchte		
du	gebrauchtest		
er	gebrauchte		
wir	gebrauchten		
ihr	gebrauchtet		
sie	gebrauchten		
		Past Time	
	Perfect	(*Perf. Subj.*)	(*Pluperf. Subj.*)
ich	habe gebraucht	habe gebraucht	hätte gebraucht
du	hast gebraucht	habest gebraucht	hättest gebraucht
er	hat gebraucht	habe gebraucht	hätte gebraucht
wir	haben gebraucht	haben gebraucht	hätten gebraucht
ihr	habt gebraucht	habet gebraucht	hättet gebraucht
sie	haben gebraucht	haben gebraucht	hätten gebraucht
	Pluperfect		
ich	hatte gebraucht		
du	hattest gebraucht		
er	hatte gebraucht		
wir	hatten gebraucht		
ihr	hattet gebraucht		
sie	hatten gebraucht		
		Future Time	
	Future	(*Fut. Subj.*)	(*Pres. Conditional*)
ich	werde gebrauchen	werde gebrauchen	würde gebrauchen
du	wirst gebrauchen	werdest gebrauchen	würdest gebrauchen
er	wird gebrauchen	werde gebrauchen	würde gebrauchen
wir	werden gebrauchen	werden gebrauchen	würden gebrauchen
ihr	werdet gebrauchen	werdet gebrauchen	würdet gebrauchen
sie	werden gebrauchen	werden gebrauchen	würden gebrauchen
		Future Perfect Time	
	Future Perfect	(*Fut. Perf. Subj.*)	(*Past Conditional*)
ich	werde gebraucht haben	werde gebraucht haben	würde gebraucht haben
du	wirst gebraucht haben	werdest gebraucht haben	würdest gebraucht haben
er	wird gebraucht haben	werde gebraucht haben	würde gebraucht haben
wir	werden gebraucht haben	werden gebraucht haben	würden gebraucht haben
ihr	werdet gebraucht haben	werdet gebraucht haben	würdet gebraucht haben
sie	werden gebraucht haben	werden gebraucht haben	würden gebraucht haben

gedeihen

PRINC. PARTS: gedeihen, gedieh, ist gediehen, gedeiht
IMPERATIVE: gedeihe!, gedeiht!, gedeihen Sie!

to thrive, prosper

	INDICATIVE	SUBJUNCTIVE PRIMARY	SUBJUNCTIVE SECONDARY
		Present Time	
	Present	(*Pres. Subj.*)	(*Imperf. Subj.*)
ich	gedeihe	gedeihe	gediehe
du	gedeihst	gedeihest	gediehest
er	gedeiht	gedeihe	gediehe
wir	gedeihen	gedeihen	gediehen
ihr	gedeiht	gedeihet	gediehet
sie	gedeihen	gedeihen	gediehen
	Imperfect		
ich	gedieh		
du	gediehst		
er	gedieh		
wir	gediehen		
ihr	gedieht		
sie	gediehen		
		Past Time	
	Perfect	(*Perf. Subj.*)	(*Pluperf. Subj.*)
ich	bin gediehen	sei gediehen	wäre gediehen
du	bist gediehen	seiest gediehen	wärest gediehen
er	ist gediehen	sei gediehen	wäre gediehen
wir	sind gediehen	seien gediehen	wären gediehen
ihr	seid gediehen	seiet gediehen	wäret gediehen
sie	sind gediehen	seien gediehen	wären gediehen
	Pluperfect		
ich	war gediehen		
du	warst gediehen		
er	war gediehen		
wir	waren gediehen		
ihr	wart gediehen		
sie	waren gediehen		
		Future Time	
	Future	(*Fut. Subj.*)	(*Pres. Conditional*)
ich	werde gedeihen	werde gedeihen	würde gedeihen
du	wirst gedeihen	werdest gedeihen	würdest gedeihen
er	wird gedeihen	werde gedeihen	würde gedeihen
wir	werden gedeihen	werden gedeihen	würden gedeihen
ihr	werdet gedeihen	werdet gedeihen	würdet gedeihen
sie	werden gedeihen	werden gedeihen	würden gedeihen
		Future Perfect Time	
	Future Perfect	(*Fut. Perf. Subj.*)	(*Past Conditional*)
ich	werde gediehen sein	werde gediehen sein	würde gediehen sein
du	wirst gediehen sein	werdest gediehen sein	würdest gediehen sein
er	wird gediehen sein	werde gediehen sein	würde gediehen sein
wir	werden gediehen sein	werden gediehen sein	würden gediehen sein
ihr	werdet gediehen sein	werdet gediehen sein	würdet gediehen sein
sie	werden gediehen sein	werden gediehen sein	würden gediehen sein

gefallen

to be pleasing, like

PRINC. PARTS: gefallen, gefiel, gefallen, gefällt
IMPERATIVE: gefalle!, gefallt!, gefallen Sie!

INDICATIVE		SUBJUNCTIVE PRIMARY	SUBJUNCTIVE SECONDARY
		Present Time	
	Present	*(Pres. Subj.)*	*(Imperf. Subj.)*
ich	gefalle	gefalle	gefiele
du	gefällst	gefallest	gefielest
er	gefällt	gefalle	gefiele
wir	gefallen	gefallen	gefielen
ihr	gefallt	gefallet	gefielet
sie	gefallen	gefallen	gefielen
	Imperfect		
ich	gefiel		
du	gefielst		
er	gefiel		
wir	gefielen		
ihr	gefielt		
sie	gefielen		
		Past Time	
	Perfect	*(Perf. Subj.)*	*(Pluperf. Subj.)*
ich	habe gefallen	habe gefallen	hätte gefallen
du	hast gefallen	habest gefallen	hättest gefallen
er	hat gefallen	habe gefallen	hätte gefallen
wir	haben gefallen	haben gefallen	hätten gefallen
ihr	habt gefallen	habet gefallen	hättet gefallen
sie	haben gefallen	haben gefallen	hätten gefallen
	Pluperfect		
ich	hatte gefallen		
du	hattest gefallen		
er	hatte gefallen		
wir	hatten gefallen		
ihr	hattet gefallen		
sie	hatten gefallen		
		Future Time	
	Future	*(Fut. Subj.)*	*(Pres. Conditional)*
ich	werde gefallen	werde gefallen	würde gefallen
du	wirst gefallen	werdest gefallen	würdest gefallen
er	wird gefallen	werde gefallen	würde gefallen
wir	werden gefallen	werden gefallen	würden gefallen
ihr	werdet gefallen	werdet gefallen	würdet gefallen
sie	werden gefallen	werden gefallen	würden gefallen
		Future Perfect Time	
	Future Perfect	*(Fut. Perf. Subj.)*	*(Past Conditional)*
ich	werde gefallen haben	werde gefallen haben	würde gefallen haben
du	wirst gefallen haben	werdest gefallen haben	würdest gefallen haben
er	wird gefallen haben	werde gefallen haben	würde gefallen haben
wir	werden gefallen haben	werden gefallen haben	würden gefallen haben
ihr	werdet gefallen haben	werdet gefallen haben	würdet gefallen haben
sie	werden gefallen haben	werden gefallen haben	würden gefallen haben

PRINC. PARTS: gehen, ging, ist gegangen, geht
IMPERATIVE: gehe!, geht!, gehen Sie!

INDICATIVE		SUBJUNCTIVE PRIMARY	SUBJUNCTIVE SECONDARY
		Present Time	
	Present	*(Pres. Subj.)*	*(Imperf. Subj.)*
ich	gehe	gehe	ginge
du	gehst	gehest	gingest
er	geht	gehe	ginge
wir	gehen	gehen	gingen
ihr	geht	gehet	ginget
sie	gehen	gehen	gingen

	Imperfect
ich	ging
du	gingst
er	ging
wir	gingen
ihr	gingt
sie	gingen

		Past Time	
	Perfect	*(Perf. Subj.)*	*(Pluperf. Subj.)*
ich	bin gegangen	sei gegangen	wäre gegangen
du	bist gegangen	seiest gegangen	wärest gegangen
er	ist gegangen	sei gegangen	wäre gegangen
wir	sind gegangen	seien gegangen	wären gegangen
ihr	seid gegangen	seiet gegangen	wäret gegangen
sie	sind gegangen	seien gegangen	wären gegangen

	Pluperfect
ich	war gegangen
du	warst gegangen
er	war gegangen
wir	waren gegangen
ihr	wart gegangen
sie	waren gegangen

		Future Time	
	Future	*(Fut. Subj.)*	*(Pres. Conditional)*
ich	werde gehen	werde gehen	würde gehen
du	wirst gehen	werdest gehen	würdest gehen
er	wird gehen	werde gehen	würde gehen
wir	werden gehen	werden gehen	würden gehen
ihr	werdet gehen	werdet gehen	würdet gehen
sie	werden gehen	werden gehen	würden gehen

		Future Perfect Time	
	Future Perfect	*(Fut. Perf. Subj.)*	*(Past Conditional)*
ich	werde gegangen sein	werde gegangen sein	würde gegangen sein
du	wirst gegangen sein	werdest gegangen sein	würdest gegangen sein
er	wird gegangen sein	werde gegangen sein	würde gegangen sein
wir	werden gegangen sein	werden gegangen sein	würden gegangen sein
ihr	werdet gegangen sein	werdet gegangen sein	würdet gegangen sein
sie	werden gegangen sein	werden gegangen sein	würden gegangen sein

geliebt werden

to be loved

PRINC. PARTS: geliebt werden, wurde geliebt, ist geliebt worden, wird geliebt

IMPERATIVE: werde geliebt!, werdet geliebt!, werden Sie geliebt!

	INDICATIVE	SUBJUNCTIVE PRIMARY	SUBJUNCTIVE SECONDARY
		Present Time	
	Present	*(Pres. Subj.)*	*(Imperf. Subj.)*
ich	werde geliebt	werde geliebt	würde geliebt
du	wirst geliebt	werdest geliebt	würdest geliebt
er	wird geliebt	werde geliebt	würde geliebt
wir	werden geliebt	werden geliebt	würden geliebt
ihr	werdet geliebt	werdet geliebt	würdet geliebt
sie	werden geliebt	werden geliebt	würden geliebt
	Imperfect		
ich	wurde geliebt		
du	wurdest geliebt		
er	wurde geliebt		
wir	wurden geliebt		
ihr	wurdet geliebt		
sie	wurden geliebt		
		Past Time	
	Perfect	*(Perf. Subj.)*	*(Pluperf. Subj.)*
ich	bin geliebt worden	sei geliebt worden	wäre geliebt worden
du	bist geliebt worden	seiest geliebt worden	wärest geliebt worden
er	ist geliebt worden	sei geliebt worden	wäre geliebt worden
wir	sind geliebt worden	seien geliebt worden	wären geliebt worden
ihr	seid geliebt worden	seiet geliebt worden	wäret geliebt worden
sie	sind geliebt worden	seien geliebt worden	wären geliebt worden
	Pluperfect		
ich	war geliebt worden		
du	warst geliebt worden		
er	war geliebt worden		
wir	waren geliebt worden		
ihr	wart geliebt worden		
sie	waren geliebt worden		
		Future Time	
	Future	*(Fut. Subj.)*	*(Pres. Conditional)*
ich	werde geliebt werden	werde geliebt werden	würde geliebt werden
du	wirst geliebt werden	werdest geliebt werden	würdest geliebt werden
er	wird geliebt werden	werde geliebt werden	würde geliebt werden
wir	werden geliebt werden	werden geliebt werden	würden geliebt werden
ihr	werdet geliebt werden	werdet geliebt werden	würdet geliebt werden
sie	werden geliebt werden	werden geliebt werden	würden geliebt werden
		Future Perfect Time	
	Future Perfect	*(Fut. Perf. Subj.)*	*(Past Conditional)*
ich	werde geliebt worden sein	werde geliebt worden sein	würde geliebt worden sein
du	wirst geliebt worden sein	werdest geliebt worden sein	würdest geliebt worden sein
er	wird geliebt worden sein	werde geliebt worden sein	würde geliebt worden sein
wir	werden geliebt worden sein	werden geliebt worden sein	würden geliebt worden sein
ihr	werdet geliebt worden sein	werdet geliebt worden sein	würdet geliebt worden sein
sie	werden geliebt worden sein	werden geliebt worden sein	würden geliebt worden sein

gelingen*
to succeed

	INDICATIVE	SUBJUNCTIVE PRIMARY	SUBJUNCTIVE SECONDARY
		Present Time	
	Present	*(Pres. Subj.)*	*(Imperf. Subj.)*
ich			
du			
es	gelingt (mir, dir, ihm, ihr, ihm, uns, euch, ihnen, Ihnen)	gelinge	gelänge
wir			
ihr			
sie	gelingen	gelingen	gelängen
	Imperfect		
ich			
du			
es	gelang		
wir			
ihr			
sie	gelangen		
		Past Time	
	Perfect	*(Perf. Subj.)*	*(Pluperf. Subj.)*
ich			
du			
es	ist gelungen	sei gelungen	wäre gelungen
wir			
ihr			
sie	sind gelungen	seien gelungen	wären gelungen
	Pluperfect		
ich			
du			
es	war gelungen		
wir			
ihr			
sie	waren gelungen		
		Future Time	
	Future	*(Fut. Subj.)*	*(Pres. Conditional)*
ich			
du			
es	wird gelingen	werde gelingen	würde gelingen
wir			
ihr			
sie	werden gelingen	werden gelingen	würden gelingen
		Future Perfect Time	
	Future Perfect	*(Fut. Perf. Subj.)*	*(Past Conditional)*
ich			
du			
es	wird gelungen sein	werde gelungen sein	würde gelungen sein
wir			
ihr			
sie	werden gelungen sein	werden gelungen sein	würden gelungen sein

* impersonal verb—only third person forms are used

gelten

to be valid, be worth, hold good

PRINC. PARTS: gelten,* galt, gegolten, gilt
IMPERATIVE: gilt!, geltet!, gelten Sie!**

INDICATIVE		SUBJUNCTIVE	
		PRIMARY	SECONDARY
		Present Time	
	Present	(*Pres. Subj.*)	(*Imperf. Subj.*)
ich	gelte	gelte	gölte *or* gälte
du	giltst	geltest	göltest gältest
er	gilt	gelte	gölte gälte
wir	gelten	gelten	gölten gälten
ihr	geltet	geltet	göltet gältet
sie	gelten	gelten	gölten gälten
	Imperfect		
ich	galt		
du	galtest		
er	galt		
wir	galten		
ihr	galtet		
sie	galten		
		Past Time	
	Perfect	(*Perf. Subj.*)	(*Pluperf. Subj.*)
ich	habe gegolten	habe gegolten	hätte gegolten
du	hast gegolten	habest gegolten	hättest gegolten
er	hat gegolten	habe gegolten	hätte gegolten
wir	haben gegolten	haben gegolten	hätten gegolten
ihr	habt gegolten	habet gegolten	hättet gegolten
sie	haben gegolten	haben gegolten	hätten gegolten
	Pluperfect		
ich	hatte gegolten		
du	hattest gegolten		
er	hatte gegolten		
wir	hatten gegolten		
ihr	hattet gegolten		
sie	hatten gegolten		
		Future Time	
	Future	(*Fut. Subj.*)	(*Pres. Conditional*)
ich	werde gelten	werde gelten	würde gelten
du	wirst gelten	werdest gelten	würdest gelten
er	wird gelten	werde gelten	würde gelten
wir	werden gelten	werden gelten	würden gelten
ihr	werdet gelten	werdet gelten	würdet gelten
sie	werden gelten	werden gelten	würden gelten
		Future Perfect Time	
	Future Perfect	(*Fut. Perf. Subj.*)	(*Past Conditional*)
ich	werde gegolten haben	werde gegolten haben	würde gegolten haben
du	wirst gegolten haben	werdest gegolten haben	würdest gegolten haben
er	wird gegolten haben	werde gegolten haben	würde gegolten haben
wir	werden gegolten haben	werden gegolten haben	würden gegolten haben
ihr	werdet gegolten haben	werdet gegolten haben	würdet gegolten haben
sie	werden gegolten haben	werden gegolten haben	würden gegolten haben

*Forms other than the third person are infrequently found.
**The imperative is unusual.

PRINC. PARTS: genesen, genas, ist genesen, genest
IMPERATIVE: genese!, genest!, genesen Sie!

to recover, convalesce

INDICATIVE		SUBJUNCTIVE	
		PRIMARY	SECONDARY
		Present Time	
	Present	*(Pres. Subj.)*	*(Imperf. Subj.)*
ich	genese	genese	genäse
du	genest	genesest	genäsest
er	genest	genese	genäse
wir	genesen	genesen	genäsen
ihr	genest	geneset	genäset
sie	genesen	genesen	genäsen
	Imperfect		
ich	genas		
du	genasest		
er	genas		
wir	genasen		
ihr	genast		
sie	genasen		
		Past Time	
	Perfect	*(Perf. Subj.)*	*(Pluperf. Subj.)*
ich	bin genesen	sei genesen	wäre genesen
du	bist genesen	seiest genesen	wärest genesen
er	ist genesen	sei genesen	wäre genesen
wir	sind genesen	seien genesen	wären genesen
ihr	seid genesen	seiet genesen	wäret genesen
sie	sind genesen	seien genesen	wären genesen
	Pluperfect		
ich	war genesen		
du	warst genesen		
er	war genesen		
wir	waren genesen		
ihr	wart genesen		
sie	waren genesen		
		Future Time	
	Future	*(Fut. Subj.)*	*(Pres. Conditional)*
ich	werde genesen	werde genesen	würde genesen
du	wirst genesen	werdest genesen	würdest genesen
er	wird genesen	werde genesen	würde genesen
wir	werden genesen	werden genesen	würden genesen
ihr	werdet genesen	werdet genesen	würdet genesen
sie	werden genesen	werden genesen	würden genesen
		Future Perfect Time	
	Future Perfect	*(Fut. Perf. Subj.)*	*(Past Conditional)*
ich	werde genesen sein	werde genesen sein	würde genesen sein
du	wirst genesen sein	werdest genesen sein	würdest genesen sein
er	wird genesen sein	werde genesen sein	würde genesen sein
wir	werden genesen sein	werden genesen sein	würden genesen sein
ihr	werdet genesen sein	werdet genesen sein	würdet genesen sein
sie	werden genesen sein	werden genesen sein	würden genesen sein

sich genieren

to feel embarrassed or awkward

PRINC. PARTS: sich genieren, genierte sich, hat sich geniert, geniert sich
IMPERATIVE: geniere dich!, geniert euch!, genieren Sie sich!

	INDICATIVE	SUBJUNCTIVE PRIMARY	SUBJUNCTIVE SECONDARY
		Present Time	
	Present	*(Pres. Subj.)*	*(Imperf. Subj.)*
ich	geniere mich	geniere mich	genierte mich
du	genierst dich	genierest dich	geniertest dich
er	geniert sich	geniere sich	genierte sich
wir	genieren uns	genieren uns	genierten uns
ihr	geniert euch	genieret euch	geniertet euch
sie	genieren sich	genieren sich	genierten sich
	Imperfect		
ich	genierte mich		
du	geniertest dich		
er	genierte sich		
wir	genierten uns		
ihr	geniertet euch		
sie	genierten sich		
		Past Time	
	Perfect	*(Perf. Subj.)*	*(Pluperf. Subj.)*
ich	habe mich geniert	habe mich geniert	hätte mich geniert
du	hast dich geniert	habest dich geniert	hättest dich geniert
er	hat sich geniert	habe sich geniert	hätte sich geniert
wir	haben uns geniert	haben uns geniert	hätten uns geniert
ihr	habt euch geniert	habet euch geniert	hättet euch geniert
sie	haben sich geniert	haben sich geniert	hätten sich geniert
	Pluperfect		
ich	hatte mich geniert		
du	hattest dich geniert		
er	hatte sich geniert		
wir	hatten uns geniert		
ihr	hattet euch geniert		
sie	hatten sich geniert		
		Future Time	
	Future	*(Fut. Subj.)*	*(Pres. Conditional)*
ich	werde mich genieren	werde mich genieren	würde mich genieren
du	wirst dich genieren	werdest dich genieren	würdest dich genieren
er	wird sich genieren	werde sich genieren	würde sich genieren
wir	werden uns genieren	werden uns genieren	würden uns genieren
ihr	werdet euch genieren	werdet euch genieren	würdet euch genieren
sie	werden sich genieren	werden sich genieren	würden sich genieren
		Future Perfect Time	
	Future Perfect	*(Fut. Perf. Subj.)*	*(Past Conditional)*
ich	werde mich geniert haben	werde mich geniert haben	würde mich geniert haben
du	wirst dich geniert haben	werdest dich geniert haben	würdest dich geniert haben
er	wird sich geniert haben	werde sich geniert haben	würde sich geniert haben
wir	werden uns geniert haben	werden uns geniert haben	würden uns geniert haben
ihr	werdet euch geniert haben	werdet euch geniert haben	würdet euch geniert haben
sie	werden sich geniert haben	werden sich geniert haben	würden sich geniert haben

genießen

PRINC. PARTS: genießen, genoß, genossen, genießt
IMPERATIVE: genieße!, genießt!, genießen Sie!

to enjoy

	INDICATIVE	SUBJUNCTIVE PRIMARY	SUBJUNCTIVE SECONDARY
		Present Time	
	Present	(*Pres. Subj.*)	(*Imperf. Subj.*)
ich	genieße	genieße	genösse
du	genießt	genießest	genössest
er	genießt	genieße	genösse
wir	genießen	genießen	genössen
ihr	genießt	genießet	genösset
sie	genießen	genießen	genössen
	Imperfect		
ich	genoß		
du	genossest		
er	genoß		
wir	genossen		
ihr	genoßt		
sie	genossen		
		Past Time	
	Perfect	(*Perf. Subj.*)	(*Pluperf. Subj.*)
ich	habe genossen	habe genossen	hätte genossen
du	hast genossen	habest genossen	hättest genossen
er	hat genossen	habe genossen	hätte genossen
wir	haben genossen	haben genossen	hätten genossen
ihr	habt genossen	habet genossen	hättet genossen
sie	haben genossen	haben genossen	hätten genossen
	Pluperfect		
ich	hatte genossen		
du	hattest genossen		
er	hatte genossen		
wir	hatten genossen		
ihr	hattet genossen		
sie	hatten genossen		
		Future Time	
	Future	(*Fut. Subj.*)	(*Pres. Conditional*)
ich	werde genießen	werde genießen	würde genießen
du	wirst genießen	werdest genießen	würdest genießen
er	wird genießen	werde genießen	würde genießen
wir	werden genießen	werden genießen	würden genießen
ihr	werdet genießen	werdet genießen	würdet genießen
sie	werden genießen	werden genießen	würden genießen
		Future Perfect Time	
	Future Perfect	(*Fut. Perf. Subj.*)	(*Past Conditional*)
ich	werde genossen haben	werde genossen haben	würde genossen haben
du	wirst genossen haben	werdest genossen haben	würdest genossen haben
er	wird genossen haben	werde genossen haben	würde genossen haben
wir	werden genossen haben	werden genossen haben	würden genossen haben
ihr	werdet genossen haben	werdet genossen haben	würdet genossen haben
sie	werden genossen haben	werden genossen haben	würden genossen haben

geraten

to get into, fall into or upon, turn out, prosper

PRINC. PARTS: geraten, geriet, ist geraten, gerät
IMPERATIVE: gerate!, geratet!, geraten Sie!

INDICATIVE	SUBJUNCTIVE PRIMARY	SUBJUNCTIVE SECONDARY
	Present Time	
Present	(*Pres. Subj.*)	(*Imperf. Subj.*)
ich gerate	gerate	geriete
du gerätst	geratest	gerietest
er gerät	gerate	geriete
wir geraten	geraten	gerieten
ihr geratet	geratet	gerietet
sie geraten	geraten	gerieten
Imperfect		
ich geriet		
du gerietest		
er geriet		
wir gerieten		
ihr gerietet		
sie gerieten		
	Past Time	
Perfect	(*Perf. Subj.*)	(*Pluperf. Subj.*)
ich bin geraten	sei geraten	wäre geraten
du bist geraten	seiest geraten	wärest geraten
er ist geraten	sei geraten	wäre geraten
wir sind geraten	seien geraten	wären geraten
ihr seid geraten	seiet geraten	wäret geraten
sie sind geraten	seien geraten	wären geraten
Pluperfect		
ich war geraten		
du warst geraten		
er war geraten		
wir waren geraten		
ihr wart geraten		
sie waren geraten		
	Future Time	
Future	(*Fut. Subj.*)	(*Pres. Conditional*)
ich werde geraten	werde geraten	würde geraten
du wirst geraten	werdest geraten	würdest geraten
er wird geraten	werde geraten	würde geraten
wir werden geraten	werden geraten	würden geraten
ihr werdet geraten	werdet geraten	würdet geraten
sie werden geraten	werden geraten	würden geraten
	Future Perfect Time	
Future Perfect	(*Fut. Perf. Subj.*)	(*Past Conditional*)
ich werde geraten sein	werde geraten sein	würde geraten sein
du wirst geraten sein	werdest geraten sein	würdest geraten sein
er wird geraten sein	werde geraten sein	würde geraten sein
wir werden geraten sein	werden geraten sein	würden geraten sein
ihr werdet geraten sein	werdet geraten sein	würdet geraten sein
sie werden geraten sein	werden geraten sein	würden geraten sein

geschehen*

PRINC. PARTS: geschehen, geschah, ist geschehen
IMPERATIVE: not used

to happen, to take place, to come to pass

	INDICATIVE	SUBJUNCTIVE PRIMARY	SUBJUNCTIVE SECONDARY
		Present Time	
	Present	(*Pres. Subj.*)	(*Imperf. Subj.*)
ich			
du			
es	geschieht	geschehe	geschähe
wir			
ihr			
sie	geschehen	geschehen	geschähen
	Imperfect		
ich			
du			
es	geschah		
wir			
ihr			
sie	geschahen		
		Past Time	
	Perfect	(*Perf. Subj.*)	(*Pluperf. Subj.*)
ich			
du			
es	ist geschehen	sei geschehen	wäre geschehen
wir			
ihr			
sie	sind geschehen	seien geschehen	wären geschehen
	Pluperfect		
ich			
du			
es	war geschehen		
wir			
ihr			
sie	waren geschehen		
		Future Time	
	Future	(*Fut. Subj.*)	(*Pres. Conditional*)
ich			
du			
es	wird geschehen	werde geschehen	würde geschehen
wir			
ihr			
sie	werden geschehen	werden geschehen	würden geschehen
		Future Perfect Time	
	Future Perfect	(*Fut. Perf. Subj.*)	(*Past Conditional*)
ich			
du			
es	wird geschehen sein	werde geschehen sein	würde geschehen sein
wir			
ihr			
sie	werden geschehen sein	werden geschehen sein	würden geschehen sein

* impersonal verb—only third person singular and plural are used

gewinnen

to win, gain

PRINC. PARTS: gewinnen, gewann, gewonnen, gewinnt
IMPERATIVE: gewinne!, gewinnt!, gewinnen Sie!

INDICATIVE		SUBJUNCTIVE		
		PRIMARY	SECONDARY	
		Present Time		
	Present	(*Pres. Subj.*)	(*Imperf. Subj.*)	
ich	gewinne	gewinne	gewönne	gewänne
du	gewinnst	gewinnest	gewönnest	gewännest
er	gewinnt	gewinne	gewönne *or*	gewänne
wir	gewinnen	gewinnen	gewönnen	gewännen
ihr	gewinnt	gewinnet	gewönnet	gewännet
sie	gewinnen	gewinnen	gewönnen	gewännen
	Imperfect			
ich	gewann			
du	gewannst			
er	gewann			
wir	gewannen			
ihr	gewannt			
sie	gewannen			
		Past Time		
	Perfect	(*Perf. Subj.*)	(*Pluperf. Subj.*)	
ich	habe gewonnen	habe gewonnen	hätte gewonnen	
du	hast gewonnen	habest gewonnen	hättest gewonnen	
er	hat gewonnen	habe gewonnen	hätte gewonnen	
wir	haben gewonnen	haben gewonnen	hätten gewonnen	
ihr	habt gewonnen	habet gewonnen	hättet gewonnen	
sie	haben gewonnen	haben gewonnen	hätten gewonnen	
	Pluperfect			
ich	hatte gewonnen			
du	hattest gewonnen			
er	hatte gewonnen			
wir	hatten gewonnen			
ihr	hattet gewonnen			
sie	hatten gewonnen			
		Future Time		
	Future	(*Fut. Subj.*)	(*Pres. Conditional*)	
ich	werde gewinnen	werde gewinnen	würde gewinnen	
du	wirst gewinnen	werdest gewinnen	würdest gewinnen	
er	wird gewinnen	werde gewinnen	würde gewinnen	
wir	werden gewinnen	werden gewinnen	würden gewinnen	
ihr	werdet gewinnen	werdet gewinnen	würdet gewinnen	
sie	werden gewinnen	werden gewinnen	würden gewinnen	
		Future Perfect Time		
	Future Perfect	(*Fut. Perf. Subj.*)	(*Past Conditional*)	
ich	werde gewonnen haben	werde gewonnen haben	würde gewonnen haben	
du	wirst gewonnen haben	werdest gewonnen haben	würdest gewonnen haben	
er	wird gewonnen haben	werde gewonnen haben	würde gewonnen haben	
wir	werden gewonnen haben	werden gewonnen haben	würden gewonnen haben	
ihr	werdet gewonnen haben	werdet gewonnen haben	würdet gewonnen haben	
sie	werden gewonnen haben	werden gewonnen haben	würden gewonnen haben	

PRINC. PARTS: sich gewöhnen, gewöhnte sich, hat sich gewöhnt, gewöhnt sich
IMPERATIVE: gewöhne dich!, gewöhnt euch!, gewöhnen Sie sich!

sich gewöhnen

to become accustomed

	INDICATIVE	SUBJUNCTIVE PRIMARY	SUBJUNCTIVE SECONDARY
		Present Time	
	Present	*(Pres. Subj.)*	*(Imperf. Subj.)*
ich	gewöhne mich	gewöhne mich	gewöhnte mich
du	gewöhnst dich	gewöhnest dich	gewöhntest dich
er	gewöhnt sich	gewöhne sich	gewöhnte sich
wir	gewöhnen uns	gewöhnen uns	gewöhnten uns
ihr	gewöhnt euch	gewöhnet euch	gewöhntet euch
sie	gewöhnen sich	gewöhnen sich	gewöhnten sich
	Imperfect		
ich	gewöhnte mich		
du	gewöhntest dich		
er	gewöhnte sich		
wir	gewöhnten uns		
ihr	gewöhntet euch		
sie	gewöhnten sich		
		Past Time	
	Perfect	*(Perf. Subj.)*	*(Pluperf. Subj.)*
ich	habe mich gewöhnt	habe mich gewöhnt	hätte mich gewöhnt
du	hast dich gewöhnt	habest dich gewöhnt	hättest dich gewöhnt
er	hat sich gewöhnt	habe sich gewöhnt	hätte sich gewöhnt
wir	haben uns gewöhnt	haben uns gewöhnt	hätten uns gewöhnt
ihr	habt euch gewöhnt	habet euch gewöhnt	hättet euch gewöhnt
sie	haben sich gewöhnt	haben sich gewöhnt	hätten sich gewöhnt
	Pluperfect		
ich	hatte mich gewöhnt		
du	hattest dich gewöhnt		
er	hatte sich gewöhnt		
wir	hatten uns gewöhnt		
ihr	hattet euch gewöhnt		
sie	hatten sich gewöhnt		
		Future Time	
	Future	*(Fut. Subj.)*	*(Pres. Conditional)*
ich	werde mich gewöhnen	werde mich gewöhnen	würde mich gewöhnen
du	wirst dich gewöhnen	werdest dich gewöhnen	würdest dich gewöhnen
er	wird sich gewöhnen	werde sich gewöhnen	würde sich gewöhnen
wir	werden uns gewöhnen	werden uns gewöhnen	würden uns gewöhnen
ihr	werdet euch gewöhnen	werdet euch gewöhnen	würdet euch gewöhnen
sie	werden sich gewöhnen	werden sich gewöhnen	würden sich gewöhnen
		Future Perfect Time	
	Future Perfect	*(Fut. Perf. Subj.)*	*(Past Conditional)*
ich	werde mich gewöhnt haben	werde mich gewöhnt haben	würde mich gewöhnt haben
du	wirst dich gewöhnt haben	werdest dich gewöhnt haben	würdest dich gewöhnt haben
er	wird sich gewöhnt haben	werde sich gewöhnt haben	würde sich gewöhnt haben
wir	werden uns gewöhnt haben	werden uns gewöhnt haben	würden uns gewöhnt haben
ihr	werdet euch gewöhnt haben	werdet euch gewöhnt haben	würdet euch gewöhnt haben
sie	werden sich gewöhnt haben	werden sich gewöhnt haben	würden sich gewöhnt haben

gießen

to pour, cast (metal)

PRINC. PARTS: gießen, goß, gegossen, gießt
IMPERATIVE: gieße!, gießt!, gießen Sie!

INDICATIVE	SUBJUNCTIVE PRIMARY	SUBJUNCTIVE SECONDARY
	Present Time	
Present	*(Pres. Subj.)*	*(Imperf. Subj.)*
ich gieße	gieße	gösse
du gießt	gießest	gössest
er gießt	gieße	gösse
wir gießen	gießen	gössen
ihr gießt	gießet	gösset
sie gießen	gießen	gössen
Imperfect		
ich goß		
du gossest		
er goß		
wir gossen		
ihr goßt		
sie gossen		
	Past Time	
Perfect	*(Perf. Subj.)*	*(Pluperf. Subj.)*
ich habe gegossen	habe gegossen	hätte gegossen
du hast gegossen	habest gegossen	hättest gegossen
er hat gegossen	habe gegossen	hätte gegossen
wir haben gegossen	haben gegossen	hätten gegossen
ihr habt gegossen	habet gegossen	hättet gegossen
sie haben gegossen	haben gegossen	hätten gegossen
Pluperfect		
ich hatte gegossen		
du hattest gegossen		
er hatte gegossen		
wir hatten gegossen		
ihr hattet gegossen		
sie hatten gegossen		
	Future Time	
Future	*(Fut. Subj.)*	*(Pres. Conditional)*
ich werde gießen	werde gießen	würde gießen
du wirst gießen	werdest gießen	würdest gießen
er wird gießen	werde gießen	würde gießen
wir werden gießen	werden gießen	würden gießen
ihr werdet gießen	werdet gießen	würdet gießen
sie werden gießen	werden gießen	würden gießen
	Future Perfect Time	
Future Perfect	*(Fut. Perf. Subj.)*	*(Past Conditional)*
ich werde gegossen haben	werde gegossen haben	würde gegossen haben
du wirst gegossen haben	werdest gegossen haben	würdest gegossen haben
er wird gegossen haben	werde gegossen haben	würde gegossen haben
wir werden gegossen haben	werden gegossen haben	würden gegossen haben
ihr werdet gegossen haben	werdet gegossen haben	würdet gegossen haben
sie werden gegossen haben	werden gegossen haben	würden gegossen haben

PRINC. PARTS: glänzen, glänzte, geglänzt, glänzt
IMPERATIVE: glänze!, glänzt!, glänzen Sie!

to glitter, shine; be brilliant

INDICATIVE		SUBJUNCTIVE	
		PRIMARY	SECONDARY
		Present Time	
	Present	(*Pres. Subj.*)	(*Imperf. Subj.*)
ich	glänze	glänze	glänzte
du	glänzt	glänzest	glänztest
er	glänzt	glänze	glänzte
wir	glänzen	glänzen	glänzten
ihr	glänzt	glänzet	glänztet
sie	glänzen	glänzen	glänzten
	Imperfect		
ich	glänzte		
du	glänztest		
er	glänzte		
wir	glänzten		
ihr	glänztet		
sie	glänzten		
		Past Time	
	Perfect	(*Perf. Subj.*)	(*Pluperf. Subj.*)
ich	habe geglänzt	habe geglänzt	hätte geglänzt
du	hast geglänzt	habest geglänzt	hättest geglänzt
er	hat geglänzt	habe geglänzt	hätte geglänzt
wir	haben geglänzt	haben geglänzt	hätten geglänzt
ihr	habt geglänzt	habet geglänzt	hättet geglänzt
sie	haben geglänzt	haben geglänzt	hätten geglänzt
	Pluperfect		
ich	hatte geglänzt		
du	hattest geglänzt		
er	hatte geglänzt		
wir	hatten geglänzt		
ihr	hattet geglänzt		
sie	hatten geglänzt		
		Future Time	
	Future	(*Fut. Subj.*)	(*Pres. Conditional*)
ich	werde glänzen	werde glänzen	würde glänzen
du	wirst glänzen	werdest glänzen	würdest glänzen
er	wird glänzen	werde glänzen	würde glänzen
wir	werden glänzen	werden glänzen	würden glänzen
ihr	werdet glänzen	werdet glänzen	würdet glänzen
sie	werden glänzen	werden glänzen	würden glänzen
		Future Perfect Time	
	Future Perfect	(*Fut. Perf. Subj.*)	(*Past Conditional*)
ich	werde geglänzt haben	werde geglänzt haben	würde geglänzt haben
du	wirst geglänzt haben	werdest geglänzt haben	würdest geglänzt haben
er	wird geglänzt haben	werde geglänzt haben	würde geglänzt haben
wir	werden geglänzt haben	werden geglänzt haben	würden geglänzt haben
ihr	werdet geglänzt haben	werdet geglänzt haben	würdet geglänzt haben
sie	werden geglänzt haben	werden geglänzt haben	würden geglänzt haben

glauben

to believe

PRINC. PARTS: glauben, glaubte, geglaubt, glaubt
IMPERATIVE: glaube!, glaubt!, glauben Sie!

INDICATIVE		SUBJUNCTIVE	
		PRIMARY	SECONDARY
		Present Time	
	Present	(*Pres. Subj.*)	(*Imperf. Subj.*)
ich	glaube	glaube	glaubte
du	glaubst	glaubest	glaubtest
er	glaubt	glaube	glaubte
wir	glauben	glauben	glaubten
ihr	glaubt	glaubet	glaubtet
sie	glauben	glauben	glaubten
	Imperfect		
ich	glaubte		
du	glaubtest		
er	glaubte		
wir	glaubten		
ihr	glaubtet		
sie	glaubten		
		Past Time	
	Perfect	(*Perf. Subj.*)	(*Pluperf. Subj.*)
ich	habe geglaubt	habe geglaubt	hätte geglaubt
du	hast geglaubt	habest geglaubt	hättest geglaubt
er	hat geglaubt	habe geglaubt	hätte geglaubt
wir	haben geglaubt	haben geglaubt	hätten geglaubt
ihr	habt geglaubt	habet geglaubt	hättet geglaubt
sie	haben geglaubt	haben geglaubt	hätten geglaubt
	Pluperfect		
ich	hatte geglaubt		
du	hattest geglaubt		
er	hatte geglaubt		
wir	hatten geglaubt		
ihr	hattet geglaubt		
sie	hatten geglaubt		
		Future Time	
	Future	(*Fut. Subj.*)	(*Pres. Conditional*)
ich	werde glauben	werde glauben	würde glauben
du	wirst glauben	werdest glauben	würdest glauben
er	wird glauben	werde glauben	würde glauben
wir	werden glauben	werden glauben	würden glauben
ihr	werdet glauben	werdet glauben	würdet glauben
sie	werden glauben	werden glauben	würden glauben
		Future Perfect Time	
	Future Perfect	(*Fut. Perf. Subj.*)	(*Past Conditional*)
ich	werde geglaubt haben	werde geglaubt haben	würde geglaubt haben
du	wirst geglaubt haben	werdest geglaubt haben	würdest geglaubt haben
er	wird geglaubt haben	werde geglaubt haben	würde geglaubt haben
wir	werden geglaubt haben	werden geglaubt haben	würden geglaubt haben
ihr	werdet geglaubt haben	werdet geglaubt haben	würdet geglaubt haben
sie	werden geglaubt haben	werden geglaubt haben	würden geglaubt haben

gleichen

PRINC. PARTS: gleichen, glich, geglichen, gleicht
IMPERATIVE: gleiche!, gleicht!, gleichen Sie!

be like, resemble, equal

INDICATIVE		SUBJUNCTIVE	
		PRIMARY	SECONDARY
		Present Time	
	Present	(*Pres. Subj.*)	(*Imperf. Subj.*)
ich	gleiche	gleiche	gliche
du	gleichst	gleichest	glichest
er	gleicht	gleiche	gliche
wir	gleichen	gleichen	glichen
ihr	gleicht	gleichet	glichet
sie	gleichen	gleichen	glichen
	Imperfect		
ich	glich		
du	glichst		
er	glich		
wir	glichen		
ihr	glicht		
sie	glichen		
		Past Time	
	Perfect	(*Perf. Subj.*)	(*Pluperf. Subj.*)
ich	habe geglichen	habe geglichen	hätte geglichen
du	hast geglichen	habest geglichen	hättest geglichen
er	hat geglichen	habe geglichen	hätte geglichen
wir	haben geglichen	haben geglichen	hätten geglichen
ihr	habt geglichen	habet geglichen	hättet geglichen
sie	haben geglichen	haben geglichen	hätten geglichen
	Pluperfect		
ich	hatte geglichen		
du	hattest geglichen		
er	hatte geglichen		
wir	hatten geglichen		
ihr	hattet geglichen		
sie	hatten geglichen		
		Future Time	
	Future	(*Fut. Subj.*)	(*Pres. Conditional*)
ich	werde gleichen	werde gleichen	würde gleichen
du	wirst gleichen	werdest gleichen	würdest gleichen
er	wird gleichen	werde gleichen	würde gleichen
wir	werden gleichen	werden gleichen	würden gleichen
ihr	werdet gleichen	werdet gleichen	würdet gleichen
sie	werden gleichen	werden gleichen	würden gleichen
		Future Perfect Time	
	Future Perfect	(*Fut. Perf. Subj.*)	(*Past Conditional*)
ich	werde geglichen haben	werde geglichen haben	würde geglichen haben
du	wirst geglichen haben	werdest geglichen haben	würdest geglichen haben
er	wird geglichen haben	werde geglichen haben	würde geglichen haben
wir	werden geglichen haben	werden geglichen haben	würden geglichen haben
ihr	werdet geglichen haben	werdet geglichen haben	würdet geglichen haben
sie	werden geglichen haben	werden geglichen haben	würden geglichen haben

gleiten

to slide, glide

PRINC. PARTS: gleiten, glitt, ist geglitten, gleitet
IMPERATIVE: gleite!, gleitet!, gleiten Sie!

INDICATIVE		SUBJUNCTIVE	
		PRIMARY	SECONDARY
		Present Time	
	Present	(*Pres. Subj.*)	(*Imperf. Subj.*)
ich	gleite	gleite	glitte
du	gleitest	gleitest	glittest
er	gleitet	gleite	glitte
wir	gleiten	gleiten	glitten
ihr	gleitet	gleitet	glittet
sie	gleiten	gleiten	glitten
	Imperfect		
ich	glitt		
du	glittest		
er	glitt		
wir	glitten		
ihr	glittet		
sie	glitten		
		Past Time	
	Perfect	(*Perf. Subj.*)	(*Pluperf. Subj.*)
ich	bin geglitten	sei geglitten	wäre geglitten
du	bist geglitten	seiest geglitten	wärest geglitten
er	ist geglitten	sei geglitten	wäre geglitten
wir	sind geglitten	seien geglitten	wären geglitten
ihr	seid geglitten	seiet geglitten	wäret geglitten
sie	sind geglitten	seien geglitten	wären geglitten
	Pluperfect		
ich	war geglitten		
du	warst geglitten		
er	war geglitten		
wir	waren geglitten		
ihr	wart geglitten		
sie	waren geglitten		
		Future Time	
	Future	(*Fut. Subj.*)	(*Pres. Conditional*)
ich	werde gleiten	werde gleiten	würde gleiten
du	wirst gleiten	werdest gleiten	würdest gleiten
er	wird gleiten	werde gleiten	würde gleiten
wir	werden gleiten	werden gleiten	würden gleiten
ihr	werdet gleiten	werdet gleiten	würdet gleiten
sie	werden gleiten	werden gleiten	würden gleiten
		Future Perfect Time	
	Future Perfect	(*Fut. Perf. Subj.*)	(*Past Conditional*)
ich	werde geglitten sein	werde geglitten sein	würde geglitten sein
du	wirst geglitten sein	werdest geglitten sein	würdest geglitten sein
er	wird geglitten sein	werde geglitten sein	würde geglitten sein
wir	werden geglitten sein	werden geglitten sein	würden geglitten sein
ihr	werdet geglitten sein	werdet geglitten sein	würdet geglitten sein
sie	werden geglitten sein	werden geglitten sein	würden geglitten sein

glotzen

PRINC. PARTS: glotzen, glotzte, geglotzt, glotzt
IMPERATIVE: glotze!, glotzt!, glotzen Sie!

to gape, stare

INDICATIVE		SUBJUNCTIVE	
		PRIMARY	SECONDARY
		Present Time	
	Present	*(Pres. Subj.)*	*(Imperf. Subj.)*
ich	glotze	glotze	glotzte
du	glotzt	glotzest	glotztest
er	glotzt	glotze	glotzte
wir	glotzen	glotzen	glotzten
ihr	glotzt	glotzet	glotztet
sie	glotzen	glotzen	glotzten
	Imperfect		
ich	glotzte		
du	glotztest		
er	glotzte		
wir	glotzten		
ihr	glotztet		
sie	glotzten		
		Past Time	
	Perfect	*(Perf. Subj.)*	*(Pluperf. Subj.)*
ich	habe geglotzt	habe geglotzt	hätte geglotzt
du	hast geglotzt	habest geglotzt	hättest geglotzt
er	hat geglotzt	habe geglotzt	hätte geglotzt
wir	haben geglotzt	haben geglotzt	hätten geglotzt
ihr	habt geglotzt	habet geglotzt	hättet geglotzt
sie	haben geglotzt	haben geglotzt	hätten geglotzt
	Pluperfect		
ich	hatte geglotzt		
du	hattest geglotzt		
er	hatte geglotzt		
wir	hatten geglotzt		
ihr	hattet geglotzt		
sie	hatten geglotzt		
		Future Time	
	Future	*(Fut. Subj.)*	*(Pres. Conditional)*
ich	werde glotzen	werde glotzen	würde glotzen
du	wirst glotzen	werdest glotzen	würdest glotzen
er	wird glotzen	werde glotzen	würde glotzen
wir	werden glotzen	werden glotzen	würden glotzen
ihr	werdet glotzen	werdet glotzen	würdet glotzen
sie	werden glotzen	werden glotzen	würden glotzen
		Future Perfect Time	
	Future Perfect	*(Fut. Perf. Subj.)*	*(Past Conditional)*
ich	werde geglotzt haben	werde geglotzt haben	würde geglotzt haben
du	wirst geglotzt haben	werdest geglotzt haben	würdest geglotzt haben
er	wird geglotzt haben	werde geglotzt haben	würde geglotzt haben
wir	werden geglotzt haben	werden geglotzt haben	würden geglotzt haben
ihr	werdet geglotzt haben	werdet geglotzt haben	würdet geglotzt haben
sie	werden geglotzt haben	werden geglotzt haben	würden geglotzt haben

glühen

to glow, burn

PRINC. PARTS: glühen, glühte, geglüht, glüht
IMPERATIVE: glühe!, glüht!, glühen Sie!

INDICATIVE		SUBJUNCTIVE	
		PRIMARY	SECONDARY
		Present Time	
	Present	(*Pres. Subj.*)	(*Imperf. Subj.*)
ich	glühe	glühe	glühte
du	glühst	glühest	glühtest
er	glüht	glühe	glühte
wir	glühen	glühen	glühten
ihr	glüht	glühet	glühtet
sie	glühen	glühen	glühten
	Imperfect		
ich	glühte		
du	glühtest		
er	glühte		
wir	glühten		
ihr	glühtet		
sie	glühten		
		Past Time	
	Perfect	(*Perf. Subj.*)	(*Pluperf. Subj.*)
ich	habe geglüht	habe geglüht	hätte geglüht
du	hast geglüht	habest geglüht	hättest geglüht
er	hat geglüht	habe geglüht	hätte geglüht
wir	haben geglüht	haben geglüht	hätten geglüht
ihr	habt geglüht	habet geglüht	hättet geglüht
sie	haben geglüht	haben geglüht	hätten geglüht
	Pluperfect		
ich	hatte geglüht		
du	hattest geglüht		
er	hatte geglüht		
wir	hatten geglüht		
ihr	hattet geglüht		
sie	hatten geglüht		
		Future Time	
	Future	(*Fut. Subj.*)	(*Pres. Conditional*)
ich	werde glühen	werde glühen	würde glühen
du	wirst glühen	werdest glühen	würdest glühen
er	wird glühen	werde glühen	würde glühen
wir	werden glühen	werden glühen	würden glühen
ihr	werdet glühen	werdet glühen	würdet glühen
sie	werden glühen	werden glühen	würden glühen
		Future Perfect Time	
	Future Perfect	(*Fut. Perf. Subj.*)	(*Past Conditional*)
ich	werde geglüht haben	werde geglüht haben	würde geglüht haben
du	wirst geglüht haben	werdest geglüht haben	würdest geglüht haben
er	wird geglüht haben	werde geglüht haben	würde geglüht haben
wir	werden geglüht haben	werden geglüht haben	würden geglüht haben
ihr	werdet geglüht haben	werdet geglüht haben	würdet geglüht haben
sie	werden geglüht haben	werden geglüht haben	würden geglüht haben

PRINC. PARTS: graben, grub, gegraben, gräbt
IMPERATIVE: grabe!, grabt!, graben Sie!

	INDICATIVE	SUBJUNCTIVE PRIMARY	SUBJUNCTIVE SECONDARY
		Present Time	
	Present	*(Pres. Subj.)*	*(Imperf. Subj.)*
ich	grabe	grabe	grübe
du	gräbst	grabest	grübest
er	gräbt	grabe	grübe
wir	graben	graben	grüben
ihr	grabt	grabet	grübet
sie	graben	graben	grüben
	Imperfect		
ich	grub		
du	grubst		
er	grub		
wir	gruben		
ihr	grubt		
sie	gruben		
		Past Time	
	Perfect	*(Perf. Subj.)*	*(Pluperf. Subj.)*
ich	habe gegraben	habe gegraben	hätte gegraben
du	hast gegraben	habest gegraben	hättest gegraben
er	hat gegraben	habe gegraben	hätte gegraben
wir	haben gegraben	haben gegraben	hätten gegraben
ihr	habt gegraben	habet gegraben	hättet gegraben
sie	haben gegraben	haben gegraben	hätten gegraben
	Pluperfect		
ich	hatte gegraben		
du	hattest gegraben		
er	hatte gegraben		
wir	hatten gegraben		
ihr	hattet gegraben		
sie	hatten gegraben		
		Future Time	
	Future	*(Fut. Subj.)*	*(Pres. Conditional)*
ich	werde graben	werde graben	würde graben
du	wirst graben	werdest graben	würdest graben
er	wird graben	werde graben	würde graben
wir	werden graben	werden graben	würden graben
ihr	werdet graben	werdet graben	würdet graben
sie	werden graben	werden graben	würden graben
		Future Perfect Time	
	Future Perfect	*(Fut. Perf. Subj.)*	*(Past Conditional)*
ich	werde gegraben haben	werde gegraben haben	würde gegraben haben
du	wirst gegraben haben	werdest gegraben haben	würdest gegraben haben
er	wird gegraben haben	werde gegraben haben	würde gegraben haben
wir	werden gegraben haben	werden gegraben haben	würden gegraben haben
ihr	werdet gegraben haben	werdet gegraben haben	würdet gegraben haben
sie	werden gegraben haben	werden gegraben haben	würden gegraben haben

greifen

to seize, grasp, grab

PRINC. PARTS: greifen, griff, gegriffen, greift
IMPERATIVE: greife!, greift!, greifen Sie!

INDICATIVE		SUBJUNCTIVE	
		PRIMARY	SECONDARY
		Present Time	
	Present	(*Pres. Subj.*)	(*Imperf. Subj.*)
ich	greife	greife	griffe
du	greifst	greifest	griffest
er	greift	greife	griffe
wir	greifen	greifen	griffen
ihr	greift	greifet	griffet
sie	greifen	greifen	griffen
	Imperfect		
ich	griff		
du	griffst		
er	griff		
wir	griffen		
ihr	grifft		
sie	griffen		
		Past Time	
	Perfect	(*Perf. Subj.*)	(*Pluperf. Subj.*)
ich	habe gegriffen	habe gegriffen	hätte gegriffen
du	hast gegriffen	habest gegriffen	hättest gegriffen
er	hat gegriffen	habe gegriffen	hätte gegriffen
wir	haben gegriffen	haben gegriffen	hätten gegriffen
ihr	habt gegriffen	habet gegriffen	hättet gegriffen
sie	haben gegriffen	haben gegriffen	hätten gegriffen
	Pluperfect		
ich	hatte gegriffen		
du	hattest gegriffen		
er	hatte gegriffen		
wir	hatten gegriffen		
ihr	hattet gegriffen		
sie	hatten gegriffen		
		Future Time	
	Future	(*Fut. Subj.*)	(*Pres. Conditional*)
ich	werde greifen	werde greifen	würde greifen
du	wirst greifen	werdest greifen	würdest greifen
er	wird greifen	werde greifen	würde greifen
wir	werden greifen	werden greifen	würden greifen
ihr	werdet greifen	werdet greifen	würdet greifen
sie	werden greifen	werden greifen	würden greifen
		Future Perfect Time	
	Future Perfect	(*Fut. Perf. Subj.*)	(*Past Conditional*)
ich	werde gegriffen haben	werde gegriffen haben	würde gegriffen haben
du	wirst gegriffen haben	werdest gegriffen haben	würdest gegriffen haben
er	wird gegriffen haben	werde gegriffen haben	würde gegriffen haben
wir	werden gegriffen haben	werden gegriffen haben	würden gegriffen haben
ihr	werdet gegriffen haben	werdet gegriffen haben	würdet gegriffen haben
sie	werden gegriffen haben	werden gegriffen haben	würden gegriffen haben

PRINC. PARTS: grollen, grollte, gegrollt, grollt
IMPERATIVE: grolle!, grollt!, grollen Sie!

be resentful or angry; rumble, roll

INDICATIVE		SUBJUNCTIVE	
		PRIMARY	SECONDARY
		Present Time	
	Present	*(Pres. Subj.)*	*(Imperf. Subj.)*
ich	grolle	grolle	grollte
du	grollst	grollest	grolltest
er	grollt	grolle	grollte
wir	grollen	grollen	grollten
ihr	grollt	grollet	grolltet
sie	grollen	grollen	grollten
	Imperfect		
ich	grollte		
du	grolltest		
er	grollte		
wir	grollten		
ihr	grolltet		
sie	grollten		
		Past Time	
	Perfect	*(Perf. Subj.)*	*(Pluperf. Subj.)*
ich	habe gegrollt	habe gegrollt	hätte gegrollt
du	hast gegrollt	habest gegrollt	hättest gegrollt
er	hat gegrollt	habe gegrollt	hätte gegrollt
wir	haben gegrollt	haben gegrollt	hätten gegrollt
ihr	habt gegrollt	habet gegrollt	hättet gegrollt
sie	haben gegrollt	haben gegrollt	hätten gegrollt
	Pluperfect		
ich	hatte gegrollt		
du	hattest gegrollt		
er	hatte gegrollt		
wir	hatten gegrollt		
ihr	hattet gegrollt		
sie	hatten gegrollt		
		Future Time	
	Future	*(Fut. Subj.)*	*(Pres. Conditional)*
ich	werde grollen	werde grollen	würde grollen
du	wirst grollen	werdest grollen	würdest grollen
er	wird grollen	werde grollen	würde grollen
wir	werden grollen	werden grollen	würden grollen
ihr	werdet grollen	werdet grollen	würdet grollen
sie	werden grollen	werden grollen	würden grollen
	Future Perfect	*(Fut. Perf. Subj.)*	*(Past Conditional)*
ich	werde gegrollt haben	werde gegrollt haben	würde gegrollt haben
du	wirst gegrollt haben	werdest gegrollt haben	würdest gegrollt haben
er	wird gegrollt haben	werde gegrollt haben	würde gegrollt haben
wir	werden gegrollt haben	werden gegrollt haben	würden gegrollt haben
ihr	werdet gegrollt haben	werdet gegrollt haben	würdet gegrollt haben
sie	werden gegrollt haben	werden gegrollt haben	würden gegrollt haben

grüßen

to greet, salute, send regards or compliments

PRINC. PARTS: grüßen, grüßte, gegrüßt, grüßt
IMPERATIVE: grüße!, grüßt!, grüßen Sie!

INDICATIVE		SUBJUNCTIVE	
		PRIMARY	SECONDARY
		Present Time	
	Present	(*Pres. Subj.*)	(*Imperf. Subj.*)
ich	grüße	grüße	grüßte
du	grüßt	grüßest	grüßtest
er	grüßt	grüße	grüßte
wir	grüßen	grüßen	grüßten
ihr	grüßt	grüßet	grüßtet
sie	grüßen	grüßen	grüßten

	Imperfect
ich	grüßte
du	grüßtest
er	grüßte
wir	grüßten
ihr	grüßtet
sie	grüßten

		Past Time	
	Perfect	(*Perf. Subj.*)	(*Pluperf. Subj.*)
ich	habe gegrüßt	habe gegrüßt	hätte gegrüßt
du	hast gegrüßt	habest gegrüßt	hättest gegrüßt
er	hat gegrüßt	habe gegrüßt	hätte gegrüßt
wir	haben gegrüßt	haben gegrüßt	hätten gegrüßt
ihr	habt gegrüßt	habet gegrüßt	hättet gegrüßt
sie	haben gegrüßt	haben gegrüßt	hätten gegrüßt

	Pluperfect
ich	hatte gegrüßt
du	hattest gegrüßt
er	hatte gegrüßt
wir	hatten gegrüßt
ihr	hattet gegrüßt
sie	hatten gegrüßt

		Future Time	
	Future	(*Fut. Subj.*)	(*Pres. Conditional*)
ich	werde grüßen	werde grüßen	würde grüßen
du	wirst grüßen	werdest grüßen	würdest grüßen
er	wird grüßen	werde grüßen	würde grüßen
wir	werden grüßen	werden grüßen	würden grüßen
ihr	werdet grüßen	werdet grüßen	würdet grüßen
sie	werden grüßen	werden grüßen	würden grüßen

		Future Perfect Time	
	Future Perfect	(*Fut. Perf. Subj.*)	(*Past Conditional*)
ich	werde gegrüßt	werde gegrüßt haben	würde gegrüßt haben
du	wirst gegrüßt haben	werdest gegrüßt haben	würdest gegrüßt haben
er	wird gegrüßt haben	werde gegrüßt haben	würde gegrüßt haben
wir	werden gegrüßt haben	werden gegrüßt haben	würden gegrüßt haben
ihr	werdet gegrüßt haben	werdet gegrüßt haben	würdet gegrüßt haben
sie	werden gegrüßt haben	werden gegrüßt haben	würden gegrüßt haben

gucken

PRINC. PARTS: gucken, guckte, geguckt, guckt
IMPERATIVE: gucke!, guckt!, gucken Sie!

to look, peep

	INDICATIVE	SUBJUNCTIVE PRIMARY	SUBJUNCTIVE SECONDARY
		Present Time	
	Present	*(Pres. Subj.)*	*(Imperf. Subj.)*
ich	gucke	gucke	guckte
du	guckst	guckest	gucktest
er	guckt	gucke	guckte
wir	gucken	gucken	guckten
ihr	guckt	gucket	gucktest
sie	gucken	gucken	guckten
	Imperfect		
ich	guckte		
du	gucktest		
er	guckte		
wir	guckten		
ihr	gucktet		
sie	guckten		
		Past Time	
	Perfect	*(Perf. Subj.)*	*(Pluperf. Subj.)*
ich	habe geguckt	habe geguckt	hätte geguckt
du	hast geguckt	habest geguckt	hättest geguckt
er	hat geguckt	habe geguckt	hätte geguckt
wir	haben geguckt	haben geguckt	hätten geguckt
ihr	habt geguckt	habet geguckt	hättet geguckt
sie	haben geguckt	haben geguckt	hätten geguckt
	Pluperfect		
ich	hatte geguckt		
du	hattest geguckt		
er	hatte geguckt		
wir	hatten geguckt		
ihr	hattet geguckt		
sie	hatten geguckt		
		Future Time	
	Future	*(Fut. Subj.)*	*(Pres. Conditional)*
ich	werde gucken	werde gucken	würde gucken
du	wirst gucken	werdest gucken	würdest gucken
er	wird gucken	werde gucken	würde gucken
wir	werden gucken	werden gucken	würden gucken
ihr	werdet gucken	werdet gucken	würdet gucken
sie	werden gucken	werden gucken	würden gucken
		Future Perfect Time	
	Future Perfect	*(Fut. Perf. Subj.)*	*(Past Conditional)*
ich	werde geguckt haben	werde geguckt haben	würde geguckt haben
du	wirst geguckt haben	werdest geguckt haben	würdest geguckt haben
er	wird geguckt haben	werde geguckt haben	würde geguckt haben
wir	werden geguckt haben	werden geguckt haben	würden geguckt haben
ihr	werdet geguckt haben	werdet geguckt haben	würdet geguckt haben
sie	werden geguckt haben	werden geguckt haben	würden geguckt haben

haben

to have

PRINC. PARTS: haben, hatte, gehabt, hat
IMPERATIVE: habe!, habt!, haben Sie!

	INDICATIVE	SUBJUNCTIVE PRIMARY	SUBJUNCTIVE SECONDARY
		Present Time	
	Present	*(Pres. Subj.)*	*(Imperf. Subj.)*
ich	habe	habe	hätte
du	hast	habest	hättest
er	hat	habe	hätte
wir	haben	haben	hätten
ihr	habt	habet	hättet
sie	haben	haben	hätten
	Imperfect		
ich	hatte		
du	hattest		
er	hatte		
wir	hatten		
ihr	hattet		
sie	hatten		
		Past Time	
	Perfect	*(Perf. Subj.)*	*(Pluperf. Subj.)*
ich	habe gehabt	habe gehabt	hätte gehabt
du	hast gehabt	habest gehabt	hättest gehabt
er	hat gehabt	habe gehabt	hätte gehabt
wir	haben gehabt	haben gehabt	hätten gehabt
ihr	habt gehabt	habet gehabt	hättet gehabt
sie	haben gehabt	haben gehabt	hätten gehabt
	Pluperfect		
ich	hatte gehabt		
du	hattest gehabt		
er	hatte gehabt		
wir	hatten gehabt		
ihr	hattet gehabt		
sie	hatten gehabt		
		Future Time	
	Future	*(Fut. Subj.)*	*(Pres. Conditional)*
ich	werde haben	werde haben	würde haben
du	wirst haben	werdest haben	würdest haben
er	wird haben	werde haben	würde haben
wir	werden haben	werden haben	würden haben
ihr	werdet haben	werdet haben	würdet haben
sie	werden haben	werden haben	würden haben
		Future Perfect Time	
	Future Perfect	*(Fut. Perf. Subj.)*	*(Past Conditional)*
ich	werde gehabt haben	werde gehabt haben	würde gehabt haben
du	wirst gehabt haben	werdest gehabt haben	würdest gehabt haben
er	wird gehabt haben	werde gehabt haben	würde gehabt haben
wir	werden gehabt haben	werden gehabt haben	würden gehabt haben
ihr	werdet gehabt haben	werdet gehabt haben	würdet gehabt haben
sie	werden gehabt haben	werden gehabt haben	würden gehabt haben

PRINC. PARTS: halten, hielt, gehalten, hält
IMPERATIVE: halte!, haltet!, halten Sie!

to hold, stop, keep, consider

INDICATIVE		SUBJUNCTIVE	
		PRIMARY	SECONDARY
		Present Time	
	Present	(*Pres. Subj.*)	(*Imperf. Subj.*)
ich	halte	halte	hielte
du	hältst	haltest	hieltest
er	hält	halte	hielte
wir	halten	halten	hielten
ihr	haltet	haltet	hieltet
sie	halten	halten	hielten
	Imperfect		
ich	hielt		
du	hieltest		
er	hielt		
wir	hielten		
ihr	hieltet		
sie	hielten		
		Past Time	
	Perfect	(*Perf. Subj.*)	(*Pluperf. Subj.*)
ich	habe gehalten	habe gehalten	hätte gehalten
du	hast gehalten	habest gehalten	hättest gehalten
er	hat gehalten	habe gehalten	hätte gehalten
wir	haben gehalten	haben gehalten	hätten gehalten
ihr	habt gehalten	habet gehalten	hättet gehalten
sie	haben gehalten	haben gehalten	hätten gehalten
	Pluperfect		
ich	hatte gehalten		
du	hattest gehalten		
er	hatte gehalten		
wir	hatten gehalten		
ihr	hattet gehalten		
sie	hatten gehalten		
		Future Time	
	Future	(*Fut. Subj.*)	(*Pres. Conditional*)
ich	werde halten	werde halten	würde halten
du	wirst halten	werdest halten	würdest halten
er	wird halten	werde halten	würde halten
wir	werden halten	werden halten	würden halten
ihr	werdet halten	werdet halten	würdet halten
sie	werden halten	werden halten	würden halten
		Future Perfect Time	
	Future Perfect	(*Fut. Perf. Subj.*)	(*Past Conditional*)
ich	werde gehalten haben	werde gehalten haben	würde gehalten haben
du	wirst gehalten haben	werdest gehalten haben	würdest gehalten haben
er	wird gehalten haben	werde gehalten haben	würde gehalten haben
wir	werden gehalten haben	werden gehalten haben	würden gehalten haben
ihr	werdet gehalten haben	werdet gehalten haben	würdet gehalten haben
sie	werden gehalten haben	werden gehalten haben	würden gehalten haben

handeln

to act; trade, traffic, deal (in goods)

PRINC. PARTS: handeln, handelte, gehandelt, handelt
IMPERATIVE: handle!, handelt!, handeln Sie!

	INDICATIVE	SUBJUNCTIVE PRIMARY	SUBJUNCTIVE SECONDARY
		Present Time	
	Present	*(Pres. Subj.)*	*(Imperf. Subj.)*
ich	handele*	handele*	handelte
du	handelst	handelst	handeltest
er	handelt	handele*	handelte
wir	handeln	handeln	handelten
ihr	handelt	handelt	handeltet
sie	handeln	handeln	handelten
	Imperfect		
ich	handelte		
du	handeltest		
er	handelte		
wir	handelten		
ihr	handeltet		
sie	handelten		
		Past Time	
	Perfect	*(Perf. Subj.)*	*(Pluperf. Subj.)*
ich	habe gehandelt	habe gehandelt	hätte gehandelt
du	hast gehandelt	habest gehandelt	hättest gehandelt
er	hat gehandelt	habe gehandelt	hätte gehandelt
wir	haben gehandelt	haben gehandelt	hätten gehandelt
ihr	habt gehandelt	habet gehandelt	hättet gehandelt
sie	haben gehandelt	haben gehandelt	hätten gehandelt
	Pluperfect		
ich	hatte gehandelt		
du	hattest gehandelt		
er	hatte gehandelt		
wir	hatten gehandelt		
ihr	hattet gehandelt		
sie	hatten gehandelt		
		Future Time	
	Future	*(Fut. Subj.)*	*(Pres. Conditional)*
ich	werde handeln	werde handeln	würde handeln
du	wirst handeln	werdest handeln	würdest handeln
er	wird handeln	werde handeln	würde handeln
wir	werden handeln	werden handeln	würden handeln
ihr	werdet handeln	werdet handeln	würdet handeln
sie	werden handeln	werden handeln	würden handeln
		Future Perfect Time	
	Future Perfect	*(Fut. Perf. Subj.)*	*(Past Conditional)*
ich	werde gehandelt haben	werde gehandelt haben	würde gehandelt haben
du	wirst gehandelt haben	werdest gehandelt haben	würdest gehandelt haben
er	wird gehandelt haben	werde gehandelt haben	würde gehandelt haben
wir	werden gehandelt haben	werden gehandelt haben	würden gehandelt haben
ihr	werdet gehandelt haben	werdet gehandelt haben	würdet gehandelt haben
sie	werden gehandelt haben	werden gehandelt haben	würden gehandelt haben

* 'e' preceding 'l' in these forms is usually omitted in colloquial speech. Some authorities, however, (*Duden: Rechtschreibung* v.g.) say it should be retained.

hängen

to hang

PRINC. PARTS: hängen, hing, gehangen, hängt
IMPERATIVE: hänge!, hängt!, hängen Sie!

INDICATIVE		SUBJUNCTIVE	
		PRIMARY	SECONDARY
		Present Time	
	Present	(*Pres. Subj.*)	(*Imperf. Subj.*)
ich	hänge	hänge	hinge
du	hängst	hängest	hingest
er	hängt	hänge	hinge
wir	hängen	hängen	hingen
ihr	hängt	hänget	hinget
sie	hängen	hängen	hingen
	Imperfect		
ich	hing		
du	hingst		
er	hing		
wir	hingen		
ihr	hingt		
sie	hingen		
		Past Time	
	Perfect	(*Perf. Subj.*)	(*Pluperf. Subj.*)
ich	habe gehangen	habe gehangen	hätte gehangen
du	hast gehangen	habest gehangen	hättest gehangen
er	hat gehangen	habe gehangen	hätte gehangen
wir	haben gehangen	haben gehangen	hätten gehangen
ihr	habt gehangen	habet gehangen	hättet gehangen
sie	haben gehangen	haben gehangen	hätten gehangen
	Pluperfect		
ich	hatte gehangen		
du	hattest gehangen		
er	hatte gehangen		
wir	hatten gehangen		
ihr	hattet gehangen		
sie	hatten gehangen		
		Future Time	
	Future	(*Fut. Subj.*)	(*Pres. Conditional*)
ich	werde hängen	werde hängen	würde hängen
du	wirst hängen	werdest hängen	würdest hängen
er	wird hängen	werde hängen	würde hängen
wir	werden hängen	werden hängen	würden hängen
ihr	werdet hängen	werdet hängen	würdet hängen
sie	werden hängen	werden hängen	würden hängen
		Future Perfect Time	
	Future Perfect	(*Fut. Perf. Subj.*)	(*Past Conditional*)
ich	werde gehangen haben	werde gehangen haben	würde gehangen haben
du	wirst gehangen haben	werdest gehangen haben	würdest gehangen haben
er	wird gehangen haben	werde gehangen haben	würde gehangen haben
wir	werden gehangen haben	werden gehangen haben	würden gehangen haben
ihr	werdet gehangen haben	werdet gehangen haben	würdet gehangen haben
sie	werden gehangen haben	werden gehangen haben	würden gehangen haben

haschen

to snatch, seize

PRINC. PARTS: haschen, haschte, gehascht, hascht
IMPERATIVE: hasche!, hascht!, haschen Sie!

INDICATIVE		SUBJUNCTIVE	
		PRIMARY	SECONDARY
		Present Time	
	Present	(*Pres. Subj.*)	(*Imperf. Subj.*)
ich	hasche	hasche	haschte
du	haschst	haschest	haschtest
er	hascht	hasche	haschte
wir	haschen	haschen	haschten
ihr	hascht	haschet	haschtet
sie	haschen	haschen	haschten
	Imperfect		
ich	haschte		
du	haschtest		
er	haschte		
wir	haschten		
ihr	haschtet		
sie	haschten		
		Past Time	
	Perfect	(*Perf. Subj.*)	(*Pluperf. Subj.*)
ich	habe gehascht	habe gehascht	hätte gehascht
du	hast gehascht	habest gehascht	hättest gehascht
er	hat gehascht	habe gehascht	hätte gehascht
wir	haben gehascht	haben gehascht	hätten gehascht
ihr	habt gehascht	habet gehascht	hättet gehascht
sie	haben gehascht	haben gehascht	hätten gehascht
	Pluperfect		
ich	hatte gehascht		
du	hattest gehascht		
er	hatte gehascht		
wir	hatten gehascht		
ihr	hattet gehascht		
sie	hatten gehascht		
		Future Time	
	Future	(*Fut. Subj.*)	(*Pres. Conditional*)
ich	werde haschen	werde haschen	würde haschen
du	wirst haschen	werdest haschen	würdest haschen
er	wird haschen	werde haschen	würde haschen
wir	werden haschen	werden haschen	würden haschen
ihr	werdet haschen	werdet haschen	würdet haschen
sie	werden haschen	werden haschen	würden haschen
		Future Perfect Time	
	Future Perfect	(*Fut. Perf. Subj.*)	(*Past Conditional*)
ich	werde gehascht haben	werde gehascht haben	würde gehascht haben
du	wirst gehascht haben	werdest gehascht haben	würdest gehascht haben
er	wird gehascht haben	werde gehascht haben	würde gehascht haben
wir	werden gehascht haben	werden gehascht haben	würden gehascht haben
ihr	werdet gehascht haben	werdet gehascht haben	würdet gehascht haben
sie	werden gehascht haben	werden gehascht haben	würden gehascht haben

PRINC. PARTS: hassen, haßte, gehaßt, haßt
IMPERATIVE: hasse!, haßt!, hassen Sie!

INDICATIVE		SUBJUNCTIVE	
		PRIMARY	SECONDARY
		Present Time	
	Present	(*Pres. Subj.*)	(*Imperf. Subj.*)
ich	hasse	hasse	haßte
du	haßt	hassest	haßtest
er	haßt	hasse	haßte
wir	hassen	hassen	haßten
ihr	haßt	hasset	haßtet
sie	hassen	hassen	haßten
	Imperfect		
ich	haßte		
du	haßtest		
er	haßte		
wir	haßten		
ihr	haßtet		
sie	haßten		
		Past Time	
	Perfect	(*Perf. Subj.*)	(*Pluperf. Subj.*)
ich	habe gehaßt	habe gehaßt	hätte gehaßt
du	hast gehaßt	habest gehaßt	hättest gehaßt
er	hat gehaßt	habe gehaßt	hätte gehaßt
wir	haben gehaßt	haben gehaßt	hätten gehaßt
ihr	habt gehaßt	habet gehaßt	hättet gehaßt
sie	haben gehaßt	haben gehaßt	hätten gehaßt
	Pluperfect		
ich	hatte gehaßt		
du	hattest gehaßt		
er	hatte gehaßt		
wir	hatten gehaßt		
ihr	hattet gehaßt		
sie	hatten gehaßt		
		Future Time	
	Future	(*Fut. Subj.*)	(*Pres. Conditional*)
ich	werde hassen	werde hassen	würde hassen
du	wirst hassen	werdest hassen	würdest hassen
er	wird hassen	werde hassen	würde hassen
wir	werden hassen	werden hassen	würden hassen
ihr	werdet hassen	werdet hassen	würdet hassen
sie	werden hassen	werden hassen	würden hassen
		Future Perfect Time	
	Future Perfect	(*Fut. Perf. Subj.*)	(*Past Conditional*)
ich	werde gehaßt haben	werde gehaßt haben	würde gehaßt haben
du	wirst gehaßt haben	werdest gehaßt haben	würdest gehaßt haben
er	wird gehaßt haben	werde gehaßt haben	würde gehaßt haben
wir	werden gehaßt haben	werden gehaßt haben	würden gehaßt haben
ihr	werdet gehaßt haben	werdet gehaßt haben	würdet gehaßt haben
sie	werden gehaßt haben	werden gehaßt haben	würden gehaßt haben

hauen

to strike, hew, cut, chop, beat

PRINC. PARTS: hauen, hieb,* gehauen, haut
IMPERATIVE: haue!, haut!, hauen Sie!

INDICATIVE	SUBJUNCTIVE PRIMARY	SUBJUNCTIVE SECONDARY
	Present Time	
Present	(*Pres. Subj.*)	(*Imperf. Subj.*)
ich haue	haue	hiebe
du haust	hauest	hiebest
er haut	haue	hiebe
wir hauen	hauen	hieben
ihr haut	hauet	hiebet
sie hauen	hauen	hieben
Imperfect		
ich hieb		
du hiebst		
er hieb		
wir hieben		
ihr hiebt		
sie hieben		
	Past Time	
Perfect	(*Perf. Subj.*)	(*Pluperf. Subj.*)
ich habe gehauen	habe gehauen	hätte gehauen
du hast gehauen	habest gehauen	hättest gehauen
er hat gehauen	habe gehauen	hätte gehauen
wir haben gehauen	haben gehauen	hätten gehauen
ihr habt gehauen	habet gehauen	hättet gehauen
sie haben gehauen	haben gehauen	hätten gehauen
Pluperfect		
ich hatte gehauen		
du hattest gehauen		
er hatte gehauen		
wir hatten gehauen		
ihr hattet gehauen		
sie hatten gehauen		
	Future Time	
Future	(*Fut. Subj.*)	(*Pres. Conditional*)
ich werde hauen	werde hauen	würde hauen
du wirst hauen	werdest hauen	würdest hauen
er wird hauen	werde hauen	würde hauen
wir werden hauen	werden hauen	würden hauen
ihr werdet hauen	werdet hauen	würdet hauen
sie werden hauen	werden hauen	würden hauen
	Future Perfect Time	
Future Perfect	(*Fut. Perf. Subj.*)	(*Past Conditional*)
ich werde gehauen haben	werde gehauen haben	würde gehauen haben
du wirst gehauen haben	werdest gehauen haben	würdest gehauen haben
er wird gehauen haben	werde gehauen haben	würde gehauen haben
wir werden gehauen haben	werden gehauen haben	würden gehauen haben
ihr werdet gehauen haben	werdet gehauen haben	würdet gehauen haben
sie werden gehauen haben	werden gehauen haben	würden gehauen haben

* The weak forms, haute, etc., are frequently used in the Imperfect.

PRINC. PARTS: heben, hob, gehoben, hebt
IMPERATIVE: hebe!, hebt!, heben Sie!

to lift, raise, heave

INDICATIVE		SUBJUNCTIVE	
		PRIMARY	SECONDARY
		Present Time	
	Present	(*Pres. Subj.*)	(*Imperf. Subj.*)
ich	hebe	hebe	höbe
du	hebst	hebest	höbest
er	hebt	hebe	höbe
wir	heben	heben	höben
ihr	hebt	hebet	höbet
sie	heben	heben	höben
	Imperfect		
ich	hob		
du	hobst		
er	hob		
wir	hoben		
ihr	hobt		
sie	hoben		
		Past Time	
	Perfect	(*Perf. Subj.*)	(*Pluperf. Subj.*)
ich	habe gehoben	habe gehoben	hätte gehoben
du	hast gehoben	habest gehoben	hättest gehoben
er	hat gehoben	habe gehoben	hätte gehoben
wir	haben gehoben	haben gehoben	hätten gehoben
ihr	habt gehoben	habet gehoben	hättet gehoben
sie	haben gehoben	haben gehoben	hätten gehoben
	Pluperfect		
ich	hatte gehoben		
du	hattest gehoben		
er	hatte gehoben		
wir	hatten gehoben		
ihr	hattet gehoben		
sie	hatten gehoben		
		Future Time	
	Future	(*Fut. Subj.*)	(*Pres. Conditional*)
ich	werde heben	werde heben	würde heben
du	wirst heben	werdest heben	würdest heben
er	wird heben	werde heben	würde heben
wir	werden heben	werden heben	würden heben
ihr	werdet heben	werdet heben	würdet heben
sie	werden heben	werden heben	würden heben
		Future Perfect Time	
	Future Perfect	(*Fut. Perf. Subj.*)	(*Past Conditional*)
ich	werde gehoben haben	werde gehoben haben	würde gehoben haben
du	wirst gehoben haben	werdest gehoben haben	würdest gehoben haben
er	wird gehoben haben	werde gehoben haben	würde gehoben haben
wir	werden gehoben haben	werden gehoben haben	würden gehoben haben
ihr	werdet gehoben haben	werdet gehoben haben	würdet gehoben haben
sie	werden gehoben haben	werden gehoben haben	würden gehoben haben

heiraten

to marry

PRINC. PARTS: heiraten, heiratete, geheiratet, heiratet
IMPERATIVE: heirate!, heiratet!, heiraten Sie!

INDICATIVE		SUBJUNCTIVE PRIMARY	SUBJUNCTIVE SECONDARY
		Present Time	
	Present	(*Pres. Subj.*)	(*Imperf. Subj.*)
ich	heirate	heirate	heiratete
du	heiratest	heiratest	heiratetest
er	heiratet	heirate	heiratete
wir	heiraten	heiraten	heirateten
ihr	heiratet	heiratet	heiratetet
sie	heiraten	heiraten	heirateten
	Imperfect		
ich	heiratete		
du	heiratetest		
er	heiratete		
wir	heirateten		
ihr	heiratetet		
sie	heirateten		
		Past Time	
	Perfect	(*Perf. Subj.*)	(*Pluperf. Subj.*)
ich	habe geheiratet	habe geheiratet	hätte geheiratet
du	hast geheiratet	habest geheiratet	hättest geheiratet
er	hat geheiratet	habe geheiratet	hätte geheiratet
wir	haben geheiratet	haben geheiratet	hätten geheiratet
ihr	habt geheiratet	habet geheiratet	hättet geheiratet
sie	haben geheiratet	haben geheiratet	hätten geheiratet
	Pluperfect		
ich	hatte geheiratet		
du	hattest geheiratet		
er	hatte geheiratet		
wir	hatten geheiratet		
ihr	hattet geheiratet		
sie	hatten geheiratet		
		Future Time	
	Future	(*Fut. Subj.*)	(*Pres. Conditional*)
ich	werde heiraten	werde heiraten	würde heiraten
du	wirst heiraten	werdest heiraten	würdest heiraten
er	wird heiraten	werde heiraten	würde heiraten
wir	werden heiraten	werden heiraten	würden heiraten
ihr	werdet heiraten	werdet heiraten	würdet heiraten
sie	werden heiraten	werden heiraten	würden heiraten
		Future Perfect Time	
	Future Perfect	(*Fut. Perf. Subj.*)	(*Past Conditional*)
ich	werde geheiratet haben	werde geheiratet haben	würde geheiratet haben
du	wirst geheiratet haben	werdest geheiratet haben	würdest geheiratet haben
er	wird geheiratet haben	werde geheiratet haben	würde geheiratet haben
wir	werden geheiratet haben	werden geheiratet haben	würden geheiratet haben
ihr	werdet geheiratet haben	werdet geheiratet haben	würdet geheiratet haben
sie	werden geheiratet haben	werden geheiratet haben	würden geheiratet haben

heißen

PRINC. PARTS: heißen, hieß, geheißen, heißt
IMPERATIVE: heiße!, heißt!, heißen Sie!

to be called or named, command

INDICATIVE		SUBJUNCTIVE	
		PRIMARY	SECONDARY
		Present Time	
	Present	*(Pres. Subj.)*	*(Imperf. Subj.)*
ich	heiße	heiße	hieße
du	heißt	heißest	hießest
er	heißt	heiße	hieße
wir	heißen	heißen	hießen
ihr	heißt	heißet	hießet
sie	heißen	heißen	hießen
	Imperfect		
ich	hieß		
du	hießest		
er	hieß		
wir	hießen		
ihr	hießt		
sie	hießen		
		Past Time	
	Perfect	*(Perf. Subj.)*	*(Pluperf. Subj.)*
ich	habe geheißen	habe geheißen	hätte geheißen
du	hast geheißen	habest geheißen	hättest geheißen
er	hat geheißen	habe geheißen	hätte geheißen
wir	haben geheißen	haben geheißen	hätten geheißen
ihr	habt geheißen	habet geheißen	hättet geheißen
sie	haben geheißen	haben geheißen	hätten geheißen
	Pluperfect		
ich	hatte geheißen		
du	hattest geheißen		
er	hatte geheißen		
wir	hatten geheißen		
ihr	hattet geheißen		
sie	hatten geheißen		
		Future Time	
	Future	*(Fut. Subj.)*	*(Pres. Conditional)*
ich	werde heißen	werde heißen	würde heißen
du	wirst heißen	werdest heißen	würdest heißen
er	wird heißen	werde heißen	würde heißen
wir	werden heißen	werden heißen	würden heißen
ihr	werdet heißen	werdet heißen	würdet heißen
sie	werden heißen	werden heißen	würden heißen
		Future Perfect Time	
	Future Perfect	*(Fut. Perf. Subj.)*	*(Past Conditional)*
ich	werde geheißen haben	werde geheißen haben	würde geheißen haben
du	wirst geheißen haben	werdest geheißen haben	würdest geheißen haben
er	wird geheißen haben	werde geheißen haben	würde geheißen haben
wir	werden geheißen haben	werden geheißen haben	würden geheißen haben
ihr	werdet geheißen haben	werdet geheißen haben	würdet geheißen haben
sie	werden geheißen haben	werden geheißen haben	würden geheißen haben

heizen

to heat

PRINC. PARTS: heizen, heizte, geheizt, heizt
IMPERATIVE: heize!, heizt!, heizen Sie!

INDICATIVE		SUBJUNCTIVE	
		PRIMARY	SECONDARY
		Present Time	
	Present	(*Pres. Subj.*)	(*Imperf. Subj.*)
ich	heize	heize	heizte
du	heizt	heizest	heiztest
er	heizt	heize	heizte
wir	heizen	heizen	heizten
ihr	heizt	heizet	heiztet
sie	heizen	heizen	heizten
	Imperfect		
ich	heizte		
du	heiztest		
er	heizte		
wir	heizten		
ihr	heiztet		
sie	heizten		
		Past Time	
	Perfect	(*Perf. Subj.*)	(*Pluperf. Subj.*)
ich	habe geheizt	habe geheizt	hätte geheizt
du	hast geheizt	habest geheizt	hättest geheizt
er	hat geheizt	habe geheizt	hätte geheizt
wir	haben geheizt	haben geheizt	hätten geheizt
ihr	habt geheizt	habet geheizt	hättet geheizt
sie	haben geheizt	haben geheizt	hätten geheizt
	Pluperfect		
ich	hatte geheizt		
du	hattest geheizt		
er	hatte geheizt		
wir	hatten geheizt		
ihr	hattet geheizt		
sie	hatten geheizt		
		Future Time	
	Future	(*Fut. Subj.*)	(*Pres. Conditional*)
ich	werde heizen	werde heizen	würde heizen
du	wirst heizen	werdest heizen	würdest heizen
er	wird heizen	werde heizen	würde heizen
wir	werden heizen	werden heizen	würden heizen
ihr	werdet heizen	werdet heizen	würdet heizen
sie	werden heizen	werden heizen	würden heizen
		Future Perfect Time	
	Future Perfect	(*Fut. Perf. Subj.*)	(*Past Conditional*)
ich	werde geheizt haben	werde geheizt haben	würde geheizt haben
du	wirst geheizt haben	werdest geheizt haben	würdest geheizt haben
er	wird geheizt haben	werde geheizt haben	würde geheizt haben
wir	werden geheizt haben	werden geheizt haben	würden geheizt haben
ihr	werdet geheizt haben	werdet geheizt haben	würdet geheizt haben
sie	werden geheizt haben	werden geheizt haben	würden geheizt haben

PRINC. PARTS: helfen, half, geholfen, hilft
IMPERATIVE: hilf!, helft!, helfen Sie!

to help, aid, assist

INDICATIVE		SUBJUNCTIVE PRIMARY	SUBJUNCTIVE SECONDARY
		Present Time	
	Present	(*Pres. Subj.*)	(*Imperf. Subj.*)
ich	helfe	helfe	hülfe
du	hilfst	helfest	hülfest
er	hilft	helfe	hülfe
wir	helfen	helfen	hülfen
ihr	helft	helfet	hülfet
sie	helfen	helfen	hülfen
	Imperfect		
ich	half		
du	halfst		
er	half		
wir	halfen		
ihr	halft		
sie	halfen		
		Past Time	
	Perfect	(*Perf. Subj.*)	(*Pluperf. Subj.*)
ich	habe geholfen	habe geholfen	hätte geholfen
du	hast geholfen	habest geholfen	hättest geholfen
er	hat geholfen	habe geholfen	hätte geholfen
wir	haben geholfen	haben geholfen	hätten geholfen
ihr	habt geholfen	habet geholfen	hättet geholfen
sie	haben geholfen	haben geholfen	hätten geholfen
	Pluperfect		
ich	hatte geholfen		
du	hattest geholfen		
er	hatte geholfen		
wir	hatten geholfen		
ihr	hattet geholfen		
sie	hatten geholfen		
		Future Time	
	Future	(*Fut. Subj.*)	(*Pres. Conditional*)
ich	werde helfen	werde helfen	würde helfen
du	wirst helfen	werdest helfen	würdest helfen
er	wird helfen	werde helfen	würde helfen
wir	werden helfen	werden helfen	würden helfen
ihr	werdet helfen	werdet helfen	würdet helfen
sie	werden helfen	werden helfen	würden helfen
		Future Perfect Time	
	Future Perfect	(*Fut. Perf. Subj.*)	(*Past Conditional*)
ich	werde geholfen haben	werde geholfen haben	würde geholfen haben
du	wirst geholfen haben	werdest geholfen haben	würdest geholfen haben
er	wird geholfen haben	werde geholfen haben	würde geholfen haben
wir	werden geholfen haben	werden geholfen haben	würden geholfen haben
ihr	werdet geholfen haben	werdet geholfen haben	würdet geholfen haben
sie	werden geholfen haben	werden geholfen haben	würden geholfen haben

herzen

to hug, embrace; press to one's heart

PRINC. PARTS: herzen, herzte, geherzt, herzt
IMPERATIVE: herze!, herzt!, herzen Sie!

INDICATIVE		SUBJUNCTIVE	
		PRIMARY	SECONDARY
		Present Time	
	Present	*(Pres. Subj.)*	*(Imperf. Subj.)*
ich	herze	herze	herzte
du	herzt	herzest	herztest
er	herzt	herze	herzte
wir	herzen	herzen	herzten
ihr	herzt	herzet	herztet
sie	herzen	herzen	herzten
	Imperfect		
ich	herzte		
du	herztest		
er	herzte		
wir	herzten		
ihr	herztet		
sie	herzten		
		Past Time	
	Perfect	*(Perf. Subj.)*	*(Pluperf. Subj.)*
ich	habe geherzt	habe geherzt	hätte geherzt
du	hast geherzt	habest geherzt	hättest geherzt
er	hat geherzt	habe geherzt	hätte geherzt
wir	haben geherzt	haben geherzt	hätten geherzt
ihr	habt geherzt	habet geherzt	hättet geherzt
sie	haben geherzt	haben geherzt	hätten geherzt
	Pluperfect		
ich	hatte geherzt		
du	hattest geherzt		
er	hatte geherzt		
wir	hatten geherzt		
ihr	hattet geherzt		
sie	hatten geherzt		
		Future Time	
	Future	*(Fut. Subj.)*	*(Pres. Conditional)*
ich	werde herzen	werde herzen	würde herzen
du	wirst herzen	werdest herzen	würdest herzen
er	wird herzen	werde herzen	würde herzen
wir	werden herzen	werden herzen	würden herzen
ihr	werdet herzen	werdet herzen	würdet herzen
sie	werden herzen	werden herzen	würden herzen
		Future Perfect Time	
	Future Perfect	*(Fut. Perf. Subj.)*	*(Past Conditional)*
ich	werde geherzt haben	werde geherzt haben	würde geherzt haben
du	wirst geherzt haben	werdest geherzt haben	würdest geherzt haben
er	wird geherzt haben	werde geherzt haben	würde geherzt haben
wir	werden geherzt haben	werden geherzt haben	würden geherzt haben
ihr	werdet geherzt haben	werdet geherzt haben	würdet geherzt haben
sie	werden geherzt haben	werden geherzt haben	würden geherzt haben

PRINC. PARTS: hetzen, hetzte, gehetzt, hetzt
IMPERATIVE: hetze!, hetzt!, hetzen Sie!

to hunt, rush about, incite

INDICATIVE		SUBJUNCTIVE	
		PRIMARY	SECONDARY
		Present Time	
	Present	(*Pres. Subj.*)	(*Imperf. Subj.*)
ich	hetze	hetze	hetzte
du	hetzt	hetzest	hetztest
er	hetzt	hetze	hetzte
wir	hetzen	hetzen	hetzten
ihr	hetzt	hetzet	hetztet
sie	hetzen	hetzen	hetzten
	Imperfect		
ich	hetzte		
du	hetztest		
er	hetzte		
wir	hetzten		
ihr	hetztet		
sie	hetzten		
		Past Time	
	Perfect	(*Perf. Subj.*)	(*Pluperf. Subj.*)
ich	habe gehetzt	habe gehetzt	hätte gehetzt
du	hast gehetzt	habest gehetzt	hättest gehetzt
er	hat gehetzt	habe gehetzt	hätte gehetzt
wir	haben gehetzt	haben gehetzt	hätten gehetzt
ihr	habt gehetzt	habet gehetzt	hättet gehetzt
sie	haben gehetzt	haben gehetzt	hätten gehetzt
	Pluperfect		
ich	hatte gehetzt		
du	hattest gehetzt		
er	hatte gehetzt		
wir	hatten gehetzt		
ihr	hattet gehetzt		
sie	hatten gehetzt		
		Future Time	
	Future	(*Fut. Subj.*)	(*Pres. Conditional*)
ich	werde hetzen	werde hetzen	würde hetzen
du	wirst hetzen	werdest hetzen	würdest hetzen
er	wird hetzen	werde hetzen	würde hetzen
wir	werden hetzen	werden hetzen	würden hetzen
ihr	werdet hetzen	werdet hetzen	würdet hetzen
sie	werden hetzen	werden hetzen	würden hetzen
		Future Perfect Time	
	Future Perfect	(*Fut. Perf. Subj.*)	(*Past Conditional*)
ich	werde gehetzt haben	werde gehetzt haben	würde gehetzt haben
du	wirst gehetzt haben	werdest gehetzt haben	würdest gehetzt haben
er	wird gehetzt haben	werde gehetzt haben	würde gehetzt haben
wir	werden gehetzt haben	werden gehetzt haben	würden gehetzt haben
ihr	werdet gehetzt haben	werdet gehetzt haben	würdet gehetzt haben
sie	werden gehetzt haben	werden gehetzt haben	würden gehetzt haben

hoffen

to hope, expect

PRINC. PARTS: hoffen, hoffte, gehofft, hofft
IMPERATIVE: hoffe!, hofft!, hoffen Sie!

	INDICATIVE	SUBJUNCTIVE PRIMARY	SUBJUNCTIVE SECONDARY
		Present Time	
	Present	(*Pres. Subj.*)	(*Imperf. Subj.*)
ich	hoffe	hoffe	hoffte
du	hoffst	hoffest	hofftest
er	hofft	hoffe	hoffte
wir	hoffen	hoffen	hofften
ihr	hofft	hoffet	hofftet
sie	hoffen	hoffen	hofften
	Imperfect		
ich	hoffte		
du	hofftest		
er	hoffte		
wir	hofften		
ihr	hofftet		
sie	hofften		
		Past Time	
	Perfect	(*Perf. Subj.*)	(*Pluperf. Subj.*)
ich	habe gehofft	habe gehofft	hätte gehofft
du	hast gehofft	habest gehofft	hättest gehofft
er	hat gehofft	habe gehofft	hätte gehofft
wir	haben gehofft	haben gehofft	hätten gehofft
ihr	habt gehofft	habet gehofft	hättet gehofft
sie	haben gehofft	haben gehofft	hätten gehofft
	Pluperfect		
ich	hatte gehofft		
du	hattest gehofft		
er	hatte gehofft		
wir	hatten gehofft		
ihr	hattet gehofft		
sie	hatten gehofft		
		Future Time	
	Future	(*Fut. Subj.*)	(*Pres. Conditional*)
ich	werde hoffen	werde hoffen	würde hoffen
du	wirst hoffen	werdest hoffen	würdest hoffen
er	wird hoffen	werde hoffen	würde hoffen
wir	werden hoffen	werden hoffen	würden hoffen
ihr	werdet hoffen	werdet hoffen	würdet hoffen
sie	werden hoffen	werden hoffen	würden hoffen
		Future Perfect Time	
	Future Perfect	(*Fut. Perf. Subj.*)	(*Past Conditional*)
ich	werde gehofft haben	werde gehofft haben	würde gehofft haben
du	wirst gehofft haben	werdest gehofft haben	würdest gehofft haben
er	wird gehofft haben	werde gehofft haben	würde gehofft haben
wir	werden gehofft haben	werden gehofft haben	würden gehofft haben
ihr	werdet gehofft haben	werdet gehofft haben	würdet gehofft haben
sie	werden gehofft haben	werden gehofft haben	würden gehofft haben

PRINC. PARTS: hören, hörte, gehört, hört
IMPERATIVE: höre!, hört!, hören Sie!

INDICATIVE		SUBJUNCTIVE	
		PRIMARY	SECONDARY
		Present Time	
	Present	(*Pres. Subj.*)	(*Imperf. Subj.*)
ich	höre	höre	hörte
du	hörst	hörest	hörtest
er	hört	höre	hörte
wir	hören	hören	hörten
ihr	hört	höret	hörtet
sie	hören	hören	hörten
	Imperfect		
ich	hörte		
du	hörtest		
er	hörte		
wir	hörten		
ihr	hörtet		
sie	hörten		
		Past Time	
	Perfect	(*Perf. Subj.*)	(*Pluperf. Subj.*)
ich	habe gehört	habe gehört	hätte gehört
du	hast gehört	habest gehört	hättest gehört
er	hat gehört	habe gehört	hätte gehört
wir	haben gehört	haben gehört	hätten gehört
ihr	habt gehört	habet gehört	hättet gehört
sie	haben gehört	haben gehört	hätten gehört
	Pluperfect		
ich	hatte gehört		
du	hattest gehört		
er	hatte gehört		
wir	hatten gehört		
ihr	hattet gehört		
sie	hatten gehört		
		Future Time	
	Future	(*Fut. Subj.*)	(*Pres. Conditional*)
ich	werde hören	werde hören	würde hören
du	wirst hören	werdest hören	würdest hören
er	wird hören	werde hören	würde hören
wir	werden hören	werden hören	würden hören
ihr	werdet hören	werdet hören	würdet hören
sie	werden hören	werden hören	würden hören
		Future Perfect Time	
	Future Perfect	(*Fut. Perf. Subj.*)	(*Past Conditional*)
ich	werde gehört haben	werde gehört haben	würde gehört haben
du	wirst gehört haben	werdest gehört haben	würdest gehört haben
er	wird gehört haben	werde gehört haben	würde gehört haben
wir	werden gehört haben	werden gehört haben	würden gehört haben
ihr	werdet gehört haben	werdet gehört haben	würdet gehört haben
sie	werden gehört haben	werden gehört haben	würden gehört haben

hüpfen

to hop, jump

PRINC. PARTS: hüpfen, hüpfte, gehüpft, hüpft
IMPERATIVE: hüpfe!, hüpft!, hüpfen Sie!

	INDICATIVE	SUBJUNCTIVE PRIMARY	SUBJUNCTIVE SECONDARY
		Present Time	
	Present	(*Pres. Subj.*)	(*Imperf. Subj.*)
ich	hüpfe	hüpfe	hüpfte
du	hüpfst	hüpfest	hüpftest
er	hüpft	hüpfe	hüpfte
wir	hüpfen	hüpfen	hüpften
ihr	hüpft	hüpfet	hüpftet
sie	hüpfen	hüpfen	hüpften
	Imperfect		
ich	hüpfte		
du	hüpftest		
er	hüpfte		
wir	hüpften		
ihr	hüpftet		
sie	hüpften		
		Past Time	
	Perfect	(*Perf. Subj.*)	(*Pluperf. Subj.*)
ich	habe gehüpft	habe gehüpft	hätte gehüpft
du	hast gehüpft	habest gehüpft	hättest gehüpft
er	hat gehüpft	habe gehüpft	hätte gehüpft
wir	haben gehüpft	haben gehüpft	hätten gehüpft
ihr	habt gehüpft	habet gehüpft	hättet gehüpft
sie	haben gehüpft	haben gehüpft	hätten gehüpft
	Pluperfect		
ich	hatte gehüpft		
du	hattest gehüpft		
er	hatte gehüpft		
wir	hatten gehüpft		
ihr	hattet gehüpft		
sie	hatten gehüpft		
		Future Time	
	Future	(*Fut. Subj.*)	(*Pres. Conditional*)
ich	werde hüpfen	werde hüpfen	würde hüpfen
du	wirst hüpfen	werdest hüpfen	würdest hüpfen
er	wird hüpfen	werde hüpfen	würde hüpfen
wir	werden hüpfen	werden hüpfen	würden hüpfen
ihr	werdet hüpfen	werdet hüpfen	würdet hüpfen
sie	werden hüpfen	werden hüpfen	würden hüpfen
		Future Perfect Time	
	Future Perfect	(*Fut. Perf. Subj.*)	(*Past Conditional*)
ich	werde gehüpft haben	werde gehüpft haben	würde gehüpft haben
du	wirst gehüpft haben	werdest gehüpft haben	würdest gehüpft haben
er	wird gehüpft haben	werde gehüpft haben	würde gehüpft haben
wir	werden gehüpft haben	werden gehüpft haben	würden gehüpft haben
ihr	werdet gehüpft haben	werdet gehüpft haben	würdet gehüpft haben
sie	werden gehüpft haben	werden gehüpft haben	würden gehüpft haben

PRINC. PARTS: sich interessieren, interessierte sich, hat sich interessiert, interessiert sich
IMPERATIVE: interessiere dich!, interessiert euch!, interessieren Sie sich!

sich interessieren

to be interested in

INDICATIVE		SUBJUNCTIVE	
		PRIMARY	SECONDARY
		Present Time	
Present		*(Pres. Subj.)*	*(Imperf. Subj.)*
ich	interessiere mich	interessiere mich	interessierte mich
du	interessierst dich	interessierest dich	interessiertest dich
er	interessiert sich	interessiere sich	interessierte sich
wir	interessieren uns	interessieren uns	interessierten uns
ihr	interessiert euch	interessieret euch	interessiertet euch
sie	interessieren sich	interessieren sich	interessierten sich
Imperfect			
ich	interessierte mich		
du	interessiertest dich		
er	interessierte sich		
wir	interessierten uns		
ihr	interessiertet euch		
sie	interessierten sich		
		Past Time	
Perfect		*(Perf. Subj.)*	*(Pluperf. Subj.)*
ich	habe mich interessiert	habe mich interessiert	hätte mich interessiert
du	hást dich interessiert	habest dich interessiert	hättest dich interessiert
er	hat sich interessiert	habe sich interessiert	hätte sich interessiert
wir	haben uns interessiert	haben uns interessiert	hätten uns interessiert
ihr	habt euch interessiert	habet euch interessiert	hättet euch interessiert
sie	haben sich interessiert	haben sich interessiert	hätten sich interessiert
Pluperfect			
ich	hatte mich interessiert		
du	hattest dich interessiert		
er	hatte sich interessiert		
wir	hatten uns interessiert		
ihr	hattet euch interessiert		
sie	hatten sich interessiert		
		Future Time	
Future		*(Fut. Subj.)*	*(Pres. Conditional)*
ich	werde mich interessieren	werde mich interessieren	würde mich interessieren
du	wirst dich interessieren	werdest dich interessieren	würdest dich interessieren
er	wird sich interessieren	werde sich interessieren	würde sich interessieren
wir	werden uns interessieren	werden uns interessieren	würden uns interessieren
ihr	werdet euch interessieren	werdet euch interessieren	würdet euch interessieren
sie	werden sich interessieren	werden sich interessieren	würden sich interessieren
		Future Perfect Time	
Future Perfect		*(Fut. Perf. Subj.)*	*(Past Conditional)*
ich	werde mich interessiert haben	werde mich interessiert haben	würde mich interessiert haben
du	wirst dich interessiert haben	werdest dich interessiert haben	würdest dich interessiert haben
er	wird sich interessiert haben	werde sich interessiert haben	würde sich interessiert haben
wir	werden uns interessiert haben	werden uns interessiert haben	würden uns interessiert haben
ihr	werdet euch interessiert haben	werdet euch interessiert haben	würdet euch interessiert haben
sie	werden sich interessiert haben	werden sich interessiert haben	würden sich interessiert haben

interpretieren

to interpret

PRINC. PARTS: interpretieren, interpretierte, interpretiert, interpretiert
IMPERATIVE: interpretiere!, interpretiert!, interpretieren Sie!

INDICATIVE		SUBJUNCTIVE	
		PRIMARY	SECONDARY
		Present Time	
	Present	(*Pres. Subj.*)	(*Imperf. Subj.*)
ich	interpretiere	interpretiere	interpretierte
du	interpretierst	interpretierest	interpretiertest
er	interpretiert	interpretiere	interpretierte
wir	interpretieren	interpretieren	interpretierten
ihr	interpretiert	interpretieret	interpretiertet
sie	interpretieren	interpretieren	interpretierten
	Imperfect		
ich	interpretierte		
du	interpretiertest		
er	interpretierte		
wir	interpretierten		
ihr	interpretiertet		
sie	interpretierten		
		Past Time	
	Perfect	(*Perf. Subj.*)	(*Pluperf. Subj.*)
ich	habe interpretiert	habe interpretiert	hätte interpretiert
du	hast interpretiert	habest interpretiert	hättest interpretiert
er	hat interpretiert	habe interpretiert	hätte interpretiert
wir	haben interpretiert	haben interpretiert	hätten interpretiert
ihr	habt interpretiert	habet interpretiert	hättet interpretiert
sie	haben interpretiert	haben interpretiert	hätten interpretiert
	Pluperfect		
ich	hatte interpretiert		
du	hattest interpretiert		
er	hatte interpretiert		
wir	hatten interpretiert		
ihr	hattet interpretiert		
sie	hatten interpretiert		
		Future Time	
	Future	(*Fut. Subj.*)	(*Pres. Conditional*)
ich	werde interpretieren	werde interpretieren	würde interpretieren
du	wirst interpretieren	werdest interpretieren	würdest interpretieren
er	wird interpretieren	werde interpretieren	würde interpretieren
wir	werden interpretieren	werden interpretieren	würden interpretieren
ihr	werdet interpretieren	werdet interpretieren	würdet interpretieren
sie	werden interpretieren	werden interpretieren	würden interpretieren
		Future Perfect Time	
	Future Perfect	(*Fut. Perf. Subj.*)	(*Past Conditional*)
ich	werde interpretiert haben	werde interpretiert haben	würde interpretiert haben
du	wirst interpretiert haben	werdest interpretiert haben	würdest interpretiert haben
er	wird interpretiert haben	werde interpretiert haben	würde interpretiert haben
wir	werden interpretiert haben	werden interpretiert haben	würden interpretiert haben
ihr	werdet interpretiert haben	werdet interpretiert haben	würdet interpretiert haben
sie	werden interpretiert haben	werden interpretiert haben	würden interpretiert haben

PRINC. PARTS: kämpfen, kämpfte, gekämpft, kämpft
IMPERATIVE: kämpfe!, kämpft!, kämpfen Sie!

to fight, struggle

INDICATIVE		SUBJUNCTIVE	
		PRIMARY	SECONDARY
		Present Time	
	Present	(*Pres. Subj.*)	(*Imperf. Subj.*)
ich	kämpfe	kämpfe	kämpfte
du	kämpfst	kämpfest	kämpftest
er	kämpft	kämpfe	kämpfte
wir	kämpfen	kämpfen	kämpften
ihr	kämpft	kämpfet	kämpftet
sie	kämpfen	kämpfen	kämpften
	Imperfect		
ich	kämpfte		
du	kämpftest		
er	kämpfte		
wir	kämpften		
ihr	kämpftet		
sie	kämpften		
		Past Time	
	Perfect	(*Perf. Subj.*)	(*Pluperf. Subj.*)
ich	habe gekämpft	habe gekämpft	hätte gekämpft
du	hast gekämpft	habest gekämpft	hättest gekämpft
er	hat gekämpft	habe gekämpft	hätte gekämpft
wir	haben gekämpft	haben gekämpft	hätten gekämpft
ihr	habt gekämpft	habet gekämpft	hättet gekämpft
sie	haben gekämpft	haben gekämpft	hätten gekämpft
	Pluperfect		
ich	hatte gekämpft		
du	hattest gekämpft		
er	hatte gekämpft		
wir	hatten gekämpft		
ihr	hattet gekämpft		
sie	hatten gekämpft		
		Future Time	
	Future	(*Fut. Subj.*)	(*Pres. Conditional*)
ich	werde kämpfen	werde kämpfen	würde kämpfen
du	wirst kämpfen	werdest kämpfen	würdest kämpfen
er	wird kämpfen	werde kämpfen	würde kämpfen
wir	werden kämpfen	werden kämpfen	würden kämpfen
ihr	werdet kämpfen	werdet kämpfen	würdet kämpfen
sie	werden kämpfen	werden kämpfen	würden kämpfen
		Future Perfect Time	
	Future Perfect	(*Fut. Perf. Subj.*)	(*Past Conditional*)
ich	werde gekämpft haben	werde gekämpft haben	würde gekämpft haben
du	wirst gekämpft haben	werdest gekämpft haben	würdest gekämpft haben
er	wird gekämpft haben	werde gekämpft haben	würde gekämpft haben
wir	werden gekämpft haben	werden gekämpft haben	würden gekämpft haben
ihr	werdet gekämpft haben	werdet gekämpft haben	würdet gekämpft haben
sie	werden gekämpft haben	werden gekämpft haben	würden gekämpft haben

kauen

to chew

PRINC. PARTS: kauen, kaute, gekaut, kaut
IMPERATIVE: kaue!, kaut!, kauen Sie!

INDICATIVE		SUBJUNCTIVE	
		PRIMARY	SECONDARY
		Present Time	
	Present	(*Pres. Subj.*)	(*Imperf. Subj.*)
ich	kaue	kaue	kaute
du	kaust	kauest	kautest
er	kaut	kaue	kaute
wir	kauen	kauen	kauten
ihr	kaut	kauet	kautet
sie	kauen	kauen	kauten
	Imperfect		
ich	kaute		
du	kautest		
er	kaute		
wir	kauten		
ihr	kautet		
sie	kauten		
		Past Time	
	Perfect	(*Perf. Subj.*)	(*Pluperf. Subj.*)
ich	habe gekaut	habe gekaut	hätte gekaut
du	hast gekaut	habest gekaut	hättest gekaut
er	hat gekaut	habe gekaut	hätte gekaut
wir	haben gekaut	haben gekaut	hätten gekaut
ihr	habt gekaut	habet gekaut	hättet gekaut
sie	haben gekaut	haben gekaut	hätten gekaut
	Pluperfect		
ich	hatte gekaut		
du	hattest gekaut		
er	hatte gekaut		
wir	hatten gekaut		
ihr	hattet gekaut		
sie	hatten gekaut		
		Future Time	
	Future	(*Fut. Subj.*)	(*Pres. Conditional*)
ich	werde kauen	werde kauen	würde kauen
du	wirst kauen	werdest kauen	würdest kauen
er	wird kauen	werde kauen	würde kauen
wir	werden kauen	werden kauen	würden kauen
ihr	werdet kauen	werdet kauen	würdet kauen
sie	werden kauen	werden kauen	würden kauen
		Future Perfect Time	
	Future Perfect	(*Fut. Perf. Subj.*)	(*Past Conditional*)
ich	werde gekaut haben	werde gekaut haben	würde gekaut haben
du	wirst gekaut haben	werdest gekaut haben	würdest gekaut haben
er	wird gekaut haben	werde gekaut haben	würde gekaut haben
wir	werden gekaut haben	werden gekaut haben	würden gekaut haben
ihr	werdet gekaut haben	werdet gekaut haben	würdet gekaut haben
sie	werden gekaut haben	werden gekaut haben	würden gekaut haben

PRINC. PARTS: kaufen, kaufte, gekauft, kauft
IMPERATIVE: kaufe!, kauft!, kaufen Sie!

INDICATIVE		SUBJUNCTIVE	
		PRIMARY	SECONDARY
		Present Time	
	Present	*(Pres. Subj.)*	*(Imperf. Subj.)*
ich	kaufe	kaufe	kaufte
du	kaufst	kaufest	kauftest
er	kauft	kaufe	kaufte
wir	kaufen	kaufen	kauften
ihr	kauft	kaufet	kauftet
sie	kaufen	kaufen	kauften
	Imperfect		
ich	kaufte		
du	kauftest		
er	kaufte		
wir	kauften		
ihr	kauftet		
sie	kauften		
		Past Time	
	Perfect	*(Perf. Subj.)*	*(Pluperf. Subj.)*
ich	habe gekauft	habe gekauft	hätte gekauft
du	hast gekauft	habest gekauft	hättest gekauft
er	hat gekauft	habe gekauft	hätte gekauft
wir	haben gekauft	haben gekauft	hätten gekauft
ihr	habt gekauft	habet gekauft	hättet gekauft
sie	haben gekauft	haben gekauft	hätten gekauft
	Pluperfect		
ich	hatte gekauft		
du	hattest gekauft		
er	hatte gekauft		
wir	hatten gekauft		
ihr	hattet gekauft		
sie	hatten gekauft		
		Future Time	
	Future	*(Fut. Subj.)*	*(Pres. Conditional)*
ich	werde kaufen	werde kaufen	würde kaufen
du	wirst kaufen	werdest kaufen	würdest kaufen
er	wird kaufen	werde kaufen	würde kaufen
wir	werden kaufen	werden kaufen	würden kaufen
ihr	werdet kaufen	werdet kaufen	würdet kaufen
sie	werden kaufen	werden kaufen	würden kaufen
		Future Perfect Time	
	Future Perfect	*(Fut. Perf. Subj.)*	*(Past Conditional)*
ich	werde gekauft haben	werde gekauft haben	würde gekauft haben
du	wirst gekauft haben	werdest gekauft haben	würdest gekauft haben
er	wird gekauft haben	werde gekauft haben	würde gekauft haben
wir	werden gekauft haben	werden gekauft haben	würden gekauft haben
ihr	werdet gekauft haben	werdet gekauft haben	würdet gekauft haben
sie	werden gekauft haben	werden gekauft haben	würden gekauft haben

kehren

to turn; sweep

PRINC. PARTS: kehren, kehrte, gekehrt, kehrt
IMPERATIVE: kehre!, kehrt!, kehren Sie!

INDICATIVE		SUBJUNCTIVE	
		PRIMARY	SECONDARY
		Present Time	
	Present	(*Pres. Subj.*)	(*Imperf. Subj.*)
ich	kehre	kehre	kehrte
du	kehrst	kehrest	kehrtest
er	kehrt	kehre	kehrte
wir	kehren	kehren	kehrten
ihr	kehrt	kehret	kehrtet
sie	kehren	kehren	kehrten
	Imperfect		
ich	kehrte		
du	kehrtest		
er	kehrte		
wir	kehrten		
ihr	kehrtet		
sie	kehrten		
		Past Time	
	Perfect	(*Perf. Subj.*)	(*Pluperf. Subj.*)
ich	habe gekehrt	habe gekehrt	hätte gekehrt
du	hast gekehrt	habest gekehrt	hättest gekehrt
er	hat gekehrt	habe gekehrt	hätte gekehrt
wir	haben gekehrt	haben gekehrt	hätten gekehrt
ihr	habt gekehrt	habet gekehrt	hättet gekehrt
sie	haben gekehrt	haben gekehrt	hätten gekehrt
	Pluperfect		
ich	hatte gekehrt		
du	hattest gekehrt		
er	hatte gekehrt		
wir	hatten gekehrt		
ihr	hattet gekehrt		
sie	hatten gekehrt		
		Future Time	
	Future	(*Fut. Subj.*)	(*Pres. Conditional*)
ich	werde kehren	werde kehren	würde kehren
du	wirst kehren	werdest kehren	würdest kehren
er	wird kehren	werde kehren	würde kehren
wir	werden kehren	werden kehren	würden kehren
ihr	werdet kehren	werdet kehren	würdet kehren
sie	werden kehren	werden kehren	würden kehren
		Future Perfect Time	
	Future Perfect	(*Fut. Perf. Subj.*)	(*Past Conditional*)
ich	werde gekehrt haben	werde gekehrt haben	würde gekehrt haben
du	wirst gekehrt haben	werdest gekehrt haben	würdest gekehrt haben
er	wird gekehrt haben	werde gekehrt haben	würde gekehrt haben
wir	werden gekehrt haben	werden gekehrt haben	würden gekehrt haben
ihr	werdet gekehrt haben	werdet gekehrt haben	würdet gekehrt haben
sie	werden gekehrt haben	werden gekehrt haben	würden gekehrt haben

PRINC. PARTS: kennen, kannte, gekannt, kennt
IMPERATIVE: kenne!, kennt!, kennen Sie!

to know (by acquaintance), be familiar with

INDICATIVE		SUBJUNCTIVE	
		PRIMARY	SECONDARY
		Present Time	
	Present	*(Pres. Subj.)*	*(Imperf. Subj.)*
ich	kenne	kenne	kennte
du	kennst	kennest	kenntest
er	kennt	kenne	kennte
wir	kennen	kennen	kennten
ihr	kennt	kennet	kenntet
sie	kennen	kennen	kennten
	Imperfect		
ich	kannte		
du	kanntest		
er	kannte		
wir	kannten		
ihr	kanntet		
sie	kannten		
		Past Time	
	Perfect	*(Perf. Subj.)*	*(Pluperf. Subj.)*
ich	habe gekannt	habe gekannt	hätte gekannt
du	hast gekannt	habest gekannt	hättest gekannt
er	hat gekannt	habe gekannt	hätte gekannt
wir	haben gekannt	haben gekannt	hätten gekannt
ihr	habt gekannt	habet gekannt	hättet gekannt
sie	haben gekannt	haben gekannt	hätten gekannt
	Pluperfect		
ich	hatte gekannt		
du	hattest gekannt		
er	hatte gekannt		
wir	hatten gekannt		
ihr	hattet gekannt		
sie	hatten gekannt		
		Future Time	
	Future	*(Fut. Subj.)*	*(Pres. Conditional)*
ich	werde kennen	werde kennen	würde kennen
du	wirst kennen	werdest kennen	würdest kennen
er	wird kennen	werde kennen	würde kennen
wir	werden kennen	werden kennen	würden kennen
ihr	werdet kennen	werdet kennen	würdet kennen
sie	werden kennen	werden kennen	würden kennen
		Future Perfect Time	
	Future Perfect	*(Fut. Perf. Subj.)*	*(Past Conditional)*
ich	werde gekannt haben	werde gekannt haben	würde gekannt haben
du	wirst gekannt haben	werdest gekannt haben	würdest gekannt haben
er	wird gekannt haben	werde gekannt haben	würde gekannt haben
wir	werden gekannt haben	werden gekannt haben	würden gekannt haben
ihr	werdet gekannt haben	werdet gekannt haben	würdet gekannt haben
sie	werden gekannt haben	werden gekannt haben	würden gekannt haben

kennenlernen

to get to know, meet, become acquainted with

PRINC. PARTS: kennenlernen, lernte kennen, kennengelernt, lernt kennen
IMPERATIVE: lerne kennen!, lernt kennen!, lernen Sie kennen!

	INDICATIVE	SUBJUNCTIVE PRIMARY	SUBJUNCTIVE SECONDARY
		Present Time	
	Present	*(Pres. Subj.)*	*(Imperf. Subj.)*
ich	lerne kennen	lerne kennen	lernte kennen
du	lernst kennen	lernest kennen	lerntest kennen
er	lernt kennen	lerne kennen	lernte kennen
wir	lernen kennen	lernen kennen	lernten kennen
ihr	lernt kennen	lernet kennen	lerntet kennen
sie	lernen kennen	lernen kennen	lernten kennen
	Imperfect		
ich	lernte kennen		
du	lerntest kennen		
er	lernte kennen		
wir	lernten kennen		
ihr	lerntet kennen		
sie	lernten kennen		
		Past Time	
	Perfect	*(Perf. Subj.)*	*(Pluperf. Subj.)*
ich	habe kennengelernt	habe kennengelernt	hätte kennengelernt
du	hast kennengelernt	habest kennengelernt	hättest kennengelernt
er	hat kennengelernt	habe kennengelernt	hätte kennengelernt
wir	haben kennengelernt	haben kennengelernt	hätten kennengelernt
ihr	habt kennengelernt	habet kennengelernt	hättet kennengelernt
sie	haben kennengelernt	haben kennengelernt	hätten kennengelernt
	Pluperfect		
ich	hatte kennengelernt		
du	hattest kennengelernt		
er	hatte kennengelernt		
wir	hatten kennengelernt		
ihr	hattet kennengelernt		
sie	hatten kennengelernt		
		Future Time	
	Future	*(Fut. Subj.)*	*(Pres. Conditional)*
ich	werde kennenlernen	werde kennenlernen	würde kennenlernen
du	wirst kennenlernen	werdest kennenlernen	würdest kennenlernen
er	wird kennenlernen	werde kennenlernen	würde kennenlernen
wir	werden kennenlernen	werden kennenlernen	würden kennenlernen
ihr	werdet kennenlernen	werdet kennenlernen	würdet kennenlernen
sie	werden kennenlernen	werden kennenlernen	würden kennenlernen
		Future Perfect Time	
	Future Perfect	*(Fut. Perf. Subj.)*	*(Past Conditional)*
ich	werde kennengelernt haben	werde kennengelernt haben	würde kennengelernt haben
du	wirst kennengelernt haben	werdest kennengelernt haben	würdest kennengelernt haben
er	wird kennengelernt haben	werde kennengelernt haben	würde kennengelernt haben
wir	werden kennengelernt haben	werden kennengelernt haben	würden kennengelernt haben
ihr	werdet kennengelernt haben	werdet kennengelernt haben	würdet kennengelernt haben
sie	werden kennengelernt haben	werden kennengelernt haben	würden kennengelernt haben

PRINC. PARTS: klagen, klagte, geklagt, klagt
IMPERATIVE: klage!, klagt!, klagen Sie!

to lament, complain of

INDICATIVE	SUBJUNCTIVE PRIMARY	SUBJUNCTIVE SECONDARY
	Present Time	
Present	(*Pres. Subj.*)	(*Imperf. Subj.*)
ich klage	klage	klagte
du klagst	klagest	klagtest
er klagt	klage	klagte
wir klagen	klagen	klagten
ihr klagt	klaget	klagtet
sie klagen	klagen	klagten
Imperfect		
ich klagte		
du klagtest		
er klagte		
wir klagten		
ihr klagtet		
sie klagten		
	Past Time	
Perfect	(*Perf. Subj.*)	(*Pluperf. Subj.*)
ich habe geklagt	habe geklagt	hätte geklagt
du hast geklagt	habest geklagt	hättest geklagt
er hat geklagt	habe geklagt	hätte geklagt
wir haben geklagt	haben geklagt	hätten geklagt
ihr habt geklagt	habet geklagt	hättet geklagt
sie haben geklagt	haben geklagt	hätten geklagt
Pluperfect		
ich hatte geklagt		
du hattest geklagt		
er hatte geklagt		
wir hatten geklagt		
ihr hattet geklagt		
sie hatten geklagt		
	Future Time	
Future	(*Fut. Subj.*)	(*Pres. Conditional*)
ich werde klagen	werde klagen	würde klagen
du wirst klagen	werdest klagen	würdest klagen
er wird klagen	werde klagen	würde klagen
wir werden klagen	werden klagen	würden klagen
ihr werdet klagen	werdet klagen	würdet klagen
sie werden klagen	werden klagen	würden klagen
	Future Perfect Time	
Future Perfect	(*Fut. Perf. Subj.*)	(*Past Conditional*)
ich werde geklagt haben	werde geklagt haben	würde geklagt haben
du wirst geklagt haben	werdest geklagt haben	würdest geklagt haben
er wird geklagt haben	werde geklagt haben	würde geklagt haben
wir werden geklagt haben	werden geklagt haben	würden geklagt haben
ihr werdet geklagt haben	werdet geklagt haben	würdet geklagt haben
sie werden geklagt haben	werden geklagt haben	würden geklagt haben

kleben

to paste, stick

PRINC. PARTS: kleben, klebte, geklebt, klebt
IMPERATIVE: klebe!, klebt!, kleben Sie!

INDICATIVE		SUBJUNCTIVE	
		PRIMARY	SECONDARY
		Present Time	
	Present	*(Pres. Subj.)*	*(Imperf. Subj.)*
ich	klebe	klebe	klebte
du	klebst	klebest	klebtest
er	klebt	klebe	klebte
wir	kleben	kleben	klebten
ihr	klebt	klebet	klebtet
sie	kleben	kleben	klebten
	Imperfect		
ich	klebte		
du	klebtest		
er	klebte		
wir	klebten		
ihr	klebtet		
sie	klebten		
		Past Time	
	Perfect	*(Perf. Subj.)*	*(Pluperf. Subj.)*
ich	habe geklebt	habe geklebt	hätte geklebt
du	hast geklebt	habest geklebt	hättest geklebt
er	hat geklebt	habe geklebt	hätte geklebt
wir	haben geklebt	haben geklebt	hätten geklebt
ihr	habt geklebt	habet geklebt	hättet geklebt
sie	haben geklebt	haben geklebt	hätten geklebt
	Pluperfect		
ich	hatte geklebt		
du	hattest geklebt		
er	hatte geklebt		
wir	hatten geklebt		
ihr	hattet geklebt		
sie	hatten geklebt		
		Future Time	
	Future	*(Fut. Subj.)*	*(Pres. Conditional)*
ich	werde kleben	werde kleben	würde kleben
du	wirst kleben	werdest kleben	würdest kleben
er	wird kleben	werde kleben	würde kleben
wir	werden kleben	werden kleben	würden kleben
ihr	werdet kleben	werdet kleben	würdet kleben
sie	werden kleben	werden kleben	würden kleben
		Future Perfect Time	
	Future Perfect	*(Fut. Perf. Subj.)*	*(Past Conditional)*
ich	werde geklebt haben	werde geklebt haben	würde geklebt haben
du	wirst geklebt haben	werdest geklebt haben	würdest geklebt haben
er	wird geklebt haben	werde geklebt haben	würde geklebt haben
wir	werden geklebt haben	werden geklebt haben	würden geklebt haben
ihr	werdet geklebt haben	werdet geklebt haben	würdet geklebt haben
sie	werden geklebt haben	werden geklebt haben	würden geklebt haben

PRINC. PARTS: klingen,* klang, geklungen, klingt
IMPERATIVE: klinge!, klingt!, klingen Sie!**

to ring, sound

INDICATIVE		SUBJUNCTIVE	
		PRIMARY	SECONDARY
		Present Time	
	Present	(*Pres. Subj.*)	(*Imperf. Subj.*)
ich	klinge	klinge	klänge
du	klingst	klingest	klängest
er	klingt	klinge	klänge
wir	klingen	klingen	klängen
ihr	klingt	klinget	klänget
sie	klingen	klingen	klängen
	Imperfect		
ich	klang		
du	klangst		
er	klang		
wir	klangen		
ihr	klangt		
sie	klangen		
		Past Time	
	Perfect	(*Perf. Subj.*)	(*Pluperf. Subj.*)
ich	habe geklungen	habe geklungen	hätte geklungen
du	hast geklungen	habest geklungen	hättest geklungen
er	hat geklungen	habe geklungen	hätte geklungen
wir	haben geklungen	haben geklungen	hätten geklungen
ihr	habt geklungen	habet geklungen	hättet geklungen
sie	haben geklungen	haben geklungen	hätten geklungen
	Pluperfect		
ich	hatte geklungen		
du	hattest geklungen		
er	hatte geklungen		
wir	hatten geklungen		
ihr	hattet geklungen		
sie	hatten geklungen		
		Future Time	
	Future	(*Fut. Subj.*)	(*Pres. Conditional*)
ich	werde klingen	werde klingen	würde klingen
du	wirst klingen	werdest klingen	würdest klingen
er	wird klingen	werde klingen	würde klingen
wir	werden klingen	werden klingen	würden klingen
ihr	werdet klingen	werdet klingen	würdet klingen
sie	werden klingen	werden klingen	würden klingen
		Future Perfect Time	
	Future Perfect	(*Fut. Perf. Subj.*)	(*Past Conditional*)
ich	werde geklungen haben	werde geklungen haben	würde geklungen haben
du	wirst geklungen haben	werdest geklungen haben	würdest geklungen haben
er	wird geklungen haben	werde geklungen haben	würde geklungen haben
wir	werden geklungen haben	werden geklungen haben	würden geklungen haben
ihr	werdet geklungen haben	werdet geklungen haben	würdet geklungen haben
sie	werden geklungen haben	werden geklungen haben	würden geklungen haben

* Forms other than the third person are infrequently found.
** The imperative is unusual.

klopfen

to knock, beat

PRINC. PARTS: klopfen, klopfte, geklopft, klopft
IMPERATIVE: klopfe!, klopft!, klopfen Sie!

INDICATIVE		SUBJUNCTIVE	
		PRIMARY	SECONDARY
		Present Time	
	Present	(*Pres. Subj.*)	(*Imperf. Subj.*)
ich	klopfe	klopfe	klopfte
du	klopfst	klopfest	klopftest
er	klopft	klopfe	klopfte
wir	klopfen	klopfen	klopften
ihr	klopft	klopfet	klopftet
sie	klopfen	klopfen	klopften
	Imperfect		
ich	klopfte		
du	klopftest		
er	klopfte		
wir	klopften		
ihr	klopftet		
sie	klopften		
		Past Time	
	Perfect	(*Perf. Subj.*)	(*Pluperf. Subj.*)
ich	habe geklopft	habe geklopft	hätte geklopft
du	hast geklopft	habest geklopft	hättest geklopft
er	hat geklopft	habe geklopft	hätte geklopft
wir	haben geklopft	haben geklopft	hätten geklopft
ihr	habt geklopft	habet geklopft	hättet geklopft
sie	haben geklopft	haben geklopft	hätten geklopft
	Pluperfect		
ich	hatte geklopft		
du	hattest geklopft		
er	hatte geklopft		
wir	hatten geklopft		
ihr	hattet geklopft		
sie	hatten geklopft		
		Future Time	
	Future	(*Fut. Subj.*)	(*Pres. Conditional*)
ich	werde klopfen	werde klopfen	würde klopfen
du	wirst klopfen	werdest klopfen	würdest klopfen
er	wird klopfen	werde klopfen	würde klopfen
wir	werden klopfen	werden klopfen	würden klopfen
ihr	werdet klopfen	werdet klopfen	würdet klopfen
sie	werden klopfen	werden klopfen	würden klopfen
		Future Perfect Time	
	Future Perfect	(*Fut. Perf. Subj.*)	(*Past Conditional*)
ich	werde geklopft haben	werde geklopft haben	würde geklopft haben
du	wirst geklopft haben	werdest geklopft haben	würdest geklopft haben
er	wird geklopft haben	werde geklopft haben	würde geklopft haben
wir	werden geklopft haben	werden geklopft haben	würden geklopft haben
ihr	werdet geklopft haben	werdet geklopft haben	würdet geklopft haben
sie	werden geklopft haben	werden geklopft haben	würden geklopft haben

kneifen

PRINC. PARTS: kneifen, kniff, gekniffen, kneift
IMPERATIVE: kneife!, kneift!, kneifen Sie!

to pinch, squeeze; shirk

	INDICATIVE	SUBJUNCTIVE PRIMARY	SUBJUNCTIVE SECONDARY
		Present Time	
	Present	(*Pres. Subj.*)	(*Imperf. Subj.*)
ich	kneife	kneife	kniffe
du	kneifst	kneifest	kniffest
er	kneift	kneife	kniffe
wir	kneifen	kneifen	kniffen
ihr	kneift	kneifet	kniffet
sie	kneifen	kneifen	kniffen
	Imperfect		
ich	kniff		
du	kniffst		
er	kniff		
wir	kniffen		
ihr	knifft		
sie	kniffen		
		Past Time	
	Perfect	(*Perf. Subj.*)	(*Pluperf. Subj.*)
ich	habe gekniffen	habe gekniffen	hätte gekniffen
du	hast gekniffen	habest gekniffen	hättest gekniffen
er	hat gekniffen	habe gekniffen	hätte gekniffen
wir	haben gekniffen	haben gekniffen	hätten gekniffen
ihr	habt gekniffen	habet gekniffen	hättet gekniffen
sie	haben gekniffen	haben gekniffen	hätten gekniffen
	Pluperfect		
ich	hatte gekniffen		
du	hattest gekniffen		
er	hatte gekniffen		
wir	hatten gekniffen		
ihr	hattet gekniffen		
sie	hatten gekniffen		
		Future Time	
	Future	(*Fut. Subj.*)	(*Pres. Conditional*)
ich	werde kneifen	werde kneifen	würde kneifen
du	wirst kneifen	werdest kneifen	würdest kneifen
er	wird kneifen	werde kneifen	würde kneifen
wir	werden kneifen	werden kneifen	würden kneifen
ihr	werdet kneifen	werdet kneifen	würdet kneifen
sie	werden kneifen	werden kneifen	würden kneifen
		Future Perfect Time	
	Future Perfect	(*Fut. Perf. Subj.*)	(*Past Conditional*)
ich	werde gekniffen haben	werde gekniffen haben	würde gekniffen haben
du	wirst gekniffen haben	werdest gekniffen haben	würdest gekniffen haben
er	wird gekniffen haben	werde gekniffen haben	würde gekniffen haben
wir	werden gekniffen haben	werden gekniffen haben	würden gekniffen haben
ihr	werdet gekniffen haben	werdet gekniffen haben	würdet gekniffen haben
sie	werden gekniffen haben	werden gekniffen haben	würden gekniffen haben

knüpfen

to tie, knot, fasten together

PRINC. PARTS: knüpfen, knüpfte, geknüpft, knüpft
IMPERATIVE: knüpfe!, knüpft!, knüpfen Sie!

INDICATIVE		SUBJUNCTIVE PRIMARY	SUBJUNCTIVE SECONDARY
		Present Time	
	Present	*(Pres. Subj.)*	*(Imperf. Subj.)*
ich	knüpfe	knüpfe	knüpfte
du	knüpfst	knüpfest	knüpftest
er	knüpft	knüpfe	knüpfte
wir	knüpfen	knüpfen	knüpften
ihr	knüpft	knüpfet	knüpftet
sie	knüpfen	knüpfen	knüpften
	Imperfect		
ich	knüpfte		
du	knüpftest		
er	knüpfte		
wir	knüpften		
ihr	knüpftet		
sie	knüpften		
		Past Time	
	Perfect	*(Perf. Subj.)*	*(Pluperf. Subj.)*
ich	habe geknüpft	habe geknüpft	hätte geknüpft
du	hast geknüpft	habest geknüpft	hättest geknüpft
er	hat geknüpft	habe geknüpft	hätte geknüpft
wir	haben geknüpft	haben geknüpft	hätten geknüpft
ihr	habt geknüpft	habet geknüpft	hättet geknüpft
sie	haben geknüpft	haben geknüpft	hätten geknüpft
	Pluperfect		
ich	hatte geknüpft		
du	hattest geknüpft		
er	hatte geknüpft		
wir	hatten geknüpft		
ihr	hattet geknüpft		
sie	hatten geknüpft		
		Future Time	
	Future	*(Fut. Subj.)*	*(Pres. Conditional)*
ich	werde knüpfen	werde knüpfen	würde knüpfen
du	wirst knüpfen	werdest knüpfen	würdest knüpfen
er	wird knüpfen	werde knüpfen	würde knüpfen
wir	werden knüpfen	werden knüpfen	würden knüpfen
ihr	werdet knüpfen	werdet knüpfen	würdet knüpfen
sie	werden knüpfen	werden knüpfen	würden knüpfen
		Future Perfect Time	
	Future Perfect	*(Fut. Perf. Subj.)*	*(Past Conditional)*
ich	werde geknüpft haben	werde geknüpft haben	würde geknüpft haben
du	wirst geknüpft haben	werdest geknüpft haben	würdest geknüpft haben
er	wird geknüpft haben	werde geknüpft haben	würde geknüpft haben
wir	werden geknüpft haben	werden geknüpft haben	würden geknüpft haben
ihr	werdet geknüpft haben	werdet geknüpft haben	würdet geknüpft haben
sie	werden geknüpft haben	werden geknüpft haben	würden geknüpft haben

kochen

PRINC. PARTS: kochen, kochte, gekocht, kocht
IMPERATIVE: koche!, kocht!, kochen Sie!

to cook, boil, seethe

INDICATIVE		SUBJUNCTIVE	
		PRIMARY	SECONDARY
		Present Time	
	Present	(*Pres. Subj.*)	(*Imperf. Subj.*)
ich	koche	koche	kochte
du	kochst	kochest	kochtest
er	kocht	koche	kochte
wir	kochen	kochen	kochten
ihr	kocht	kochet	kochtet
sie	kochen	kochen	kochten
	Imperfect		
ich	kochte		
du	kochtest		
er	kochte		
wir	kochten		
ihr	kochtet		
sie	kochten		
		Past Time	
	Perfect	(*Perf. Subj.*)	(*Pluperf. Subj.*)
ich	habe gekocht	habe gekocht	hätte gekocht
du	hast gekocht	habest gekocht	hättest gekocht
er	hat gekocht	habe gekocht	hätte gekocht
wir	haben gekocht	haben gekocht	hätten gekocht
ihr	habt gekocht	habet gekocht	hättet gekocht
sie	haben gekocht	haben gekocht	hätten gekocht
	Pluperfect		
ich	hatte gekocht		
du	hattest gekocht		
er	hatte gekocht		
wir	hatten gekocht		
ihr	hattet gekocht		
sie	hatten gekocht		
		Future Time	
	Future	(*Fut. Subj.*)	(*Pres. Conditional*)
ich	werde kochen	werde kochen	würde kochen
du	wirst kochen	werdest kochen	würdest kochen
er	wird kochen	werde kochen	würde kochen
wir	werden kochen	werden kochen	würden kochen
ihr	werdet kochen	werdet kochen	würdet kochen
sie	werden kochen	werden kochen	würden kochen
		Future Perfect Time	
	Future Perfect	(*Fut. Perf. Subj.*)	(*Past Conditional*)
ich	werde gekocht haben	werde gekocht haben	würde gekocht haben
du	wirst gekocht haben	werdest gekocht haben	würdest gekocht haben
er	wird gekocht haben	werde gekocht haben	würde gekocht haben
wir	werden gekocht haben	werden gekocht haben	würden gekocht haben
ihr	werdet gekocht haben	werdet gekocht haben	würdet gekocht haben
sie	werden gekocht haben	werden gekocht haben	würden gekocht haben

kommen

to come

PRINC. PARTS: kommen, kam, ist gekommen, kommt
IMPERATIVE: komme!, kommt!, kommen Sie!

	INDICATIVE	SUBJUNCTIVE PRIMARY	SUBJUNCTIVE SECONDARY
		Present Time	
	Present	(*Pres. Subj.*)	(*Imperf. Subj.*)
ich	komme	komme	käme
du	kommst	kommest	kämest
er	kommt	komme	käme
wir	kommen	kommen	kämen
ihr	kommt	kommet	kämet
sie	kommen	kommen	kämen

	Imperfect
ich	kam
du	kamst
er	kam
wir	kamen
ihr	kamt
sie	kamen

		Past Time	
	Perfect	(*Perf. Subj.*)	(*Pluperf. Subj.*)
ich	bin gekommen	sei gekommen	wäre gekommen
du	bist gekommen	seiest gekommen	wärest gekommen
er	ist gekommen	sei gekommen	wäre gekommen
wir	sind gekommen	seien gekommen	wären gekommen
ihr	seid gekommen	seiet gekommen	wäret gekommen
sie	sind gekommen	seien gekommen	wären gekommen

	Pluperfect
ich	war gekommen
du	warst gekommen
er	war gekommen
wir	waren gekommen
ihr	wart gekommen
sie	waren gekommen

		Future Time	
	Future	(*Fut. Subj.*)	(*Pres. Conditional*)
ich	werde kommen	werde kommen	würde kommen
du	wirst kommen	werdest kommen	würdest kommen
er	wird kommen	werde kommen	würde kommen
wir	werden kommen	werden kommen	würden kommen
ihr	werdet kommen	werdet kommen	würdet kommen
sie	werden kommen	werden kommen	würden kommen

		Future Perfect Time	
	Future Perfect	(*Fut. Perf. Subj.*)	(*Past Conditional*)
ich	werde gekommen sein	werde gekommen sein	würde gekommen sein
du	wirst gekommen sein	werdest gekommen sein	würdest gekommen sein
er	wird gekommen sein	werde gekommen sein	würde gekommen sein
wir	werden gekommen sein	werden gekommen sein	würden gekommen sein
ihr	werdet gekommen sein	werdet gekommen sein	würdet gekommen sein
sie	werden gekommen sein	werden gekommen sein	würden gekommen sein

können

to be able (can), to know (a language or how to do something)

PRINC. PARTS: können, konnte, gekonnt (können when immediately preceded by a infinitive—see 'sprechen dürfen'), kann
IMPERATIVE: not used

INDICATIVE		SUBJUNCTIVE	
		PRIMARY	SECONDARY
		Present Time	
	Present	(*Pres. Subj.*)	(*Imperf. Subj.*)
ich	kann	könne	könnte
du	kannst	könnest	könntest
er	kann	könne	könnte
wir	können	können	könnten
ihr	könnt	könnet	könntet
sie	können	können	könnten
	Imperfect		
ich	konnte		
du	konntest		
er	konnte		
wir	konnten		
ihr	konntet		
sie	konnten		
		Past Time	
	Perfect	(*Perf. Subj.*)	(*Pluperf. Subj.*)
ich	habe gekonnt	habe gekonnt	hätte gekonnt
du	hast gekonnt	habest gekonnt	hättest gekonnt
er	hat gekonnt	habe gekonnt	hätte gekonnt
wir	haben gekonnt	haben gekonnt	hätten gekonnt
ihr	habt gekonnt	habet gekonnt	hättet gekonnt
sie	haben gekonnt	haben gekonnt	hätten gekonnt
	Pluperfect		
ich	hatte gekonnt		
du	hattest gekonnt		
er	hatte gekonnt		
wir	hatten gekonnt		
ihr	hattet gekonnt		
sie	hatten gekonnt		
		Future Time	
	Future	(*Fut. Subj.*)	(*Pres. Conditional*)
ich	werde können	werde können	würde können
du	wirst können	werdest können	würdest können
er	wird können	werde können	würde können
wir	werden können	werden können	würden können
ihr	werdet können	werdet können	würdet können
sie	werden können	werden können	würden können
		Future Perfect Time	
	Future Perfect	(*Fut. Perf. Subj.*)	(*Past Conditional*)
ich	werde gekonnt haben	werde gekonnt haben	würde gekonnt haben
du	wirst gekonnt haben	werdest gekonnt haben	würdest gekonnt haben
er	wird gekonnt haben	werde gekonnt haben	würde gekonnt haben
wir	werden gekonnt haben	werden gekonnt haben	würden gekonnt haben
ihr	werdet gekonnt haben	werdet gekonnt haben	würdet gekonnt haben
sie	werden gekonnt haben	werden gekonnt haben	würden gekonnt haben

kosen

to caress, fondle

PRINC. PARTS: kosen, koste, gekost, kost
IMPERATIVE: kose!, kost!, kosen Sie!

INDICATIVE		SUBJUNCTIVE	
		PRIMARY	SECONDARY
		Present Time	
	Present	*(Pres. Subj.)*	*(Imperf. Subj.)*
ich	kose	kose	koste
du	kost	kosest	kostest
er	kost	kose	koste
wir	kosen	kosen	kosten
ihr	kost	koset	kostet
sie	kosen	kosen	kosten
	Imperfect		
ich	koste		
du	kostest		
er	koste		
wir	kosten		
ihr	kostet		
sie	kosten		
		Past Time	
	Perfect	*(Perf. Subj.)*	*(Pluperf. Subj.)*
ich	habe gekost	habe gekost	hätte gekost
du	hast gekost	habest gekost	hättest gekost
er	hat gekost	habe gekost	hätte gekost
wir	haben gekost	haben gekost	hätten gekost
ihr	habt gekost	habet gekost	hättet gekost
sie	haben gekost	haben gekost	hätten gekost
	Pluperfect		
ich	hatte gekost		
du	hattest gekost		
er	hatte gekost		
wir	hatten gekost		
ihr	hattet gekost		
sie	hatten gekost		
		Future Time	
	Future	*(Fut. Subj.)*	*(Pres. Conditional)*
ich	werde kosen	werde kosen	würde kosen
du	wirst kosen	werdest kosen	würdest kosen
er	wird kosen	werde kosen	würde kosen
wir	werden kosen	werden kosen	würden kosen
ihr	werdet kosen	werdet kosen	würdet kosen
sie	werden kosen	werden kosen	würden kosen
		Future Perfect Time	
	Future Perfect	*(Fut. Perf. Subj.)*	*(Past Conditional)*
ich	werde gekost haben	werde gekost haben	würde gekost haben
du	wirst gekost haben	werdest gekost haben	würdest gekost haben
er	wird gekost haben	werde gekost haben	würde gekost haben
wir	werden gekost haben	werden gekost haben	würden gekost haben
ihr	werdet gekost haben	werdet gekost haben	würdet gekost haben
sie	werden gekost haben	werden gekost haben	würden gekost haben

PRINC. PARTS: kosten, kostete, gekostet, kostet
IMPERATIVE: koste!, kostet!, kosten Sie!

to cost; taste, try

INDICATIVE		SUBJUNCTIVE	
		PRIMARY	SECONDARY
		Present Time	
	Present	*(Pres. Subj.)*	*(Imperf. Subj.)*
ich	koste	koste	kostete
du	kostest	kostest	kostetest
er	kostet	koste	kostete
wir	kosten	kosten	kosteten
ihr	kostet	kostet	kostetet
sie	kosten	kosten	kosteten
	Imperfect		
ich	kostete		
du	kostetest		
er	kostete		
wir	kosteten		
ihr	kostetet		
sie	kosteten		
		Past Time	
	Perfect	*(Perf. Subj.)*	*(Pluperf. Subj.)*
ich	habe gekostet	habe gekostet	hätte gekostet
du	hast gekostet	habest gekostet	hättest gekostet
er	hat gekostet	habe gekostet	hätte gekostet
wir	haben gekostet	haben gekostet	hätten gekostet
ihr	habt gekostet	habet gekostet	hättet gekostet
sie	haben gekostet	haben gekostet	hätten gekostet
	Pluperfect		
ich	hatte gekostet		
du	hattest gekostet		
er	hatte gekostet		
wir	hatten gekostet		
ihr	hattet gekostet		
sie	hatten gekostet		
		Future Time	
	Future	*(Fut. Subj.)*	*(Pres. Conditional)*
ich	werde kosten	werde kosten	würde kosten
du	wirst kosten	werdest kosten	würdest kosten
er	wird kosten	werde kosten	würde kosten
wir	werden kosten	werden kosten	würden kosten
ihr	werdet kosten	werdet kosten	würdet kosten
sie	werden kosten	werden kosten	würden kosten
		Future Perfect Time	
	Future Perfect	*(Fut. Perf. Subj.)*	*(Past Conditional)*
ich	werde gekostet haben	werde gekostet haben	würde gekostet haben
du	wirst gekostet haben	werdest gekostet haben	würdest gekostet haben
er	wird gekostet haben	werde gekostet haben	würde gekostet haben
wir	werden gekostet haben	werden gekostet haben	würden gekostet haben
ihr	werdet gekostet haben	werdet gekostet haben	würdet gekostet haben
sie	werden gekostet haben	werden gekostet haben	würden gekostet haben

kotzen

to vomit, puke

PRINC. PARTS: kotzen, kotzte, gekotzt, kotzt
IMPERATIVE: kotze!, kotzt!, kotzen Sie!

INDICATIVE		SUBJUNCTIVE	
		PRIMARY	SECONDARY
		Present Time	
	Present	*(Pres. Subj.)*	*(Imperf. Subj.)*
ich	kotze	kotze	kotzte
du	kotzt	kotzest	kotztest
er	kotzt	kotze	kotzte
wir	kotzen	kotzen	kotzten
ihr	kotzt	kotzet	kotztet
sie	kotzen	kotzen	kotzten
	Imperfect		
ich	kotzte		
du	kotztest		
er	kotzte		
wir	kotzten		
ihr	kotztet		
sie	kotzten		
		Past Time	
	Perfect	*(Perf. Subj.)*	*(Pluperf. Subj.)*
ich	habe gekotzt	habe gekotzt	hätte gekotzt
du	hast gekotzt	habest gekotzt	hättest gekotzt
er	hat gekotzt	habe gekotzt	hätte gekotzt
wir	haben gekotzt	haben gekotzt	hätten gekotzt
ihr	habt gekotzt	habet gekotzt	hättet gekotzt
sie	haben gekotzt	haben gekotzt	hätten gekotzt
	Pluperfect		
ich	hatte gekotzt		
du	hattest gekotzt		
er	hatte gekotzt		
wir	hatten gekotzt		
ihr	hattet gekotzt		
sie	hatten gekotzt		
		Future Time	
	Future	*(Fut. Subj.)*	*(Pres. Conditional)*
ich	werde kotzen	werde kotzen	würde kotzen
du	wirst kotzen	werdest kotzen	würdest kotzen
er	wird kotzen	werde kotzen	würde kotzen
wir	werden kotzen	werden kotzen	würden kotzen
ihr	werdet kotzen	werdet kotzen	würdet kotzen
sie	werden kotzen	werden kotzen	würden kotzen
		Future Perfect Time	
	Future Perfect	*(Fut. Perf. Subj.)*	*(Past Conditional)*
ich	werde gekotzt haben	werde gekotzt haben	würde gekotzt haben
du	wirst gekotzt haben	werdest gekotzt haben	würdest gekotzt haben
er	wird gekotzt haben	werde gekotzt haben	würde gekotzt haben
wir	werden gekotzt haben	werden gekotzt haben	würden gekotzt haben
ihr	werdet gekotzt haben	werdet gekotzt haben	würdet gekotzt haben
sie	werden gekotzt haben	werden gekotzt haben	würden gekotzt haben

PRINC. PARTS: krächzen, krächzte, gekrächzt, krächzt
IMPERATIVE: krächze!, krächzt!, krächzen Sie!

to caw, croak

INDICATIVE		SUBJUNCTIVE	
		PRIMARY	SECONDARY
		Present Time	
	Present	(*Pres. Subj.*)	(*Imperf. Subj.*)
ich	krächze	krächze	krächzte
du	krächzt	krächzest	krächztest
er	krächzt	krächze	krächzte
wir	krächzen	krächzen	krächzten
ihr	krächzt	krächzet	krächztet
sie	krächzen	krächzen	krächzten
	Imperfect		
ich	krächzte		
du	krächztest		
er	krächzte		
wir	krächzten		
ihr	krächztet		
sie	krächzten		
		Past Time	
	Perfect	(*Perf. Subj.*)	(*Pluperf. Subj.*)
ich	habe gekrächzt	habe gekrächzt	hätte gekrächzt
du	hast gekrächzt	habest gekrächzt	hättest gekrächzt
er	hat gekrächzt	habe gekrächzt	hätte gekrächzt
wir	haben gekrächzt	haben gekrächzt	hätten gekrächzt
ihr	habt gekrächzt	habet gekrächzt	hättet gekrächzt
sie	haben gekrächzt	haben gekrächzt	hätten gekrächzt
	Pluperfect		
ich	hatte gekrächzt		
du	hattest gekrächzt		
er	hatte gekrächzt		
wir	hatten gekrächzt		
ihr	hattet gekrächzt		
sie	hatten gekrächzt		
		Future Time	
	Future	(*Fut. Subj.*)	(*Pres. Conditional*)
ich	werde krächzen	werde krächzen	würde krächzen
du	wirst krächzen	werdest krächzen	würdest krächzen
er	wird krächzen	werde krächzen	würde krächzen
wir	werden krächzen	werden krächzen	würden krächzen
ihr	werdet krächzen	werdet krächzen	würdet krächzen
sie	werden krächzen	werden krächzen	würden krächzen
		Future Perfect Time	
	Future Perfect	(*Fut. Perf. Subj.*)	(*Past Conditional*)
ich	werde gekrächzt haben	werde gekrächzt haben	würde gekrächzt haben
du	wirst gekrächzt haben	werdest gekrächzt haben	würdest gekrächzt haben
er	wird gekrächzt haben	werde gekrächzt haben	würde gekrächzt haben
wir	werden gekrächzt haben	werden gekrächzt haben	würden gekrächzt haben
ihr	werdet gekrächzt haben	werdet gekrächzt haben	würdet gekrächzt haben
sie	werden gekrächzt haben	werden gekrächzt haben	würden gekrächzt haben

kratzen

to scratch, scrape

PRINC. PARTS: kratzen, kratzte, gekratzt, kratzt
IMPERATIVE: kratze!, kratzt!, kratzen Sie!

INDICATIVE		SUBJUNCTIVE	
		PRIMARY	SECONDARY
		Present Time	
	Present	(*Pres. Subj.*)	(*Imperf. Subj.*)
ich	kratze	kratze	kratzte
du	kratzt	kratzest	kratztest
er	kratzt	kratze	kratzte
wir	kratzen	kratzen	kratzten
ihr	kratzt	kratzet	kratztet
sie	kratzen	kratzen	kratzten
	Imperfect		
ich	kratzte		
du	kratztest		
er	kratzte		
wir	kratzten		
ihr	kratztet		
sie	kratzten		
		Past Time	
	Perfect	(*Perf. Subj.*)	(*Pluperf. Subj.*)
ich	habe gekratzt	habe gekratzt	hätte gekratzt
du	hast gekratzt	habest gekratzt	hättest gekratzt
er	hat gekratzt	habe gekratzt	hätte gekratzt
wir	haben gekratzt	haben gekratzt	hätten gekratzt
ihr	habt gekratzt	habet gekratzt	hättet gekratzt
sie	haben gekratzt	haben gekratzt	hätten gekratzt
	Pluperfect		
ich	hatte gekratzt		
du	hattest gekratzt		
er	hatte gekratzt		
wir	hatten gekratzt		
ihr	hattet gekratzt		
sie	hatten gekratzt		
		Future Time	
	Future	(*Fut. Subj.*)	(*Pres. Conditional*)
ich	werde kratzen	werde kratzen	würde kratzen
du	wirst kratzen	werdest kratzen	würdest kratzen
er	wird kratzen	werde kratzen	würde kratzen
wir	werden kratzen	werden kratzen	würden kratzen
ihr	werdet kratzen	werdet kratzen	würdet kratzen
sie	werden kratzen	werden kratzen	würden kratzen
		Future Perfect Time	
	Future Perfect	(*Fut. Perf. Subj.*)	(*Past Conditional*)
ich	werde gekratzt haben	werde gekratzt haben	würde gekratzt haben
du	wirst gekratzt haben	werdest gekratzt haben	würdest gekratzt haben
er	wird gekratzt haben	werde gekratzt haben	würde gekratzt haben
wir	werden gekratzt haben	werden gekratzt haben	würden gekratzt haben
ihr	werdet gekratzt haben	werdet gekratzt haben	würdet gekratzt haben
sie	werden gekratzt haben	werden gekratzt haben	würden gekratzt haben

PRINC. PARTS: kriechen, kroch, ist gekrochen, kriecht
IMPERATIVE: krieche!, kriecht!, kriechen Sie!

kriechen

to creep, crawl

	INDICATIVE	SUBJUNCTIVE PRIMARY	SUBJUNCTIVE SECONDARY
		Present Time	
	Present	(*Pres. Subj.*)	(*Imperf. Subj.*)
ich	krieche	krieche	kröche
du	kriechst	kriechest	kröchest
er	kriecht	krieche	kröche
wir	kriechen	kriechen	kröchen
ihr	kriecht	kriechet	kröchet
sie	kriechen	kriechen	kröchen
	Imperfect		
ich	kroch		
du	krochst		
er	kroch		
wir	krochen		
ihr	krocht		
sie	krochen		
		Past Time	
	Perfect	(*Perf. Subj.*)	(*Pluperf. Subj.*)
ich	bin gekrochen	sei gekrochen	wäre gekrochen
du	bist gekrochen	seiest gekrochen	wärest gekrochen
er	ist gekrochen	sei gekrochen	wäre gekrochen
wir	sind gekrochen	seien gekrochen	wären gekrochen
ihr	seid gekrochen	seiet gekrochen	wäret gekrochen
sie	sind gekrochen	seien gekrochen	wären gekrochen
	Pluperfect		
ich	war gekrochen		
du	warst gekrochen		
er	war gekrochen		
wir	waren gekrochen		
ihr	wart gekrochen		
sie	waren gekrochen		
		Future Time	
	Future	(*Fut. Subj.*)	(*Pres. Conditional*)
ich	werde kriechen	werde kriechen	würde kriechen
du	wirst kriechen	werdest kriechen	würdest kriechen
er	wird kriechen	werde kriechen	würde kriechen
wir	werden kriechen	werden kriechen	würden kriechen
ihr	werdet kriechen	werdet kriechen	würdet kriechen
sie	werden kriechen	werden kriechen	würden kriechen
		Future Perfect Time	
	Future Perfect	(*Fut. Perf. Subj.*)	(*Past Conditional*)
ich	werde gekrochen sein	werde gekrochen sein	würde gekrochen sein
du	wirst gekrochen sein	werdest gekrochen sein	würdest gekrochen sein
er	wird gekrochen sein	werde gekrochen sein	würde gekrochen sein
wir	werden gekrochen sein	werden gekrochen sein	würden gekrochen sein
ihr	werdet gekrochen sein	werdet gekrochen sein	würdet gekrochen sein
sie	werden gekrochen sein	werden gekrochen sein	würden gekrochen sein

kriegen

to get, obtain

PRINC. PARTS: kriegen, kriegte, gekriegt, kriegt
IMPERATIVE: kriege!, kriegt!, kriegen Sie!

INDICATIVE		SUBJUNCTIVE	
		PRIMARY	SECONDARY
		Present Time	
	Present	(*Pres. Subj.*)	(*Imperf. Subj.*)
ich	kriege	kriege	kriegte
du	kriegst	kriegest	kriegtest
er	kriegt	kriege	kriegte
wir	kriegen	kriegen	kriegten
ihr	kriegt	krieget	kriegtet
sie	kriegen	kriegen	kriegten
	Imperfect		
ich	kriegte		
du	kriegtest		
er	kriegte		
wir	kriegten		
ihr	kriegtet		
sie	kriegten		
		Past Time	
	Perfect	(*Perf. Subj.*)	(*Pluperf. Subj.*)
ich	habe gekriegt	habe gekriegt	hätte gekriegt
du	hast gekriegt	habest gekriegt	hättest gekriegt
er	hat gekriegt	habe gekriegt	hätte gekriegt
wir	haben gekriegt	haben gekriegt	hätten gekriegt
ihr	habt gekriegt	habet gekriegt	hättet gekriegt
sie	haben gekriegt	haben gekriegt	hätten gekriegt
	Pluperfect		
ich	hatte gekriegt		
du	hattest gekriegt		
er	hatte gekriegt		
wir	hatten gekriegt		
ihr	hattet gekriegt		
sie	hatten gekriegt		
		Future Time	
	Future	(*Fut. Subj.*)	(*Pres. Conditional*)
ich	werde kriegen	werde kriegen	würde kriegen
du	wirst kriegen	werdest kriegen	würdest kriegen
er	wird kriegen	werde kriegen	würde kriegen
wir	werden kriegen	werden kriegen	würden kriegen
ihr	werdet kriegen	werdet kriegen	würdet kriegen
sie	werden kriegen	werden kriegen	würden kriegen
		Future Perfect Time	
	Future Perfect	(*Fut. Perf. Subj.*)	(*Past Conditional*)
ich	werde gekriegt haben	werde gekriegt haben	würde gekriegt haben
du	wirst gekriegt haben	werdest gekriegt haben	würdest gekriegt haben
er	wird gekriegt haben	werde gekriegt haben	würde gekriegt haben
wir	werden gekriegt haben	werden gekriegt haben	würden gekriegt haben
ihr	werdet gekriegt haben	werdet gekriegt haben	würdet gekriegt haben
sie	werden gekriegt haben	werden gekriegt haben	würden gekriegt haben

kühlen

PRINC. PARTS: kühlen, kühlte, gekühlt, kühlt
IMPERATIVE: kühle!, kühlt!, kühlen Sie!

to cool, refresh, refrigerate

INDICATIVE		SUBJUNCTIVE	
		PRIMARY	SECONDARY
		Present Time	
	Present	(*Pres. Subj.*)	(*Imperf. Subj.*)
ich	kühle	kühle	kühlte
du	kühlst	kühlest	kühltest
er	kühlt	kühle	kühlte
wir	kühlen	kühlen	kühlten
ihr	kühlt	kühlet	kühltet
sie	kühlen	kühlen	kühlten
	Imperfect		
ich	kühlte		
du	kühltest		
er	kühlte		
wir	kühlten		
ihr	kühltet		
sie	kühlten		
		Past Time	
	Perfect	(*Perf. Subj.*)	(*Pluperf. Subj.*)
ich	habe gekühlt	habe gekühlt	hätte kühlt
du	hast gekühlt	habest gekühlt	hättest gekühlt
er	hat gekühlt	habe gekühlt	hätte gekühlt
wir	haben gekühlt	haben gekühlt	hätten gekühlt
ihr	habt gekühlt	habet gekühlt	hättet gekühlt
sie	haben gekühlt	haben gekühlt	hätten gekühlt
	Pluperfect		
ich	hatte gekühlt		
du	hattest gekühlt		
er	hatte gekühlt		
wir	hatten gekühlt		
ihr	hattet gekühlt		
sie	hatten gekühlt		
		Future Time	
	Future	(*Fut. Subj.*)	(*Pres. Conditional*)
ich	werde kühlen	werde kühlen	würde kühlen
du	wirst kühlen	werdest kühlen	würdest kühlen
er	wird kühlen	werde kühlen	würde kühlen
wir	werden kühlen	werden kühlen	würden kühlen
ihr	werdet kühlen	werdet kühlen	würdet kühlen
sie	werden kühlen	werden kühlen	würden kühlen
		Future Perfect Time	
	Future Perfect	(*Fut. Perf. Sujb.*)	(*Past Conditional*)
ich	werde gekühlt haben	werde gekühlt haben	würde gekühlt haben
du	wirst gekühlt haben	werdest gekühlt haben	würdest gekühlt haben
er	wird gekühlt haben	werde gekühlt haben	würde gekühlt haben
wir	werden gekühlt haben	werden gekühlt haben	würden gekühlt haben
ihr	werdet gekühlt haben	werdet gekühlt haben	würdet gekühlt haben
sie	werden gekühlt haben	werden gekühlt haben	würden gekühlt haben

kürzen

to shorten, abbreviate

PRINC. PARTS: kürzen, kürzte, gekürzt, kürzt
IMPERATIVE: kürze!, kürzt, kürzen Sie!

INDICATIVE		SUBJUNCTIVE	
		PRIMARY	SECONDARY
		Present Time	
	Present	*(Pres. Subj.)*	*(Imperf. Subj.)*
ich	kürze	kürze	kürzte
du	kürzt	kürzest	kürztest
er	kürzt	kürze	kürzte
wir	kürzen	kürzen	kürzten
ihr	kürzt	kürzet	kürztet
sie	kürzen	kürzen	kürzten
	Imperfect		
ich	kürzte		
du	kürztest		
er	kürzte		
wir	kürzten		
ihr	kürztet		
sie	kürzten		
		Past Time	
	Perfect	*(Perf. Subj.)*	*(Pluperf. Subj.)*
ich	habe gekürzt	habe gekürzt	hätte gekürzt
du	hast gekürzt	habest gekürzt	hättest gekürzt
er	hat gekürzt	habe gekürzt	hätte gekürzt
wir	haben gekürzt	haben gekürzt	hätten gekürzt
ihr	habt gekürzt	habet gekürzt	hättet gekürzt
sie	haben gekürzt	haben gekürzt	hätten gekürzt
	Pluperfect		
ich	hatte gekürzt		
du	hattest gekürzt		
er	hatte gekürzt		
wir	hatten gekürzt		
ihr	hattet gekürzt		
sie	hatten gekürzt		
		Future Time	
	Future	*(Fut. Subj.)*	*(Pres. Conditional)*
ich	werde kürzen	werde kürzen	würde kürzen
du	wirst kürzen	werdest kürzen	würdest kürzen
er	wird kürzen	werde kürzen	würde kürzen
wir	werden kürzen	werden kürzen	würden kürzen
ihr	werdet kürzen	werdet kürzen	würdet kürzen
sie	werden kürzen	werden kürzen	würden kürzen
		Future Perfect Time	
	Future Perfect	*(Fut. Perf. Subj.)*	*(Past Conditional)*
ich	werde gekürzt haben	werde gekürzt haben	würde gekürzt haben
du	wirst gekürzt haben	werdest gekürzt haben	würdest gekürzt haben
er	wird gekürzt haben	werde gekürzt haben	würde gekürzt haben
wir	werden gekürzt haben	werden gekürzt haben	würden gekürzt haben
ihr	werdet gekürzt haben	werdet gekürzt haben	würdet gekürzt haben
sie	werden gekürzt haben	werden gekürzt haben	würden gekürzt haben

PRINC. PARTS: laben, labte, gelabt, labt
IMPERATIVE: labe!, labt!, laben Sie!

to refresh, restore, delight

INDICATIVE		SUBJUNCTIVE	
		PRIMARY	SECONDARY
		Present Time	
	Present	(*Pres. Subj.*)	(*Imperf. Subj.*)
ich	labe	labe	labte
du	labst	labest	labtest
er	labt	labe	labte
wir	laben	laben	labten
ihr	labt	labet	labtet
sie	laben	laben	labten
	Imperfect		
ich	labte		
du	labtest		
er	labte		
wir	labten		
ihr	labtet		
sie	labten		
		Past Time	
	Perfect	(*Perf. Subj.*)	(*Pluperf. Subj.*)
ich	habe gelabt	habe gelabt	hätte gelabt
du	hast gelabt	habest gelabt	hättest gelabt
er	hat gelabt	habe gelabt	hätte gelabt
wir	haben gelabt	haben gelabt	hätten gelabt
ihr	habt gelabt	habet gelabt	hättet gelabt
sie	haben gelabt	haben gelabt	hätten gelabt
	Pluperfect		
ich	hatte gelabt		
du	hattest gelabt		
er	hatte gelabt		
wir	hatten gelabt		
ihr	hattet gelabt		
sie	hatten gelabt		
		Future Time	
	Future	(*Fut. Subj.*)	(*Pres. Conditional*)
ich	werden laben	werde laben	würde laben
du	wirst laben	werdest laben	würdest laben
er	wird laben	werde laben	würde laben
wir	werden laben	werden laben	würden laben
ihr	werdet laben	werdet laben	würdet laben
sie	werden laben	werden laben	würden laben
		Future Perfect Time	
	Future Perfect	(*Fut. Perf. Subj.*)	(*Past Conditional*)
ich	werde gelabt haben	werde gelabt haben	würde gelabt haben
du	wirst gelabt haben	werdest gelabt haben	würdest gelabt haben
er	wird gelabt haben	werde gelabt haben	würde gelabt haben
wir	werden gelabt haben	werden gelabt haben	würden gelabt haben
ihr	werdet gelabt haben	werdet gelabt haben	würdet gelabt haben
sie	werden gelabt haben	werden gelabt haben	würden gelabt haben

lächeln

to smile

PRINC. PARTS: lächeln, lächelte, gelächelt, lächelt
IMPERATIVE: lächele!, lächelt!, lächeln Sie!

INDICATIVE		SUBJUNCTIVE	
		PRIMARY	SECONDARY
		Present Time	
	Present	*(Pres. Subj.)*	*(Imperf. Subj.)*
ich	lächele *	lächlele *	lächelte
du	lächelst	lächlest	lächeltest
er	lächelt	lächele *	lächelte
wir	lächeln	lächeln	lächelten
ihr	lächelt	lächlet	lächeltet
sie	lächeln	lächeln	lächelten
	Imperfect		
ich	lächelte		
du	lächeltest		
er	lächelte		
wir	lächelten		
ihr	lächeltet		
sie	lächelten		
		Past Time	
	Perfect	*(Perf. Subj.)*	*(Pluperf. Subj.)*
ich	habe gelächelt	habe gelächelt	hätte gelächelt
du	hast gelächelt	habest gelächelt	hättest gelächelt
er	hat gelächelt	habe gelächelt	hätte gelächelt
wir	haben gelächelt	haben gelächelt	hätten gelächelt
ihr	habt gelächelt	habet gelächelt	hättet gelächelt
sie	haben gelächelt	haben gelächelt	hätten gelächelt
	Pluperfect		
ich	hatte gelächelt		
du	hattest gelächelt		
er	hatte gelächelt		
wir	hatten gelächelt		
ihr	hattet gelächelt		
sie	hatten gelächelt		
		Future Time	
	Future	*(Fut. Subj.)*	*(Pres. Conditional)*
ich	werde lächeln	werde lächeln	würde lächeln
du	wirst lächeln	werdest lächeln	würdest lächeln
er	wird lächeln	werde lächeln	würde lächeln
wir	werden lächeln	werden lächeln	würden lächeln
ihr	werdet lächeln	werdet lächeln	würdet lächeln
sie	werden lächeln	werden lächeln	würden lächeln
		Future Perfect Time	
	Future Perfect	*(Fut. Perf. Subj.)*	*(Past Conditional)*
ich	werde gelächelt haben	werde gelächelt haben	würde gelächelt haben
du	wirst gelächelt haben	werdest gelächelt haben	würdest gelächelt haben
er	wird gelächelt haben	werde gelächelt haben	würde gelächelt haben
wir	werden gelächelt haben	werden gelächelt haben	würden gelächelt haben
ihr	werdet gelächelt haben	werdet gelächelt haben	würdet gelächelt haben
sie	werden gelächelt haben	werden gelächelt haben	würden gelächelt haben

* 'e' preceding 'l' in these forms is usually omitted in colloquial speech. Some authorities, however, (*Duden: Rechtschreibung* v.g.) say it should be retained.

PRINC. PARTS: lachen, lachte, gelacht, lacht
IMPERATIVE: lache!, lacht!, lachen Sie!

INDICATIVE	SUBJUNCTIVE	
	PRIMARY	SECONDARY
	Present Time	
Present	*(Pres. Subj.)*	*(Imperf. Subj.)*
ich lache	lache	lachte
du lachst	lachest	lachtest
er lacht	lache	lachte
wir lachen	lachen	lachten
ihr lacht	lachet	lachtet
sie lachen	lachen	lachten
Imperfect		
ich lachte		
du lachtest		
er lachte		
wir lachten		
ihr lachtet		
sie lachten		
	Past Time	
Perfect	*(Perf. Subj.)*	*(Pluperf. Subj.)*
ich habe gelacht	habe gelacht	hätte gelacht
du hast gelacht	habest gelacht	hättest gelacht
er hat gelacht	habe gelacht	hätte gelacht
wir haben gelacht	haben gelacht	hätten gelacht
ihr habt gelacht	habet gelacht	hättet gelacht
sie haben gelacht	haben gelacht	hätten gelacht
Pluperfect		
ich hatte gelacht		
du hattest gelacht		
er hatte gelacht		
wir hatten gelacht		
ihr hattet gelacht		
sie hatten gelacht		
	Future Time	
Future	*(Fut. Subj.)*	*(Pres. Conditional)*
ich werde lachen	werde lachen	würde lachen
du wirst lachen	werdest lachen	würdest lachen
er wird lachen	werde lachen	würde lachen
wir werden lachen	werden lachen	würden lachen
ihr werdet lachen	werdet lachen	würdet lachen
sie werden lachen	werden lachen	würden lachen
	Future Perfect Time	
Future Perfect	*(Fut. Perf. Subj.)*	*(Past Conditional)*
ich werde gelacht haben	werde gelacht haben	würde gelacht haben
du wirst gelacht haben	werdest gelacht haben	würdest gelacht haben
er wird gelacht haben	werde gelacht haben	würde gelacht haben
wir werden gelacht haben	werden gelacht haben	würden gelacht haben
ihr werdet gelacht haben	werdet gelacht haben	würdet gelacht haben
sie werden gelacht haben	werden gelacht haben	würden gelacht haben

laden

to invite; cite, summon, load

PRINC. PARTS: laden, lud (ladete), geladen, lädt (ladet)
IMPERATIVE: lade!, ladet!, laden Sie!

	INDICATIVE	SUBJUNCTIVE PRIMARY	SUBJUNCTIVE SECONDARY
		Present Time	
	Present	*(Pres. Subj.)*	*(Imperf. Subj.)*
ich	lade	lade	lüde *or* ladete
du	lädst (ladest)	ladest	lüdest *or* ladetest
er	lädt (ladet)	lade	lüde *or* ladete
wir	laden	laden	lüden *or* ladeten
ihr	ladet	ladet	lüdet *or* ladetet
sie	laden	laden	lüden *or* ladeten

	Imperfect
ich	lud *or* ladete
du	ludst *or* ladetest
er	lud *or* ladete
wir	luden *or* ladeten
ihr	ludet *or* ladetet
sie	luden *or* ladeten

		Past Time	
	Perfect	*(Perf. Subj.)*	*(Pluperf. Subj.)*
ich	habe geladen	habe geladen	hätte geladen
du	hast geladen	habest geladen	hättest geladen
er	hat geladen	habe geladen	hätte geladen
wir	haben geladen	haben geladen	hätten geladen
ihr	habt geladen	habet geladen	hättet geladen
sie	haben geladen	haben geladen	hätten geladen

	Pluperfect
ich	hatte geladen
du	hattest geladen
er	hatte geladen
wir	hatten geladen
ihr	hattet geladen
sie	hatten geladen

		Future Time	
	Future	*(Fut. Subj.)*	*(Pres. Conditional)*
ich	werde laden	werde laden	würde laden
du	wirst laden	werdest laden	würdest laden
er	wird laden	werde laden	würde laden
wir	werden laden	werden laden	würden laden
ihr	werdet laden	werdet laden	würdet laden
sie	werden laden	werden laden	würden laden

	Future Perfect	*(Fut. Perf. Subj.)*	*(Past Conditional)*
ich	werde geladen haben	werde geladen haben	würde geladen haben
du	wirst geladen haben	werdest geladen haben	würdest geladen haben
er	wird geladen haben	werde geladen haben	würde geladen haben
wir	werden geladen haben	werden geladen haben	würden geladen haben
ihr	werdet geladen haben	werdet geladen haben	würdet geladen haben
sie	werden geladen haben	werden geladen haben	würden geladen haben

PRINC. PARTS: lassen, ließ, gelassen, läßt
IMPERATIVE: laß!, laßt!, lassen Sie!

to let, leave, allow, abandon
have something done (with infinitive)

	INDICATIVE	SUBJUNCTIVE PRIMARY	SUBJUNCTIVE SECONDARY
		Present Time	
	Present	*(Pres. Subj.)*	*(Imperf. Subj.)*
ich	lasse	lasse	ließe
du	läßt	lassest	ließest
er	läßt	lasse	ließe
wir	lassen	lassen	ließen
ihr	laßt	lasset	ließet
sie	lassen	lassen	ließen
	Imperfect		
ich	ließ		
du	ließest		
er	ließ		
wir	ließen		
ihr	ließt		
sie	ließen		
		Past Time	
	Perfect	*(Perf. Subj.)*	*(Pluperf. Subj.)*
ich	habe gelassen	habe gelassen	hätte gelassen
du	hast gelassen	habest gelassen	hättest gelassen
er	hat gelassen	habe gelassen	hätte gelassen
wir	haben gelassen	haben gelassen	hätten gelassen
ihr	habt gelassen	habet gelassen	hättet gelassen
sie	haben gelassen	haben gelassen	hätten gelassen
	Pluperfect		
ich	hatte gelassen		
du	hattest gelassen		
er	hatte gelassen		
wir	hatten gelassen		
ihr	hattet gelassen		
sie	hatten gelassen		
		Future Time	
	Future	*(Fut. Subj.)*	*(Pres. Conditional)*
ich	werde lassen	werde lassen	würde lassen
du	wirst lassen	werdest lassen	würdest lassen
er	wird lassen	werde lassen	würde lassen
wir	werden lassen	werden lassen	würden lassen
ihr	werdet lassen	werdet lassen	würdet lassen
sie	werden lassen	werden lassen	würden lassen
		Future Perfect Time	
	Future Perfect	*(Fut. Perf. Subj.)*	*(Past Conditional)*
ich	werde gelassen haben	werde gelassen haben	würde gelassen haben
du	wirst gelassen haben	werdest gelassen haben	würdest gelassen haben
er	wird gelassen haben	werde gelassen haben	würde gelassen haben
wir	werden gelassen haben	werden gelassen haben	würden gelassen haben
ihr	werdet gelassen haben	werdet gelassen haben	würdet gelassen haben
sie	werden gelassen haben	werden gelassen haben	würden gelassen haben

laufen

to run, walk

PRINC. PARTS: laufen, lief, ist gelaufen, läuft
IMPERATIVE: laufe!, lauft!, laufen Sie!

INDICATIVE		SUBJUNCTIVE	
		PRIMARY	SECONDARY
		Present Time	
	Present	(*Pres. Subj.*)	(*Imperf. Subj.*)
ich	laufe	laufe	liefe
du	läufst	laufest	liefest
er	läuft	laufe	liefe
wir	laufen	laufen	liefen
ihr	lauft	laufet	liefet
sie	laufen	laufen	liefen
	Imperfect		
ich	lief		
du	liefst		
er	lief		
wir	liefen		
ihr	lieft		
sie	liefen		
		Past Time	
	Perfect	(*Perf. Subj.*)	(*Pluperf. Subj.*)
ich	bin gelaufen	sei gelaufen	wäre gelaufen
du	bist gelaufen	seiest gelaufen	wärest gelaufen
er	ist gelaufen	sei gelaufen	wäre gelaufen
wir	sind gelaufen	seien gelaufen	wären gelaufen
ihr	seid gelaufen	seiet gelaufen	wäret gelaufen
sie	sind gelaufen	seien gelaufen	wären gelaufen
	Pluperfect		
ich	war gelaufen		
du	warst gelaufen		
er	war gelaufen		
wir	waren gelaufen		
ihr	wart gelaufen		
sie	waren gelaufen		
		Future Time	
	Future	(*Fut. Subj.*)	(*Pres. Conditional*)
ich	werde laufen	werde laufen	würde laufen
du	wirst laufen	werdest laufen	würdest laufen
er	wird laufen	werde laufen	würde laufen
wir	werden laufen	werden laufen	würden laufen
ihr	werdet laufen	werdet laufen	würdet laufen
sie	werden laufen	werden laufen	würden laufen
		Future Perfect Time	
	Future Perfect	(*Fut. Perf. Subj.*)	(*Past Conditional*)
ich	werde gelaufen sein	werde gelaufen sein	würde gelaufen sein
du	wirst gelaufen sein	werdest gelaufen sein	würdest gelaufen sein
er	wird gelaufen sein	werde gelaufen sein	würde gelaufen sein
wir	werden gelaufen sein	werden gelaufen sein	würden gelaufen sein
ihr	werdet gelaufen sein	werdet gelaufen sein	würdet gelaufen sein
sie	werden gelaufen sein	werden gelaufen sein	würden gelaufen sein

PRINC. PARTS: lauschen, lauschte, gelauscht, lauscht
IMPERATIVE: lausche!, lauscht!, lauschen Sie!

lauschen

to listen to, eavesdrop

INDICATIVE		SUBJUNCTIVE	
		PRIMARY	SECONDARY
		Present Time	
	Present	(*Pres. Subj.*)	(*Imperf. Subj.*)
ich	lausche	lausche	lauschte
du	lauschst	lauschest	lauschtest
er	lauscht	lausche	lauschte
wir	lauschen	lauschen	lauschten
ihr	lauscht	lauschet	lauschtet
sie	lauschen	lauschen	lauschten
	Imperfect		
ich	lauschte		
du	lauschtest		
er	lauschte		
wir	lauschten		
ihr	lauschtet		
sie	lauschten		
		Past Time	
	Perfect	(*Perf. Subj.*)	(*Pluperf. Subj.*)
ich	habe gelauscht	habe gelauscht	hätte gelauscht
du	hast gelauscht	habest gelauscht	hättest gelauscht
er	hat gelauscht	habe gelauscht	hätte gelauscht
wir	haben gelauscht	haben gelauscht	hätten gelauscht
ihr	habt gelauscht	habet gelauscht	hättet gelauscht
sie	haben gelauscht	haben gelauscht	hätten gelauscht
	Pluperfect		
ich	hatte gelauscht		
du	hattest gelauscht		
er	hatte gelauscht		
wir	hatten gelauscht		
ihr	hattet gelauscht		
sie	hatten gelauscht		
		Future Time	
	Future	(*Fut. Subj.*)	(*Pres. Conditional*)
ich	werde lauschen	werde lauschen	würde lauschen
du	wirst lauschen	werdest lauschen	würdest lauschen
er	wird lauschen	werde lauschen	würde lauschen
wir	werden lauschen	werden lauschen	würden lauschen
ihr	werdet lauschen	werdet lauschen	würdet lauschen
sie	werden lauschen	werden lauschen	würden lauschen
		Future Perfect Time	
	Future Perfect	(*Fut. Perf. Subj.*)	(*Past Conditional*)
ich	werde gelauscht haben	werde gelauscht haben	würde gelauscht haben
du	wirst gelauscht haben	werdest gelauscht haben	würdest gelauscht haben
er	wird gelauscht haben	werde gelauscht haben	würde gelauscht haben
wir	werden gelauscht haben	werden gelauscht haben	würden gelauscht haben
ihr	werdet gelauscht haben	werdet gelauscht haben	würdet gelauscht haben
sie	werden gelauscht haben	werden gelauscht haben	würden gelauscht haben

leben

to live

PRINC. PARTS: leben, lebte, gelebt, lebt
IMPERATIVE: lebe!, lebt!, leben Sie!

INDICATIVE		SUBJUNCTIVE	
		PRIMARY	SECONDARY
		Present Time	
	Present	(*Pres. Subj.*)	(*Imperf. Subj.*)
ich	lebe	lebe	lebte
du	lebst	lebest	lebtest
er	lebt	lebe	lebte
wir	leben	leben	lebten
ihr	lebt	lebet	lebtet
sie	leben	leben	lebten
	Imperfect		
ich	lebte		
du	lebtest		
er	lebte		
wir	lebten		
ihr	lebtet		
sie	lebten		
		Past Time	
	Perfect	(*Perf. Subj.*)	(*Pluperf. Subj.*)
ich	habe gelebt	habe gelebt	hätte gelebt
du	hast gelebt	habest gelebt	hättest gelebt
er	hat gelebt	habe gelebt	hätte gelebt
wir	haben gelebt	haben gelebt	hätten gelebt
ihr	habt gelebt	habet gelebt	hättet gelebt
sie	haben gelebt	haben gelebt	hätten gelebt
	Pluperfect		
ich	hatte gelebt		
du	hattest gelebt		
er	hatte gelebt		
wir	hatten gelebt		
ihr	hattet gelebt		
sie	hatten gelebt		
		Future Time	
	Future	(*Fut. Subj.*)	(*Pres. Conditional*)
ich	werde leben	werde leben	würde leben
du	wirst leben	werdest leben	würdest leben
er	wird leben	werde leben	würde leben
wir	werden leben	werden leben	würden leben
ihr	werdet leben	werdet leben	würdet leben
sie	werden leben	werden leben	würden leben
		Future Perfect Time	
	Future Perfect	(*Fut. Perf. Subj.*)	(*Past Conditional*)
ich	werde gelebt haben	werde gelebt haben	würde gelebt haben
du	wirst gelebt haben	werdest gelebt haben	würdest gelebt haben
er	wird gelebt haben	werde gelebt haben	würde gelebt haben
wir	werden gelebt haben	werden gelebt haben	würden gelebt haben
ihr	werdet gelebt haben	werdet gelebt haben	würdet gelebt haben
sie	werden gelebt haben	werden gelebt haben	würden gelebt haben

PRINC. PARTS: lechzen, lechzte, gelechzt, lechzt
IMPERATIVE: lechze!, lechzt!, lechzen Sie!

to languish, long for, thirst

	INDICATIVE	SUBJUNCTIVE PRIMARY	SUBJUNCTIVE SECONDARY
		Present Time	
	Present	*(Pres. Subj.)*	*(Imperf. Subj.)*
ich	lechze	lechze	lechzte
du	lechzt	lechzest	lechztest
er	lechzt	lechze	lechzte
wir	lechzen	lechzen	lechzten
ihr	lechzt	lechzet	lechztet
sie	lechzen	lechzen	lechzten
	Imperfect		
ich	lechzte		
du	lechztest		
er	lechzte		
wir	lechzten		
ihr	lechztet		
sie	lechzten		
		Past Time	
	Perfect	*(Perf. Subj.)*	*(Pluperf. Subj.)*
ich	habe gelechzt	habe gelechzt	hätte gelechzt
du	hast gelechzt	habest gelechzt	hättest gelechzt
er	hat gelechzt	habe gelechzt	hätte gelechzt
wir	haben gelechzt	haben gelechzt	hätten gelechzt
ihr	habt gelechzt	habet gelechzt	hättet gelechzt
sie	haben gelechzt	haben gelechzt	hätten gelechzt
	Pluperfect		
ich	hatte gelechzt		
du	hattest gelechzt		
er	hatte gelechzt		
wir	hatten gelechzt		
ihr	hattet gelechzt		
sie	hatten gelechzt		
		Future Time	
	Future	*(Fut. Subj.)*	*(Pres. Conditional)*
ich	werde lechzen	werde lechzen	würde lechzen
du	wirst lechzen	werdest lechzen	würdest lechzen
er	wird lechzen	werde lechzen	würde lechzen
wir	werden lechzen	werden lechzen	würden lechzen
ihr	werdet lechzen	werdet lechzen	würdet lechzen
sie	werden lechzen	werden lechzen	würden lechzen
		Future Perfect Time	
	Future Perfect	*(Fut. Perf. Subj.)*	*(Past Conditional)*
ich	werde gelechzt haben	werde gelechzt haben	würde gelechzt haben
du	wirst gelechzt haben	werdest gelechzt haben	würdest gelechzt haben
er	wird gelechzt haben	werde gelechzt haben	würde gelechzt haben
wir	werden gelechzt haben	werden gelechzt haben	würden gelechzt haben
ihr	werdet gelechzt haben	werdet gelechzt haben	würdet gelechzt haben
sie	werden gelechzt haben	werden gelechzt haben	würden gelechzt haben

lecken

to lick; leak

PRINC. PARTS: lecken, leckte, geleckt, leckt
IMPERATIVE: lecke!, leckt!, lecken Sie!

INDICATIVE		SUBJUNCTIVE	
		PRIMARY	SECONDARY
		Present Time	
	Present	*(Pres. Subj.)*	*(Imperf. Subj.)*
ich	lecke	lecke	leckte
du	leckst	leckest	lecktest
er	leckt	lecke	leckte
wir	lecken	lecken	leckten
ihr	leckt	lecket	lecktet
sie	lecken	lecken	leckten
	Imperfect		
ich	leckte		
du	lecktest		
er	leckte		
wir	leckten		
ihr	lecktet		
sie	leckten		
		Past Time	
	Perfect	*(Perf. Subj.)*	*(Pluperf. Subj.)*
ich	habe geleckt	habe geleckt	hätte geleckt
du	hast geleckt	habest geleckt	hättest geleckt
er	hat geleckt	habe geleckt	hätte geleckt
wir	haben geleckt	haben geleckt	hätten geleckt
ihr	habt geleckt	habet geleckt	hättet geleckt
sie	haben geleckt	haben geleckt	hätten geleckt
	Pluperfect		
ich	hatte geleckt		
du	hattest geleckt		
er	hatte geleckt		
wir	hatten geleckt		
ihr	hattet geleckt		
sie	hatten geleckt		
		Future Time	
	Future	*(Fut. Subj.)*	*(Pres. Conditional)*
ich	werde lecken	werde lecken	würde lecken
du	wirst lecken	werdest lecken	würdest lecken
er	wird lecken	werde lecken	würde lecken
wir	werden lecken	werden lecken	würden lecken
ihr	werdet lecken	werdet lecken	würdet lecken
sie	werden lecken	werden lecken	würden lecken
		Future Perfect Time	
	Future Perfect	*(Fut. Perf. Subj.)*	*(Past Conditional)*
ich	werde geleckt haben	werde geleckt haben	würde geleckt haben
du	wirst geleckt haben	werdest geleckt haben	würdest geleckt haben
er	wird geleckt haben	werde geleckt haben	würde geleckt haben
wir	werden geleckt haben	werden geleckt haben	würden geleckt haben
ihr	werdet geleckt haben	werdet geleckt haben	würdet geleckt haben
sie	werden geleckt haben	werden geleckt haben	würden geleckt haben

legen

PRINC. PARTS: legen, legte, gelegt, legt
IMPERATIVE: lege!, legt!, legen Sie!

to lay, put, place, deposit

INDICATIVE		SUBJUNCTIVE	
		PRIMARY	SECONDARY
		Present Time	
	Present	*(Pres. Subj.)*	*(Imperf. Subj.)*
ich	lege	lege	legte
du	legst	legest	legtest
er	legt	lege	legte
wir	legen	legen	legten
ihr	legt	leget	legtet
sie	legen	legen	legten

	Imperfect
ich	legte
du	legtest
er	legte
wir	legten
ihr	legtet
sie	legten

		Past Time	
	Perfect	*(Perf. Subj.)*	*(Pluperf. Subj.)*
ich	habe gelegt	habe gelegt	hätte gelegt
du	hast gelegt	habest gelegt	hättest gelegt
er	hat gelegt	habe gelegt	hätte gelegt
wir	haben gelegt	haben gelegt	hätten gelegt
ihr	habt gelegt	habet gelegt	hättet gelegt
sie	haben gelegt	haben gelegt	hätten gelegt

	Pluperfect
ich	hatte gelegt
du	hattest gelegt
er	hatte gelegt
wir	hatten gelegt
ihr	hattet gelegt
sie	hatten gelegt

		Future Time	
	Future	*(Fut. Subj.)*	*(Pres. Conditional)*
ich	werde legen	werde legen	würde legen
du	wirst legen	werdest legen	würdest legen
er	wird legen	werde legen	würde legen
wir	werden legen	werden legen	würden legen
ihr	werdet legen	werdet legen	würdet legen
sie	werden legen	werden legen	würden legen

		Future Perfect Time	
	Future Perfect	*(Fut. Perf. Subj.)*	*(Past Conditional)*
ich	werde gelegt haben	werde gelegt haben	würde gelegt haben
du	wirst gelegt haben	werdest gelegt haben	würdest gelegt haben
er	wird gelegt haben	werde gelegt haben	würde gelegt haben
wir	werden gelegt haben	werden gelegt haben	würden gelegt haben
ihr	werdet gelegt haben	werdet gelegt haben	würdet gelegt haben
sie	werden gelegt haben	werden gelegt haben	würden gelegt haben

lehren

to teach

PRINC. PARTS: lehren, lehrte, gelehrt, lehrt
IMPERATIVE: lehre!, lehrt!, lehren Sie!

INDICATIVE		SUBJUNCTIVE	
		PRIMARY	SECONDARY
		Present Time	
	Present	(*Pres. Subj.*)	(*Imperf. Subj.*)
ich	lehre	lehre	lehrte
du	lehrst	lehrest	lehrtest
er	lehrt	lehre	lehrte
wir	lehren	lehren	lehrten
ihr	lehrt	lehret	lehrtet
sie	lehren	lehren	lehrten
	Imperfect		
ich	lehrte		
du	lehrtest		
er	lehrte		
wir	lehrten		
ihr	lehrtet		
sie	lehrten		
		Past Time	
	Perfect	(*Perf. Subj.*)	(*Pluperf. Subj.*)
ich	habe gelehrt	habe gelehrt	hätte gelehrt
du	hast gelehrt	habest gelehrt	hättest gelehrt
er	hat gelehrt	habe gelehrt	hätte gelehrt
wir	haben gelehrt	haben gelehrt	hätten gelehrt
ihr	habt gelehrt	habet gelehrt	hättet gelehrt
sie	haben gelehrt	haben gelehrt	hätten gelehrt
	Pluperfect		
ich	hatte gelehrt		
du	hattest gelehrt		
er	hatte gelehrt		
wir	hatten gelehrt		
ihr	hattet gelehrt		
sie	hatten gelehrt		
		Future Time	
	Future	(*Fut. Subj.*)	(*Pres. Conditional*)
ich	werde lehren	werde lehren	würde lehren
du	wirst lehren	werdest lehren	würdest lehren
er	wird lehren	werde lehren	würde lehren
wir	werden lehren	werden lehren	würden lehren
ihr	werdet lehren	werdet lehren	würdet lehren
sie	werden lehren	werden lehren	würden lehren
		Future Perfect Time	
	Future Perfect	(*Fut. Perf. Subj.*)	(*Past Conditional*)
ich	werde gelehrt haben	werde gelehrt haben	würde gelehrt haben
du	wirst gelehrt haben	werdest gelehrt haben	würdest gelehrt haben
er	wird gelehrt haben	werde gelehrt haben	würde gelehrt haben
wir	werden gelehrt haben	werden gelehrt haben	würden gelehrt haben
ihr	werdet gelehrt haben	werdet gelehrt haben	würdet gelehrt haben
sie	werden gelehrt haben	werden gelehrt haben	würden gelehrt haben

PRINC. PARTS: leiden, litt, gelitten, leidet
IMPERATIVE: leide!, leidet!, leiden Sie!

INDICATIVE	SUBJUNCTIVE PRIMARY	SUBJUNCTIVE SECONDARY
	Present Time	
Present	(*Pres. Subj.*)	(*Imperf. Subj.*)
ich leide	leide	litte
du leidest	leidest	littest
er leidet	leide	litte
wir leiden	leiden	litten
ihr leidet	leidet	littet
sie leiden	leiden	litten
Imperfect		
ich litt		
du littst		
er litt		
wir litten		
ihr littet		
sie litten		
	Past Time	
Perfect	(*Perf. Subj.*)	(*Pluperf. Subj.*)
ich habe gelitten	habe gelitten	hätte gelitten
du hast gelitten	habest gelitten	hättest gelitten
er hat gelitten	habe gelitten	hätte gelitten
wir haben gelitten	haben gelitten	hätten gelitten
ihr habt gelitten	habet gelitten	hättet gelitten
sie haben gelitten	haben gelitten	hätten gelitten
Pluperfect		
ich hatte gelitten		
du hattest gelitten		
er hatte gelitten		
wir hatten gelitten		
ihr hattet gelitten		
sie hatten gelitten		
	Future Time	
Future	(*Fut. Subj.*)	(*Pres. Conditional*)
ich werde leiden	werde leiden	würde leiden
du wirst leiden	werdest leiden	würdest leiden
er wird leiden	werde leiden	würde leiden
wir werden leiden	werden leiden	würden leiden
ihr werdet leiden	werdet leiden	würdet leiden
sie werden leiden	werden leiden	würden leiden
	Future Perfect Time	
Future Perfect	(*Fut. Perf. Subj.*)	(*Past Conditional*)
ich werde gelitten haben	werde gelitten haben	würde gelitten haben
du wirst gelitten haben	werdest gelitten haben	würdest gelitten haben
er wird gelitten haben	werde gelitten haben	würde gelitten haben
wir werden gelitten haben	werden gelitten haben	würden gelitten haben
ihr werdet gelitten haben	werdet gelitten haben	würdet gelitten haben
sie werden gelitten haben	werden gelitten haben	würden gelitten haben

leihen

to lend, borrow from, hire

PRINC. PARTS: leihen, lieh, geliehen, leiht
IMPERATIVE: leihe!, leiht!, leihen Sie!

	INDICATIVE	SUBJUNCTIVE PRIMARY	SUBJUNCTIVE SECONDARY
		Present Time	
	Present	*(Pres. Subj.)*	*(Imperf. Subj.)*
ich	leihe	leihe	liehe
du	leihst	leihest	liehest
er	leiht	leihe	liehe
wir	leihen	leihen	liehen
ihr	leiht	leihet	liehet
sie	leihen	leihen	liehen
	Imperfect		
ich	lieh		
du	liehst		
er	lieh		
wir	liehen		
ihr	lieht		
sie	liehen		
		Past Time	
	Perfect	*(Perf. Subj.)*	*(Pluperf. Subj.)*
ich	habe geliehen	habe geliehen	hätte geliehen
du	hast geliehen	habest geliehen	hättest geliehen
er	hat geliehen	habe geliehen	hätte geliehen
wir	haben geliehen	haben geliehen	hätten geliehen
ihr	habt geliehen	habet geliehen	hättet geliehen
sie	haben geliehen	haben geliehen	hätten geliehen
	Pluperfect		
ich	hatte geliehen		
du	hattest geliehen		
er	hatte geliehen		
wir	hatten geliehen		
ihr	hattet geliehen		
sie	hatten geliehen		
		Future Time	
	Future	*(Fut. Subj.)*	*(Pres. Conditional)*
ich	werde leihen	werde leihen	würde leihen
du	wirst leihen	werdest leihen	würdest leihen
er	wird leihen	werde leihen	würde leihen
wir	werden leihen	werden leihen	würden leihen
ihr	werdet leihen	werdet leihen	würdet leihen
sie	werden leihen	werden leihen	würden leihen
		Future Perfect Time	
	Future Perfect	*(Fut. Perf. Subj.)*	*(Past Conditional)*
ich	werde geliehen haben	werde geliehen haben	würde geliehen haben
du	wirst geliehen haben	werdest geliehen haben	würdest geliehen haben
er	wird geliehen haben	werde geliehen haben	würde geliehen haben
wir	werden geliehen haben	werden geliehen haben	würden geliehen haben
ihr	werdet geliehen haben	werdet geliehen haben	würdet geliehen haben
sie	werden geliehen haben	werden geliehen haben	würden geliehen haben

PRINC. PARTS: lernen, lernte, gelernt, lernt
IMPERATIVE: lerne!, lernt!, lernen Sie!

lernen

to learn, study

INDICATIVE	SUBJUNCTIVE	
	PRIMARY	SECONDARY
	Present Time	
Present	*(Pres. Subj.)*	*(Imperf. Subj.)*
ich lerne	lerne	lernte
du lernst	lernest	lerntest
er lernt	lerne	lernte
wir lernen	lernen	lernten
ihr lernt	lernet	lerntet
sie lernen	lernen	lernten
Imperfect		
ich lernte		
du lerntest		
er lernte		
wir lernten		
ihr lerntet		
sie lernten		
	Past Time	
Perfect	*(Perf. Subj.)*	*(Pluperf. Subj.)*
ich habe gelernt	habe gelernt	hätte gelernt
du hast gelernt	habest gelernt	hättest gelernt
er hat gelernt	habe gelernt	hätte gelernt
wir haben gelernt	haben gelernt	hätten gelernt
ihr habt gelernt	habet gelernt	hättet gelernt
sie haben gelernt	haben gelernt	hätten gelernt
Pluperfect		
ich hatte gelernt		
du hattest gelernt		
er hatte gelernt		
wir hatten gelernt		
ihr hattet gelernt		
sie hatten gelernt		
	Future Time	
Future	*(Fut. Subj.)*	*(Pres. Conditional)*
ich werde lernen	werde lernen	würde lernen
du wirst lernen	werdest lernen	würdest lernen
er wird lernen	werde lernen	würde lernen
wir werden lernen	werden lernen	würden lernen
ihr werdet lernen	werdet lernen	würdet lernen
sie werden lernen	werden lernen	würden lernen
	Future Perfect Time	
Future Perfect	*(Fut. Perf. Subj.)*	*(Past Conditional)*
ich werde gelernt haben	werde gelernt haben	würde gelernt haben
du wirst gelernt haben	werdest gelernt haben	würdest gelernt haben
er wird gelernt haben	werde gelernt haben	würde gelernt haben
wir werden gelernt haben	werden gelernt haben	würden gelernt haben
ihr werdet gelernt haben	werdet gelernt haben	würdet gelernt haben
sie werden gelernt haben	werden gelernt haben	würden gelernt haben

lesen

to read, gather

PRINC. PARTS: lesen, las, gelesen, liest
IMPERATIVE: lies!, lest!, lesen Sie!

INDICATIVE		SUBJUNCTIVE PRIMARY	SUBJUNCTIVE SECONDARY
		Present Time	
	Present	(*Pres. Subj.*)	(*Imperf. Subj.*)
ich	lese	lese	läse
du	liest	lesest	läsest
er	liest	lese	läse
wir	lesen	lesen	läsen
ihr	lest	leset	läset
sie	lesen	lesen	läsen
	Imperfect		
ich	las		
du	lasest		
er	las		
wir	lasen		
ihr	last		
sie	lasen		
		Past Time	
	Perfect	(*Perf. Subj.*)	(*Pluperf. Subj.*)
ich	habe gelesen	habe gelesen	hätte gelesen
du	hast gelesen	habest gelesen	hättest gelesen
er	hat gelesen	habe gelesen	hätte gelesen
wir	haben gelesen	haben gelesen	hätten gelesen
ihr	habt gelesen	habet gelesen	hättet gelesen
sie	haben gelesen	haben gelesen	hätten gelesen
	Pluperfect		
ich	hatte gelesen		
du	hattest gelesen		
er	hatte gelesen		
wir	hatten gelesen		
ihr	hattet gelesen		
sie	hatten gelesen		
		Future Time	
	Future	(*Fut. Subj.*)	(*Pres. Conditional*)
ich	werde lesen	werde lesen	würde lesen
du	wirst lesen	werdest lesen	würdest lesen
er	wird lesen	werde lesen	würde lesen
wir	werden lesen	werden lesen	würden lesen
ihr	werdet lesen	werdet lesen	würdet lesen
sie	werden lesen	werden lesen	würden lesen
		Future Perfect Time	
	Future Perfect	(*Fut. Perf. Subj.*)	(*Past Conditional*)
ich	werde gelesen haben	werde gelesen haben	würde gelesen haben
du	wirst gelesen haben	werdest gelesen haben	würdest gelesen haben
er	wird gelesen haben	werde gelesen haben	würde gelesen haben
wir	werden gelesen haben	werden gelesen haben	würden gelesen haben
ihr	werdet gelesen haben	werdet gelesen haben	würdet gelesen haben
sie	werden gelesen haben	werden gelesen haben	würden gelesen haben

PRINC. PARTS: leuchten, leuchtete, geleuchtet, leuchtet
IMPERATIVE: leuchte!, leuchtet!, leuchten Sie!

to shine, gleam

INDICATIVE		SUBJUNCTIVE	
		PRIMARY	SECONDARY
		Present Time	
	Present	(*Pres. Subj.*)	(*Imperf. Subj.*)
ich	leuchte	leuchte	leuchtete
du	leuchtest	leuchtest	leuchtetest
er	leuchtet	leuchte	leuchtete
wir	leuchten	leuchten	leuchteten
ihr	leuchtet	leuchtet	leuchtetet
sie	leuchten	leuchten	leuchteten
	Imperfect		
ich	leuchtete		
du	leuchtetest		
er	leuchtete		
wir	leuchteten		
ihr	leuchtetet		
sie	leuchteten		
		Past Time	
	Perfect	(*Perf. Subj.*)	(*Pluperf. Subj.*)
ich	habe geleuchtet	habe geleuchtet	hätte geleuchtet
du	hast geleuchtet	habest geleuchtet	hättest geleuchtet
er	hat geleuchtet	habe geleuchtet	hätte geleuchtet
wir	haben geleuchtet	haben geleuchtet	hätten geleuchtet
ihr	habt geleuchtet	habet geleuchtet	hättet geleuchtet
sie	haben geleuchtet	haben geleuchtet	hätten geleuchtet
	Pluperfect		
ich	hatte geleuchtet		
du	hattest geleuchtet		
er	hatte geleuchtet		
wir	hatten geleuchtet		
ihr	hattet geleuchtet		
sie	hatten geleuchtet		
		Future Time	
	Future	(*Fut. Subj.*)	(*Pres. Conditional*)
ich	werde leuchten	werde leuchten	würde leuchten
du	wirst leuchten	werdest leuchten	würdest leuchten
er	wird leuchten	werde leuchten	würde leuchten
wir	werden leuchten	werden leuchten	würden leuchten
ihr	werdet leuchten	werdet leuchten	würdet leuchten
sie	werden leuchten	werden leuchten	würden leuchten
		Future Perfect Time	
	Future Perfect	(*Fut. Perf. Subj.*)	(*Past Conditional*)
ich	werde geleuchtet haben	werde geleuchtet haben	würde geleuchtet haben
du	wirst geleuchtet haben	werdest geleuchtet haben	würdest geleuchtet haben
er	wird geleuchtet haben	werde geleuchtet haben	würde geleuchtet haben
wir	werden geleuchtet haben	werden geleuchtet haben	würden geleuchtet haben
ihr	werdet geleuchtet haben	werdet geleuchtet haben	würdet geleuchtet haben
sie	werden geleuchtet haben	werden geleuchtet haben	würden geleuchtet haben

lichten

to thin out, lighten

PRINC. PARTS: lichten, lichtete, gelichtet, lichtet
IMPERATIVE: lichte!, lichtet!, lichten Sie!

INDICATIVE		SUBJUNCTIVE	
		PRIMARY	SECONDARY
		Present Time	
	Present	(*Pres. Subj.*)	(*Imperf. Subj.*)
ich	lichte	lichte	lichtete
du	lichtest	lichtest	lichtetest
er	lichtet	lichte	lichtete
wir	lichten	lichten	lichteten
ihr	lichtet	lichtet	lichtetet
sie	lichten	lichten	lichteten
	Imperfect		
ich	lichtete		
du	lichtetest		
er	lichtete		
wir	lichteten		
ihr	lichtetet		
sie	lichteten		
		Past Time	
	Perfect	(*Perf. Subj.*)	(*Pluperf. Subj.*)
ich	habe gelichtet	habe gelichtet	hätte gelichtet
du	hast gelichtet	habest gelichtet	hättest gelichtet
er	hat gelichtet	habe gelichtet	hätte gelichtet
wir	haben gelichtet	haben gelichtet	hätten gelichtet
ihr	habt gelichtet	habet gelichtet	hättet gelichtet
sie	haben gelichtet	haben gelichtet	hätten gelichtet
	Pluperfect		
ich	hatte gelichtet		
du	hattest gelichtet		
er	hatte gelichtet		
wir	hatten gelichtet		
ihr	hattet gelichtet		
sie	hatten gelichtet		
		Future Time	
	Future	(*Fut. Subj.*)	(*Pres. Conditional*)
ich	werde lichten	werde lichten	würde lichten
du	wirst lichten	werdest lichten	würdest lichten
er	wird lichten	werde lichten	würde lichten
wir	werden lichten	werden lichten	würden lichten
ihr	werdet lichten	werdet lichten	würdet lichten
sie	werden lichten	werden lichten	würden lichten
		Future Perfect Time	
	Future Perfect	(*Fut. Perf. Subj.*)	(*Past Conditional*)
ich	werde gelichtet haben	werde gelichtet haben	würde gelichtet haben
du	wirst gelichtet haben	werdest gelichtet haben	würdest gelichtet haben
er	wird gelichtet haben	werde gelichtet haben	würde gelichtet haben
wir	werden gelichtet haben	werden gelichtet haben	würden gelichtet haben
ihr	werdet gelichtet haben	werdet gelichtet haben	würdet gelichtet haben
sie	werden gelichtet haben	werden gelichtet haben	würden gelichtet haben

PRINC. PARTS: lieben, liebte, geliebt, liebt
IMPERATIVE: liebe!, liebt!, lieben Sie!

INDICATIVE		SUBJUNCTIVE	
		PRIMARY	SECONDARY
		Present Time	
	Present	*(Pres. Subj.)*	*(Imperf. Subj.)*
ich	liebe	liebe	liebte
du	liebst	liebest	liebtest
er	liebt	liebe	liebte
wir	lieben	lieben	liebten
ihr	liebt	liebet	liebtet
sie	lieben	lieben	liebten
	Imperfect		
ich	liebte		
du	liebtest		
er	liebte		
wir	liebten		
ihr	liebtet		
sie	liebten		
		Past Time	
	Perfect	*(Perf. Subj.)*	*(Pluperf. Subj.)*
ich	habe geliebt	habe geliebt	hätte geliebt
du	hast geliebt	habest geliebt	hättest geliebt
er	hat geliebt	habe geliebt	hätte geliebt
wir	haben geliebt	haben geliebt	hätten geliebt
ihr	habt geliebt	habet geliebt	hättet geliebt
sie	haben geliebt	haben geliebt	hätten geliebt
	Pluperfect		
ich	hatte geliebt		
du	hattest geliebt		
er	hatte geliebt		
wir	hatten geliebt		
ihr	hattet geliebt		
sie	hatten geliebt		
		Future Time	
	Future	*(Fut. Subj.)*	*(Pres. Conditional)*
ich	werde lieben	werde lieben	würde lieben
du	wirst lieben	werdest lieben	würdest lieben
er	wird lieben	werde lieben	würde lieben
wir	werden lieben	werden lieben	würden lieben
ihr	werdet lieben	werdet lieben	würdet lieben
sie	werden lieben	werden lieben	würden lieben
		Future Perfect Time	
	Future Perfect	*(Fut. Perf. Subj.)*	*(Past Conditional)*
ich	werde geliebt haben	werde geliebt haben	würde geliebt haben
du	wirst geliebt haben	werdest geliebt haben	würdest geliebt haben
er	wird geliebt haben	werde geliebt haben	würde geliebt haben
wir	werden geliebt haben	werden geliebt haben	würden geliebt haben
ihr	werdet geliebt haben	werdet geliebt haben	würdet geliebt haben
sie	werden geliebt haben	werden geliebt haben	würden geliebt haben

liegen

to lie, rest, be situated

PRINC. PARTS: liegen, lag, gelegen, liegt
IMPERATIVE: liege!, liegt!, liegen Sie!

	INDICATIVE	SUBJUNCTIVE PRIMARY	SUBJUNCTIVE SECONDARY
		Present Time	
	Present	***(Pres. Subj.)***	***(Imperf. Subj.)***
ich	liege	liege	läge
du	liegst	liegest	lägest
er	liegt	liege	läge
wir	liegen	liegen	lägen
ihr	liegt	lieget	läget
sie	liegen	liegen	lägen
	Imperfect		
ich	lag		
du	lagst		
er	lag		
wir	lagen		
ihr	lagt		
sie	lagen		
		Past Time	
	Perfect	***(Perf. Subj.)***	***(Pluperf. Subj.)***
ich	habe gelegen	habe gelegen	hätte gelegen
du	hast gelegen	habest gelegen	hättest gelegen
er	hat gelegen	habe gelegen	hätte gelegen
wir	haben gelegen	haben gelegen	hätten gelegen
ihr	habt gelegen	habet gelegen	hättet gelegen
sie	haben gelegen	haben gelegen	hätten gelegen
	Pluperfect		
ich	hatte gelegen		
du	hattest gelegen		
er	hatte gelegen		
wir	hatten gelegen		
ihr	hattet gelegen		
sie	hatten gelegen		
		Future Time	
	Future	***(Fut. Subj.)***	***(Pres. Conditional)***
ich	werde liegen	werde liegen	würde liegen
du	wirst liegen	werdest liegen	würdest liegen
er	wird liegen	werde liegen	würde liegen
wir	werden liegen	werden liegen	würden liegen
ihr	werdet liegen	werdet liegen	würdet liegen
sie	werden liegen	werden liegen	würden liegen
		Future Perfect Time	
	Future Perfect	***(Fut. Perf. Subj.)***	***(Past Conditional)***
ich	werde gelegen haben	werde gelegen haben	würde gelegen haben
du	wirst gelegen haben	werdest gelegen haben	würdest gelegen haben
er	wird gelegen haben	werde gelegen haben	würde gelegen haben
wir	werden gelegen haben	werden gelegen haben	würden gelegen haben
ihr	werdet gelegen haben	werdet gelegen haben	würdet gelegen haben
sie	werden gelegen haben	werden gelegen haben	würden gelegen haben

PRINC. PARTS: loben, lobte, gelobt, lobt
IMPERATIVE: lobe!, lobt!, loben Sie!

to praise

INDICATIVE	SUBJUNCTIVE	
	PRIMARY	SECONDARY
	Present Time	
Present	(*Pres. Subj.*)	(*Imperf. Subj.*)
ich lobe	lobe	lobte
du lobst	lobest	lobtest
er lobt	lobe	lobte
wir loben	loben	lobten
ihr lobt	lobet	lobtet
sie loben	loben	lobten
Imperfect		
ich lobte		
du lobtest		
er lobte		
wir lobten		
ihr lobtet		
sie lobten		
	Past Time	
Perfect	(*Perf. Subj.*)	(*Pluperf. Subj.*)
ich habe gelobt	habe gelobt	hätte gelobt
du hast gelobt	habest gelobt	hättest gelobt
er hat gelobt	habe gelobt	hätte gelobt
wir haben gelobt	haben gelobt	hätten gelobt
ihr habt gelobt	habet gelobt	hättet gelobt
sie haben gelobt	haben gelobt	hätten gelobt
Pluperfect		
ich hatte gelobt		
du hattest gelobt		
er hatte gelobt		
wir hatten gelobt		
ihr hattet gelobt		
sie hatten gelobt		
	Future Time	
Future	(*Fut. Subj.*)	(*Pres. Conditional*)
ich werde loben	werde loben	würde loben
du wirst loben	werdest loben	würdest loben
er wird loben	werde loben	würde loben
wir werden loben	werden loben	würden loben
ihr werdet loben	werdet loben	würdet loben
sie werden loben	werden loben	würden loben
	Future Perfect Time	
Future Perfect	(*Fut. Perf. Subj.*)	(*Past Conditional*)
ich werde gelobt haben	werde gelobt haben	würde gelobt haben
du wirst gelobt haben	werdest gelobt haben	würdest gelobt haben
er wird gelobt haben	werde gelobt haben	würde gelobt haben
wir werden gelobt haben	werden gelobt haben	würden gelobt haben
ihr werdet gelobt haben	werdet gelobt haben	würdet gelobt haben
sie werden gelobt haben	werden gelobt haben	würden gelobt haben

locken

to entice, allure, bait

PRINC. PARTS: locken, lockte, gelockt, lockt
IMPERATIVE: locke!, lockt!, locken Sie!

	INDICATIVE	SUBJUNCTIVE PRIMARY	SUBJUNCTIVE SECONDARY
		Present Time	
	Present	(*Pres. Subj.*)	(*Imperf. Subj.*)
ich	locke	locke	lockte
du	lockst	lockest	locktest
er	lockt	locke	lockte
wir	locken	locken	lockten
ihr	lockt	locket	locktet
sie	locken	locken	lockten
	Imperfect		
ich	lockte		
du	locktest		
er	lockte		
wir	lockten		
ihr	locktet		
sie	lockten		
		Past Time	
	Perfect	(*Perf. Subj.*)	(*Pluperf. Subj.*)
ich	habe gelockt	habe gelockt	hätte gelockt
du	hast gelockt	habest gelockt	hättest gelockt
er	hat gelockt	habe gelockt	hätte gelockt
wir	haben gelockt	haben gelockt	hätten gelockt
ihr	habt gelockt	habet gelockt	hättet gelockt
sie	haben gelockt	haben gelockt	hätten gelockt
	Pluperfect		
ich	hatte gelockt		
du	hattest gelockt		
er	hatte gelockt		
wir	hatten gelockt		
ihr	hattet gelockt		
sie	hatten gelockt		
		Future Time	
	Future	(*Fut. Subj.*)	(*Pres. Conditional*)
ich	werde locken	werde locken	würde locken
du	wirst locken	werdest locken	würdest locken
er	wird locken	werde locken	würde locken
wir	werden locken	werden locken	würden locken
ihr	werdet locken	werdet locken	würdet locken
sie	werden locken	werden locken	würden locken
		Future Perfect Time	
	Future Perfect	(*Fut. Perf. Subj.*)	(*Past Conditional*)
ich	werde gelockt haben	werde gelockt haben	würde gelockt haben
du	wirst gelockt haben	werdest gelockt haben	würdest gelockt haben
er	wird gelockt haben	werde gelockt haben	würde gelockt haben
wir	werden gelockt haben	werden gelockt haben	würden gelockt haben
ihr	werdet gelockt haben	werdet gelockt haben	würdet gelockt haben
sie	werden gelockt haben	werden gelockt haben	würden gelockt haben

lohnen

PRINC. PARTS: lohnen, lohnte, gelohnt, lohnt
IMPERATIVE: lohne!, lohnt!, lohnen Sie!

to reward, recompense

INDICATIVE		SUBJUNCTIVE	
		PRIMARY	SECONDARY
		Present Time	
	Present	(*Pres. Subj.*)	(*Imperf. Subj.*)
ich	lohne	lohne	lohnte
du	lohnst	lohnest	lohntest
er	lohnt	lohne	lohnte
wir	lohnen	lohnen	lohnten
ihr	lohnt	lohnet	lohntet
sie	lohnen	lohnen	lohnten
	Imperfect		
ich	lohnte		
du	lohntest		
er	lohnte		
wir	lohnten		
ihr	lohntet		
sie	lohnten		
		Past Time	
	Perfect	(*Perf. Subj.*)	(*Pluperf. Subj.*)
ich	habe gelohnt	habe gelohnt	hätte gelohnt
du	hast gelohnt	habest gelohnt	hättest gelohnt
er	hat gelohnt	habe gelohnt	hätte gelohnt
wir	haben gelohnt	haben gelohnt	hätten gelohnt
ihr	habt gelohnt	habet gelohnt	hättet gelohnt
sie	haben gelohnt	haben gelohnt	hätten gelohnt
	Pluperfect		
ich	hatte gelohnt		
du	hattest gelohnt		
er	hatte gelohnt		
wir	hatten gelohnt		
ihr	hattet gelohnt		
sie	hatten gelohnt		
		Future Time	
	Future	(*Fut. Subj.*)	(*Pres. Conditional*)
ich	werde lohnen	werde lohnen	würde lohnen
du	wirst lohnen	werdest lohnen	würdest lohnen
er	wird lohnen	werde lohnen	würde lohnen
wir	werden lohnen	werden lohnen	würden lohnen
ihr	werdet lohnen	werdet lohnen	würdet lohnen
sie	werden lohnen	werden lohnen	würden lohnen
		Future Perfect Time	
	Future Perfect	(*Fut. Perf. Subj.*)	(*Past Conditional*)
ich	werde gelohnt haben	werde gelohnt haben	würde gelohnt haben
du	wirst gelohnt haben	werdest gelohnt haben	würdest gelohnt haben
er	wird gelohnt haben	werde gelohnt haben	würde gelohnt haben
wir	werden gelohnt haben	werden gelohnt haben	würden gelohnt haben
ihr	werdet gelohnt haben	werdet gelohnt haben	würdet gelohnt haben
sie	werden gelohnt haben	werden gelohnt haben	würden gelohnt haben

lösen

to loosen, dissolve

PRINC. PARTS: lösen, löste, gelöst, löst
IMPERATIVE: löse!, löst!, lösen Sie!

INDICATIVE		SUBJUNCTIVE	
		PRIMARY	SECONDARY
		Present Time	
	Present	(*Pres. Subj.*)	(*Imperf. Subj.*)
ich	löse	löse	löste
du	löst	lösest	löstest
er	löst	löse	löste
wir	lösen	lösen	lösten
ihr	löst	löset	löstet
sie	lösen	lösen	lösten
	Imperfect		
ich	löste		
du	löstest		
er	löste		
wir	lösten		
ihr	löstet		
sie	lösten		
		Past Time	
	Perfect	(*Perf. Subj.*)	(*Pluperf. Subj.*)
ich	habe gelöst	habe gelöst	hätte gelöst
du	hast gelöst	habest gelöst	hättest gelöst
er	hat gelöst	habe gelöst	hätte gelöst
wir	haben gelöst	haben gelöst	hätten gelöst
ihr	habt gelöst	habet gelöst	hättet gelöst
sie	haben gelöst	haben gelöst	hätten gelöst
	Pluperfect		
ich	hatte gelöst		
du	hattest gelöst		
er	hatte gelöst		
wir	hatten gelöst		
ihr	hattet gelöst		
sie	hatten gelöst		
		Future Time	
	Future	(*Fut. Subj.*)	(*Pres. Conditional*)
ich	werde lösen	werde lösen	würde lösen
du	wirst lösen	werdest lösen	würdest lösen
er	wird lösen	werde lösen	würde lösen
wir	werden lösen	werden lösen	würden lösen
ihr	werdet lösen	werdet lösen	würdet lösen
sie	werden lösen	werden lösen	würden lösen
		Future Perfect Time	
	Future Perfect	(*Fut. Perf. Subj.*)	(*Past Conditional*)
ich	werde gelöst haben	werde gelöst haben	würde gelöst haben
du	wirst gelöst haben	werdest gelöst haben	würdest gelöst haben
er	wird gelöst haben	werde gelöst haben	würde gelöst haben
wir	werden gelöst haben	werden gelöst haben	würden gelöst haben
ihr	werdet gelöst haben	werdet gelöst haben	würdet gelöst haben
sie	werden gelöst haben	werden gelöst haben	würden gelöst haben

INDICATIVE		SUBJUNCTIVE PRIMARY	SUBJUNCTIVE SECONDARY
		Present Time	
	Present	*(Pres. Subj.)*	*(Imperf. Subj.)*
ich	lüge	lüge	löge
du	lügst	lügest	lögest
er	lügt	lüge	löge
wir	lügen	lügen	lögen
ihr	lügt	lüget	löget
sie	lügen	lügen	lögen
	Imperfect		
ich	log		
du	logst		
er	log		
wir	logen		
ihr	logt		
sie	logen		
		Past Time	
	Perfect	*(Perf. Subj.)*	*(Pluperf. Subj.)*
ich	habe gelogen	habe gelogen	hätte gelogen
du	hast gelogen	habest gelogen	hättest gelogen
er	hat gelogen	habe gelogen	hätte gelogen
wir	haben gelogen	haben gelogen	hätten gelogen
ihr	habt gelogen	habet gelogen	hättet gelogen
sie	haben gelogen	haben gelogen	hätten gelogen
	Pluperfect		
ich	hatte gelogen		
du	hattest gelogen		
er	hatte gelogen		
wir	hatten gelogen		
ihr	hattet gelogen		
sie	hatten gelogen		
		Future Time	
	Future	*(Fut. Subj.)*	*(Pres. Conditional)*
ich	werde lügen	werde lügen	würde lügen
du	wirst lügen	werdest lügen	würdest lügen
er	wird lügen	werde lügen	würde lügen
wir	werden lügen	werden lügen	würden lügen
ihr	werdet lügen	werdet lügen	würdet lügen
sie	werden lügen	werden lügen	würden lügen
		Future Perfect Time	
	Future Perfect	*(Fut. Perf. Subj.)*	*(Past Conditional)*
ich	werde gelogen haben	werde gelogen haben	würde gelogen haben
du	wirst gelogen haben	werdest gelogen haben	würdest gelogen haben
er	wird gelogen haben	werde gelogen haben	würde gelogen haben
wir	werden gelogen haben	werden gelogen haben	würden gelogen haben
ihr	werdet gelogen haben	werdet gelogen haben	würdet gelogen haben
sie	werden gelogen haben	werden gelogen haben	würden gelogen haben

lutschen

to suck

PRINC. PARTS: lutschen, lutschte, gelutscht, lutscht
IMPERATIVE: lutsche!, lutscht!, lutschen Sie!

INDICATIVE		SUBJUNCTIVE	
		PRIMARY	SECONDARY
		Present Time	
	Present	(*Pres. Subj.*)	(*Imperf. Subj.*)
ich	lutsche	lutsche	lutschte
du	lutschst	lutschest	lutschtest
er	lutscht	lutsche	lutschte
wir	lutschen	lutschen	lutschten
ihr	lutscht	lutschet	lutschtet
sie	lutschen	lutschen	lutschten
	Imperfect		
ich	lutschte		
du	lutschtest		
er	lutschte		
wir	lutschten		
ihr	lutschtet		
sie	lutschten		
		Past Time	
	Perfect	(*Perf. Subj.*)	(*Pluperf. Subj.*)
ich	habe gelutscht	habe gelutscht	hätte gelutscht
du	hast gelutscht	habest gelutscht	hättest gelutscht
er	hat gelutscht	habe gelutscht	hätte gelutscht
wir	haben gelutscht	haben gelutscht	hätten gelutscht
ihr	habt gelutscht	habet gelutscht	hättet gelutscht
sie	haben gelutscht	haben gelutscht	hätten gelutscht
	Pluperfect		
ich	hatte gelutscht		
du	hattest gelutscht		
er	hatte gelutscht		
wir	hatten gelutscht		
ihr	hattet gelutscht		
sie	hatten gelutscht		
		Future Time	
	Future	(*Fut. Subj.*)	(*Pres. Conditional*)
ich	werde lutschen	werde lutschen	würde lutschen
du	wirst lutschen	werdest lutschen	würdest lutschen
er	wird lutschen	werde lutschen	würde lutschen
wir	werden lutschen	werden lutschen	würden lutschen
ihr	werdet lutschen	werdet lutschen	würdet lutschen
sie	werden lutschen	werden lutschen	würden lutschen
		Future Perfect Time	
	Future Perfect	(*Fut. Perf. Subj.*)	(*Past Conditional*)
ich	werde gelutscht haben	werde gelutscht haben	würde gelutscht haben
du	wirst gelutscht haben	werdest gelutscht haben	würdest gelutscht haben
er	wird gelutscht haben	werde gelutscht haben	würde gelutscht haben
wir	werden gelutscht haben	werden gelutscht haben	würden gelutscht haben
ihr	werdet gelutscht haben	werdet gelutscht haben	würdet gelutscht haben
sie	werden gelutscht haben	werden gelutscht haben	würden gelutscht haben

PRINC. PARTS: machen, machte, gemacht, macht
IMPERATIVE: mache!, macht!, machen Sie!

to make, to do

INDICATIVE		SUBJUNCTIVE PRIMARY	SUBJUNCTIVE SECONDARY
		Present Time	
	Present	(*Pres. Subj.*)	(*Imperf. Subj.*)
ich	mache	mache	machte
du	machst	machest	machtest
er	macht	mache	machte
wir	machen	machen	machten
ihr	macht	machet	machtet
sie	machen	machen	machten
	Imperfect		
ich	machte		
du	machtest		
er	machte		
wir	machten		
ihr	machtet		
sie	machten		
		Past Time	
	Perfect	(*Perf. Subj.*)	(*Pluperf. Subj.*)
ich	habe gemacht	habe gemacht	hätte gemacht
du	hast gemacht	habest gemacht	hättest gemacht
er	hat gemacht	habe gemacht	hätte gemacht
wir	haben gemacht	haben gemacht	hätten gemacht
ihr	habt gemacht	habet gemacht	hättet gemacht
sie	haben gemacht	haben gemacht	hätten gemacht
	Pluperfect		
ich	hatte gemacht		
du	hattest gemacht		
er	hatte gemacht		
wir	hatten gemacht		
ihr	hattet gemacht		
sie	hatten gemacht		
		Future Time	
	Future	(*Fut. Subj.*)	(*Pres. Conditional*)
ich	werde machen	werde machen	würde machen
du	wirst machen	werdest machen	würdest machen
er	wird machen	werde machen	würde machen
wir	werden machen	werden machen	würden machen
ihr	werdet machen	werdet machen	würdet machen
sie	werden machen	werden machen	würden machen
		Future Perfect Time	
	Future Perfect	(*Fut. Perf. Subj.*)	(*Past Conditional*)
ich	werde gemacht haben	werde gemacht haben	würde gemacht haben
du	wirst gemacht haben	werdest gemacht haben	würdest gemacht haben
er	wird gemacht haben	werde gemacht haben	würde gemacht haben
wir	werden gemacht haben	werden gemacht haben	würden gemacht haben
ihr	werdet gemacht haben	werdet gemacht haben	würdet gemacht haben
sie	werden gemacht haben	werden gemacht haben	würden gemacht haben

mahlen

to mill, grind

PRINC. PARTS: mahlen, mahlte, gemahlen, mahlt
IMPERATIVE: mahle!, mahlt!, mahlen Sie!

	INDICATIVE	SUBJUNCTIVE PRIMARY	SUBJUNCTIVE SECONDARY
		Present Time	
	Present	(*Pres. Subj.*)	(*Imperf. Subj.*)
ich	mahle	mahle	mahlte
du	mahlst	mahlest	mahltest
er	mahlt	mahle	mahlte
wir	mahlen	mahlen	mahlten
ihr	mahlt	mahlet	mahltet
sie	mahlen	mahlen	mahlten

	INDICATIVE	SUBJUNCTIVE PRIMARY	SUBJUNCTIVE SECONDARY
	Imperfect		
ich	mahlte		
du	mahltest		
er	mahlte		
wir	mahlten		
ihr	mahltet		
sie	mahlten		
	Perfect	***Past Time*** (*Perf. Subj.*)	(*Pluperf. Subj.*)
ich	habe gemahlen	habe gemahlen	hätte gemahlen
du	hast gemahlen	habest gemahlen	hättest gemahlen
er	hat gemahlen	habe gemahlen	hätte gemahlen
wir	haben gemahlen	haben gemahlen	hätten gemahlen
ihr	habt gemahlen	habet gemahlen	hättet gemahlen
sie	haben gemahlen	haben gemahlen	hätten gemahlen
	Pluperfect		
ich	hatte gemahlen		
du	hattest gemahlen		
er	hatte gemahlen		
wir	hatten gemahlen		
ihr	hattet gemahlen		
sie	hatten gemahlen		

	INDICATIVE	SUBJUNCTIVE PRIMARY	SUBJUNCTIVE SECONDARY
		Future Time	
	Future	(*Fut. Subj.*)	(*Pres. Conditional*)
ich	werde mahlen	werde mahlen	würde mahlen
du	wirst mahlen	werdest mahlen	würdest mahlen
er	wird mahlen	werde mahlen	würde mahlen
wir	werden mahlen	werden mahlen	würden mahlen
ihr	werdet mahlen	werdet mahlen	würdet mahlen
sie	werden mahlen	werden mahlen	würden mahlen

	INDICATIVE	SUBJUNCTIVE PRIMARY	SUBJUNCTIVE SECONDARY
		Future Perfect Time	
	Future Perfect	(*Fut. Perf. Subj.*)	(*Past Conditional*)
ich	werde gemahlen haben	werde gemahlen haben	würde gemahlen haben
du	wirst gemahlen haben	werdest gemahlen haben	würdest gemahlen haben
er	wird gemahlen haben	werde gemahlen haben	würde gemahlen haben
wir	werden gemahlen haben	werden gemahlen haben	würden gemahlen haben
ihr	werdet gemahlen haben	werdet gemahlen haben	würdet gemahlen haben
sie	werden gemahlen haben	werden gemahlen haben	würden gemahlen haben

PRINC. PARTS. malen, malte, gemalt, malt
IMPERATIVE: male!, malt!, malen Sie!

to paint, portray

INDICATIVE		SUBJUNCTIVE PRIMARY	SUBJUNCTIVE SECONDARY
		Present Time	
	Present	*(Pres. Subj.)*	*(Imperf. Subj.)*
ich	male	male	malte
du	malst	malest	maltest
er	malt	male	malte
wir	malen	malen	malten
ihr	malt	malet	maltet
sie	malen	malen	malten
	Imperfect		
ich	malte		
du	maltest		
er	malte		
wir	malten		
ihr	maltet		
sie	malten		
		Past Time	
	Perfect	*(Perf. Subj.)*	*(Pluperf. Subj.)*
ich	habe gemalt	habe gemalt	hätte gemalt
du	hast gemalt	habest gemalt	hättest gemalt
er	hat gemalt	habe gemalt	hätte gemalt
wir	haben gemalt	haben gemalt	hätten gemalt
ihr	habt gemalt	habet gemalt	hättet gemalt
sie	haben gemalt	haben gemalt	hätten gemalt
	Pluperfect		
ich	hatte gemalt		
du	hattest gemalt		
er	hatte gemalt		
wir	hatten gemalt		
ihr	hattet gemalt		
sie	hatten gemalt		
		Future Time	
	Future	*(Fut. Subj.)*	*(Pres. Conditional)*
ich	werde malen	werde malen	würde malen
du	wirst malen	werdest malen	würdest malen
er	wird malen	werde malen	würde malen
wir	werden malen	werden malen	würden malen
ihr	werdet malen	werdet malen	würdet malen
sie	werden malen	werden malen	würden malen
		Future Perfect Time	
	Future Perfect	*(Fut. Perf. Subj.)*	*(Past Conditional)*
ich	werde gemalt haben	werde gemalt haben	würde gemalt haben
du	wirst gemalt haben	werdest gemalt haben	würdest gemalt haben
er	wird gemalt haben	werde gemalt haben	würde gemalt haben
wir	werden gemalt haben	werden gemalt haben	würden gemalt haben
ihr	werdet gemalt haben	werdet gemalt haben	würdet gemalt haben
sie	werden gemalt haben	werden gemalt haben	würden gemalt haben

meiden

to avoid, shun

PRINC. PARTS: meiden, mied, gemieden, meidet
IMPERATIVE: meide!, meidet!, meiden Sie!

INDICATIVE		SUBJUNCTIVE	
		PRIMARY	SECONDARY
		Present Time	
	Present	(*Pres. Subj.*)	(*Imperf. Subj.*)
ich	meide	meide	miede
du	meidest	meidest	miedest
er	meidet	meide	miede
wir	meiden	meiden	mieden
ihr	meidet	meidet	miedet
sie	meiden	meiden	mieden
	Imperfect		
ich	mied		
du	miedest		
er	mied		
wir	mieden		
ihr	miedet		
sie	mieden		
		Past Time	
	Perfect	(*Perf. Subj.*)	(*Pluperf. Subj.*)
ich	habe gemieden	habe gemieden	hätte gemieden
du	hast gemieden	habest gemieden	hättest gemieden
er	hat gemieden	habe gemieden	hätte gemieden
wir	haben gemieden	haben gemieden	hätten gemieden
ihr	habt gemieden	habet gemieden	hättet gemieden
sie	haben gemieden	haben gemieden	hätten gemieden
	Pluperfect		
ich	hatte gemieden		
du	hattest gemieden		
er	hatte gemieden		
wir	hatten gemieden		
ihr	hattet gemieden		
sie	hatten gemieden		
		Future Time	
	Future	(*Fut. Subj.*)	(*Pres. Conditional*)
ich	werde meiden	werde meiden	würde meiden
du	wirst meiden	werdest meiden	würdest meiden
er	wird meiden	werde meiden	würde meiden
wir	werden meiden	werden meiden	würden meiden
ihr	werdet meiden	werdet meiden	würdet meiden
sie	werden meiden	werden meiden	würden meiden
		Future Perfect Time	
	Future Perfect	(*Fut. Perf. Subj.*)	(*Past Conditional*)
ich	werde gemieden haben	werde gemieden haben	würde gemieden haben
du	wirst gemieden haben	werdest gemieden haben	würdest gemieden haben
er	wird gemieden haben	werde gemieden haben	würde gemieden haben
wir	werden gemieden haben	werden gemieden haben	würden gemieden haben
ihr	werdet gemieden haben	werdet gemieden haben	würdet gemieden haben
sie	werden gemieden haben	werden gemieden haben	würden gemieden haben

PRINC. PARTS: meinen, meinte, gemeint, meint
IMPERATIVE: meine!, meint!, meinen Sie!

to be of the opinion, think, mean

	INDICATIVE	SUBJUNCTIVE PRIMARY	SUBJUNCTIVE SECONDARY
		Present Time	
	Present	*(Pres. Subj.)*	*(Imperf. Subj.)*
ich	meine	meine	meinte
du	meinst	meinest	meintest
er	meint	meine	meinte
wir	meinen	meinen	meinten
ihr	meint	meinet	meintet
sie	meinen	meinen	meinten
	Imperfect		
ich	meinte		
du	meintest		
er	meinte		
wir	meinten		
ihr	meintet		
sie	meinten		
		Past Time	
	Perfect	*(Perf. Subj.)*	*(Pluperf. Subj.)*
ich	habe gemeint	habe gemeint	hätte gemeint
du	hast gemeint	habest gemeint	hättest gemeint
er	hat gemeint	habe gemeint	hätte gemeint
wir	haben gemeint	haben gemeint	hätten gemeint
ihr	habt gemeint	habet gemeint	hättet gemeint
sie	haben gemeint	haben gemeint	hätten gemeint
	Pluperfect		
ich	hatte gemeint		
du	hattest gemeint		
er	hatte gemeint		
wir	hatten gemeint		
ihr	hattet gemeint		
sie	hatten gemeint		
		Future Time	
	Future	*(Fut. Subj.)*	*(Pres. Conditional)*
ich	werde meinen	werde meinen	würde meinen
du	wirst meinen	werdest meinen	würdest meinen
er	wird meinen	werde meinen	würde meinen
wir	werden meinen	werden meinen	würden meinen
ihr	werdet meinen	werdet meinen	würdet meinen
sie	werden meinen	werden meinen	würden meinen
		Future Perfect Time	
	Future Perfect	*(Fut. Perf. Subj.)*	*(Past Conditional)*
ich	werde gemeint haben	werde gemeint haben	würde gemeint haben
du	wirst gemeint haben	werdest gemeint haben	würdest gemeint haben
er	wird gemeint haben	werde gemeint haben	würde gemeint haben
wir	werden gemeint haben	werden gemeint haben	würden gemeint haben
ihr	werdet gemeint haben	werdet gemeint haben	würdet gemeint haben
sie	werden gemeint haben	werden gemeint haben	würden gemeint haben

merken

to mark, note, perceive

PRINC. PARTS: merken, merkte, gemerkt, merkt
IMPERATIVE: merke!, merkt!, merken Sie!

INDICATIVE		SUBJUNCTIVE	
		PRIMARY	SECONDARY
		Present Time	
	Present	*(Pres. Subj.)*	*(Imperf. Subj.)*
ich	merke	merke	merkte
du	merkst	merkest	merktest
er	merkt	merke	merkte
wir	merken	merken	merkten
ihr	merkt	merket	merktet
sie	merken	merken	merkten
	Imperfect		
ich	merkte		
du	merktest		
er	merkte		
wir	merkten		
ihr	merktet		
sie	merkten		
		Past Time	
	Perfect	*(Perf. Subj.)*	*(Pluperf. Subj.)*
ich	habe gemerkt	habe gemerkt	hätte gemerkt
du	hast gemerkt	habest gemerkt	hättest gemerkt
er	hat gemerkt	habe gemerkt	hätte gemerkt
wir	haben gemerkt	haben gemerkt	hätten gemerkt
ihr	habt gemerkt	habet gemerkt	hättet gemerkt
sie	haben gemerkt	haben gemerkt	hätten gemerkt
	Pluperfect		
ich	hatte gemerkt		
du	hattest gemerkt		
er	hatte gemerkt		
wir	hatten gemerkt		
ihr	hattet gemerkt		
sie	hatten gemerkt		
		Future Time	
	Future	*(Fut. Subj.)*	*(Pres. Conditional)*
ich	werde merken	werde merken	würde merken
du	wirst merken	werdest merken	würdest merken
er	wird merken	werde merken	würde merken
wir	werden merken	werden merken	würden merken
ihr	werdet merken	werdet merken	würdet merken
sie	werden merken	werden merken	würden merken
		Future Perfect Time	
	Future Perfect	*(Fut. Perf. Subj.)*	*(Past Conditional)*
ich	werde gemerkt haben	werde gemerkt haben	würde gemerkt haben
du	wirst gemerkt haben	werdest gemerkt haben	würdest gemerkt haben
er	wird gemerkt haben	werde gemerkt haben	würde gemerkt haben
wir	werden gemerkt haben	werden gemerkt haben	würden gemerkt haben
ihr	werdet gemerkt haben	werdet gemerkt haben	würdet gemerkt haben
sie	werden gemerkt haben	werden gemerkt haben	würden gemerkt haben

PRINC. PARTS: messen, maß, gemessen, mißt
IMPERATIVE: miß!, meßt!, messen Sie!

to measure

	INDICATIVE	SUBJUNCTIVE PRIMARY	SUBJUNCTIVE SECONDARY
		Present Time	
	Present	(*Pres. Subj.*)	(*Imperf. Subj.*)
ich	messe	messe	mäße
du	mißt	messest	mäßest
er	mißt	messe	mäße
wir	messen	messen	mäßen
ihr	meßt	messet	mäßet
sie	messen	messen	mäßen
	Imperfect		
ich	maß		
du	maßest		
er	maß		
wir	maßen		
ihr	maßt		
sie	maßen		
		Past Time	
	Perfect	(*Perf. Subj.*)	(*Pluperf. Subj.*)
ich	habe gemessen	habe gemessen	hätte gemessen
du	hast gemessen	habest gemessen	hättest gemessen
er	hat gemessen	habe gemessen	hätte gemessen
wir	haben gemessen	haben gemessen	hätten gemessen
ihr	habt gemessen	habet gemessen	hättet gemessen
sie	haben gemessen	haben gemessen	hätten gemessen
	Pluperfect		
ich	hatte gemessen		
du	hattest gemessen		
er	hatte gemessen		
wir	hatten gemessen		
ihr	hattet gemessen		
sie	hatten gemessen		
		Future Time	
	Future	(*Fut. Subj.*)	(*Pres. Conditional*)
ich	werde messen	werde messen	würde messen
du	wirst messen	werdest messen	würdest messen
er	wird messen	werde messen	würde messen
wir	werden messen	werden messen	würden messen
ihr	werdet messen	werdet messen	würdet messen
sie	werden messen	werden messen	würden messen
		Future Perfect Time	
	Future Perfect	(*Fut. Perf. Subj.*)	(*Past Conditional*)
ich	werde gemessen haben	werde gemessen haben	würde gemessen haben
du	wirst gemessen haben	werdest gemessen haben	würdest gemessen haben
er	wird gemessen haben	werde gemessen haben	würde gemessen haben
wir	werden gemessen haben	werden gemessen haben	würden gemessen haben
ihr	werdet gemessen haben	werdet gemessen haben	würdet gemessen haben
sie	werden gemessen haben	werden gemessen haben	würden gemessen haben

mieten

to rent, hire

PRINC. PARTS: mieten, mietete, gemietet, mietet
IMPERATIVE: miete!, mietet!, mieten Sie!

INDICATIVE		SUBJUNCTIVE	
		PRIMARY	SECONDARY
		Present Time	
	Present	(*Pres. Subj.*)	(*Imperf. Subj.*)
ich	miete	miete	mietete
du	mietest	mietest	mietetest
er	mietet	miete	mietete
wir	mieten	mieten	mieteten
ihr	mietet	mietet	mietetet
sie	mieten	mieten	mieteten
	Imperfect		
ich	mietete		
du	mietetest		
er	mietete		
wir	mieteten		
ihr	mietetet		
sie	mieteten		
		Past Time	
	Perfect	(*Perf. Subj.*)	(*Pluperf. Subj.*)
ich	habe gemietet	habe gemietet	hätte gemietet
du	hast gemietet	habest gemietet	hättest gemietet
er	hat gemietet	habe gemietet	hätte gemietet
wir	haben gemietet	haben gemietet	hätten gemietet
ihr	habt gemietet	habet gemietet	hättet gemietet
sie	haben gemietet	haben gemietet	hätten gemietet
	Pluperfect		
ich	hatte gemietet		
du	hattest gemietet		
er	hatte gemietet		
wir	hatten gemietet		
ihr	hattet gemietet		
sie	hatten gemietet		
		Future Time	
	Future	(*Fut. Subj.*)	(*Pres. Conditional*)
ich	werde mieten	werde mieten	würde mieten
du	wirst mieten	werdest mieten	würdest mieten
er	wird mieten	werde mieten	würde mieten
wir	werden mieten	werden mieten	würden mieten
ihr	werdet mieten	werdet mieten	würdet mieten
sie	werden mieten	werden mieten	würden mieten
		Future Perfect Time	
	Future Perfect	(*Fut. Perf. Subj.*)	(*Past Conditional*)
ich	werde gemietet haben	werde gemietet haben	würde gemietet haben
du	wirst gemietet haben	werdest gemietet haben	würdest gemietet haben
er	wird gemietet haben	werde gemietet haben	würde gemietet haben
wir	werden gemietet haben	werden gemietet haben	würden gemietet haben
ihr	werdet gemietet haben	werdet gemietet haben	würdet gemietet haben
sie	werden gemietet haben	werden gemietet haben	würden gemietet haben

PRINC. PARTS: mögen, mochte, gemocht (mögen, when immediately preceded by an infinitive; see 'sprechen dürfen') mag
IMPERATIVE: not used

mögen
to like, want, may

INDICATIVE		SUBJUNCTIVE PRIMARY	SUBJUNCTIVE SECONDARY
		Present Time	
	Present	(*Pres. Subj.*)	(*Imperf. Subj.*)
ich	mag	möge	möchte
du	magst	mögest	möchtest
er	mag	möge	möchte
wir	mögen	mögen	möchten
ihr	mögt	möget	möchtet
sie	mögen	mögen	möchten
	Imperfect		
ich	mochte		
du	mochtest		
er	mochte		
wir	mochten		
ihr	mochtet		
sie	mochten		
		Past Time	
	Perfect	(*Perf. Subj.*)	(*Pluperf. Subj.*)
ich	habe gemocht	habe gemocht	hätte gemocht
du	hast gemocht	habest gemocht	hättest gemocht
er	hat gemocht	habe gemocht	hätte gemocht
wir	haben gemocht	haben gemocht	hätten gemocht
ihr	habt gemocht	habet gemocht	hättet gemocht
sie	haben gemocht	haben gemocht	hätten gemocht
	Pluperfect		
ich	hatte gemocht		
du	hattest gemocht		
er	hatte gemocht		
wir	hatten gemocht		
ihr	hattet gemocht		
sie	hatten gemocht		
		Future Time	
	Future	(*Fut. Subj.*)	(*Pres. Conditional*)
ich	werde mögen	werde mögen	würde mögen
du	wirst mögen	werdest mögen	würdest mögen
er	wird mögen	werde mögen	würde mögen
wir	werden mögen	werden mögen	würden mögen
ihr	werdet mögen	werdet mögen	würdet mögen
sie	werden mögen	werden mögen	würden mögen
		Future Perfect Time	
	Future Perfect	(*Fut. Perf. Subj.*)	(*Past Conditional*)
ich	werde gemocht haben	werde gemocht haben	würde gemocht haben
du	wirst gemocht haben	werdest gemocht haben	würdest gemocht haben
er	wird gemocht haben	werde gemocht haben	würde gemocht haben
wir	werden gemocht haben	werden gemocht haben	würden gemocht haben
ihr	werdet gemocht haben	werdet gemocht haben	würdet gemocht haben
sie	werden gemocht haben	werden gemocht haben	würden gemocht haben

müssen

to have to, must

PRINC. PARTS: müssen, mußte, gemußt (müssen when immediately preceded by an infinitive; see sprechen dürfen), muß
IMPERATIVE: not used

	INDICATIVE	SUBJUNCTIVE PRIMARY	SUBJUNCTIVE SECONDARY
		Present Time	
	Present	*(Pres. Subj.)*	*(Imperf. Subj.)*
ich	muß	müsse	müßte
du	mußt	müssest	müßtest
er	muß	müsse	müßte
wir	müssen	müssen	müßten
ihr	müßt	müsset	müßtet
sie	müssen	müssen	müßten
	Imperfect		
ich	mußte		
du	mußtest		
er	mußte		
wir	mußten		
ihr	mußtet		
sie	mußten		
		Past Time	
	Perfect	*(Perf. Subj.)*	*(Pluperf. Subj.)*
ich	habe gemußt	habe gemußt	hätte gemußt
du	hast gemußt	habest gemußt	hättest gemußt
er	hat gemußt	habe gemußt	hätte gemußt
wir	haben gemußt	haben gemußt	hätten gemußt
ihr	habt gemußt	habet gemußt	hättet gemußt
sie	haben gemußt	haben gemußt	hätten gemußt
	Pluperfect		
ich	hatte gemußt		
du	hattest gemußt		
er	hatte gemußt		
wir	hatten gemußt		
ihr	hattet gemußt		
sie	hatten gemußt		
		Future Time	
	Future	*(Fut. Subj.)*	*(Pres. Conditional)*
ich	werde müssen	werde müssen	würde müssen
du	wirst müssen	werdest müssen	würdest müssen
er	wird müssen	werde müssen	würde müssen
wir	werden müssen	werden müssen	würden müssen
ihr	werdet müssen	werdet müssen	würdet müssen
sie	werden müssen	werden müssen	würden müssen
		Future Perfect Time	
	Future Perfect	*(Fut. Perf. Subj.)*	*(Past Conditional)*
ich	werde gemußt haben	werde gemußt haben	würde gemußt haben
du	wirst gemußt haben	werdest gemußt haben	würdest gemußt haben
er	wird gemußt haben	werde gemußt haben	würde gemußt haben
wir	werden gemußt haben	werden gemußt haben	würden gemußt haben
ihr	werdet gemußt haben	werdet gemußt haben	würdet gemußt haben
sie	werden gemußt haben	werden gemußt haben	würden gemußt haben

PRINC. PARTS: nagen, nagte, genagt, nagt
IMPERATIVE: nage!, nagt!, nagen Sie!

to gnaw, nibble

INDICATIVE		SUBJUNCTIVE	
		PRIMARY	SECONDARY
		Present Time	
	Present	(*Pres. Subj.*)	(*Imperf. Subj.*)
ich	nage	nage	nagte
du	nagst	nagest	nagtest
er	nagt	nage	nagte
wir	nagen	nagen	nagten
ihr	nagt	naget	nagtet
sie	nagen	nagen	nagten
	Imperfect		
ich	nagte		
du	nagtest		
er	nagte		
wir	nagten		
ihr	nagtet		
sie	nagten		
		Past Time	
	Perfect	(*Perf. Subj.*)	(*Pluperf. Subj.*)
ich	habe genagt	habe genagt	hätte genagt
du	hast genagt	habest genagt	hättest genagt
er	hat genagt	habe genagt	hätte genagt
wir	haben genagt	haben genagt	hätten genagt
ihr	habt genagt	habet genagt	hättet genagt
sie	haben genagt	haben genagt	hätten genagt
	Pluperfect		
ich	hatte genagt		
du	hattest genagt		
er	hatte genagt		
wir	hatten genagt		
ihr	hattet genagt		
sie	hatten genagt		
		Future Time	
	Future	(*Fut. Subj.*)	(*Pres. Conditional*)
ich	werde nagen	werde nagen	würde nagen
du	wirst nagen	werdest nagen	würdest nagen
er	wird nagen	werde nagen	würde nagen
wir	werden nagen	werden nagen	würden nagen
ihr	werdet nagen	werdet nagen	würdet nagen
sie	werden nagen	werden nagen	würden nagen
		Future Perfect Time	
	Future Perfect	(*Fut. Perf. Subj.*)	(*Past Conditional*)
ich	werde genagt haben	werde genagt haben	würde genagt haben
du	wirst genagt haben	werdest genagt haben	würdest genagt haben
er	wird genagt haben	werde genagt haben	würde genagt haben
wir	werden genagt haben	werden genagt haben	würden genagt haben
ihr	werdet genagt haben	werdet genagt haben	würdet genagt haben
sie	werden genagt haben	werden genagt haben	würden genagt haben

nähren

to nourish; suckle

PRINC. PARTS: nähren, nährte, genährt, nährt
IMPERATIVE: nähre!, nährt!, nähren Sie!

INDICATIVE		SUBJUNCTIVE	
		PRIMARY	SECONDARY
		Present Time	
	Present	(*Pres. Subj.*)	(*Imperf. Subj.*)
ich	nähre	nähre	nährte
du	nährst	nährest	nährtest
er	nährt	nähre	nährte
wir	nähren	nähren	nährten
ihr	nährt	nähret	nährtet
sie	nähren	nähren	nährten
	Imperfect		
ich	nährte		
du	nährtest		
er	nährte		
wir	nährten		
ihr	nährtet		
sie	nährten		
		Past Time	
	Perfect	(*Perf. Subj.*)	(*Pluperf. Subj.*)
ich	habe genährt	habe genährt	hätte genährt
du	hast genährt	habest genährt	hättest genährt
er	hat genährt	habe genährt	hätte genährt
wir	haben genährt	haben genährt	hätten genährt
ihr	habt genährt	habet genährt	hättet genährt
sie	haben genährt	haben genährt	hätten genährt
	Pluperfect		
ich	hatte genährt		
du	hattest genährt		
er	hatte genährt		
wir	hatten genährt		
ihr	hattet genährt		
sie	hatten genährt		
		Future Time	
	Future	(*Fut. Subj.*)	(*Pres. Conditional*)
ich	werde nähren	werde nähren	würde nähren
du	wirst nähren	werdest nähren	würdest nähren
er	wird nähren	werde nähren	würde nähren
wir	werden nähren	werden nähren	würden nähren
ihr	werdet nähren	werdet nähren	würdet nähren
sie	werden nähren	werden nähren	würden nähren
		Future Perfect Time	
	Future Perfect	(*Fut. Perf. Subj.*)	(*Past Conditional*)
ich	werde genährt haben	werde genährt haben	würde genährt haben
du	wirst genährt haben	werdest genährt haben	würdest genährt haben
er	wird genährt haben	werde genährt haben	würde genährt haben
wir	werden genährt haben	werden genährt haben	würden genährt haben
ihr	werdet genährt haben	werdet genährt haben	würdet genährt haben
sie	werden genährt haben	werden genährt haben	würden genährt haben

PRINC. PARTS: naschen, naschte, genascht, nascht
IMPERATIVE: nasche!, nascht!, naschen Sie!

to nibble, eat sweets (on the sly), "nosh"

INDICATIVE	SUBJUNCTIVE PRIMARY	SUBJUNCTIVE SECONDARY
	Present Time	
Present	*(Pres. Subj.)*	*(Imperf. Subj.)*
ich nasche	nasche	naschte
du naschst	naschest	naschtest
er nascht	nasche	naschte
wir naschen	naschen	naschten
ihr nascht	naschet	naschtet
sie naschen	naschen	naschten
Imperfect		
ich naschte		
du naschtest		
er naschte		
wir naschten		
ihr naschtet		
sie naschten		
	Past Time	
Perfect	*(Perf. Subj.)*	*(Pluperf. Subj.)*
ich habe genascht	habe genascht	hätte genascht
du hast genascht	habest genascht	hättest genascht
er hat genascht	habe genascht	hätte genascht
wir haben genascht	haben genascht	hätten genascht
ihr habt genascht	habet genascht	hättet genascht
sie haben genascht	haben genascht	hätten genascht
Pluperfect		
ich hatte genascht		
du hattest genascht		
er hatte genascht		
wir hatten genascht		
ihr hattet genascht		
sie hatten genascht		
	Future Time	
Future	*(Fut. Subj.)*	*(Pres. Conditional)*
ich werde naschen	werde naschen	würde naschen
du wirst naschen	werdest naschen	würdest naschen
er wird naschen	werde naschen	würde naschen
wir werden naschen	werden naschen	würden naschen
ihr werdet naschen	werdet naschen	würdet naschen
sie werden naschen	werden naschen	würden naschen
	Future Perfect Time	
Future Perfect	*(Fut. Perf. Subj.)*	*(Past Conditional)*
ich werde genascht haben	werde genascht haben	würde genascht haben
du wirst genascht haben	werdest genascht haben	würdest genascht haben
er wird genascht haben	werde genascht haben	würde genascht haben
wir werden genascht haben	werden genascht haben	würden genascht haben
ihr werdet genascht haben	werdet genascht haben	würdet genascht haben
sie werden genascht haben	werden genascht haben	würden genascht haben

necken

to tease

PRINC. PARTS: necken, neckte, geneckt, neckt
IMPERATIVE: necke!, neckt!, necken Sie!

INDICATIVE		SUBJUNCTIVE PRIMARY	SUBJUNCTIVE SECONDARY
		Present Time	
	Present	*(Pres. Subj.)*	*(Imperf. Subj.)*
ich	necke	necke	neckte
du	neckst	neckest	necktest
er	neckt	necke	neckte
wir	necken	necken	neckten
ihr	neckt	necket	necktet
sie	necken	necken	neckten
	Imperfect		
ich	neckte		
du	necktest		
er	neckte		
wir	neckten		
ihr	necktet		
sie	neckten		
		Past Time	
	Perfect	*(Perf. Subj.)*	*(Pluperf. Subj.)*
ich	habe geneckt	habe geneckt	hätte geneckt
du	hast geneckt	habest geneckt	hättest geneckt
er	hat geneckt	habe geneckt	hätte geneckt
wir	haben geneckt	haben geneckt	hätten geneckt
ihr	habt geneckt	habet geneckt	hättet geneckt
sie	haben geneckt	haben geneckt	hätten geneckt
	Pluperfect		
ich	hatte geneckt		
du	hattest geneckt		
er	hatte geneckt		
wir	hatten geneckt		
ihr	hattet geneckt		
sie	hatten geneckt		
		Future Time	
	Future	*(Fut. Subj.)*	*(Pres. Conditional)*
ich	werde necken	werde necken	würde necken
du	wirst necken	werdest necken	würdest necken
er	wird necken	werde necken	würde necken
wir	werden necken	werden necken	würden necken
ihr	werdet necken	werdet necken	würdet necken
sie	werden necken	werden necken	würden necken
		Future Perfect Time	
	Future Perfect	*(Fut. Perf. Subj.)*	*(Past Conditional)*
ich	werde geneckt haben	werde geneckt haben	würde geneckt haben
du	wirst geneckt haben	werdest geneckt haben	würdest geneckt haben
er	wird geneckt haben	werde geneckt haben	würde geneckt haben
wir	werden geneckt haben	werden geneckt haben	würden geneckt haben
ihr	werdet geneckt haben	werdet geneckt haben	würdet geneckt haben
sie	werden geneckt haben	werden geneckt haben	würden geneckt haben

PRINC. PARTS: nehmen, nahm, genommen, nimmt
IMPERATIVE: nimm!, nehmt!, nehmen Sie!

INDICATIVE		SUBJUNCTIVE PRIMARY	SUBJUNCTIVE SECONDARY
		Present Time	
	Present	(*Pres. Subj.*)	(*Imperf. Subj.*)
ich	nehme	nehme	nähme
du	nimmst	nehmest	nähmest
er	nimmt	nehme	nähme
wir	nehmen	nehmen	nähmen
ihr	nehmt	nehmet	nähmet
sie	nehmen	nehmen	nähmen
	Imperfect		
ich	nahm		
du	nahmst		
er	nahm		
wir	nahmen		
ihr	nahmt		
sie	nahmen		
		Past Time	
	Perfect	(*Perf. Subj.*)	(*Pluperf. Subj.*)
ich	habe genommen	habe genommen	hätte genommen
du	hast genommen	habest genommen	hättest genommen
er	hat genommen	habe genommen	hätte genommen
wir	haben genommen	haben genommen	hätten genommen
ihr	habt genommen	habet genommen	hättet genommen
sie	haben genommen	haben genommen	hätten genommen
	Pluperfect		
ich	hatte genommen		
du	hattest genommen		
er	hatte genommen		
wir	hatten genommen		
ihr	hattet genommen		
sie	hatten genommen		
		Future Time	
	Future	(*Fut. Subj.*)	(*Pres. Conditional*)
ich	werde nehmen	werde nehmen	würde nehmen
du	wirst nehmen	werdest nehmen	würdest nehmen
er	wird nehmen	werde nehmen	würde nehmen
wir	werden nehmen	werden nehmen	würden nehmen
ihr	werdet nehmen	werdet nehmen	würdet nehmen
sie	werden nehmen	werden nehmen	würden nehmen
		Future Perfect Time	
	Future Perfect	(*Fut. Perf. Subj.*)	(*Past Conditional*)
ich	werde genommen haben	werde genommen haben	würde genommen haben
du	wirst genommen haben	werdest genommen haben	würdest genommen haben
er	wird genommen haben	werde genommen haben	würde genommen haben
wir	werden genommen haben	werden genommen haben	würden genommen haben
ihr	werdet genommen haben	werdet genommen haben	würdet genommen haben
sie	werden genommen haben	werden genommen haben	würden genommen haben

nennen

to name, call

PRINC. PARTS: nennen, nannte, genannt, nennt
IMPERATIVE: nenne!, nennt!, nennen Sie!

	INDICATIVE	SUBJUNCTIVE PRIMARY	SUBJUNCTIVE SECONDARY
		Present Time	
	Present	*(Pres. Subj.)*	*(Imperf. Subj.)*
ich	nenne	nenne	nennte
du	nennst	nennest	nenntest
er	nennt	nenne	nennte
wir	nennen	nennen	nennten
ihr	nennt	nennet	nenntet
sie	nennen	nennen	nennten
	Imperfect		
ich	nannte		
du	nanntest		
er	nannte		
wir	nannten		
ihr	nanntet		
sie	nannten		
		Past Time	
	Perfect	*(Perf. Subj.)*	*(Pluperf. Subj.)*
ich	habe genannt	habe gennant	hätte genannt
du	hast genannt	habest genannt	hättest genannt
er	hat genannt	habe genannt	hätte genannt
wir	haben genannt	haben genannt	hätten genannt
ihr	habt genannt	habet genannt	hättet genannt
sie	haben genannt	haben genannt	hätten genannt
	Pluperfect		
ich	hatte genannt		
du	hattest genannt		
er	hatte genannt		
wir	hatten genannt		
ihr	hattet genannt		
sie	hatten genannt		
		Future Time	
	Future	*(Fut. Subj.)*	*(Pres. Conditional)*
ich	werde nennen	werde nennen	würde nennen
du	wirst nennen	werdest nennen	würdest nennen
er	wird nennen	werde nennen	würde nennen
wir	werden nennen	werden nennen	würden nennen
ihr	werdet nennen	werdet nennen	würdet nennen
sie	werden nennen	werden nennen	würden nennen
		Future Perfect Time	
	Future Perfect	*(Fut. Perf. Subj.)*	*(Past Conditional)*
ich	werde genannt haben	werde genannt haben	würde genannt haben
du	wirst genannt haben	werdest genannt haben	würdest genannt haben
er	wird genannt haben	werde genannt haben	würde genannt haben
wir	werden genannt haben	werden genannt haben	würden genannt haben
ihr	werdet genannt haben	werdet genannt haben	würdet genannt haben
sie	werden genannt haben	werden genannt haben	würden genannt haben

PRINC. PARTS: netzen, netzte, genetzt, netzt
IMPERATIVE: netze!, netzt!, netzen Sie!

to wet, moisten

INDICATIVE		SUBJUNCTIVE PRIMARY	SUBJUNCTIVE SECONDARY
		Present Time	
	Present	*(Pres. Subj.)*	*(Imperf. Subj.)*
ich	netze	netze	netzte
du	netzt	netzest	netztest
er	netzt	netze	netzte
wir	netzen	netzen	netzten
ihr	netzt	netzet	netztet
sie	netzen	netzen	netzten
	Imperfect		
ich	netzte		
du	netztest		
er	netzte		
wir	netzten		
ihr	netztet		
sie	netzten		
		Past Time	
	Perfect	*(Perf. Subj.)*	*(Pluperf. Subj.)*
ich	habe genetzt	habe genetzt	hätte genetzt
du	hast genetzt	habest genetzt	hättest genetzt
er	hat genetzt	habe genetzt	hätte genetzt
wir	haben genetzt	haben genetzt	hätten genetzt
ihr	habt genetzt	habet genetzt	hättet genetzt
sie	haben genetzt	haben genetzt	hätten genetzt
	Pluperfect		
ich	hatte genetzt		
du	hattest genetzt		
er	hatte genetzt		
wir	hatten genetzt		
ihr	hattet genetzt		
sie	hatten genetzt		
		Future Time	
	Future	*(Fut. Subj.)*	*(Pres. Conditional)*
ich	werde netzen	werde netzen	würde netzen
du	wirst netzen	werdest netzen	würdest netzen
er	wird netzen	werde netzen	würde netzen
wir	werden netzen	werden netzen	würden netzen
ihr	werdet netzen	werdet netzen	würdet netzen
sie	werden netzen	werden netzen	würden netzen
		Future Perfect Time	
	Future Perfect	*(Fut. Perf. Subj.)*	*(Past Conditional)*
ich	werde genetzt haben	werde genetzt haben	würde genetzt haben
du	wirst genetzt haben	werdest genetzt haben	würdest genetzt haben
er	wird genetzt haben	werde genetzt haben	würde genetzt haben
wir	werden genetzt haben	werden genetzt haben	würden genetzt haben
ihr	werdet genetzt haben	werdet genetzt haben	würdet genetzt haben
sie	werden genetzt haben	werden genetzt haben	würden genetzt haben

nicken

to nod, doze

PRINC. PARTS: nicken, nickte, genickt, nickt
IMPERATIVE: nicke!, nickt!, nicken Sie!

INDICATIVE		SUBJUNCTIVE	
		PRIMARY	SECONDARY
		Present Time	
	Present	(*Pres. Subj.*)	(*Imperf. Subj.*)
ich	nicke	nicke	nickte
du	nickst	nickest	nicktest
er	nickt	nicke	nickte
wir	nicken	nicken	nickten
ihr	nickt	nicket	nicktet
sie	nicken	nicken	nickten
	Imperfect		
ich	nickte		
du	nicktest		
er	nickte		
wir	nickten		
ihr	nicktet		
sie	nickten		
		Past Time	
	Perfect	(*Perf. Subj.*)	(*Pluperf. Subj.*)
ich	habe genickt	habe genickt	hätte genickt
du	hast genickt	habest genickt	hättest genickt
er	hat genickt	habe genickt	hätte genickt
wir	haben genickt	haben genickt	hätten genickt
ihr	habt genickt	habet genickt	hättet genickt
sie	haben genickt	haben genickt	hätten genickt
	Pluperfect		
ich	hatte genickt		
du	hattest genickt		
er	hatte genickt		
wir	hatten genickt		
ihr	hattet genickt		
sie	hatten genickt		
		Future Time	
	Future	(*Fut. Subj.*)	*Pres.* (*Conditional*)
ich	werde nicken	werde nicken	würde nicken
du	wirst nicken	werdest nicken	würdest nicken
er	wird nicken	werde nicken	würde nicken
wir	werden nicken	werden nicken	würden nicken
ihr	werdet nicken	werdet nicken	würdet nicken
sie	werden nicken	werden nicken	würden nicken
		Future Perfect Time	
	Future Perfect	(*Fut. Perf. Subj.*)	(*Past Conditional*)
ich	werde genickt haben	werde genickt haben	würde genickt haben
du	wirst genickt haben	werdest genickt haben	würdest genickt haben
er	wird genickt haben	werde genickt haben	würde genickt haben
wir	werden genickt haben	werden genickt haben	würden genickt haben
ihr	werdet genickt haben	werdet genickt haben	würdet genickt haben
sie	werden genickt haben	werden genickt haben	würden genickt haben

PRINC. PARTS: nützen,* nützte, genützt, nützt
IMPERATIVE: nütze!, nützt!, nützen Sie!

to use, be profitable

INDICATIVE		SUBJUNCTIVE	
		PRIMARY	SECONDARY
		Present Time	
	Present	(*Pres. Subj.*)	(*Imperf. Subj.*)
ich	nütze	nütze	nützte
du	nützt	nützest	nütztest
er	nützt	nütze	nützte
wir	nützen	nützen	nützten
ihr	nützt	nützet	nütztet
sie	nützen	nützen	nützten
	Imperfect		
ich	nützte		
du	nütztest		
er	nützte		
wir	nützten		
ihr	nütztet		
sie	nützten		
		Past Time	
	Perfect	(*Perf. Subj.*)	(*Pluperf. Subj.*)
ich	habe genützt	habe genützt	hätte genützt
du	hast genützt	habest genützt	hättest genützt
er	hat genützt	habe genützt	hätte genützt
wir	haben genützt	haben genützt	hätten genützt
ihr	habt genützt	habet genützt	hättet genützt
sie	haben genützt	haben genützt	hätten genützt
	Pluperfect		
ich	hatte genützt		
du	hattest genützt		
er	hatte genützt		
wir	hatten genützt		
ihr	hattet genützt		
sie	hatten genützt		
		Future Time	
	Future	(*Fut. Subj.*)	(*Pres. Conditional*)
ich	werde nützen	werde nützen	würde nützen
du	wirst nützen	werdest nützen	würdest nützen
er	wird nützen	werde nützen	würde nützen
wir	werden nützen	werden nützen	würden nützen
ihr	werdet nützen	werdet nützen	würdet nützen
sie	werden nützen	werden nützen	würden nützen
		Future Perfect Time	
	Future Perfect	(*Fut. Perf. Subj.*)	(*Past Conditional*)
ich	werde genützt haben	werde genützt haben	würde genützt haben
du	wirst genützt haben	werdest genützt haben	würdest genützt haben
er	wird genützt haben	werde genützt haben	würde genützt haben
wir	werden genützt haben	werden genützt haben	würden genützt haben
ihr	werdet genützt haben	werdet genützt haben	würdet genützt haben
sie	werden genützt haben	werden genützt haben	würden genützt haben

* the unumlauted forms *nutzen, nutzte, genutzt, nutzt* are also found.

öffnen

to open

PRINC. PARTS: öffnen, öffnete, geöffnet, öffnet
IMPERATIVE: öffne!, öffnet!, öffnen Sie!

	INDICATIVE	SUBJUNCTIVE PRIMARY	SUBJUNCTIVE SECONDARY
		Present Time	
	Present	*(Pres. Subj.)*	*(Imperf. Subj.)*
ich	öffne	öffne	öffnete
du	öffnest	öffnest	öffnetest
er	öffnet	öffne	öffnete
wir	öffnen	öffnen	öffneten
ihr	öffnet	öffnet	öffnetet
sie	öffnen	öffnen	öffneten
	Imperfect		
ich	öffnete		
du	öffnetest		
er	öffnete		
wir	öffneten		
ihr	öffnetet		
sie	öffneten		
		Past Time	
	Perfect	*(Perf. Subj.)*	*(Pluperf. Subj.)*
ich	habe geöffnet	habe geöffnet	hätte geöffnet
du	hast geöffnet	habest geöffnet	hättest geöffnet
er	hat geöffnet	habe geöffnet	hätte geöffnet
wir	haben geöffnet	haben geöffnet	hätten geöffnet
ihr	habt geöffnet	habet geöffnet	hättet geöffnet
sie	haben geöffnet	haben geöffnet	hätten geöffnet
	Pluperfect		
ich	hatte geöffnet		
du	hattest geöffnet		
er	hatte geöffnet		
wir	hatten geöffnet		
ihr	hattet geöffnet		
sie	hatten geöffnet		
		Future Time	
	Future	*(Fut. Subj.)*	*(Pres. Conditional)*
ich	werde öffnen	werde öffnen	würde öffnen
du	wirst öffnen	werdest öffnen	würdest öffnen
er	wird öffnen	werde öffnen	würde öffnen
wir	werden öffnen	werden öffnen	würden öffnen
ihr	werdet öffnen	werdet öffnen	würdet öffnen
sie	werden öffnen	werden öffnen	würden öffnen
		Future Perfect Time	
	Future Perfect	*(Fut. Perf. Subj.)*	*(Past Conditional)*
ich	werde geöffnet haben	werde geöffnet haben	würde geöffnet haben
du	wirst geöffnet haben	werdest geöffnet haben	würdest geöffnet haben
er	wird geöffnet haben	werde geöffnet haben	würde geöffnet haben
wir	werden geöffnet haben	werden geöffnet haben	würden geöffnet haben
ihr	werdet geöffnet haben	werdet geöffnet haben	würdet geöffnet haben
sie	werden geöffnet haben	werden geöffnet haben	würden geöffnet haben

pachten

PRINC. PARTS: pachten, pachtete, gepachtet, pachtet
IMPERATIVE: pachte!, pachtet!, pachten Sie!

to lease, rent; farm

INDICATIVE		SUBJUNCTIVE PRIMARY	SUBJUNCTIVE SECONDARY
		Present Time	
	Present	(*Pres. Subj.*)	(*Imperf. Subj.*)
ich	pachte	pachte	pachtete
du	pachtest	pachtest	pachtetest
er	pachtet	pachte	pachtete
wir	pachten	pachten	pachteten
ihr	pachtet	pachtet	pachtetet
sie	pachten	pachten	pachteten
	Imperfect		
ich	pachtete		
du	pachtetest		
er	pachtete		
wir	pachteten		
ihr	pachtetet		
sie	pachteten		
		Past Time	
	Perfect	(*Perf. Subj.*)	(*Pluperf. Subj.*)
ich	habe gepachtet	habe gepachtet	hätte gepachtet
du	hast gepachtet	habest gepachtet	hättest gepachtet
er	hat gepachtet	habe gepachtet	hätte gepachtet
wir	haben gepachtet	haben gepachtet	hätten gepachtet
ihr	habt gepachtet	habet gepachtet	hättet gepachtet
sie	haben gepachtet	haben gepachtet	hätten gepachtet
	Pluperfect		
ich	hatte gepachtet		
du	hattest gepachtet		
er	hatte gepachtet		
wir	hatten gepachtet		
ihr	hattet gepachtet		
sie	hatten gepachtet		
		Future Time	
	Future	(*Fut. Subj.*)	(*Pres. Conditional*)
ich	werde pachten	werde pachten	würde pachten
du	wirst pachten	werdest pachten	würdest pachten
er	wird pachten	werde pachten	würde pachten
wir	werden pachten	werden pachten	würden pachten
ihr	werdet pachten	werdet pachten	würdet pachten
sie	werden pachten	werden pachten	würden pachten
		Future Perfect Time	
	Future Perfect	(*Fut. Perf. Subj.*)	(*Past Conditional*)
ich	werde gepachtet haben	werde gepachtet haben	würde gepachtet haben
du	wirst gepachtet haben	werdest gepachtet haben	würdest gepachtet haben
er	wird gepachtet haben	werde gepachtet haben	würde gepachtet haben
wir	werden gepachtet haben	werden gepachtet haben	würden gepachtet haben
ihr	werdet gepachtet haben	werdet gepachtet haben	würdet gepachtet haben
sie	werden gepachtet haben	werden gepachtet haben	würden gepachtet haben

packen

to pack; seize, grab

PRINC. PARTS: packen, packte, gepackt, packt
IMPERATIVE: packe!, packt!, packen Sie!

INDICATIVE		SUBJUNCTIVE	
		PRIMARY	SECONDARY
		Present Time	
	Present	(*Pres. Subj.*)	(*Imperf. Subj.*)
ich	packe	packe	packte
du	packst	packest	packtest
er	packt	packe	packte
wir	packen	packen	packten
ihr	packt	packet	packtet
sie	packen	packen	packten
	Imperfect		
ich	packte		
du	packtest		
er	packte		
wir	packten		
ihr	packtet		
sie	packten		
		Past Time	
	Perfect	(*Perf. Subj.*)	(*Pluperf. Subj.*)
ich	habe gepackt	habe gepackt	hätte gepackt
du	hast gepackt	habest gepackt	hättest gepackt
er	hat gepackt	habe gepackt	hätte gepackt
wir	haben gepackt	haben gepackt	hätten gepackt
ihr	habt gepackt	habet gepackt	hättet gepackt
sie	haben gepackt	haben gepackt	hätten gepackt
	Pluperfect		
ich	hatte gepackt		
du	hattest gepackt		
er	hatte gepackt		
wir	hatten gepackt		
ihr	hattet gepackt		
sie	hatten gepackt		
		Future Time	
	Future	(*Fut. Subj.*)	(*Pres. Conditional*)
ich	werde packen	werde packen	würde packen
du	wirst packen	werdest packen	würdest packen
er	wird packen	werde packen	würde packen
wir	werden packen	werden packen	würden packen
ihr	werdet packen	werdet packen	würdet packen
sie	werden packen	werden packen	würden packen
		Future Perfect Time	
	Future Perfect	(*Fut. Perf. Subj.*)	(*Past Conditional*)
ich	werde gepackt haben	werde gepackt haben	würde gepackt haben
du	wirst gepackt haben	werdest gepackt haben	würdest gepackt haben
er	wird gepackt haben	werde gepackt haben	würde gepackt haben
wir	werden gepackt haben	werden gepackt haben	würden gepackt haben
ihr	werdet gepackt haben	werdet gepackt haben	würdet gepackt haben
sie	werden gepackt haben	werden gepackt haben	würden gepackt haben

PRINC. PARTS: passen, paßte, gepaßt, paßt
IMPERATIVE: passe!, paßt!, passen Sie!

to fit, be suitable

INDICATIVE		SUBJUNCTIVE	
		PRIMARY	SECONDARY
		Present Time	
	Present	(*Pres. Subj.*)	(*Imperf. Subj.*)
ich	passe	passe	paßte
du	paßt	passest	paßtest
er	paßt	passe	paßte
wir	passen	passen	paßten
ihr	paßt	passet	paßtet
sie	passen	passen	paßten
	Imperfect		
ich	paßte		
du	paßtest		
er	paßte		
wir	paßten		
ihr	paßtet		
sie	paßten		
		Past Time	
	Perfect	(*Perf. Subj.*)	(*Pluperf. Subj.*)
ich	habe gepaßt	habe gepaßt	hätte gepaßt
du	hast gepaßt	habest gepaßt	hättest gepaßt
er	hat gepaßt	habe gepaßt	hätte gepaßt
wir	haben gepaßt	haben gepaßt	hätten gepaßt
ihr	habt gepaßt	habet gepaßt	hättet gepaßt
sie	haben gepaßt	haben gepaßt	hätten gepaßt
	Pluperfect		
ich	hatte gepaßt		
du	hattest gepaßt		
er	hatte gepaßt		
wir	hatten gepaßt		
ihr	hattet gepaßt		
sie	hatten gepaßt		
		Future Time	
	Future	(*Fut. Subj.*)	(*Pres. Conditional*)
ich	werde passen	werde passen	würde passen
du	wirst passen	werdest passen	würdest passen
er	wird passen	werde passen	würde passen
wir	werden passen	werden passen	würden passen
ihr	werdet passen	werdet passen	würdet passen
sie	werden passen	werden passen	würden passen
		Future Perfect Time	
	Future Perfect	(*Fut. Perf. Subj.*)	(*Past Conditional*)
ich	werde gepaßt haben	werde gepaßt haben	würde gepaßt haben
du	wirst gepaßt haben	werdest gepaßt haben	würdest gepaßt haben
er	wird gepaßt haben	werde gepaßt haben	würde gepaßt haben
wir	werden gepaßt haben	werden gepaßt haben	würden gepaßt haben
ihr	werdet gepaßt haben	werdet gepaßt haben	würdet gepaßt haben
sie	werden gepaßt haben	werden gepaßt haben	würden gepaßt haben

passieren

to happen, take place; pass

PRINC. PARTS: passieren, passierte, ist passiert, passiert
IMPERATIVE: passiere!, passiert!, passieren Sie!

	INDICATIVE	SUBJUNCTIVE PRIMARY	SUBJUNCTIVE SECONDARY
		Present Time	
	Present	*(Pres. Subj.)*	*(Imperf. Subj.)*
ich	passiere	passiere	passierte
du	passierst	passierest	passiertest
er	passiert	passiere	passierte
wir	passieren	passieren	passierten
ihr	passiert	passieret	passiertet
sie	passieren	passieren	passierten
	Imperfect		
ich	passierte		
du	passiertest		
er	passierte		
wir	passierten		
ihr	passiertet		
sie	passierten		
		Past Time	
	Perfect	*(Perf. Subj.)*	*(Pluperf. Subj.)*
ich	bin passiert	sei passiert	wäre passiert
du	bist passiert	seiest passiert	wärest passiert
er	ist passiert	sei passiert	wäre passiert
wir	sind passiert	seien passiert	wären passiert
ihr	seid passiert	seiet passiert	wäret passiert
sie	sind passiert	seien passiert	wären passiert
	Pluperfect		
ich	war passiert		
du	warst passiert		
er	war passiert		
wir	waren passiert		
ihr	wart passiert		
sie	waren passiert		
		Future Time	
	Future	*(Fut. Subj.)*	*(Pres. Conditional)*
ich	werde passieren	werde passieren	würde passieren
du	wirst passieren	werdest passieren	würdest passieren
er	wird passieren	werde passieren	würde passieren
wir	werden passieren	werden passieren	würden passieren
ihr	werdet passieren	werdet passieren	würdet passieren
sie	werden passieren	werden passieren	würden passieren
		Future Perfect Time	
	Future Perfect	*(Fut. Perf. Subj.)*	*(Past Conditional)*
ich	werde passiert sein	werde passiert sein	würde passiert sein
du	wirst passiert sein	werdest passiert sein	würdest passiert sein
er	wird passiert sein	werde passiert sein	würde passiert sein
wir	werden passiert sein	werden passiert sein	würden passiert sein
ihr	werdet passiert sein	werdet passiert sein	würdet passiert sein
sie	werden passiert sein	werden passiert sein	würden passiert sein

PRINC. PARTS: pfeifen, pfiff, gepfiffen, pfeift
IMPERATIVE: pfeife!, pfeift!, pfeifen Sie!

INDICATIVE		SUBJUNCTIVE	
		PRIMARY	SECONDARY
		Present Time	
	Present	(*Pres. Subj.*)	(*Imperf. Subj.*)
ich	pfeife	pfeife	pfiffe
du	pfeifst	pfeifest	pfiffest
er	pfeift	pfeife	pfiffe
wir	pfeifen	pfeifen	pfiffen
ihr	pfeift	pfeifet	pfiffet
sie	pfeifen	pfeifen	pfiffen
	Imperfect		
ich	pfiff		
du	pfiffst		
er	pfiff		
wir	pfiffen		
ihr	pfifft		
sie	pfiffen		
		Past Time	
	Perfect	(*Perf. Subj.*)	(*Pluperf. Subj.*)
ich	habe gepfiffen	habe gepfiffen	hätte gepfiffen
du	hast gepfiffen	habest gepfiffen	hättest gepfiffen
er	hat gepfiffen	habe gepfiffen	hätte gepfiffen
wir	haben gepfiffen	haben gepfiffen	hätten gepfiffen
ihr	habt gepfiffen	habet gepfiffen	hättet gepfiffen
sie	haben gepfiffen	haben gepfiffen	hätten gepfiffen
	Pluperfect		
ich	hatte gepfiffen		
du	hattest gepfiffen		
er	hatte gepfiffen		
wir	hatten gepfiffen		
ihr	hattet gepfiffen		
sie	hatten gepfiffen		
		Future Time	
	Future	(*Fut. Subj.*)	(*Pres. Conditional*)
ich	werde pfeifen	werde pfeifen	würde pfeifen
du	wirst pfeifen	werdest pfeifen	würdest pfeifen
er	wird pfeifen	werde pfeifen	würde pfeifen
wir	werden pfeifen	werden pfeifen	würden pfeifen
ihr	werdet pfeifen	werdet pfeifen	würdet pfeifen
sie	werden pfeifen	werden pfeifen	würden pfeifen
		Future Perfect Time	
	Future Perfect	(*Fut. Perf. Subj.*)	(*Past Conditional*)
ich	werde gepfiffen haben	werde gepfiffen haben	würde gepfiffen haben
du	wirst gepfiffen haben	werdest gepfiffen haben	würdest gepfiffen haben
er	wird gepfiffen haben	werde gepfiffen haben	würde gepfiffen haben
wir	werden gepfiffen haben	werden gepfiffen haben	würden gepfiffen haben
ihr	werdet gepfiffen haben	werdet gepfiffen haben	würdet gepfiffen haben
sie	werden gepfiffen haben	werden gepfiffen haben	würden gepfiffen haben

pflanzen

to plant

PRINC. PARTS: pflanzen, pflanzte, gepflanzt, pflanzt
IMPERATIVE: pflanze!, pflanzt!, pflanzen Sie!

	INDICATIVE	SUBJUNCTIVE PRIMARY	SUBJUNCTIVE SECONDARY
		Present Time	
	Present	(*Pres. Subj.*)	(*Imperf. Subj.*)
ich	pflanze	pflanze	pflanzte
du	pflanzt	pflanzest	pflanztest
er	pflanzt	pflanze	pflanzte
wir	pflanzen	pflanzen	pflanzten
ihr	pflanzt	pflanzet	pflanztet
sie	pflanzen	pflanzen	pflanzten
	Imperfect		
ich	pflanzte		
du	pflanztest		
er	pflanzte		
wir	pflanzten		
ihr	pflanztet		
sie	pflanzten		
		Past Time	
	Perfect	(*Perf. Subj.*)	(*Pluperf. Subj.*)
ich	habe gepflanzt	habe gepflanzt	hätte gepflanzt
du	hast gepflanzt	habest gepflanzt	hättest gepflanzt
er	hat gepflanzt	habe gepflanzt	hätte gepflanzt
wir	haben gepflanzt	haben gepflanzt	hätten gepflanzt
ihr	habt gepflanzt	habet gepflanzt	hättet gepflanzt
sie	haben gepflanzt	haben gepflanzt	hätten gepflanzt
	Pluperfect		
ich	hatte gepflanzt		
du	hattest gepflanzt		
er	hatte gepflanzt		
wir	hatten gepflanzt		
ihr	hattet gepflanzt		
sie	hatten gepflanzt		
		Future Time	
	Future	(*Fut. Subj.*)	(*Pres. Conditional*)
ich	werde pflanzen	werde pflanzen	würde pflanzen
du	wirst pflanzen	werdest pflanzen	würdest pflanzen
er	wird pflanzen	werde pflanzen	würde pflanzen
wir	werden pflanzen	werden pflanzen	würden pflanzen
ihr	werdet pflanzen	werdet pflanzen	würdet pflanzen
sie	werden pflanzen	werden pflanzen	würden pflanzen
		Future Perfect Time	
	Future Perfect	(*Fut. Perf. Subj.*)	(*Past Conditional*)
ich	werde gepflanzt haben	werde gepflanzt haben	würde gepflanzt haben
du	wirst gepflanzt haben	werdest gepflanzt haben	würdest gepflanzt haben
er	wird gepflanzt haben	werde gepflanzt haben	würde gepflanzt haben
wir	werden gepflanzt haben	werden gepflanzt haben	würden gepflanzt haben
ihr	werdet gepflanzt haben	werdet gepflanzt haben	würdet gepflanzt haben
sie	werden gepflanzt haben	werden gepflanzt haben	würden gepflanzt haben

plagen

PRINC. PARTS: plagen, plagte, geplagt, plagt
IMPERATIVE: plage!, plagt!, plagen Sie!

to plague, annoy

INDICATIVE		SUBJUNCTIVE	
		PRIMARY	SECONDARY
		Present Time	
	Present	(*Pres. Subj.*)	(*Imperf. Subj.*)
ich	plage	plage	plagte
du	plagst	plagest	plagtest
er	plagt	plage	plagte
wir	plagen	plagen	plagten
ihr	plagt	plaget	plagtet
sie	plagen	plagen	plagten
	Imperfect		
ich	plagte		
du	plagtest		
er	plagte		
wir	plagten		
ihr	plagtet		
sie	plagten		
		Past Time	
	Perfect	(*Perf. Subj.*)	(*Pluperf. Subj.*)
ich	habe geplagt	habe geplagt	hätte geplagt
du	hast geplagt	habest geplagt	hättest geplagt
er	hat geplagt	habe geplagt	hätte geplagt
wir	haben geplagt	haben geplagt	hätten geplagt
ihr	habt geplagt	habet geplagt	hättet geplagt
sie	haben geplagt	haben geplagt	hätten geplagt
	Pluperfect		
ich	hatte geplagt		
du	hattest geplagt		
er	hatte geplagt		
wir	hatten geplagt		
ihr	hattet geplagt		
sie	hatten geplagt		
		Future Time	
	Future	(*Fut. Subj.*)	(*Pres. Conditional*)
ich	werde plagen	werde plagen	würde plagen
du	wirst plagen	werdest plagen	würdest plagen
er	wird plagen	werde plagen	würde plagen
wir	werden plagen	werden plagen	würden plagen
ihr	werdet plagen	werdet plagen	würdet plagen
sie	werden plagen	werden plagen	würden plagen
		Future Perfect Time	
	Future Perfect	(*Fut. Perf. Subj.*)	(*Past Conditional*)
ich	werde geplagt haben	werde geplagt haben	würde geplagt haben
du	wirst geplagt haben	werdest geplagt haben	würdest geplagt haben
er	wird geplagt haben	werde geplagt haben	würde geplagt haben
wir	werden geplagt haben	werden geplagt haben	würden geplagt haben
ihr	werdet geplagt haben	werdet geplagt haben	würdet geplagt haben
sie	werden geplagt haben	werden geplagt haben	würden geplagt haben

preisen

to praise, commend

PRINC. PARTS: preisen, pries, gepriesen, preist
IMPERATIVE: preise!, preist!, preisen Sie!

	INDICATIVE	SUBJUNCTIVE PRIMARY	SUBJUNCTIVE SECONDARY
		Present Time	
	Present	(*Pres. Subj.*)	(*Imperf. Subj.*)
ich	preise	preise	priese
du	preist	preisest	priesest
er	preist	preise	priese
wir	preisen	preisen	priesen
ihr	preist	preiset	prieset
sie	preisen	preisen	priesen
	Imperfect		
ich	pries		
du	priesest		
er	pries		
wir	priesen		
ihr	priest		
sie	priesen		
		Past Time	
	Perfect	(*Perf. Subj.*)	(*Pluperf. Subj.*)
ich	habe gepriesen	habe gepriesen	hätte gepriesen
du	hast gepriesen	habest gepriesen	hättest gepriesen
er	hat gepriesen	habe gepriesen	hätte gepriesen
wir	haben gepriesen	haben gepriesen	hätten gepriesen
ihr	habt gepriesen	habet gepriesen	hättet gepriesen
sie	haben gepriesen	haben gepriesen	hätten gepriesen
	Pluperfect		
ich	hatte gepriesen		
du	hattest gepriesen		
er	hatte gepriesen		
wir	hatten gepriesen		
ihr	hattet gepriesen		
sie	hatten gepriesen		
		Future Time	
	Future	(*Fut. Subj.*)	(*Pres. Conditional*)
ich	werde preisen	werde preisen	würde preisen
du	wirst preisen	werdest preisen	würdest preisen
er	wird preisen	werde preisen	würde preisen
wir	werden preisen	werden preisen	würden preisen
ihr	werdet preisen	werdet preisen	würdet preisen
sie	werden preisen	werden preisen	würden preisen
		Future Perfect Time	
	Future Perfect	(*Fut. Perf. Subj.*)	(*Past Conditional*)
ich	werde gepriesen haben	werde gepriesen haben	würde gepriesen haben
du	wirst gepriesen haben	werdest gepriesen haben	würdest gepriesen haben
er	wird gepriesen haben	werde gepriesen haben	würde gepriesen haben
wir	werden gepriesen haben	werden gepriesen haben	würden gepriesen haben
ihr	werdet gepriesen haben	werdet gepriesen haben	würdet gepriesen haben
sie	werden gepriesen haben	werden gepriesen haben	würden gepriesen haben

PRINC. PARTS: putzen, putzte, geputzt, putzt
IMPERATIVE: putze!, putzt!, putzen Sie!

to clean, groom

	INDICATIVE	SUBJUNCTIVE PRIMARY	SUBJUNCTIVE SECONDARY
		Present Time	
	Present	(*Pres. Subj.*)	(*Imperf. Subj.*)
ich	putze	putze	putzte
du	putzt	putzest	putztest
er	putzt	putze	putzte
wir	putzen	putzen	putzten
ihr	putzt	putzet	putztet
sie	putzen	putzen	putzten
	Imperfect		
ich	putzte		
du	putztest		
er	putzte		
wir	putzten		
ihr	putztet		
sie	putzten		
		Past Time	
	Perfect	(*Perf. Subj.*)	(*Pluperf. Subj.*)
ich	habe geputzt	habe geputzt	hätte geputzt
du	hast geputzt	habest geputzt	hättest geputzt
er	hat geputzt	habe geputzt	hätte geputzt
wir	haben geputzt	haben geputzt	hätten geputzt
ihr	habt geputzt	habet geputzt	hättet geputzt
sie	haben geputzt	haben geputzt	hätten geputzt
	Pluperfect		
ich	hatte geputzt		
du	hattest geputzt		
er	hatte geputzt		
wir	hatten geputzt		
ihr	hattet geputzt		
sie	hatten geputzt		
		Future Time	
	Future	(*Fut. Subj.*)	(*Pres. Conditional*)
ich	werde putzen	werde putzen	würde putzen
du	wirst putzen	werdest putzen	würdest putzen
er	wird putzen	werde putzen	würde putzen
wir	werden putzen	werden putzen	würden putzen
ihr	werdet putzen	werdet putzen	würdet putzen
sie	werden putzen	werden putzen	würden putzen
		Future Perfect Time	
	Future Perfect	(*Fut. Perf. Subj.*)	(*Past Conditional*)
ich	werde geputzt haben	werde geputzt haben	würde geputzt haben
du	wirst geputzt haben	werdest geputzt haben	würdest geputzt haben
er	wird geputzt haben	werde geputzt haben	würde geputzt haben
wir	werden geputzt haben	werden geputzt haben	würden geputzt haben
ihr	werdet geputzt haben	werdet geputzt haben	würdet geputzt haben
sie	werden geputzt haben	werden geputzt haben	würden geputzt haben

quälen

to torture, torment

PRINC. PARTS: quälen, quälte, gequält, quält
IMPERATIVE: quäle!, quält!, quälen Sie!

	INDICATIVE	SUBJUNCTIVE PRIMARY	SUBJUNCTIVE SECONDARY
		Present Time	
	Present	(*Pres. Subj.*)	(*Imperf. Subj.*)
ich	quäle	quäle	quälte
du	quälst	quälest	quältest
er	quält	quäle	quälte
wir	quälen	quälen	quälten
ihr	quält	quälet	quältet
sie	quälen	quälen	quälten
	Imperfect		
ich	quälte		
du	quältest		
er	quälte		
wir	quälten		
ihr	quältet		
sie	quälten		
		Past Time	
	Perfect	(*Perf. Subj.*)	(*Pluperf. Subj.*)
ich	habe gequält	habe gequält	hätte gequält
du	hast gequält	habest gequält	hättest gequält
er	hat gequält	habe gequält	hätte gequält
wir	haben gequält	haben gequält	hätten gequält
ihr	habt gequält	habet gequält	hättet gequält
sie	haben gequält	haben gequält	hätten gequält
	Pluperfect		
ich	hatte gequält		
du	hattest gequält		
er	hatte gequält		
wir	hatten gequält		
ihr	hattet gequält		
sie	hatten gequält		
		Future Time	
	Future	(*Fut. Subj.*)	(*Pres. Conditional*)
ich	werde quälen	werde quälen	würde quälen
du	wirst quälen	werdest quälen	würdest quälen
er	wird quälen	werde quälen	würde quälen
wir	werden quälen	werden quälen	würden quälen
ihr	werdet quälen	werdet quälen	würdet quälen
sie	werden quälen	werden quälen	würden quälen
		Future Perfect Time	
	Future Perfect	(*Fut. Perf. Subj.*)	(*Past Conditional*)
ich	werde gequält haben	werde gequält haben	würde gequält haben
du	wirst gequält haben	werdest gequält haben	würdest gequält haben
er	wird gequält haben	werde gequält haben	würde gequält haben
wir	werden gequält haben	werden gequält haben	würden gequält haben
ihr	werdet gequält haben	werdet gequält haben	würdet gequält haben
sie	werden gequält haben	werden gequält haben	würden gequält haben

PRINC. PARTS: quellen,* quoll, ist gequollen, quillt
IMPERATIVE: quill!, quellt!, quellen Sie!**

quellen

to gush, spring from

INDICATIVE		SUBJUNCTIVE	
		PRIMARY	SECONDARY
		Present Time	
	Present	*(Pres. Subj.)*	*(Imperf. Subj.)*
ich	quelle	quelle	quölle
du	quillst	quellest	quöllest
er	quillt	quelle	quölle
wir	quellen	quellen	quöllen
ihr	quellt	quellet	quöllet
sie	quellen	quellen	quöllen
	Imperfect		
ich	quoll		
du	quollst		
er	quoll		
wir	quollen		
ihr	quollt		
sie	quollen		
		Past Time	
	Perfect	*(Perf. Subj.)*	*(Pluperf. Subj.)*
ich	bin gequollen	sei gequollen	wäre gequollen
du	bist gequollen	seiest gequollen	wärest gequollen
er	ist gequollen	sei gequollen	wäre gequollen
wir	sind gequollen	seien gequollen	wären gequollen
ihr	seid gequollen	seiet gequollen	wäret gequollen
sie	sind gequollen	seien gequollen	wären gequollen
	Pluperfect		
ich	war gequollen		
du	warst gequollen		
er	war gequollen		
wir	waren gequollen		
ihr	wart gequollen		
sie	waren gequollen		
		Future Time	
	Future	*(Fut. Subj.)*	*(Pres. Conditional)*
ich	werde quellen	werde quellen	würde quellen
du	wirst quellen	werdest quellen	würdest quellen
er	wird quellen	werde quellen	würde quellen
wir	werden quellen	werden quellen	würden quellen
ihr	werdet quellen	werdet quellen	würdet quellen
sie	werden quellen	werden quellen	würden quellen
		Future Perfect Time	
	Future Perfect	*(Fut. Perf. Subj.)*	*(Past Conditional)*
ich	werde gequollen sein	werde gequollen sein	würde gequollen sein
du	wirst gequollen sein	werdest gequollen sein	würdest gequollen sein
er	wird gequollen sein	werde gequollen sein	würde gequollen sein
wir	werden gequollen sein	werden gequollen sein	würden gequollen sein
ihr	werdet gequollen sein	werdet gequollen sein	würdet gequollen sein
sie	werden gequollen sein	werden gequollen sein	würden gequollen sein

* Forms other than the third person are infrequently found.
** The imperative is unusual.

rächen

to avenge

PRINC. PARTS: rächen, rächte, gerächt, rächt
IMPERATIVE: räche!, rächt!, rächen Sie!

INDICATIVE		SUBJUNCTIVE	
		PRIMARY	SECONDARY
		Present Time	
	Present	(*Pres. Subj.*)	(*Imperf. Subj.*)
ich	räche	räche	rächte
du	rächst	rächest	rächtest
er	rächt	räche	rächte
wir	rächen	rächen	rächten
ihr	rächt	rächet	rächtet
sie	rächen	rächen	rächten
	Imperfect		
ich	rächte		
du	rächtest		
er	rächte		
wir	rächten		
ihr	rächtet		
sie	rächten		
		Past Time	
	Perfect	(*Perf. Subj.*)	(*Pluperf. Subj.*)
ich	habe gerächt	habe gerächt	hätte gerächt
du	hast gerächt	habest gerächt	hättest gerächt
er	hat gerächt	habe gerächt	hätte gerächt
wir	haben gerächt	haben gerächt	hätten gerächt
ihr	habt gerächt	habet gerächt	hättet gerächt
sie	haben gerächt	haben gerächt	hätten gerächt
	Pluperfect		
ich	hatte gerächt		
du	hattest gerächt		
er	hatte gerächt		
wir	hatten gerächt		
ihr	hattet gerächt		
sie	hatten gerächt		
		Future Time	
	Future	(*Fut. Subj.*)	(*Pres. Conditional*)
ich	werde rächen	werde rächen	würde rächen
du	wirst rächen	werdest rächen	würdest rächen
er	wird rächen	werde rächen	würde rächen
wir	werden rächen	werden rächen	würden rächen
ihr	werdet rächen	werdet rächen	würdet rächen
sie	werden rächen	werden rächen	würden rächen
		Future Perfect Time	
	Future Perfect	(*Fut. Perf. Subj.*)	(*Past Conditional*)
ich	werde gerächt haben	werde gerächt haben	würde gerächt haben
du	wirst gerächt haben	werdest gerächt haben	würdest gerächt haben
er	wird gerächt haben	werde gerächt haben	würde gerächt haben
wir	werden gerächt haben	werden gerächt haben	würden gerächt haben
ihr	werdet gerächt haben	werdet gerächt haben	würdet gerächt haben
sie	werden gerächt haben	werden gerächt haben	würden gerächt haben

PRINC. PARTS: raten, riet, geraten, rät
IMPERATIVE: rate!, ratet!, raten Sie!

to advise, guess

INDICATIVE		SUBJUNCTIVE	
		PRIMARY	SECONDARY
		Present Time	
	Present	(*Pres. Subj.*)	(*Imperf. Subj.*)
ich	rate	rate	riete
du	rätst	ratest	rietest
er	rät	rate	riete
wir	raten	raten	rieten
ihr	ratet	ratet	rietet
sie	raten	raten	rieten
	Imperfect		
ich	riet		
du	rietest		
er	riet		
wir	rieten		
ihr	rietet		
sie	rieten		
		Past Time	
	Perfect	(*Perf. Subj.*)	(*Pluperf. Subj.*)
ich	habe geraten	habe geraten	hätte geraten
du	hast geraten	habest geraten	hättest geraten
er	hat geraten	habe geraten	hätte geraten
wir	haben geraten	haben geraten	hätten geraten
ihr	habt geraten	habet geraten	hättet geraten
sie	haben geraten	haben geraten	hätten geraten
	Pluperfect		
ich	hatte geraten		
du	hattest geraten		
er	hatte geraten		
wir	hatten geraten		
ihr	hattet geraten		
sie	hatten geraten		
		Future Time	
	Future	(*Fut. Subj.*)	(*Pres. Conditional*)
ich	werde raten	werde raten	würde raten
du	wirst raten	werdest raten	würdest raten
er	wird raten	werde raten	würde raten
wir	werden raten	werden raten	würden raten
ihr	werdet raten	werdet raten	würdet raten
sie	werden raten	werden raten	würden raten
		Future Perfect Time	
	Future Perfect	(*Fut. Perf. Subj.*)	(*Past Conditional*)
ich	werde geraten haben	werde geraten haben	würde geraten haben
du	wirst geraten haben	werdest geraten haben	würdest geraten haben
er	wird geraten haben	werde geraten haben	würde geraten haben
wir	werden geraten haben	werden geraten haben	würden geraten haben
ihr	werdet geraten haben	werdet geraten haben	würdet geraten haben
sie	werden geraten haben	werden geraten haben	würden geraten haben

rauchen

to smoke

PRINC. PARTS: rauchen, rauchte, geraucht, raucht
IMPERATIVE: rauche!, raucht!, rauchen Sie!

INDICATIVE		SUBJUNCTIVE	
		PRIMARY	SECONDARY
		Present Time	
	Present	(*Pres. Subj.*)	(*Imperf. Subj.*)
ich	rauche	rauche	rauchte
du	rauchst	rauchest	rauchtest
er	raucht	rauche	rauchte
wir	rauchen	rauchen	rauchten
ihr	raucht	rauchet	rauchtet
sie	rauchen	rauchen	rauchten
	Imperfect		
ich	rauchte		
du	rauchtest		
er	rauchte		
wir	rauchten		
ihr	rauchtet		
sie	rauchten		
		Past Time	
	Perfect	(*Perf. Subj.*)	(*Pluperf. Subj.*)
ich	habe geraucht	habe geraucht	hätte geraucht
du	hast geraucht	habest geraucht	hättest geraucht
er	hat geraucht	habe geraucht	hätte geraucht
wir	haben geraucht	haben geraucht	hätten geraucht
ihr	habt geraucht	habet geraucht	hättet geraucht
sie	haben geraucht	haben geraucht	hätten geraucht
	Pluperfect		
ich	hatte geraucht		
du	hattest geraucht		
er	hatte geraucht		
wir	hatten geraucht		
ihr	hattet geraucht		
sie	hatten geraucht		
		Future Time	
	Future	(*Fut. Subj.*)	(*Pres. Conditional*)
ich	werde rauchen	werde rauchen	würde rauchen
du	wirst rauchen	werdest rauchen	würdest rauchen
er	wird rauchen	werde rauchen	würde rauchen
wir	werden rauchen	werden rauchen	würden rauchen
ihr	werdet rauchen	werdet rauchen	würdet rauchen
sie	werden rauchen	werden rauchen	würden rauchen
		Future Perfect Time	
	Future Perfect	(*Fut. Perf. Subj.*)	(*Past Conditional*)
ich	werde geraucht haben	werde geraucht haben	würde geraucht haben
du	wirst geraucht haben	werdest geraucht haben	würdest geraucht haben
er	wird geraucht haben	werde geraucht haben	würde geraucht haben
wir	werden geraucht haben	werden geraucht haben	würden geraucht haben
ihr	werdet geraucht haben	werdet geraucht haben	würdet geraucht haben
sie	werden geraucht haben	werden geraucht haben	würden geraucht haben

räumen

PRINC. PARTS: räumen, räumte, geräumt, räumt
IMPERATIVE: räume!, räumt!, räumen Sie!

to clear away, clean; evacuate

INDICATIVE		SUBJUNCTIVE PRIMARY	SUBJUNCTIVE SECONDARY
		Present Time	
	Present	*(Pres. Subj.)*	*(Imperf. Subj.)*
ich	räume	räume	räumte
du	räumst	räumest	räumtest
er	räumt	räume	räumte
wir	räumen	räumen	räumten
ihr	räumt	räumet	räumtet
sie	räumen	räumen	räumten
	Imperfect		
ich	räumte		
du	räumtest		
er	räumte		
wir	räumten		
ihr	räumtet		
sie	räumten		
		Past Time	
	Perfect	*(Perf. Subj.)*	*(Pluperf. Subj.)*
ich	habe geräumt	habe geräumt	hätte geräumt
du	hast geräumt	habest geräumt	hättest geräumt
er	hat geräumt	habe geräumt	hätte geräumt
wir	haben geräumt	haben geräumt	hätten geräumt
ihr	habt geräumt	habet geräumt	hättet geräumt
sie	haben geräumt	haben geräumt	hätten geräumt
	Pluperfect		
ich	hatte geräumt		
du	hattest geräumt		
er	hatte geräumt		
wir	hatten geräumt		
ihr	hattet geräumt		
sie	hatten geräumt		
		Future Time	
	Future	*(Fut. Subj.)*	*(Pres. Conditional)*
ich	werde räumen	werde räumen	würde räumen
du	wirst räumen	werdest räumen	würdest räumen
er	wird räumen	werde räumen	würde räumen
wir	werden räumen	werden räumen	würden räumen
ihr	werdet räumen	werdet räumen	würdet räumen
sie	werden räumen	werden räumen	würden räumen
		Future Perfect Time	
	Future Perfect	*(Fut. Perf. Subj.)*	*(Past Conditional)*
ich	werde geräumt haben	werde geräumt haben	würde geräumt haben
du	wirst geräumt haben	werdest geräumt haben	würdest geräumt haben
er	wird geräumt haben	werde geräumt haben	würde geräumt haben
wir	werden geräumt haben	werden geräumt haben	würden geräumt haben
ihr	werdet geräumt haben	werdet geräumt haben	würdet geräumt haben
sie	werden geräumt haben	werden geräumt haben	würden geräumt haben

raunen

to whisper

PRINC. PARTS: raunen, raunte, geraunt, raunt
IMPERATIVE: raune!, raunt!, raunen Sie!

INDICATIVE		SUBJUNCTIVE	
		PRIMARY	SECONDARY
		Present Time	
	Present	(*Pres. Subj.*)	(*Imperf. Subj.*)
ich	raune	raune	raunte
du	raunst	raunest	rauntest
er	raunt	raune	raunte
wir	raunen	raunen	raunten
ihr	raunt	raunet	rauntet
sie	raunen	raunen	raunten
	Imperfect		
ich	raunte		
du	rauntest		
er	raunte		
wir	raunten		
ihr	rauntet		
sie	raunten		
		Past Time	
	Perfect	(*Perf. Subj.*)	(*Pluperf. Subj.*)
ich	habe geraunt	habe geraunt	hätte geraunt
du	hast geraunt	habest geraunt	hättest geraunt
er	hat geraunt	habe geraunt	hätte geraunt
wir	haben geraunt	haben geraunt	hätten geraunt
ihr	habt geraunt	habet geraunt	hättet geraunt
sie	haben geraunt	haben geraunt	hätten geraunt
	Pluperfect		
ich	hatte geraunt		
du	hattest geraunt		
er	hatte geraunt		
wir	hatten geraunt		
ihr	hattet geraunt		
sie	hatten geraunt		
		Future Time	
	Future	(*Fut. Subj.*)	(*Pres. Conditional*)
ich	werde raunen	werde raunen	würde raunen
du	wirst raunen	werdest raunen	würdest raunen
er	wird raunen	werde raunen	würde raunen
wir	werden raunen	werden raunen	würden raunen
ihr	werdet raunen	werdet raunen	würdet raunen
sie	werden raunen	werden raunen	würden raunen
		Future Perfect Time	
	Future Perfect	(*Fut. Perf. Subj.*)	(*Past Conditional*)
ich	werde geraunt haben	werde geraunt haben	würde geraunt haben
du	wirst geraunt haben	werdest geraunt haben	würdest geraunt haben
er	wird geraunt haben	werde geraunt haben	würde geraunt haben
wir	werden geraunt haben	werden geraunt haben	würden geraunt haben
ihr	werdet geraunt haben	werdet geraunt haben	würdet geraunt haben
sie	werden geraunt haben	werden geraunt haben	würden geraunt haben

PRINC. PARTS: rauschen, rauschte, gerauscht, rauscht
IMPERATIVE: rausche!, rauscht!, rauschen Sie! *to rustle, murmur*

INDICATIVE		SUBJUNCTIVE	
		PRIMARY	SECONDARY
		Present Time	
	Present	(*Pres. Subj.*)	(*Imperf. Subj.*)
ich	rausche	rausche	rauschte
du	rauschst	rauschest	rauschtest
er	rauscht	rausche	rauschte
wir	rauschen	rauschen	rauschten
ihr	rauscht	rauschet	rauschtet
sie	rauschen	rauschen	rauschten
	Imperfect		
ich	rauschte		
du	rauschtest		
er	rauschte		
wir	rauschten		
ihr	rauschtet		
sie	rauschten		
		Past Time	
	Perfect	(*Perf. Subj.*)	(*Pluperf. Subj.*)
ich	habe gerauscht	habe gerauscht	hätte gerauscht
du	hast gerauscht	habest gerauscht	hättest gerauscht
er	hat gerauscht	habe gerauscht	hätte gerauscht
wir	haben gerauscht	haben gerauscht	hätten gerauscht
ihr	habt gerauscht	habet gerauscht	hättet gerauscht
sie	haben gerauscht	haben gerauscht	hätten gerauscht
	Pluperfect		
ich	hatte gerauscht		
du	hattest gerauscht		
er	hatte gerauscht		
wir	hatten gerauscht		
ihr	hattet gerauscht		
sie	hatten gerauscht		
		Future Time	
	Future	(*Fut. Subj.*)	(*Pres. Conditional*)
ich	werde rauschen	werde rauschen	würde rauschen
du	wirst rauschen	werdest rauschen	würdest rauschen
er	wird rauschen	werde rauschen	würde rauschen
wir	werden rauschen	werden rauschen	würden rauschen
ihr	werdet rauschen	werdet rauschen	würdet rauschen
sie	werden rauschen	werden rauschen	würden rauschen
		Future Perfect Time	
	Future Perfect	(*Fut. Perf. Subj.*)	(*Past Conditional*)
ich	werde gerauscht haben	werde gerauscht haben	würde gerauscht haben
du	wirst gerauscht haben	werdest gerauscht haben	würdest gerauscht haben
er	wird gerauscht haben	werde gerauscht haben	würde gerauscht haben
wir	werden gerauscht haben	werden gerauscht haben	würden gerauscht haben
ihr	werdet gerauscht haben	werdet gerauscht haben	würdet gerauscht haben
sie	werden gerauscht haben	werden gerauscht haben	würden gerauscht haben

rechnen

to count, calculate, reckon

PRINC. PARTS: rechnen, rechnete, gerechnet, rechnet
IMPERATIVE: rechne!, rechnet!, rechnen Sie!

	INDICATIVE	SUBJUNCTIVE PRIMARY	SUBJUNCTIVE SECONDARY
		Present Time	
	Present	*(Pres. Subj.)*	*(Imperf. Subj.)*
ich	rechne	rechne	rechnete
du	rechnest	rechnest	rechnetest
er	rechnet	rechne	rechnete
wir	rechnen	rechnen	rechneten
ihr	rechnet	rechnet	rechnetet
sie	rechnen	rechnen	rechneten
	Imperfect		
ich	rechnete		
du	rechnetest		
er	rechnete		
wir	rechneten		
ihr	rechnetet		
sie	rechneten	*Past Time*	
	Perfect	*(Perf. Subj.)*	*(Pluperf. Subj.)*
ich	habe gerechnet	habe gerechnet	hätte gerechnet
du	hast gerechnet	habest gerechnet	hättest gerechnet
er	hat gerechnet	habe gerechnet	hätte gerechnet
wir	haben gerechnet	haben gerechnet	hätten gerechnet
ihr	habt gerechnet	habet gerechnet	hättet gerechnet
sie	haben gerechnet	haben gerechnet	hätten gerechnet
	Pluperfect		
ich	hatte gerechnet		
du	hattest gerechnet		
er	hatte gerechnet		
wir	hatten gerechnet		
ihr	hattet gerechnet		
sie	hatten gerechnet	*Future Time*	
	Future	*(Fut. Subj.)*	*(Pres. Conditional)*
ich	werde rechnen	werde rechnen	würde rechnen
du	wirst rechnen	werdest rechnen	würdest rechnen
er	wird rechnen	werde rechnen	würde rechnen
wir	werden rechnen	werden rechnen	würden rechnen
ihr	werdet rechnen	werdet rechnen	würdet rechnen
sie	werden rechnen	werden rechnen	würden rechnen
		Future Perfect Time	
	Future Perfect	*(Fut. Perf. Subj.)*	*(Past Conditional)*
ich	werde gerechnet haben	werde gerechnet haben	würde gerechnet haben
du	wirst gerechnet haben	werdest gerechnet haben	würdest gerechnet haben
er	wird gerechnet haben	werde gerechnet haben	würde gerechnet haben
wir	werden gerechnet haben	werden gerechnet haben	würden gerechnet haben
ihr	werdet gerechnet haben	werdet gerechnet haben	würdet gerechnet haben
sie	werden gerechnet haben	werden gerechnet haben	würden gerechnet haben

rechten

PRINC. PARTS: rechten, rechtete, gerechtet, rechtet
IMPERATIVE: rechte!, rechtet!, rechten Sie!

to dispute, litigate

INDICATIVE		SUBJUNCTIVE	
		PRIMARY	SECONDARY
		Present Time	
	Present	(*Pres. Subj.*)	(*Imperf. Subj.*)
ich	rechte	rechte	rechtete
du	rechtest	rechtest	rechtetest
er	rechtet	rechte	rechtete
wir	rechten	rechten	rechteten
ihr	rechtet	rechtet	rechtetet
sie	rechten	rechten	rechteten
	Imperfect		
ich	rechtete		
du	rechtetest		
er	rechtete		
wir	rechteten		
ihr	rechtetet		
sie	rechteten		
		Past Time	
	Perfect	(*Perf. Subj.*)	(*Pluperf. Subj.*)
ich	habe gerechtet	habe gerechtet	hätte gerechtet
du	hast gerechtet	habest gerechtet	hättest gerechtet
er	hat gerechtet	habe gerechtet	hätte gerechtet
wir	haben gerechtet	haben gerechtet	hätten gerechtet
ihr	habt gerechtet	habet gerechtet	hättet gerechtet
sie	haben gerechtet	haben gerechtet	hätten gerechtet
	Pluperfect		
ich	hatte gerechtet		
du	hattest gerechtet		
er	hatte gerechtet		
wir	hatten gerechtet		
ihr	hattet gerechtet		
sie	hatten gerechtet		
		Future Time	
	Future	(*Fut. Subj.*)	(*Pres. Conditional*)
ich	werde rechten	werde rechten	würde rechten
du	wirst rechten	werdest rechten	würdest rechten
er	wird rechten	werde rechten	würde rechten
wir	werden rechten	werden rechten	würden rechten
ihr	werdet rechten	werdet rechten	würdet rechten
sie	werden rechten	werden rechten	würden rechten
		Future Perfect Time	
	Future Perfect	(*Fut. Perf. Subj.*)	(*Past Conditional*)
ich	werde gerechtet haben	werde gerechtet haben	würde gerechtet haben
du	wirst gerechtet haben	werdest gerechtet haben	würdest gerechtet haben
er	wird gerechtet haben	werde gerechtet haben	würde gerechtet haben
wir	werden gerechtet haben	werden gerechtet haben	würden gerechtet haben
ihr	werdet gerechtet haben	werdet gerechtet haben	würdet gerechtet haben
sie	werden gerechtet haben	werden gerechtet haben	würden gerechtet haben

regnen

to rain

PRINC. PARTS: regnen,* regnete, geregnet, regnet
IMPERATIVE: regne!, regnet!, regnen Sie! **

	INDICATIVE	SUBJUNCTIVE PRIMARY	SUBJUNCTIVE SECONDARY
		Present Time	
	Present	(*Pres. Subj.*)	(*Imperf. Subj.*)
ich			
du			
es	regnet	regne	regnete
wir			
ihr			
sie			
	Imperfect		
ich			
du			
es	regnete		
wir			
ihr			
sie			
		Past Time	
	Perfect	(*Perf. Subj.*)	(*Pluperf. Subj.*)
ich			
du			
es	hat geregnet	habe geregnet	hätte geregnet
wir			
ihr			
sie			
	Pluperfect		
ich			
du			
es	hatte geregnet		
wir			
ihr			
sie			
		Future Time	
	Future	(*Fut. Subj.*)	(*Pres. Conditional*)
ich			
du			
es	wird regnen	werde regnen	würde regnen
wir			
ihr			
sie			
		Future Perfect Time	
	Future Perfect	(*Fut. Perf. Subj.*)	(*Past Conditional*)
ich			
du			
es	wird geregnet haben	werde geregnet haben	würde geregnet haben
wir			
ihr			
sie			

* Impersonal verb. Forms other than the third person singular will not be found, except perhaps in poetry. The same is true of the Eng. verb 'to rain.'
** The imperative of this verb is as unusual as in English.

PRINC. PARTS: reiben, rieb, gerieben, reibt
IMPERATIVE: reibe!, reibt!, reiben Sie!

INDICATIVE		SUBJUNCTIVE PRIMARY	SUBJUNCTIVE SECONDARY
		Present Time	
	Present	(*Pres. Subj.*)	(*Imperf. Subj.*)
ich	reibe	reibe	riebe
du	reibst	reibest	riebest
er	reibt	reibe	riebe
wir	reiben	reiben	rieben
ihr	reibt	reibet	riebet
sie	reiben	reiben	rieben
	Imperfect		
ich	rieb		
du	riebst		
er	rieb		
wir	rieben		
ihr	riebt		
sie	rieben		
		Past Time	
	Perfect	(*Perf. Subj.*)	(*Pluperf. Subj.*)
ich	habe gerieben	habe gerieben	hätte gerieben
du	hast gerieben	habest gerieben	hättest gerieben
er	hat gerieben	habe gerieben	hätte gerieben
wir	haben gerieben	haben gerieben	hätten gerieben
ihr	habt gerieben	habet gerieben	hättet gerieben
sie	haben gerieben	haben gerieben	hätten gerieben
	Pluperfect		
ich	hatte gerieben		
du	hattest gerieben		
er	hatte gerieben		
wir	hatten gerieben		
ihr	hattet gerieben		
sie	hatten gerieben		
		Future Time	
	Future	(*Fut. Subj.*)	(*Pres. Conditional*)
ich	werde reiben	werde reiben	würde reiben
du	wirst reiben	werdest reiben	würdest reiben
er	wird reiben	werde reiben	würde reiben
wir	werden reiben	werden reiben	würden reiben
ihr	werdet reiben	werdet reiben	würdet reiben
sie	werden reiben	werden reiben	würden reiben
		Future Perfect Time	
	Future Perfect	(*Fut. Perf. Subj.*)	(*Past Conditional*)
ich	werde gerieben haben	werde gerieben haben	würde gerieben haben
du	wirst gerieben haben	werdest gerieben haben	würdest gerieben haben
er	wird gerieben haben	werde gerieben haben	würde gerieben haben
wir	werden gerieben haben	werden gerieben haben	würden gerieben haben
ihr	werdet gerieben haben	werdet gerieben haben	würdet gerieben haben
sie	werden gerieben haben	werden gerieben haben	würden gerieben haben

reichen

to reach, pass, extend; be enough

PRINC. PARTS: reichen, reichte, gereicht, reicht
IMPERATIVE: reiche!, reicht!, reichen Sie!

	INDICATIVE	SUBJUNCTIVE PRIMARY	SUBJUNCTIVE SECONDARY
		Present Time	
	Present	(*Pres. Subj.*)	(*Imperf. Subj.*)
ich	reiche	reiche	reichte
du	reichst	reichest	reichtest
er	reicht	reiche	reichte
wir	reichen	reichen	reichten
ihr	reicht	reichet	reichtet
sie	reichen	reichen	reichten
	Imperfect		
ich	reichte		
du	reichtest		
er	reichte		
wir	reichten		
ihr	reichtet		
sie	reichten		
		Past Time	
	Perfect	(*Perf. Subj.*)	(*Pluperf. Subj.*)
ich	habe gereicht	habe gereicht	hätte gereicht
du	hast gereicht	habest gereicht	hättest gereicht
er	hat gereicht	habe gereicht	hätte gereicht
wir	haben gereicht	haben gereicht	hätten gereicht
ihr	habt gereicht	habet gereicht	hättet gereicht
sie	haben gereicht	haben gereicht	hätten gereicht
	Pluperfect		
ich	hatte gereicht		
du	hattest gereicht		
er	hatte gereicht		
wir	hatten gereicht		
ihr	hattet gereicht		
sie	hatten gereicht		
		Future Time	
	Future	(*Fut. Subj.*)	(*Pres. Conditional*)
ich	werde reichen	werde reichen	würde reichen
du	wirst reichen	werdest reichen	würdest reichen
er	wird reichen	werde reichen	würde reichen
wir	werden reichen	werden reichen	würden reichen
ihr	werdet reichen	werdet reichen	würdet reichen
sie	werden reichen	werden reichen	würden reichen
		Future Perfect Time	
	Future Perfect	(*Fut. Perf. Subj.*)	(*Past Conditional*)
ich	werde gereicht haben	werde gereicht haben	würde gereicht haben
du	wirst gereicht haben	werdest gereicht haben	würdest gereicht haben
er	wird gereicht haben	werde gereicht haben	würde gereicht haben
wir	werden gereicht haben	werden gereicht haben	würden gereicht haben
ihr	werdet gereicht haben	werdet gereicht haben	würdet gereicht haben
sie	werden gereicht haben	werden gereicht haben	würden gereicht haben

PRINC. PARTS: reinigen, reinigte, gereinigt, reinigt
IMPERATIVE: reinige!, reinigt!, reinigen Sie!

to clean, refine, clarify

INDICATIVE		SUBJUNCTIVE	
		PRIMARY	SECONDARY
		Present Time	
Present		*(Pres. Subj.)*	*(Imperf. Subj.)*
ich	reinige	reinige	reinigte
du	reinigst	reinigest	reinigtest
er	reinigt	reinige	reinigte
wir	reinigen	reinigen	reinigten
ihr	reinigt	reiniget	reinigtet
sie	reinigen	reinigen	reinigten
Imperfect			
ich	reinigte		
du	reinigtest		
er	reinigte		
wir	reinigten		
ihr	reinigtet		
sie	reinigten		
		Past Time	
Perfect		*(Perf. Subj.)*	*(Pluperf. Subj.)*
ich	habe gereinigt	habe gereinigt	hätte gereinigt
du	hast gereinigt	habest gereinigt	hättest gereinigt
er	hat gereinigt	habe gereinigt	hätte gereinigt
wir	haben gereinigt	haben gereinigt	hätten gereinigt
ihr	habt gereinigt	habet gereinigt	hättet gereinigt
sie	haben gereinigt	haben gereinigt	hätten gereinigt
Pluperfect			
ich	hatte gereinigt		
du	hattest gereinigt		
er	hatte gereinigt		
wir	hatten gereinigt		
ihr	hattet gereinigt		
sie	hatten gereinigt		
		Future Time	
Future		*(Fut. Subj.)*	*(Pres. Conditional)*
ich	werde reinigen	werde reinigen	würde reinigen
du	wirst reinigen	werdest reinigen	würdest reinigen
er	wird reinigen	werde reinigen	würde reinigen
wir	werden reinigen	werden reinigen	würden reinigen
ihr	werdet reinigen	werdet reinigen	würdet reinigen
sie	werden reinigen	werden reinigen	würden reinigen
		Future Perfect Time	
Future Perfect		*(Fut. Perf. Subj.)*	*(Past Conditional)*
ich	werde gereinigt haben	werde gereinigt haben	würde gereinigt haben
du	wirst gereinigt haben	werdest gereinigt haben	würdest gereinigt haben
er	wird gereinigt haben	werde gereinigt haben	würde gereinigt haben
wir	werden gereinigt haben	werden gereinigt haben	würden gereinigt haben
ihr	werdet gereinigt haben	werdet gereinigt haben	würdet gereinigt haben
sie	werden gereinigt haben	werden gereinigt haben	würden gereinigt haben

reisen

to travel

PRINC. PARTS: reisen, reiste, ist gereist, reist
IMPERATIVE: reise!, reist!, reisen Sie!

	INDICATIVE	SUBJUNCTIVE PRIMARY	SUBJUNCTIVE SECONDARY
		Present Time	
	Present	(*Pres. Subj.*)	(*Imperf. Subj.*)
ich	reise	reise	reiste
du	reist	reisest	reistest
er	reist	reise	reiste
wir	reisen	reisen	reisten
ihr	reist	reiset	reistet
sie	reisen	reisen	reisten
	Imperfect		
ich	reiste		
du	reistest		
er	reiste		
wir	reisten		
ihr	reistet		
sie	reisten		
		Past Time	
	Perfect	(*Perf. Subj.*)	(*Pluperf. Subj.*)
ich	bin gereist	sei gereist	wäre gereist
du	bist gereist	seiest gereist	wärest gereist
er	ist gereist	sei gereist	wäre gereist
wir	sind gereist	seien gereist	wären gereist
ihr	seid gereist	seiet gereist	wäret gereist
sie	sind gereist	seien gereist	wären gereist
	Pluperfect		
ich	war gereist		
du	warst gereist		
er	war gereist		
wir	waren gereist		
ihr	wart gereist		
sie	waren gereist		
		Future Time	
	Future	(*Fut. Subj.*)	(*Pres. Conditional*)
ich	werde reisen	werde reisen	würde reisen
du	wirst reisen	werdest reisen	würdest reisen
er	wird reisen	werde reisen	würde reisen
wir	werden reisen	werden reisen	würden reisen
ihr	werdet reisen	werdet reisen	würdet reisen
sie	werden reisen	werden reisen	würden reisen
		Future Perfect Time	
	Future Perfect	(*Fut. Perf. Subj.*)	(*Past Conditional*)
ich	werde gereist sein	werde gereist sein	würde gereist sein
du	wirst gereist sein	werdest gereist sein	würdest gereist sein
er	wird gereist sein	werde gereist sein	würde gereist sein
wir	werden gereist sein	werden gereist sein	würden gereist sein
ihr	werdet gereist sein	werdet gereist sein	würdet gereist sein
sie	werden gereist sein	werden gereist sein	würden gereist sein

PRINC. PARTS: reißen, riß, gerissen, reißt
IMPERATIVE: reiße!, reißt!, reißen Sie!

to tear, rip

INDICATIVE	SUBJUNCTIVE PRIMARY	SUBJUNCTIVE SECONDARY
	Present Time	
Present	*(Pres. Subj.)*	*(Imperf. Subj.)*
ich reiße	reiße	risse
du reißt	reißest	rissest
er reißt	reiße	risse
wir reißen	reißen	rissen
ihr reißt	reißet	risset
sie reißen	reißen	rissen
Imperfect		
ich riß		
du rissest		
er riß		
wir rissen		
ihr rißt		
sie rissen		
	Past Time	
Perfect	*(Perf. Subj.)*	*(Pluperf. Subj.)*
ich habe gerissen	habe gerissen	hätte gerissen
du hast gerissen	habest gerissen	hättest gerissen
er hat gerissen	habe gerissen	hätte gerissen
wir haben gerissen	haben gerissen	hätten gerissen
ihr habt gerissen	habet gerissen	hättet gerissen
sie haben gerissen	haben gerissen	hätten gerissen
Pluperfect		
ich hatte gerissen		
du hattest gerissen		
er hatte gerissen		
wir hatten gerissen		
ihr hattet gerissen		
sie hatten gerissen		
	Future Time	
Future	*(Fut. Subj.)*	*(Pres. Conditional)*
ich werde reißen	werde reißen	würde reißen
du wirst reißen	werdest reißen	würdest reißen
er wird reißen	werde reißen	würde reißen
wir werden reißen	werden reißen	würden reißen
ihr werdet reißen	werdet reißen	würdet reißen
sie werden reißen	werden reißen	würden reißen
	Future Perfect Time	
Future Perfect	*(Fut. Perf. Subj.)*	*(Past Conditional)*
ich werde gerissen haben	werde gerissen haben	würde gerissen haben
du wirst gerissen haben	werdest gerissen haben	würdest gerissen haben
er wird gerissen haben	werde gerissen haben	würde gerissen haben
wir werden gerissen haben	werden gerissen haben	würden gerissen haben
ihr werdet gerissen haben	werdet gerissen haben	würdet gerissen haben
sie werden gerissen haben	werden gerissen haben	würden gerissen haben

reiten

to ride (on horse)

PRINC. PARTS: reiten, ritt, ist geritten, reitet
IMPERATIVE: reite!, reitet!, reiten Sie!

INDICATIVE		SUBJUNCTIVE	
		PRIMARY	SECONDARY
		Present Time	
	Present	(*Pres. Subj.*)	(*Imperf. Subj.*)
ich	reite	reite	ritte
du	reitest	reitest	rittest
er	reitet	reite	ritte
wir	reiten	reiten	ritten
ihr	reitet	reitet	rittet
sie	reiten	reiten	ritten
	Imperfect		
ich	ritt		
du	rittest		
er	ritt		
wir	ritten		
ihr	rittet		
sie	ritten		
		Past Time	
	Perfect	(*Perf. Subj.*)	(*Pluperf. Subj.*)
ich	bin geritten	sei geritten	wäre geritten
du	bist geritten	seiest geritten	wärest geritten
er	ist geritten	sei geritten	wäre geritten
wir	sind geritten	seien geritten	wären geritten
ihr	seid geritten	seiet geritten	wäret geritten
sie	sind geritten	seien geritten	wären geritten
	Pluperfect		
ich	war geritten		
du	warst geritten		
er	war geritten		
wir	waren geritten		
ihr	wart geritten		
sie	waren geritten		
		Future Time	
	Future	(*Fut. Subj.*)	(*Pres. Conditional*)
ich	werde reiten	werde reiten	würde reiten
du	wirst reiten	werdest reiten	würdest reiten
er	wird reiten	werde reiten	würde reiten
wir	werden reiten	werden reiten	würden reiten
ihr	werdet reiten	werdet reiten	würdet reiten
sie	werden reiten	werden reiten	würden reiten
		Future Perfect Time	
	Future Perfect	(*Fut. Perf. Subj.*)	(*Past Conditional*)
ich	werde geritten sein	werde geritten sein	würde geritten sein
du	wirst geritten sein	werdest geritten sein	würdest geritten sein
er	wird geritten sein	werde geritten sein	würde geritten sein
wir	werden geritten sein	werden geritten sein	würden geritten sein
ihr	werdet geritten sein	werdet geritten sein	würdet geritten sein
sie	werden geritten sein	werden geritten sein	würden geritten sein

PRINC. PARTS: reizen, reizte, gereizt, reizt
IMPERATIVE: reize!, reizt!, reizen Sie!

to excite, irritate, charm

	INDICATIVE	SUBJUNCTIVE PRIMARY	SUBJUNCTIVE SECONDARY
		Present Time	
	Present	*(Pres. Subj.)*	*(Imperf. Subj.)*
ich	reize	reize	reizte
du	reizt	reizest	reiztest
er	reizt	reize	reizte
wir	reizen	reizen	reizten
ihr	reizt	reizet	reiztet
sie	reizen	reizen	reizten
	Imperfect		
ich	reizte		
du	reiztest		
er	reizte		
wir	reizten		
ihr	reiztet		
sie	reizten		
		Past Time	
	Perfect	*(Perf. Subj.)*	*(Pluperf. Subj.)*
ich	habe gereizt	habe gereizt	hätte gereizt
du	hast gereizt	habest gereizt	hättest gereizt
er	hat gereizt	habe gereizt	hätte gereizt
wir	haben gereizt	haben gereizt	hätten gereizt
ihr	habt gereizt	habet gereizt	hättet gereizt
sie	haben gereizt	haben gereizt	hätten gereizt
	Pluperfect		
ich	hatte gereizt		
du	hattest gereizt		
er	hatte gereizt		
wir	hatten gereizt		
ihr	hattet gereizt		
sie	hatten gereizt		
		Future Time	
	Future	*(Fut. Subj.)*	*(Pres. Conditional)*
ich	werde reizen	werde reizen	würde reizen
du	wirst reizen	werdest reizen	würdest reizen
er	wird reizen	werde reizen	würde reizen
wir	werden reizen	werden reizen	würden reizen
ihr	werdet reizen	werdet reizen	würdet reizen
sie	werden reizen	werden reizen	würden reizen
		Future Perfect Time	
	Future Perfect	*(Fut. Perf. Subj.)*	*(Past Conditional)*
ich	werde gereizt haben	werde gereizt haben	würde gereizt haben
du	wirst gereizt haben	werdest gereizt haben	würdest gereizt haben
er	wird gereizt haben	werde gereizt haben	würde gereizt haben
wir	werden gereizt haben	werden gereizt haben	würden gereizt haben
ihr	werdet gereizt haben	werdet gereizt haben	würdet gereizt haben
sie	werden gereizt haben	werden gereizt haben	würden gereizt haben

rennen

to run, race

PRINC. PARTS: rennen, rannte, ist gerannt, rennt
IMPERATIVE: renne!, rennt!, rennen Sie!

INDICATIVE		SUBJUNCTIVE PRIMARY	SUBJUNCTIVE SECONDARY
		Present Time	
	Present	(*Pres. Subj.*)	(*Imperf. Subj.*)
ich	renne	renne	rennte
du	rennst	rennest	renntest
er	rennt	renne	rennte
wir	rennen	rennen	rennten
ihr	rennt	rennet	renntet
sie	rennen	rennen	rennten
	Imperfect		
ich	rannte		
du	ranntest		
er	rannte		
wir	rannten		
ihr	ranntet		
sie	rannten		
		Past Time	
	Perfect	(*Perf. Subj.*)	(*Pluperf. Subj.*)
ich	bin gerannt	sei gerannt	wäre gerannt
du	bist gerannt	seiest gerannt	wärest gerannt
er	ist gerannt	sei gerannt	wäre gerannt
wir	sind gerannt	seien gerannt	wären gerannt
ihr	seid gerannt	seiet gerannt	wäret gerannt
sie	sind gerannt	seien gerannt	wären gerannt
	Pluperfect		
ich	war gerannt		
du	warst gerannt		
er	war gerannt		
wir	waren gerannt		
ihr	wart gerannt		
sie	waren gerannt		
		Future Time	
	Future	(*Fut. Subj.*)	(*Pres. Conditional*)
ich	werde rennen	werde rennen	würde rennen
du	wirst rennen	werdest rennen	würdest rennen
er	wird rennen	werde rennen	würde rennen
wir	werden rennen	werden rennen	würden rennen
ihr	werdet rennen	werdet rennen	würdet rennen
sie	werden rennen	werden rennen	würden rennen
		Future Perfect Time	
	Future Perfect	(*Fut. Perf. Subj.*)	(*Past Conditional*)
ich	werde gerannt sein	werde gerannt sein	würde gerannt sein
du	wirst gerannt sein	werdest gerannt sein	würdest gerannt sein
er	wird gerannt sein	werde gerannt sein	würde gerannt sein
wir	werden gerannt sein	werden gerannt sein	würden gerannt sein
ihr	werdet gerannt sein	werdet gerannt sein	würdet gerannt sein
sie	werden gerannt sein	werden gerannt sein	würden gerannt sein

PRINC. PARTS: retten, rettete, gerettet, rettet
IMPERATIVE: rette!, rettet!, retten Sie!

to save, rescue

INDICATIVE		SUBJUNCTIVE PRIMARY	SUBJUNCTIVE SECONDARY
		Present Time	
	Present	*(Pres. Subj.)*	*(Imperf. Subj.)*
ich	rette	rette	rettete
du	rettest	rettest	rettetest
er	rettet	rette	rettete
wir	retten	retten	retteten
ihr	rettet	rettet	rettetet
sie	retten	retten	retteten
	Imperfect		
ich	rettete		
du	rettetest		
er	rettete		
wir	retteten		
ihr	rettetet		
sie	retteten		
		Past Time	
	Perfect	*(Perf. Subj.)*	*(Pluperf. Subj.)*
ich	habe gerettet	habe gerettet	hätte gerettet
du	hast gerettet	habest gerettet	hättest gerettet
er	hat gerettet	habe gerettet	hätte gerettet
wir	haben gerettet	haben gerettet	hätten gerettet
ihr	habt gerettet	habet gerettet	hättet gerettet
sie	haben gerettet	haben gerettet	hätten gerettet
	Pluperfect		
ich	hatte gerettet		
du	hattest gerettet		
er	hatte gerettet		
wir	hatten gerettet		
ihr	hattet gerettet		
sie	hatten gerettet		
		Future Time	
	Future	*(Fut. Subj.)*	*(Pres. Conditional)*
ich	werde retten	werde retten	würde retten
du	wirst retten	werdest retten	würdest retten
er	wird retten	werde retten	würde retten
wir	werden retten	werden retten	würden retten
ihr	werdet retten	werdet retten	würdet retten
sie	werden retten	werden retten	würden retten
		Future Perfect Time	
	Future Perfect	*(Fut. Perf. Subj.)*	*(Past Conditional)*
ich	werde gerettet haben	werde gerettet haben	würde gerettet haben
du	wirst gerettet haben	werdest gerettet haben	würdest gerettet haben
er	wird gerettet haben	werde gerettet haben	würde gerettet haben
wir	werden gerettet haben	werden gerettet haben	würden gerettet haben
ihr	werdet gerettet haben	werdet gerettet haben	würdet gerettet haben
sie	werden gerettet haben	werden gerettet haben	würden gerettet haben

richten

to set right, adjust; prepare (meals, etc.), point, judge

PRINC. PARTS: richten, richtete, gerichtet, richtet
IMPERATIVE: richte!, richtet!, richten Sie!

	INDICATIVE	SUBJUNCTIVE PRIMARY	SUBJUNCTIVE SECONDARY
		Present Time	
	Present	*(Pres. Subj.)*	*(Imperf. Subj.)*
ich	richte	richte	richtete
du	richtest	richtest	richtetest
er	richtet	richte	richtete
wir	richten	richten	richteten
ihr	richtet	richtet	richtetet
sie	richten	richten	richteten
	Imperfect		
ich	richtete		
du	richtetest		
er	richtete		
wir	richteten		
ihr	richtetet		
sie	richteten		
		Past Time	
	Perfect	*(Perf. Subj.)*	*(Pluperf. Subj.)*
ich	habe gerichtet	habe gerichtet	hätte gerichtet
du	hast gerichtet	habest gerichtet	hättest gerichtet
er	hat gerichtet	habe gerichtet	hätte gerichtet
wir	haben gerichtet	haben gerichtet	hätten gerichtet
ihr	habt gerichtet	habet gerichtet	hättet gerichtet
sie	haben gerichtet	haben gerichtet	hätten gerichtet
	Pluperfect		
ich	hatte gerichtet		
du	hattest gerichtet		
er	hatte gerichtet		
wir	hatten gerichtet		
ihr	hattet gerichtet		
sie	hatten gerichtet		
		Future Time	
	Future	*(Fut. Subj.)*	*(Pres. Conditional)*
ich	werde richten	werde richten	würde richten
du	wirst richten	werdest richten	würdest richten
er	wird richten	werde richten	würde richten
wir	werden richten	werden richten	würden richten
ihr	werdet richten	werdet richten	würdet richten
sie	werden richten	werden richten	würden richten
		Future Perfect Time	
	Future Perfect	*(Fut. Perf. Subj.)*	*(Past Conditional)*
ich	werde gerichtet haben	werde gerichtet haben	würde gerichtet haben
du	wirst gerichtet haben	werdest gerichtet haben	würdest gerichtet haben
er	wird gerichtet haben	werde gerichtet haben	würde gerichtet haben
wir	werden gerichtet haben	werden gerichtet haben	würden gerichtet haben
ihr	werdet gerichtet haben	werdet gerichtet haben	würdet gerichtet haben
sie	werden gerichtet haben	werden gerichtet haben	würden gerichtet haben

PRINC. PARTS: riechen, roch, gerochen, riecht
IMPERATIVE: rieche!, riecht!, riechen Sie!

INDICATIVE		SUBJUNCTIVE	
		PRIMARY	SECONDARY
		Present Time	
	Present	(*Pres. Subj.*)	(*Imperf. Subj.*)
ich	rieche	rieche	röche
du	riechst	riechest	röchest
er	riecht	rieche	röche
wir	riechen	riechen	röchen
ihr	riecht	riechet	röchet
sie	riechen	riechen	röchen
	Imperfect		
ich	roch		
du	rochst		
er	roch		
wir	rochen		
ihr	rocht		
sie	rochen		
		Past Time	
	Perfect	(*Perf. Subj.*)	(*Pluperf. Subj.*)
ich	habe gerochen	habe gerochen	hätte gerochen
du	hast gerochen	habest gerochen	hättest gerochen
er	hat gerochen	habe gerochen	hätte gerochen
wir	haben gerochen	haben gerochen	hätten gerochen
ihr	habt gerochen	habet gerochen	hättet gerochen
sie	haben gerochen	haben gerochen	hätten gerochen
	Pluperfect		
ich	hatte gerochen		
du	hattest gerochen		
er	hatte gerochen		
wir	hatten gerochen		
ihr	hattet gerochen		
sie	hatten gerochen		
		Future Time	
	Future	(*Fut. Subj.*)	(*Pres. Conditional*)
ich	werde riechen	werde riechen	würde riechen
du	wirst riechen	werdest riechen	würdest riechen
er	wird riechen	werde riechen	würde riechen
wir	werden riechen	werden riechen	würden riechen
ihr	werdet riechen	werdet riechen	würdet riechen
sie	werden riechen	werden riechen	würden riechen
		Future Perfect Time	
	Future Perfect	(*Fut. Perf. Subj.*)	(*Past Conditional*)
ich	werde gerochen haben	werde gerochen haben	würde gerochen haben
du	wirst gerochen haben	werdest gerochen haben	würdest gerochen haben
er	wird gerochen haben	werde gerochen haben	würde gerochen haben
wir	werden gerochen haben	werden gerochen haben	würden gerochen haben
ihr	werdet gerochen haben	werdet gerochen haben	würdet gerochen haben
sie	werden gerochen haben	werden gerochen haben	würden gerochen haben

ringen

to struggle, wrestle, wring

PRINC. PARTS: ringen, rang, gerungen, ringt
IMPERATIVE: ringe!, ringt!, ringen Sie!

INDICATIVE		SUBJUNCTIVE	
		PRIMARY	SECONDARY
		Present Time	
	Present	(*Pres. Subj.*)	(*Imperf. Subj.*)
ich	ringe	ringe	ränge
du	ringst	ringest	rängest
er	ringt	ringe	ränge
wir	ringen	ringen	rängen
ihr	ringt	ringet	ränget
sie	ringen	ringen	rängen

	Imperfect
ich	rang
du	rangst
er	rang
wir	rangen
ihr	rangt
sie	rangen

		Past Time	
	Perfect	(*Perf. Subj.*)	(*Pluperf. Subj.*)
ich	habe gerungen	habe gerungen	hätte gerungen
du	hast gerungen	habest gerungen	hättest gerungen
er	hat gerungen	habe gerungen	hätte gerungen
wir	haben gerungen	haben gerungen	hätten gerungen
ihr	habt gerungen	habet gerungen	hättet gerungen
sie	haben gerungen	haben gerungen	hätten gerungen

	Pluperfect
ich	hatte gerungen
du	hattest gerungen
er	hatte gerungen
wir	hatten gerungen
ihr	hattet gerungen
sie	hatten gerungen

		Future Time	
	Future	(*Fut. Subj.*)	(*Pres. Conditional*)
ich	werde ringen	werde ringen	würde ringen
du	wirst ringen	werdest ringen	würdest ringen
er	wird ringen	werde ringen	würde ringen
wir	werden ringen	werden ringen	würden ringen
ihr	werdet ringen	werdet ringen	würdet ringen
sie	werden ringen	werden ringen	würden ringen

		Future Perfect Time	
	Future Perfect	(*Fut. Perf. Subj.*)	(*Past Conditional*)
ich	werde gerungen haben	werde gerungen haben	würde gerungen haben
du	wirst gerungen haben	werdest gerungen haben	würdest gerungen haben
er	wird gerungen haben	werde gerungen haben	würde gerungen haben
wir	werden gerungen haben	werden gerungen haben	würden gerungen haben
ihr	werdet gerungen haben	werdet gerungen haben	würdet gerungen haben
sie	werden gerungen haben	werden gerungen haben	würden gerungen haben

PRINC. PARTS: rinnen,* rann, ist geronnen,** rinnt
IMPERATIVE: rinne!, rinnt!, rinnen Sie!

rinnen

to run (of liquids), flow, drip

INDICATIVE		SUBJUNCTIVE	
		PRIMARY	SECONDARY
		Present Time	
	Present	(*Pres. Subj.*)	(*Imperf. Subj.*)
ich	rinne	rinne	rönne
du	rinnst	rinnest	rönnest
er	rinnt	rinne	rönne
wir	rinnen	rinnen	rönnen
ihr	rinnt	rinnet	rönnet
sie	rinnen	rinnen	rönnen
	Imperfect		
ich	rann		
du	rannst		
er	rann		
wir	rannen		
ihr	rannt		
sie	rannen		
		Past Time	
	Perfect	(*Perf. Subj.*)	(*Pluperf. Subj.*)
ich	bin geronnen	sei geronnen	wäre geronnen
du	bist geronnen	seiest geronnen	wärest geronnen
er	ist geronnen	sei geronnen	wäre geronnen
wir	sind geronnen	seien geronnen	wären geronnen
ihr	seid geronnen	seiet geronnen	wäret geronnen
sie	sind geronnen	seien geronnen	wären geronnen
	Pluperfect		
ich	war geronnen		
du	warst geronnen		
er	war geronnen		
wir	waren geronnen		
ihr	wart geronnen		
sie	waren geronnen		
		Future Time	
	Future	(*Fut. Subj.*)	(*Pres. Conditional*)
ich	werde rinnen	werde rinnen	würde rinnen
du	wirst rinnen	werdest rinnen	würdest rinnen
er	wird rinnen	werde rinnen	würde rinnen
wir	werden rinnen	werden rinnen	würden rinnen
ihr	werdet rinnen	werdet rinnen	würdet rinnen
sie	werden rinnen	werden rinnen	würden rinnen
		Future Perfect Time	
	Future Perfect	(*Fut. Perf. Subj.*)	(*Past Conditional*)
ich	werde geronnen sein	werde geronnen sein	würde geronnen sein
du	wirst geronnen sein	werdest geronnen sein	würdest geronnen sein
er	wird geronnen sein	werde geronnen sein	würde geronnen sein
wir	werden geronnen sein	werden geronnen sein	würden geronnen sein
ihr	werdet geronnen sein	werdet geronnen sein	würdet geronnen sein
sie	werden geronnen sein	werden geronnen sein	würden geronnen sein

* Forms other than the third person are infrequently found.
** The perfect tenses use **haben** as the auxiliary verb when **rinnen** means *to leak*.

rollen

to roll

PRINC. PARTS: rollen, rollte, gerollt, rollt
IMPERATIVE: rolle!, rollt!, rollen Sie!

INDICATIVE		SUBJUNCTIVE	
		PRIMARY	SECONDARY
		Present Time	
	Present	(*Pres. Subj.*)	(*Imperf. Subj.*)
ich	rolle	rolle	rollte
du	rollst	rollest	rolltest
er	rollt	rolle	rollte
wir	rollen	rollen	rollten
ihr	rollt	rollet	rolltet
sie	rollen	rollen	rollten
	Imperfect		
ich	rollte		
du	rolltest		
er	rollte		
wir	rollten		
ihr	rolltet		
sie	rollten		
		Past Time	
	Perfect	(*Perf. Subj.*)	(*Pluperf. Subj.*)
ich	habe gerollt	habe gerollt	hätte gerollt
du	hast gerollt	habest gerollt	hättest gerollt
er	hat gerollt	habe gerollt	hätte gerollt
wir	haben gerollt	haben gerollt	hätten gerollt
ihr	habt gerollt	habet gerollt	hättet gerollt
sie	haben gerollt	haben gerollt	hätten gerollt
	Pluperfect		
ich	hatte gerollt		
du	hattest gerollt		
er	hatte gerollt		
wir	hatten gerollt		
ihr	hattet gerollt		
sie	hatten gerollt		
		Future Time	
	Future	(*Fut. Subj.*)	(*Pres. Conditional*)
ich	werde rollen	werde rollen	würde rollen
du	wirst rollen	werdest rollen	würdest rollen
er	wird rollen	werde rollen	würde rollen
wir	werden rollen	werden rollen	würden rollen
ihr	werdet rollen	werdet rollen	würdet rollen
sie	werden rollen	werden rollen	würden rollen
		Future Perfect Time	
	Future Perfect	(*Fut. Perf. Subj.*)	(*Past Conditional*)
ich	werde gerollt haben	werde gerollt haben	würde gerollt haben
du	wirst gerollt haben	werdest gerollt haben	würdest gerollt haben
er	wird gerollt haben	werde gerollt haben	würde gerollt haben
wir	werden gerollt haben	werden gerollt haben	würden gerollt haben
ihr	werdet gerollt haben	werdet gerollt haben	würdet gerollt haben
sie	werden gerollt haben	werden gerollt haben	würden gerollt haben

rösten

PRINC. PARTS: rösten, röstete, geröstet, röstet
IMPERATIVE: röste!, röstet!, rösten Sie!

to roast

INDICATIVE	SUBJUNCTIVE PRIMARY	SUBJUNCTIVE SECONDARY
	Present Time	
Present	(*Pres. Subj.*)	(*Imperf. Subj.*)
ich röste	röste	röstete
du röstest	röstest	röstetest
er röstet	röste	röstete
wir rösten	rösten	rösteten
ihr röstet	röstet	röstetet
sie rösten	rösten	rösteten
Imperfect		
ich röstete		
du röstetest		
er röstete		
wir rösteten		
ihr röstetet		
sie rösteten		
	Past Time	
Perfect	(*Perf. Subj.*)	(*Pluperf. Subj.*)
ich habe geröstet	habe geröstet	hätte geröstet
du hast geröstet	habest geröstet	hättest geröstet
er hat geröstet	habe geröstet	hätte geröstet
wir haben geröstet	haben geröstet	hätten geröste
ihr habt geröstet	habet geröstet	hättet geröstet
sie haben geröstet	haben geröstet	hätten geröstet
Pluperfect		
ich hatte geröstet		
du hattest geröstet		
er hatte geröstet		
wir hatten geröstet		
ihr hattet geröstet		
sie hatten geröstet		
	Future Time	
Future	(*Fut. Subj.*)	(*Pres. Conditional*)
ich werde rösten	werde rösten	würde rösten
du wirst rösten	werdest rösten	würdest rösten
er wird rösten	werde rösten	würde rösten
wir werden rösten	werden rösten	würden rösten
ihr werdet rösten	werdet rösten	würdet rösten
sie werden rösten	werden rösten	würden rösten
	Future Perfect Time	
Future Perfect	(*Fut. Perf. Subj.*)	(*Past Conditional*)
ich werde geröstet haben	werde geröstet haben	würde geröstet haben
du wirst geröstet haben	werdest geröstet haben	würdest geröstet haben
er wird geröstet haben	werde geröstet haben	würde geröstet haben
wir werden geröstet haben	werden geröstet haben	würden geröstet haben
ihr werdet geröstet haben	werdet geröstet haben	würdet geröstet haben
sie werden geröstet haben	werden geröstet haben	würden geröstet haben

rücken

to move, bring nearer

PRINC. PARTS: rücken, rückte, gerückt, rückt
IMPERATIVE: rücke!, rückt!, rücken Sie!

INDICATIVE		SUBJUNCTIVE	
		PRIMARY	SECONDARY
		Present Time	
	Present	(*Pres. Subj.*)	(*Imperf. Subj.*)
ich	rücke	rücke	rückte
du	rückst	rückest	rücktest
er	rückt	rücke	rückte
wir	rücken	rücken	rückten
ihr	rückt	rücket	rücktet
sie	rücken	rücken	rückten
	Imperfect		
ich	rückte		
du	rücktest		
er	rückte		
wir	rückten		
ihr	rücktet		
sie	rückten		
		Past Time	
	Perfect	(*Perf. Subj.*)	(*Pluperf. Subj.*)
ich	habe gerückt	habe gerückt	hätte gerückt
du	hast gerückt	habest gerückt	hättest gerückt
er	hat gerückt	habe gerückt	hätte gerückt
wir	haben gerückt	haben gerückt	hätten gerückt
ihr	habt gerückt	habet gerückt	hättet gerückt
sie	haben gerückt	haben gerückt	hätten gerückt
	Pluperfect		
ich	hatte gerückt		
du	hattest gerückt		
er	hatte gerückt		
wir	hatten gerückt		
ihr	hattet gerückt		
sie	hatten gerückt		
		Future Time	
	Future	(*Fut. Subj.*)	(*Pres. Conditional*)
ich	werde rücken	werde rücken	würde rücken
du	wirst rücken	werdest rücken	würdest rücken
er	wird rücken	werde rücken	würde rücken
wir	werden rücken	werden rücken	würden rücken
ihr	werdet rücken	werdet rücken	würdet rücken
sie	werden rücken	werden rücken	würden rücken
		Future Perfect Time	
	Future Perfect	(*Fut. Perf. Subj.*)	(*Past Conditional*)
ich	werde gerückt haben	werde gerückt haben	würde gerückt haben
du	wirst gerückt haben	werdest gerückt haben	würdest gerückt haben
er	wird gerückt haben	werde gerückt haben	würde gerückt haben
wir	werden gerückt haben	werden gerückt haben	würden gerückt haben
ihr	werdet gerückt haben	werdet gerückt haben	würdet gerückt haben
sie	werden gerückt haben	werden gerückt haben	würden gerückt haben

PRINC. PARTS: rufen, rief, gerufen, ruft
IMPERATIVE: rufe!, ruft!, rufen Sie!

to call, shout

	INDICATIVE	SUBJUNCTIVE PRIMARY	SUBJUNCTIVE SECONDARY
		Present Time	
	Present	(*Pres. Subj.*)	(*Imperf. Subj.*)
ich	rufe	rufe	riefe
du	rufst	rufest	riefest
er	ruft	rufe	riefe
wir	rufen	rufen	riefen
ihr	ruft	rufet	riefet
sie	rufen	rufen	riefen
	Imperfect		
ich	rief		
du	riefst		
er	rief		
wir	riefen		
ihr	rieft		
sie	riefen		
		Past Time	
	Perfect	(*Perf. Subj.*)	(*Pluperf. Subj.*)
ich	habe gerufen	habe gerufen	hätte gerufen
du	hast gerufen	habest gerufen	hättest gerufen
er	hat gerufen	habe gerufen	hätte gerufen
wir	haben gerufen	haben gerufen	hätten gerufen
ihr	habt gerufen	habet gerufen	hättet gerufen
sie	haben gerufen	haben gerufen	hätten gerufen
	Pluperfect		
ich	hatte gerufen		
du	hattest gerufen		
er	hatte gerufen		
wir	hatten gerufen		
ihr	hattet gerufen		
sie	hatten gerufen		
		Future Time	
	Future	(*Fut. Subj.*)	(*Pres. Conditional*)
ich	werde rufen	werde rufen	würde rufen
du	wirst rufen	werdest rufen	würdest rufen
er	wird rufen	werde rufen	würde rufen
wir	werden rufen	werden rufen	würden rufen
ihr	werdet rufen	werdet rufen	würdet rufen
sie	werden rufen	werden rufen	würden rufen
		Future Perfect Time	
	Future Perfect	(*Fut. Perf. Subj.*)	(*Past Conditional*)
ich	werde gerufen haben	werde gerufen haben	würde gerufen haben
du	wirst gerufen haben	werdest gerufen haben	würdest gerufen haben
er	wird gerufen haben	werde gerufen haben	würde gerufen haben
wir	werden gerufen haben	werden gerufen haben	würden gerufen haben
ihr	werdet gerufen haben	werdet gerufen haben	würdet gerufen haben
sie	werden gerufen haben	werden gerufen haben	würden gerufen haben

ruhen

to rest

PRINC. PARTS: ruhen, ruhte, geruht, ruht
IMPERATIVE: ruhe!, ruht!, ruhen Sie!

INDICATIVE		SUBJUNCTIVE	
		PRIMARY	SECONDARY
		Present Time	
	Present	*(Pres. Subj.)*	*(Imperf. Subj.)*
ich	ruhe	ruhe	ruhte
du	ruhst	ruhest	ruhtest
er	ruht	ruhe	ruhte
wir	ruhen	ruhen	ruhten
ihr	ruht	ruhet	ruhtet
sie	ruhen	ruhen	ruhten
	Imperfect		
ich	ruhte		
du	ruhtest		
er	ruhte		
wir	ruhten		
ihr	ruhtet		
sie	ruhten		
		Past Time	
	Perfect	*(Perf. Subj.)*	*(Pluperf. Subj.)*
ich	habe geruht	habe geruht	hätte geruht
du	hast geruht	habest geruht	hättest geruht
er	hat geruht	habe geruht	hätte geruht
wir	haben geruht	haben geruht	hätten geruht
ihr	habt geruht	habet geruht	hättet geruht
sie	haben geruht	haben geruht	hätten geruht
	Pluperfect		
ich	hatte geruht		
du	hattest geruht		
er	hatte geruht		
wir	hatten geruht		
ihr	hattet geruht		
sie	hatten geruht		
		Future Time	
	Future	*(Fut. Subj.)*	*(Pres. Conditional)*
ich	werde ruhen	werde ruhen	würde ruhen
du	wirst ruhen	werdest ruhen	würdest ruhen
er	wird ruhen	werde ruhen	würde ruhen
wir	werden ruhen	werden ruhen	würden ruhen
ihr	werdet ruhen	werdet ruhen	würdet ruhen
sie	werden ruhen	werden ruhen	würden ruhen
		Future Perfect Time	
	Future Perfect	*(Fut. Perf. Subj.)*	*(Past Conditional)*
ich	werde geruht haben	werde geruht haben	würde geruht haben
du	wirst geruht haben	werdest geruht haben	würdest geruht haben
er	wird geruht haben	werde geruht haben	würde geruht haben
wir	werden geruht haben	werden geruht haben	würden geruht haben
ihr	werdet geruht haben	werdet geruht haben	würdet geruht haben
sie	werden geruht haben	werden geruht haben	würden geruht haben

PRINC. PARTS: rühmen, rühmte, gerühmt, rühmt
IMPERATIVE: rühme!, rühmt!, rühmen Sie!

to praise, glorify

INDICATIVE		SUBJUNCTIVE PRIMARY	SUBJUNCTIVE SECONDARY
		Present Time	
	Present	*(Pres. Subj.)*	*(Imperf. Subj.)*
ich	rühme	rühme	rühmte
du	rühmst	rühmest	rühmtest
er	rühmt	rühme	rühmte
wir	rühmen	rühmen	rühmten
ihr	rühmt	rühmet	rühmtet
sie	rühmen	rühmen	rühmten
	Imperfect		
ich	rühmte		
du	rühmtest		
er	rühmte		
wir	rühmten		
ihr	rühmtet		
sie	rühmten		
		Past Time	
	Perfect	*(Perf. Subj.)*	*(Pluperf. Subj.)*
ich	habe gerühmt	habe gerühmt	hätte gerühmt
du	hast gerühmt	habest gerühmt	hättest gerühmt
er	hat gerühmt	habe gerühmt	hätte gerühmt
wir	haben gerühmt	haben gerühmt	hätten gerühmt
ihr	habt gerühmt	habet gerühmt	hättet gerühmt
sie	haben gerühmt	haben gerühmt	hätten gerühmt
	Pluperfect		
ich	hatte gerühmt		
du	hattest gerühmt		
er	hatte gerühmt		
wir	hatten gerühmt		
ihr	hattet gerühmt		
sie	hatten gerühmt		
		Future Time	
	Future	*(Fut. Subj.)*	*(Pres. Conditional)*
ich	werde rühmen	werde rühmen	würde rühmen
du	wirst rühmen	werdest rühmen	würdest rühmen
er	wird rühmen	werde rühmen	würde rühmen
wir	werden rühmen	werden rühmen	würden rühmen
ihr	werdet rühmen	werdet rühmen	würdet rühmen
sie	werden rühmen	werden rühmen	würden rühmen
		Future Perfect Time	
	Future Perfect	*(Fut. Perf. Subj.)*	*(Past Conditional)*
ich	werde gerühmt haben	werde gerühmt haben	würde gerühmt haben
du	wirst gerühmt haben	werdest gerühmt haben	würdest gerühmt haben
er	wird gerühmt haben	werde gerühmt haben	würde gerühmt haben
wir	werden gerühmt haben	werden gerühmt haben	würden gerühmt haben
ihr	werdet gerühmt haben	werdet gerühmt haben	würdet gerühmt haben
sie	werden gerühmt haben	werden gerühmt haben	würden gerühmt haben

rühren

to stir, touch

PRINC. PARTS: rühren, rührte, gerührt, rührt
IMPERATIVE: rühre!, rührt!, rühren Sie!

INDICATIVE		SUBJUNCTIVE	
		PRIMARY	SECONDARY
		Present Time	
	Present	*(Pres. Subj.)*	*(Imperf. Subj.)*
ich	rühre	rühre	rührte
du	rührst	rührest	rührtest
er	rührt	rühre	rührte
wir	rühren	rühren	rührten
ihr	rührt	rühret	rührtet
sie	rühren	rühren	rührten
	Imperfect		
ich	rührte		
du	rührtest		
er	rührte		
wir	rührten		
ihr	rührtet		
sie	rührten		
		Past Time	
	Perfect	*(Perf. Subj.)*	*(Pluperf. Subj.)*
ich	habe gerührt	habe gerührt	hätte gerührt
du	hast gerührt	habest gerührt	hättest gerührt
er	hat gerührt	habe gerührt	hätte gerührt
wir	haben gerührt	haben gerührt	hätten gerührt
ihr	habt gerührt	habet gerührt	hättet gerührt
sie	haben gerührt	haben gerührt	hätten gerührt
	Pluperfect		
ich	hatte gerührt		
du	hattest gerührt		
er	hatte gerührt		
wir	hatten gerührt		
ihr	hattet gerührt		
sie	hatten gerührt		
		Future Time	
	Future	*(Fut. Subj.)*	*(Pres. Conditional)*
ich	werde rühren	werde rühren	würde rühren
du	wirst rühren	werdest rühren	würdest rühren
er	wird rühren	werde rühren	würde rühren
wir	werden rühren	werden rühren	würden rühren
ihr	werdet rühren	werdet rühren	würdet rühren
sie	werden rühren	werden rühren	würden rühren
		Future Perfect Time	
	Future Perfect	*(Fut. Perf. Subj.)*	*(Past Conditional)*
ich	werde gerührt haben	werde gerührt haben	würde gerührt haben
du	wirst gerührt haben	werdest gerührt haben	würdest gerührt haben
er	wird gerührt haben	werde gerührt haben	würde gerührt haben
wir	werden gerührt haben	werden gerührt haben	würden gerührt haben
ihr	werdet gerührt haben	werdet gerührt haben	würdet gerührt haben
sie	werden gerührt haben	werden gerührt haben	würden gerührt haben

rüsten

PRINC. PARTS: rüsten, rüstete, gerüstet, rüstet
IMPERATIVE: rüste!, rüstet!, rüsten Sie!

to arm, mobilize, prepare

INDICATIVE		SUBJUNCTIVE	
		PRIMARY	SECONDARY
		Present Time	
	Present	*(Pres. Subj.)*	*(Imperf. Subj.)*
ich	rüste	rüste	rüstete
du	rüstest	rüstest	rüstetest
er	rüstet	rüste	rüstete
wir	rüsten	rüsten	rüsteten
ihr	rüstet	rüstet	rüstetet
sie	rüsten	rüsten	rüsteten
	Imperfect		
ich	rüstete		
du	rüstetest		
er	rüstete		
wir	rüsteten		
ihr	rüstetet		
sie	rüsteten		
		Past Time	
	Perfect	*(Perf. Subj.)*	*(Pluperf. Subj.)*
ich	habe gerüstet	habe gerüstet	hätte gerüstet
du	hast gerüstet	habest gerüstet	hättest gerüstet
er	hat gerüstet	habe gerüstet	hätte gerüstet
wir	haben gerüstet	haben gerüstet	hätten gerüstet
ihr	habt gerüstet	habet gerüstet	hättet gerüstet
sie	haben gerüstet	haben gerüstet	hätten gerüstet
	Pluperfect		
ich	hatte gerüstet		
du	hattest gerüstet		
er	hatte gerüstet		
wir	hatten gerüstet		
ihr	hattet gerüstet		
sie	hatten gerüstet		
		Future Time	
	Future	*(Fut. Subj.)*	*(Pres. Conditional)*
ich	werde rüsten	werde rüsten	würde rüsten
du	wirst rüsten	werdest rüsten	würdest rüsten
er	wird rüsten	werde rüsten	würde rüsten
wir	werden rüsten	werden rüsten	würden rüsten
ihr	werdet rüsten	werdet rüsten	würdet rüsten
sie	werden rüsten	werden rüsten	würden rüsten
		Future Perfect Time	
	Future Perfect	*(Fut. Perf. Subj.)*	*(Past Conditional)*
ich	werde gerüstet haben	werde gerüstet haben	würde gerüstet haben
du	wirst gerüstet haben	werdest gerüstet haben	würdest gerüstet haben
er	wird gerüstet haben	werde gerüstet haben	würde gerüstet haben
wir	werden gerüstet haben	werden gerüstet haben	würden gerüstet haben
ihr	werdet gerüstet haben	werdet gerüstet haben	würdet gerüstet haben
sie	werden gerüstet haben	werden gerüstet haben	würden gerüstet haben

sagen

to say, tell, speak

PRINC. PARTS: sagen, sagte, gesagt, sagt
IMPERATIVE: sage!, sagt!, sagen Sie!

INDICATIVE		SUBJUNCTIVE	
		PRIMARY	SECONDARY
		Present Time	
	Present	(*Pres. Subj.*)	(*Imperf. Subj.*)
ich	sage	sage	sagte
du	sagst	sagest	sagtest
er	sagt	sage	sagte
wir	sagen	sagen	sagten
ihr	sagt	saget	sagtet
sie	sagen	sagen	sagten
	Imperfect		
ich	sagte		
du	sagtest		
er	sagte		
wir	sagten		
ihr	sagtet		
sie	sagten		
		Past Time	
	Perfect	(*Perf. Subj.*)	(*Pluperf. Subj.*)
ich	habe gesagt	habe gesagt	hätte gesagt
du	hast gesagt	habest gesagt	hättest gesagt
er	hat gesagt	habe gesagt	hätte gesagt
wir	haben gesagt	haben gesagt	hätten gesagt
ihr	habt gesagt	habet gesagt	hättet gesagt
sie	haben gesagt	haben gesagt	hätten gesagt
	Pluperfect		
ich	hatte gesagt		
du	hattest gesagt		
er	hatte gesagt		
wir	hatten gesagt		
ihr	hattet gesagt		
sie	hatten gesagt		
		Future Time	
	Future	(*Fut. Subj.*)	(*Pres. Conditional*)
ich	werde sagen	werde sagen	würde sagen
du	wirst sagen	werdest sagen	würdest sagen
er	wird sagen	werde sagen	würde sagen
wir	werden sagen	werden sagen	würden sagen
ihr	werdet sagen	werdet sagen	würdet sagen
sie	werden sagen	werden sagen	würden sagen
		Future Perfect Time	
	Future Perfect	(*Fut. Perf. Subj.*)	(*Past Conditional*)
ich	werde gesagt haben	werde gesagt haben	würde gesagt haben
du	wirst gesagt haben	werdest gesagt haben	würdest gesagt haben
er	wird gesagt haben	werde gesagt haben	würde gesagt haben
wir	werden gesagt haben	werden gesagt haben	würden gesagt haben
ihr	werdet gesagt haben	werdet gesagt haben	würdet gesagt haben
sie	werden gesagt haben	werden gesagt haben	würden gesagt haben

saufen

PRINC. PARTS: saufen, soff, gesoffen, säuft
IMPERATIVE: saufe!, sauft!, saufen Sie!

to drink (of animals), drink to excess

INDICATIVE	SUBJUNCTIVE PRIMARY	SUBJUNCTIVE SECONDARY
	Present Time	
Present	*(Pres. Subj.)*	*(Imperf. Subj.)*
ich saufe	saufe	söffe
du säufst	saufest	söffest
er säuft	saufe	söffe
wir saufen	saufen	söffen
ihr sauft	saufet	söffet
sie saufen	saufen	söffen
Imperfect		
ich soff		
du soffst		
er soff		
wir soffen		
ihr sofft		
sie soffen		
	Past Time	
Perfect	*(Perf. Subj.)*	*(Pluperf. Subj.)*
ich habe gesoffen	habe gesoffen	hätte gesoffen
du hast gesoffen	habest gesoffen	hättest gesoffen
er hat gesoffen	habe gesoffen	hätte gesoffen
wir haben gesoffen	haben gesoffen	hätten gesoffen
ihr habt gesoffen	habet gesoffen	hättet gesoffen
sie haben gesoffen	haben gesoffen	hätten gesoffen
Pluperfect		
ich hatte gesoffen		
du hattest gesoffen		
er hatte gesoffen		
wir hatten gesoffen		
ihr hattet gesoffen		
sie hatten gesoffen		
	Future Time	
Future	*(Fut. Subj.)*	*(Pres. Conditional)*
ich werde saufen	werde saufen	würde saufen
du wirst saufen	werdest saufen	würdest saufen
er wird saufen	werde saufen	würde saufen
wir werden saufen	werden saufen	würden saufen
ihr werdet saufen	werdet saufen	würdet saufen
sie werden saufen	werden saufen	würden saufen
	Future Perfect Time	
Future Perfect	*(Fut. Perf. Subj.)*	*(Past Conditional)*
ich werde gesoffen haben	werde gesoffen haben	würde gesoffen haben
du wirst gesoffen haben	werdest gesoffen haben	würdest gesoffen haben
er wird gesoffen haben	werde gesoffen haben	würde gesoffen haben
wir werden gesoffen haben	werden gesoffen haben	würden gesoffen haben
ihr werdet gesoffen haben	werdet gesoffen haben	würdet gesoffen haben
sie werden gesoffen haben	werden gesoffen haben	würden gesoffen haben

saugen

to suck, absorb

PRINC. PARTS: saugen,* sog, gesogen, saugt
IMPERATIVE: sauge!, saugt!, saugen Sie!

INDICATIVE		SUBJUNCTIVE PRIMARY	SUBJUNCTIVE SECONDARY
		Present Time	
	Present	*(Pres. Subj.)*	*(Imperf. Subj.)*
ich	sauge	sauge	söge
du	saugst	saugest	sögest
er	saugt	sauge	söge
wir	saugen	saugen	sögen
ihr	saugt	sauget	söget
sie	saugen	saugen	sögen
	Imperfect		
ich	sog		
du	sogst		
er	sog		
wir	sogen		
ihr	sogt		
sie	sogen		
		Past Time	
	Perfect	*(Perf. Subj.)*	*(Pluperf. Subj.)*
ich	habe gesogen	habe gesogen	hätte gesogen
du	hast gesogen	habest gesogen	hättest gesogen
er	hat gesogen	habe gesogen	hätte gesogen
wir	haben gesogen	haben gesogen	hätten gesogen
ihr	habt gesogen	habet gesogen	hättet gesogen
sie	haben gesogen	haben gesogen	hätten gesogen
	Pluperfect		
ich	hatte gesogen		
du	hattest gesogen		
er	hatte gesogen		
wir	hatten gesogen		
ihr	hattet gesogen		
sie	hatten gesogen		
		Future Time	
	Future	*(Fut. Subj.)*	*(Pres. Conditional)*
ich	werde saugen	werde saugen	würde saugen
du	wirst saugen	werdest saugen	würdest saugen
er	wird saugen	werde saugen	würde saugen
wir	werden saugen	werden saugen	würden saugen
ihr	werdet saugen	werdet saugen	würdet saugen
sie	werden saugen	werden saugen	würden saugen
		Future Perfect Time	
	Future Perfect	*(Fut. Perf. Subj.)*	*(Past Conditional)*
ich	werde gesogen haben	werde gesogen haben	würde gesogen haben
du	wirst gesogen haben	werdest gesogen haben	würdest gesogen haben
er	wird gesogen haben	werde gesogen haben	würde gesogen haben
wir	werden gesogen haben	werden gesogen haben	würden gesogen haben
ihr	werdet gesogen haben	werdet gesogen haben	würdet gesogen haben
sie	werden gesogen haben	werden gesogen haben	würden gesogen haben

* The weak forms of **saugen** are sometimes found. PRINC. PARTS: saugen, saugte, gesaugt, saugt.

PRINC. PARTS: säumen, säumte, gesäumt, säumt
IMPERATIVE: säume!, säumt!, säumen Sie!

to delay, hesitate

	INDICATIVE	SUBJUNCTIVE PRIMARY	SUBJUNCTIVE SECONDARY
		Present Time	
	Present	*(Pres. Subj.)*	*(Imperf. Subj.)*
ich	säume	säume	säumte
du	säumst	säumest	säumtest
er	säumt	säume	säumte
wir	säumen	säumen	säumten
ihr	säumt	säumet	säumtet
sie	säumen	säumen	säumten
	Imperfect		
ich	säumte		
du	säumtest		
er	säumte		
wir	säumten		
ihr	säumtet		
sie	säumten		
		Past Time	
	Perfect	*(Perf. Subj.)*	*(Pluperf. Subj.)*
ich	habe gesäumt	habe gesäumt	hätte gesäumt
du	hast gesäumt	habest gesäumt	hättest gesäumt
er	hat gesäumt	habe gesäumt	hätte gesäumt
wir	haben gesäumt	haben gesäumt	hätten gesäumt
ihr	habt gesäumt	habet gesäumt	hättet gesäumt
sie	haben gesäumt	haben gesäumt	hätten gesäumt
	Pluperfect		
ich	hatte gesäumt		
du	hattest gesäumt		
er	hatte gesäumt		
wir	hatten gesäumt		
ihr	hattet gesäumt		
sie	hatten gesäumt		
		Future Time	
	Future	*(Fut. Subj.)*	*(Pres. Conditional)*
ich	werde säumen	werde säumen	würde säumen
du	wirst säumen	werdest säumen	würdest säumen
er	wird säumen	werde säumen	würde säumen
wir	werden säumen	werden säumen	würden säumen
ihr	werdet säumen	werdet säumen	würdet säumen
sie	werden säumen	werden säumen	würden säumen
		Future Perfect Time	
	Future Perfect	*(Fut. Perf. Subj.)*	*(Past Conditional)*
ich	werde gesäumt haben	werde gesäumt haben	würde gesäumt haben
du	wirst gesäumt haben	werdest gesäumt haben	würdest gesäumt haben
er	wird gesäumt haben	werde gesäumt haben	würde gesäumt haben
wir	werden gesäumt haben	werden gesäumt haben	würden gesäumt haben
ihr	werdet gesäumt haben	werdet gesäumt haben	würdet gesäumt haben
sie	werden gesäumt haben	werden gesäumt haben	würden gesäumt haben

schaden

to damage, hurt

PRINC. PARTS: schaden, schadete, geschadet, schadet
IMPERATIVE: schade!, schadet!, schaden Sie!

INDICATIVE		SUBJUNCTIVE	
		PRIMARY	SECONDARY
		Present Time	
	Present	(*Pres. Subj.*)	(*Imperf. Subj.*)
ich	schade	schade	schadete
du	schadest	schadest	schadetest
er	schadet	schade	schadete
wir	schaden	schaden	schadeten
ihr	schadet	schadet	schadetet
sie	schaden	schaden	schadeten
	Imperfect		
ich	schadete		
du	schadetest		
er	schadete		
wir	schadeten		
ihr	schadetet		
sie	schadeten		
		Past Time	
	Perfect	(*Perf. Subj.*)	(*Pluperf. Subj.*)
ich	habe geschadet	habe geschadet	hätte geschadet
du	hast geschadet	habest geschadet	hättest geschadet
er	hat geschadet	habe geschadet	hätte geschadet
wir	haben geschadet	haben geschadet	hätten geschadet
ihr	habt geschadet	habet geschadet	hättet geschadet
sie	haben geschadet	haben geschadet	hätten geschadet
	Pluperfect		
ich	hatte geschadet		
du	hattest geschadet		
er	hatte geschadet		
wir	hatten geschadet		
ihr	hattet geschadet		
sie	hatten geschadet		
		Future Time	
	Future	(*Fut. Subj.*)	(*Pres. Conditional*)
ich	werde schaden	werde schaden	würde schaden
du	wirst schaden	werdest schaden	würdest schaden
er	wird schaden	werde schaden	würde schaden
wir	werden schaden	werden schaden	würden schaden
ihr	werdet schaden	werdet schaden	würdet schaden
sie	werden schaden	werden schaden	würden schaden
		Future Perfect Time	
	Future Perfect	(*Fut. Perf. Subj.*)	(*Past Conditional*)
ich	werde geschadet haben	werde geschadet haben	würde geschadet haben
du	wirst geschadet haben	werdest geschadet haben	würdest geschadet haben
er	wird geschadet haben	werde geschadet haben	würde geschadet haben
wir	werden geschadet haben	werden geschadet haben	würden geschadet haben
ihr	werdet geschadet haben	werdet geschadet haben	würdet geschadet haben
sie	werden geschadet haben	werden geschadet haben	würden geschadet haben

schaffen

*to create**

PRINC. PARTS: schaffen, schuf, geschaffen, schafft
IMPERATIVE: schaffe!, schafft!, schaffen Sie!

INDICATIVE		SUBJUNCTIVE PRIMARY	SUBJUNCTIVE SECONDARY
		Present Time	
	Present	(*Pres. Subj.*)	(*Imperf. Subj.*)
ich	schaffe	schaffe	schüfe
du	schaffst	schaffest	schüfest
er	schafft	schaffe	schüfe
wir	schaffen	schaffen	schüfen
ihr	schafft	schaffet	schüfet
sie	schaffen	schaffen	schüfen
	Imperfect		
ich	schuf		
du	schufst		
er	schuf		
wir	schufen		
ihr	schuft		
sie	schufen		
		Past Time	
	Perfect	(*Perf. Subj.*)	(*Pluperf. Subj.*)
ich	habe geschaffen	habe geschaffen	hätte geschaffen
du	hast geschaffen	habest geschaffen	hättest geschaffen
er	hat geschaffen	habe geschaffen	hätte geschaffen
wir	haben geschaffen	haben geschaffen	hätten geschaffen
ihr	habt geschaffen	habet geschaffen	hättet geschaffen
sie	haben geschaffen	haben geschaffen	hätten geschaffen
	Pluperfect		
ich	hatte geschaffen		
du	hattest geschaffen		
er	hatte geschaffen		
wir	hatten geschaffen		
ihr	hattet geschaffen		
sie	hatten geschaffen		
		Future Time	
	Future	(*Fut. Subj.*)	(*Pres. Conditional*)
ich	werde schaffen	werde schaffen	würde schaffen
du	wirst schaffen	werdest schaffen	würdest schaffen
er	wird schaffen	werde schaffen	würde schaffen
wir	werden schaffen	werden schaffen	würden schaffen
ihr	werdet schaffen	werdet schaffen	würdet schaffen
sie	werden schaffen	werden schaffen	würden schaffen
		Future Perfect Time	
	Future Perfect	(*Fut. Perf. Subj.*)	(*Past Conditional*)
ich	werde geschaffen haben	werde geschaffen haben	würde geschaffen haben
du	wirst geschaffen haben	werdest geschaffen haben	würdest geschaffen haben
er	wird geschaffen haben	werde geschaffen haben	würde geschaffen haben
wir	werden geschaffen haben	werden geschaffen haben	würden geschaffen haben
ihr	werdet geschaffen haben	werdet geschaffen haben	würdet geschaffen haben
sie	werden geschaffen haben	werden geschaffen haben	würden geschaffen haben

* In the meaning, *to do, work, accomplish*, **schaffen** is weak. PRINC. PARTS: schaffen, schaffte, geschafft, schafft.

schalten

to direct; switch, insert; shift gears

PRINC. PARTS: schalten, schaltete, geschaltet, schaltet
IMPERATIVE: schalte!, schaltet!, schalten Sie!

INDICATIVE		SUBJUNCTIVE	
		PRIMARY	SECONDARY
		Present Time	
	Present	(*Pres. Subj.*)	(*Imperf. Subj.*)
ich	schalte	schalte	schaltete
du	schaltest	schaltest	schaltetest
er	schaltet	schalte	schaltete
wir	schalten	schalten	schalteten
ihr	schaltet	schaltet	schaltetet
sie	schalten	schalten	schalteten
	Imperfect		
ich	schaltete		
du	schaltetest		
er	schaltete		
wir	schalteten		
ihr	schaltetet		
sie	schalteten		
		Past Time	
	Perfect	(*Perf. Subj.*)	(*Pluperf. Subj.*)
ich	habe geschaltet	habe geschaltet	hätte geschaltet
du	hast geschaltet	habest geschaltet	hättest geschaltet
er	hat geschaltet	habe geschaltet	hätte geschaltet
wir	haben geschaltet	haben geschaltet	hätten geschaltet
ihr	habt geschaltet	habet geschaltet	hättet geschaltet
sie	haben geschaltet	haben geschaltet	hätten geschaltet
	Pluperfect		
ich	hatte geschaltet		
du	hattest geschaltet		
er	hatte geschaltet		
wir	hatten geschaltet		
ihr	hattet geschaltet		
sie	hatten geschaltet		
		Future Time	
	Future	(*Fut. Subj.*)	(*Pres. Conditional*)
ich	werde schalten	werde schalten	würde schalten
du	wirst schalten	werdest schalten	würdest schalten
er	wird schalten	werde schalten	würde schalten
wir	werden schalten	werden schalten	würden schalten
ihr	werdet schalten	werdet schalten	würdet schalten
sie	werden schalten	werden schalten	würden schalten
		Future Perfect Time	
	Future Perfect	(*Fut. Perf. Subj.*)	(*Past Conditional*)
ich	werde geschaltet haben	werde geschaltet haben	würde geschaltet haben
du	wirst geschaltet haben	werdest geschaltet haben	würdest geschaltet haben
er	wird geschaltet haben	werde geschaltet haben	würde geschaltet haben
wir	werden geschaltet haben	werden geschaltet haben	würden geschaltet haben
ihr	werdet geschaltet haben	werdet geschaltet haben	würdet geschaltet haben
sie	werden geschaltet haben	werden geschaltet haben	würden geschaltet haben

schätzen

PRINC. PARTS: schätzen, schätzte, geschätzt, schätzt
IMPERATIVE: schätze!, schätzt!, schätzen Sie!

to value, estimate, reckon, respect

INDICATIVE		SUBJUNCTIVE	
		PRIMARY	SECONDARY
		Present Time	
	Present	(*Pres. Subj.*)	(*Imperf. Subj.*)
ich	schätze	schätze	schätzte
du	schätzt	schätzest	schätztest
er	schätzt	schätze	schätzte
wir	schätzen	schätzen	schätzten
ihr	schätzt	schätzet	schätztet
sie	schätzen	schätzen	schätzten
	Imperfect		
ich	schätzte		
du	schätztest		
er	schätzte		
wir	schätzten		
ihr	schätztet		
sie	schätzten		
		Past Time	
	Perfect	(*Perf. Subj.*)	(*Pluperf. Subj.*)
ich	habe geschätzt	habe geschätzt	hätte geschätzt
du	hast geschätzt	habest geschätzt	hättest geschätzt
er	hat geschätzt	habe geschätzt	hätte geschätzt
wir	haben geschätzt	haben geschätzt	hätten geschätzt
ihr	habt geschätzt	habet geschätzt	hättet geschätzt
sie	haben geschätzt	haben geschätzt	hätten geschätzt
	Pluperfect		
ich	hatte geschätzt		
du	hattest geschätzt		
er	hatte geschätzt		
wir	hatten geschätzt		
ihr	hattet geschätzt		
sie	hatten geschätzt		
		Future Time	
	Future	(*Fut. Subj.*)	(*Pres. Conditional*)
ich	werde schätzen	werde schätzen	würde schätzen
du	wirst schätzen	werdest schätzen	würdest schätzen
er	wird schätzen	werde schätzen	würde schätzen
wir	werden schätzen	werden schätzen	würden schätzen
ihr	werdet schätzen	werdet schätzen	würdet schätzen
sie	werden schätzen	werden schätzen	würden schätzen
		Future Perfect Time	
	Future Perfect	(*Fut. Perf. Subj.*)	(*Past Conditional*)
ich	werde geschätzt haben	werde geschätzt haben	würde geschätzt haben
du	wirst geschätzt haben	werdest geschätzt haben	würdest geschätzt haben
er	wird geschätzt haben	werde geschätzt haben	würde geschätzt haben
wir	werden geschätzt haben	werden geschätzt haben	würden geschätzt haben
ihr	werdet geschätzt haben	werdet geschätzt haben	würdet geschätzt haben
sie	werden geschätzt haben	werden geschätzt haben	würden geschätzt haben

schauen

to see, look, gaze

PRINC. PARTS: schauen, schaute, geschaut, schaut
IMPERATIVE: schaue!, schaut!, schauen Sie!

INDICATIVE		SUBJUNCTIVE	
		PRIMARY	SECONDARY
		Present Time	
	Present	*(Pres. Subj.)*	*(Imperf. Subj.)*
ich	schaue	schaue	schaute
du	schaust	schauest	schautest
er	schaut	schaue	schaute
wir	schauen	schauen	schauten
ihr	schaut	schauet	schautet
sie	schauen	schauen	schauten
	Imperfect		
ich	schaute		
du	schautest		
er	schaute		
wir	schauten		
ihr	schautet		
sie	schauten		
		Past Time	
	Perfect	*(Perf. Subj.)*	*(Pluperf. Subj.)*
ich	habe geschaut	habe geschaut	hätte geschaut
du	hast geschaut	habest geschaut	hättest geschaut
er	hat geschaut	habe geschaut	hätte geschaut
wir	haben geschaut	haben geschaut	hätten geschaut
ihr	habt geschaut	habet geschaut	hättet geschaut
sie	haben geschaut	haben geschaut	hätten geschaut
	Pluperfect		
ich	hatte geschaut		
du	hattest geschaut		
er	hatte geschaut		
wir	hatten geschaut		
ihr	hattet geschaut		
sie	hatten geschaut		
		Future Time	
	Present	*(Fut. Subj.)*	*(Pres. Conditional)*
ich	werde schauen	werde schauen	würde schauen
du	wirst schauen	werdest schauen	würdest schauen
er	wird schauen	werde schauen	würde schauen
wir	werden schauen	werden schauen	würden schauen
ihr	werdet schauen	werdet schauen	würdet schauen
sie	werden schauen	werden schauen	würden schauen
		Future Perfect Time	
	Future Perfect	*(Fut. Perf. Subj.)*	*(Past Conditional)*
ich	werde geschaut haben	werde geschaut haben	würde geschaut haben
du	wirst geschaut haben	werdest geschaut haben	würdest geschaut haben
er	wird geschaut haben	werde geschaut haben	würde geschaut haben
wir	werden geschaut haben	werden geschaut haben	würden geschaut haben
ihr	werdet geschaut haben	werdet geschaut haben	würdet geschaut haben
sie	werden geschaut haben	werden geschaut haben	würden geschaut haben

schäumen

PRINC. PARTS: schäume, schäumte, geschäumt, schäumt
IMPERATIVE: schäumen!, schäumt!, schäumen Sie!

to foam, sparkle

INDICATIVE		SUBJUNCTIVE	
		PRIMARY	SECONDARY
		Present Time	
	Present	*(Pres. Subj.)*	*(Imperf. Subj.)*
ich	schäume	schäume	schäumte
du	schäumst	schäumest	schäumtest
er	schäumt	schäume	schäumte
wir	schäumen	schäumen	schäumten
ihr	schäumt	schäumet	schäumtet
sie	schäumen	schäumen	schäumten
	Imperfect		
ich	schäumte		
du	schäumtest		
er	schäumte		
wir	schäumten		
ihr	schäumtet		
sie	schäumten		
		Past Time	
	Perfect	*(Perf. Subj.)*	*(Pluperf. Subj.)*
ich	habe geschäumt	habe geschäumt	hätte geschäumt
du	hast geschäumt	habest geschäumt	hättest geschäumt
er	hat geschäumt	habe geschäumt	hätte geschäumt
wir	haben geschäumt	haben geschäumt	hätten geschäumt
ihr	habt geschäumt	habet geschäumt	hättet geschäumt
sie	haben geschäumt	haben geschäumt	hätten geschäumt
	Pluperfect		
ich	hatte geschäumt		
du	hattest geschäumt		
er	hatte geschäumt		
wir	hatten geschäumt		
ihr	hattet geschäumt		
sie	hatten geschäumt		
		Future Time	
	Future	*(Fut. Subj.)*	*(Pres. Conditional)*
ich	werde schäumen	werde schäumen	würde schäumen
du	wirst schäumen	werdest schäumen	würdest schäumen
er	wird schäumen	werde schäumen	würde schäumen
wir	werden schäumen	werden schäumen	würden schäumen
ihr	werdet schäumen	werdet schäumen	würdet schäumen
sie	werden schäumen	werden schäumen	würden schäumen
		Future Perfect Time	
	Future Perfect	*(Fut. Perf. Subj.)*	*(Past Conditional)*
ich	werde geschäumt haben	werde geschäumt haben	würde geschäumt haben
du	wirst geschäumt haben	werdest geschäumt haben	würdest geschäumt haben
er	wird geschäumt haben	werde geschäumt haben	würde geschäumt haben
wir	werden geschäumt haben	werden geschäumt haben	würden geschäumt haben
ihr	werdet geschäumt haben	werdet geschäumt haben	würdet geschäumt haben
sie	werden geschäumt haben	werden geschäumt haben	würden geschäumt haben

scheiden

to separate, part, divide, go away

PRINC. PARTS: scheiden, schied, geschieden, scheidet
IMPERATIVE: scheide!, scheidet!, scheiden Sie!

	INDICATIVE	SUBJUNCTIVE PRIMARY	SUBJUNCTIVE SECONDARY
		Present Time	
	Present	*(Pres. Subj.)*	*(Imperf. Subj.)*
ich	scheide	scheide	schiede
du	scheidest	scheidest	schiedest
er	scheidet	scheide	schiede
wir	scheiden	scheiden	schieden
ihr	scheidet	scheidet	schiedet
sie	scheiden	scheiden	schieden
	Imperfect		
ich	schied		
du	schiedest		
er	schied		
wir	schieden		
ihr	schiedet		
sie	schieden		
		Past Time	
	Perfect	*(Perf. Subj.)*	*(Pluperf. Subj.)*
ich	habe geschieden	habe geschieden	hätte geschieden
du	hast geschieden	habest geschieden	hättest geschieden
er	hat geschieden	habe geschieden	hätte geschieden
wir	haben geschieden	haben geschieden	hätten geschieden
ihr	habt geschieden	habet geschieden	hättet geschieden
sie	haben geschieden	haben geschieden	hätten geschieden
	Pluperfect		
ich	hatte geschieden		
du	hattest geschieden		
er	hatte geschieden		
wir	hatten geschieden		
ihr	hattet geschieden		
sie	hatten geschieden		
		Future Time	
	Future	*(Fut. Subj.)*	*(Pres. Conditional)*
ich	werde scheiden	werde scheiden	würde scheiden
du	wirst scheiden	werdest scheiden	würdest scheiden
er	wird scheiden	werde scheiden	würde scheiden
wir	werden scheiden	werden scheiden	würden scheiden
ihr	werdet scheiden	werdet scheiden	würdet scheiden
sie	werden scheiden	werden scheiden	würden scheiden
		Future Perfect Time	
	Future Perfect	*(Fut. Perf. Subj.)*	*(Past Conditional)*
ich	werde geschieden haben	werde geschieden haben	würde geschieden haben
du	wirst geschieden haben	werdest geschieden haben	würdest geschieden haben
er	wird geschieden haben	werde geschieden haben	würde geschieden haben
wir	werden geschieden haben	werden geschieden haben	würden geschieden haben
ihr	werdet geschieden haben	werdet geschieden haben	würdet geschieden haben
sie	werden geschieden haben	werden geschieden haben	würden geschieden haben

PRINC. PARTS: scheinen, schien, geschienen, scheint
IMPERATIVE: scheine!, scheint!, scheinen Sie!

to shine, seem

	INDICATIVE	SUBJUNCTIVE PRIMARY	SUBJUNCTIVE SECONDARY
		Present Time	
	Present	*(Pres. Subj.)*	*(Imperf. Subj.)*
ich	scheine	scheine	schiene
du	scheinst	scheinest	schienest
er	scheint	scheine	schiene
wir	scheinen	scheinen	schienen
ihr	scheint	scheinet	schienet
sie	scheinen	scheinen	schienen
	Imperfect		
ich	schien		
du	schienst		
er	schien		
wir	schienen		
ihr	schient		
sie	schienen		
		Past Time	
	Perfect	*(Perf. Subj.)*	*(Pluperf. Subj.)*
ich	habe geschienen	habe geschienen	hätte geschienen
du	hast geschienen	habest geschienen	hättest geschienen
er	hat geschienen	habe geschienen	hätte geschienen
wir	haben geschienen	haben geschienen	hätten geschienen
ihr	habt geschienen	habet geschienen	hättet geschienen
sie	haben geschienen	haben geschienen	hätten geschienen
	Pluperfect		
ich	hatte geschienen		
du	hattest geschienen		
er	hatte geschienen		
wir	hatten geschienen		
ihr	hattet geschienen		
sie	hatten geschienen		
		Future Time	
	Future	*(Fut. Subj.)*	*(Pres. Conditional)*
ich	werde scheinen	werde scheinen	würde scheinen
du	wirst scheinen	werdest scheinen	würdest scheinen
er	wird scheinen	werde scheinen	würde scheinen
wir	werden scheinen	werden scheinen	würden scheinen
ihr	werdet scheinen	werdet scheinen	würdet scheinen
sie	werden scheinen	werden scheinen	würden scheinen
		Future Perfect Time	
	Future Perfect	*(Fut. Perf. Subj.)*	*(Past Conditional)*
ich	werde geschienen haben	werde geschienen haben	würde geschienen haben
du	wirst geschienen haben	werdest geschienen haben	würdest geschienen haben
er	wird geschienen haben	werde geschienen haben	würde geschienen haben
wir	werden geschienen haben	werden geschienen haben	würden geschienen haben
ihr	werdet geschienen haben	werdet geschienen haben	würdet geschienen haben
sie	werden geschienen haben	werden geschienen haben	würden geschienen haben

schelten

to scold, reproach

PRINC. PARTS: schelten, schalt, gescholten, schilt
IMPERATIVE: schilt!, scheltet!, schelten Sie!

INDICATIVE		SUBJUNCTIVE PRIMARY	SUBJUNCTIVE SECONDARY
		Present Time	
	Present	(*Pres. Subj.*)	(*Imperf. Subj.*)
ich	schelte	schelte	schölte
du	schiltst	scheltest	schöltest
er	schilt	schelte	schölte
wir	schelten	schelten	schölten
ihr	scheltet	scheltet	schöltet
sie	schelten	schelten	schölten
	Imperfect		
ich	schalt		
du	schaltest		
er	schalt		
wir	schalten		
ihr	schaltet		
sie	schalten		
		Past Time	
	Perfect	(*Perf. Subj.*)	(*Pluperf. Subj.*)
ich	habe gescholten	habe gescholten	hätte gescholten
du	hast gescholten	habest gescholten	hättest gescholten
er	hat gescholten	habe gescholten	hätte gescholten
wir	haben gescholten	haben gescholten	hätten gescholten
ihr	habt gescholten	habet gescholten	hättet gescholten
sie	haben gescholten	haben gescholten	hätten gescholten
	Pluperfect		
ich	hatte gescholten		
du	hattest gescholten		
er	hatte gescholten		
wir	hatten gescholten		
ihr	hattet gescholten		
sie	hatten gescholten		
		Future Time	
	Future	(*Fut. Subj.*)	(*Pres. Conditional*)
ich	werde schelten	werde schelten	würde schelten
du	wirst schelten	werdest schelten	würdest schelten
er	wird schelten	werde schelten	würde schelten
wir	werden schelten	werden schelten	würden schelten
ihr	werdet schelten	werdet schelten	würdet schelten
sie	werden schelten	werden schelten	würden schelten
		Future Perfect Time	
	Future Perfect	(*Fut. Perf. Subj.*)	(*Past Conditional*)
ich	werde gescholten haben	werde gescholten haben	würde gescholten haben
du	wirst gescholten haben	werdest gescholten haben	würdest gescholten haben
er	wird gescholten haben	werde gescholten haben	würde gescholten haben
wir	werden gescholten haben	werden gescholten haben	würden gescholten haben
ihr	werdet gescholten haben	werdet gescholten haben	würdet gescholten haben
sie	werden gescholten haben	werden gescholten haben	würden gescholten haben

PRINC. PARTS: scherzen, scherzte, gescherzt, scherzt
IMPERATIVE: scherze!, scherzt!, scherzen Sie!

to joke, make fun

INDICATIVE	SUBJUNCTIVE	
	PRIMARY	SECONDARY
	Present Time	
Present	*(Pres. Subj.)*	*(Imperf. Subj.)*
ich scherze	scherze	scherzte
du scherzt	scherzest	scherztest
er scherzt	scherze	scherzte
wir scherzen	scherzen	scherzten
ihr scherzt	scherzet	scherztet
sie scherzen	scherzen	scherzten
Imperfect		
ich scherzte		
du scherztest		
er scherzte		
wir scherzten		
ihr scherztet		
sie scherzten		
	Past Time	
Perfect	*(Perf. Subj.)*	*(Pluperf. Subj.)*
ich habe gescherzt	habe gescherzt	hätte gescherzt
du hast gescherzt	habest gescherzt	hättest gescherzt
er hat gescherzt	habe gescherzt	hätte gescherzt
wir haben gescherzt	haben gescherzt	hätten gescherzt
ihr habt gescherzt	habet gescherzt	hättet gescherzt
sie haben gescherzt	haben gescherzt	hätten gescherzt
Pluperfect		
ich hatte gescherzt		
du hattest gescherzt		
er hatte gescherzt		
wir hatten gescherzt		
ihr hattet gescherzt		
sie hatten gescherzt		
	Future Time	
Future	*(Fut. Subj.)*	*(Pres. Conditional)*
ich werde scherzen	werde scherzen	würde scherzen
du wirst scherzen	werdest scherzen	würdest scherzen
er wird scherzen	werde scherzen	würde scherzen
wir werden scherzen	werden scherzen	würden scherzen
ihr werdet scherzen	werdet scherzen	würdet scherzen
sie werden scherzen	werden scherzen	würden scherzen
	Future Perfect Time	
Future Perfect	*(Fut. Perf. Subj.)*	*(Past Conditional)*
ich werde gescherzt haben	werde gescherzt haben	würde gescherzt haben
du wirst gescherzt haben	werdest gescherzt haben	würdest gescherzt haben
er wird gescherzt haben	werde gescherzt haben	würde gescherzt haben
wir werden gescherzt haben	werden gescherzt haben	würden gescherzt haben
ihr werdet gescherzt haben	werdet gescherzt haben	würdet gescherzt haben
sie werden gescherzt haben	werden gescherzt haben	würden gescherzt haben

schichten

to pile up, heap, stratify

PRINC. PARTS: schichten, schichtete, geschichtet, schichtet
IMPERATIVE: schichte!, schichtet!, schichten Sie!

	INDICATIVE	SUBJUNCTIVE PRIMARY	SUBJUNCTIVE SECONDARY
		Present Time	
	Present	(*Pres. Subj.*)	(*Imperf. Subj.*)
ich	schichte	schichte	schichtete
du	schichtest	schichtest	schichtetest
er	schichtet	schichte	schichtete
wir	schichten	schichten	schichteten
ihr	schichtet	schichtet	schichtetet
sie	schichten	schichten	schichteten
	Imperfect		
ich	schichtete		
du	schichtetest		
er	schichtete		
wir	schichteten		
ihr	schichtetet		
sie	schichteten		
		Past Time	
	Perfect	(*Perf. Subj.*)	(*Pluperf. Subj.*)
ich	habe geschichtet	habe geschichtet	hätte geschichtet
du	hast geschichtet	habest geschichtet	hättest geschichtet
er	hat geschichtet	habe geschichtet	hätte geschichtet
wir	haben geschichtet	haben geschichtet	hätten geschichtet
ihr	habt geschichtet	habet geschichtet	hättet geschichtet
sie	haben geschichtet	haben geschichtet	hätten geschichtet
	Pluperfect		
ich	hatte geschichtet		
du	hattest geschichtet		
er	hatte geschichtet		
wir	hatten geschichtet		
ihr	hattet geschichtet		
sie	hatten geschichtet		
		Future Time	
	Future	(*Fut. Subj.*)	(*Pres. Conditional*)
ich	werde schichten	werde schichten	würde schichten
du	wirst schichten	werdest schichten	würdest schichten
er	wird schichten	werde schichten	würde schichten
wir	werden schichten	werden schichten	würden schichten
ihr	werdet schichten	werdet schichten	würdet schichten
sie	werden schichten	werden schichten	würden schichten
		Future Perfect Time	
	Future Perfect	(*Fut. Perf. Subj.*)	(*Past Conditional*)
ich	werde geschichtet haben	werde geschichtet haben	würde geschichtet haben
du	wirst geschichtet haben	werdest geschichtet haben	würdest geschichtet haben
er	wird geschichtet haben	werde geschichtet haben	würde geschichtet haben
wir	werden geschichtet haben	werden geschichtet haben	würden geschichtet haben
ihr	werdet geschichtet haben	werdet geschichtet haben	würdet geschichtet haben
sie	werden geschichtet haben	werden geschichtet haben	würden geschichtet haben

PRINC. PARTS: schicken, schickte, geschickt, schickt
IMPERATIVE: schicke!, schickt!, schicken Sie!

to send, dispatch

INDICATIVE		SUBJUNCTIVE	
		PRIMARY	SECONDARY
		Present Time	
	Present	(*Pres. Subj.*)	(*Imperf. Subj.*)
ich	schicke	schicke	schickte
du	schickst	schickest	schicktest
er	schickt	schicke	schickte
wir	schicken	schicken	schickten
ihr	schickt	schicket	schicktet
sie	schicken	schicken	schickten
	Imperfect		
ich	schickte		
du	schicktest		
er	schickte		
wir	schickten		
ihr	schicktet		
sie	schickten		
		Past Time	
	Perfect	(*Perf. Subj.*)	(*Pluperf. Subj.*)
ich	habe geschickt	habe geschickt	hätte geschickt
du	hast geschickt	habest geschickt	hättest geschickt
er	hat geschickt	habe geschickt	hätte geschickt
wir	haben geschickt	haben geschickt	hätten geschickt
ihr	habt geschickt	habet geschickt	hättet geschickt
sie	haben geschickt	haben geschickt	hätten geschickt
	Pluperfect		
ich	hatte geschickt		
du	hattest geschickt		
er	hatte geschickt		
wir	hatten geschickt		
ihr	hattet geschickt		
sie	hatten geschickt		
		Future Time	
	Future	(*Fut. Subj.*)	(*Pres. Conditional*)
ich	werde schicken	werde schicken	würde schicken
du	wirst schicken	werdest schicken	würdest schicken
er	wird schicken	werde schicken	würde schicken
wir	werden schicken	werden schicken	würden schicken
ihr	werdet schicken	werdet schicken	würdet schicken
sie	werden schicken	werden schicken	würden schicken
		Future Perfect Time	
	Future Perfect	(*Fut. Perf. Subj.*)	(*Past Conditional*)
ich	werde geschickt haben	werde geschickt haben	würde geschickt haben
du	wirst geschickt haben	werdest geschickt haben	würdest geschickt haben
er	wird geschickt haben	werde geschickt haben	würde geschickt haben
wir	werden geschickt haben	werden geschickt haben	würden geschickt haben
ihr	werdet geschickt haben	werdet geschickt haben	würdet geschickt haben
sie	werden geschickt haben	werden geschickt haben	würden geschickt haben

schieben

to push, shove, move, profiteer

PRINC. PARTS: schieben, schob, geschoben, schiebt
IMPERATIVE: schiebe!, schiebt!, schieben Sie!

	INDICATIVE	SUBJUNCTIVE PRIMARY	SUBJUNCTIVE SECONDARY
		Present Time	
	Present	*(Pres. Subj.)*	*(Imperf. Subj.)*
ich	schiebe	schiebe	schöbe
du	schiebst	schiebest	schöbest
er	schiebt	schiebe	schöbe
wir	schieben	schieben	schöben
ihr	schiebt	schiebet	schöbet
sie	schieben	schieben	schöben

	Imperfect
ich	schob
du	schobst
er	schob
wir	schoben
ihr	schobt
sie	schoben

	INDICATIVE	SUBJUNCTIVE PRIMARY	SUBJUNCTIVE SECONDARY
		Past Time	
	Perfect	*(Perf. Subj.)*	*(Pluperf. Subj.)*
ich	habe geschoben	habe geschoben	hätte geschoben
du	hast geschoben	habest geschoben	hättest geschoben
er	hat geschoben	habe geschoben	hätte geschoben
wir	haben geschoben	haben geschoben	hätten geschoben
ihr	habt geschoben	habet geschoben	hättet geschoben
sie	haben geschoben	haben geschoben	hätten geschoben

	Pluperfect
ich	hatte geschoben
du	hattest geschoben
er	hatte geschoben
wir	hatten geschoben
ihr	hattet geschoben
sie	hatten geschoben

	INDICATIVE	SUBJUNCTIVE PRIMARY	SUBJUNCTIVE SECONDARY
		Future Time	
	Future	*(Fut. Subj.)*	*(Pres. Conditional)*
ich	werde schieben	werde schieben	würde schieben
du	wirst schieben	werdest schieben	würdest schieben
er	wird schieben	werde schieben	würde schieben
wir	werden schieben	werden schieben	würden schieben
ihr	werdet schieben	werdet schieben	würdet schieben
sie	werden schieben	werden schieben	würden schieben

	INDICATIVE	SUBJUNCTIVE PRIMARY	SUBJUNCTIVE SECONDARY
		Future Perfect Time	
	Future Perfect	*(Fut. Perf. Subj.)*	*(Past Conditional)*
ich	werde geschoben haben	werde geschoben haben	würde geschoben haben
du	wirst geschoben haben	werdest geschoben haben	würdest geschoben haben
er	wird geschoben haben	werde geschoben haben	würde geschoben haben
wir	werden geschoben haben	werden geschoben haben	würden geschoben haben
ihr	werdet geschoben haben	werdet geschoben haben	würdet geschoben haben
sie	werden geschoben haben	werden geschoben haben	würden geschoben haben

PRINC. PARTS: schießen, schoß, geschossen, schießt
IMPERATIVE: schieße!, schießt!, schießen Sie!

to shoot

INDICATIVE		SUBJUNCTIVE	
		PRIMARY	SECONDARY
		Present Time	
	Present	(*Pres. Subj.*)	(*Imperf. Subj.*)
ich	schieße	schieße	schösse
du	schießt	schießest	schössest
er	schießt	schieße	schösse
wir	schießen	schießen	schössen
ihr	schießt	schießet	schösset
sie	schießen	schießen	schössen
	Imperfect		
ich	schoß		
du	schossest		
er	schoß		
wir	schossen		
ihr	schoßt		
sie	schossen		
		Past Time	
	Perfect	(*Perf. Subj.*)	(*Pluperf. Subj.*)
ich	habe geschossen	habe geschossen	hätte geschossen
du	hast geschossen	habest geschossen	hättest geschossen
er	hat geschossen	habe geschossen	hätte geschossen
wir	haben geschossen	haben geschossen	hätten geschossen
ihr	habt geschossen	habet geschossen	hättet geschossen
sie	haben geschossen	haben geschossen	hätten geschossen
	Pluperfect		
ich	hatte geschossen		
du	hattest geschossen		
er	hatte geschossen		
wir	hatten geschossen		
ihr	hattet geschossen		
sie	hatten geschossen		
		Future Time	
	Future	(*Fut. Subj.*)	(*Pres. Conditional*)
ich	werde schießen	werde schießen	würde schießen
du	wirst schießen	werdest schießen	würdest schießen
er	wird schießen	werde schießen	würde schießen
wir	werden schießen	werden schießen	würden schießen
ihr	werdet schießen	werdet schießen	würdet schießen
sie	werden schießen	werden schießen	würden schießen
		Future Perfect Time	
	Future Perfect	(*Fut. Perf. Subj.*)	(*Past Conditional*)
ich	werde geschossen haben	werde geschossen haben	würde geschossen haben
du	wirst geschossen haben	werdest geschossen haben	würdest geschossen haben
er	wird geschossen haben	werde geschossen haben	würde geschossen haben
wir	werden geschossen haben	werden geschossen haben	würden geschossen haben
ihr	werdet geschossen haben	werdet geschossen haben	würdet geschossen haben
sie	werden geschossen haben	werden geschossen haben	würden geschossen haben

schlachten

to slaughter, butcher; massacre

PRINC. PARTS: schlachten, schlachtete, geschlachtet, schlachtet
IMPERATIVE: schlachte!, schlachtet!, schlachten Sie!

	INDICATIVE	SUBJUNCTIVE PRIMARY	SUBJUNCTIVE SECONDARY
		Present Time	
	Present	(*Pres. Subj.*)	(*Imperf. Subj.*)
ich	schlachte	schlachte	schlachtete
du	schlachtest	schlachtest	schlachtetest
er	schlachtet	schlachte	schlachtete
wir	schlachten	schlachten	schlachteten
ihr	schlachtet	schlachtet	schlachtetet
sie	schlachten	schlachten	schlachteten
	Imperfect		
ich	schlachtete		
du	schlachtetest		
er	schlachtete		
wir	schlachteten		
ihr	schlachtetet		
sie	schlachteten		
		Past Time	
	Perfect	(*Perf. Subj.*)	(*Pluperf. Subj.*)
ich	habe geschlachtet	habe geschlachtet	hätte geschlachtet
du	hast geschlachtet	habest geschlachtet	hättest geschlachtet
er	hat geschlachtet	habe geschlachtet	hätte geschlachtet
wir	haben geschlachtet	haben geschlachtet	hätten geschlachtet
ihr	habt geschlachtet	habet geschlachtet	hättet geschlachtet
sie	haben geschlachtet	haben geschlachtet	hätten geschlachtet
	Pluperfect		
ich	hatte geschlachtet		
du	hattest geschlachtet		
er	hatte geschlachtet		
wir	hatten geschlachtet		
ihr	hattet geschlachtet		
sie	hatten geschlachtet		
		Future Time	
	Future	(*Fut. Subj.*)	(*Pres. Conditional*)
ich	werde schlachten	werde schlachten	würde schlachten
du	wirst schlachten	werdest schlachten	würdest schlachten
er	wird schlachten	werde schlachten	würde schlachten
wir	werden schlachten	werden schlachten	würden schlachten
ihr	werdet schlachten	werdet schlachten	würdet schlachten
sie	werden schlachten	werden schlachten	würden schlachten
		Future Perfect Time	
	Future Perfect	(*Fut. Perf. Subj.*)	(*Past Conditional*)
ich	werde geschlachtet haben	werde geschlachtet haben	würde geschlachtet haben
du	wirst geschlachtet haben	werdest geschlachtet haben	würdest geschlachtet haben
er	wird geschlachtet haben	werde geschlachtet haben	würde geschlachtet haben
wir	werden geschlachtet haben	werden geschlachtet haben	würden geschlachtet haben
ihr	werdet geschlachtet haben	werdet geschlachtet haben	würdet geschlachtet haben
sie	werden geschlachtet haben	werden geschlachtet haben	würden geschlachtet haben

PRINC. PARTS: schlafen, schlief, geschlafen, schläft
IMPERATIVE: schlafe!, schlaft!, schlafen Sie!

schlafen
to sleep

	INDICATIVE	SUBJUNCTIVE PRIMARY	SUBJUNCTIVE SECONDARY
		Present Time	
	Present	(*Pres. Subj.*)	(*Imperf. Subj.*)
ich	schlafe	schlafe	schliefe
du	schläfst	schlafest	schliefest
er	schläft	schlafe	schliefe
wir	schlafen	schlafen	schliefen
ihr	schlaft	schlafet	schliefet
sie	schlafen	schlafen	schliefen
	Imperfect		
ich	schlief		
du	schliefst		
er	schlief		
wir	schliefen		
ihr	schlieft		
sie	schliefen		
		Past Time	
	Perfect	(*Perf. Subj.*)	(*Pluperf. Subj.*)
ich	habe geschlafen	habe geschlafen	hätte geschlafen
du	hast geschlafen	habest geschlafen	hättest geschlafen
er	hat geschlafen	habe geschlafen	hätte geschlafen
wir	haben geschlafen	haben geschlafen	hätten geschlafen
ihr	habt geschlafen	habet geschlafen	hättet geschlafen
sie	haben geschlafen	haben geschlafen	hätten geschlafen
	Pluperfect		
ich	hatte geschlafen		
du	hattest geschlafen		
er	hatte geschlafen		
wir	hatten geschlafen		
ihr	hattet geschlafen		
sie	hatten geschlafen		
		Future Time	
	Future	(*Fut. Subj.*)	(*Pres. Conditional*)
ich	werde schlafen	werde schlafen	würde schlafen
du	wirst schlafen	werdest schlafen	würdest schlafen
er	wird schlafen	werde schlafen	würde schlafen
wir	werden schlafen	werden schlafen	würden schlafen
ihr	werdet schlafen	werdet schlafen	würdet schlafen
sie	werden schlafen	werden schlafen	würden schlafen
		Future Perfect Time	
	Future Perfect	(*Fut. Perf. Subj.*)	(*Past Conditional*)
ich	werde geschlafen haben	werde geschlafen haben	würde geschlafen haben
du	wirst geschlafen haben	werdest geschlafen haben	würdest geschlafen haben
er	wird geschlafen haben	werde geschlafen haben	würde geschlafen haben
wir	werden geschlafen haben	werden geschlafen haben	würden geschlafen haben
ihr	werdet geschlafen haben	werdet geschlafen haben	würdet geschlafen haben
sie	werden geschlafen haben	werden geschlafen haben	würden geschlafen haben

schlagen

to hit, beat, strike

PRINC. PARTS: schlagen, schlug, geschlagen, schlägt
IMPERATIVE: schlage!, schlagt!, schlagen Sie!

INDICATIVE		SUBJUNCTIVE	
		PRIMARY	SECONDARY
		Present Time	
Present		(*Pres. Subj.*)	(*Imperf. Subj.*)
ich	schlage	schlage	schlüge
du	schlägst	schlagest	schlügest
er	schlägt	schlage	schlüge
wir	schlagen	schlagen	schlügen
ihr	schlagt	schlaget	schlüget
sie	schlagen	schlagen	schlügen
Imperfect			
ich	schlug		
du	schlugst		
er	schlug		
wir	schlugen		
ihr	schlugt		
sie	schlugen		
		Past Time	
Perfect		(*Perf. Subj.*)	(*Pluperf. Subj.*)
ich	habe geschlagen	habe geschlagen	hätte geschlagen
du	hast geschlagen	habest geschlagen	hättest geschlagen
er	hat geschlagen	habe geschlagen	hätte geschlagen
wir	haben geschlagen	haben geschlagen	hätten geschlagen
ihr	habt geschlagen	habet geschlagen	hättet geschlagen
sie	haben geschlagen	haben geschlagen	hätten geschlagen
Pluperfect			
ich	hatte geschlagen		
du	hattest geschlagen		
er	hatte geschlagen		
wir	hatten geschlagen		
ihr	hattet geschlagen		
sie	hatten geschlagen		
		Future Time	
Future		(*Fut. Subj.*)	(*Pres. Conditional*)
ich	werde schlagen	werde schlagen	würde schlagen
du	wirst schlagen	werdest schlagen	würdest schlagen
er	wird schlagen	werde schlagen	würde schlagen
wir	werden schlagen	werden schlagen	würden schlagen
ihr	werdet schlagen	werdet schlagen	würdet schlagen
sie	werden schlagen	werden schlagen	würden schlagen
		Future Perfect Time	
Future Perfect		(*Fut. Perf. Subj.*)	(*Past Conditional*)
ich	werde geschlagen haben	werde geschlagen haben	würde geschlagen haben
du	wirst geschlagen haben	werdest geschlagen haben	würdest geschlagen haben
er	wird geschlagen haben	werde geschlagen haben	würde geschlagen haben
wir	werden geschlagen haben	werden geschlagen haben	würden geschlagen haben
ihr	werdet geschlagen haben	werdet geschlagen haben	würdet geschlagen haben
sie	werden geschlagen haben	werden geschlagen haben	würden geschlagen haben

PRINC. PARTS: schleichen, schlich, ist geschlichen, schleicht
IMPERATIVE: schleiche!, schleicht!, schleichen Sie!

to sneak, creep

INDICATIVE		SUBJUNCTIVE	
		PRIMARY	SECONDARY
		Present Time	
	Present	(*Pres. Subj.*)	(*Imperf. Subj.*)
ich	schleiche	schleiche	schliche
du	schleichst	schleichest	schlichest
er	schleicht	schleiche	schliche
wir	schleichen	schleichen	schlichen
ihr	schleicht	schleicht	schlichet
sie	schleichen	schleichen	schlichen
	Imperfect		
ich	schlich		
du	schlichst		
er	schlich		
wir	schlichen		
ihr	schlicht		
sie	schlichen		
		Past Time	
	Perfect	(*Perf. Subj.*)	(*Pluperf. Subj.*)
ich	bin geschlichen	sei geschlichen	wäre geschlichen
du	bist geschlichen	seiest geschlichen	wärest geschlichen
er	ist geschlichen	sei geschlichen	wäre geschlichen
wir	sind geschlichen	seien geschlichen	wären geschlichen
ihr	seid geschlichen	seiet geschlichen	wäret geschlichen
sie	sind geschlichen	seien geschlichen	wären geschlichen
	Pluperfect		
ich	war geschlichen		
du	warst geschlichen		
er	war geschlichen		
wir	waren geschlichen		
ihr	wart geschlichen		
sie	waren geschlichen		
		Future Time	
	Future	(*Fut. Subj.*)	(*Pres. Conditional*)
ich	werde schleichen	werde schleichen	würde schleichen
du	wirst schleichen	werdest schleichen	würdest schleichen
er	wird schleichen	werde schleichen	würde schleichen
wir	werden schleichen	werden schleichen	würden schleichen
ihr	werdet schleichen	werdet schleichen	würdet schleichen
sie	werden schleichen	werden schleichen	würden schleichen
		Future Perfect Time	
	Future Perfect	(*Fut. Perf. Subj.*)	(*Past Conditional*)
ich	werde geschlichen sein	werde geschlichen sein	würde geschlichen sein
du	wirst geschlichen sein	werdest geschlichen sein	würdest geschlichen sein
er	wird geschlichen sein	werde geschlichen sein	würde geschlichen sein
wir	werden geschlichen sein	werden geschlichen sein	würden geschlichen sein
ihr	werdet geschlichen sein	werdet geschlichen sein	würdet geschlichen sein
sie	werden geschlichen sein	werden geschlichen sein	würden geschlichen sein

schleifen

*to grind, polish, slide**

PRINC. PARTS: schleifen, schliff, geschliffen, schleift
IMPERATIVE: schleife!, schleift!, schleifen Sie!

INDICATIVE		SUBJUNCTIVE	
		PRIMARY	SECONDARY
		Present Time	
	Present	(*Pres. Subj.*)	(*Imperf. Subj.*)
ich	schleife	schleife	schliffe
du	schleifst	schleifest	schliffest
er	schleift	schleife	schliffe
wir	schleifen	schleifen	schliffen
ihr	schleift	schleifet	schliffet
sie	schleifen	schleifen	schliffen
	Imperfect		
ich	schliff		
du	schliffst		
er	schliff		
wir	schliffen		
ihr	schlifft		
sie	schliffen		
		Past Time	
	Perfect	(*Perf. Subj.*)	(*Pluperf. Subj.*)
ich	habe geschliffen	habe geschliffen	hätte geschliffen
du	hast geschliffen	habest geschliffen	hättest geschliffen
er	hat geschliffen	habe geschliffen	hätte geschliffen
wir	haben geschliffen	haben geschliffen	hätten geschliffen
ihr	habt geschliffen	habet geschliffen	hättet geschliffen
sie	haben geschliffen	haben geschliffen	hätten geschliffen
	Pluperfect		
ich	hatte geschliffen		
du	hattest geschliffen		
er	hatte geschliffen		
wir	hatten geschliffen		
ihr	hattet geschliffen		
sie	hatten geschliffen		
		Future Time	
	Future	(*Fut. Subj.*)	(*Pres. Conditional*)
ich	werde schleifen	werde schleifen	würde schleifen
du	wirst schleifen	werdest schleifen	würdest schleifen
er	wird schleifen	werde schleifen	würde schleifen
wir	werden schleifen	werden schleifen	würden schleifen
ihr	werdet schleifen	werdet schleifen	würdet schleifen
sie	werden schleifen	werden schleifen	würden schleifen
		Future Perfect Time	
	Future Perfect	(*Fut. Perf. Subj.*)	(*Past Conditional*)
ich	werde geschliffen haben	werde geschliffen haben	würde geschliffen haben
du	wirst geschliffen haben	werdest geschliffen haben	würdest geschliffen haben
er	wird geschliffen haben	werde geschliffen haben	würde geschliffen haben
wir	werden geschliffen haben	werden geschliffen haben	würden geschliffen haben
ihr	werdet geschliffen haben	werdet geschliffen haben	würdet geschliffen haben
sie	werden geschliffen haben	werden geschliffen haben	würden geschliffen haben

* **schleifen** is weak in the meaning *to drag, to dismantle.* PRINC. PARTS: schleifen, schleifte, geschleift, schleift.

PRINC. PARTS: schlichten, schlichtete, geschlichtet, schlichtet
IMPERATIVE: schlichte! schlichtet!, schlichten Sie!

schlichten

to make smooth; settle

INDICATIVE		SUBJUNCTIVE PRIMARY	SUBJUNCTIVE SECONDARY
		Present Time	
	Present	*(Pres. Subj.)*	*(Imperf. Subj.)*
ich	schlichte	schlichte	schlichtete
du	schlichtest	schlichtest	schlichtetest
er	schlichtet	schlichte	schlichtete
wir	schlichten	schlichten	schlichteten
ihr	schlichtet	schlichtet	schlichtetet
sie	schlichten	schlichten	schlichteten
	Imperfect		
ich	schlichtete		
du	schlichtetest		
er	schlichtete		
wir	schlichteten		
ihr	schlichtetet		
sie	schlichteten		
		Past Time	
	Perfect	*(Perf. Subj.)*	*(Pluperf. Subj.)*
ich	habe geschlichtet	habe geschlichtet	hätte geschlichtet
du	hast geschlichtet	habest geschlichtet	hättest geschlichtet
er	hat geschlichtet	habe geschlichtet	hätte geschlichtet
eir	haben geschlichtet	haben geschlichtet	hätten geschlichtet
ihr	habt geschlichtet	habet geschlichtet	hättet geschlichtet
sie	haben geschlichtet	haben geschlichtet	hätten geschlichtet
	Pluperfect		
ich	hatte geschlichtet		
du	hattest geschlichtet		
er	hatte geschlichtet		
wir	hatten geschlichtet		
ihr	hattet geschlichtet		
sie	hatten geschlichtet		
		Future Time	
	Future	*(Fut. Subj.)*	*(Pres. Conditional)*
ich	werde schlichten	werde schlichten	würde schlichten
du	wirst schlichten	werdest schlichten	würdest schlichten
er	wird schlichten	werde schlichten	würde schlichten
wir	werden schlichten	werden schlichten	würden schlichten
ihr	werdet schlichten	werdet schlichten	würdet schlichten
sie	werden schlichten	werden schlichten	würden schlichten
		Future Perfect Time	
	Future Perfect	*(Fut. Perf. Subj.)*	*(Past Conditional)*
ich	werde geschlichtet haben	werde geschlichtet haben	würde geschlichtet haben
du	wirst geschlichtet haben	werdest geschlichtet haben	würdest geschlichtet haben
er	wird geschlichtet haben	werde geschlichtet haben	würde geschlichtet haben
wir	werden geschlichtet haben	werden geschlichtet haben	würden geschlichtet haben
ihr	werdet geschlichtet haben	werdet geschlichtet haben	würdet geschlichtet haben
sie	werden geschlichtet haben	werden geschlichtet haben	würden geschlichtet haben

schließen

to close, conclude, shut, lock

PRINC. PARTS: schließen, schloß, geschlossen, schließt
IMPERATIVE: schließe!, schließt!, schließen Sie!

	INDICATIVE	SUBJUNCTIVE PRIMARY	SUBJUNCTIVE SECONDARY
		Present Time	
	Present	*(Pres. Subj.)*	*(Imperf. Subj.)*
ich	schließe	schließe	schlösse
du	schließt	schließest	schlössest
er	schließt	schließe	schlösse
wir	schließen	schließen	schlössen
ihr	schließt	schließet	schlösset
sie	schließen	schließen	schlössen
	Imperfect		
ich	schloß		
du	schlossest		
er	schloß		
wir	schlossen		
ihr	schloßt		
sie	schlossen		
		Past Time	
	Perfect	*(Perf. Subj.)*	*(Pluperf. Subj.)*
ich	habe geschlossen	habe geschlossen	hätte geschlossen
du	hast geschlossen	habest geschlossen	hättest geschlossen
er	hat geschlossen	habe geschlossen	hätte geschlossen
wir	haben geschlossen	haben geschlossen	hätten geschlossen
ihr	habt geschlossen	habet geschlossen	hättet geschlossen
sie	haben geschlossen	haben geschlossen	hätten geschlossen
	Pluperfect		
ich	hatte geschlossen		
du	hattest geschlossen		
er	hatte geschlossen		
wir	hatten geschlossen		
ihr	hattet geschlossen		
sie	hatten geschlossen		
		Future Time	
	Future	*(Fut. Subj.)*	*(Pres. Conditional)*
ich	werde schließen	werde schließen	würde schließen
du	wirst schließen	werdest schließen	würdest schließen
er	wird schließen	werde schließen	würde schließen
wir	werden schließen	werden schließen	würden schließen
ihr	werdet schließen	werdet schließen	würdet schließen
sie	werden schließen	werden schließen	würden schließen
		Future Perfect Time	
	Future Perfect	*(Fut. Perf. Subj.)*	*(Past Conditional)*
ich	werde geschlossen haben	werde geschlossen haben	würde geschlossen haben
du	wirst geschlossen haben	werdest geschlossen haben	würdest geschlossen haben
er	wird geschlossen haben	werde geschlossen haben	würde geschlossen haben
wir	werden geschlossen haben	werden geschlossen haben	würden geschlossen haben
ihr	werdet geschlossen haben	werdet geschlossen haben	würdet geschlossen haben
sie	werden geschlossen haben	werden geschlossen haben	würden geschlossen haben

PRINC. PARTS: schlingen, schlang, geschlungen, schlingt
IMPERATIVE: schlinge!, schlingt!, schlingen Sie!

schlingen

to gulp, devour, weave

INDICATIVE		SUBJUNCTIVE PRIMARY	SUBJUNCTIVE SECONDARY
		Present Time	
	Present	*(Pres. Subj.)*	*(Imperf. Subj.)*
ich	schlinge	schlinge	schlänge
du	schlingst	schlingest	schlängest
er	schlingt	schlinge	schlänge
wir	schlingen	schlingen	schlängen
ihr	schlingt	schlinget	schlänget
sie	schlingen	schlingen	schlängen
	Imperfect		
ich	schlang		
du	schlangst		
er	schlang		
wir	schlangen		
ihr	schlangt		
sie	schlangen		
		Past Time	
	Perfect	*(Perf. Subj.)*	*(Pluperf. Subj.)*
ich	habe geschlungen	habe geschlungen	hätte geschlungen
du	hast geschlungen	habest geschlungen	hättest geschlungen
er	hat geschlungen	habe geschlungen	hätte geschlungen
wir	haben geschlungen	haben geschlungen	hätten geschlungen
ihr	habt geschlungen	habet geschlungen	hättet geschlungen
sie	haben geschlungen	haben geschlungen	hätten geschlungen
	Pluperfect		
ich	hatte geschlungen		
du	hattest geschlungen		
er	hatte geschlungen		
wir	hatten geschlungen		
ihr	hattet geschlungen		
sie	hatten geschlungen		
		Future Time	
	Future	*(Fut. Subj.)*	*(Pres. Conditional)*
ich	werde schlingen	werde schlingen	würde schlingen
du	wirst schlingen	werdest schlingen	würdest schlingen
er	wird schlingen	werde schlingen	würde schlingen
wir	werden schlingen	werden schlingen	würden schlingen
ihr	werdet schlingen	werdet schlingen	würdet schlingen
sie	werden schlingen	werden schlingen	würden schlingen
		Future Perfect Time	
	Future Perfect	*(Fut. Perf. Subj.)*	*(Past Conditional)*
ich	werde geschlungen haben	werde geschlungen haben	würde geschlungen haben
du	wirst geschlungen haben	werdest geschlungen haben	würdest geschlungen haben
er	wird geschlungen haben	werde geschlungen haben	würde geschlungen haben
wir	werden geschlungen haben	werden geschlungen haben	würden geschlungen haben
ihr	werdet geschlungen haben	werdet geschlungen haben	würdet geschlungen haben
sie	werden geschlungen haben	werden geschlungen haben	würden geschlungen haben

schlüpfen

to slip, glide

PRINC. PARTS: schlüpfen, schlüpfte, ist geschlüpft, schlüpft
IMPERATIVE: schlüpfe!, schlüpft!, schlüpfen Sie!

INDICATIVE		SUBJUNCTIVE	
		PRIMARY	SECONDARY
		Present Time	
	Present	*(Pres. Subj.)*	*(Imperf. Subj.)*
ich	schlüpfe	schlüpfe	schlüpfte
du	schlüpfst	schlüpfest	schlüpftest
er	schlüpft	schlüpfe	schlüpfte
wir	schlüpfen	schlüpfen	schlüpften
ihr	schlüpft	schlüpfet	schlüpftet
sie	schlüpfen	schlüpfen	schlüpften
	Imperfect		
ich	schlüpfte		
du	schlüpftest		
er	schlüpfte		
wir	schlüpften		
ihr	schlüpftet		
sie	schlüpften		
		Past Time	
	Perfect	*(Perf. Subj.)*	*(Pluperf. Subj.)*
ich	bin geschlüpft	sei geschlüpft	wäre geschlüpft
du	bist geschlüpft	seiest geschlüpft	wärest geschlüpft
er	ist geschlüpft	sei geschlüpft	wäre geschlüpft
wir	sind geschlüpft	seien geschlüpft	wären geschlüpft
ihr	seid geschlüpft	seiet geschlüpft	wäret geschlüpft
sie	sind geschlüpft	seien geschlüpft	wären geschlüpft
	Pluperfect		
ich	war geschlüpft		
du	warst geschlüpft		
er	war geschlüpft		
wir	waren geschlüpft		
ihr	wart geschlüpft		
sie	waren geschlüpft		
		Future Time	
	Future	*(Fut. Subj.)*	*(Pres. Conditional)*
ich	werde schlüpfen	werde schlüpfen	würde schlüpfen
du	wirst schlüpfen	werdest schlüpfen	würdest schlüpfen
er	wird schlüpfen	werde schlüpfen	würde schlüpfen
wir	werden schlüpfen	werden schlüpfen	würden schlüpfen
ihr	werdet schlüpfen	werdet schlüpfen	würdet schlüpfen
sie	werden schlüpfen	werden schlüpfen	würden schlüpfen
		Future Perfect Time	
	Future Perfect	*(Fut. Perf. Subj.)*	*(Past Conditional)*
ich	werde geschlüpft sein	werde geschlüpft sein	würde geschlüpft sein
du	wirst geschlüpft sein	werdest geschlüpft sein	würdest geschlüpft sein
er	wird geschlüpft sein	werde geschlüpft sein	würde geschlüpft sein
wir	werden geschlüpft sein	werden geschlüpft sein	würden geschlüpft sein
ihr	werdet geschlüpft sein	werdet geschlüpft sein	würdet geschlüpft sein
sie	werden geschlüpft sein	werden geschlüpft sein	würden geschlüpft sein

PRINC. PARTS: schmachten, schmachtete, geschmachtet, schmachtet
IMPERATIVE: schmachte!, schmachtet!, schmachten Sie!

schmachten

to languish, pine

INDICATIVE		SUBJUNCTIVE PRIMARY	SUBJUNCTIVE SECONDARY
		Present Time	
	Present	*(Pres. Subj.)*	*(Imperf. Subj.)*
ich	schmachte	schmachte	schmachtete
du	schmachtest	schmachtest	schmachtetest
er	schmachtet	schmachte	schmachtete
wir	schmachten	schmachten	schmachteten
ihr	schmachtet	schmachtet	schmachtetet
sie	schmachten	schmachten	schmachteten
	Imperfect		
ich	schmachtete		
du	schmachtetest		
er	schmachtete		
wir	schmachteten		
ihr	schmachtetet		
sie	schmachteten		
		Past Time	
	Perfect	*(Perf. Subj.)*	*(Pluperf. Subj.)*
ich	habe geschmachtet	habe geschmachtet	hätte geschmachtet
du	hast geschmachtet	habest geschmachtet	hättest geschmachtet
er	hat geschmachtet	habe geschmachtet	hätte geschmachtet
wir	haben geschmachtet	haben geschmachtet	hätten geschmachtet
ihr	habt geschmachtet	habet geschmachtet	hättet geschmachtet
sie	haben geschmachtet	haben geschmachtet	hätten geschmachtet
	Pluperfect		
ich	hatte geschmachtet		
du	hattest geschmachtet		
er	hatte geschmachtet		
wir	hatten geschmachtet		
ihr	hattet geschmachtet		
sie	hatten geschmachtet		
		Future Time	
	Future	*(Fut. Subj.)*	*(Pres. Conditional)*
ich	werde schmachten	werde schmachten	würde schmachten
du	wirst schmachten	werdest schmachten	würdest schmachten
er	wird schmachten	werde schmachten	würde schmachten
wir	werden schmachten	werden schmachten	würden schmachten
ihr	werdet schmachten	werdet schmachten	würdet schmachten
sie	werden schmachten	werden schmachten	würden schmachten
		Future Perfect Time	
	Future Perfect	*(Fut. Perf. Subj.)*	*(Past Conditional)*
ich	werde geschmachtet haben	werde geschmachtet haben	würde geschmachtet haben
du	wirst geschmachtet haben	werdest geschmachtet haben	würdest geschmachtet haben
er	wird geschmachtet haben	werde geschmachtet haben	würde geschmachtet haben
wir	werden geschmachtet haben	werden geschmachtet haben	würden geschmachtet haben
ihr	werdet geschmachtet haben	werdet geschmachtet haben	würdet geschmachtet haben
sie	werden geschmachtet haben	werden geschmachtet haben	würden geschmachtet haben

schmecken

to taste, taste good

PRINC. PARTS: schmecken, schmeckte, geschmeckt, schmeckt
IMPERATIVE: schmecke!, schmeckt!, schmecken Sie!

INDICATIVE		SUBJUNCTIVE	
		PRIMARY	SECONDARY
		Present Time	
	Present	(*Pres. Subj.*)	(*Imperf. Subj.*)
ich	schmecke	schmecke	schmeckte
du	schmeckst	schmeckest	schmecktest
er	schmeckt	schmecke	schmeckte
wir	schmecken	schmecken	schmeckten
ihr	schmeckt	schmecket	schmecktet
sie	schmecken	schmecken	schmeckten
	Imperfect		
ich	schmeckte		
du	schmecktest		
er	schmeckte		
wir	schmeckten		
ihr	schmecktet		
sie	schmeckten		
		Past Time	
	Perfect	(*Perf. Subj.*)	(*Pluperf. Subj.*)
ich	habe geschmeckt	habe geschmeckt	hätte geschmeckt
du	hast geschmeckt	habest geschmeckt	hättest geschmeckt
er	hat geschmeckt	habe geschmeckt	hätte geschmeckt
wir	haben geschmeckt	haben geschmeckt	hätten geschmeckt
ihr	habt geschmeckt	habet geschmeckt	hättet geschmeckt
sie	haben geschmeckt	haben geschmeckt	hätten geschmeckt
	Pluperfect		
ich	hatte geschmeckt		
du	hattest geschmeckt		
er	hatte geschmeckt		
wir	hatten geschmeckt		
ihr	hattet geschmeckt		
sie	hatten geschmeckt		
		Future Time	
	Future	(*Fut. Subj.*)	(*Pres. Conditional*)
ich	werde schmecken	werde schmecken	würde schmecken
du	wirst schmecken	werdest schmecken	würdest schmecken
er	wird schmecken	werde schmecken	würde schmecken
wir	werden schmecken	werden schmecken	würden schmecken
ihr	werdet schmecken	werdet schmecken	würdet schmecken
sie	werden schmecken	werden schmecken	würden schmecken
		Future Perfect Time	
	Future Perfect	(*Fut. Perf. Subj.*)	(*Past Conditional*)
ich	werde geschmeckt haben	werde geschmeckt haben	würde geschmeckt haben
du	wirst geschmeckt haben	werdest geschmeckt haben	würdest geschmeckt haben
er	wird geschmeckt haben	werde geschmeckt haben	würde geschmeckt haben
wir	werden geschmeckt haben	werden geschmeckt haben	würden geschmeckt haben
ihr	werdet geschmeckt haben	werdet geschmeckt haben	würdet geschmeckt haben
sie	werden geschmeckt haben	werden geschmeckt haben	würden geschmeckt haben

PRINC. PARTS: schmeißen, schmiß, geschmissen, schmeißt
IMPERATIVE: schmeiße!, schmeißt!, schmeißen Sie!

schmeißen
to fling, hurl, throw

INDICATIVE		SUBJUNCTIVE	
		PRIMARY	SECONDARY
		Present Time	
	Present	*(Pres. Subj.)*	*(Imperf. Subj.)*
ich	schmeiße	schmeiße	schmisse
du	schmeißt	schmeißest	schmissest
er	schmeißt	schmeiße	schmisse
wir	schmeißen	schmeißen	schmissen
ihr	schmeißt	schmeißet	schmisset
sie	schmeißen	schmeißen	schmissen
	Imperfect		
ich	schmiß		
du	schmissest		
er	schmiß		
wir	schmissen		
ihr	schmißt		
sie	schmissen		
		Past Time	
	Perfect	*(Perf. Subj.)*	*(Pluperf. Subj.)*
ich	habe geschmissen	habe geschmissen	hätte geschmissen
du	hast geschmissen	habest geschmissen	hättest geschmissen
er	hat geschmissen	habe geschmissen	hätte geschmissen
wir	haben geschmissen	haben geschmissen	hätten geschmissen
ihr	habt geschmissen	habet geschmissen	hättet geschmissen
sie	haben geschmissen	haben geschmissen	hätten geschmissen
	Pluperfect		
ich	hatte geschmissen		
du	hattest geschmissen		
er	hatte geschmissen		
wir	hatten geschmissen		
ihr	hattet geschmissen		
sie	hatten geschmissen		
		Future Time	
	Future	*(Fut. Subj.)*	*(Pres. Conditional)*
ich	werde schmeißen	werde schmeißen	würde schmeißen
du	wirst schmeißen	werdest schmeißen	würdest schmeißen
er	wird schmeißen	werde schmeißen	würde schmeißen
wir	werden schmeißen	werden schmeißen	würden schmeißen
ihr	werdet schmeißen	werdet schmeißen	würdet schmeißen
sie	werden schmeißen	werden schmeißen	würden schmeißen
		Future Perfect Time	
	Future Perfect	*(Fut. Perf. Subj.)*	*(Past Conditional)*
ich	werde geschmissen haben	werde geschmissen haben	würde geschmissen haben
du	wirst geschmissen haben	werdest geschmissen haben	würdest geschmissen haben
er	wird geschmissen haben	werde geschmissen haben	würde geschmissen haben
wir	werden geschmissen haben	werden geschmissen haben	würden geschmissen haben
ihr	werdet geschmissen haben	werdet geschmissen haben	würdet geschmissen haben
sie	werden geschmissen haben	werden geschmissen haben	würden geschmissen haben

schmelzen

to melt

PRINC. PARTS: schmelzen, schmolz, *ist geschmolzen, schmilzt
IMPERATIVE: schmilz!, schmelzt!, schmelzen Sie!

INDICATIVE		SUBJUNCTIVE	
		PRIMARY	SECONDARY
		Present Time	
	Present	(*Pres. Subj.*)	(*Imperf. Subj.*)
ich	schmelze	schmelze	schmölze
du	schmilzt	schmelzest	schmölzest
er	schmilzt	schmelze	schmölze
wir	schmelzen	schmelzen	schmölzen
ihr	schmelzt	schmelzet	schmölzet
sie	schmelzen	schmelzen	schmölzen
	Imperfect		
ich	schmolz		
du	schmolzest		
er	schmolz		
wir	schmolzen		
ihr	schmolzt		
sie	schmolzen		
		Past Time	
	Perfect	(*Perf. Subj.*)	(*Pluperf. Subj.*)
ich	bin geschmolzen	sei geschmolzen	wäre geschmolzen
du	bist geschmolzen	seiest geschmolzen	wärest geschmolzen
er	ist geschmolzen	sei geschmolzen	wäre geschmolzen
wir	sind geschmolzen	seien geschmolzen	wären geschmolzen
ihr	seid geschmolzen	seiet geschmolzen	wäret geschmolzen
sie	sind geschmolzen	seien geschmolzen	wären geschmolzen
	Pluperfect		
ich	war geschmolzen		
du	warst geschmolzen		
er	war geschmolzen		
wir	waren geschmolzen		
ihr	wart geschmolzen		
sie	waren geschmolzen		
		Future Time	
	Future	(*Fut. Subj.*)	(*Pres. Conditional*)
ich	werde schmelzen	werde schmelzen	würde schmelzen
du	wirst schmelzen	werdest schmelzen	würdest schmelzen
er	wird schmelzen	werde schmelzen	würde schmelzen
wir	werden schmelzen	werden schmelzen	würden schmelzen
ihr	werdet schmelzen	werdet schmelzen	würdet schmelzen
sie	werden schmelzen	werden schmelzen	würden schmelzen
		Future Perfect Time	
	Future Perfect	(*Fut. Perf. Subj.*)	(*Past Conditional*)
ich	werde geschmolzen sein	werde geschmolzen sein	würde geschmolzen sein
du	wirst geschmolzen sein	werdest geschmolzen sein	würdest geschmolzen sein
er	wird geschmolzen sein	werde geschmolzen sein	würde geschmolzen sein
wir	werden geschmolzen sein	werden geschmolzen sein	würden geschmolzen sein
ihr	werdet geschmolzen sein	werdet geschmolzen sein	würdet geschmolzen sein
sie	werden geschmolzen sein	werden geschmolzen sein	würden geschmolzen sein

* **schmelzen** can also be used transitively. Its auxiliary in the perfect tenses is then **haben**.

schmerzen

PRINC. PARTS: schmerzen, schmerzte, geschmerzt, schmerzt
IMPERATIVE: schmerze!, schmerzt!, schmerzen Sie!

to hurt, pain, distress, smart

	INDICATIVE	SUBJUNCTIVE PRIMARY	SUBJUNCTIVE SECONDARY
		Present Time	
	Present	(*Pres. Subj.*)	(*Imperf. Subj.*)
ich	schmerze	schmerze	schmerzte
du	schmerzt	schmerzest	schmerztest
er	schmerzt	schmerze	schmerzte
wir	schmerzen	schmerzen	schmerzten
ihr	schmerzt	schmerzet	schmerztet
sie	schmerzen	schmerzen	schmerzten
	Imperfect		
ich	schmerzte		
du	schmerztest		
er	schmerzte		
wir	schmerzten		
ihr	schmerztet		
sie	schmerzten		
		Past Time	
	Perfect	(*Perf. Subj.*)	(*Pluperf. Subj.*)
ich	habe geschmerzt	habe geschmerzt	hätte geschmerzt
du	hast geschmerzt	habest geschmerzt	hättest geschmerzt
er	hat geschmerzt	habe geschmerzt	hätte geschmerzt
wir	haben geschmerzt	haben geschmerzt	hätten geschmerzt
ihr	habt geschmerzt	habet geschmerzt	hättet geschmerzt
sie	haben geschmerzt	haben geschmerzt	hätten geschmerzt
	Pluperfect		
ich	hatte geschmerzt		
du	hattest geschmerzt		
er	hatte geschmerzt		
wir	hatten geschmerzt		
ihr	hattet geschmerzt		
sie	hatten geschmerzt		
		Future Time	
	Future	(*Fut. Subj.*)	(*Pres. Conditional*)
ich	werde schmerzen	werde schmerzen	würde schmerzen
du	wirst schmerzen	werdest schmerzen	würdest schmerzen
er	wird schmerzen	werde schmerzen	würde schmerzen
wir	werden schmerzen	werden schmerzen	würden schmerzen
ihr	werdet schmerzen	werdet schmerzen	würdet schmerzen
sie	werden schmerzen	werden schmerzen	würden schmerzen
		Future Perfect Time	
	Future Perfect	(*Fut. Perf. Subj.*)	(*Past Conditional*)
ich	werde geschmerzt haben	werde geschmerzt haben	würde geschmerzt haben
du	wirst geschmerzt haben	werdest geschmerzt haben	würdest geschmerzt haben
er	wird geschmerzt haben	werde geschmerzt haben	würde geschmerzt haben
wir	werden geschmerzt haben	werden geschmerzt haben	würden geschmerzt haben
ihr	werdet geschmerzt haben	werdet geschmerzt haben	würdet geschmerzt haben
sie	werden geschmerzt haben	werden geschmerzt haben	würden geschmerzt haben

schmieren

to smear, grease, bribe, scribble

PRINC. PARTS: schmieren, schmierte, geschmiert, schmiert
IMPERATIVE: schmiere!, schmiert!, schmieren Sie!

	INDICATIVE	SUBJUNCTIVE PRIMARY	SUBJUNCTIVE SECONDARY
		Present Time	
	Present	(*Pres. Subj.*)	(*Imperf. Subj.*)
ich	schmiere	schmiere	schmierte
du	schmierst	schmierest	schmiertest
er	schmiert	schmiere	schmierte
wir	schmieren	schmieren	schmierten
ihr	schmiert	schmieret	schmiertet
sie	schmieren	schmieren	schmierten
	Imperfect		
ich	schmierte		
du	schmiertest		
er	schmierte		
wir	schmierten		
ihr	schmiertet		
sie	schmierten		
		Past Time	
	Perfect	(*Perf. Subj.*)	(*Pluperf. Subj.*)
ich	habe geschmiert	habe geschmiert	hätte geschmiert
du	hast geschmiert	habest geschmiert	hättest geschmiert
er	hat geschmiert	habe geschmiert	hätte geschmiert
wir	haben geschmiert	haben geschmiert	hätten geschmiert
ihr	habt geschmiert	habet geschmiert	hättet geschmiert
sie	haben geschmiert	haben geschmiert	hätten geschmiert
	Pluperfect		
ich	hatte geschmiert		
du	hattest geschmiert		
er	hatte geschmiert		
wir	hatten geschmiert		
ihr	hattet geschmiert		
sie	hatten geschmiert		
		Future Time	
	Future	(*Fut. Subj.*)	(*Pres. Conditional*)
ich	werde schmieren	werde schmieren	würde schmieren
du	wirst schmieren	werdest schmieren	würdest schmieren
er	wird schmieren	werde schmieren	würde schmieren
wir	werden schmieren	werden schmieren	würden schmieren
ihr	werdet schmieren	werdet schmieren	würdet schmieren
sie	werden schmieren	werden schmieren	würden schmieren
		Future Perfect Time	
	Future Perfect	(*Fut. Perf. Subj.*)	(*Past Conditional*)
ich	werde geschmiert haben	werde geschmiert haben	würde geschmiert haben
du	wirst geschmiert haben	werdest geschmiert haben	würdest geschmiert haben
er	wird geschmiert haben	werde geschmiert haben	würde geschmiert haben
wir	werden geschmiert haben	werden geschmiert haben	würden geschmiert haben
ihr	werdet geschmiert haben	werdet geschmiert haben	würdet geschmiert haben
sie	werden geschmiert haben	werden geschmiert haben	würden geschmiert haben

PRINC. PARTS: schmollen, schmollte, geschmollt, schmollt
IMPERATIVE: schmolle!, schmollt!, schmollen Sie!

to pout, be sulky

INDICATIVE		SUBJUNCTIVE	
		PRIMARY	SECONDARY
		Present Time	
	Present	(*Pres. Subj.*)	(*Imperf. Subj.*)
ich	schmolle	schmolle	schmollte
du	schmollst	schmollest	schmolltest
er	schmollt	schmolle	schmollte
wir	schmollen	schmollen	schmollten
ihr	schmollt	schmollet	schmolltet
sie	schmollen	schmollen	schmollten
	Imperfect		
ich	schmollte		
du	schmolltest		
er	schmollte		
wir	schmollten		
ihr	schmolltet		
sie	schmollten		
		Past Time	
	Perfect	(*Perf. Subj.*)	(*Pluperf. Subj.*)
ich	habe geschmollt	habe geschmollt	hätte geschmollt
du	hast geschmollt	habest geschmollt	hättest geschmollt
er	hat geschmollt	habe geschmollt	hätte geschmollt
wir	haben geschmollt	haben geschmollt	hätten geschmollt
ihr	habt geschmollt	habet geschmollt	hättet geschmollt
sie	haben geschmollt	haben geschmollt	hätten geschmollt
	Pluperfect		
ich	hatte geschmollt		
du	hattest geschmollt		
er	hatte geschmollt		
wir	hatten geschmollt		
ihr	hattet geschmollt		
sie	hatten geschmollt		
		Future Time	
	Future	(*Fut. Subj.*)	(*Pres. Conditional*)
ich	werde schmollen	werde schmollen	würde schmollen
du	wirst schmollen	werdest schmollen	würdest schmollen
er	wird schmollen	werde schmollen	würde schmollen
wir	werden schmollen	werden schmollen	würden schmollen
ihr	werdet schmollen	werdet schmollen	würdet schmollen
sie	werden schmollen	werden schmollen	würden schmollen
		Future Perfect Time	
	Future Perfect	(*Fut. Perf. Subj.*)	(*Past Conditional*)
ich	werde geschmollt haben	werde geschmollt haben	würde geschmollt haben
du	wirst geschmollt haben	werdest geschmollt haben	würdest geschmollt haben
er	wird geschmollt haben	werde geschmollt haben	würde geschmollt haben
wir	werden geschmollt haben	werden geschmollt haben	würden geschmollt haben
ihr	werdet geschmollt haben	werdet geschmollt haben	würdet geschmollt haben
sie	werden geschmollt haben	werden geschmollt haben	würden geschmollt haben

schneiden

to cut

PRINC. PARTS: schneiden, schnitt, geschnitten, schneidet
IMPERATIVE: schneide!, schneidet!, schneiden Sie!

INDICATIVE		SUBJUNCTIVE	
		PRIMARY	SECONDARY
		Present Time	
	Present	(*Pres. Subj.*)	(*Imperf. Subj.*)
ich	schneide	schneide	schnitte
du	schneidest	schneidest	schnittest
er	schneidet	schneide	schnitte
wir	schneiden	schneiden	schnitten
ihr	schneidet	schneidet	schnittet
sie	schneiden	schneiden	schnitten
	Imperfect		
ich	schnitt		
du	schnittst		
er	schnitt		
wir	schnitten		
ihr	schnittet		
sie	schnitten		
		Past Time	
	Perfect	(*Perf. Subj.*)	(*Pluperf. Subj.*)
ich	habe geschnitten	habe geschnitten	hätte geschnitten
du	hast geschnitten	habest geschnitten	hättest geschnitten
er	hat geschnitten	habe geschnitten	hätte geschnitten
wir	haben geschnitten	haben geschnitten	hätten geschnitten
ihr	habt geschnitten	habet geschnitten	hättet geschnitten
sie	haben geschnitten	haben geschnitten	hätten geschnitten
	Pluperfect		
ich	hatte geschnitten		
du	hattest geschnitten		
er	hatte geschnitten		
wir	hatten geschnitten		
ihr	hattet geschnitten		
sie	hatten geschnitten		
		Future Time	
	Future	(*Fut. Subj.*)	(*Pres. Conditional*)
ich	werde schneiden	werde schneiden	würde schneiden
du	wirst schneiden	werdest schneiden	würdest schneiden
er	wird schneiden	werde schneiden	würde schneiden
wir	werden schneiden	werden schneiden	würden schneiden
ihr	werdet schneiden	werdet schneiden	würdet schneiden
sie	werden schneiden	werden schneiden	würden schneiden
		Future Perfect Time	
	Future Perfect	(*Fut. Perf. Subj.*)	(*Past Conditional*)
ich	werde geschnitten haben	werde geschnitten haben	würde geschnitten haben
du	wirst geschnitten haben	werdest geschnitten haben	würdest geschnitten haben
er	wird geschnitten haben	werde geschnitten haben	würde geschnitten haben
wir	werden geschnitten haben	werden geschnitten haben	würden geschnitten haben
ihr	werdet geschnitten haben	werdet geschnitten haben	würdet geschnitten haben
sie	werden geschnitten haben	werden geschnitten haben	würden geschnitten haben

PRINC. PARTS: schneien*, schneite, geschneit, es schneit
IMPERATIVE: schneie!, schneit!, schneien Sie! **

	INDICATIVE	SUBJUNCTIVE PRIMARY	SUBJUNCTIVE SECONDARY
		Present Time	
	Present	(*Pres. Subj.*)	(*Imperf. Subj.*)
ich			
du			
es	schneit	schneie	schneite
wir			
ihr			
sie			
	Imperfect		
ich			
du			
es	schneite		
wir			
ihr			
sie			
		Past Time	
	Perfect	(*Perf. Subj.*)	(*Pluperf. Subj.*)
ich			
du			
es	hat geschneit	habe geschneit	hätte geschneit
wir			
ihr			
sie			
	Pluperfect		
ich			
du			
es	hatte geschneit		
wir			
ihr			
sie			
		Future Time	
	Future	(*Fut. Subj.*)	(*Pres. Conditional*)
ich			
du			
es	wird schneien	werde schneien	würde schneien
wir			
ihr			
sie			
		Future Perfect Time	
	Future Perfect	(*Fut. Perf. Subj.*)	(*Past Conditional*)
ich			
du			
es	wird geschneit haben	werde geschneit haben	würde geschneit haben
wir			
ihr			
sie			

* Impersonal verb. Forms other than the third person singular of this verb are rarely found, except in poetry.
** The imperative *snow* of this verb is as unusual as in English.

schnüren

to tie, tighten

PRINC. PARTS: schnüren, schnürte, geschnürt, schnürt
IMPERATIVE: schnüre!, schnürt!, schnüren Sie!

INDICATIVE		SUBJUNCTIVE	
		PRIMARY	SECONDARY
		Present Time	
	Present	(*Pres. Subj.*)	(*Imperf. Subj.*)
ich	schnüre	schnüre	schnürte
du	schnürst	schnürest	schnürtest
er	schnürt	schnüre	schnürte
wir	schnüren	schnüren	schnürten
ihr	schnürt	schnüret	schnürtet
sie	schnüren	schnüren	schnürten
	Imperfect		
ich	schnürte		
du	schnürtest		
er	schnürte		
wir	schnürten		
ihr	schnürtet		
sie	schnürten		
		Past Time	
	Perfect	(*Perf. Subj.*)	(*Pluperf. Subj.*)
ich	habe geschnürt	habe geschnürt	hätte geschnürt
du	hast geschnürt	habest geschnürt	hättest geschnürt
er	hat geschnürt	habe geschnürt	hätte geschnürt
wir	haben geschnürt	haben geschnürt	hätten geschnürt
ihr	habt geschnürt	habet geschnürt	hättet geschnürt
sie	haben geschnürt	haben geschnürt	hätten geschnürt
	Pluperfect		
ich	hatte geschnürt		
du	hattest geschnürt		
er	hatte geschnürt		
wir	hatten geschnürt		
ihr	hattet geschnürt		
sie	hatten geschnürt		
		Future Time	
	Future	(*Fut. Subj.*)	(*Pres. Conditional*)
ich	werde schnüren	werde schnüren	würde schnüren
du	wirst schnüren	werdest schnüren	würdest schnüren
er	wird schnüren	werde schnüren	würde schnüren
wir	werden schnüren	werden schnüren	würden schnüren
ihr	werdet schnüren	werdet schnüren	würdet schnüren
sie	werden schnüren	werden schnüren	würden schnüren
		Future Perfect Time	
	Future Perfect	(*Fut. Perf. Subj.*)	(*Past Conditional*)
ich	werde geschnürt haben	werde geschnürt haben	würde geschnürt haben
du	wirst geschnürt haben	werdest geschnürt haben	würdest geschnürt haben
er	wird geschnürt haben	werde geschnürt haben	würde geschnürt haben
wir	werden geschnürt haben	werden geschnürt haben	würden geschnürt haben
ihr	werdet geschnürt haben	werdet geschnürt haben	würdet geschnürt haben
sie	werden geschnürt haben	werden geschnürt haben	würden geschnürt haben

schöpfen

PRINC. PARTS: schöpfen, schöpfte, geschöpft, schöpft
IMPERATIVE: schöpfe!, schöpft!, schöpfen Sie!

*to scoop; obtain, conceive**

INDICATIVE		SUBJUNCTIVE	
		PRIMARY	SECONDARY
		Present Time	
	Present	(*Pres. Subj.*)	(*Imperf. Subj.*)
ich	schöpfe	schöpfe	schöpfte
du	schöpfst	schöpfest	schöpftest
er	schöpft	schöpfe	schöpfte
wir	schöpfen	schöpfen	schöpften
ihr	schöpft	schöpfet	schöpftet
sie	schöpfen	schöpfen	schöpften
	Imperfect		
ich	schöpfte		
du	schöpftest		
er	schöpfte		
wir	schöpften		
ihr	schöpftet		
sie	schöpften		
		Past Time	
	Perfect	(*Perf. Subj.*)	(*Pluperf. Subj.*)
ich	habe geschöpft	habe geschöpft	hätte geschöpft
du	hast geschöpft	habest geschöpft	hättest geschöpft
er	hat geschöpft	habe geschöpft	hätte geschöpft
wir	haben geschöpft	haben geschöpft	hätten geschöpft
ihr	habt geschöpft	habet geschöpft	hättet geschöpft
sie	haben geschöpft	haben geschöpft	hätten geschöpft
	Pluperfect		
ich	hatte geschöpft		
du	hattest geschöpft		
er	hatte geschöpft		
wir	hatten geschöpft		
ihr	hattet geschöpft		
sie	hatten geschöpft		
		Future Time	
	Future	(*Fut. Subj.*)	(*Pres. Conditional*)
ich	werde schöpfen	werde schöpfen	würde schöpfen
du	wirst schöpfen	werdest schöpfen	würdest schöpfen
er	wird schöpfen	werde schöpfen	würde schöpfen
wir	werden schöpfen	werden schöpfen	würden schöpfen
ihr	werdet schöpfen	werdet schöpfen	würdet schöpfen
sie	werden schöpfen	werden schöpfen	würden schöpfen
		Future Perfect Time	
	Future Perfect	(*Fut. Perf. Subj.*)	(*Past Conditional*)
ich	werde geschöpft haben	werde geschöpft haben	würde geschöpft haben
du	wirst geschöpft haben	werdest geschöpft haben	würdest geschöpft haben
er	wird geschöpft haben	werde geschöpft haben	würde geschöpft haben
wir	werden geschöpft haben	werden geschöpft haben	würden geschöpft haben
ihr	werdet geschöpft haben	werdet geschöpft haben	würdet geschöpft haben
sie	werden geschöpft haben	werden geschöpft haben	würden geschöpft haben

* in phrases such as *Atem schöpfen* — to get one's breath; *Verdacht schöpfen* — to become suspicious.

schreiben

to write

PRINC. PARTS: schreiben, schrieb, geschrieben, schreibt
IMPERATIVE: schreibe!, schreibt!, schreiben Sie!

	INDICATIVE	SUBJUNCTIVE PRIMARY	SUBJUNCTIVE SECONDARY
		Present Time	
	Present	(*Pres. Subj.*)	(*Imperf. Subj.*)
ich	schreibe	schreibe	schriebe
du	schreibst	schreibest	schriebest
er	schreibt	schreibe	schriebe
wir	schreiben	schreiben	schrieben
ihr	schreibt	schreibet	schriebet
sie	schreiben	schreiben	schrieben
	Imperfect		
ich	schrieb		
du	schriebst		
er	schrieb		
wir	schrieben		
ihr	schriebt		
sie	schrieben		
		Past Time	
	Perfect	(*Perf. Subj.*)	(*Pluperf. Subj.*)
ich	habe geschrieben	habe geschrieben	hätte geschrieben
du	hast geschrieben	habest geschrieben	hättest geschrieben
er	hat geschrieben	habe geschrieben	hätte geschrieben
wir	haben geschrieben	haben geschrieben	hätten geschrieben
ihr	habt geschrieben	habet geschrieben	hättet geschrieben
sie	haben geschrieben	haben geschrieben	hätten geschrieben
	Pluperfect		
ich	hatte geschrieben		
du	hattest geschrieben		
er	hatte geschrieben		
wir	hatten geschrieben		
ihr	hattet geschrieben		
sie	hatten geschrieben		
		Future Time	
	Future	(*Fut. Subj.*)	(*Pres. Conditional*)
ich	werde schreiben	werde schreiben	würde schreiben
du	wirst schreiben	werdest schreiben	würdest schreiben
er	wird schreiben	werde schreiben	würde schreiben
wir	werden schreiben	werden schreiben	würden schreiben
ihr	werdet schreiben	werdet schreiben	würdet schreiben
sie	werden schreiben	werden schreiben	würden schreiben
		Future Perfect Time	
	Future Perfect	(*Fut. Perf. Subj.*)	(*Past Conditional*)
ich	werde geschrieben haben	werde geschrieben haben	würde geschrieben haben
du	wirst geschrieben haben	werdest geschrieben haben	würdest geschrieben haben
er	wird geschrieben haben	werde geschrieben haben	würde geschrieben haben
wir	werden geschrieben haben	werden geschrieben haben	würden geschrieben haben
ihr	werdet geschrieben haben	werdet geschrieben haben	würdet geschrieben haben
sie	werden geschrieben haben	werden geschrieben haben	wurden geschrieben haben

PRINC. PARTS: schreien, schrie, geschrieen, schreit
IMPERATIVE: schreie!, schreit!, schreien Sie!

schreien

to shout, scream, shriek, cry

	INDICATIVE	SUBJUNCTIVE PRIMARY	SUBJUNCTIVE SECONDARY
		Present Time	
	Present	*(Pres. Subj.)*	*(Imperf. Subj.)*
ich	schreie	schreie	schriee
du	schreist	schreiest	schrieest
er	schreit	schreie	schriee
wir	schreien	schreien	schrieen
ihr	schreit	schreiet	schrieet
sie	schreien	schreien	schrieen
	Imperfect		
ich	schrie		
du	schriest		
er	schrie		
wir	schrieen		
ihr	schriet		
sie	schrieen		
		Past Time	
	Perfect	*(Perf. Subj.)*	*(Pluperf. Subj.)*
ich	habe geschrieen	habe geschrieen	hätte geschrieen
du	hast geschrieen	habest geschrieen	hättest geschrieen
er	hat geschrieen	habe geschrieen	hätte geschrieen
wir	haben geschrieen	haben geschrieen	hätten geschrieen
ihr	habt geschrieen	habet geschrieen	hättet geschrieen
sie	haben geschrieen	haben geschrieen	hätten geschrieen
	Pluperfect		
ich	hatte geschrieen		
du	hattest geschrieen		
er	hatte geschrieen		
wir	hatten geschrieen		
ihr	hattet geschrieen		
sie	hatten geschrieen		
		Future Time	
	Future	*(Fut. Subj.)*	*(Pres. Conditional)*
ich	werde schreien	werde schreien	würde schreien
du	wirst schreien	werdest schreien	würdest schreien
er	wird schreien	werde schreien	würde schreien
wir	werden schreien	werden schreien	würden schreien
ihr	werdet schreien	werdet schreien	würdet schreien
sie	werden schreien	werden schreien	würden schreien
		Future Perfect Time	
	Future Perfect	*(Fut. Perf. Subj.)*	*(Past Conditional)*
ich	werde geschrieen haben	werde geschrieen haben	würde geschrieen haben
du	wirst geschrieen haben	werdest geschrieen haben	würdest geschrieen haben
er	wird geschrieen haben	werde geschrieen haben	würde geschrieen haben
wir	werden geschrieen haben	werden geschrieen haben	würden geschrieen haben
ihr	werdet geschrieen haben	werdet geschrieen haben	würdet geschrieen haben
sie	werden geschrieen haben	werden geschrieen haben	würden geschrieen haben

schreiten

to stride, step, walk

PRINC. PARTS: schreiten, schritt, ist geschritten, schreitet
IMPERATIVE: schreite!, schreitet!, schreiten Sie!

	INDICATIVE	SUBJUNCTIVE PRIMARY	SUBJUNCTIVE SECONDARY
		Present Time	
	Present	*(Pres. Subj.)*	*(Imperf. Subj.)*
ich	schreite	schreite	schritte
du	schreitest	schreitest	schrittest
er	schreitet	schreite	schritte
wir	schreiten	schreiten	schritten
ihr	schreitet	schreitet	schrittet
sie	schreiten	schreiten	schritten
	Imperfect		
ich	schritt		
du	schrittest		
er	schritt		
wir	schritten		
ihr	schrittet		
sie	schritten		
		Past Time	
	Perfect	*(Perf. Subj.)*	*(Pluperf. Subj.)*
ich	bin geschritten	sei geschritten	wäre geschritten
du	bist geschritten	seiest geschritten	wärest geschritten
er	ist geschritten	sei geschritten	wäre geschritten
wir	sind geschritten	seien geschritten	wären geschritten
ihr	seid geschritten	seiet geschritten	wäret geschritten
sie	sind geschritten	seien geschritten	wären geschritten
	Pluperfect		
ich	war geschritten		
du	warst geschritten		
er	war geschritten		
wir	waren geschritten		
ihr	wart geschritten		
sie	waren geschritten		
		Future Time	
	Future	*(Fut. Subj.)*	*(Pres. Conditional)*
ich	werde schreiten	werde schreiten	würde schreiten
du	wirst schreiten	werdest schreiten	würdest schreiten
er	wird schreiten	werde schreiten	würde schreiten
wir	werden schreiten	werden schreiten	würden schreiten
ihr	werdet schreiten	werdet schreiten	würdet schreiten
sie	werden schreiten	werden schreiten	würden schreiten
		Future Perfect Time	
	Future Perfect	*(Fut. Perf. Subj.)*	*(Past Conditional)*
ich	werde geschritten sein	werde geschritten sein	würde geschritten sein
du	wirst geschritten sein	werdest geschritten sein	würdest geschritten sein
er	wird geschritten sein	werde geschritten sein	würde geschritten sein
wir	werden geschritten sein	werden geschritten sein	würden geschritten sein
ihr	werdet geschritten sein	werdet geschritten sein	würdet geschritten sein
sie	werden geschritten sein	werden geschritten sein	würden geschritten sein

schwanken

PRINC. PARTS: schwanken, schwankte, geschwankt, schwankt
IMPERATIVE: schwanke!, schwankt!, schwanken Sie!

to sway, rock; fluctuate

INDICATIVE		SUBJUNCTIVE	
		PRIMARY	SECONDARY
		Present Time	
	Present	(*Pres. Subj.*)	(*Imperf. Subj.*)
ich	schwanke	schwanke	schwankte
du	schwankst	schwankest	schwanktest
er	schwankt	schwanke	schwankte
wir	schwanken	schwanken	schwankten
ihr	schwankt	schwanket	schwanktet
sie	schwanken	schwanken	schwankten
	Imperfect		
ich	schwankte		
du	schwanktest		
er	schwankte		
wir	schwankten		
ihr	schwanktet		
sie	schwankten		
		Past Time	
	Perfect	(*Perf. Subj.*)	(*Pluperf. Subj.*)
ich	habe geschwankt	habe geschwankt	hätte geschwankt
du	hast geschwankt	habest geschwankt	hättest geschwankt
er	hat geschwankt	habe geschwankt	hätte geschwankt
wir	haben geschwankt	haben geschwankt	hätten geschwankt
ihr	habt geschwankt	habet geschwankt	hättet geschwankt
sie	haben geschwankt	haben geschwankt	hätten geschwankt
	Pluperfect		
ich	hatte geschwankt		
du	hattest geschwankt		
er	hatte geschwankt		
wir	hatten geschwankt		
ihr	hattet geschwankt		
sie	hatten geschwankt		
		Future Time	
	Future	(*Fut. Subj.*)	(*Pres. Conditional*)
ich	werde schwanken	werde schwanken	würde schwanken
du	wirst schwanken	werdest schwanken	würdest schwanken
er	wird schwanken	werde schwanken	würde schwanken
wir	werden schwanken	werden schwanken	würden schwanken
ihr	werdet schwanken	werdet schwanken	würdet schwanken
sie	werden schwanken	werden schwanken	würden schwanken
		Future Perfect Time	
	Future Perfect	(*Fut. Perf. Subj.*)	(*Past Conditional*)
ich	werde geschwankt haben	werde geschwankt haben	würde geschwankt haben
du	wirst geschwankt haben	werdest geschwankt haben	würdest geschwankt haben
er	wird geschwankt haben	werde geschwankt haben	würde geschwankt haben
wir	werden geschwankt haben	werden geschwankt haben	würden geschwankt haben
ihr	werdet geschwankt haben	werdet geschwankt haben	würdet geschwankt haben
sie	werden geschwankt haben	werden geschwankt haben	würden geschwankt haben

schwänzen

to play hooky, cut classes

PRINC. PARTS: schwänzen, schwänzte, geschwänzt, schwänzt
IMPERATIVE: schwänze!, schwänzt!, schwänzen Sie!

INDICATIVE		SUBJUNCTIVE	
		PRIMARY	SECONDARY
		Present Time	
	Present	(*Pres. Subj.*)	(*Imperf. Subj.*)
ich	schwänze	schwänze	schwänzte
du	schwänzt	schwänzest	schwänztest
er	schwänzt	schwänze	schwänzte
wir	schwänzen	schwänzen	schwänzten
ihr	schwänzt	schwänzet	schwänztet
sie	schwänzen	schwänzen	schwänzten
	Imperfect		
ich	schwänzte		
du	schwänztest		
er	schwänzte		
wir	schwänzten		
ihr	schwänztet		
sie	schwänzten		
		Past Time	
	Perfect	(*Perf. Subj.*)	(*Pluperf. Subj.*)
ich	habe geschwänzt	habe geschwänzt	hätte geschwänzt
du	hast geschwänzt	habest geschwänzt	hättest geschwänzt
er	hat geschwänzt	habe geschwänzt	hätte geschwänzt
wir	haben geschwänzt	haben geschwänzt	hätten geschwänzt
ihr	habt geschwänzt	habet geschwänzt	hättet geschwänzt
sie	haben geschwänzt	haben geschwänzt	hätten geschwänzt
	Pluperfect		
ich	hatte geschwänzt		
du	hattest geschwänzt		
er	hatte geschwänzt		
wir	hatten geschwänzt		
ihr	hattet geschwänzt		
sie	hatten geschwänzt		
		Future Time	
	Future	(*Fut. Subj.*)	(*Pres. Conditional*)
ich	werde schwänzen	werde schwänzen	würde schwänzen
du	wirst schwänzen	werdest schwänzen	würdest schwänzen
er	wird schwänzen	werde schwänzen	würde schwänzen
wir	werden schwänzen	werden schwänzen	würden schwänzen
ihr	werdet schwänzen	werdet schwänzen	würdet schwänzen
sie	werden schwänzen	werden schwänzen	würden schwänzen
		Future Perfect Time	
	Future Perfect	(*Fut. Perf. Subj.*)	(*Past Conditional*)
ich	werde geschwänzt haben	werde geschwänzt haben	würde geschwänzt haben
du	wirst geschwänzt haben	werdest geschwänzt haben	würdest geschwänzt haben
er	wird geschwänzt haben	werde geschwänzt haben	würde geschwänzt haben
wir	werden geschwänzt haben	werden geschwänzt haben	würden geschwänzt haben
ihr	werdet geschwänzt haben	werdet geschwänzt haben	würdet geschwänzt haben
sie	werden geschwänzt haben	werden geschwänzt haben	würden geschwänzt haben

schwärzen

PRINC. PARTS: schwärzen, schwärzte, geschwärzt, schwärzt
IMPERATIVE: schwärze!, schwärzt!, schwärzen Sie!

to blacken, slander, vilify

INDICATIVE		SUBJUNCTIVE	
		PRIMARY	SECONDARY
		Present Time	
	Present	(*Pres. Subj.*)	(*Imperf. Subj.*)
ich	schwärze	schwärze	schwärzte
du	schwärzt	schwärzest	schwärztest
er	schwärzt	schwärze	schwärzte
wir	schwärzen	schwärzen	schwärzten
ihr	schwärzt	schwärzet	schwärztet
sie	schwärzen	schwärzen	schwärzten
	Imperfect		
ich	schwärzte		
du	schwärztest		
er	schwärzte		
wir	schwärzten		
ihr	schwärztet		
sie	schwärzten		
		Past Time	
	Perfect	(*Perf. Subj.*)	(*Pluperf. Subj.*)
ich	habe geschwärzt	habe geschwärzt	hätte geschwärzt
du	hast geschwärzt	habest geschwärzt	hättest geschwärzt
er	hat geschwärzt	habe geschwärzt	hätte geschwärzt
wir	haben geschwärzt	haben geschwärzt	hätten geschwärzt
ihr	habt geschwärzt	habet geschwärzt	hättet geschwärzt
sie	haben geschwärzt	haben geschwärzt	hätten geschwärzt
	Pluperfect		
ich	hatte geschwärzt		
du	hattest geschwärzt		
er	hatte geschwärzt		
wir	hatten geschwärzt		
ihr	hattet geschwärzt		
sie	hatten geschwärzt		
		Future Time	
	Future	(*Fut. Subj.*)	(*Pres. Conditional*)
ich	werde schwärzen	werde schwärzen	würde schwärzen
du	wirst schwärzen	werdest schwärzen	würdest schwärzen
er	wird schwärzen	werde schwärzen	würde schwärzen
wir	werden schwärzen	werden schwärzen	würden schwärzen
ihr	werdet schwärzen	werdet schwärzen	würdet schwärzen
sie	werden schwärzen	werden schwärzen	würden schwärzen
		Future Perfect Time	
	Future Perfect	(*Fut. Perf. Subj.*)	(*Past Conditional*)
ich	werde geschwärzt haben	werde geschwärzt haben	würde geschwärzt haben
du	wirst geschwärzt haben	werdest geschwärzt haben	würdest geschwärzt haben
er	wird geschwärzt haben	werde geschwärzt haben	würde geschwärzt haben
wir	werden geschwärzt haben	werden geschwärzt haben	würden geschwärzt haben
ihr	werdet geschwärzt haben	werdet geschwärzt haben	würdet geschwärzt haben
sie	werden geschwärzt haben	werden geschwärzt haben	würden geschwärzt haben

schwatzen

to chatter, prattle

PRINC. PARTS: schwatzen, schwatzte, geschwatzt, schwatzt
IMPERATIVE: schwatze!, schwatzt!, schwatzen Sie!

	INDICATIVE	SUBJUNCTIVE PRIMARY	SUBJUNCTIVE SECONDARY
		Present Time	
	Present	(*Pres. Subj.*)	(*Imperf. Subj.*)
ich	schwatze	schwatze	schwatzte
du	schwatzt	schwatzest	schwatztest
er	schwatzt	schwatze	schwatzte
wir	schwatzen	schwatzen	schwatzten
ihr	schwatzt	schwatzet	schwatztet
sie	schwatzen	schwatzen	schwatzten
	Imperfect		
ich	schwatzte		
du	schwatztest		
er	schwatzte		
wir	schwatzten		
ihr	schwatztet		
sie	schwatzten		
		Past Time	
	Perfect	(*Perf. Subj.*)	(*Pluperf. Subj.*)
ich	habe geschwatzt	habe geschwatzt	hätte geschwatzt
du	hast geschwatzt	habest geschwatzt	hättest geschwatzt
er	hat geschwatzt	habe geschwatzt	hätte geschwatzt
wir	haben geschwatzt	haben geschwatzt	hätten geschwatzt
ihr	habt geschwatzt	habet geschwatzt	hättet geschwatzt
sie	haben geschwatzt	haben geschwatzt	hätten geschwatzt
	Pluperfect		
ich	hatte geschwatzt		
du	hattest geschwatzt		
er	hatte geschwatzt		
wir	hatten geschwatzt		
ihr	hattet geschwatzt		
sie	hatten geschwatzt		
		Future Time	
	Future	(*Fut. Subj.*)	(*Pres. Conditional*)
ich	werde schwatzen	werde schwatzen	würde schwatzen
du	wirst schwatzen	werdest schwatzen	würdest schwatzen
er	wird schwatzen	werde schwatzen	würde schwatzen
wir	werden schwatzen	werden schwatzen	würden schwatzen
ihr	werdet schwatzen	werdet schwatzen	würdet schwatzen
sie	werden schwatzen	werden schwatzen	würden schwatzen
		Future Perfect Time	
	Future Perfect	(*Fut. Perf. Subj.*)	(*Past Conditional*)
ich	werde geschwatzt haben	werde geschwatzt haben	würde geschwatzt haben
du	wirst geschwatzt haben	werdest geschwatzt haben	würdest geschwatzt haben
er	wird geschwatzt haben	werde geschwatzt haben	würde geschwatzt haben
wir	werden geschwatzt haben	werden geschwatzt haben	würden geschwatzt haben
ihr	werdet geschwatzt haben	werdet geschwatzt haben	würdet geschwatzt haben
sie	werden geschwatzt haben	werden geschwatzt haben	würden geschwatzt haben

schweben

PRINC. PARTS: schweben, schwebte, geschwebt, schwebt
IMPERATIVE: schwebe!, schwebt!, schweben Sie!

to soar, hover, be pending

INDICATIVE		SUBJUNCTIVE PRIMARY	SUBJUNCTIVE SECONDARY
		Present Time	
	Present	*(Pres. Subj.)*	*(Imperf. Subj.)*
ich	schwebe	schwebe	schwebte
du	schwebst	schwebest	schwebtest
er	schwebt	schwebe	schwebte
wir	schweben	schweben	schwebten
ihr	schwebt	schwebet	schwebtet
sie	schweben	schweben	schwebten
	Imperfect		
ich	schwebte		
du	schwebtest		
er	schwebte		
wir	schwebten		
ihr	schwebtet		
sie	schwebten		
		Past Time	
	Perfect	*(Perf. Subj.)*	*(Pluperf. Subj.)*
ich	habe geschwebt	habe geschwebt	hätte geschwebt
du	hast geschwebt	habest geschwebt	hättest geschwebt
er	hat geschwebt	habe geschwebt	hätte geschwebt
wir	haben geschwebt	haben geschwebt	hätten geschwebt
ihr	habt geschwebt	habet geschwebt	hättet geschwebt
sie	haben geschwebt	haben geschwebt	hätten geschwebt
	Pluperfect		
ich	hatte geschwebt		
du	hattest geschwebt		
er	hatte geschwebt		
wir	hatten geschwebt		
ihr	hattet schwebt		
sie	hatten geschwebt		
		Future Time	
	Future	*(Fut. Subj.)*	*(Pres. Conditional)*
ich	werde schweben	werde schweben	würde schweben
du	wirst schweben	werdest schweben	würdest schweben
er	wird schweben	werde schweben	würde schweben
wir	werden schweben	werden schweben	würden schweben
ihr	werdet schweben	werdet schweben	würdet schweben
sie	werden schweben	werden schweben	würden schweben
		Future Perfect Time	
	Future Perfect	*(Fut. Perf. Subj.)*	*(Past Conditional)*
ich	werde geschwebt haben	werde geschwebt haben	würde geschwebt haben
du	wirst geschwebt haben	werdest geschwebt haben	würdest geschwebt haben
er	wird geschwebt haben	werde geschwebt haben	würde geschwebt haben
wir	werden geschwebt haben	werden geschwebt haben	würden geschwebt haben
ihr	werdet geschwebt haben	werdet geschwebt haben	würdet geschwebt haben
sie	werden geschwebt haben	werden geschwebt haben	würden geschwebt haben

schweigen

to be silent

PRINC. PARTS: schweigen, schwieg, geschwiegen, schweigt
IMPERATIVE: schweige!, schweigt!, schweigen Sie!

	INDICATIVE	SUBJUNCTIVE PRIMARY	SUBJUNCTIVE SECONDARY
		Present Time	
	Present	*(Pres. Subj.)*	*(Imperf. Subj.)*
ich	schweige	schweige	schwiege
du	schweigst	schweigest	schwiegest
er	schweigt	schweige	schwiege
wir	schweigen	schweigen	schwiegen
ihr	schweigt	schweiget	schwieget
sie	schweigen	schweigen	schwiegen
	Imperfect		
ich	schwieg		
du	schwiegst		
er	schwieg		
wir	schwiegen		
ihr	schwiegt		
sie	schwiegen		
	Perfect	*Past Time*	
		(Perf. Subj.)	*(Pluperf. Subj.)*
ich	habe geschwiegen	habe geschwiegen	hätte geschwiegen
du	hast geschwiegen	habest geschwiegen	hättest geschwiegen
er	hat geschwiegen	habe geschwiegen	hätte geschwiegen
wir	haben geschwiegen	haben geschwiegen	hätten geschwiegen
ihr	habt geschwiegen	habet geschwiegen	hättet geschwiegen
sie	haben geschwiegen	haben geschwiegen	hätten geschwiegen
	Pluperfect		
ich	hatte geschwiegen		
du	hattest geschwiegen		
er	hatte geschwiegen		
wir	hatten geschwiegen		
ihr	hattet geschwiegen		
sie	hatten geschwiegen		
		Future Time	
	Future	*(Fut. Subj.)*	*(Pres. Conditional)*
ich	werde schweigen	werde schweigen	würde schweigen
du	wirst schweigen	werdest schweigen	würdest schweigen
er	wird schweigen	werde schweigen	würde schweigen
wir	werden schweigen	werden schweigen	würden schweigen
ihr	werdet schweigen	werdet schweigen	würdet schweigen
sie	werden schweigen	werden schweigen	würden schweigen
		Future Perfect Time	
	Future Perfect	*(Fut. Perf. Subj.)*	*(Past Conditional)*
ich	werde geschwiegen haben	werde geschwiegen haben	würde geschwiegen haben
du	wirst geschwiegen haben	werdest geschwiegen haben	würdest geschwiegen haben
er	wird geschwiegen haben	werde geschwiegen haben	würde geschwiegen haben
wir	werden geschwiegen haben	werden geschwiegen haben	würden geschwiegen haben
ihr	werdet geschwiegen haben	werdet geschwiegen haben	würdet geschwiegen haben
sie	werden geschwiegen haben	werden geschwiegen haben	würden geschwiegen haben

PRINC. PARTS: schwellen, schwoll, ist geschwollen, schwillt
IMPERATIVE: schwill!, schwellt!, schwellen Sie!

to swell, rise, increase in size

	INDICATIVE	SUBJUNCTIVE PRIMARY	SUBJUNCTIVE SECONDARY
		Present Time	
	Present	*(Pres. Subj.)*	*(Imperf. Subj.)*
ich	schwelle	schwelle	schwölle
du	schwillst	schwellest	schwöllest
er	schwillt	schwelle	schwölle
wir	schwellen	schwellen	schwöllen
ihr	schwellt	schwellet	schwöllet
sie	schwellen	schwellen	schwöllen
	Imperfect		
ich	schwoll		
du	schwollst		
er	schwoll		
wir	schwollen		
ihr	schwollt		
sie	schwollen		
		Past Time	
	Perfect	*(Perf. Subj.)*	*(Pluperf. Subj.)*
ich	bin geschwollen	sei geschwollen	wäre geschwollen
du	bist geschwollen	seiest geschwollen	wärest geschwollen
er	ist geschwollen	sei geschwollen	wäre geschwollen
wir	sind geschwollen	seien geschwollen	wären geschwollen
ihr	seid geschwollen	seiet geschwollen	wäret geschwollen
sie	sind geschwollen	seien geschwollen	wären geschwollen
	Pluperfect		
ich	war geschwollen		
du	warst geschwollen		
er	war geschwollen		
wir	waren geschwollen		
ihr	wart geschwollen		
sie	waren geschwollen		
		Future Time	
	Future	*(Fut. Subj.)*	*(Pres. Conditional)*
ich	werde schwellen	werde schwellen	würde schwellen
du	wirst schwellen	werdest schwellen	würdest schwellen
er	wird schwellen	werde schwellen	würde schwellen
wir	werden schwellen	werden schwellen	würden schwellen
ihr	werdet schwellen	werdet schwellen	würdet schwellen
sie	werden schwellen	werden schwellen	würden schwellen
		Future Perfect Time	
	Future Perfect	*(Fut. Perf. Subj.)*	*(Past Conditional)*
ich	werde geschwollen sein	werde geschwollen sein	würde geschwollen sein
du	wirst geschwollen sein	werdest geschwollen sein	würdest geschwollen sein
er	wird geschwollen sein	werde geschwollen sein	würde geschwollen sein
wir	werden geschwollen sein	werden geschwollen sein	würden geschwollen sein
ihr	werdet geschwollen sein	werdet geschwollen sein	würdet geschwollen sein
sie	werden geschwollen sein	werden geschwollen sein	würden geschwollen sein

schwimmen PRINC. PARTS: schwimmen, schwamm, ist geschwommen, schwimmt

to swim, float IMPERATIVE: schwimme!, schwimmt!, schwimmen Sie!

INDICATIVE		SUBJUNCTIVE	
		PRIMARY	SECONDARY
		Present Time	
	Present	(*Pres. Subj.*)	(*Imperf. Subj.*)
ich	schwimme	schwimme	schwömme
du	schwimmst	schwimmest	schwömmest
er	schwimmt	schwimme	schwömme
wir	schwimmen	schwimmen	schwömmen
ihr	schwimmt	schwimmet	schwömmet
sie	schwimmen	schwimmen	schwömmen
	Imperfect		
ich	schwamm		
du	schwammst		
er	schwamm		
wir	schwammen		
ihr	schwammt		
sie	schwammen		
		Past Time	
	Perfect	(*Perf. Subj.*)	(*Pluperf. Subj.*)
ich	bin geschwommen	sei geschwommen	wäre geschwommen
du	bist geschwommen	seiest geschwommen	wärest geschwommen
er	ist geschwommen	sei geschwommen	wäre geschwommen
wir	sind geschwommen	seien geschwommen	wären geschwommen
ihr	seid geschwommen	seiet geschwommen	wäret geschwommen
sie	sind geschwommen	seien geschwommen	wären geschwommen
	Pluperfect		
ich	war geschwommen		
du	warst geschwommen		
er	war geschwommen		
wir	waren geschwommen		
ihr	wart geschwommen		
sie	waren geschwommen		
		Future Time	
	Future	(*Fut. Subj.*)	(*Pres. Conditional*)
ich	werde schwimmen	werde schwimmen	würde schwimmen
du	wirst schwimmen	werdest schwimmen	würdest schwimmen
er	wird schwimmen	werde schwimmen	würde schwimmen
wir	werden schwimmen	werden schwimmen	würden schwimmen
ihr	werdet schwimmen	werdet schwimmen	würdet schwimmen
sie	werden schwimmen	werden schwimmen	würden schwimmen
		Future Perfect Time	
	Future Perfect	(*Fut. Perf. Subj.*)	(*Past Conditional*)
ich	werde geschwommen sein	werde geschwommen sein	würde geschwommen sein
du	wirst geschwommen sein	werdest geschwommen sein	würdest geschwommen sein
er	wird geschwommen sein	werde geschwommen sein	würde geschwommen sein
wir	werden geschwommen sein	werden geschwommen sein	würden geschwommen sein
ihr	werdet geschwommen sein	werdet geschwommen sein	würdet geschwommen sein
sie	werden geschwommen sein	werden geschwommen sein	würden geschwommen sein

PRINC. PARTS: schwinden,* schwand, ist geschwunden, schwindet
IMPERATIVE: schwinde!, schwindet!, schwinden Sie!**

schwinden

to disappear, dwindle

	INDICATIVE	SUBJUNCTIVE PRIMARY	SUBJUNCTIVE SECONDARY
		Present Time	
	Present	*(Pres. Subj.)*	*(Imperf. Subj.)*
ich	schwinde	schwinde	schwände
du	schwindest	schwindest	schwändest
er	schwindet	schwinde	schwände
wir	schwinden	schwinden	schwänden
ihr	schwindet	schwindet	schwändet
sie	schwinden	schwinden	schwänden
	Imperfect		
ich	schwand		
du	schwandest		
er	schwand		
wir	schwanden		
ihr	schwandet		
sie	schwanden		
		Past Time	
	Perfect	*(Perf. Subj.)*	*(Pluperf. Subj.)*
ich	bin geschwunden	sei geschwunden	wäre geschwunden
du	bist geschwunden	seiest geschwunden	wärest geschwunden
er	ist geschwunden	sei geschwunden	wäre geschwunden
wir	sind geschwunden	seien geschwunden	wären geschwunden
ihr	seid geschwunden	seiet geschwunden	wäret geschwunden
sie	sind geschwunden	seien geschwunden	wären geschwunden
	Pluperfect		
ich	war geschwunden		
du	warst geschwunden		
er	war geschwunden		
wir	waren geschwunden		
ihr	wart geschwunden		
sie	waren geschwunden		
		Future Time	
	Future	*(Fut. Subj.)*	*(Pres. Conditional)*
ich	werde schwinden	werde schwinden	würde schwinden
du	wirst schwinden	werdest schwinden	würdest schwinden
er	wird schwinden	werde schwinden	würde schwinden
wir	werden schwinden	werden schwinden	würden schwinden
ihr	werdet schwinden	werdet schwinden	würdet schwinden
sie	werden schwinden	werden schwinden	würden schwinden
		Future Perfect Time	
	Future Perfect	*(Fut. Perf. Subj.)*	*(Past Conditional)*
ich	werde geschwunden sein	werde geschwunden sein	würde geschwunden sein
du	wirst geschwunden sein	werdest geschwunden sein	würdest geschwunden sein
er	wird geschwunden sein	werde geschwunden sein	würde geschwunden sein
wir	werden geschwunden sein	werden geschwunden sein	würden geschwunden sein
ihr	werdet geschwunden sein	werdet geschwunden sein	würdet geschwunden sein
sie	werden geschwunden sein	werden geschwunden sein	würden geschwunden sein

* Forms other than the third person are infrequently found.
** The imperative is unusual.

schwingen

to swing

PRINC. PARTS: schwingen, schwang, geschwungen, schwingt
IMPERATIVE: schwinge!, schwingt!, schwingen Sie!

INDICATIVE		SUBJUNCTIVE	
		PRIMARY	SECONDARY
		Present Time	
	Present	(*Pres. Subj.*)	(*Imperf. Subj.*)
ich	schwinge	schwinge	schwänge
du	schwingst	schwingest	schwängest
er	schwingt	schwinge	schwänge
wir	schwingen	schwingen	schwängen
ihr	schwingt	schwinget	schwänget
sie	schwingen	schwingen	schwängen
	Imperfect		
ich	schwang		
du	schwangst		
er	schwang		
wir	schwangen		
ihr	schwangt		
sie	schwangen		
		Past Time	
	Perfect	(*Perf. Subj.*)	(*Pluperf. Subj.*)
ich	habe geschwungen	habe geschwungen	hätte geschwungen
du	hast geschwungen	habest geschwungen	hättest geschwungen
er	hat geschwungen	habe geschwungen	hätte geschwungen
wir	haben geschwungen	haben geschwungen	hätten geschwungen
ihr	habt geschwungen	habet geschwungen	hättet geschwungen
sie	haben geschwungen	haben geschwungen	hätten geschwungen
	Pluperfect		
ich	hatte geschwungen		
du	hattest geschwungen		
er	hatte geschwungen		
wir	hatten geschwungen		
ihr	hattet geschwungen		
sie	hatten geschwungen		
		Future Time	
	Future	(*Fut. Subj.*)	(*Pres. Conditional*)
ich	werde schwingen	werde schwingen	würde schwingen
du	wirst schwingen	werdest schwingen	würdest schwingen
er	wird schwingen	werde schwingen	würde schwingen
wir	werden schwingen	werden schwingen	würden schwingen
ihr	werdet schwingen	werdet schwingen	würdet schwingen
sie	werden schwingen	werden schwingen	würden schwingen
		Future Perfect Time	
	Future Perfect	(*Fut. Perf. Subj.*)	(*Past Conditional*)
ich	werde geschwungen haben	werde geschwungen haben	würde geschwungen haben
du	wirst geschwungen haben	werdest geschwungen haben	würdest geschwungen haben
er	wird geschwungen haben	werde geschwungen haben	würde geschwungen haben
wir	werden geschwungen haben	werden geschwungen haben	würden geschwungen haben
ihr	werdet geschwungen haben	werdet geschwungen haben	würdet geschwungen haben
sie	werden geschwungen haben	werden geschwungen haben	würden geschwungen haben

schwitzen

PRINC. PARTS: schwitzen, schwitzte, geschwitzt, schwitzt
IMPERATIVE: schwitze!, schwitzt!, schwitzen Sie!

to sweat, perspire

	INDICATIVE	SUBJUNCTIVE PRIMARY	SUBJUNCTIVE SECONDARY
		Present Time	
	Present	*(Pres. Subj.)*	*(Imperf. Subj.)*
ich	schwitze	schwitze	schwitzte
du	schwitzt	schwitzest	schwitztest
er	schwitzt	schwitze	schwitzte
wir	schwitzen	schwitzen	schwitzten
ihr	schwitzt	schwitzet	schwitztet
sie	schwitzen	schwitzen	schwitzten
	Imperfect		
ich	schwitzte		
du	schwitztest		
er	schwitzte		
wir	schwitzten		
ihr	schwitztet		
sie	schwitzten		
		Past Time	
	Perfect	*(Perf. Subj.)*	*(Pluperf. Subj.)*
ich	habe geschwitzt	habe geschwitzt	hätte geschwitzt
du	hast geschwitzt	habest geschwitzt	hättest geschwitzt
er	hat geschwitzt	habe geschwitzt	hätte geschwitzt
wir	haben geschwitzt	haben geschwitzt	hätten geschwitzt
ihr	habt geschwitzt	habet geschwitzt	hättet geschwitzt
sie	haben geschwitzt	haben geschwitzt	hätten geschwitzt
	Pluperfect		
ich	hatte geschwitzt		
du	hatt st geschwitzt		
er	hatte geschwitzt		
wir	hatten geschwitzt		
ihr	hattet geschwitzt		
sie	hatten geschwitzt		
		Future Time	
	Future	*(Fut. Subj.)*	*(Pres. Conditional)*
ich	werde schwitzen	werde schwitzen	würde schwitzen
du	wirst schwitzen	werdest schwitzen	würdest schwitzen
er	wird schwitzen	werde schwitzen	würde schwitzen
wir	werden schwitzen	werden schwitzen	würden schwitzen
ihr	werdet schwitzen	werdet schwitzen	würdet schwitzen
sie	werden schwitzen	werden schwitzen	würden schwitzen
		Future Perfect Time	
	Future Perfect	*(Fut. Perf. Subj.)*	*(Past Conditional)*
ich	werde geschwitzt haben	werde geschwitzt haben	würde geschwitzt haben
du	wirst geschwitzt haben	werdest geschwitzt haben	würdest geschwitzt haben
er	wird geschwitzt haben	werde geschwitzt haben	würde geschwitzt haben
wir	werden geschwitzt haben	werden geschwitzt haben	würden geschwitzt haben
ihr	werdet geschwitzt haben	werdet geschwitzt haben	würdet geschwitzt haben
sie	werden geschwitzt haben	werden geschwitzt haben	würden geschwitzt haben

schwören

to curse, swear

PRINC. PARTS: schwören, schwur, geschworen, schwört
IMPERATIVE: schwöre!, schwört!, schwören Sie!

INDICATIVE		SUBJUNCTIVE	
		PRIMARY	SECONDARY
		Present Time	
	Present	(*Pres. Subj.*)	(*Imperf. Subj.*)
ich	schwöre	schwöre	schwüre
du	schwörst	schwörest	schwürest
er	schwört	schwöre	schwüre
wir	schwören	schwören	schwüren
ihr	schwört	schwöret	schwüret
sie	schwören	schwören	schwüren

	Imperfect		
ich	schwur	*or*	schwor
du	schwurst		schworst
er	schwur		schwor
wir	schwuren		schworen
ihr	schwurt		schwort
sie	schwuren		schworen

		Past Time	
	Perfect	(*Perf. Subj.*)	(*Pluperf. Subj.*)
ich	habe geschworen	habe geschworen	hätte geschworen
du	hast geschworen	habest geschworen	hättest geschworen
er	hat geschworen	habe geschworen	hätte geschworen
wir	haben geschworen	haben geschworen	hätten geschworen
ihr	habt geschworen	habet geschworen	hättet geschworen
sie	haben geschworen	haben geschworen	hätten geschworen

	Pluperfect
ich	hatte geschworen
du	hattest geschworen
er	hatte geschworen
wir	hatten geschworen
ihr	hattet geschworen
sie	hatten geschworen

		Future Time	
	Future	(*Fut. Subj.*)	(*Pres. Conditional*)
ich	werde schwören	werde schwören	würde schwören
du	wirst schwören	werdest schwören	würdest schwören
er	wird schwören	werde schwören	würde schwören
wir	werden schwören	werden schwören	würden schwören
ihr	werdet schwören	werdet schwören	würdet schwören
sie	werden schwören	werden schwören	würden schwören

		Future Perfect Time	
	Future Perfect	(*Fut. Perf. Subj.*)	(*Past Conditional*)
ich	werde geschworen haben	werde geschworen haben	würde geschworen haben
du	wirst geschworen haben	werdest geschworen haben	würdest geschworen haben
er	wird geschworen haben	werde geschworen haben	würde geschworen haben
wir	werden geschworen haben	werden geschworen haben	würden geschworen haben
ihr	werdet geschworen haben	werdet geschworen haben	würdet geschworen haben
sie	werden geschworen haben	werden geschworen haben	würden geschworen haben

segnen

to bless

PRINC. PARTS: segnen, segnete, gesegnet, segnet
IMPERATIVE: segne!, segnet!, segnen Sie!

INDICATIVE		SUBJUNCTIVE	
		PRIMARY	SECONDARY
		Present Time	
	Present	*(Pres. Subj.)*	*(Imperf. Subj.)*
ich	segne	segne	segnete
du	segnest	segnest	segnetest
er	segnet	segne	segnete
wir	segnen	segnen	segneten
ihr	segnet	segnet	segnetet
sie	segnen	segnen	segneten
	Imperfect		
ich	segnete		
du	segnetest		
er	segnete		
wir	segneten		
ihr	segnetet		
sie	segneten		
		Past Time	
	Perfect	*(Perf. Subj.)*	*(Pluperf. Subj.)*
ich	habe gesegnet	habe gesegnet	hätte gesegnet
du	hast gesegnet	habest gesegnet	hättest gesegnet
er	hat gesegnet	habe gesegnet	hätte gesegnet
wir	haben gesegnet	haben gesegnet	hätten gesegnet
ihr	habt gesegnet	habet gesegnet	hättet gesegnet
sie	haben gesegnet	haben gesegnet	hätten gesegnet
	Pluperfect		
ich	hatte gesegnet		
du	hattest gesegnet		
er	hatte gesegnet		
wir	hatten gesegnet		
ihr	hattet gesegnet		
sie	hatten gesegnet		
		Future Time	
	Future	*(Fut. Subj.)*	*(Pres. Conditional)*
ich	werde segnen	werde segnen	würde segnen
du	wirst segnen	werdest segnen	würdest segnen
er	wird segnen	werde segnen	würde segnen
wir	werden segnen	werden segnen	würden segnen
ihr	werdet segnen	werdet segnen	würdet segnen
sie	werden segnen	werden segnen	würden segnen
		Future Perfect Time	
	Future Perfect	*(Fut. Perf. Subj.)*	*(Past Conditional)*
ich	werde gesegnet haben	werde gesegnet haben	würde gesegnet haben
du	wirst gesegnet haben	werdest gesegnet haben	würdest gesegnet haben
er	wird gesegnet haben	werde gesegnet haben	würde gesegnet haben
wir	werden gesegnet haben	werden gesegnet haben	würden gesegnet haben
ihr	werdet gesegnet haben	werdet gesegnet haben	würdet gesegnet haben
sie	werden gesegnet haben	werden gesegnet haben	würden gesegnet haben

sehen

to see, realize

PRINC. PARTS: sehen, sah, gesehen, sieht
IMPERATIVE: sieh!, seht!, sehen Sie!

INDICATIVE		SUBJUNCTIVE PRIMARY	SUBJUNCTIVE SECONDARY
		Present Time	
	Present	*(Pres. Subj.)*	*(Imperf. Subj.)*
ich	sehe	sehe	sähe
du	siehst	sehest	sähest
er	sieht	sehe	sähe
wir	sehen	sehen	sähen
ihr	seht	sehet	sähet
sie	sehen	sehen	sähen
	Imperfect		
ich	sah		
du	sahst		
er	sah		
wir	sahen		
ihr	saht		
sie	sahen		
		Past Time	
	Perfect	*(Perf. Subj.)*	*(Pluperf. Subj.)*
ich	habe gesehen	habe gesehen	hätte gesehen
du	hast gesehen	habest gesehen	hättest gesehen
er	hat gesehen	habe gesehen	hätte gesehen
wir	haben gesehen	haben gesehen	hätten gesehen
ihr	habt gesehen	habet gesehen	hättet gesehen
sie	haben gesehen	haben gesehen	hätten gesehen
	Pluperfect		
ich	hatte gesehen		
du	hattest gesehen		
er	hatte gesehen		
wir	hatten gesehen		
ihr	hattet gesehen		
sie	hatten gesehen		
		Future Time	
	Future	*(Fut. Subj.)*	*(Pres. Conditional)*
ich	werde sehen	werde sehen	würde sehen
du	wirst sehen	werdest sehen	würdest sehen
er	wird sehen	werde sehen	würde sehen
wir	werden sehen	werden sehen	würden sehen
ihr	werdet sehen	werdet sehen	würdet sehen
sie	werden sehen	werden sehen	würden sehen
		Future Perfect Time	
	Future Perfect	*(Fut. Perf. Subj.)*	*(Past Conditional)*
ich	werde gesehen haben	werde gesehen haben	würde gesehen haben
du	wirst gesehen haben	werdest gesehen haben	würdest gesehen haben
er	wird gesehen haben	werde gesehen haben	würde gesehen haben
wir	werden gesehen haben	werden gesehen haben	würden gesehen haben
ihr	werdet gesehen haben	werdet gesehen haben	würdet gesehen haben
sie	werden gesehen haben	werden gesehen haben	würden gesehen haben

PRINC. PARTS: sein, war, ist gewesen, ist
IMPERATIVE: sei!, seid!, seien Sie!

sein
*to be, have**

	INDICATIVE	SUBJUNCTIVE PRIMARY	SUBJUNCTIVE SECONDARY
		Present Time	
	Present	(*Pres. Subj.*)	(*Imperf. Subj.*)
ich	bin	sei	wäre
du	bist	seist	wärest
er	ist	sei	wäre
wir	sind	seien	wären
ihr	seid	seiet	wäret
sie	sind	seien	wären

	INDICATIVE	SUBJUNCTIVE PRIMARY	SUBJUNCTIVE SECONDARY
	Imperfect		
ich	war		
du	warst		
er	war		
wir	waren		
ihr	wart		
sie	waren		
		Past Time	
	Perfect	(*Perf. Subj.*)	(*Pluperf. Subj.*)
ich	bin gewesen	sei gewesen	wäre gewesen
du	bist gewesen	seiest gewesen	wärest gewesen
er	ist gewesen	sei gewesen	wäre gewesen
wir	sind gewesen	seien gewesen	wären gewesen
ihr	seid gewesen	seiet gewesen	wäret gewesen
sie	sind gewesen	seien gewesen	wären gewesen
	Pluperfect		
ich	war gewesen		
du	warst gewesen		
er	war gewesen		
wir	waren gewesen		
ihr	wart gewesen		
sie	waren gewesen		

	INDICATIVE	SUBJUNCTIVE PRIMARY	SUBJUNCTIVE SECONDARY
		Future Time	
	Future	(*Fut. Subj.*)	(*Pres. Conditional*)
ich	werde sein	werde sein	würde sein
du	wirst sein	werdest sein	würdest sein
er	wird sein	werde sein	würde sein
wir	werden sein	werden sein	würden sein
ihr	werdet sein	werdet sein	würdet sein
sie	werden sein	werden sein	würden sein

	INDICATIVE	SUBJUNCTIVE PRIMARY	SUBJUNCTIVE SECONDARY
		Future Perfect Time	
	Future Perfect	(*Fut. Perf. Subj.*)	(*Past Conditional*)
ich	werde gewesen sein	werde gewesen sein	würde gewesen sein
du	wirst gewesen sein	werdest gewesen sein	würdest gewesen sein
er	wird gewesen sein	werde gewesen sein	würde gewesen sein
wir	werden gewesen sein	werden gewesen sein	würden gewesen sein
ihr	werdet gewesen sein	werdet gewesen sein	würdet gewesen sein
sie	werden gewesen sein	werden gewesen sein	würden gewesen sein

* When used as auxiliary verb in compound tenses with verbs that do not take a direct object, i.e. sein verbs.

senden

to send, transmit

PRINC. PARTS: senden*, sandte, gesandt, sendet
IMPERATIVE: sende!, sendet!, senden Sie!

INDICATIVE		SUBJUNCTIVE	
		PRIMARY	SECONDARY
		Present Time	
	Present	(*Pres. Subj.*)	(*Imperf. Subj.*)
ich	sende	sende	sendete
du	sendest	sendest	sendetest
er	sendet	sende	sendete
wir	senden	senden	sendeten
ihr	sendet	sendet	sendetet
sie	senden	senden	sendeten
	Imperfect		
ich	sandte		
du	sandtest		
er	sandte		
wir	sandten		
ihr	sandtet		
sie	sandten		
		Past Time	
	Perfect	(*Perf. Subj.*)	(*Pluperf. Subj.*)
ich	habe gesandt	habe gesandt	hätte gesandt
du	hast gesandt	habest gesandt	hättest gesandt
er	hat gesandt	habe gesandt	hätte gesandt
wir	haben gesandt	haben gesandt	hätten gesandt
ihr	habt gesandt	habet gesandt	hättet gesandt
sie	haben gesandt	haben gesandt	hätten gesandt
	Pluperfect		
ich	hatte gesandt		
du	hattest gesandt		
er	hatte gesandt		
wir	hatten gesandt		
ihr	hattet gesandt		
sie	hatten gesandt		
		Future Time	
	Future	(*Fut. Subj.*)	(*Pres. Conditional*)
ich	werde senden	werde senden	würde senden
du	wirst senden	werdest senden	würdest senden
er	wird senden	werde senden	würde senden
wir	werden senden	werden senden	würden senden
ihr	werdet senden	werdet senden	würdet senden
sie	werden senden	werden senden	würden senden
		Future Perfect Time	
	Future Perfect	(*Fut. Perf. Subj.*)	(*Past Conditional*)
ich	werde gesandt haben	werde gesandt haben	würde gesandt haben
du	wirst gesandt haben	werdest gesandt haben	würdest gesandt haben
er	wird gesandt haben	werde gesandt haben	würde gesandt haben
wir	werden gesandt haben	werden gesandt haben	würden gesandt haben
ihr	werdet gesandt haben	werdet gesandt haben	würdet gesandt haben
sie	werden gesandt haben	werden gesandt haben	würden gesandt haben

*The weak forms of the past tense **sendete**, etc. and of the past participle **gesendet** are also found, and must be used in the meaning "to broadcast, transmit."

PRINC. PARTS: sich setzen, setzte sich, hat sich gesetzt, setzt sich
IMPERATIVE: setze dich!, setzt euch!, setzen Sie sich!

INDICATIVE		SUBJUNCTIVE PRIMARY	SUBJUNCTIVE SECONDARY
		Present Time	
	Present	(*Pres. Subj.*)	(*Imperf. Subj.*)
ich	setze mich	setze mich	setzte mich
du	setzt dich	setzest dich	setztest dich
er	setzt sich	setze sich	setzte sich
wir	setzen uns	setzen uns	setzten uns
ihr	setzt euch	setzet euch	setztet euch
sie	setzen sich	setzen sich	setzten sich
	Imperfect		
ich	setzte mich		
du	setztest dich		
er	setzte sich		
wir	setzten uns		
ihr	setztet euch		
sie	setzten sich		
		Past Time	
	Perfect	(*Perf. Subj.*)	(*Pluperf. Subj.*)
ich	habe mich gesetzt	habe mich gesetzt	hätte mich gesetzt
du	hast dich gesetzt	habest dich gesetzt	hättest dich gesetzt
er	hat sich gesetzt	habe sich gesetzt	hätte sich gesetzt
wir	haben uns gesetzt	haben uns gesetzt	hätten uns gesetzt
ihr	habt euch gesetzt	habet euch gesetzt	hättet euch gesetzt
sie	haben sich gesetzt	haben sich gesetzt	hätten sich gesetzt
	Pluperfect		
ich	hatte mich gesetzt		
du	hattest dich gesetzt		
er	hatte sich gesetzt		
wir	hatten uns gesetzt		
ihr	hattet euch gesetzt		
sie	hatten sich gesetzt		
		Future Time	
	Future	(*Fut. Subj.*)	(*Pres. Conditional*)
ich	werde mich setzen	werde mich setzen	würde mich setzen
du	wirst dich setzen	werdest dich setzen	würdest dich setzen
er	wird sich setzen	werde sich setzen	würde sich setzen
wir	werden uns setzen	werden uns setzen	würden uns setzen
ihr	werdet euch setzen	werdet euch setzen	würdet euch setzen
sie	werden sich setzen	werden sich setzen	würden sich setzen
		Future Perfect Time	
	Future Perfect	(*Fut. Perf. Subj.*)	(*Past Conditional*)
ich	werde mich gesetzt haben	werde mich gesetzt haben	würde mich gesetzt haben
du	wirst dich gesetzt haben	werdest dich gesetzt haben	würdest dich gesetzt haben
er	wird sich gesetzt haben	werde sich gesetzt haben	würde sich gesetzt haben
wir	werden uns gesetzt haben	werden uns gesetzt haben	würden uns gesetzt haben
ihr	werdet euch gesetzt haben	werdet euch gesetzt haben	würdet euch gesetzt haben
sie	werden sich gesetzt haben	werden sich gesetzt haben	würden sich gesetzt haben

seufzen

to sigh

PRINC. PARTS: seufzen, seufzte, geseufzt, seufzt
IMPERATIVE: seufze!, seufzt!, seufzen Sie!

INDICATIVE		SUBJUNCTIVE	
		PRIMARY	SECONDARY
		Present Time	
	Present	*(Pres. Subj.)*	*(Imperf. Subj.)*
ich	seufze	seufze	seufzte
du	seufzt	seufzest	seufztest
er	seufzt	seufze	seufzte
wir	seufzen	seufzen	seufzten
ihr	seufzt	seufzet	seufztet
sie	seufzen	seufzen	seufzten
	Imperfect		
ich	seufzte		
du	seufztest		
er	seufzte		
wir	seufzten		
ihr	seufztet		
sie	seufzten		
		Past Time	
	Perfect	*(Perf. Subj.)*	*(Pluperf. Subj.)*
ich	habe geseufzt	habe geseufzt	hätte geseufzt
du	hast geseufzt	habest geseufzt	hättest geseufzt
er	hat geseufzt	habe geseufzt	hätte geseufzt
wir	haben geseufzt	haben geseufzt	hätten geseufzt
ihr	habt geseufzt	habet geseufzt	hättet geseufzt
sie	haben geseufzt	haben geseufzt	hätten geseufzt
	Pluperfect		
ich	hatte geseufzt		
du	hattest geseufzt		
er	hatte geseufzt		
wir	hatten geseufzt		
ihr	hattet geseufzt		
sie	hatten geseufzt		
		Future Time	
	Future	*(Fut. Subj.)*	*(Pres. Conditional)*
ich	werde seufzen	werde seufzen	würde seufzen
du	wirst seufzen	werdest seufzen	würdest seufzen
er	wird seufzen	werde seufzen	würde seufzen
wir	werden seufzen	werden seufzen	würden seufzen
ihr	werdet seufzen	werdet seufzen	würdet seufzen
sie	werden seufzen	werden seufzen	würden seufzen
		Future Perfect Time	
	Future Perfect	*(Fut. Perf. Subj.)*	*(Past Conditional)*
ich	werde geseufzt haben	werde geseufzt haben	würde geseufzt haben
du	wirst geseufzt haben	werdest geseufzt haben	würdest geseufzt haben
er	wird geseufzt haben	werde geseufzt haben	würde geseufzt haben
wir	werden geseufzt haben	werden geseufzt haben	würden geseufzt haben
ihr	werdet geseufzt haben	werdet geseufzt haben	würdet geseufzt haben
sie	werden geseufzt haben	werden geseufzt haben	würden geseufzt haben

sichten

PRINC. PARTS: sichten, sichtete, gesichtet, sichtet
IMPERATIVE: sichte!, sichtet!, sichten Sie!

to sift, sort; classify

INDICATIVE		SUBJUNCTIVE	
		PRIMARY	SECONDARY
		Present Time	
	Present	(*Pres. Subj.*)	(*Imperf. Subj.*)
ich	sichte	sichte	sichtete
du	sichtest	sichtest	sichtetest
er	sichtet	sichte	sichtete
wir	sichten	sichten	sichteten
ihr	sichtet	sichtet	sichtetet
sie	sichten	sichten	sichteten
	Imperfect		
ich	sichtete		
du	sichtetest		
er	sichtete		
wir	sichteten		
ihr	sichtetet		
sie	sichteten		
		Past Time	
	Perfect	(*Perf. Subj.*)	(*Pluperf. Subj.*)
ich	habe gesichtet	habe gesichtet	hätte gesichtet
du	hast gesichtet	habest gesichtet	hättest gesichtet
er	hat gesichtet	habe gesichtet	hätte gesichtet
wir	haben gesichtet	haben gesichtet	hätten gesichtet
ihr	habt gesichtet	habet gesichtet	hättet gesichtet
sie	haben gesichtet	haben gesichtet	hätten gesichtet
	Pluperfect		
ich	hatte gesichtet		
du	hattest gesichtet		
er	hatte gesichtet		
wir	hatten gesichtet		
ihr	hattet gesichtet		
sie	hatten gesichtet		
		Future Time	
	Future	(*Fut. Subj.*)	(*Pres. Conditional*)
ich	werde sichten	werde sichten	würde sichten
du	wirst sichten	werdest sichten	würdest sichten
er	wird sichten	werde sichten	würde sichten
wir	werden sichten	werden sichten	würden sichten
ihr	werdet sichten	werdet sichten	würdet sichten
sie	werden sichten	werden sichten	würden sichten
		Future Perfect Time	
	Future Perfect	(*Fut. Perf. Subj.*)	(*Past Conditional*)
ich	werde gesichtet haben	werde gesichtet haben	würde gesichtet haben
du	wirst gesichtet haben	werdest gesichtet haben	würdest gesichtet haben
er	wird gesichtet haben	werde gesichtet haben	würde gesichtet haben
wir	werden gesichtet haben	werden gesichtet haben	würden gesichtet haben
ihr	werdet gesichtet haben	werdet gesichtet haben	würdet gesichtet haben
sie	werden gesichtet haben	werden gesichtet haben	würden gesichtet haben

sieden

to boil, seethe, simmer

PRINC. PARTS: sieden, sott *or* siedete, gesotten, siedet
IMPERATIVE: siede!, siedet!, sieden Sie!

	INDICATIVE	SUBJUNCTIVE — PRIMARY	SUBJUNCTIVE — SECONDARY
		Present Time	
	Present	(*Pres. Subj.*)	(*Imperf. Subj.*)
ich	siede	siede	sötte *or* siedete
du	siedest	siedest	söttest *or* siedetest
er	siedet	siede	sötte *or* siedete
wir	sieden	sieden	sötten *or* siedeten
ihr	siedet	siedet	söttet *or* siedetet
sie	sieden	sieden	sötten *or* siedeten
	Imperfect		
ich	sott *or* siedete		
du	sottest *or* siedetest		
er	sott *or* siedete		
wir	sotten *or* siedeten		
ihr	sottet *or* siedetet		
sie	sotten *or* siedeten		
		Past Time	
	Perfect	(*Perf. Subj.*)	(*Pluperf. Subj.*)
ich	habe gesotten	habe gesotten	hätte gesotten
du	hast gesotten	habest gesotten	hättest gesotten
er	hat gesotten	habe gesotten	hätte gesotten
wir	haben gesotten	haben gesotten	hätten gesotten
ihr	habt gesotten	habet gesotten	hättet gesotten
sie	haben gesotten	haben gesotten	hätten gesotten
	Pluperfect		
ich	hatte gesotten		
du	hattest gesotten		
er	hatte gesotten		
wir	hatten gesotten		
ihr	hattet gesotten		
sie	hatten gesotten		
		Future Time	
	Future	(*Fut. Subj.*)	(*Pres. Conditional*)
ich	werde sieden	werde sieden	würde sieden
du	wirst sieden	werdest sieden	würdest sieden
er	wird sieden	werde sieden	würde sieden
wir	werden sieden	werden sieden	würden sieden
ihr	werdet sieden	werdet sieden	würdet sieden
sie	werden sieden	werden sieden	würden sieden
		Future Perfect Time	
	Future Perfect	(*Fut. Perf. Subj.*)	(*Past Conditional*)
ich	werde gesotten haben	werde gesotten haben	würde gesotten haben
du	wirst gesotten haben	werdest gesotten haben	würdest gesotten haben
er	wird gesotten haben	werde gesotten haben	würde gesotten haben
wir	werden gesotten haben	werden gesotten haben	würden gesotten haben
ihr	werdet gesotten haben	werdet gesotten haben	würdet gesotten haben
sie	werden gesotten haben	werden gesotten haben	würden gesotten haben

PRINC. PARTS: siegen, siegte, gesiegt, siegt
IMPERATIVE: siege!, siegt!, siegen Sie!

to conquer, triumph, be victorious

INDICATIVE		SUBJUNCTIVE	
		PRIMARY	SECONDARY
		Present Time	
	Present	*(Pres. Subj.)*	*(Imperf. Subj.)*
ich	siege	siege	siegte
du	siegst	siegest	siegtest
er	siegt	siege	siegte
wir	siegen	siegen	siegten
ihr	siegt	sieget	siegtet
sie	siegen	siegen	siegten
	Imperfect		
ich	siegte		
du	siegtest		
er	siegte		
wir	siegten		
ihr	siegtet		
sie	siegten		
		Past Time	
	Perfect	*(Perf. Subj.)*	*(Pluperf. Subj.)*
ich	habe gesiegt	habe gesiegt	hätte gesiegt
du	hast gesiegt	habest gesiegt	hättest gesiegt
er	hat gesiegt	habe gesiegt	hätte gesiegt
wir	haben gesiegt	haben gesiegt	hätten gesiegt
ihr	habt gesiegt	habet gesiegt	hättet gesiegt
sie	haben gesiegt	haben gesiegt	hätten gesiegt
	Pluperfect		
ich	hatte gesiegt		
du	hattest gesiegt		
er	hatte gesiegt		
wir	hatten gesiegt		
ihr	hattet gesiegt		
sie	hatten gesiegt		
		Future Time	
	Future	*(Fut. Subj.)*	*(Pres. Conditional)*
ich	werde siegen	werde siegen	würde siegen
du	wirst siegen	werdest siegen	würdest siegen
er	wird siegen	werde siegen	würde siegen
wir	werden siegen	werden siegen	würden siegen
ihr	werdet siegen	werdet siegen	würdet siegen
sie	werden siegen	werden siegen	würden siegen
		Future Perfect Time	
	Future Perfect	*(Fut. Perf. Subj.)*	*(Past Conditional)*
ich	werde gesiegt haben	werde gesiegt haben	würde gesiegt haben
du	wirst gesiegt haben	werdest gesiegt haben	würdest gesiegt haben
er	wird gesiegt haben	werde gesiegt haben	würde gesiegt haben
wir	werden gesiegt haben	werden gesiegt haben	würden gesiegt haben
ihr	werdet gesiegt haben	werdet gesiegt haben	würdet gesiegt haben
sie	werden gesiegt haben	werden gesiegt haben	würden gesiegt haben

singen

to sing

PRINC. PARTS: singen, sang, gesungen, singt
IMPERATIVE: singe!, singt!, singen Sie!

INDICATIVE		SUBJUNCTIVE	
		PRIMARY	SECONDARY
		Present Time	
	Present	*(Pres. Subj.)*	*(Imperf. Subj.)*
ich	singe	singe	sänge
du	singst	singest	sängest
er	singt	singe	sänge
wir	singen	singen	sängen
ihr	singt	singet	sänget
sie	singen	singen	sängen

	Imperfect
ich	sang
du	sangst
er	sang
wir	sangen
ihr	sangt
sie	sangen

		Past Time	
	Perfect	*(Perf. Subj.)*	*(Pluperf. Subj.)*
ich	habe gesungen	habe gesungen	hätte gesungen
du	hast gesungen	habest gesungen	hättest gesungen
er	hat gesungen	habe gesungen	hätte gesungen
wir	haben gesungen	haben gesungen	hätten gesungen
ihr	habt gesungen	habet gesungen	hättet gesungen
sie	haben gesungen	haben gesungen	hätten gesungen

	Pluperfect
ich	hatte gesungen
du	hattest gesungen
er	hatte gesungen
wir	hatten gesungen
ihr	hattet gesungen
sie	hatten gesungen

		Future Time	
	Future	*(Fut. Subj.)*	*(Pres. Conditional)*
ich	werde singen	werde singen	würde singen
du	wirst singen	werdest singen	würdest singen
er	wird singen	werde singen	würde singen
wir	werden singen	werden singen	würden singen
ihr	werdet singen	werdet singen	würdet singen
sie	werden singen	werden singen	würden singen

		Future Perfect Time	
	Future Perfect	*(Fut. Perf. Subj.)*	*(Past Conditional)*
ich	werde gesungen haben	werde gesungen haben	würde gesungen haben
du	wirst gesungen haben	werdest gesungen haben	würdest gesungen haben
er	wird gesungen haben	werde gesungen haben	würde gesungen haben
wir	werden gesungen haben	werden gesungen haben	würden gesungen haben
ihr	werdet gesungen haben	werdet gesungen haben	würdet gesungen haben
sie	werden gesungen haben	werden gesungen haben	würden gesungen haben

PRINC. PARTS: sinken, sank, ist gesunken, sinkt
IMPERATIVE: sinke!, sinkt!, sinken Sie!

INDICATIVE		SUBJUNCTIVE	
		PRIMARY	SECONDARY
		Present Time	
	Present	(*Pres. Subj.*)	(*Imperf. Subj.*)
ich	sinke	sinke	sänke
du	sinkst	sinkest	sänkest
er	sinkt	sinke	sänke
wir	sinken	sinken	sänken
ihr	sinkt	sinket	sänket
sie	sinken	sinken	sänken
	Imperfect		
ich	sank		
du	sankst		
er	sank		
wir	sanken		
ihr	sankt		
sie	sanken		
		Past Time	
	Perfect	(*Perf. Subj.*)	(*Pluperf. Subj.*)
ich	bin gesunken	sei gesunken	wäre gesunken
du	bist gesunken	seiest gesunken	wärest gesunken
er	ist gesunken	sei gesunken	wäre gesunken
wir	sind gesunken	seien gesunken	wären gesunken
ihr	seid gesunken	seiet gesunken	wäret gesunken
sie	sind gesunken	seien gesunken	wären gesunken
	Pluperfect		
ich	war gesunken		
du	warst gesunken		
er	war gesunken		
wir	waren gesunken		
ihr	wart gesunken		
sie	waren gesunken		
		Future Time	
	Future	(*Fut. Subj.*)	(*Pres. Conditional*)
ich	werde sinken	werde sinken	würde sinken
du	wirst sinken	werdest sinken	würdest sinken
er	wird sinken	werde sinken	würde sinken
wir	werden sinken	werden sinken	würden sinken
ihr	werdet sinken	werdet sinken	würdet sinken
sie	werden sinken	werden sinken	würden sinken
		Future Perfect Time	
	Future Perfect	(*Fut. Perf. Subj.*)	(*Past Conditional*)
ich	werde gesunken sein	werde gesunken sein	würde gesunken sein
du	wirst gesunken sein	werdest gesunken sein	würdest gesunken sein
er	wird gesunken sein	werde gesunken sein	würde gesunken sein
wir	werden gesunken sein	werden gesunken sein	würden gesunken sein
ihr	werdet gesunken sein	werdet gesunken sein	würdet gesunken sein
sie	werden gesunken sein	werden gesunken sein	würden gesunken sein

sinnen

to think, reflect, plan

PRINC. PARTS: sinnen, sann, gesonnen, sinnt
IMPERATIVE: sinne!, sinnt!, sinnen Sie!

INDICATIVE		SUBJUNCTIVE PRIMARY	SUBJUNCTIVE SECONDARY
		Present Time	
	Present	(*Pres. Subj.*)	(*Imperf. Subj.*)
ich	sinne	sinne	sänne or sönne
du	sinnst	sinnest	sännest or sönnest
er	sinnt	sinne	sänne or sönne
wir	sinnen	sinnen	sännen or sönnen
ihr	sinnt	sinnet	sännet or sönnet
sie	sinnen	sinnen	sännen or sönnen
	Imperfect		
ich	sann		
du	sannst		
er	sann		
wir	sannen		
ihr	sannt		
sie	sannen		
		Past Time	
	Perfect	(*Perf. Subj.*)	(*Pluperf. Subj.*)
ich	habe gesonnen	habe gesonnen	hätte gesonnen
du	hast gesonnen	habest gesonnen	hättest gesonnen
er	hat gesonnen	habe gesonnen	hätte gesonnen
wir	haben gesonnen	haben gesonnen	hätten gesonnen
ihr	habt gesonnen	habet gesonnen	hättet gesonnen
sie	haben gesonnen	haben gesonnen	hätten gesonnen
	Pluperfect		
ich	hatte gesonnen		
du	hattest gesonnen		
er	hatte gesonnen		
wir	hatten gesonnen		
ihr	hattet gesonnen		
sie	hatten gesonnen		
		Future Time	
	Future	(*Fut. Subj.*)	(*Pres. Conditional*)
ich	werde sinnen	werde sinnen	würde sinnen
du	wirst sinnen	werdest sinnen	würdest sinnen
er	wird sinnen	werde sinnen	würde sinnen
wir	werden sinnen	werden sinnen	würden sinnen
ihr	werdet sinnen	werdet sinnen	würdet sinnen
sie	werden sinnen	werden sinnen	würden sinnen
		Future Perfect Time	
	Future Perfect	(*Fut. Perf. Subj.*)	(*Past Conditional*)
ich	werde gesonnen haben	werde gesonnen haben	würde gesonnen haben
du	wirst gesonnen haben	werdest gesonnen haben	würdest gesonnen haben
er	wird gesonnen haben	werde gesonnen haben	würde gesonnen haben
wir	werden gesonnen haben	werden gesonnen haben	würden gesonnen haben
ihr	werdet gesonnen haben	werdet gesonnen haben	würdet gesonnen haben
sie	werden gesonnen haben	werden gesonnen haben	würden gesonnen haben

PRINC. PARTS: sitzen, saß, gesessen, sitzt
IMPERATIVE: sitze!. sitzt!, sitzen Sie!

INDICATIVE		SUBJUNCTIVE PRIMARY	SUBJUNCTIVE SECONDARY
		Present Time	
	Present	*(Pres. Subj.)*	*(Imperf. Subj.)*
ich	sitze	sitze	säße
du	sitzt	sitzest	säßest
er	sitzt	sitze	säße
wir	sitzen	sitzen	säßen
ihr	sitzt	sitzet	säßet
sie	sitzen	sitzen	säßen
	Imperfect		
ich	saß		
du	saßest		
er	saß		
wir	saßen		
ihr	saßt		
sie	saßen		
		Past Time	
	Perfect	*(Perf. Subj.)*	*(Pluperf. Subj.)*
ich	habe gesessen	habe gesessen	hätte gesessen
du	hast gesessen	habest gesessen	hättest gesessen
er	hat gesessen	habe gesessen	hätte gesessen
wir	haben gesessen	haben gesessen	hätten gesessen
ihr	habt gesessen	habet gesessen	hättet gesessen
sie	haben gesessen	haben gesessen	hätten gesessen
	Pluperfect		
ich	hatte gesessen		
du	hattest gesessen		
er	hatte gesessen		
wir	hatten gesessen		
ihr	hattet gesessen		
sie	hatten gesessen		
		Future Time	
	Future	*(Fut. Subj.)*	*(Pres. Conditional)*
ich	werde sitzen	werde sitzen	würde sitzen
du	wirst sitzen	werdest sitzen	würdest sitzen
er	wird sitzen	werde sitzen	würde sitzen
wir	werden sitzen	werden sitzen	würden sitzen
ihr	werdet sitzen	werdet sitzen	würdet sitzen
sie	werden sitzen	werden sitzen	würden sitzen
		Future Perfect Time	
	Future Perfect	*(Fut. Perf. Subj.)*	*(Past Conditional)*
ich	werde gesessen haben	werde gesessen haben	würde gesessen haben
du	wirst gesessen haben	werdest gesessen haben	würdest gesessen haben
er	wird gesessen haben	werde gesessen haben	würde gesessen haben
wir	werden gesessen haben	werden gesessen haben	würden gesessen haben
ihr	werdet gesessen haben	werdet gesessen haben	würdet gesessen haben
sie	werden gesessen haben	werden gesessen haben	würden gesessen haben

sollen 5

to be, be supposed to, ought, be said to, be expected to

PRINC. PARTS: sollen, sollte, gesollt (sollen when immediately preceded by another infinitive; see sprechen dürfen), soll

IMPERATIVE: not used

INDICATIVE		SUBJUNCTIVE	
		PRIMARY	SECONDARY
		Present Time	
	Present	(*Pres. Subj.*)	(*Imperf. Subj.*)
ich	soll	solle	sollte
du	sollst	sollest	solltest
er	soll	solle	sollte
wir	sollen	sollen	sollten
ihr	sollt	sollet	solltet
sie	sollen	sollen	sollten
	Imperfect		
ich	sollte		
du	solltest		
er	sollte		
wir	sollten		
ihr	solltet		
sie	sollten		
		Past Time	
	Perfect	(*Perf. Subj.*)	(*Pluperf. Subj.*)
ich	habe gesollt	habe gesollt	hätte gesollt
du	hast gesollt	habest gesollt	hättest gesollt
er	hat gesollt	habe gesollt	hätte gesollt
wir	haben gesollt	haben gesollt	hätten gesollt
ihr	habt gesollt	habet gesollt	hättet gesollt
sie	haben gesollt	haben gesollt	hätten gesollt
	Pluperfect		
ich	hatte gesollt		
du	hattest gesollt		
er	hatte gesollt		
wir	hatten gesollt		
ihr	hattet gesollt		
sie	hatten gesollt		
		Future Time	
	Future	(*Fut. Subj.*)	(*Pres. Conditional*)
ich	werde sollen	werde sollen	würde sollen
du	wirst sollen	werdest sollen	würdest sollen
er	wird sollen	werde sollen	würde sollen
wir	werden sollen	werden sollen	würden sollen
ihr	werdet sollen	werdet sollen	würdet sollen
sie	werden sollen	werden sollen	würden sollen
		Future Perfect Time	
	Future Perfect	(*Fut. Perf. Subj.*)	(*Past Conditional*)
ich	werde gesollt haben	werde gesollt haben	würde gesollt haben
du	wirst gesollt haben	werdest gesollt haben	würdest gesollt haben
er	wird gesollt haben	werde gesollt haben	würde gesollt haben
wir	werden gesollt haben	werden gesollt haben	würden gesollt haben
ihr	werdet gesollt haben	werdet gesollt haben	würdet gesollt haben
sie	werden gesollt haben	werden gesollt haben	würden gesollt haben

PRINC. PARTS: spalten, spaltete, gespalten*, spaltet
IMPERATIVE: spalte!, spaltet!, spalten Sie!

spalten
to split, cleave

INDICATIVE		SUBJUNCTIVE PRIMARY	SUBJUNCTIVE SECONDARY
		Present Time	
	Present	*(Pres. Subj.)*	*(Imperf. Subj.)*
ich	spalte	spalte	spaltete
du	spaltest	spaltest	spaltetest
er	spaltet	spalte	spaltete
wir	spalten	spalten	spalteten
ihr	spaltet	spaltet	spaltetet
sie	spalten	spalten	spalteten
	Imperfect		
ich	spaltete		
du	spaltetest		
er	spaltete		
wir	spalteten		
ihr	spaltetet		
sie	spalteten		
		Past Time	
	Perfect	*(Perf. Subj.)*	*(Pluperf. Subj.)*
ich	habe gespalten	habe gespalten	hätte gespalten
du	hast gespalten	habest gespalten	hättest gespalten
er	hat gespalten	habe gespalten	hätte gespalten
wir	haben gespalten	haben gespalten	hätten gespalten
ihr	habt gespalten	habet gespalten	hättet gespalten
sie	haben gespalten	haben gespalten	hätten gespalten
	Pluperfect		
ich	hatte gespalten		
du	hattest gespalten		
er	hatte gespalten		
wir	hatten gespalten		
ihr	hattet gespalten		
sie	hatten gespalten		
		Future Time	
	Future	*(Fut. Subj.)*	*(Pres. Conditional)*
ich	werde spalten	werde spalten	würde spalten
du	wirst spalten	werdest spalten	würdest spalten
er	wird spalten	werde spalten	würde spalten
wir	werden spalten	werden spalten	würden spalten
ihr	werdet spalten	werdet spalten	würdet spalten
sie	werden spalten	werden spalten	würden spalten
		Future Perfect Time	
	Future Perfect	*(Fut. Perf. Subj.)*	*(Past Conditional)*
ich	werde gespalten haben	werde gespalten haben	würde gespalten haben
du	wirst gespalten haben	werdest gespalten haben	würdest gespalten haben
er	wird gespalten haben	werde gespalten haben	würde gespalten haben
wir	werden gespalten haben	werden gespalten haben	würden gespalten haben
ihr	werdet gespalten haben	werdet gespalten haben	würdet gespalten haben
sie	werden gespalten haben	werden gespalten haben	würden gespalten haben

* The form **gespaltet** is also found for the past participle.

sparen

to save (money), economize

PRINC. PARTS: sparen, sparte, gespart, spart
IMPERATIVE: spare!, spart!, sparen Sie!

	INDICATIVE	SUBJUNCTIVE PRIMARY	SUBJUNCTIVE SECONDARY
		Present Time	
	Present	*(Pres. Subj.)*	*(Imperf. Subj.)*
ich	spare	spare	sparte
du	sparst	sparest	spartest
er	spart	spare	sparte
wir	sparen	sparen	sparten
ihr	spart	sparet	spartet
sie	sparen	sparen	sparten
	Imperfect		
ich	sparte		
du	spartest		
er	sparte		
wir	sparten		
ihr	spartet		
sie	sparten		
		Past Time	
	Perfect	*(Perf. Subj.)*	*(Pluperf. Subj.)*
ich	habe gespart	habe gespart	hätte gespart
du	hast gespart	habest gespart	hättest gespart
er	hat gespart	habe gespart	hätte gespart
wir	haben gespart	haben gespart	hätten gespart
ihr	habt gespart	habet gespart	hättet gespart
sie	haben gespart	haben gespart	hätten gespart
	Pluperfect		
ich	hatte gespart		
du	hattest gespart		
er	hatte gespart		
wir	hatten gespart		
ihr	hattet gespart		
sie	hatten gespart		
		Future Time	
	Future	*(Fut. Subj.)*	*(Pres. Conditional)*
ich	werde sparen	werde sparen	würde sparen
du	wirst sparen	werdest sparen	würdest sparen
er	wird sparen	werde sparen	würde sparen
wir	werden sparen	werden sparen	würden sparen
ihr	werdet sparen	werdet sparen	würdet sparen
sie	werden sparen	werden sparen	würden sparen
		Future Perfect Time	
	Future Perfect	*(Fut. Perf. Subj.)*	*(Past Conditional)*
ich	werde gespart haben	werde gespart haben	würde gespart haben
du	wirst gespart haben	werdest gespart haben	würdest gespart haben
er	wird gespart haben	werde gespart haben	würde gespart haben
wir	werden gespart haben	werden gespart haben	würden gespart haben
ihr	werdet gespart haben	werdet gespart haben	würdet gespart haben
sie	werden gespart haben	werden gespart haben	würden gespart haben

PRINC. PARTS: spazieren, spaziert, ist spaziert, spaziert
IMPERATIVE: spaziere!, spaziert!, spazieren Sie!

to walk, stroll

INDICATIVE		SUBJUNCTIVE	
		PRIMARY	SECONDARY
		Present Time	
	Present	*(Pres. Subj.)*	*(Imperf. Subj.)*
ich	spaziere	spaziere	spazierte
du	spazierst	spazierest	spaziertest
er	spaziert	spaziere	spazierte
wir	spazieren	spazieren	spazierten
ihr	spaziert	spazieret	spaziertet
sie	spazieren	spazieren	spazierten
	Imperfect		
ich	spazierte		
du	spaziertest		
er	spazierte		
wir	spazierten		
ihr	spaziertet		
sie	spazierten		
		Past Time	
	Perfect	*(Perf. Subj.)*	*(Pluperf. Subj.)*
ich	bin spaziert	sei spaziert	wäre spaziert
du	bist spaziert	seiest spaziert	wärest spaziert
er	ist spaziert	sei spaziert	wäre spaziert
wir	sind spaziert	seien spaziert	wären spaziert
ihr	seid spaziert	seiet spaziert	wäret spaziert
sie	sind spaziert	seien spaziert	wären spaziert
	Pluperfect		
ich	war spaziert		
du	warst spaziert		
er	war spaziert		
wir	waren spaziert		
ihr	wart spaziert		
sie	waren spaziert		
		Future Time	
	Future	*(Fut. Subj.)*	*(Pres. Conditional)*
ich	werde spazieren	werde spazieren	würde spazieren
du	wirst spazieren	werdest spazieren	würdest spazieren
er	wird spazieren	werde spazieren	würde spazieren
wir	werden spazieren	werden spazieren	würden spazieren
ihr	werdet spazieren	werdet spazieren	würdet spazieren
sie	werden spazieren	werden spazieren	würden spazieren
		Future Perfect Time	
	Future Perfect	*(Fut. Perf. Subj.)*	*(Past Conditional)*
ich	werde spaziert sein	werde spaziert sein	würde spaziert sein
du	wirst spaziert sein	werdest spaziert sein	würdest spaziert sein
er	wird spaziert sein	werde spaziert sein	würde spaziert sein
wir	werden spaziert sein	werden spaziert sein	würden spaziert sein
ihr	werdet spaziert sein	werdet spaziert sein	würdet spaziert sein
sie	werden spaziert sein	werden spaziert sein	würden spaziert sein

spielen

to play

PRINC. PARTS: spielen, spielte, gespielt, spielt
IMPERATIVE: spiele!, spielt!, spielen Sie!

INDICATIVE		SUBJUNCTIVE	
		PRIMARY	SECONDARY
		Present Time	
	Present	(*Pres. Subj.*)	(*Imperf. Subj.*)
ich	spiele	spiele	spielte
du	spielst	spielest	spieltest
er	spielt	spiele	spielte
wir	spielen	spielen	spielten
ihr	spielt	spielet	spieltet
sie	spielen	spielen	spielten

	Imperfect
ich	spielte
du	spieltest
er	spielte
wir	spielten
ihr	spieltet
sie	spielten

		Past Time	
	Perfect	(*Perf. Subj.*)	(*Pluperf. Subj.*)
ich	habe gespielt	habe gespielt	hätte gespielt
du	hast gespielt	habest gespielt	hättest gespielt
er	hat gespielt	habe gespielt	hätte gespielt
wir	haben gespielt	haben gespielt	hätten gespielt
ihr	habt gespielt	habet gespielt	hättet gespielt
sie	haben gespielt	haben gespielt	hätten gespielt

	Pluperfect
ich	hatte gespielt
du	hattest gespielt
er	hatte gespielt
wir	hatten gespielt
ihr	hattet gespielt
sie	hatten gespielt

		Future Time	
	Future	(*Fut. Subj.*)	(*Pres. Conditional*)
ich	werde spielen	werde spielen	würde spielen
du	wirst spielen	werdest spielen	würdest spielen
er	wird spielen	werde spielen	würde spielen
wir	werden spielen	werden spielen	würden spielen
ihr	werdet spielen	werdet spielen	würdet spielen
sie	werden spielen	werden spielen	würden spielen

		Future Perfect Time	
	Future Perfect	(*Fut. Perf. Subj.*)	(*Past Conditional*)
ich	werde gespielt haben	werde gespielt haben	würde gespielt haben
du	wirst gespielt haben	werdest gespielt haben	würdest gespielt haben
er	wird gespielt haben	werde gespielt haben	würde gespielt haben
wir	werden gespielt haben	werden gespielt haben	würden gespielt haben
ihr	werdet gespielt haben	werdet gespielt haben	würdet gespielt haben
sie	werden gespielt haben	werden gespielt haben	würden gespielt haben

PRINC. PARTS: spinnen, spann, gesponnen, spinnt
IMPERATIVE: spinne!, spinnt!, spinnen Sie!

INDICATIVE		SUBJUNCTIVE	
		PRIMARY	SECONDARY
		Present Time	
	Present	(*Pres. Subj.*)	(*Imperf. Subj.*)
ich	spinne	spinne	spönne
du	spinnst	spinnest	spönnest
er	spinnt	spinne	spönne
wir	spinnen	spinnen	spönnen
ihr	spinnt	spinnet	spönnet
sie	spinnen	spinnen	spönnen
	Imperfect		
ich	spann		
du	spannst		
er	spann		
wir	spannen		
ihr	spannt		
sie	spannen		
		Past Time	
	Perfect	(*Perf. Subj.*)	(*Pluperf. Subj.*)
ich	habe gesponnen	habe gesponnen	hätte gesponnen
du	hast gesponnen	habest gesponnen	hättest gesponnen
er	hat gesponnen	habe gesponnen	hätte gesponnen
wir	haben gesponnen	haben gesponnen	hätten gesponnen
ihr	habt gesponnen	habet gesponnen	hättet gesponnen
sie	haben gesponnen	haben gesponnen	hätten gesponnen
	Pluperfect		
ich	hatte gesponnen		
du	hattest gesponnen		
er	hatte gesponnen		
wir	hatten gesponnen		
ihr	hattet gesponnen		
sie	hatten gesponnen		
		Future Time	
	Future	(*Fut. Subj.*)	(*Pres. Conditional*)
ich	werde spinnen	werde spinnen	würde spinnen
du	wirst spinnen	werdest spinnen	würdest spinnen
er	wird spinnen	werde spinnen	würde spinnen
wir	werden spinnen	werden spinnen	würden spinnen
ihr	werdet spinnen	werdet spinnen	würdet spinnen
sie	werden spinnen	werden spinnen	würden spinnen
		Future Perfect Time	
	Future Perfect	(*Fut. Perf. Subj.*)	(*Past Conditional*)
ich	werde gesponnen haben	werde gesponnen haben	würde gesponnen haben
du	wirst gesponnen haben	werdest gesponnen haben	würdest gesponnen haben
er	wird gesponnen haben	werde gesponnen haben	würde gesponnen haben
wir	werden gesponnen haben	werden gesponnen haben	würden gesponnen haben
ihr	werdet gesponnen haben	werdet gesponnen haben	würdet gesponnen haben
sie	werden gesponnen haben	werden gesponnen haben	würden gesponnen haben

sprechen

to speak, talk

PRINC. PARTS: sprechen, sprach, gesprochen, spricht
IMPERATIVE: sprich!, sprecht!, sprechen Sie!

INDICATIVE		SUBJUNCTIVE	
		PRIMARY	SECONDARY
		Present Time	
	Present	(*Pres. Subj.*)	(*Imperf. Subj.*)
ich	spreche	spreche	spräche
du	sprichst	sprechest	sprächest
er	spricht	spreche	spräche
wir	sprechen	sprechen	sprächen
ihr	sprecht	sprechet	sprächet
sie	sprechen	sprechen	sprächen
	Imperfect		
ich	sprach		
du	sprachst		
er	sprach		
wir	sprachen		
ihr	spracht		
sie	sprachen		
		Past Time	
	Perfect	(*Perf. Subj.*)	(*Pluperf. Subj.*)
ich	habe gesprochen	habe gesprochen	hätte gesprochen
du	hast gesprochen	habest gesprochen	hättest gesprochen
er	hat gesprochen	habe gesprochen	hätte gesprochen
wir	haben gesprochen	haben gesprochen	hätten gesprochen
ihr	habt gesprochen	habet gesprochen	hättet gesprochen
sie	haben gesprochen	haben gesprochen	hätten gesprochen
	Pluperfect		
ich	hatte gesprochen		
du	hattest gesprochen		
er	hatte gesprochen		
wir	hatten gesprochen		
ihr	hattet gesprochen		
sie	hatten gesprochen		
		Future Time	
	Future	(*Fut. Subj.*)	(*Pres. Conditional*)
ich	werde sprechen	werde sprechen	würde sprechen
du	wirst sprechen	werdest sprechen	würdest sprechen
er	wird sprechen	werde sprechen	würde sprechen
wir	werden sprechen	werden sprechen	würden sprechen
ihr	werdet sprechen	werdet sprechen	würdet sprechen
sie	werden sprechen	werden sprechen	würden sprechen
		Future Perfect Time	
	Future Perfect	(*Fut. Perf. Subj.*)	(*Past Conditional*)
ich	werde gesprochen haben	werde gesprochen haben	würde gesprochen haben
du	wirst gesprochen haben	werdest gesprochen haben	würdest gesprochen haben
er	wird gesprochen haben	werde gesprochen haben	würde gesprochen haben
wir	werden gesprochen haben	werden gesprochen haben	würden gesprochen haben
ihr	werdet gesprochen haben	werdet gesprochen haben	würdet gesprochen haben
sie	werden gesprochen haben	werden gesprochen haben	würden gesprochen haben

PRINC. PARTS: sprechen dürfen, durfte sprechen, hat sprechen dürfen, darf sprechen
IMPERATIVE: not used

sprechen dürfen

to be allowed to speak

INDICATIVE		SUBJUNCTIVE	
		PRIMARY	SECONDARY
		Present Time	
	Present	(*Pres. Subj.*)	(*Imperf. Subj.*)
ich	darf sprechen	dürfe sprechen	dürfte sprechen
du	darfst sprechen	dürfest sprechen	dürftest sprechen
er	darf sprechen	dürfe sprechen	dürfte sprechen
wir	dürfen sprechen	dürfen sprechen	dürften sprechen
ihr	dürft sprechen	dürfet sprechen	dürftet sprechen
sie	dürfen sprechen	dürfen sprechen	dürften sprechen

	Imperfect
ich	durfte sprechen
du	durftest sprechen
er	durfte sprechen
wir	durften sprechen
ihr	durftet sprechen
sie	durften sprechen

		Past Time	
	Perfect	(*Perf. Subj.*)	(*Pluperf. Subj.*)
ich	habe sprechen dürfen	habe sprechen dürfen	hätte sprechen dürfen
du	hast sprechen dürfen	habest sprechen durfen	hättest sprechen dürfen
er	hat sprechen dürfen	habe sprechen dürfen	hätte sprechen dürfen
wir	haben sprechen dürfen	haben sprechen dürfen	hätten sprechen dürfen
ihr	habt sprechen dürfen	habet sprechen dürfen	hättet sprechen dürfen
sie	haben sprechen dürfen	haben sprechen dürfen	hätten sprechen dürfen

	Pluperfect
ich	hatte sprechen dürfen
du	hattest sprechen dürfen
er	hatte sprechen dürfen
wir	hatten sprechen dürfen
ihr	hattet sprechen dürfen
sie	hatten sprechen dürfen

		Future Time	
	Future	(*Fut. Subj.*)	(*Pres. Conditional*)
ich	werde sprechen dürfen	werde sprechen dürfen	würde sprechen dürfen
du	wirst sprechen dürfen	werdest sprechen dürfen	würdest sprechen dürfen
er	wird sprechen dürfen	werde sprechen dürfen	würde sprechen dürfen
wir	werden sprechen dürfen	werden sprechen dürfen	würden sprechen dürfen
ihr	werdet sprechen dürfen	werdet sprechen dürfen	würdet sprechen dürfen
sie	werden sprechen dürfen	werden sprechen dürfen	würden sprechen dürfen

		Future Perfect Time	
	Future Perfect	(*Fut. Perf. Subj.*)	(*Past Conditional*)
ich	werde haben sprechen dürfen	werde haben sprechen dürfen	würde haben sprechen dürfen
du	wirst haben sprechen dürfen	werdest haben sprechen dürfen	würdest haben sprechen dürfen
er	wird haben sprechen dürfen	werde haben sprechen dürfen	würde haben sprechen dürfen
wir	werden haben sprechen dürfen	werden haben sprechen dürfen	würden haben sprechen dürfen
ihr	werdet haben sprechen dürfen	werdet haben sprechen dürfen	würdet haben sprechen dürfen
sie	werden haben sprechen dürfen	werden haben sprechen dürfen	würden haben sprechen dürfen

sprießen

to sprout, bud

PRINC. PARTS: sprießen,* sproß, ist gesprossen, sprießt
IMPERATIVE: sprieße!, sprießt!, sprießen Sie!**

INDICATIVE	SUBJUNCTIVE PRIMARY	SUBJUNCTIVE SECONDARY
	Present Time	
Present	*(Pres. Subj.)*	*(Imperf. Subj.)*
ich sprieße	sprieße	sprösse
du sprießt	sprießest	sprössest
er sprießt	sprieße	sprösse
wir sprießen	sprießen	sprössen
ihr sprießt	sprießet	sprösset
sie sprießen	sprießen	sprössen
Imperfect		
ich sproß		
du sprossest		
er sproß		
wir sprossen		
ihr sproßt		
sie sprossen		
	Past Time	
Perfect	*(Perf. Subj.)*	*(Pluperf. Subj.)*
ich bin gesprossen	sei gesprossen	wäre gesprossen
du bist gesprossen	seiest gesprossen	wärest gesprossen
er ist gesprossen	sei gesprossen	wäre gesprossen
wir sind gesprossen	seien gesprossen	wären gesprossen
ihr seid gesprossen	seiet gesprossen	wäret gesprossen
sie sind gesprossen	seien gesprossen	wären gesprossen
Pluperfect		
ich war gesprossen		
du warst gesprossen		
er war gesprossen		
wir waren gesprossen		
ihr wart gesprossen		
sie waren gesprossen		
	Future Time	
Future	*(Fut. Subj.)*	*(Pres. Conditional)*
ich werde sprießen	werde sprießen	würde sprießen
du wirst sprießen	werdest sprießen	würdest sprießen
er wird sprießen	werde sprießen	würde sprießen
wir werden sprießen	werden sprießen	würden sprießen
ihr werdet sprießen	werdet sprießen	würdet sprießen
sie werden sprießen	werden sprießen	würden sprießen
	Future Perfect Time	
Future Perfect	*(Fut. Perf. Subj.)*	*(Past Conditional)*
ich werde gesprossen sein	werde gesprossen sein	würde gesprossen sein
du wirst gesprossen sein	werdest gesprossen sein	würdest gesprossen sein
er wird gesprossen sein	werde gesprossen sein	würde gesprossen sein
wir werden gesprossen sein	werden gesprossen sein	würden gesprossen sein
ihr werdet gesprossen sein	werdet gesprossen sein	würdet gesprossen sein
sie werden gesprossen sein	werden gesprossen sein	würden gesprossen sein

* Forms other than the third person are infrequently found.
** The imperative is unusual.

PRINC. PARTS: springen, sprang, ist gesprungen, springt
IMPERATIVE: springe!, springt!, springen Sie!

springen

to jump, leap, spring; explode

INDICATIVE		SUBJUNCTIVE	
		PRIMARY	SECONDARY
		Present Time	
	Present	*(Pres. Subj.)*	*(Imperf. Subj.)*
ich	springe	springe	spränge
du	springst	springest	sprängest
er	springt	springe	spränge
wir	springen	springen	sprängen
ihr	springt	springet	spränget
sie	springen	springen	sprängen
	Imperfect		
ich	sprang		
du	sprangst		
er	sprang		
wir	sprangen		
ihr	sprangt		
sie	sprangen		
		Past Time	
	Perfect	*(Perf. Subj.)*	*(Pluperf. Subj.)*
ich	bin gesprungen	sei gesprungen	wäre gesprungen
du	bist gesprungen	seiest gesprungen	wärest gesprungen
er	ist gesprungen	sei gesprungen	wäre gesprungen
wir	sind gesprungen	seien gesprungen	wären gesprungen
ihr	seid gesprungen	seiet gesprungen	wäret gesprungen
sie	sind gesprungen	seien gesprungen	wären gesprungen
	Pluperfect		
ich	war gesprungen		
du	warst gesprungen		
er	war gesprungen		
wir	waren gesprungen		
ihr	wart gesprungen		
sie	waren gesprungen		
		Future Time	
	Future	*(Fut. Subj.)*	*(Pres. Conditional)*
ich	werde springen	werde springen	würde springen
du	wirst springen	werdest springen	würdest springen
er	wird springen	werde springen	würde springen
wir	werden springen	werden springen	würden springen
ihr	werdet springen	werdet springen	würdet springen
sie	werden springen	werden springen	würden springen
		Future Perfect Time	
	Future Perfect	*(Fut. Perf. Subj.)*	*(Past Conditional)*
ich	werde gesprungen sein	werde gesprungen sein	würde gesprungen sein
du	wirst gesprungen sein	werdest gesprungen sein	würdest gesprungen sein
er	wird gesprungen sein	werde gesprungen sein	würde gesprungen sein
wir	werden gesprungen sein	werden gesprungen sein	würden gesprungen sein
ihr	werdet gesprungen sein	werdet gesprungen sein	würdet gesprungen sein
sie	werden gesprungen sein	werden gesprungen sein	würden gesprungen sein

spritzen

to squirt, gush

PRINC. PARTS: spritzen, spritzte, gespritzt, spritzt
IMPERATIVE: spritze!, spritzt!, spritzen Sie!

	INDICATIVE	SUBJUNCTIVE PRIMARY	SUBJUNCTIVE SECONDARY
		Present Time	
	Present	(*Pres. Subj.*)	(*Imperf. Subj.*)
ich	spritze	spritze	spritzte
du	spritzt	spritzest	spritztest
er	spritzt	spritze	spritzte
wir	spritzen	spritzen	spritzten
ihr	spritzt	spritzet	spritztet
sie	spritzen	spritzen	spritzten
	Imperfect		
ich	spritzte		
du	spritztest		
er	spritzte		
wir	spritzten		
ihr	spritztet		
sie	spritzten		
		Past Time	
	Perfect	(*Perf. Subj.*)	(*Pluperf. Subj.*)
ich	habe gespritzt	habe gespritzt	hätte gespritzt
du	hast gespritzt	habest gespritzt	hättest gespritzt
er	hat gespritzt	habe gespritzt	hätte gespritzt
wir	haben gespritzt	haben gespritzt	hätten gespritzt
ihr	habt gespritzt	habet gespritzt	hättet gespritzt
sie	haben gespritzt	haben gespritzt	hätten gespritzt
	Pluperfect		
ich	hatte gespritzt		
du	hattest gespritzt		
er	hatte gespritzt		
wir	hatten gespritzt		
ihr	hattet gespritzt		
sie	hatten gespritzt		
		Future Time	
	Future	(*Fut. Subj.*)	(*Pres. Conditional*)
ich	werde spritzen	werde spritzen	würde spritzen
du	wirst spritzen	werdest spritzen	würdest spritzen
er	wird spritzen	werde spritzen	würde spritzen
wir	werden spritzen	werden spritzen	würden spritzen
ihr	werdet spritzen	werdet spritzen	würdet spritzen
sie	werden spritzen	werden spritzen	würden spritzen
		Future Perfect Time	
	Future Perfect	(*Fut. Perf. Subj.*)	(*Past Conditional*)
ich	werde gespritzt haben	werde gespritzt haben	würde gespritzt haben
du	wirst gespritzt haben	werdest gespritzt haben	würdest gespritzt haben
er	wird gespritzt haben	werde gespritzt haben	würde gespritzt haben
wir	werden gespritzt haben	werden gespritzt haben	würden gespritzt haben
ihr	werdet gespritzt haben	werdet gespritzt haben	würdet gespritzt haben
sie	werden gespritzt haben	werden gespritzt haben	würden gespritzt haben

PRINC. PARTS: sprühen, sprühte, gesprüht, sprüht
IMPERATIVE: sprühe!, sprüht!, sprühen Sie!

to sparkle, scintillate, spray

	INDICATIVE	SUBJUNCTIVE PRIMARY	SUBJUNCTIVE SECONDARY
		Present Time	
	Present	*(Pres. Subj.)*	*(Imperf. Subj.)*
ich	sprühe	sprühe	sprühte
du	sprühst	sprühest	sprühtest
er	sprüht	sprühe	sprühte
wir	sprühen	sprühen	sprühten
ihr	sprüht	sprühet	sprühtet
sie	sprühen	sprühen	sprühten
	Imperfect		
ich	sprühte		
du	sprühtest		
er	sprühte		
wir	sprühten		
ihr	sprühtet		
sie	sprühten		
		Past Time	
	Perfect	*(Perf. Subj.)*	*(Pluperf. Subj.)*
ich	habe gesprüht	habe gesprüht	hätte gesprüht
du	hast gesprüht	habest gesprüht	hättest gesprüht
er	hat gesprüht	habe gesprüht	hätte gesprüht
wir	haben gesprüht	haben gesprüht	hätten gesprüht
ihr	habt gesprüht	habet gesprüht	hättet gesprüht
sie	haben gesprüht	haben gesprüht	hätten gesprüht
	Pluperfect		
ich	hatte gesprüht		
du	hattest gesprüht		
er	hatte gesprüht		
wir	hatten gesprüht		
ihr	hattet gesprüht		
sie	hatten gesprüht		
		Future Time	
	Future	*(Fut. Subj.)*	*(Pres. Conditional)*
ich	werde sprühen	werde sprühen	würde sprühen
du	wirst sprühen	werdest sprühen	würdest sprühen
er	wird sprühen	werde sprühen	würde sprühen
wir	werden sprühen	werden sprühen	würden sprühen
ihr	werdet sprühen	werdet sprühen	würdet sprühen
sie	werden sprühen	werden sprühen	würden sprühen
		Future Perfect Time	
	Future Perfect	*(Fut. Perf. Subj.)*	*(Past Conditional)*
ich	werde gesprüht haben	werde gesprüht haben	würde gesprüht haben
du	wirst gesprüht haben	werdest gesprüht haben	würdest gesprüht haben
er	wird gesprüht haben	werde gesprüht haben	würde gesprüht haben
wir	werden gesprüht haben	werden gesprüht haben	würden gesprüht haben
ihr	werdet gesprüht haben	werdet gesprüht haben	würdet gesprüht haben
sie	werden gesprüht haben	werden gesprüht haben	würden gesprüht haben

spucken

to spit

PRINC. PARTS: spucken, spuckte, gespuckt, spuckt
IMPERATIVE: spucke!, spuckt!, spucken Sie!

	INDICATIVE	SUBJUNCTIVE PRIMARY	SUBJUNCTIVE SECONDARY
		Present Time	
	Present	(*Pres. Subj.*)	(*Imperf. Subj.*)
ich	spucke	spucke	spuckte
du	spuckst	spuckest	spucktest
er	spuckt	spucke	spuckte
wir	spucken	spucken	spuckten
ihr	spuckt	spucket	spucktet
sie	spucken	spucken	spuckten
	Imperfect		
ich	spuckte		
du	spucktest		
er	spuckte		
wir	spuckten		
ihr	spucktet		
sie	spuckten		
		Past Time	
	Perfect	(*Perf. Subj.*)	(*Pluperf. Subj.*)
ich	habe gespuckt	habe gespuckt	hätte gespuckt
du	hast gespuckt	habest gespuckt	hättest gespuckt
er	hat gespuckt	habe gespuckt	hätte gespuckt
wir	haben gespuckt	haben gespuckt	hätten gespuckt
ihr	habt gespuckt	habet gespuckt	hättet gespuckt
sie	haben gespuckt	haben gespuckt	hätten gespuckt
	Pluperfect		
ich	hatte gespuckt		
du	hattest gespuckt		
er	hatte gespuckt		
wir	hatten gespuckt		
ihr	hattet gespuckt		
sie	hatten gespuckt		
		Future Time	
	Future	(*Fut. Subj.*)	(*Pres. Conditional*)
ich	werde spucken	werde spucken	würde spucken
du	wirst spucken	werdest spucken	würdest spucken
er	wird spucken	werde spucken	würde spucken
wir	werden spucken	werden spucken	würden spucken
ihr	werdet spucken	werdet spucken	würdet spucken
sie	werden spucken	werden spucken	würden spucken
		Future Perfect Time	
	Future Perfect	(*Fut. Perf. Subj.*)	(*Past Conditional*)
ich	werde gespuckt haben	werde gespuckt haben	würde gespuckt haben
du	wirst gespuckt haben	werdest gespuckt haben	würdest gespuckt haben
er	wird gespuckt haben	werde gespuckt haben	würde gespuckt haben
wir	werden gespuckt haben	werden gespuckt haben	würden gespuckt haben
ihr	werdet gespuckt haben	werdet gespuckt haben	würdet gespuckt haben
sie	werden gespuckt haben	werden gespuckt haben	würden gespuckt haben

spülen

PRINC. PARTS: spülen, spülte, gespült, spült
IMPERATIVE: spüle!, spült!, spülen Sie!

to rinse, flush; wash against, lap

INDICATIVE		SUBJUNCTIVE	
		PRIMARY	SECONDARY
		Present Time	
	Present	(*Pres. Subj.*)	(*Imperf. Subj.*)
ich	spüle	spüle	spülte
du	spülst	spülest	spültest
er	spült	spüle	spülte
wir	spülen	spülen	spülten
ihr	spült	spület	spültet
sie	spülen	spülen	spülten
	Imperfect		
ich	spülte		
du	spültest		
er	spülte		
wir	spülten		
ihr	spültet		
sie	spülten		
		Past Time	
	Perfect	(*Perf. Subj.*)	(*Plupef. Subj.*)
ich	habe gespült	habe gespült	hätte gespült
du	hast gespült	habest gespült	hättest gespült
er	hat gespült	habe gespült	hätte gespült
wir	haben gespült	haben gespült	hätten gespült
ihr	habt gespült	habet gespült	hättet gespült
sie	haben gespült	haben gespült	hätten gespült
	Pluperfect		
ich	hatte gespült		
du	hattest gespült		
er	hatte gespült		
wir	hatten gespült		
ihr	hattet gespült		
sie	hatten gespült		
		Future Time	
	Future	(*Fut. Subj.*)	(*Pres. Conditional*)
ich	werde spülen	werde spülen	würde spülen
du	wirst spülen	werdest spülen	würdest spülen
er	wird spülen	werde spülen	würde spülen
wir	werden spülen	werden spülen	würden spülen
ihr	werdet spülen	werdet spülen	würdet spülen
sie	werden spülen	werden spülen	würden spülen
		Future Perfect Time	
	Future Perfect	(*Fut. Perf. Subj.*)	(*Past Conditional*)
ich	werde gespült haben	werde gespült haben	würde gespült haben
du	wirst gespült haben	werdest gespült haben	würdest gespült haben
er	wird gespült haben	werde gespült haben	würde gespült haben
wir	werden gespült haben	werden gespült haben	würden gespült haben
ihr	werdet gespült haben	werdet gespült haben	würdet gespült haben
sie	werden gespült haben	werden gespült haben	würden gespült haben

spüren

to feel, perceive; trace, scent out

PRINC. PARTS: spüren, spürte, gespürt, spürt
IMPERATIVE: spüre!, spürt!, spüren Sie!

INDICATIVE		SUBJUNCTIVE	
		PRIMARY	SECONDARY
		Present Time	
	Present	*(Pres. Subj.)*	*(Imperf. Subj.)*
ich	spüre	spüre	spürte
du	spürst	spürest	spürtest
er	spürt	spüre	spürte
wir	spüren	spüren	spürten
ihr	spürt	spüret	spürtet
sie	spüren	spüren	spürten
	Imperfect		
ich	spürte		
du	spürtest		
er	spürte		
wir	spürten		
ihr	spürtet		
sie	spürten		
		Past Time	
	Perfect	*(Perf. Subj.)*	*(Pluperf. Subj.)*
ich	habe gespürt	habe gespürt	hätte gespürt
du	hast gespürt	habest gespürt	hättest gespürt
er	hat gespürt	habe gespürt	hätte gespürt
wir	haben gespürt	haben gespürt	hätten gespürt
ihr	habt gespürt	habet gespürt	hättet gespürt
sie	haben gespürt	haben gespürt	hätten gespürt
	Pluperfect		
ich	hatte gespürt		
du	hattest gespürt		
er	hatte gespürt		
wir	hatten gespürt		
ihr	hattet gespürt		
sie	hatten gespürt		
		Future Time	
	Future	*(Fut. Subj.)*	*(Pres. Conditional)*
ich	werde spüren	werde spüren	würde spüren
du	wirst spüren	werdest spüren	würdest spüren
er	wird spüren	werde spüren	würde spüren
wir	werden spüren	werden spüren	würden spüren
ihr	werdet spüren	werdet spüren	würdet spüren
sie	werden spüren	werden spüren	würden spüren
		Future Perfect Time	
	Future Perfect	*(Fut. Perf. Subj.)*	*(Past Conditional)*
ich	werde gespürt haben	werde gespürt haben	würde gespürt haben
du	wirst gespürt haben	werdest gespürt haben	würdest gespürt haben
er	wird gespürt haben	werde gespürt haben	würde gespürt haben
wir	werden gespürt haben	werden gespürt haben	würden gespürt haben
ihr	werdet gespürt haben	werdet gespürt haben	würdet gespürt haben
sie	werden gespürt haben	werden gespürt haben	würden gespürt haben

PRINC. PARTS: stattfinden,* fand statt, stattgefunden, findet statt
IMPERATIVE: not used

stattfinden

to take place, happen

	INDICATIVE	SUBJUNCTIVE PRIMARY	SUBJUNCTIVE SECONDARY
		Present Time	
	Present	(*Pres. Subj.*)	(*Imperf. Subj.*)
ich			
du			
er	findet statt	finde statt	fände statt
wir			
ihr			
sie	finden statt	finden statt	fänden statt
	Imperfect		
ich			
du			
er	fand statt		
wir			
ihr			
sie	fanden statt		
		Past Time	
	Perfect	(*Perf. Subj.*)	(*Pluperf. Subj.*)
ich			
du			
er	hat stattgefunden	habe stattgefunden	hätte stattgefunden
wir			
ihr			
sie	haben stattgefunden	haben stattgefunden	hätten stattgefunden
	Pluperfect		
ich			
du			
er	hatte stattgefunden		
wir			
ihr			
sie	hatten stattgefunden		
		Future Time	
	Future	(*Fut. Subj.*)	(*Pres. Conditional*)
ich			
du			
er	wird stattfinden	werde stattfinden	würde stattfinden
wir			
ihr			
sie	werden stattfinden	werden stattfinden	würden stattfinden
		Future Perfect Time	
	Future Perfect	(*Fut. Perf. Subj.*)	(*Past Conditional*)
ich			
du			
er	wird stattgefunden haben	werde stattgefunden haben	würde stattgefunden haben
wir			
ihr			
sie	werden stattgefunden haben	werden stattgefunden haben	würden stattgefunden haben

* Forms other than the third person are rarely found.

staunen

to be astonished, surprised or amazed

PRINC. PARTS: staunen, staunte, gestaunt, staunt
IMPERATIVE: staune!, staunt!, staunen Sie!

	INDICATIVE	SUBJUNCTIVE PRIMARY	SUBJUNCTIVE SECONDARY
		Present Time	
	Present	(*Pres. Subj.*)	(*Imperf. Subj.*)
ich	staune	staune	staunte
du	staunst	staunest	stauntest
er	staunt	staune	staunte
wir	staunen	staunen	staunten
ihr	staunt	staunet	stauntet
sie	staunen	staunen	staunten
	Imperfect		
ich	staunte		
du	stauntest		
er	staunte		
wir	staunten		
ihr	stauntet		
sie	staunten		
		Past Time	
	Perfect	(*Perf. Subj.*)	(*Pluperf. Subj.*)
ich	habe gestaunt	habe gestaunt	hätte gestaunt
du	hast gestaunt	habest gestaunt	hättest gestaunt
er	hat gestaunt	habe gestaunt	hätte gestaunt
wir	haben gestaunt	haben gestaunt	hätten gestaunt
ihr	habt gestaunt	habet gestaunt	hättet gestaunt
sie	haben gestaunt	haben gestaunt	hätten gestaunt
	Pluperfect		
ich	hatte gestaunt		
du	hattest gestaunt		
er	hatte gestaunt		
wir	hatten gestaunt		
ihr	hattet gestaunt		
sie	hatten gestaunt		
		Future Time	
	Future	(*Fut. Subj.*)	(*Pres. Conditional*)
ich	werde staunen	werde staunen	würde staunen
du	wirst staunen	werdest staunen	würdest staunen
er	wird staunen	werde staunen	würde staunen
wir	werden staunen	werden staunen	würden staunen
ihr	werdet staunen	werdet staunen	würdet staunen
sie	werden staunen	werden staunen	würden staunen
		Future Perfect Time	
	Future Perfect	(*Fut. Perf. Subj.*)	(*Past Conditional*)
ich	werde gestaunt haben	werde gestaunt haben	würde gestaunt haben
du	wirst gestaunt haben	werdest gestaunt haben	würdest gestaunt haben
er	wird gestaunt haben	werde gestaunt haben	würde gestaunt haben
wir	werden gestaunt haben	werden gestaunt haben	würden gestaunt haben
ihr	werdet gestaunt haben	werdet gestaunt haben	würdet gestaunt haben
sie	werden gestaunt haben	werden gestaunt haben	würden gestaunt haben

PRINC. PARTS: stechen, stach, gestochen, sticht
IMPERATIVE: stich!, stecht!, stechen Sie!

to sting, prick, stab

INDICATIVE		SUBJUNCTIVE	
		PRIMARY	SECONDARY
		Present Time	
	Present	*(Pres. Subj.)*	*(Imperf. Subj.)*
ich	steche	steche	stäche
du	stichst	stechest	stächest
er	sticht	steche	stäche
wir	stechen	stechen	stächen
ihr	stecht	stechet	stächet
sie	stechen	stechen	stächen
	Imperfect		
ich	stach		
du	stachst		
er	stach		
wir	stachen		
ihr	stacht		
sie	stachen		
		Past Time	
	Perfect	*(Perf. Subj.)*	*(Pluperf. Subj.)*
ich	habe gestochen	habe gestochen	hätte gestochen
du	hast gestochen	habest gestochen	hättest gestochen
er	hat gestochen	habe gestochen	hätte gestochen
wir	haben gestochen	haben gestochen	hätten gestochen
ihr	habt gestochen	habet gestochen	hättet gestochen
sie	haben gestochen	haben gestochen	hätten gestochen
	Pluperfect		
ich	hatte gestochen		
du	hattest gestochen		
er	hatte gestochen		
wir	hatten gestochen		
ihr	hattet gestochen		
sie	hatten gestochen		
		Future Time	
	Future	*(Fut. Subj.)*	*(Pres. Conditional)*
ich	werde stechen	werde stechen	würde stechen
du	wirst stechen	werdest stechen	würdest stechen
er	wird stechen	werde stechen	würde stechen
wir	werden stechen	werden stechen	würden stechen
ihr	werdet stechen	werdet stechen	würdet stechen
sie	werden stechen	werden stechen	würden stechen
		Future Perfect Time	
	Future Perfect	*(Fut. Perf. Subj.)*	*(Past Conditional)*
ich	werde gestochen haben	werde gestochen haben	würde gestochen haben
du	wirst gestochen haben	werdest gestochen haben	würdest gestochen haben
er	wird gestochen haben	werde gestochen haben	würde gestochen haben
wir	werden gestochen haben	werden gestochen haben	würden gestochen haben
ihr	werdet gestochen haben	werdet gestochen haben	würdet gestochen haben
sie	werden gestochen haben	werden gestochen haben	würden gestochen haben

stecken

to set, plant; remain, be stuck or involved

PRINC. PARTS: stecken, steckte, gesteckt, steckt
IMPERATIVE: stecke!, steckt!, stecken Sie!

INDICATIVE	SUBJUNCTIVE PRIMARY	SUBJUNCTIVE SECONDARY
	Present Time	
Present	*(Pres. Subj.)*	*(Imperf. Subj.)*
ich stecke	stecke	steckte or stäke
du steckst	steckest	stecktest or stäkest
er steckt	stecke	steckte or stäke
wir stecken	stecken	steckten or stäken
ihr steckt	stecket	stecktet or stäket
sie stecken	stecken	steckten or stäken
Imperfect		
ich steckte or stak		
du stecktest or stakst		
er steckte or stak		
wir steckten or staken		
ihr stecktet or stakt		
sie steckten or staken		
	Past Time	
Perfect	*(Perf. Subj.)*	*(Pluperf. Subj.)*
ich habe gesteckt	habe gesteckt	hätte gesteckt
du hast gesteckt	habest gesteckt	hättest gesteckt
er hat gesteckt	habe gesteckt	hätte gesteckt
wir haben gesteckt	haben gesteckt	hätten gesteckt
ihr habt gesteckt	habet gesteckt	hättet gesteckt
sie haben gesteckt	haben gesteckt	hätten gesteckt
Pluperfect		
ich hatte gesteckt		
du hattest gesteckt		
er hatte gesteckt		
wir hatten gesteckt		
ihr hattet gesteckt		
sie hatten gesteckt		
	Future Time	
Future	*(Fut. Subj.)*	*(Pres. Conditional)*
ich werde stecken	werde stecken	würde stecken
du wirst stecken	werdest stecken	würdest stecken
er wird stecken	werde stecken	würde stecken
wir werden stecken	werden stecken	würden stecken
ihr werdet stecken	werdet stecken	würdet stecken
sie werden stecken	werden stecken	würden stecken
	Future Perfect Time	
Future Perfect	*(Fut. Perf. Subj.)*	*(Past Conditional)*
ich werde gesteckt haben	werde gesteckt haben	würde gesteckt haben
du wirst gesteckt haben	werdest gesteckt haben	würdest gesteckt haben
er wird gesteckt haben	werde gesteckt haben	würde gesteckt haben
wir werden gesteckt haben	werden gesteckt haben	würden gesteckt haben
ihr werdet gesteckt haben	werdet gesteckt haben	würdet gesteckt haben
sie werden gesteckt haben	werden gesteckt haben	würden gesteckt haben

stehen

PRINC. PARTS: stehen, stand, gestanden, steht
IMPERATIVE: stehe!, steht!, stehen Sie!

to stand, be located

	INDICATIVE	SUBJUNCTIVE PRIMARY	SUBJUNCTIVE SECONDARY
		Present Time	
	Present	(*Pres. Subj.*)	(*Imperf. Subj.*)
ich	stehe	stehe	stände *or* stünde
du	stehst	stehest	ständest *or* stündest
er	steht	stehe	stände *or* stünde
wir	stehen	stehen	ständen *or* stünden
ihr	steht	stehet	ständet *or* stündet
sie	stehen	stehen	ständen *or* stünden
	Imperfect		
ich	stand		
du	standst		
er	stand		
wir	standen		
ihr	standet		
sie	standen		
		Past Time	
	Perfect	(*Perf. Subj.*)	(*Pluperf. Subj.*)
ich	habe gestanden	habe gestanden	hätte gestanden
du	hast gestanden	habest gestanden	hättest gestanden
er	hat gestanden	habe gestanden	hätte gestanden
wir	haben gestanden	haben gestanden	hätten gestanden
ihr	habt gestanden	habet gestanden	hättet gestanden
sie	haben gestanden	haben gestanden	hätten gestanden
	Pluperfect		
ich	hatte gestanden		
du	hattest gestanden		
er	hatte gestanden		
wir	hatten gestanden		
ihr	hattet gestanden		
sie	hatten gestanden		
		Future Time	
	Future	(*Fut. Subj.*)	(*Pres. Conditional*)
ich	werde stehen	werde stehen	würde stehen
du	wirst stehen	werdest stehen	würdest stehen
er	wird stehen	werde stehen	würde stehen
wir	werden stehen	werden stehen	würden stehen
ihr	werdet stehen	werdet stehen	würdet stehen
sie	werden stehen	werden stehen	würden stehen
		Future Perfect Time	
	Future Perfect	(*Fut. Perf. Subj.*)	(*Past Conditional*)
ich	werde gestanden haben	werde gestanden haben	würde gestanden haben
du	wirst gestanden haben	werdest gestanden haben	würdest gestanden haben
er	wird gestanden haben	werde gestanden haben	würde gestanden haben
wir	werden gestanden haben	werden gestanden haben	würden gestanden haben
ihr	werdet gestanden haben	werdet gestanden haben	würdet gestanden haben
sie	werden gestanden haben	werden gestanden haben	würden gestanden haben

stehlen

to steal

PRINC. PARTS: stehlen, stahl, gestohlen, stiehlt
IMPERATIVE: stiehl!, stehlt!, stehlen Sie!

INDICATIVE		SUBJUNCTIVE PRIMARY	SUBJUNCTIVE SECONDARY
		Present Time	
	Present	*(Pres. Subj.)*	*(Imperf. Subj.)*
ich	stehle	stehle	stöhle or stähle
du	stiehlst	stehlest	stöhlest or stählest
er	stiehlt	stehle	stöhle or stähle
wir	stehlen	stehlen	stöhlen or stählen
ihr	stehlt	stehlet	stöhlet or stählet
sie	stehlen	stehlen	stöhlen or stählen
	Imperfect		
ich	stahl		
du	stahlst		
er	stahl		
wir	stahlen		
ihr	stahlt		
sie	stahlen		
		Past Time	
	Perfect	*(Perf. Subj.)*	*(Pluperf. Subj.)*
ich	habe gestohlen	habe gestohlen	hätte gestohlen
du	hast gestohlen	habest gestohlen	hättest gestohlen
er	hat gestohlen	habe gestohlen	hätte gestohlen
wir	haben gestohlen	haben gestohlen	hätten gestohlen
ihr	habt gestohlen	habet gestohlen	hättet gestohlen
sie	haben gestohlen	haben gestohlen	hätten gestohlen
	Pluperfect		
ich	hatte gestohlen		
du	hattest gestohlen		
er	hatte gestohlen		
wir	hatten gestohlen		
ihr	hattet gestohlen		
sie	hatten gestohlen		
		Future Time	
	Future	*(Fut. Subj.)*	*(Pres. Conditional)*
ich	werde stehlen	werde stehlen	würde stehlen
du	wirst stehlen	werdest stehlen	würdest stehlen
er	wird stehlen	werde stehlen	würde stehlen
wir	werden stehlen	werden stehlen	würden stehlen
ihr	werdet stehlen	werdet stehlen	würdet stehlen
sie	werden stehlen	werden stehlen	würden stehlen
		Future Perfect Time	
	Future Perfect	*(Fut. Perf. Subj.)*	*(Past Conditional)*
ich	werde gestohlen haben	werde gestohlen haben	würde gestohlen haben
du	wirst gestohlen haben	werdest gestohlen haben	würdest gestohlen haben
er	wird gestohlen haben	werde gestohlen haben	würde gestohlen haben
wir	werden gestohlen haben	werden gestohlen haben	würden gestohlen haben
ihr	werdet gestohlen haben	werdet gestohlen haben	würdet gestohlen haben
sie	werden gestohlen haben	werden gestohlen haben	würden gestohlen haben

PRINC. PARTS: steigen, stieg, ist gestiegen, steigt
IMPERATIVE: steige!, steigt!, steigen Sie!

to climb, increase, rise

INDICATIVE		SUBJUNCTIVE PRIMARY	SUBJUNCTIVE SECONDARY
		Present Time	
	Present	*(Pres. Subj.)*	*(Imperf. Subj.)*
ich	steige	steige	stiege
du	steigst	steigest	stiegest
er	steigt	steige	stiege
wir	steigen	steigen	stiegen
ihr	steigt	steiget	stieget
sie	steigen	steigen	stiegen
	Imperfect		
ich	stieg		
du	stiegst		
er	stieg		
wir	stiegen		
ihr	stiegt		
sie	stiegen		
		Past Time	
	Perfect	*(Perf. Subj.)*	*(Pluperf. Subj.)*
ich	bin gestiegen	sei gestiegen	wäre gestiegen
du	bist gestiegen	seiest gestiegen	wärest gestiegen
er	ist gestiegen	sei gestiegen	wäre gestiegen
wir	sind gestiegen	seien gestiegen	wären gestiegen
ihr	seid gestiegen	seiet gestiegen	wäret gestiegen
sie	sind gestiegen	seien gestiegen	wären gestiegen
	Pluperfect		
ich	war gestiegen		
du	warst gestiegen		
er	war gestiegen		
wir	waren gestiegen		
ihr	wart gestiegen		
sie	waren gestiegen		
		Future Time	
	Future	*(Fut. Subj.)*	*(Pres. Conditional)*
ich	werde steigen	werde steigen	würde steigen
du	wirst steigen	werdest steigen	würdest steigen
er	wird steigen	werde steigen	würde steigen
wir	werden steigen	werden steigen	würden steigen
ihr	werdet steigen	werdet steigen	würdet steigen
sie	werden steigen	werden steigen	würden steigen
		Future Perfect Time	
	Future Perfect	*(Fut. Perf. Subj.)*	*(Past Conditional)*
ich	werde gestiegen sein	werde gestiegen sein	würde gestiegen sein
du	wirst gestiegen sein	werdest gestiegen sein	würdest gestiegen sein
er	wird gestiegen sein	werde gestiegen sein	würde gestiegen sein
wir	werden gestiegen sein	werden gestiegen sein	würden gestiegen sein
ihr	werdet gestiegen sein	werdet gestiegen sein	würdet gestiegen sein
sie	werden gestiegen sein	werden gestiegen sein	würden gestiegen sein

stellen

to put, place

PRINC. PARTS: stellen, stellte, gestellt, stellt
IMPERATIVE: stelle!, stellt!, stellen Sie!

INDICATIVE		SUBJUNCTIVE PRIMARY	SUBJUNCTIVE SECONDARY
		Present Time	
	Present	(*Pres. Subj.*)	(*Imperf. Subj.*)
ich	stelle	stelle	stellte
du	stellst	stellest	stelltest
er	stellt	stelle	stellte
wir	stellen	stellen	stellten
ihr	stellt	stellet	stelltet
sie	stellen	stellen	stellten
	Imperfect		
ich	stellte		
du	stelltest		
er	stellte		
wir	stellten		
ihr	stelltet		
sie	stellten		
		Past Time	
	Perfect	(*Perf. Subj.*)	(*Pluperf. Subj.*)
ich	habe gestellt	habe gestellt	hätte gestellt
du	hast gestellt	habest gestellt	hättest gestellt
er	hat gestellt	habe gestellt	hätte gestellt
wir	haben gestellt	haben gestellt	hätten gestellt
ihr	habt gestellt	habet gestellt	hättet gestellt
sie	haben gestellt	haben gestellt	hätten gestellt
	Pluperfect		
ich	hatte gestellt		
du	hattest gestellt		
er	hatte gestellt		
wir	hatten gestellt		
ihr	hattet gestellt		
sie	hatten gestellt		
		Future Time	
	Future	(*Fut. Subj.*)	(*Pres. Conditional*)
ich	werde stellen	werde stellen	würde stellen
du	wirst stellen	werdest stellen	würdest stellen
er	wird stellen	werde stellen	würde stellen
wir	werden stellen	werden stellen	würden stellen
ihr	werdet stellen	werdet stellen	würdet stellen
sie	werden stellen	werden stellen	würden stellen
		Future Perfect Time	
	Future Perfect	(*Fut. Perf. Subj.*)	(*Past Conditional*)
ich	werde gestellt haben	werde gestellt haben	würde gestellt haben
du	wirst gestellt haben	werdest gestellt haben	würdest gestellt haben
er	wird gestellt haben	werde gestellt haben	würde gestellt haben
wir	werden gestellt haben	werden gestellt haben	würden gestellt haben
ihr	werdet gestellt haben	werdet gestellt haben	würdet gestellt haben
sie	werden gestellt haben	werden gestellt haben	würden gestellt haben

PRINC. PARTS: sterben, starb, ist gestorben, stirbt
IMPERATIVE: stirb!, sterbt!, sterben Sie!

sterben
to die

INDICATIVE	SUBJUNCTIVE PRIMARY	SUBJUNCTIVE SECONDARY
	Present Time	
Present	*(Pres. Subj.)*	*(Imperf. Subj.)*
ich sterbe	sterbe	stürbe
du stirbst	sterbest	stürbest
er stirbt	sterbe	stürbe
wir sterben	sterben	stürben
ihr sterbt	sterbet	stürbet
sie sterben	sterben	stürben
Imperfect		
ich starb		
du starbst		
er starb		
wir starben		
ihr starbt		
sie starben		
	Past Time	
Perfect	*(Perf. Subj.)*	*(Pluperf. Subj.)*
ich bin gestorben	sei gestorben	wäre gestorben
du bist gestorben	seiest gestorben	wärest gestorben
er ist gestorben	sei gestorben	wäre gestorben
wir sind gestorben	seien gestorben	wären gestorben
ihr seid gestorben	seiet gestorben	wäret gestorben
sie sind gestorben	seien gestorben	wären gestorben
Pluperfect		
ich war gestorben		
du warst gestorben		
er war gestorben		
wir waren gestorben		
ihr wart gestorben		
sie waren gestorben		
	Future Time	
Future	*(Fut. Subj.)*	*(Pres. Conditional)*
ich werde sterben	werde sterben	würde sterben
du wirst sterben	werdest sterben	würdest sterben
er wird sterben	werde sterben	würde sterben
wir werden sterben	werden sterben	würden sterben
ihr werdet sterben	werdet sterben	würdet sterben
sie werden sterben	werden sterben	würden sterben
	Future Perfect Time	
Future Perfect	*(Fut. Perf. Subj.)*	*(Past Conditional)*
ich werde gestorben sein	werde gestorben sein	würde gestorben sein
du wirst gestorben sein	werdest gestorben sein	würdest gestorben sein
er wird gestorben sein	werde gestorben sein	würde gestorben sein
wir werden gestorben sein	werden gestorben sein	würden gestorben sein
ihr werdet gestorben sein	werdet gestorben sein	würdet gestorben sein
sie werden gestorben sein	werden gestorben sein	würden gestorben sein

stinken

to stink

PRINC. PARTS: stinken, stank, gestunken, stinkt
IMPERATIVE: stinke!, stinkt!, stinken Sie!

INDICATIVE		SUBJUNCTIVE	
		PRIMARY	SECONDARY
		Present Time	
	Present	*(Pres. Subj.)*	*(Imperf. Subj.)*
ich	stinke	stinke	stänke
du	stinkst	stinkest	stänkest
er	stinkt	stinke	stänke
wir	stinken	stinken	stänken
ihr	stinkt	stinket	stänket
sie	stinken	stinken	stänken
	Imperfect		
ich	stank		
du	stankst		
er	stank		
wir	stanken		
ihr	stankt		
sie	stanken		
		Past Time	
	Perfect	*(Perf. Subj.)*	*(Pluperf. Subj.)*
ich	habe gestunken	habe gestunken	hätte gestunken
du	hast gestunken	habest gestunken	hättest gestunken
er	hat gestunken	habe gestunken	hätte gestunken
wir	haben gestunken	haben gestunken	hätten gestunken
ihr	habt gestunken	habet gestunken	hättet gestunken
sie	haben gestunken	haben gestunken	hätten gestunken
	Pluperfect		
ich	hatte gestunken		
du	hattest gestunken		
er	hatte gestunken		
wir	hatten gestunken		
ihr	hattet gestunken		
sie	hatten gestunken		
		Future Time	
	Future	*(Fut. Subj.)*	*(Pres. Conditional)*
ich	werde stinken	werde stinken	würde stinken
du	wirst stinken	werdest stinken	würdest stinken
er	wird stinken	werde stinken	würde stinken
wir	werden stinken	werden stinken	würden stinken
ihr	werdet stinken	werdet stinken	würdet stinken
sie	werden stinken	werden stinken	würden stinken
		Future Perfect Time	
	Future Perfect	*(Fut. Perf. Subj.)*	*(Past Conditional)*
ich	werde gestunken haben	werde gestunken haben	würde gestunken haben
du	wirst gestunken haben	werdest gestunken haben	würdest gestunken haben
er	wird gestunken haben	werde gestunken haben	würde gestunken haben
wir	werden gestunken haben	werden gestunken haben	würden gestunken haben
ihr	werdet gestunken haben	werdet gestunken haben	würdet gestunken haben
sie	werden gestunken haben	werden gestunken haben	würden gestunken haben

stöhnen

PRINC. PARTS: stöhnen, stöhnte, gestöhnt, stöhnt
IMPERATIVE: stöhne!, stöhnt!, stöhnen Sie!

to groan, moan

	INDICATIVE	SUBJUNCTIVE PRIMARY	SUBJUNCTIVE SECONDARY
		Present Time	
	Present	*(Pres. Subj.)*	*(Imperf. Subj.)*
ich	stöhne	stöhne	stöhnte
du	stöhnst	stöhnest	stöhntest
er	stöhnt	stöhne	stöhnte
wir	stöhnen	stöhnen	stöhnten
ihr	stöhnt	stöhnet	stöhntet
sie	stöhnen	stöhnen	stöhnten
	Imperfect		
ich	stöhnte		
du	stöhntest		
er	stöhnte		
wir	stöhnten		
ihr	stöhntet		
sie	stöhnten		
		Past Time	
	Perfect	*(Perf. Subj.)*	*(Pluperf. Subj.)*
ich	habe gestöhnt	habe gestöhnt	hätte gestöhnt
du	hast gestöhnt	habest gestöhnt	hättest gestöhnt
er	hat gestöhnt	habe gestöhnt	hätte gestöhnt
wir	haben gestöhnt	haben gestöhnt	hätten gestöhnt
ihr	habt gestöhnt	habet gestöhnt	hättet gestöhnt
sie	haben gestöhnt	haben gestöhnt	hätten gestöhnt
	Pluperfect		
ich	hatte gestöhnt		
du	hattest gestöhnt		
er	hatte gestöhnt		
wir	hatten gestöhnt		
ihr	hattet gestöhnt		
sie	hatten gestöhnt		
		Future Time	
	Future	*(Fut. Subj.)*	*(Pres. Conditional)*
ich	werde stöhnen	werde stöhnen	würde stöhnen
du	wirst stöhnen	werdest stöhnen	würdest stöhnen
er	wird stöhnen	werde stöhnen	würde stöhnen
wir	werden stöhnen	werden stöhnen	würden stöhnen
ihr	werdet stöhnen	werdet stöhnen	würdet stöhnen
sie	werden stöhnen	werden stöhnen	würden stöhnen
		Future Perfect Time	
	Future Perfect	*(Fut. Perf. Subj.)*	*(Past Conditional)*
ich	werde gestöhnt haben	werde gestöhnt haben	würde gestöhnt haben
du	wirst gestöhnt haben	werdest gestöhnt haben	würdest gestöhnt haben
er	wird gestöhnt haben	werde gestöhnt haben	würde gestöhnt haben
wir	werden gestöhnt haben	werden gestöhnt haben	würden gestöhnt haben
ihr	werdet gestöhnt haben	werdet gestöhnt haben	würdet gestöhnt haben
sie	werden gestöhnt haben	werden gestöhnt haben	würden gestöhnt haben

stopfen

to stuff, cram, constipate, darn

PRINC. PARTS: stopfen, stopfte, gestopft, stopft
IMPERATIVE: stopfe!, stopft!, stopfen Sie!

INDICATIVE		SUBJUNCTIVE	
		PRIMARY	SECONDARY
		Present Time	
	Present	*(Pres. Subj.)*	*(Imperf. Subj.)*
ich	stopfe	stopfe	stopfte
du	stopfst	stopfest	stopftest
er	stopft	stopfe	stopfte
wir	stopfen	stopfen	stopften
ihr	stopft	stopfet	stopftet
sie	stopfen	stopfen	stopften
	Imperfect		
ich	stopfte		
du	stopftest		
er	stopfte		
wir	stopften		
ihr	stopftet		
sie	stopften		
		Past Time	
	Perfect	*(Perf. Subj.)*	*(Pluperf. Subj.)*
ich	habe gestopft	habe gestopft	hätte gestopft
du	hast gestopft	habest gestopft	hättest gestopft
er	hat gestopft	habe gestopft	hätte gestopft
wir	haben gestopft	haben gestopft	hätten gestopft
ihr	habt gestopft	habet gestopft	hättet gestopft
sie	haben gestopft	haben gestopft	hätten gestopft
	Plu		
ich	hatte gestopft		
du	hattest gestopft		
er	hatte gestopft		
wir	hatten gestopft		
ihr	hattet gestopft		
sie	hatten gestopft		
		Future Time	
	Future	*(Fut. Subj.)*	*(Pres. Conditional)*
ich	werde stopfen	werde stopfen	würde stopfen
du	wirst stopfen	werdest stopfen	würdest stopfen
er	wird stopfen	werde stopfen	würde stopfen
wir	werden stopfen	werden stopfen	würden stopfen
ihr	werdet stopfen	werdet stopfen	würdet stopfen
sie	werden stopfen	werden stopfen	würden stopfen
		Future Perfect Time	
	Future Perfect	*(Fut. Perf. Subj.)*	*(Past Conditional)*
ich	werde gestopft haben	werde gestopft haben	würde gestopft haben
du	wirst gestopft haben	werdest gestopft haben	würdest gestopft haben
er	wird gestopft haben	werde gestopft haben	würde gestopft haben
wir	werden gestopft haben	werden gestopft haben	würden gestopft haben
ihr	werdet gestopft haben	werdet gestopft haben	würdet gestopft haben
sie	werden gestopft haben	werden gestopft haben	würden gestopft haben

stören

PRINC. PARTS: stören, störte, gestört, stört
IMPERATIVE: störe!, stört!, stören Sie!

to disturb, trouble, upset

INDICATIVE		SUBJUNCTIVE PRIMARY	SUBJUNCTIVE SECONDARY
		Present Time	
	Present	(*Pres. Subj.*)	(*Imperf. Subj.*)
ich	störe	störe	störte
du	störst	störest	störtest
er	stört	störe	störte
wir	stören	stören	störten
ihr	stört	störet	störtet
sie	stören	stören	störten
	Imperfect		
ich	störte		
du	störtest		
er	störte		
wir	störten		
ihr	störtet		
sie	störten		
		Past Time	
	Perfect	(*Perf. Subj.*)	(*Pluperf. Subj.*)
ich	habe gestört	habe gestört	hätte gestört
du	hast gestört	habest gestört	hättest gestört
er	hat gestört	habe gestört	hätte gestört
wir	haben gestört	haben gestört	hätten gestört
ihr	habt gestört	habet gestört	hättet gestört
sie	haben gestört	haben gestört	hätten gestört
	Pluperfect		
ich	hatte gestört		
du	hattest gestört		
er	hatte gestört		
wir	hatten gestört		
ihr	hattet gestört		
sie	hatten gestört		
		Future Time	
	Future	(*Fut. Subj.*)	(*Pres. Conditional*)
ich	werde stören	werde stören	würde stören
du	wirst stören	werdest stören	würdest stören
er	wird stören	werde stören	würde stören
wir	werden stören	werden stören	würden stören
ihr	werdet stören	werdet stören	würdet stören
sie	werden stören	werden stören	würden stören
		Future Perfect Time	
	Future Perfect	(*Fut. Perf. Subj.*)	(*Past Conditional*)
ich	werde gestört haben	werde gestört haben	würde gestört haben
du	wirst gestört haben	werdest gestört haben	würdest gestört haben
er	wird gestört haben	werde gestört haben	würde gestört haben
wir	werden gestört haben	werden gestört haben	würden gestört haben
ihr	werdet gestört haben	werdet gestört haben	würdet gestört haben
sie	werden gestört haben	werden gestört haben	würden gestört haben

stoßen

to push, shove, thrust

PRINC. PARTS: stoßen, stieß, gestoßen, stößt
IMPERATIVE: stoße!, stoßt!, stoßen Sie!

	INDICATIVE	SUBJUNCTIVE PRIMARY	SUBJUNCTIVE SECONDARY
		Present Time	
	Present	(*Pres. Subj.*)	(*Imperf. Subj.*)
ich	stoße	stoße	stieße
du	stößt	stoßest	stießest
er	stößt	stoße	stieße
wir	stoßen	stoßen	stießen
ihr	stoßt	stoßet	stießet
sie	stoßen	stoßen	stießen
	Imperfect		
ich	stieß		
du	stießest		
er	stieß		
wir	stießen		
ihr	stießt		
sie	stießen		
		Past Time	
	Perfect	(*Perf. Subj.*)	(*Pluperf. Subj.*)
ich	habe gestoßen	habe gestoßen	hätte gestoßen
du	hast gestoßen	habest gestoßen	hättest gestoßen
er	hat gestoßen	habe gestoßen	hätte gestoßen
wir	haben gestoßen	haben gestoßen	hätten gestoßen
ihr	habt gestoßen	habet gestoßen	hättet gestoßen
sie	haben gestoßen	haben gestoßen	hätten gestoßen
	Pluperfect		
ich	hatte gestoßen		
du	hattest gestoßen		
er	hatte gestoßen		
wir	hatten gestoßen		
ihr	hattet gestoßen		
sie	hatten gestoßen		
		Future Time	
	Future	(*Fut. Subj.*)	(*Pres. Conditional*)
ich	werde stoßen	werde stoßen	würde stoßen
du	wirst stoßen	werdest stoßen	würdest stoßen
er	wird stoßen	werde stoßen	würde stoßen
wir	werden stoßen	werden stoßen	würden stoßen
ihr	werdet stoßen	werdet stoßen	würdet stoßen
sie	werden stoßen	werden stoßen	würden stoßen
		Future Perfect Time	
	Future Perfect	(*Fut. Perf. Subj.*)	(*Past Conditional*)
ich	werde gestoßen haben	werde gestoßen haben	würde gestoßen haben
du	wirst gestoßen haben	werdest gestoßen haben	würdest gestoßen haben
er	wird gestoßen haben	werde gestoßen haben	würde gestoßen haben
wir	werden gestoßen haben	werden gestoßen haben	würden gestoßen haben
ihr	werdet gestoßen haben	werdet gestoßen haben	würdet gestoßen haben
sie	werden gestoßen haben	werden gestoßen haben	würden gestoßen haben

strahlen

PRINC. PARTS: strahlen, strahlte, gestrahlt, strahlt
IMPERATIVE: strahle!, strahlt!, strahlen Sie!

to radiate, beam

	INDICATIVE	SUBJUNCTIVE PRIMARY	SUBJUNCTIVE SECONDARY
		Present Time	
	Present	(*Pres. Subj.*)	(*Imperf. Subj.*)
ich	strahle	strahle	strahlte
du	strahlst	strahlest	strahltest
er	strahlt	strahle	strahlte
wir	strahlen	strahlen	strahlten
ihr	strahlt	strahlet	strahltet
sie	strahlen	strahlen	strahlten
	Imperfect		
ich	strahlte		
du	strahltest		
er	strahlte		
wir	strahlten		
ihr	strahltet		
sie	strahlten		
		Past Time	
	Perfect	(*Perf. Subj.*)	(*Pluperf. Subj.*)
ich	habe gestrahlt	habe gestrahlt	hätte gestrahlt
du	hast gestrahlt	habest gestrahlt	hättest gestrahlt
er	hat gestrahlt	habe gestrahlt	hätte gestrahlt
wir	haben gestrahlt	haben gestrahlt	hätten gestrahlt
ihr	habt gestrahlt	habet gestrahlt	hättet gestrahlt
sie	haben gestrahlt	haben gestrahlt	hätten gestrahlt
	Pluperfect		
ich	hatte gestrahlt		
du	hattest gestrahlt		
er	hatte gestrahlt		
wir	hatten gestrahlt		
ihr	hattet gestrahlt		
sie	hatten gestrahlt		
		Future Time	
	Future	(*Fut. Subj.*)	(*Pres. Conditional*)
ich	werde strahlen	werde strahlen	würde strahlen
du	wirst strahlen	werdest strahlen	würdest strahlen
er	wird strahlen	werde strahlen	würde strahlen
wir	werden strahlen	werden strahlen	würden strahlen
ihr	werdet strahlen	werdet strahlen	würdet strahlen
sie	werden strahlen	werden strahlen	würden strahlen
		Future Perfect Time	
	Future Perfect	(*Fut. Perf. Subj.*)	(*Past Conditional*)
ich	werde gestrahlt haben	werde gestrahlt haben	würde gestrahlt haben
du	wirst gestrahlt haben	werdest gestrahlt haben	würdest gestrahlt haben
er	wird gestrahlt haben	werde gestrahlt haben	würde gestrahlt haben
wir	werden gestrahlt haben	werden gestrahlt haben	würden gestrahlt haben
ihr	werdet gestrahlt haben	werdet gestrahlt haben	würdet gestrahlt haben
sie	werden gestrahlt haben	werden gestrahlt haben	würden gestrahlt haben

streben

to strive

PRINC. PARTS: streben, strebte, gestrebt, strebt
IMPERATIVE: strebe!, strebt!, streben Sie!

INDICATIVE		SUBJUNCTIVE	
		PRIMARY	SECONDARY
		Present Time	
	Present	*(Pres. Subj.)*	*(Imperf. Subj.)*
ich	strebe	strebe	strebte
du	strebst	strebest	strebtest
er	strebt	strebe	strebte
wir	streben	streben	strebten
ihr	strebt	strebet	strebtet
sie	streben	streben	strebten
	Imperfect		
ich	strebte		
du	strebtest		
er	strebte		
wir	strebten		
ihr	strebtet		
sie	strebten		
		Past Time	
	Perfect	*(Perf. Subj.)*	*(Pluperf. Subj.)*
ich	habe gestrebt	habe gestrebt	hätte gestrebt
du	hast gestrebt	habest gestrebt	hättest gestrebt
er	hat gestrebt	habe gestrebt	hätte gestrebt
wir	haben gestrebt	haben gestrebt	hätten gestrebt
ihr	habt gestrebt	habet gestrebt	hättet gestrebt
sie	haben gestrebt	haben gestrebt	hätten gestrebt
	Pluperfect		
ich	hatte gestrebt		
du	hattest gestrebt		
er	hatte gestrebt		
wir	hatten gestrebt		
ihr	hattet gestrebt		
sie	hatten gestrebt		
		Future Time	
	Future	*(Fut. Subj.)*	*(Pres. Conditional)*
ich	werde streben	werde streben	würde streben
du	wirst streben	werdest streben	würdest streben
er	wird streben	werde streben	würde streben
wir	werden streben	werden streben	würden streben
ihr	werdet streben	werdet streben	würdet streben
sie	werden streben	werden streben	würden streben
		Future Perfect Time	
	Future Perfect	*(Fut. Perf. Subj.)*	*(Past Conditional)*
ich	werde gestrebt haben	werde gestrebt haben	würde gestrebt haben
du	wirst gestrebt haben	werdest gestrebt haben	würdest gestrebt haben
er	wird gestrebt haben	werde gestrebt haben	würde gestrebt haben
wir	werden gestrebt haben	werden gestrebt haben	würden gestrebt haben
ihr	werdet gestrebt haben	werdet gestrebt haben	würdet gestrebt haben
sie	werden gestrebt haben	werden gestrebt haben	würden gestrebt haben

strecken

PRINC. PARTS: strecken, streckte, gestreckt, streckt
IMPERATIVE: strecke!, streckt!, strecken Sie!

to stretch, extend

INDICATIVE		SUBJUNCTIVE	
		PRIMARY	SECONDARY
		Present Time	
	Present	(*Pres. Subj.*)	(*Imperf. Subj.*)
ich	strecke	strecke	streckte
du	streckst	streckest	strecktest
er	streckt	strecke	streckte
wir	strecken	strecken	streckten
ihr	streckt	strecket	strecktet
sie	strecken	strecken	streckten
	Imperfect		
ich	streckte		
du	strecktest		
er	streckte		
wir	streckten		
ihr	strecktet		
sie	streckten		
		Past Time	
	Perfect	(*Perf. Subj.*)	(*Pluperf. Subj.*)
ich	habe gestreckt	habe gestreckt	hätte gestreckt
du	hast gestreckt	habest gestreckt	hättest gestreckt
er	hat gestreckt	habe gestreckt	hätte gestreckt
wir	haben gestreckt	haben gestreckt	hätten gestreckt
ihr	habt gestreckt	habet gestreckt	hättet gestreckt
sie	haben gestreckt	haben gestreckt	hätten gestreckt
	Pluperfect		
ich	hatte gestreckt		
du	hattest gestreckt		
er	hatte gestreckt		
wir	hatten gestreckt		
ihr	hattet gestreckt		
sie	hatten gestreckt		
		Future Time	
	Future	(*Fut. Subj.*)	(*Pres. Conditional*)
ich	werde strecken	werde strecken	würde strecken
du	wirst strecken	werdest strecken	würdest strecken
er	wird strecken	werde strecken	würde strecken
wir	werden strecken	werden strecken	würden strecken
ihr	werdet strecken	werdet strecken	würdet strecken
sie	werden strecken	werden strecken	würden strecken
		Future Perfect Time	
	Future Perfect	(*Fut. Perf. Subj.*)	(*Past Conditional*)
ich	werde gestreckt haben	werde gestreckt haben	würde gestreckt haben
du	wirst gestreckt haben	werdest gestreckt haben	würdest gestreckt haben
er	wird gestreckt haben	werde gestreckt haben	würde gestreckt haben
wir	werden gestreckt haben	werden gestreckt haben	würden gestreckt haben
ihr	werdet gestreckt haben	werdet gestreckt haben	würdet gestreckt haben
sie	werden gestreckt haben	werden gestreckt haben	würden gestreckt haben

streichen

to strike, cancel, paint

PRINC. PARTS: streichen, strich, gestrichen, streicht
IMPERATIVE: streiche!, streicht!, streichen Sie!

	INDICATIVE	SUBJUNCTIVE PRIMARY	SUBJUNCTIVE SECONDARY
		Present Time	
	Present	(*Pres. Subj.*)	(*Imperf. Subj.*)
ich	streiche	streiche	striche
du	streichst	streichest	strichest
er	streicht	streiche	striche
wir	streichen	streichen	strichen
ihr	streicht	streichet	strichet
sie	streichen	streichen	strichen
	Imperfect		
ich	strich		
du	strichst		
er	strich		
wir	strichen		
ihr	stricht		
sie	strichen		
		Past Time	
	Perfect	(*Perf. Subj.*)	(*Pluperf. Subj.*)
ich	habe gestrichen	habe gestrichen	hätte gestrichen
du	hast gestrichen	habest gestrichen	hättest gestrichen
er	hat gestrichen	habe gestrichen	hätte gestrichen
wir	haben gestrichen	haben gestrichen	hätten gestrichen
ihr	habt gestrichen	habet gestrichen	hättet gestrichen
sie	haben gestrichen	haben gestrichen	hätten gestrichen
	Pluperfect		
ich	hatte gestrichen		
du	hattest gestrichen		
er	hatte gestrichen		
wir	hatten gestrichen		
ihr	hattet gestrichen		
sie	hatten gestrichen		
		Future Time	
	Future	(*Fut. Subj.*)	(*Pres. Conditional*)
ich	werde streichen	werde streichen	würde streichen
du	wirst streichen	werdest streichen	würdest streichen
er	wird streichen	werde streichen	würde streichen
wir	werden streichen	werden streichen	würden streichen
ihr	werdet streichen	werdet streichen	würdet streichen
sie	werden streichen	werden streichen	würden streichen
		Future Perfect Time	
	Future Perfect	(*Fut. Perf. Subj.*)	(*Past Conditional*)
ich	werde gestrichen haben	werde gestrichen haben	würde gestrichen haben
du	wirst gestrichen haben	werdest gestrichen haben	würdest gestrichen haben
er	wird gestrichen haben	werde gestrichen haben	würde gestrichen haben
wir	werden gestrichen haben	werden gestrichen haben	würden gestrichen haben
ihr	werdet gestrichen haben	werdet gestrichen haben	würdet gestrichen haben
sie	werden gestrichen haben	werden gestrichen haben	würden gestrichen haben

streiten

PRINC. PARTS: streiten, stritt, gestritten, streitet
IMPERATIVE: streite!, streitet!, streiten Sie!

to quarrel, dispute

INDICATIVE		SUBJUNCTIVE	
		PRIMARY	SECONDARY
		Present Time	
	Present	(*Pres. Subj.*)	(*Imperf. Subj.*)
ich	streite	streite	stritte
du	streitest	streitest	strittest
er	streitet	streite	stritte
wir	streiten	streiten	stritten
ihr	streitet	streitet	strittet
sie	streiten	streiten	stritten
	Imperfect		
ich	stritt		
du	strittest		
er	stritt		
wir	stritten		
ihr	strittet		
sie	stritten		
		Past Time	
	Perfect	(*Perf. Subj.*)	(*Pluperf. Subj.*)
ich	habe gestritten	habe gestritten	hätte gestritten
du	hast gestritten	habest gestritten	hättest gestritten
er	hat gestritten	habe gestritten	hätte gestritten
wir	haben gestritten	haben gestritten	hätten gestritten
ihr	habt gestritten	habet gestritten	hättet gestritten
sie	haben gestritten	haben gestritten	hätten gestritten
	Pluperfect		
ich	hatte gestritten		
du	hattest gestritten		
er	hatte gestritten		
wir	hatten gestritten		
ihr	hattet gestritten		
sie	hatten gestritten		
		Future Time	
	Future	(*Fut. Subj.*)	(*Pres. Conditional*)
ich	werde streiten	werde streiten	würde streiten
du	wirst streiten	werdest streiten	würdest streiten
er	wird streiten	werde streiten	würde streiten
wir	werden streiten	werden streiten	würden streiten
ihr	werdet streiten	werdet streiten	würdet streiten
sie	werden streiten	werden streiten	würden streiten
		Future Perfect Time	
	Future Perfect	(*Fut. Perf. Subj.*)	(*Past Conditional*)
ich	werde gestritten haben	werde gestritten haben	würde gestritten haben
du	wirst gestritten haben	werdest gestritten haben	würdest gestritten haben
er	wird gestritten haben	werde gestritten haben	würde gestritten haben
wir	werden gestritten haben	werden gestritten haben	würden gestritten haben
ihr	werdet gestritten haben	werdet gestritten haben	würdet gestritten haben
sie	werden gestritten haben	werden gestritten haben	würden gestritten haben

stricken

to knit

PRINC. PARTS: stricken, strickte, gestrickt, strickt
IMPERATIVE: strickte!, strickt!, stricken Sie!

INDICATIVE		SUBJUNCTIVE	
		PRIMARY	SECONDARY
		Present Time	
	Present	(*Pres. Subj.*)	(*Imperf. Subj.*)
ich	stricke	stricke	strickte
du	strickst	strickest	stricktest
er	strickt	stricke	strickte
wir	stricken	stricken	strickten
ihr	strickt	stricket	stricktet
sie	stricken	stricken	strickten
	Imperfect		
ich	strickte		
du	stricktest		
er	strickte		
wir	strickten		
ihr	stricktet		
sie	strickten		
		Past Time	
	Perfect	(*Perf. Subj.*)	(*Pluperf. Subj.*)
ich	habe gestrickt	habe gestrickt	hätte gestrickt
du	hast gestrickt	habest gestrickt	hättest gestrickt
er	hat gestrickt	habe gestrickt	hätte gestrickt
wir	haben gestrickt	haben gestrickt	hätten gestrickt
ihr	habt gestrickt	habet gestrickt	hättet gestrickt
sie	haben gestrickt	haben gestrickt	hätten gestrickt
	Pluperfect		
ich	hatte gestrickt		
du	hattest gestrickt		
er	hatte gestrickt		
wir	hatten gestrickt		
ihr	hattet gestrickt		
sie	hatten gestrickt		
		Future Time	
	Future	(*Fut. Subj.*)	(*Pres. Conditional*)
ich	werde stricken	werde stricken	würde stricken
du	wirst stricken	werdest stricken	würdest stricken
er	wird stricken	werde stricken	würde stricken
wir	werden stricken	werden stricken	würden stricken
ihr	werdet stricken	werdet stricken	würdet stricken
sie	werden stricken	werden stricken	würden stricken
		Future Perfect Time	
	Future Perfect	(*Fut. Perf. Subj.*)	(*Past Conditional*)
ich	werde gestrickt haben	werde gestrickt haben	würde gestrickthaben
du	wirst gestrickt haben	werdest gestrickt haben	würdest gestrickt haben
er	wird gestrickt haben	werde gestrickt haben	würde gestrickt haben
wir	werden gestrickt haben	werden gestrickt haben	würden gestrickt haben
ihr	werdet gestrickt haben	werdet gestrickt haben	würdet gestrickt haben
sie	werden gestrickt haben	werden gestrickt haben	würden gestrickt haben

strotzen

PRINC. PARTS: strotzen, strotzte, gestrotzt, strotzt
IMPERATIVE: strotze!, strotzt!, strotzen Sie!

to team with, abound in, be swelled up

	INDICATIVE	SUBJUNCTIVE PRIMARY	SUBJUNCTIVE SECONDARY
		Present Time	
	Present	(*Pres. Subj.*)	(*Imperf. Subj.*)
ich	strotze	strotze	strotzte
du	strotzt	strotzest	strotztest
er	strotzt	strotze	strotzte
wir	strotzen	strotzen	strotzten
ihr	strotzt	strotzet	strotztet
sie	strotzen	strotzen	strotzten
	Imperfect		
ich	strotzte		
du	strotztest		
er	strotzte		
wir	strotzten		
ihr	strotztet		
sie	strotzten		
		Past Time	
	Perfect	(*Perf. Subj.*)	(*Pluperf. Subj.*)
ich	habe gestrotzt	habe gestrotzt	hätte gestrotzt
du	hast gestrotzt	habest gestrotzt	hättest gestrotzt
er	hat gestrotzt	habe gestrotzt	hätte gestrotzt
wir	haben gestrotzt	haben gestrotzt	hätten gestrotzt
ihr	habt gestrotzt	habet gestrotzt	hättet gestrotzt
sie	haben gestrotzt	haben gestrotzt	hätten gestrotzt
	Pluperfect		
ich	hatte gestrotzt		
du	hattest gestrotzt		
er	hatte gestrotzt		
wir	hatten gestrotzt		
ihr	hattet gestrotzt		
sie	hatten gestrotzt		
		Future Time	
	Future	(*Fut. Subj.*)	(*Pres. Conditional*)
ich	werde strotzen	werde strotzen	würde strotzen
du	wirst strotzen	werdest strotzen	würdest strotzen
er	wird strotzen	werde strotzen	würde strotzen
wir	werden strotzen	werden strotzen	würden strotzen
ihr	werdet strotzen	werdet strotzen	würdet strotzen
sie	werden strotzen	werden strotzen	würden strotzen
		Future Perfect Time	
	Future Perfect	(*Fut. Perf. Subj.*)	(*Past Conditional*)
ich	werde gestrotzt haben	werde gestrotzt haben	würde gestrotzt haben
du	wirst gestrotzt haben	werdest gestrotzt haben	würdest gestrotzt haben
er	wird gestrotzt haben	werde gestrotzt haben	würde gestrotzt haben
wir	werden gestrotzt haben	werden gestrotzt haben	würden gestrotzt haben
ihr	werdet gestrotzt haben	werdet gestrotzt haben	würdet gestrotzt haben
sie	werden gestrotzt haben	werden gestrotzt haben	würden gestrotzt haben

studieren

to study, be at college

PRINC. PARTS: studieren, studierte, studiert, studiert
IMPERATIVE: studiere!, studiert!, studieren Sie!

	INDICATIVE	SUBJUNCTIVE PRIMARY	SUBJUNCTIVE SECONDARY
		Present Time	
	Present	(*Pres. Subj.*)	(*Imperf. Subj.*)
ich	studiere	studiere	studierte
du	studierst	studierest	studiertest
er	studiert	studiere	studierte
wir	studieren	studieren	studierten
ihr	studiert	studieret	studiertet
sie	studieren	studieren	studierten
	Imperfect		
ich	studierte		
du	studiertest		
er	studierte		
wir	studierten		
ihr	studiertet		
sie	studierten		
		Past Time	
	Perfect	(*Perf. Subj.*)	(*Pluperf. Subj.*)
ich	habe studiert	habe studiert	hätte studiert
du	hast studiert	habest studiert	hättest studiert
er	hat studiert	habe studiert	hätte studiert
wir	haben studiert	haben studiert	hätten studiert
ihr	habt studiert	habet studiert	hättet studiert
sie	haben studiert	haben studiert	hätten studiert
	Pluperfect		
ich	hatte studiert		
du	hattest studiert		
er	hatte studiert		
wir	hatten studiert		
ihr	hattet studiert		
sie	hatten studiert		
		Future Time	
	Future	(*Fut. Subj.*)	(*Pres. Conditional*)
ich	werde studieren	werde studieren	würde studieren
du	wirst studieren	werdest studieren	würdest studieren
er	wird studieren	werde studieren	würde studieren
wir	werden studieren	werden studieren	würden studieren
ihr	werdet studieren	werdet studieren	würdet studieren
sie	werden studieren	werden studieren	würden studieren
		Future Perfect Time	
	Future Perfect	(*Fut. Perf. Subj.*)	(*Past Conditional*)
ich	werde studiert haben	werde studiert haben	würde studiert haben
du	wirst studiert haben	werdest studiert haben	würdest studiert haben
er	wird studiert haben	werde studiert haben	würde studiert haben
wir	werden studiert haben	werden studiert haben	würden studiert haben
ihr	werdet studiert haben	werdet studiert haben	würdet studiert haben
sie	werden studiert haben	werden studiert haben	würden studiert haben

stürzen

PRINC. PARTS: stürzen, stürzte, ist gestürzt, stürzt
IMPERATIVE: stürze!, stürzt!, stürzen Sie!

to plunge, fall, hurl, overthrow

	INDICATIVE	SUBJUNCTIVE PRIMARY	SUBJUNCTIVE SECONDARY
		Present Time	
	Present	*(Pres. Subj.)*	*(Imperf. Subj.)*
ich	stürze	stürze	stürzte
du	stürzt	stürzest	stürztest
er	stürzt	stürze	stürzte
wir	stürzen	stürzen	stürzten
ihr	stürzt	stürzet	stürztet
sie	stürzen	stürzen	stürzten
	Imperfect		
ich	stürzte		
du	stürztest		
er	stürzte		
wir	stürzten		
ihr	stürztet		
sie	stürzten		
		Past Time	
	Perfect	*(Perf. Subj.)*	*(Pluperf. Subj.)*
ich	bin gestürzt	sei gestürzt	wäre gestürzt
du	bist gestürzt	seiest gestürzt	wärest gestürzt
er	ist gestürzt	sei gestürzt	wäre gestürzt
wir	sind gestürzt	seien gestürzt	wären gestürzt
ihr	seid gestürzt	seiet gestürzt	wäret gestürzt
sie	sind gestürzt	seien gestürzt	wären gestürzt
	Pluperfect		
ich	war gestürzt		
du	warst gestürzt		
er	war gestürzt		
wir	waren gestürzt		
ihr	wart gestürzt		
sie	waren gestürzt		
		Future Time	
	Future	*(Fut. Subj.)*	*(Pres. Conditional)*
ich	werde stürzen	werde stürzen	würde stürzen
du	wirst stürzen	werdest stürzen	würdest stürzen
er	wird stürzen	werde stürzen	würde stürzen
wir	werden stürzen	werden stürzen	würden stürzen
ihr	werdet stürzen	werdet stürzen	würdet stürzen
sie	werden stürzen	werden stürzen	würden stürzen
		Future Perfect Time	
	Future Perfect	*(Fut. Perf. Subj.)*	*(Past Conditional)*
ich	werde gestürzt sein	werde gestürzt sein	würde gestürzt sein
du	wirst gestürzt sein	werdest gestürzt sein	würdest gestürzt sein
er	wird gestürzt sein	werde gestürzt sein	würde gestürzt sein
wir	werden gestürzt sein	werden gestürzt sein	würden gestürzt sein
ihr	werdet gestürzt sein	werdet gestürzt sein	würdet gestürzt sein
sie	werden gestürzt sein	werden gestürzt sein	würden gestürzt sein

stutzen

to stop short, be startled; curtail

PRINC. PARTS: stutzen, stutzte, gestutzt, stutzt
IMPERATIVE: stutze!, stutzt!, stutzen Sie!

INDICATIVE		SUBJUNCTIVE	
		PRIMARY	SECONDARY
		Present Time	
	Present	(*Pres. Subj.*)	(*Imperf. Subj.*)
ich	stutze	stutze	stutzte
du	stutzt	stutzest	stutztest
er	stutzt	stutze	stutzte
wir	stutzen	stutzen	stutzten
ihr	stutzt	stutzet	stutztet
sie	stutzen	stutzen	stutzten
	Imperfect		
ich	stutzte		
du	stutztest		
er	stutzte		
wir	stutzten		
ihr	stutztet		
sie	stutzten		
		Past Time	
	Perfect	(*Perf. Subj.*)	(*Pluperf. Subj.*)
ich	habe gestutzt	habe gestutzt	hätte gestutzt
du	hast gestutzt	habest gestutzt	hättest gestutzt
er	hat gestutzt	habe gestutzt	hätte gestutzt
wir	haben gestutzt	haben gestutzt	hätten gestutzt
ihr	habt gestutzt	habet gestutzt	hättet gestutzt
sie	haben gestutzt	haben gestutzt	hätten gestutzt
	Pluperfect		
ich	hatte gestutzt		
du	hattest gestutzt		
er	hatte gestutzt		
wir	hatten gestutzt		
ihr	hattet gestutzt		
sie	hatten gestutzt		
		Future Time	
	Future	(*Fut. Subj.*)	(*Pres. Conditional*)
ich	werde stutzen	werde stutzen	würde stutzen
du	wirst stutzen	werdest stutzen	würdest stutzen
er	wird stutzen	werde stutzen	würde stutzen
wir	werden stutzen	werden stutzen	würden stutzen
ihr	werdet stutzen	werdet stutzen	würdet stutzen
sie	werden stutzen	werden stutzen	würden stutzen
		Future Perfect Time	
	Future Perfect	(*Fut. Perf. Subj.*)	(*Past Conditional*)
ich	werde gestutzt haben	werde gestutzt haben	würde gestutzt haben
du	wirst gestutzt haben	werdest gestutzt haben	würdest gestutzt haben
er	wird gestutzt haben	werde gestutzt haben	würde gestutzt haben
wir	werden gestutzt haben	werden gestutzt haben	würden gestutzt haben
ihr	werdet gestutzt haben	werdet gestutzt haben	würdet gestutzt haben
sie	werden gestutzt haben	werden gestutzt haben	würden gestutzt haben

PRINC. PARTS: stützen, stützte, gestützt, stützt
IMPERATIVE: stütze!, stützt!, stützen Sie!

to prop, support, peg

INDICATIVE		SUBJUNCTIVE	
		PRIMARY	SECONDARY
		Present Time	
	Present	*(Pres. Subj.)*	*(Imperf. Subj.)*
ich	stütze	stütze	stützte
du	stützt	stützest	stütztest
er	stützt	stütze	stützte
wir	stützen	stützen	stützten
ihr	stützt	stützet	stütztet
sie	stützen	stützen	stützten
	Imperfect		
ich	stützte		
du	stütztest		
er	stützte		
wir	stützten		
ihr	stütztet		
sie	stützten		
		Past Time	
	Perfect	*(Perf. Subj.)*	*(Pluperf. Subj.)*
ich	habe gestützt	habe gestützt	hätte gestützt
du	hast gestützt	habest gestützt	hättest gestützt
er	hat gestützt	habe gestützt	hätte gestützt
wir	haben gestützt	haben gestützt	hätten gestützt
ihr	habt gestützt	habet gestützt	hättet gestützt
sie	haben gestützt	haben gestützt	hätten gestützt
	Pluperfect		
ich	hatte gestützt		
du	hattest gestützt		
er	hatte gestützt		
wir	hatten gestützt		
ihr	hattet gestützt		
sie	hatten gestützt		
		Future Time	
	Future	*(Fut. Subj.)*	*(Pres. Conditional)*
ich	werde stützen	werde stützen	würde stützen
du	wirst stützen	werdest stützen	würdest stützen
er	wird stützen	werde stützen	würde stützen
wir	werden stützen	werden stützen	würden stützen
ihr	werdet stützen	werdet stützen	würdet stützen
sie	werden stützen	werden stützen	würden stützen
		Future Perfect Time	
	Future Perfect	*(Fut. Perf. Subj.)*	*(Past Conditional)*
ich	werde gestützt haben	werde gestützt haben	würde gestützt haben
du	wirst gestützt haben	werdest gestützt haben	würdest gestützt haben
er	wird gestützt haben	werde gestützt haben	würde gestützt haben
wir	werden gestützt haben	werden gestützt haben	würden gestützt haben
ihr	werdet gestützt haben	werdet gestützt haben	würdet gestützt haben
sie	werden gestützt haben	werden gestützt haben	würden gestützt haben

suchen

to seek, look for

PRINC. PARTS: suchen, suchte, gesucht, sucht
IMPERATIVE: suche!, sucht!, suchen Sie!

	INDICATIVE	SUBJUNCTIVE PRIMARY	SUBJUNCTIVE SECONDARY
		Present Time	
	Present	*(Pres. Subj.)*	*(Imperf. Subj.)*
ich	suche	suche	suchte
du	suchst	suchest	suchtest
er	sucht	suche	suchte
wir	suchen	suchen	suchten
ihr	sucht	suchet	suchtet
sie	suchen	suchen	suchten
	Imperfect		
ich	suchte		
du	suchtest		
er	suchte		
wir	suchten		
ihr	suchtet		
sie	suchten		
		Past Time	
	Perfect	*(Perf. Subj.)*	*(Pluperf. Subj.)*
ich	habe gesucht	habe gesucht	hätte gesucht
du	hast gesucht	habest gesucht	hättest gesucht
er	hat gesucht	habe gesucht	hätte gesucht
wir	haben gesucht	haben gesucht	hätten gesucht
ihr	habt gesucht	habet gesucht	hättet gesucht
sie	haben gesucht	haben gesucht	hätten gesucht
	Pluperfect		
ich	hatte gesucht		
du	hattest gesucht		
er	hatte gesucht		
wir	hatten gesucht		
ihr	hattet gesucht		
sie	hatten gesucht		
		Future Time	
	Future	*(Fut. Subj.)*	*(Pres. Conditional)*
ich	werde suchen	werde suchen	würde suchen
du	wirst suchen	werdest suchen	würdest suchen
er	wird suchen	werde suchen	würde suchen
wir	werden suchen	werden suchen	würden suchen
ihr	werdet suchen	werdet suchen	würdet suchen
sie	werden suchen	werden suchen	würden suchen
		Future Perfect Time	
	Future Perfect	*(Fut. Perf. Subj.)*	*(Past Conditional)*
ich	werde gesucht haben	werde gesucht haben	würde gesucht haben
du	wirst gesucht haben	werdest gesucht haben	würdest gesucht haben
er	wird gesucht haben	werde gesucht haben	würde gesucht haben
wir	werden gesucht haben	werden gesucht haben	würden gesucht haben
ihr	werdet gesucht haben	werdet gesucht haben	würdet gesucht haben
sie	werden gesucht haben	werden gesucht haben	würden gesucht haben

PRINC. PARTS: tanken, tankte, getankt, tankt
IMPERATIVE: tanke!, tankt!, tanken Sie!

to refuel, get gasoline

INDICATIVE		SUBJUNCTIVE	
		PRIMARY	SECONDARY
		Present Time	
	Present	(*Pres. Subj.*)	(*Imperf. Subj.*)
ich	tanke	tanke	tankte
du	tankst	tankest	tanktest
er	tankt	tanke	tankte
wir	tanken	tanken	tankten
ihr	tankt	tanket	tanktet
sie	tanken	tanken	tankten
	Imperfect		
ich	tankte		
du	tanktest		
er	tankte		
wir	tankten		
ihr	tanktet		
sie	tankten		
		Past Time	
	Perfect	(*Perf. Subj.*)	(*Pluperf. Subj.*)
ich	habe getankt	habe getankt	hätte getankt
du	hast getankt	habest getankt	hättest getankt
er	hat getankt	habe getankt	hätte getankt
wir	haben getankt	haben getankt	hätten getankt
ihr	habt getankt	habet getankt	hättet getankt
sie	haben getankt	haben getankt	hätten getankt
	Pluperfect		
ich	hatte getankt		
du	hattest getankt		
er	hatte getankt		
wir	hatten getankt		
ihr	hattet getankt		
sie	hatten getankt		
		Future Time	
	Future	(*Fut. Subj.*)	(*Pres. Conditional*)
ich	werde tanken	werde tanken	würde tanken
du	wirst tanken	werdest tanken	würdest tanken
er	wird tanken	werde tanken	würde tanken
wir	werden tanken	werden tanken	würden tanken
ihr	werdet tanken	werdet tanken	würdet tanken
sie	werden tanken	werden tanken	würden tanken
		Future Perfect Time	
	Future Perfect	(*Fut. Perf. Subj.*)	(*Past Conditional*)
ich	werde getankt haben	werde getankt haben	würde getankt haben
du	wirst getankt haben	werdest getankt haben	würdest getankt haben
er	wird getankt haben	werde getankt haben	würde getankt haben
wir	werden getankt haben	werden getankt haben	würden getankt haben
ihr	werdet getankt haben	werdet getankt haben	würdet getankt haben
sie	werden getankt haben	werden getankt haben	würden getankt haben

tanzen

to dance

PRINC. PARTS: tanzen, tanzte, getanzt, tanzt
IMPERATIVE: tanze!, tanzt!, tanzen Sie!

	INDICATIVE	SUBJUNCTIVE PRIMARY	SUBJUNCTIVE SECONDARY
		Present Time	
	Present	(*Pres. Subj.*)	(*Imperf. Subj.*)
ich	tanze	tanze	tanzte
du	tanzt	tanzest	tanztest
er	tanzt	tanze	tanzte
wir	tanzen	tanzen	tanzten
ihr	tanzt	tanzet	tanztet
sie	tanzen	tanzen	tanzten
	Imperfect		
ich	tanzte		
du	tanztest		
er	tanzte		
wir	tanzten		
ihr	tanztet		
sie	tanzten		
		Past Time	
	Perfect	(*Perf. Subj.*)	(*Pluperf. Subj.*)
ich	habe getanzt	habe getanzt	hätte getanzt
du	hast getanzt	habest getanzt	hättest getanzt
er	hat getanzt	habe getanzt	hätte getanzt
wir	haben getanzt	haben getanzt	hätten getanzt
ihr	habt getanzt	habet getanzt	hättet getanzt
sie	haben getanzt	haben getanzt	hätten getanzt
	Pluperfect		
ich	hatte getanzt		
du	hattest getanzt		
er	hatte getanzt		
wir	hatten getanzt		
ihr	hattet getanzt		
sie	hatten getanzt		
		Future Time	
	Future	(*Fut. Subj.*)	(*Pres. Conditional*)
ich	werde tanzen	werde tanzen	würde tanzen
du	wirst tanzen	werdest tanzen	würdest tanzen
er	wird tanzen	werde tanzen	würde tanzen
wir	werden tanzen	werden tanzen	würden tanzen
ihr	werdet tanzen	werdet tanzen	würdet tanzen
sie	werden tanzen	werden tanzen	würden tanzen
		Future Perfect Time	
	Future Perfect	(*Fut. Perf. Subj.*)	(*Past Conditional*)
ich	werde getanzt haben	werde getanzt haben	würde getanzt haben
du	wirst getanzt haben	werdest getanzt haben	würdest getanzt haben
er	wird getanzt haben	werde getanzt haben	würde getanzt haben
wir	werden getanzt haben	werden getanzt haben	würden getanzt haben
ihr	werdet getanzt haben	werdet getanzt haben	würdet getanzt haben
sie	werden getanzt haben	werden getanzt haben	würden getanzt haben

PRINC. PARTS: taugen, taugte, getaugt, taugt
IMPERATIVE: tauge!, taugt!, taugen Sie!

to be of use or value, be worth; be good or fit for

INDICATIVE		SUBJUNCTIVE	
		PRIMARY	SECONDARY
		Present Time	
	Present	(*Pres. Subj.*)	(*Imperf. Subj.*)
ich	tauge	tauge	taugte
du	taugst	taugest	taugtest
er	taugt	tauge	taugte
wir	taugen	taugen	taugten
ihr	taugt	tauget	taugtet
sie	taugen	taugen	taugten
	Imperfect		
ich	taugte		
du	taugtest		
er	taugte		
wir	taugten		
ihr	taugtet		
sie	taugten		
		Past Time	
	Perfect	(*Perf. Subj.*)	(*Pluperf. Subj.*)
ich	habe getaugt	habe getaugt	hätte getaugt
du	hast getaugt	habest getaugt	hättest getaugt
er	hat getaugt	habe getaugt	hätte getaugt
wir	haben getaugt	haben getaugt	hätten getaugt
ihr	habt getaugt	habet getaugt	hättet getaugt
sie	haben getaugt	haben getaugt	hätten getaugt
	Pluperfect		
ich	hatte getaugt		
du	hattest getaugt		
er	hatte getaugt		
wir	hatten getaugt		
ihr	hattet getaugt		
sie	hatten getaugt		
		Future Time	
	Future	(*Fut. Subj.*)	(*Pres. Conditional*
ich	werde taugen	werde taugen	würde taugen
du	wirst taugen	werdest taugen	würdest taugen
er	wird taugen	werde taugen	würde taugen
wir	werden taugen	werden taugen	würden taugen
ihr	werdet taugen	werdet taugen	würdet taugen
sie	werden taugen	werden taugen	würden taugen
		Future Perfect Time	
	Future Perfect	(*Fut. Perf. Subj.*)	(*Past Conditional*)
ich	werde getaugt haben	werde getaugt haben	würde getaugt haben
du	wirst getaugt haben	werdest getaugt haben	würdest getaugt haben
er	wird getaugt haben	werde getaugt haben	würde getaugt haben
wir	werden getaugt haben	werden getaugt haben	würden getaugt haben
ihr	werdet getaugt haben	werdet getaugt haben	würdet getaugt haben
sie	werden getaugt haben	werden getaugt haben	würden getaugt haben

toben

to storm, rage, rave

PRINC. PARTS: toben, tobte, getobt, tobt
IMPERATIVE: tobe!, tobt!, toben Sie!

INDICATIVE		SUBJUNCTIVE	
		PRIMARY	SECONDARY
		Present Time	
	Present	*(Pres. Subj.)*	*(Imperf. Subj.)*
ich	tobe	tobe	tobte
du	tobst	tobest	tobtest
er	tobt	tobe	tobte
wir	toben	toben	tobten
ihr	tobt	tobet	tobtet
sie	toben	toben	tobten
	Imperfect		
ich	tobte		
du	tobtest		
er	tobte		
wir	tobten		
ihr	tobtet		
sie	tobten		
		Past Time	
	Perfect	*(Perf. Subj.)*	*(Pluperf. Subj.)*
ich	habe getobt	habe getobt	hätte getobt
du	hast getobt	habest getobt	hättest getobt
er	hat getobt	habe getobt	hätte getobt
wir	haben getobt	haben getobt	hätten getobt
ihr	habt getobt	habet getobt	hättet getobt
sie	haben getobt	haben getobt	hätten getobt
	Pluperfect		
ich	hatte getobt		
du	hattest getobt		
er	hatte getobt		
wir	hatten getobt		
ihr	hattet getobt		
sie	hatten getobt		
		Future Time	
	Future	*(Fut. Subj.)*	*(Pres. Conditional)*
ich	werde toben	werde toben	würde toben
du	wirst toben	werdest toben	würdest toben
er	wird toben	werde toben	würde toben
wir	werden toben	werden toben	würden toben
ihr	werdet toben	werdet toben	würdet toben
sie	werden toben	werden toben	würden toben
		Future Perfect Time	
	Future Perfect	*(Fut. Perf. Subj.)*	*(Past Conditional)*
ich	werde getobt haben	werde getobt haben	würde getobt haben
du	wirst getobt haben	werdest getobt haben	würdest getobt haben
er	wird getobt haben	werde getobt haben	würde getobt haben
wir	werden getobt haben	werden getobt haben	würden getobt haben
ihr	werdet getobt haben	werdet getobt haben	würdet getobt haben
sie	werden getobt haben	werden getobt haben	würden getobt haben

PRINC. PARTS: töten, tötete, getötet, tötet
IMPERATIVE: töte!, tötet!, töten Sie!

to kill, slay, deaden

INDICATIVE		SUBJUNCTIVE	
		PRIMARY	SECONDARY
		Present Time	
	Present	(*Pres. Subj.*)	(*Imperf. Subj.*)
ich	töte	töte	tötete
du	tötest	tötest	tötetest
er	tötet	töte	tötete
wir	töten	töten	töteten
ihr	tötet	tötet	tötetet
sie	töten	töten	töteten
	Imperfect		
ich	tötete		
du	tötetest		
er	tötete		
wir	töteten		
ihr	tötetet		
sie	töteten		
		Past Time	
	Perfect	(*Perf. Subj.*)	(*Pluperf. Subj.*)
ich	habe getötet	habe getötet	hätte getötet
du	hast getötet	habest getötet	hättest getötet
er	hat getötet	habe getötet	hätte getötet
wir	haben getötet	haben getötet	hätten getötet
ihr	habt getötet	habet getötet	hättet getötet
sie	haben getötet	haben getötet	hätten getötet
	Pluperfect		
ich	hatte getötet		
du	hattest getötet		
er	hatte getötet		
wir	hatten getötet		
ihr	hattet getötet		
sie	hatten getötet		
		Future Time	
	Future	(*Fut. Subj.*)	(*Pres. Conditional*)
ich	werde töten	werde töten	würde töten
du	wirst töten	werdest töten	würdest töten
er	wird töten	werde töten	würde töten
wir	werden töten	werden töten	würden töten
ihr	werdet töten	werdet töten	würdet töten
sie	werden töten	werden töten	würden töten
		Future Perfect Time	
	Future Perfect	(*Fut. Perf. Subj.*)	(*Past Conditional*)
ich	werde getötet haben	werde getötet haben	würde getötet haben
du	wirst getötet haben	werdest getötet haben	würdest getötet haben
er	wird getötet haben	werde getötet haben	würde getötet haben
wir	werden getötet haben	werden getötet haben	würden getötet haben
ihr	werdet getötet haben	werdet getötet haben	würdet getötet haben
sie	werden getötet haben	werden getötet haben	würden getötet haben

trachten

to endeavor, aspire to, strive for

PRINC. PARTS: trachten, trachtete, getrachtet, trachtet
IMPERATIVE: trachte!, trachtet!, trachten Sie!

	INDICATIVE	SUBJUNCTIVE PRIMARY	SUBJUNCTIVE SECONDARY
		Present Time	
	Present	(*Pres. Subj.*)	(*Imperf. Subj.*)
ich	trachte	trachte	trachtete
du	trachtest	trachtest	trachtetest
er	trachtet	trachte	trachtete
wir	trachten	trachten	trachteten
ihr	trachtet	trachtet	trachtetet
sie	trachten	trachten	trachteten
	Imperfect		
ich	trachtete		
du	trachtetest		
er	trachtete		
wir	trachteten		
ihr	trachtetet		
sie	trachteten		
		Past Time	
	Perfect	(*Perf. Subj.*)	(*Pluperf. Subj.*)
ich	habe getrachtet	habe getrachtet	hätte getrachtet
du	hast getrachtet	habest getrachtet	hättest getrachtet
er	hat getrachtet	habe getrachtet	hätte getrachtet
wir	haben getrachtet	haben getrachtet	hätten getrachtet
ihr	habt getrachtet	habet getrachtet	hättet getrachtet
sie	haben getrachtet	haben getrachtet	hätten getrachtet
	Pluperfect		
ich	hatte getrachtet		
du	hattest getrachtet		
er	hatte getrachtet		
wir	hatten getrachtet		
ihr	hattet getrachtet		
sie	hatten getrachtet		
		Future Time	
	Future	(*Fut. Subj.*)	(*Pres. Conditional*)
ich	werde trachten	werde trachten	würde trachten
du	wirst trachten	werdest trachten	würdest trachten
er	wird trachten	werde trachten	würde trachten
wir	werden trachten	werden trachten	würden trachten
ihr	werdet trachten	werdet trachten	würdet trachten
sie	werden trachten	werden trachten	würden trachten
		Future Perfect Time	
	Future Perfect	(*Fut. Perf. Subj.*)	(*Past Conditional*)
ich	werde getrachtet haben	werde getrachtet haben	würde getrachtet haben
du	wirst getrachtet haben	werdest getrachtet haben	würdest getrachtet haben
er	wird getrachtet haben	werde getrachtet haben	würde getrachtet haben
wir	werden getrachtet haben	werden getrachtet haben	würden getrachtet haben
ihr	werdet getrachtet haben	werdet getrachtet haben	würdet getrachtet haben
sie	werden getrachtet haben	werden getrachtet haben	würden getrachtet haben

PRINC. PARTS: tragen, trug, getragen, trägt
IMPERATIVE: trage!, tragt!, tragen Sie!

to carry, bear, wear

INDICATIVE		SUBJUNCTIVE	
		PRIMARY	SECONDARY
		Present Time	
	Present	(*Pres. Subj.*)	(*Imperf. Subj.*)
ich	trage	trage	trüge
du	trägst	tragest	trügest
er	trägt	trage	trüge
wir	tragen	tragen	trügen
ihr	tragt	traget	trüget
sie	tragen	tragen	trügen
	Imperfect		
ich	trug		
du	trugst		
er	trug		
wir	trugen		
ihr	trugt		
sie	trugen		
		Past Time	
	Perfect	(*Perf. Subj.*)	(*Pluperf. Subj.*)
ich	habe getragen	habe getragen	hätte getragen
du	hast getragen	habest getragen	hättest getragen
er	hat getragen	habe getragen	hätte getragen
wir	haben getragen	haben getragen	hätten getragen
ihr	habt getragen	habet getragen	hättet getragen
sie	haben getragen	haben getragen	hätten getragen
	Pluperfect		
ich	hatte getragen		
du	hattest getragen		
er	hatte getragen		
wir	hatten getragen		
ihr	hattet getragen		
sie	hatten getragen		
		Future Time	
	Future	(*Fut. Subj.*)	(*Pres. Conditional*)
ich	werde tragen	werde tragen	würde tragen
du	wirst tragen	werdest tragen	würdest tragen
er	wird tragen	werde tragen	würde tragen
wir	werden tragen	werden tragen	würden tragen
ihr	werdet tragen	werdet tragen	würdet tragen
sie	werden tragen	werden tragen	würden tragen
		Future Perfect Time	
	Future Perfect	(*Fut. Perf. Subj.*)	(*Past Conditional*)
ich	werde getragen haben	werde getragen haben	würde getragen haben
du	wirst getragen haben	werdest getragen haben	würdest getragen haben
er	wird getragen haben	werde getragen haben	würde getragen haben
wir	werden getragen haben	werden getragen haben	würden getragen haben
ihr	werdet getragen haben	werdet getragen haben	würdet getragen haben
sie	werden getragen haben	werden getragen haben	würden getragen haben

trauen

to trust, believe in; venture, dare; marry

PRINC. PARTS: trauen, traute, getraut, traut
IMPERATIVE: traue!, traut!, trauen Sie!

INDICATIVE		SUBJUNCTIVE PRIMARY	SUBJUNCTIVE SECONDARY
		Present Time	
	Present	*(Pres. Subj.)*	*(Imperf. Subj.)*
ich	traue	traue	traute
du	traust	trauest	trautest
er	traut	traue	traute
wir	trauen	trauen	trauten
ihr	traut	trauet	trautet
sie	trauen	trauen	trauten
	Imperfect		
ich	traute		
du	trautest		
er	traute		
wir	trauten		
ihr	trautet		
sie	trauten		
		Past Time	
	Perfect	*(Perf. Subj.)*	*(Pluperf. Subj.)*
ich	habe getraut	habe getraut	hätte getraut
du	hast getraut	habest getraut	hättest getraut
er	hat getraut	habe getraut	hätte getraut
wir	haben getraut	haben getraut	hätten getraut
ihr	habt getraut	habet getraut	hättet getraut
sie	haben getraut	haben getraut	hätten getraut
	Pluperfect		
ich	hatte getraut		
du	hattest getraut		
er	hatte getraut		
wir	hatten getraut		
ihr	hattet getraut		
sie	hatten getraut		
		Future Time	
	Future	*(Fut. Subj.)*	*(Pres. Conditional)*
ich	werde trauen	werde trauen	würde trauen
du	wirst trauen	werdest trauen	würdest trauen
er	wird trauen	werde trauen	würde trauen
wir	werden trauen	werden trauen	würden trauen
ihr	werdet trauen	werdet trauen	würdet trauen
sie	werden trauen	werden trauen	würden trauen
		Future Perfect Time	
	Future Perfect	*(Fut. Perf. Subj.)*	*(Past Conditional)*
ich	werde getraut haben	werde getraut haben	würde getraut haben
du	wirst getraut haben	werdest getraut haben	würdest getraut haben
er	wird getraut haben	werde getraut haben	würde getraut haben
wir	werden getraut haben	werden getraut haben	würden getraut haben
ihr	werdet getraut haben	werdet getraut haben	würdet getraut haben
sie	werden getraut haben	werden getraut haben	würden getraut haben

träumen

to dream

PRINC. PARTS: träumen, träumte, geträumt, träumt
IMPERATIVE: träume!, träumt!, träumen Sie!

INDICATIVE		SUBJUNCTIVE	
		PRIMARY	SECONDARY
		Present Time	
	Present	(*Pres. Subj.*)	(*Imperf. Subj.*)
ich	träume	träume	träumte
du	träumst	träumest	träumtest
er	träumt	träume	träumte
wir	träumen	träumen	träumten
ihr	träumt	träumet	träumtet
sie	träumen	träumen	träumten

	Imperfect
ich	träumte
du	träumtest
er	träumte
wir	träumten
ihr	träumtet
sie	träumten

		Past Time	
	Perfect	(*Perf. Subj.*)	(*Pluperf. Subj.*)
ich	habe geträumt	habe geträumt	hätte geträumt
du	hast geträumt	habest geträumt	hättest geträumt
er	hat geträumt	habe geträumt	hätte geträumt
wir	haben geträumt	haben geträumt	hätten geträumt
ihr	habt geträumt	habet geträumt	hättet geträumt
sie	haben geträumt	haben geträumt	hätten geträumt

	Pluperfect
ich	hatte geträumt
du	hattest geträumt
er	hatte geträumt
wir	hatten geträumt
ihr	hattet geträumt
sie	hatten geträumt

		Future Time	
	Future	(*Fut. Subj.*)	(*Pres. Conditional*)
ich	werde träumen	werde träumen	würde träumen
du	wirst träumen	werdest träumen	würdest träumen
er	wird träumen	werde träumen	würde träumen
wir	werden träumen	werden träumen	würden träumen
ihr	werdet träumen	werdet träumen	würdet träumen
sie	werden träumen	werden träumen	würden träumen

		Future Perfect Time	
	Future Perfect	(*Fut. Perf. Subj.*)	(*Past Conditional*)
ich	werde geträumt haben	werde geträumt haben	würde geträumt haben
du	wirst geträumt haben	werdest geträumt haben	würdest geträumt haben
er	wird geträumt haben	werde geträumt haben	würde geträumt haben
wir	werden geträumt haben	werden geträumt haben	würden geträumt haben
ihr	werdet geträumt haben	werdet geträumt haben	würdet geträumt haben
sie	werden geträumt haben	werden geträumt haben	würden geträumt haben

treffen

to meet, hit

PRINC. PARTS: treffen, traf, getroffen, trifft
IMPERATIVE: triff!, trefft!, treffen Sie!

INDICATIVE		SUBJUNCTIVE	
		PRIMARY	SECONDARY
		Present Time	
	Present	(*Pres. Subj.*)	(*Imperf. Subj.*)
ich	treffe	treffe	träfe
du	triffst	treffest	träfest
er	trifft	treffe	träfe
wir	treffen	treffen	träfen
ihr	trefft	treffet	träfet
sie	treffen	treffen	träfen
	Imperfect		
ich	traf		
du	trafst		
er	traf		
wir	trafen		
ihr	traft		
sie	trafen		
		Past Time	
	Perfect	(*Perf. Subj.*)	(*Pluperf. Subj.*)
ich	habe getroffen	habe getroffen	hätte getroffen
du	hast getroffen	habest getroffen	hättest getroffen
er	hat getroffen	habe getroffen	hätte getroffen
wir	haben getroffen	haben getroffen	hätten getroffen
ihr	habt getroffen	habet getroffen	hättet getroffen
sie	haben getroffen	haben getroffen	hätten getroffen
	Pluperfect		
ich	hatte getroffen		
du	hattest getroffen		
er	hatte getroffen		
wir	hatten getroffen		
ihr	hattet getroffen		
sie	hatten getroffen		
		Future Time	
	Future	(*Fut. Subj.*)	(*Pres. Conditional*)
ich	werde treffen	werde treffen	würde treffen
du	wirst treffen	werdest treffen	würdest treffen
er	wird treffen	werde treffen	würde treffen
wir	werden treffen	werden treffen	würden treffen
ihr	werdet treffen	werdet treffen	würdet treffen
sie	werden treffen	werden treffen	würden treffen
		Future Perfect Time	
	Future Perfect	(*Fut. Perf. Subj.*)	(*Past Conditional*)
ich	werde getroffen haben	werde getroffen haben	würde getroffen haben
du	wirst getroffen haben	werdest getroffen haben	würdest getroffen haben
er	wird getroffen haben	werde getroffen haben	würde getroffen haben
wir	werden getroffen haben	werden getroffen haben	würden getroffen haben
ihr	werdet getroffen haben	werdet getroffen haben	würdet getroffen haben
sie	werden getroffen haben	werden getroffen haben	würden getroffen haben

PRINC. PARTS: treiben, trieb, getrieben, treibt
IMPERATIVE: treibe!, treibt!, treiben Sie!

to drive, push, propel

INDICATIVE		SUBJUNCTIVE	
		PRIMARY	SECONDARY
		Present Time	
	Present	*(Pres. Subj.)*	*(Imperf. Subj.)*
ich	treibe	treibe	triebe
du	treibst	treibest	triebest
er	treibt	treibe	triebe
wir	treiben	treiben	trieben
ihr	treibt	treibet	triebet
sie	treiben	treiben	trieben
	Imperfect		
ich	trieb		
du	triebst		
er	trieb		
wir	trieben		
ihr	triebt		
sie	trieben		
		Past Time	
	Perfect	*(Perf. Subj.)*	*(Pluperf. Subj.)*
ich	habe getrieben	habe getrieben	hätte getrieben
du	hast getrieben	habest getrieben	hättest getrieben
er	hat getrieben	habe getrieben	hätte getrieben
wir	haben getrieben	haben getrieben	hätten getrieben
ihr	habt getrieben	habet getrieben	hättet getrieben
sie	haben getrieben	haben getrieben	hätten getrieben
	Pluperfect		
ich	hatte getrieben		
du	hattest getrieben		
er	hatte getrieben		
wir	hatten getrieben		
ihr	hattet getrieben		
sie	hatten getrieben		
		Future Time	
	Future	*(Fut. Subj.)*	*(Pres. Conditional)*
ich	werde treiben	werde treiben	würde treiben
du	wirst treiben	werdest treiben	würdest treiben
er	wird treiben	werde treiben	würde treiben
wir	werden treiben	werden treiben	würden treiben
ihr	werdet treiben	werdet treiben	würdet treiben
sie	werden treiben	werden treiben	würden treiben
		Future Perfect Time	
	Future Perfect	*(Fut. Perf. Subj.)*	*(Past Conditional)*
ich	werde getrieben haben	werde getrieben haben	würde getrieben haben
du	wirst getrieben haben	werdest getrieben haben	würdest getrieben haben
er	wird getrieben haben	werde getrieben haben	würde getrieben haben
wir	werden getrieben haben	werden getrieben haben	würden getrieben haben
ihr	werdet getrieben haben	werdet getrieben haben	würdet getrieben haben
sie	werden getrieben haben	werden getrieben haben	würden getrieben haben

treten

to step, walk, tread, go

PRINC. PARTS: treten, trat, ist getreten, tritt
IMPERATIVE: tritt!, tretet!, treten Sie!

INDICATIVE		SUBJUNCTIVE PRIMARY	SUBJUNCTIVE SECONDARY
		Present Time	
	Present	(*Pres. Subj.*)	(*Imperf. Subj.*)
ich	trete	trete	träte
du	trittst	tretest	trätest
er	tritt	trete	träte
wir	treten	treten	träten
ihr	tretet	tretet	trätet
sie	treten	treten	träten
	Imperfect		
ich	trat		
du	tratest		
er	trat		
wir	traten		
ihr	tratet		
sie	traten		
		Past Time	
	Perfect	(*Perf. Subj.*)	(*Pluperf. Subj.*)
ich	bin getreten	sei getreten	wäre getreten
du	bist getreten	seiest getreten	wärest getreten
er	ist getreten	sei getreten	wäre getreten
wir	sind getreten	seien getreten	wären getreten
ihr	seid getreten	seiet getreten	wäret getreten
sie	sind getreten	seien getreten	wären getreten
	Pluperfect		
ich	war getreten		
du	warst getreten		
er	war getreten		
wir	waren getreten		
ihr	wart getreten		
sie	waren getreten		
		Future Time	
	Future	(*Fut. Subj.*)	(*Pres. Conditional*)
ich	werde treten	werde treten	würde treten
du	wirst treten	werdest treten	würdest treten
er	wird treten	werde treten	würde treten
wir	werden treten	werden treten	würden treten
ihr	werdet treten	werdet treten	würdet treten
sie	werden treten	werden treten	würden treten
		Future Perfect Time	
	Future Perfect	(*Fut. Perf. Subj.*)	(*Past Conditional*)
ich	werde getreten sein	werde getreten sein	würde getreten sein
du	wirst getreten sein	werdest getreten sein	würdest getreten sein
er	wird getreten sein	werde getreten sein	würde getreten sein
wir	werden getreten sein	werden getreten sein	würden getreten sein
ihr	werdet getreten sein	werdet getreten sein	würdet getreten sein
sie	werden getreten sein	werden getreten sein	würden getreten sein

PRINC. PARTS: trinken, trank, getrunken, trinkt
IMPERATIVE: trinke!, trinkt!, trinken Sie!

	INDICATIVE	SUBJUNCTIVE PRIMARY	SUBJUNCTIVE SECONDARY
		Present Time	
	Present	*(Pres. Subj.)*	*(Imperf. Subj.)*
ich	trinke	trinke	tränke
du	trinkst	trinkest	tränkest
er	trinkt	trinke	tränke
wir	trinken	trinken	tränken
ihr	trinkt	trinket	tränket
sie	trinken	trinken	tränken
	Imperfect		
ich	trank		
du	trankst		
er	trank		
wir	tranken		
ihr	trankt		
sie	tranken		
		Past Time	
	Perfect	*(Perf. Subj.)*	*(Pluperf. Subj.)*
ich	habe getrunken	habe getrunken	hätte getrunken
du	hast getrunken	habest getrunken	hättest getrunken
er	hat getrunken	habe getrunken	hätte getrunken
wir	haben getrunken	haben getrunken	hätten getrunken
ihr	habt getrunken	habet getrunken	hättet getrunken
sie	haben getrunken	haben getrunken	hätten getrunken
	Pluperfect		
ich	hatte getrunken		
du	hattest getrunken		
er	hatte getrunken		
wir	hatten getrunken		
ihr	hattet getrunken		
sie	hatten getrunken		
		Future Time	
	Future	*(Fut. Subj.)*	*(Pres. Conditional)*
ich	werde trinken	werde trinken	würde trinken
du	wirst trinken	werdest trinken	würdest trinken
er	wird trinken	werde trinken	würde trinken
wir	werden trinken	werden trinken	würden trinken
ihr	werdet trinken	werdet trinken	würdet trinken
sie	werden trinken	werden trinken	würden trinken
		Future Perfect Time	
	Future Perfect	*(Fut. Perf. Subj.)*	*(Past Conditional)*
ich	werde getrunken haben	werde getrunken haben	würde getrunken haben
du	wirst getrunken haben	werdest getrunken haben	würdest getrunken haben
er	wird getrunken haben	werde getrunken haben	würde getrunken haben
wir	werden getrunken haben	werden getrunken haben	würden getrunken haben
ihr	werdet getrunken haben	werdet getrunken haben	würdet getrunken haben
sie	werden getrunken haben	werden getrunken haben	würden getrunken haben

trocknen

to dry

PRINC. PARTS: trocknen, trocknete, getrocknet, trocknet
IMPERATIVE: trockne!, trocknet!, trocknen Sie!

	INDICATIVE	SUBJUNCTIVE PRIMARY	SUBJUNCTIVE SECONDARY
		Present Time	
	Present	*(Pres. Subj.)*	*(Imperf. Subj.)*
ich	trockne	trockne	trocknete
du	trocknest	trocknest	trocknetest
er	trocknet	trockne	trocknete
wir	trocknen	trocknen	trockneten
ihr	trocknet	trocknet	trocknetet
sie	trocknen	trocknen	trockneten
	Imperfect		
ich	trocknete		
du	trocknetest		
er	trocknete		
wir	trockneten		
ihr	trocknetet		
sie	trockneten		
		Past Time	
	Perfect	*(Perf. Subj.)*	*(Pluperf. Subj.)*
ich	habe getrocknet	habe getrocknet	hätte getrocknet
du	hast getrocknet	habest getrocknet	hättest getrocknet
er	hat getrocknet	habe getrocknet	hätte getrocknet
wir	haben getrocknet	haben getrocknet	hätten getrocknet
ihr	habt getrocknet	habet getrocknet	hättet getrocknet
sie	haben getrocknet	haben getrocknet	hätten getrocknet
	Pluperfect		
ich	hatte getrocknet		
du	hattest getrocknet		
er	hatte getrocknet		
wir	hatten getrocknet		
ihr	hattet getrocknet		
sie	hatten getrocknet		
		Future Time	
	Future	*(Fut. Subj.)*	*(Pres. Conditional)*
ich	werde trocknen	werde trocknen	würde trocknen
du	wirst trocknen	werdest trocknen	würdest trocknen
er	wird trocknen	werde trocknen	würde trocknen
wir	werden trocknen	werden trocknen	würden trocknen
ihr	werdet trocknen	werdet trocknen	würdet trocknen
sie	werden trocknen	werden trocknen	würden trocknen
		Future Perfect Time	
	Future Perfect	*(Fut. Perf. Subj.)*	*(Past Conditional)*
ich	werde getrocknet haben	werde getrocknet haben	würde getrocknet haben
du	wirst getrocknet haben	werdest getrocknet haben	würdest getrocknet haben
er	wird getrocknet haben	werde getrocknet haben	würde getrocknet haben
wir	werden getrocknet haben	werden getrocknet haben	würden getrocknet haben
ihr	werdet getrocknet haben	werdet getrocknet haben	würdet getrocknet haben
sie	werden getrocknet haben	werden getrocknet haben	würden getrocknet haben

PRINC. PARTS: tropfen,* tropfte, getropft, tropft
IMPERATIVE: tropfe!, tropft!, tropfen Sie!

to drip, drop

	INDICATIVE	SUBJUNCTIVE PRIMARY	SUBJUNCTIVE SECONDARY
		Present Time	
	Present	(*Pres. Subj.*)	(*Imperf. Subj.*)
ich	tropfe	tropfe	tropfte
du	tropfst	tropfest	tropftest
er	tropft	tropfe	tropfte
wir	tropfen	tropfen	tropften
ihr	tropft	tropfet	tropftet
sie	tropfen	tropfen	tropften
	Imperfect		
ich	tropfte		
du	tropftest		
er	tropfte		
wir	tropften		
ihr	tropftet		
sie	tropften		
		Past Time	
	Perfect	(*Perf. Subj.*)	(*Pluperf. Subj.*)
ich	habe getropft	habe getropft	hätte getropft
du	hast getropft	habest getropft	hättest getropft
er	hat getropft	habe getropft	hätte getropft
wir	haben getropft	haben getropft	hätten getropft
ihr	habt getropft	habet getropft	hättet getropft
sie	haben getropft	haben getropft	hätten getropft
	Pluperfect		
ich	hatte getropft		
du	hattest getropft		
er	hatte getropft		
wir	hatten getropft		
ihr	hattet getropft		
sie	hatten getropft		
		Future Time	
	Future	(*Fut. Subj.*)	(*Pres. Conditional*)
ich	werde tropfen	werde tropfen	würde tropfen
du	wirst tropfen	werdest tropfen	würdest tropfen
er	wird tropfen	werde tropfen	würde tropfen
wir	werden tropfen	werden tropfen	würden tropfen
ihr	werdet tropfen	werdet tropfen	würdet tropfen
sie	werden tropfen	werden tropfen	würden tropfen
		Future Perfect Time	
	Future Perfect	(*Fut. Perf. Subj.*)	(*Past Conditional*)
ich	werde getropft haben	werde getropft haben	würde getropft haben
du	wirst getropft haben	werdest getropft haben	würdest getropft haben
er	wird getropft haben	werde getropft haben	würde getropft haben
wir	werden getropft haben	werden getropft haben	würden getropft haben
ihr	werdet getropft haben	werdet getropft haben	würdet getropft haben
sie	werden getropft haben	werden getropft haben	würden getropft haben

* Forms other than the third person are unusual.

trösten

to console

PRINC. PARTS: trösten, tröstete, getröstet, tröstet
IMPERATIVE: tröste!, tröstet!, trösten Sie!

INDICATIVE		SUBJUNCTIVE	
		PRIMARY	SECONDARY
		Present Time	
	Present	*(Pres. Subj.)*	*(Imperf. Subj.)*
ich	tröste	tröste	tröstete
du	tröstest	tröstest	tröstetest
er	tröstet	tröste	tröstete
wir	trösten	trösten	trösteten
ihr	tröstet	tröstet	tröstetet
sie	trösten	trösten	trösteten
	Imperfect		
ich	tröstete		
du	tröstetest		
er	tröstete		
wir	trösteten		
ihr	tröstetet		
sie	trösteten		
		Past Time	
	Perfect	*(Perf. Subj.)*	*(Pluperf. Subj.)*
ich	habe getröstet	habe getröstet	hätte getröstet
du	hast getröstet	habest getröstet	hättest getröstet
er	hat getröstet	habe getröstet	hätte getröstet
wir	haben getröstet	haben getröstet	hätten getröstet
ihr	habt getröstet	habet getröstet	hättet getröstet
sie	haben getröstet	haben getröstet	hätten getröstet
	Pluperfect		
ich	hatte getröstet		
du	hattest getröstet		
er	hatte getröstet		
wir	hatten getröstet		
ihr	hattet getröstet		
sie	hatten getröstet		
		Future Time	
	Future	*(Fut. Subj.)*	*(Pres. Conditional)*
ich	werde trösten	werde trösten	würde trösten
du	wirst trösten	werdest trösten	würdest trösten
er	wird trösten	werde trösten	würde trösten
wir	werden trösten	werden trösten	würden trösten
ihr	werdet trösten	werdet trösten	würdet trösten
sie	werden trösten	werden trösten	würden trösten
		Future Perfect Time	
	Future Perfect	*(Fut. Perf. Subj.)*	*(Past Conditional)*
ich	werde getröstet haben	werde getröstet haben	würde getröstet haben
du	wirst getröstet haben	werdest getröstet haben	würdest getröstet haben
er	wird getröstet haben	werde getröstet haben	würde getröstet haben
wir	werden getröstet haben	werden getröstet haben	würden getröstet haben
ihr	werdet getröstet haben	werdet getröstet haben	würdet getröstet haben
sie	werden getröstet haben	werden getröstet haben	würden getröstet haben

PRINC. PARTS: trotzen, trotzte, getrotzt, trotzt
IMPERATIVE: trotze!, trotzt!, trotzen Sie!

	INDICATIVE	SUBJUNCTIVE PRIMARY	SUBJUNCTIVE SECONDARY
		Present Time	
	Present	(*Pres. Subj.*)	(*Imperf. Subj.*)
ich	trotze	trotze	trotzte
du	trotzt	trotzest	trotztest
er	trotzt	trotze	trotzte
wir	trotzen	trotzen	trotzten
ihr	trotzt	trotzet	trotztet
sie	trotzen	trotzen	trotzten
	Imperfect		
ich	trotzte		
du	trotztest		
er	trotzte		
wir	trotzten		
ihr	trotztet		
sie	trotzten		
		Past Time	
	Perfect	(*Perf. Subj.*)	(*Pluperf. Subj.*)
ich	habe getrotzt	habe getrotzt	hätte getrotzt
du	hast getrotzt	habest getrotzt	hättest getrotzt
er	hat getrotzt	habe getrotzt	hätte getrotzt
wir	haben getrotzt	haben getrotzt	hätten getrotzt
ihr	habt getrotzt	habet getrotzt	hättet getrotzt
sie	haben getrotzt	haben getrotzt	hätten getrotzt
	Pluperfect		
ich	hatte getrotzt		
du	hattest getrotzt		
er	hatte getrotzt		
wir	hatten getrotzt		
ihr	hattet getrotzt		
sie	hatten getrotzt		
		Future Time	
	Future	(*Fut. Subj.*)	(*Pres. Conditional*)
ich	werde trotzen	werde trotzen	würde trotzen
du	wirst trotzen	werdest trotzen	würdest trotzen
er	wird trotzen	werde trotzen	würde trotzen
wir	werden trotzen	werden trotzen	würden trotzen
ihr	werdet trotzen	werdet trotzen	würdet trotzen
sie	werden trotzen	werden trotzen	würden trotzen
		Future Perfect Time	
	Future Perfect	(*Fut. Perf. Subj.*)	(*Past Conditional*)
ich	werde getrotzt haben	werde getrotzt haben	würde getrotzt haben
du	wirst getrotzt haben	werdest getrotzt haben	würdest getrotzt haben
er	wird getrotzt haben	werde getrotzt haben	würde getrotzt haben
wir	werden getrotzt haben	werden getrotzt haben	würden getrotzt haben
ihr	werdet getrotzt haben	werdet getrotzt haben	würdet getrotzt haben
sie	werden getrotzt haben	werden getrotzt haben	würden getrotzt haben

trüben

to darken, sadden, make muddy

PRINC. PARTS: trüben, trübte, getrübt, trübt
IMPERATIVE: trübe!, trübt!, trüben Sie!

INDICATIVE		SUBJUNCTIVE	
		PRIMARY	SECONDARY
		Present Time	
	Present	(*Pres. Subj.*)	(*Imperf. Subj.*)
ich	trübe	trübe	trübte
du	trübst	trübest	trübtest
er	trübt	trübe	trübte
wir	trüben	trüben	trübten
ihr	trübt	trübet	trübtet
sie	trüben	trüben	trübten
	Imperfect		
ich	trübte		
du	trübtest		
er	trübte		
wir	trübten		
ihr	trübtet		
sie	trübten		
		Past Time	
	Perfect	(*Perf. Subj.*)	(*Pluperf. Subj.*)
ich	habe getrübt	habe getrübt	hätte getrübt
du	hast getrübt	habest getrübt	hättest getrübt
er	hat getrübt	habe getrübt	hätte getrübt
wir	haben getrübt	haben getrübt	hätten getrübt
ihr	habt getrübt	habet getrübt	hättet getrübt
sie	haben getrübt	haben getrübt	hätten getrübt
	Pluperfect		
ich	hatte getrübt		
du	hattest getrübt		
er	hatte getrübt		
wir	hatten getrübt		
ihr	hattet getrübt		
sie	hatten getrübt		
		Future Time	
	Future	(*Fut. Subj.*)	(*Pres. Conditional*)
ich	werde trüben	werde trüben	würde trüben
du	wirst trüben	werdest trüben	würdest trüben
er	wird trüben	werde trüben	würde trüben
wir	werden trüben	werden trüben	würden trüben
ihr	werdet trüben	werdet trüben	würdet trüben
sie	werden trüben	werden trüben	würden trüben
		Future Perfect Time	
	Future Perfect	(*Fut. Perf. Subj.*)	(*Past Conditional*)
ich	werde getrübt haben	werde getrübt haben	würde getrübt haben
du	wirst getrübt haben	werdest getrübt haben	würdest getrübt haben
er	wird getrübt haben	werde getrübt haben	würde getrübt haben
wir	werden getrübt haben	werden getrübt haben	würden getrübt haben
ihr	werdet getrübt haben	werdet getrübt haben	würdet getrübt haben
sie	werden getrübt haben	werden getrübt haben	würden getrübt haben

PRINC. PARTS: tun, tat, getan, tut
IMPERATIVE: tue!, tut!, tun Sie!

to do, make, put

INDICATIVE		SUBJUNCTIVE	
		PRIMARY	SECONDARY
		Present Time	
	Present	*(Pres. Subj.)*	*(Imperf. Subj.)*
ich	tue	tue	täte
du	tust	tuest	tätest
er	tut	tue	täte
wir	tun	tuen	täten
ihr	tut	tuet	tätet
sie	tun	tuen	täten
	Imperfect		
ich	tat		
du	tatest		
er	tat		
wir	taten		
ihr	tatet		
sie	taten		
		Past Time	
	Perfect	*(Perf. Subj.)*	*(Pluperf. Subj.)*
ich	habe getan	habe getan	hätte getan
du	hast getan	habest getan	hättest getan
er	hat getan	habe getan	hätte getan
wir	haben getan	haben getan	hätten getan
ihr	habt getan	habet getan	hättet getan
sie	haben getan	haben getan	hätten getan
	Pluperfect		
ich	hatte getan		
du	hattest getan		
er	hatte getan		
wir	hatten getan		
ihr	hattet getan		
sie	hatten getan		
		Future Time	
	Future	*(Fut. Subj.)*	*(Pres. Conditional)*
ich	werde tun	werde tun	würde tun
du	wirst tun	werdest tun	würdest tun
er	wird tun	werde tun	würde tun
wir	werden tun	werden tun	würden tun
ihr	werdet tun	werdet tun	würdet tun
sie	werden tun	werden tun	würden tun
		Future Perfect Time	
	Future Perfect	*(Fut. Perf. Subj.)*	*(Past Conditional)*
ich	werde getan haben	werde getan haben	würde getan haben
du	wirst getan haben	werdest getan haben	würdest getan haben
er	wird getan haben	werde getan haben	würde getan haben
wir	werden getan haben	werden getan haben	würden getan haben
ihr	werdet getan haben	werdet getan haben	würdet getan haben
sie	werden getan haben	werden getan haben	würden getan haben

üben

to exercise, practice

PRINC. PARTS: üben, übte, geübt, übt
IMPERATIVE: ube!, übt!, üben Sie!

INDICATIVE		SUBJUNCTIVE PRIMARY	SUBJUNCTIVE SECONDARY
		Present Time	
	Present	*(Pres. Subj.)*	*(Imperf. Subj.)*
ich	übe	übe	übte
du	übst	übest	übtest
er	übt	übe	übte
wir	üben	üben	übten
ihr	übt	übet	übtet
sie	üben	üben	übten
	Imperfect		
ich	übte		
du	übtest		
er	übte		
wir	übten		
ihr	übtet		
sie	übten		
		Past Time	
	Perfect	*(Perf. Subj.)*	*(Pluperf. Subj.)*
ich	habe geübt	habe geübt	hätte geübt
du	hast geübt	habest geübt	hättest geübt
er	hat geübt	habe geübt	hätte geübt
wir	haben geübt	haben geübt	hätten geübt
ihr	habt geübt	habet geübt	hättet geübt
sie	haben geübt	haben geübt	hätten geübt
	Pluperfect		
ich	hatte geübt		
du	hattest geübt		
er	hatte geübt		
wir	hatten geübt		
ihr	hattet geübt		
sie	hatten geübt		
		Future Time	
	Future	*(Fut. Subj.)*	*(Pres. Conditional)*
ich	werde üben	werde üben	würde üben
du	wirst üben	werdest üben	würdest üben
er	wird üben	werde üben	würde üben
wir	werden üben	werden üben	würden üben
ihr	werdet üben	werdet üben	würdet üben
sie	werden üben	werden üben	würden üben
		Future Perfect Time	
	Future Perfect	*(Fut. Perf. Subj.)*	*(Past Conditional)*
ich	werde geübt haben	werde geübt haben	würde geübt haben
du	wirst geübt haben	werdest geübt haben	würdest geübt haben
er	wird geübt haben	werde geübt haben	würde geübt haben
wir	werden geübt haben	werden geübt haben	würden geübt haben
ihr	werdet geübt haben	werdet geübt haben	würdet geübt haben
sie	werden geübt haben	werden geübt haben	würden geübt haben

PRINC. PARTS: überraschen, überraschte, überrascht, überrascht
IMPERATIVE: überrasche!, überrascht!, überraschen Sie!

überraschen
to surprise

INDICATIVE		SUBJUNCTIVE	
		PRIMARY	SECONDARY
		Present Time	
	Present	*(Pres. Subj.)*	*(Imperf. Subj.)*
ich	überrasche	überrasche	überraschte
du	überraschst	überraschest	überraschtest
er	überrascht	überrasche	überraschte
wir	überraschen	überraschen	überraschten
ihr	überrascht	überraschet	überraschtet
sie	überraschen	überraschen	überraschten
	Imperfect		
ich	überraschte		
du	überraschtest		
er	überraschte		
wir	überraschten		
ihr	überraschtet		
sie	überraschten		
		Past Time	
	Perfect	*(Perf. Subj.)*	*(Pluperf. Subj.)*
ich	habe überrascht	habe überrascht	hätte überrascht
du	hast überrascht	habest überrascht	hättest überrascht
er	hat überrascht	habe überrascht	hätte überrascht
wir	haben überrascht	haben überrascht	hätten überrascht
ihr	habt überrascht	habet überrascht	hättet überrascht
sie	haben überrascht	haben überrascht	hätten überrascht
	Pluperfect		
ich	hatte überrascht		
du	hattest überrascht		
er	hatte überrascht		
wir	hatten überrascht		
ihr	hattet überrascht		
sie	hatten überrascht		
		Future Time	
	Future	*(Fut. Subj.)*	*(Pres. Conditional)*
ich	werde überraschen	werde überraschen	würde überraschen
du	wirst überraschen	werdest überraschen	würdest überraschen
er	wird überraschen	werde überraschen	würde überraschen
wir	werden überraschen	werden überraschen	würden überraschen
ihr	werdet überraschen	werdet überraschen	würdet überraschen
sie	werden überraschen	werden überraschen	würden überraschen
		Future Perfect Time	
	Future Perfect	*(Fut. Perf. Subj.)*	*(Past Conditional)*
ich	werde überrascht haben	werde überrascht haben	würde überrascht haben
du	wirst überrascht haben	werdest überrascht haben	würdest überrascht haben
er	wird überrascht haben	werde überrascht haben	würde überrascht haben
wir	werden überrascht haben	werden überrascht haben	würden überrascht haben
ihr	werdet überrascht haben	werdet überrascht haben	würdet überrascht haben
sie	werden überrascht haben	werden überrascht haben	würden überrascht haben

überwinden

to overcome, conquer

PRINC. PARTS: überwinden, überwand, überwunden, überwindet
IMPERATIVE: überwinde!, überwindet!, überwinden Sie!

	INDICATIVE	SUBJUNCTIVE PRIMARY	SUBJUNCTIVE SECONDARY
		Present Time	
	Present	*(Pres. Subj.)*	*(Imperf. Subj.)*
ich	überwinde	überwinde	überwände
du	überwindest	überwindest	überwändest
er	überwindet	überwinde	überwände
wir	überwinden	überwinden	überwänden
ihr	überwindet	überwindet	überwändet
sie	überwinden	überwinden	überwänden
	Imperfect		
ich	überwand		
du	überwandest		
er	überwand		
wir	überwanden		
ihr	überwandet		
sie	überwanden		
		Past Time	
	Perfect	*(Perf. Subj.)*	*(Pluperf. Subj.)*
ich	habe überwunden	habe überwunden	hätte überwunden
du	hast überwunden	habest überwunden	hättest überwunden
er	hat überwunden	habe überwunden	hätte überwunden
wir	haben überwunden	haben überwunden	hätten überwunden
ihr	habt überwunden	habet überwunden	hättet überwunden
sie	haben überwunden	haben überwunden	hätten überwunden
	Pluperfect		
ich	hatte überwunden		
du	hattest überwunden		
er	hatte überwunden		
wir	hatten überwunden		
ihr	hattet überwunden		
sie	hatten überwunden		
		Future Time	
	Future	*(Fut. Subj.)*	*(Pres. Conditional)*
ich	werde überwinden	werde überwinden	würde überwinden
du	wirst überwinden	werdest überwinden	würdest überwinden
er	wird überwinden	werde überwinden	würde überwinden
wir	werden überwinden	werden überwinden	würden überwinden
ihr	werdet überwinden	werdet überwinden	würdet überwinden
sie	werden überwinden	werden überwinden	würden überwinden
		Future Perfect Time	
	Future Perfect	*(Fut. Perf. Subj.)*	*(Past Conditional)*
ich	werde überwunden haben	werde überwunden haben	würde überwunden haben
du	wirst überwunden haben	werdest überwunden haben	würdest überwunden haben
er	wird überwunden haben	werde überwunden haben	würde überwunden haben
wir	werden überwunden haben	werden überwunden haben	würden überwunden haben
ihr	werdet überwunden haben	werdet überwunden haben	würdet überwunden haben
sie	werden überwunden haben	werden überwunden haben	würden überwunden haben

PRINC. PARTS: umstellen, stellte um, umgestellt, stellt um
IMPERATIVE: stelle um!, stellt um!, stellen Sie um!

umstellen

to shift, transpose, change over

	INDICATIVE	SUBJUNCTIVE PRIMARY	SUBJUNCTIVE SECONDARY
		Present Time	
	Present	(*Pres. Subj.*)	(*Imperf. Subj.*)
ich	stelle um	stelle um	stellte um
du	stellst um	stellest um	stelltest um
er	stellt um	stelle um	stellte um
wir	stellen um	stellen um	stellten um
ihr	stellt um	stellet um	stelltet um
sie	stellen um	stellen um	stellten um
	Imperfect		
ich	stellte um		
du	stelltest um		
er	stellte um		
wir	stellten um		
ihr	stelltet um		
sie	stellten um		
		Past Time	
	Perfect	(*Perf. Subj.*)	(*Pluperf. Subj.*)
ich	habe umgestellt	habe umgestellt	hätte umgestellt
du	hast umgestellt	habest umgestellt	hättest umgestellt
er	hat umgestellt	habe umgestellt	hätte umgestellt
wir	haben umgestellt	haben umgestellt	hätten umgestellt
ihr	habt umgestellt	habet umgestellt	hättet umgestellt
sie	haben umgestellt	haben umgestellt	hätten umgestellt
	Pluperfect		
ich	hatte umgestellt		
du	hattest umgestellt		
er	hatte umgestellt		
wir	hatten umgestellt		
ihr	hattet umgestellt		
sie	hatten umgestellt		
		Future Time	
	Future	(*Fut. Subj.*)	(*Pres. Conditional*)
ich	werde umstellen	werde umstellen	würde umstellen
du	wirst umstellen	werdest umstellen	würdest umstellen
er	wird umstellen	werde umstellen	würde umstellen
wir	werden umstellen	werden umstellen	würden umstellen
ihr	werdet umstellen	werdet umstellen	würdet umstellen
sie	werden umstellen	werden umstellen	würden umstellen
		Future Perfect Time	
	Future Perfect	(*Fut. Perf. Subj.*)	(*Past Conditional*)
ich	werde umgestellt haben	werde umgestellt haben	würde umgestellt haben
du	wirst umgestellt haben	werdest umgestellt haben	würdest umgestellt haben
er	wird umgestellt haben	werde umgestellt haben	würde umgestellt haben
wir	werden umgestellt haben	werden umgestellt haben	würden umgestellt haben
ihr	werdet umgestellt haben	werdet umgestellt haben	würdet umgestellt haben
sie	werden umgestellt haben	werden umgestellt haben	würden umgestellt haben

unterbrechen PRINC. PARTS: unterbrechen, unterbrach, unterbrochen, unterbricht

to interrupt IMPERATIVE: unterbrich!, unterbrecht!, unterbrechen Sie!

	INDICATIVE	SUBJUNCTIVE PRIMARY	SUBJUNCTIVE SECONDARY
		Present Time	
	Present	(*Pres. Subj.*)	(*Imperf. Subj.*)
ich	unterbreche	unterbreche	unterbräche
du	unterbrichst	unterbrechest	unterbrächest
er	unterbricht	unterbreche	unterbräche
wir	unterbrechen	unterbrechen	unterbrächen
ihr	unterbrecht	unterbrechet	unterbrächet
sie	unterbrechen	unterbrechen	unterbrächen
	Imperfect		
ich	unterbrach		
du	unterbrachst		
er	unterbrach		
wir	unterbrachen		
ihr	unterbracht		
sie	unterbrachen		
		Past Time	
	Perfect	(*Perf. Subj.*)	(*Pluperf. Subj.*)
ich	habe unterbrochen	habe unterbrochen	hätte unterbrochen
du	hast unterbrochen	habest unterbrochen	hättest unterbrochen
er	hat unterbrochen	habe unterbrochen	hätte unterbrochen
wir	haben unterbrochen	haben unterbrochen	hätten unterbrochen
ihr	habt unterbrochen	habet unterbrochen	hättet unterbrochen
sie	haben unterbrochen	haben unterbrochen	hätten unterbrochen
	Pluperfect		
ich	hatte unterbrochen		
du	hattest unterbrochen		
er	hatte unterbrochen		
wir	hatten unterbrochen		
ihr	hattet unterbrochen		
sie	hatten unterbrochen		
		Future Time	
	Future	(*Fut. Subj.*)	(*Pres. Conditional*)
ich	werde unterbrechen	werde unterbrechen	würde unterbrechen
du	wirst unterbrechen	werdest unterbrechen	würdest unterbrechen
er	wird unterbrechen	werde unterbrechen	würde unterbrechen
wir	werden unterbrechen	werden unterbrechen	würden unterbrechen
ihr	werdet unterbrechen	werdet unterbrechen	würdet unterbrechen
sie	werden unterbrechen	werden unterbrechen	würden unterbrechen
		Future Perfect Time	
	Future Perfect	(*Fut. Perf. Subj.*)	(*Past Conditional*)
ich	werde unterbrochen haben	werde unterbrochen haben	würde unterbrochen haben
du	wirst unterbrochen haben	werdest unterbrochen haben	würdest unterbrochen haben
er	wird unterbrochen haben	werde unterbrochen haben	würde unterbrochen haben
wir	werden unterbrochen haben	werden unterbrochen haben	würden unterbrochen haben
ihr	werdet unterbrochen haben	werdet unterbrochen haben	würdet unterbrochen haben
sie	werden unterbrochen haben	werden unterbrochen haben	würden unterbrochen haben

PRINC. PARTS: sich unterhalten, unterhielt sich, hat sich unterhalten, unterhält sich
IMPERATIVE: unterhalte dich!, unterhaltet euch!, unterhalten Sie sich!

sich unterhalten

to converse, amuse one's self

	INDICATIVE	SUBJUNCTIVE PRIMARY	SUBJUNCTIVE SECONDARY
		Present Time	
	Present	(*Pres. Subj.*)	(*Imperf. Subj.*)
ich	unterhalte mich	unterhalte mich	unterhielte mich
du	unterhältst dich	unterhaltest dich	unterhieltest dich
er	unterhält sich	unterhalte sich	unterhielte sich
wir	unterhalten uns	unterhalten uns	unterhielten uns
ihr	unterhaltet euch	unterhaltet euch	unterhieltet euch
sie	unterhalten sich	unterhalten sich	unterhielten sich
	Imperfect		
ich	unterhielt mich		
du	unterhieltest dich		
er	unterhielt sich		
wir	unterhielten uns		
ihr	unterhieltet euch		
sie	unterhielten sich		
		Past Time	
	Perfect	(*Perf. Subj.*)	(*Pluperf. Subj.*)
ich	habe mich unterhalten	habe mich unterhalten	hätte mich unterhalten
du	hast dich unterhalten	habest dich unterhalten	hättest dich unterhalten
er	hat sich unterhalten	habe sich unterhalten	hätte sich unterhalten
wir	haben uns unterhalten	haben uns unterhalten	hätten uns unterhalten
ihr	habt euch unterhalten	habet euch unterhalten	hättet euch unterhalten
sie	haben sich unterhalten	haben sich unterhalten	hätten sich unterhalten
	Pluperfect		
ich	hatte mich unterhalten		
du	hattest dich unterhalten		
er	hatte sich unterhalten		
wir	hatten uns unterhalten		
ihr	hattet euch unterhalten		
sie	hatten sich unterhalten		
		Future Time	
	Future	(*Fut. Subj.*)	(*Pres. Conditional*)
ich	werde mich unterhalten	werde mich unterhalten	würde mich unterhalten
du	wirst dich unterhalten	werdest dich unterhalten	würdest dich unterhalten
er	wird sich unterhalten	werde sich unterhalten	würde sich unterhalten
wir	werden uns unterhalten	werden uns unterhalten	würden uns unterhalten
ihr	werdet euch unterhalten	werdet euch unterhalten	würdet euch unterhalten
sie	werden sich unterhalten	werden sich unterhalten	würden sich unterhalten
		Future Perfect Time	
	Future Perfect	(*Fut. Perf. Subj.*)	(*Past Conditional*)
ich	werde mich unterhalten haben	werde mich unterhalten haben	würde mich unterhalten haben
du	wirst dich unterhalten haben	werdest dich unterhalten haben	würdest dich unterhalten haben
er	wird sich unterhalten haben	werde sich unterhalten haben	würde sich unterhalten haben
wir	werden uns unterhalten haben	werden uns unterhalten haben	würden uns unterhalten haben
ihr	werdet euch unterhalten haben	werdet euch unterhalten haben	würdet euch unterhalten haben
sie	werden sich unterhalten haben	werden sich unterhalten haben	würden sich unterhalten haben

verachten

to despise

PRINC. PARTS: verachten, verachtete, verachtet, verachtet
IMPERATIVE: verachte!, verachtet!, verachten Sie!

	INDICATIVE	SUBJUNCTIVE PRIMARY	SUBJUNCTIVE SECONDARY
		Present Time	
	Present	(*Pres. Subj.*)	(*Imperf. Subj.*)
ich	verachte	verachte	verachtete
du	verachtest	verachtest	verachtetest
er	verachtet	verachte	verachtete
wir	verachten	verachten	verachteten
ihr	verachtet	verachtet	verachtetet
sie	verachten	verachten	verachteten
	Imperfect		
ich	verachtete		
du	verachtetest		
er	verachtete		
wir	verachteten		
ihr	verachtetet		
sie	verachteten		
		Past Time	
	Perfect	(*Perf. Subj.*)	(*Pluperf. Subj.*)
ich	habe verachtet	habe verachtet	hätte verachtet
du	hast verachtet	habest verachtet	hättest verachtet
er	hat verachtet	habe verachtet	hätte verachtet
wir	haben verachtet	haben verachtet	hätten verachtet
ihr	habt verachtet	habet verachtet	hättet verachtet
sie	haben verachtet	haben verachtet	hätten verachtet
	Pluperfect		
ich	hatte verachtet		
du	hattest verachtet		
er	hatte verachtet		
wir	hatten verachtet		
ihr	hattet verachtet		
sie	hatten verachtet		
		Future Time	
	Future	(*Fut. Subj.*)	(*Pres. Conditional*)
ich	werde verachten	werde verachten	würde verachten
du	wirst verachten	werdest verachten	würdest verachten
er	wird verachten	werde verachten	würde verachten
wir	werden verachten	werden verachten	würden verachten
ihr	werdet verachten	werdet verachten	würdet verachten
sie	werden verachten	werden verachten	würden verachten
		Future Perfect Time	
	Future Perfect	(*Fut. Perf. Subj.*)	(*Past Conditional*)
ich	werde verachtet haben	werde verachtet haben	würde verachtet haben
du	wirst verachtet haben	werdest verachtet haben	würdest verachtet haben
er	wird verachtet haben	werde verachtet haben	würde verachtet haben
wir	werden verachtet haben	werden verachtet haben	würden verachtet haben
ihr	werdet verachtet haben	werdet verachtet haben	würdet verachtet haben
sie	werden verachtet haben	werden verachtet haben	würden verachtet haben

PRINC. PARTS: verderben, verdarb, verdorben, verdirbt
IMPERATIVE: verdirb!, verderbt!, verderben Sie!

verderben

to ruin, spoil, perish

INDICATIVE		SUBJUNCTIVE PRIMARY	SUBJUNCTIVE SECONDARY
		Present Time	
	Present	*(Pres. Subj.)*	*(Imperf. Subj.)*
ich	verderbe	verderbe	verdürbe
du	verdirbst	verderbest	verdürbest
er	verdirbt	verderbe	verdürbe
wir	verderben	verderben	verdürben
ihr	verderbt	verderbet	verdürbet
sie	verderben	verderben	verdürben
	Imperfect		
ich	verdarb		
du	verdarbst		
er	verdarb		
wir	verdarben		
ihr	verdarbt		
sie	verdarben		
		Past Time	
	Perfect	*(Perf. Subj.)*	*(Pluperf. Subj.)*
ich	habe verdorben	habe verdorben	hätte verdorben
du	hast verdorben	habest verdorben	hättest verdorben
er	hat verdorben	habe verdorben	hätte verdorben
wir	haben verdorben	haben verdorben	hätten verdorben
ihr	habt verdorben	habet verdorben	hättet verdorben
sie	haben verdorben	haben verdorben	hätten verdorben
	Pluperfect		
ich	hatte verdorben		
du	hattest verdorben		
er	hatte verdorben		
wir	hatten verdorben		
ihr	hattet verdorben		
sie	hatten verdorben		
		Future Time	
	Future	*(Fut. Subj.)*	*(Pres. Conditional)*
ich	werde verderben	werde verderben	würde verderben
du	wirst verderben	werdest verderben	würdest verderben
er	wird verderben	werde verderben	würde verderben
wir	werden verderben	werden verderben	würden verderben
ihr	werdet verderben	werdet verderben	würdet verderben
sie	werden verderben	werden verderben	würden verderben
		Future Perfect Time	
	Future Perfect	*(Fut. Perf. Subj.)*	*(Past Conditional)*
ich	werde verdorben haben	werde verdorben haben	würde verdorben haben
du	wirst verdorben haben	werdest verdorben haben	würdest verdorben haben
er	wird verdorben haben	werde verdorben haben	würde verdorben haben
wir	werden verdorben haben	werden verdorben haben	würden verdorben haben
ihr	werdet verdorben haben	werdet verdorben haben	würdet verdorben haben
sie	werden verdorben haben	werden verdorben haben	würden verdorben haben

verdichten

to thicken, condense

PRINC. PARTS: verdichten, verdichtete, verdichtet, verdichtet

IMPERATIVE: verdichte!, verdichtet!, verdichten Sie!

INDICATIVE		SUBJUNCTIVE PRIMARY	SUBJUNCTIVE SECONDARY
		Present Time	
	Present	(*Pres. Subj.*)	(*Imperf. Subj.*)
ich	verdichte	verdichte	verdichtete
du	verdichtest	verdichtest	verdichtetest
er	verdichtet	verdichte	verdichtete
wir	verdichten	verdichten	verdichteten
ihr	verdichtet	verdichtet	verdichtetet
sie	verdichten	verdichten	verdichteten
	Imperfect		
ich	verdichtete		
du	verdichtetest		
er	verdichtete		
wir	verdichteten		
ihr	verdichtetet		
sie	verdichteten		
		Past Time	
	Perfect	(*Perf. Subj.*)	(*Pluperf. Subj.*)
ich	habe verdichtet	habe verdichtet	hätte verdichtet
du	hast verdichtet	habest verdichtet	hättest verdichtet
er	hat verdichtet	habe verdichtet	hätte verdichtet
wir	haben verdichtet	haben verdichtet	hätten verdichtet
ihr	habt verdichtet	habet verdichtet	hättet verdichtet
sie	haben verdichtet	haben verdichtet	hätten verdichtet
	Pluperfect		
ich	hatte verdichtet		
du	hattest verdichtet		
er	hatte verdichtet		
wir	hatten verdichtet		
ihr	hattet verdichtet		
sie	hatten verdichtet		
		Future Time	
	Future	(*Fut. Subj.*)	(*Pres. Conditional*)
ich	werde verdichten	werde verdichten	würde verdichten
du	wirst verdichten	werdest verdichten	würdest verdichten
er	wird verdichten	werde verdichten	würde verdichten
wir	werden verdichten	werden verdichten	würden verdichten
ihr	werdet verdichten	werdet verdichten	würdet verdichten
sie	werden verdichten	werden verdichten	würden verdichten
		Future Perfect Time	
	Future Perfect	(*Fut. Perf. Subj.*)	(*Past Conditional*)
ich	werde verdichtet haben	werde verdichtet haben	würde verdichtet haben
du	wirst verdichtet haben	werdest verdichtet haben	würdest verdichtet haben
er	wird verdichtet haben	werde verdichtet haben	würde verdichtet haben
wir	werden verdichtet haben	werden verdichtet haben	würden verdichtet haben
ihr	werdet verdichtet haben	werdet verdichtet haben	würdet verdichtet haben
sie	werden verdichtet haben	werden verdichtet haben	würden verdichtet haben

PRINC. PARTS: verdienen, verdiente, verdient, verdient
IMPERATIVE: verdiene!, verdient!, verdienen Sie!

to earn, deserve

	INDICATIVE	SUBJUNCTIVE PRIMARY	SUBJUNCTIVE SECONDARY
		Present Time	
	Present	*(Pres. Subj.)*	*(Imperf. Subj.)*
ich	verdiene	verdiene	verdiente
du	verdienst	verdienest	verdientest
er	verdient	verdiene	verdiente
wir	verdienen	verdienen	verdienten
ihr	verdient	verdienet	verdientet
sie	verdienen	verdienen	verdienten
	Imperfect		
ich	verdiente		
du	verdientest		
er	verdiente		
wir	verdienten		
ihr	verdientet		
sie	verdienten		
		Past Time	
	Perfect	*(Perf. Subj.)*	*(Pluperf. Subj.)*
ich	habe verdient	habe verdient	hätte verdient
du	hast verdient	habest verdient	hättest verdient
er	hat verdient	habe verdient	hätte verdient
wir	haben verdient	haben verdient	hätten verdient
ihr	habt verdient	habet verdient	hättet verdient
sie	haben verdient	haben verdient	hätten verdient
	Pluperfect		
ich	hatte verdient		
du	hattest verdient		
er	hatte verdient		
wir	hatten verdient		
ihr	hattet verdient		
sie	hatten verdient		
		Future Time	
	Future	*(Fut. Subj.)*	*(Pres. Conditional)*
ich	werde verdienen	werde verdienen	würde verdienen
du	wirst verdienen	werdest verdienen	würdest verdienen
er	wird verdienen	werde verdienen	würde verdienen
wir	werden verdienen	werden verdienen	würden verdienen
ihr	werdet verdienen	werdet verdienen	würdet verdienen
sie	werden verdienen	werden verdienen	würden verdienen
		Future Perfect Time	
	Future Perfect	*(Fut. Perf. Subj.)*	*(Past Conditional)*
ich	werde verdient haben	werde verdient haben	würde verdient haben
du	wirst verdient haben	werdest verdient haben	würdest verdient haben
er	wird verdient haben	werde verdient haben	würde verdient haben
wir	werden verdient haben	werden verdient haben	würden verdient haben
ihr	werdet verdient haben	werdet verdient haben	würdet verdient haben
sie	werden verdient haben	werden verdient haben	würden verdient haben

verdrießen

to annoy, vex, displease, grieve

PRINC. PARTS: verdrießen, verdroß, verdrossen, verdrießt
IMPERATIVE: verdrieße!, verdrießt!, verdrießen Sie!

	INDICATIVE	SUBJUNCTIVE PRIMARY	SUBJUNCTIVE SECONDARY
		Present Time	
	Present	*(Pres. Subj.)*	*(Imperf. Subj.)*
ich	verdrieße	verdrieße	verdrösse
du	verdrießt	verdrießest	verdrössest
er	verdrießt	verdrieße	verdrösse
wir	verdrießen	verdrießen	verdrössen
ihr	verdrießt	verdrießet	verdrösset
sie	verdrießen	verdrießen	verdrössen
	Imperfect		
ich	verdroß		
du	verdrossest		
er	verdroß		
wir	verdrossen		
ihr	verdroßt		
sie	verdrossen		
		Past Time	
	Perfect	*(Perf. Subj.)*	*(Pluperf. Subj.)*
ich	habe verdrossen	habe verdrossen	hätte verdrossen
du	hast verdrossen	habest verdrossen	hättest verdrossen
er	hat verdrossen	habe verdrossen	hätte verdrossen
wir	haben verdrossen	haben verdrossen	hätten verdrossen
ihr	habt verdrossen	habet verdrossen	hättet verdrossen
sie	haben verdrossen	haben verdrossen	hätten verdrossen
	Pluperfect		
ich	hatte verdrossen		
du	hattest verdrossen		
er	hatte verdrossen		
wir	hatten verdrossen		
ihr	hattet verdrossen		
sie	hatten verdrossen		
		Future Time	
	Future	*(Fut. Subj.)*	*(Pres. Conditional)*
ich	werde verdrießen	werde verdrießen	würde verdrießen
du	wirst verdrießen	werdest verdrießen	würdest verdrießen
er	wird verdrießen	werde verdrießen	würde verdrießen
wir	werden verdrießen	werden verdrießen	würden verdrießen
ihr	werdet verdrießen	werdet verdrießen	würdet verdrießen
sie	werden verdrießen	werden verdrießen	würden verdrießen
		Future Perfect Time	
	Future Perfect	*(Fut. Perf. Subj.)*	*(Past Conditional)*
ich	werde verdrossen haben	werde verdrossen haben	würde verdrossen haben
du	wirst verdrossen haben	werdest verdrossen haben	würdest verdrossen haben
er	wird verdrossen haben	werde verdrossen haben	würde verdrossen haben
wir	werden verdrossen haben	werden verdrossen haben	würden verdrossen haben
ihr	werdet verdrossen haben	werdet verdrossen haben	würdet verdrossen haben
sie	werden verdrossen haben	werden verdrossen haben	würden verdrossen haben

PRINC. PARTS: vereinigen, vereinigte, vereinigt, vereinigt
IMPERATIVE: vereinige!, vereinigt!, vereinigen Sie!

vereinigen

to unite, join, assemble

	INDICATIVE	SUBJUNCTIVE PRIMARY	SUBJUNCTIVE SECONDARY
		Present Time	
	Present	(*Pres. Subj.*)	(*Imperf. Subj.*)
ich	vereinige	vereinige	vereinigte
du	vereinigst	vereinigest	vereinigtest
er	vereinigt	vereinige	vereinigte
wir	vereinigen	vereinigen	vereinigten
ihr	vereinigt	vereiniget	vereinigtet
sie	vereinigen	vereinigen	vereinigten
	Imperfect		
ich	vereinigte		
du	vereinigtest		
er	vereinigte		
wir	vereinigten		
ihr	vereinigtet		
sie	vereinigten		
		Past Time	
	Perfect	(*Perf. Subj.*)	(*Pluperf. Subj.*)
ich	habe vereinigt	habe vereinigt	hätte vereinigt
du	hast vereinigt	habest vereinigt	hättest vereinigt
er	hat vereinigt	habe vereinigt	hätte vereinigt
wir	haben vereinigt	haben vereinigt	hätten vereinigt
ihr	habt vereinigt	habet vereinigt	hättet vereinigt
sie	haben vereinigt	haben vereinigt	hätten vereinigt
	Pluperfect		
ich	hatte vereinigt		
du	hattest vereinigt		
er	hatte vereinigt		
wir	hatten vereinigt		
ihr	hattet vereinigt		
sie	hatten vereinigt		
		Future Time	
	Future	(*Fut. Subj.*)	(*Pres. Conditional*)
ich	werde vereinigen	werde vereinigen	würde vereinigen
du	wirst vereinigen	werdest vereinigen	würdest vereinigen
er	wird vereinigen	werde vereinigen	würde vereinigen
wir	werden vereinigen	werden vereinigen	würden vereinigen
ihr	werdet vereinigen	werdet vereinigen	würdet vereinigen
sie	werden vereinigen	werden vereinigen	würden vereinigen
		Future Perfect Time	
	Future Perfect	(*Fut. Perf. Subj.*)	(*Past Conditional*)
ich	werde vereinigt haben	werde vereinigt haben	würde vereinigt haben
du	wirst vereinigt haben	werdest vereinigt haben	würdest vereinigt haben
er	wird vereinigt haben	werde vereinigt haben	würde vereinigt haben
wir	werden vereinigt haben	werden vereinigt haben	würden vereinigt haben
ihr	werdet vereinigt haben	werdet vereinigt haben	würdet vereinigt haben
sie	werden vereinigt haben	werden vereinigt haben	würden vereinigt haben

verführen

to seduce

PRINC. PARTS: verführen, verführte, verführt, verführt
IMPERATIVE: verführe!, verführt!, verführen Sie!

	INDICATIVE	SUBJUNCTIVE PRIMARY	SUBJUNCTIVE SECONDARY
		Present Time	
	Present	(*Pres. Subj.*)	(*Imperf. Subj.*)
ich	verführe	verführe	verführte
du	verführst	verführest	verführtest
er	verführt	verführe	verführte
wir	verführen	verführen	verführten
ihr	verführt	verführet	verführtet
sie	verführen	verführen	verführten
	Imperfect		
ich	verführte		
du	verführtest		
er	verführte		
wir	verführten		
ihr	verführtet		
sie	verführten		
		Past Time	
	Perfect	(*Perf. Subj.*)	(*Pluperf. Subj.*)
ich	habe verführt	habe verführt	hätte verführt
du	hast verführt	habest verführt	hättest verführt
er	hat verführt	habe verführt	hätte verführt
wir	haben verführt	haben verführt	hätten verführt
ihr	habt verführt	habet verführt	hättet verführt
sie	haben verführt	haben verführt	hätten verführt
	Pluperfect		
ich	hatte verführt		
du	hattest verführt		
er	hatte verführt		
wir	hatten verführt		
ihr	hattet verführt		
sie	hatten verführt		
		Future Time	
	Future	(*Fut. Subj.*)	(*Pres. Conditional*)
ich	werde verführen	werde verführen	würde verführen
du	wirst verführen	werdest verführen	würdest verführen
er	wird verführen	werde verführen	würde verführen
wir	werden verführen	werden verführen	würden verführen
ihr	werdet verführen	werdet verführen	würdet verführen
sie	werden verführen	werden verführen	würden verführen
		Future Perfect Time	
	Future Perfect	(*Fut. Perf. Subj.*)	(*Past Conditional*)
ich	werde verführt haben	werde verführt haben	würde verführt haben
du	wirst verführt haben	werdest verführt haben	würdest verführt haben
er	wird verführt haben	werde verführt haben	würde verführt haben
wir	werden verführt haben	werden verführt haben	würden verführt haben
ihr	werdet verführt haben	werdet verführt haben	würdet verführt haben
sie	werden verführt haben	werden verführt haben	würden verführt haben

PRINC. PARTS: vergessen, vergaß, vergessen, vergißt
IMPERATIVE: vergiß!, vergeßt!, vergessen Sie!

	INDICATIVE	SUBJUNCTIVE PRIMARY	SUBJUNCTIVE SECONDARY
		Present Time	
	Present	(*Pres. Subj.*)	(*Imperf. Subj.*)
ich	vergesse	vergesse	vergäße
du	vergißt	vergessest	vergäßest
er	vergißt	vergesse	vergäße
wir	vergessen	vergessen	vergäßen
ihr	vergeßt	vergesset	vergäßet
sie	vergessen	vergessen	vergäßen

	Imperfect
ich	vergaß
du	vergaßest
er	vergaß
wir	vergaßen
ihr	vergaßt
sie	vergaßen

		Past Time	
	Perfect	(*Perf. Subj.*)	(*Pluperf. Subj.*)
ich	habe vergessen	habe vergessen	hätte vergessen
du	hast vergessen	habest vergessen	hättest vergessen
er	hat vergessen	habe vergessen	hätte vergessen
wir	haben vergessen	haben vergessen	hätten vergessen
ihr	habt vergessen	habet vergessen	hättet vergessen
sie	haben vergessen	haben vergessen	hätten vergessen

	Pluperfect
ich	hatte vergessen
du	hattest vergessen
er	hatte vergessen
wir	hatten vergessen
ihr	hattet vergessen
sie	hatten vergessen

		Future Time	
	Future	(*Fut. Subj.*)	(*Pres. Conditional*)
ich	werde vergessen	werde vergessen	würde vergessen
du	wirst vergessen	werdest vergessen	würdest vergessen
er	wird vergessen	werde vergessen	würde vergessen
wir	werden vergessen	werden vergessen	würden vergessen
ihr	werdet vergessen	werdet vergessen	würdet vergessen
sie	werden vergessen	werden vergessen	würden vergessen

		Future Perfect Time	
	Future Perfect	(*Fut. Perf. Subj.*)	(*Past Conditional*)
ich	werde vergessen haben	werde vergessen haben	würde vergessen haben
du	wirst vergessen haben	werdest vergessen haben	würdest vergessen haben
er	wird vergessen haben	werde vergessen haben	würde vergessen haben
wir	werden vergessen haben	werden vergessen haben	würden vergessen haben
ihr	werdet vergessen haben	werdet vergessen haben	würdet vergessen haben
sie	werden vergessen haben	werden vergessen haben	würden vergessen haben

vergewaltigen

to do violence to, violate, rape

PRINC. PARTS: vergewaltigen, vergewaltigte, vergewaltigt, vergewaltigt
IMPERATIVE: vergewaltige!, vergewaltigt!, vergewaltigen Sie!

	INDICATIVE	SUBJUNCTIVE PRIMARY	SUBJUNCTIVE SECONDARY
		Present Time	
	Present	(*Pres. Subj.*)	(*Imperf. Subj.*)
ich	vergewaltige	vergewaltige	vergewaltigte
du	vergewaltigst	vergewaltigest	vergewaltigtest
er	vergewaltigt	vergewaltige	vergewaltigte
wir	vergewaltigen	vergewaltigen	vergewaltigten
ihr	vergewaltigt	vergewaltiget	vergewaltigtet
sie	vergewaltigen	vergewaltigen	vergewaltigten
	Imperfect		
ich	vergewaltigte		
du	vergewaltigtest		
er	vergewaltigte		
wir	vergewaltigten		
ihr	vergewaltigtet		
sie	vergewaltigten	*Past Time*	
	Perfect	(*Perf. Subj.*)	(*Pluperf. Subj.*)
ich	habe vergewaltigt	habe vergewaltigt	hätte vergewaltigt
du	hast vergewaltigt	habest vergewaltigt	hättest vergewaltigt
er	hat vergewaltigt	habe vergewaltigt	hätte vergewaltigt
wir	haben vergewaltigt	haben vergewaltigt	hätten vergewaltigt
ihr	habt vergewaltigt	habet vergewaltigt	hättet vergewaltigt
sie	haben vergewaltigt	haben vergewaltigt	hätten vergewaltigt
	Pluperfect		
ich	hatte vergewaltigt		
du	hattest vergewaltigt		
er	hatte vergewaltigt		
wir	hatten vergewaltigt		
ihr	hattet vergewaltigt		
sie	hatten vergewaltigt	*Future Time*	
	Future	(*Fut. Subj.*)	(*Pres. Conditional*)
ich	werde vergewaltigen	werde vergewaltigen	würde vergewaltigen
du	wirst vergewaltigen	werdest vergewaltigen	würdest vergewaltigen
er	wird vergewaltigen	werde vergewaltigen	würde vergewaltigen
wir	werden vergewaltigen	werden vergewaltigen	würden vergewaltigen
ihr	werdet vergewaltigen	werdet vergewaltigen	würdet vergewaltigen
sie	werden vergewaltigen	werden vergewaltigen	würden vergewaltigen
		Future Perfect Time	
	Future Perfect	(*Fut. Perf. Subj.*)	(*Past Conditional*)
ich	werde vergewaltigt haben	werde vergewaltigt haben	würde vergewaltigt haben
du	wirst vergewaltigt haben	werdest vergewaltigt haben	würdest vergewaltigt haben
er	wird vergewaltigt haben	werde vergewaltigt haben	würde vergewaltigt haben
wir	werden vergewaltigt haben	werden vergewaltigt haben	würden vergewaltigt haben
ihr	werdet vergewaltigt haben	werdet vergewaltigt haben	würdet vergewaltigt haben
sie	werden vergewaltigt haben	werden vergewaltigt haben	würden vergewaltigt haben

PRINC. PARTS: sich verhalten, verhielt sich, hat sich verhalten, verhält sich
IMPERATIVE: verhalte dich!, verhaltet euch!, verhalten Sie sich!

sich verhalten

to behave, act; be the case

	INDICATIVE	SUBJUNCTIVE PRIMARY	SUBJUNCTIVE SECONDARY
		Present Time	
	Present	(*Pres. Subj.*)	(*Imperf. Subj.*)
ich	verhalte mich	verhalte mich	verhielte mich
du	verhälst dich	verhaltest dich	verhieltest dich
er	verhält sich	verhalte sich	verhielte sich
wir	verhalten uns	verhalten uns	verhielten uns
ihr	verhaltet euch	verhaltet euch	verhieltet euch
sie	verhalten sich	verhalten sich	verhielten sich
	Imperfect		
ich	verhielt mich		
du	verhieltest dich		
er	verhielt sich		
wir	verhielten uns		
ihr	verhieltet euch		
sie	verhielten sich		
		Past Time	
	Perfect	(*Perf. Subj.*)	(*Pluperf. Subj.*)
ich	habe mich verhalten	habe mich verhalten	hätte mich verhalten
du	hast dich verhalten	habest dich verhalten	hättest dich verhalten
er	hat sich verhalten	habe sich verhalten	hätte sich verhalten
wir	haben uns verhalten	haben uns verhalten	hätten uns verhalten
ihr	habt euch verhalten	habet euch verhalten	hättet euch verhalten
sie	haben sich verhalten	haben sich verhalten	hätten sich verhalten
	Pluperfect		
ich	hatte mich verhalten		
du	hattest dich verhalten		
er	hatte sich verhalten		
wir	hatten uns verhalten		
ihr	hattet euch verhalten		
sie	hatten sich verhalten		
		Future Time	
	Future	(*Fut. Subj.*)	(*Pres. Conditional*)
ich	werde mich verhalten	werde mich verhalten	würde mich verhalten
du	wirst dich verhalten	werdest dich verhalten	würdest dich verhalten
er	wird sich verhalten	werde sich verhalten	würde sich verhalten
wir	werden uns verhalten	werden uns verhalten	würden uns verhalten
ihr	werdet euch verhalten	werdet euch verhalten	würdet euch verhalten
sie	werden sich verhalten	werden sich verhalten	würden sich verhalten
		Future Perfect Time	
	Future Perfect	(*Fut. Perf. Subj.*)	(*Past Conditional*)
ich	werde mich verhalten haben	werde mich verhalten haben	würde mich verhalten haben
du	wirst dich verhalten haben	werdest dich verhalten haben	würdest dich verhalten haben
er	wird sich verhalten haben	werde sich verhalten haben	würde sich verhalten haben
wir	werden uns verhalten haben	werden uns verhalten haben	würden uns verhalten haben
ihr	werdet euch verhalten haben	werdet euch verhalten haben	würdet euch verhalten haben
sie	werden sich verhalten haben	werden sich verhalten haben	würden sich verhalten haben

verhandeln PRINC. PARTS: verhandeln, verhandelte, verhandelt, verhandelt

to negotiate IMPERATIVE: verhandle!, verhandelt!, verhandeln Sie!

INDICATIVE		SUBJUNCTIVE	
		PRIMARY	SECONDARY
		Present Time	
	Present	(*Pres. Subj.*)	(*Imperf. Subj.*)
ich	verhandele*	verhandele*	verhandelte
du	verhandelst	verhandelst	verhandeltest
er	verhandelt	verhandele*	verhandelte
wir	verhandeln	verhandeln	verhandelten
ihr	verhandelt	verhandelt	verhandeltet
sie	verhandeln	verhandeln	verhandelten
	Imperfect		
ich	verhandelte		
du	verhandeltest		
er	verhandelte		
wir	verhandelten		
ihr	verhandeltet		
sie	verhandelten		
		Past Time	
	Perfect	(*Perf. Subj.*)	(*Pluperf. Subj.*)
ich	habe verhandelt	habe verhandelt	hätte verhandelt
du	hast verhandelt	habest verhandelt	hättest verhandelt
er	hat verhandelt	habe verhandelt	hätte verhandelt
wir	haben verhandelt	haben verhandelt	hätten verhandelt
ihr	habt verhandelt	habet verhandelt	hättet verhandelt
sie	haben verhandelt	haben verhandelt	hätten verhandelt
	Pluperfect		
ich	hatte verhandelt		
du	hattest verhandelt		
er	hatte verhandelt		
wir	hatten verhandelt		
ihr	hattet verhandelt		
sie	hatten verhandelt		
		Future Time	
	Future	(*Fut. Subj.*)	(*Pres. Conditional*)
ich	werde verhandeln	werde verhandeln	würde verhandeln
du	wirst verhandeln	werdest verhandeln	würdest verhandeln
er	wird verhandeln	werde verhandeln	würde verhandeln
wir	werden verhandeln	werden verhandeln	würden verhandeln
ihr	werdet verhandeln	werdet verhandeln	würdet verhandeln
sie	werden verhandeln	werden verhandeln	würden verhandeln
		Future Perfect Time	
	Future Perfect	(*Fut. Perf. Subj.*)	(*Past Conditional*)
ich	werde verhandelt haben	werde verhandelt haben	würde verhandelt haben
du	wirst verhandelt haben	werdest verhandelt haben	würdest verhandelt haben
er	wird verhandelt haben	werde verhandelt haben	würde verhandelt haben
wir	werden verhandelt haben	werden verhandelt haben	würden verhandelt haben
ihr	werdet verhandelt haben	werdet verhandelt haben	würdet verhandelt haben
sie	werden verhandelt haben	werden verhandelt haben	würden verhandelt haben

* 'e' preceding 'l' in these forms is usually omitted in colloquial speech. Some authorities, however, (*Duden: Rechtschreibung* v.g.) say it should be retained.

PRINC. PARTS: verhehlen, verhehlte, verhehlt, verhehlt
IMPERATIVE: verhehle!, verhehlt!, verhehlen Sie!

verhehlen
to hide, conceal

	INDICATIVE	SUBJUNCTIVE PRIMARY	SUBJUNCTIVE SECONDARY
		Present Time	
	Present	*(Pres. Subj.)*	*(Imperf. Subj.)*
ich	verhehle	verhehle	verhehlte
du	verhehlst	verhehlest	verhehltest
er	verhehlt	verhehle	verhehlte
wir	verhehlen	verhehlen	verhehlten
ihr	verhehlt	verhehlet	verhehltet
sie	verhehlen	verhehlen	verhehlten
	Imperfect		
ich	verhehlte		
du	verhehltest		
er	verhehlte		
wir	verhehlten		
ihr	verhehltet		
sie	verhehlten		
		Past Time	
	Perfect	*(Perf. Subj.)*	*(Pluperf. Subj.)*
ich	habe verhehlt	habe verhehlt	hätte verhehlt
du	hast verhehlt	habest verhehlt	hättest verhehlt
er	hat verhehlt	habe verhehlt	hätte verhehlt
wir	haben verhehlt	haben verhehlt	hätten verhehlt
ihr	habt verhehlt	habet verhehlt	hättet verhehlt
sie	haben verhehlt	haben verhehlt	hätten verhehlt
	Pluperfect		
ich	hatte verhehlt		
du	hattest verhehlt		
er	hatte verhehlt		
wir	hatten verhehlt		
ihr	hattet verhehlt		
sie	hatten verhehlt		
		Future Time	
	Future	*(Fut. Subj.)*	*(Pres. Conditional)*
ich	werde verhehlen	werde verhehlen	würde verhehlen
du	wirst verhehlen	werdest verhehlen	würdest verhehlen
er	wird verhehlen	werde verhehlen	würde verhehlen
wir	werden verhehlen	werden verhehlen	würden verhehlen
ihr	werdet verhehlen	werdet verhehlen	würdet verhehlen
sie	werden verhehlen	werden verhehlen	würden verhehlen
		Future Perfect Time	
	Future Perfect	*(Fut. Perf. Subj.)*	*(Past Conditional)*
ich	werde verhehlt haben	werde verhehlt haben	würde verhehlt haben
du	wirst verhehlt haben	werdest verhehlt haben	würdest verhehlt haben
er	wird verhehlt haben	werde verhehlt haben	würde verhehlt haben
wir	werden verhehlt haben	werden verhehlt haben	würden verhehlt haben
ihr	werdet verhehlt haben	werdet verhehlt haben	würdet verhehlt haben
sie	werden verhehlt haben	werden verhehlt haben	würden verhehlt haben

verkaufen

to sell

PRINC. PARTS: verkaufen, verkaufte, verkauft, verkauft
IMPERATIVE: verkaufe!, verkauft!, verkaufen Sie!

	INDICATIVE	SUBJUNCTIVE PRIMARY	SUBJUNCTIVE SECONDARY
		Present Time	
	Present	(*Pres. Subj.*)	(*Imperf. Subj.*)
ich	verkaufe	verkaufe	verkaufte
du	verkaufst	verkaufest	verkauftest
er	verkauft	verkaufe	verkaufte
wir	verkaufen	verkaufen	verkauften
ihr	verkauft	verkaufet	verkauftet
sie	verkaufen	verkaufen	verkauften
	Imperfect		
ich	verkaufte		
du	verkauftest		
er	verkaufte		
wir	verkauften		
ihr	verkauftet		
sie	verkauften		
		Past Time	
	Perfect	(*Perf. Subj.*)	(*Pluperf. Subj.*)
ich	habe verkauft	habe verkauft	hätte verkauft
du	hast verkauft	habest verkauft	hättest verkauft
er	hat verkauft	habe verkauft	hätte verkauft
wir	haben verkauft	haben verkauft	hätten verkauft
ihr	habt verkauft	habet verkauft	hättet verkauft
sie	haben verkauft	haben verkauft	hätten verkauft
	Pluperfect		
ich	hatte verkauft		
du	hattest verkauft		
er	hatte verkauft		
wir	hatten verkauft		
ihr	hattet verkauft		
sie	hatten verkauft		
		Future Time	
	Future	(*Fut. Subj.*)	(*Pres. Conditional*)
ich	werde verkaufen	werde verkaufen	würde verkaufen
du	wirst verkaufen	werdest verkaufen	würdest verkaufen
er	wird verkaufen	werde verkaufen	würde verkaufen
wir	werden verkaufen	werden verkaufen	würden verkaufen
ihr	werdet verkaufen	werdet verkaufen	würdet verkaufen
sie	werden verkaufen	werden verkaufen	würden verkaufen
		Future Perfect Time	
	Future Perfect	(*Fut. Perf. Subj.*)	(*Past Conditional*)
ich	werde verkauft haben	werde verkauft haben	würde verkauft haben
du	wirst verkauft haben	werdest verkauft haben	würdest verkauft haben
er	wird verkauft haben	werde verkauft haben	würde verkauft haben
wir	werden verkauft haben	werden verkauft haben	würden verkauft haben
ihr	werdet verkauft haben	werdet verkauft haben	würdet verkauft haben
sie	werden verkauft haben	werden verkauft haben	würden verkauft haben

verkehren

PRINC. PARTS: verkehren, verkehrte, verkehrt, verkehrt
IMPERATIVE: verkehre!, verkehrt!, verkehren Sie!

to trade, traffic; frequent, visit; reverse, pervert

INDICATIVE		SUBJUNCTIVE PRIMARY	SUBJUNCTIVE SECONDARY
		Present Time	
	Present	*(Pres. Subj.)*	*(Imperf. Subj.)*
ich	verkehre	verkehre	verkehrte
du	verkehrst	verkehrest	verkehrtest
er	verkehrt	verkehre	verkehrte
wir	verkehren	verkehren	verkehrten
ihr	verkehrt	verkehret	verkehrtet
sie	verkehren	verkehren	verkehrten
	Imperfect		
ich	verkehrte		
du	verkehrtest		
er	verkehrte		
wir	verkehrten		
ihr	verkehrtet		
sie	verkehrten		
		Past Time	
	Perfect	*(Perf. Subj.)*	*(Pluperf. Subj.)*
ich	habe verkehrt	habe verkehrt	hätte verkehrt
du	hast verkehrt	habest verkehrt	hättest verkehrt
er	hat verkehrt	habe verkehrt	hätte verkehrt
wir	haben verkehrt	haben verkehrt	hätten verkehrt
ihr	habt verkehrt	habet verkehrt	hättet verkehrt
sie	haben verkehrt	haben verkehrt	hätten verkehrt
	Pluperfect		
ich	hatte verkehrt		
du	hattest verkehrt		
er	hatte verkehrt		
wir	hatten verkehrt		
ihr	hattet verkehrt		
sie	hatten verkehrt		
		Future Time	
	Future	*(Fut. Subj.)*	*(Pres. Conditional)*
ich	werde verkehren	werde verkehren	würde verkehren
du	wirst verkehren	werdest verkehren	würdest verkehren
er	wird verkehren	werde verkehren	würde verkehren
wir	werden verkehren	werden verkehren	würden verkehren
ihr	werdet verkehren	werdet verkehren	würdet verkehren
sie	werden verkehren	werden verkehren	würden verkehren
		Future Perfect Time	
	Future Perfect	*(Fut. Perf. Subj.)*	*(Past Conditional)*
ich	werde verkehrt haben	werde verkehrt haben	würde verkehrt haben
du	wirst verkehrt haben	werdest verkehrt haben	würdest verkehrt haben
er	wird verkehrt haben	werde verkehrt haben	würde verkehrt haben
wir	werden verkehrt haben	werden verkehrt haben	würden verkehrt haben
ihr	werdet verkehrt haben	werdet verkehrt haben	würdet verkehrt haben
sie	werden verkehrt haben	werden verkehrt haben	würden verkehrt haben

verklagen

to accuse, sue

PRINC. PARTS: verklagen, verklagte, verklagt, verklagt
IMPERATIVE: verklage!, verklagt!, verklagen Sie!

INDICATIVE		SUBJUNCTIVE	
		PRIMARY	SECONDARY
		Present Time	
	Present	(*Pres. Subj.*)	(*Imperf. Subj.*)
ich	verklage	verklage	verklagte
du	verklagst	verklagest	verklagtest
er	verklagt	verklage	verklagte
wir	verklagen	verklagen	verklagten
ihr	verklagt	verklaget	verklagtet
sie	verklagen	verklagen	verklagten
	Imperfect		
ich	verklagte		
du	verklagtest		
er	verklagte		
wir	verklagten		
ihr	verklagtet		
sie	verklagten		
		Past Time	
	Perfect	(*Perf. Subj.*)	(*Pluperf. Subj.*)
ich	habe verklagt	habe verklagt	hätte verklagt
du	hast verklagt	habest verklagt	hättest verklagt
er	hat verklagt	habe verklagt	hätte verklagt
wir	haben verklagt	haben verklagt	hätten verklagt
ihr	habt verklagt	habet verklagt	hättet verklagt
sie	haben verklagt	haben verklagt	hätten verklagt
	Pluperfect		
ich	hatte verklagt		
du	hattest verklagt		
er	hatte verklagt		
wir	hatten verklagt		
ihr	hattet verklagt		
sie	hatten verklagt		
		Future Time	
	Future	(*Fut. Subj.*)	(*Pres. Conditional*)
ich	werde verklagen	werde verklagen	würde verklagen
du	wirst verklagen	werdest verklagen	würdest verklagen
er	wird verklagen	werde verklagen	würde verklagen
wir	werden verklagen	werden verklagen	würden verklagen
ihr	werdet verklagen	werdet verklagen	würdet verklagen
sie	werden verklagen	werden verklagen	würden verklagen
		Future Perfect Time	
	Future Perfect	(*Fut. Perf. Subj.*)	(*Past Conditional*)
ich	werde verklagt haben	werde verklagt haben	würde verklagt haben
du	wirst verklagt haben	werdest verklagt haben	würdest verklagt haben
er	wird verklagt haben	werde verklagt haben	würde verklagt haben
wir	werden verklagt haben	werden verklagt haben	würden verklagt haben
ihr	werdet verklagt haben	werdet verklagt haben	würdet verklagt haben
sie	werden verklagt haben	werden verklagt haben	würden verklagt haben

verklären

PRINC. PARTS: verklären, verklärte, verklärt, verklärt
IMPERATIVE: verkläre!, verklärt!, verklären Sie!

to transfigure, glorify, make radiant

INDICATIVE		SUBJUNCTIVE PRIMARY	SUBJUNCTIVE SECONDARY
		Present Time	
	Present	*(Pres. Subj.)*	*(Imperf. Subj.)*
ich	verkläre	verkläre	verklärte
du	verklärst	verklärest	verklärtest
er	verklärt	verkläre	verklärte
wir	verklären	verklären	verklärten
ihr	verklärt	verkläret	verklärtet
sie	verklären	verklären	verklärten
	Imperfect		
ich	verklärte		
du	verklärtest		
er	verklärte		
wir	verklärten		
ihr	verklärtet		
sie	verklärten		
		Past Time	
	Perfect	*(Perf. Subj.)*	*(Pluperf. Subj.)*
ich	habe verklärt	habe verklärt	hätte verklärt
du	hast verklärt	habest verklärt	hättest verklärt
er	hat verklärt	habe verklärt	hätte verklärt
wir	haben verklärt	haben verklärt	hätten verklärt
ihr	habt verklärt	habet verklärt	hättet verklärt
sie	haben verklärt	haben verklärt	hätten verklärt
	Pluperfect		
ich	hatte verklärt		
du	hattest verklärt		
er	hatte verklärt		
wir	hatten verklärt		
ihr	hattet verklärt		
sie	hatten verklärt		
		Future Time	
	Future	*(Fut. Subj.)*	*(Pres. Conditional)*
ich	werde verklären	werde verklären	würde verklären
du	wirst verklären	werdest verklären	würdest verklären
er	wird verklären	werde verklären	würde verklären
wir	werden verklären	werden verklären	würden verklären
ihr	werdet verklären	werdet verklären	würdet verklären
sie	werden verklären	werden verklären	würden verklären
		Future Perfect Time	
	Future Perfect	*(Fut. Perf. Subj.)*	*(Past Conditional)*
ich	werde verklärt haben	werde verklärt haben	würde verklärt haben
du	wirst verklärt haben	werdest verklärt haben	würdest verklärt haben
er	wird verklärt haben	werde verklärt haben	würde verklärt haben
wir	werden verklärt haben	werden verklärt haben	würden verklärt haben
ihr	werdet verklärt haben	werdet verklärt haben	würdet verklärt haben
sie	werden verklärt haben	werden verklärt haben	würden verklärt haben

verkommen

to decay, go bad

PRINC. PARTS: verkommen, verkam, ist verkommen, verkommt
IMPERATIVE: verkomme!, verkommt!, verkommen Sie!

INDICATIVE		SUBJUNCTIVE PRIMARY	SUBJUNCTIVE SECONDARY
		Present Time	
	Present	*(Pres. Subj.)*	*(Imperf. Subj.)*
ich	verkomme	verkomme	verkäme
du	verkommst	verkommest	verkämest
er	verkommt	verkomme	verkäme
wir	verkommen	verkommen	verkämen
ihr	verkommt	verkommet	verkämet
sie	verkommen	verkommen	verkämen
	Imperfect		
ich	verkam		
du	verkamst		
er	verkam		
wir	verkamen		
ihr	verkamt		
sie	verkamen		
		Past Time	
	Perfect	*(Perf. Subj.)*	*(Pluperf. Subj.)*
ich	bin verkommen	sei verkommen	wäre verkommen
du	bist verkommen	seiest verkommen	wärest verkommen
er	ist verkommen	sei verkommen	wäre verkommen
wir	sind verkommen	seien verkommen	wären verkommen
ihr	seid verkommen	seiet verkommen	wäret verkommen
sie	sind verkommen	seien verkommen	wären verkommen
	Pluperfect		
ich	war verkommen		
du	warst verkommen		
er	war verkommen		
wir	waren verkommen		
ihr	wart verkommen		
sie	waren verkommen		
		Future Time	
	Future	*(Fut. Subj.)*	*(Pres. Conditional)*
ich	werde verkommen	werde verkommen	würde verkommen
du	wirst verkommen	werdest verkommen	würdest verkommen
er	wird verkommen	werde verkommen	würde verkommen
wir	werden verkommen	werden verkommen	würden verkommen
ihr	werdet verkommen	werdet verkommen	würdet verkommen
sie	werden verkommen	werden verkommen	würden verkommen
		Future Perfect Time	
	Future Perfect	*(Fut. Perf. Subj.)*	*(Past Conditional)*
ich	werde verkommen sein	werde verkommen sein	würde verkommen sein
du	wirst verkommen sein	werdest verkommen sein	würdest verkommen sein
er	wird verkommen sein	werde verkommen sein	würde verkommen sein
wir	werden verkommen sein	werden verkommen sein	würden verkommen sein
ihr	werdet verkommen sein	werdet verkommen sein	würdet verkommen sein
sie	werden verkommen sein	werden verkommen sein	würden verkommen sein

PRINC. PARTS: sich verlieben, verliebte sich, hat sich verliebt, verliebt sich
IMPERATIVE: verliebe dich!, verliebt euch!, verlieben Sie sich!

sich verlieben

to fall in love

INDICATIVE		SUBJUNCTIVE PRIMARY	SUBJUNCTIVE SECONDARY
		Present Time	
	Present	*(Pres. Subj.)*	*(Imperf. Subj.)*
ich	verliebe mich	verliebe mich	verliebte mich
du	verliebst dich	verliebest dich	verliebtest dich
er	verliebt sich	verliebe sich	verliebte sich
wir	verlieben uns	verlieben uns	verliebten uns
ihr	verliebt euch	verliebet euch	verliebtet euch
sie	verlieben sich	verlieben sich	verliebten sich
	Imperfect		
ich	verliebte mich		
du	verliebtest dich		
er	verliebte sich		
wir	verliebten uns		
ihr	verliebtet euch		
sie	verliebten sich		
		Past Time	
	Perfect	*(Perf. Subj.)*	*(Pluperf. Subj.)*
ich	habe mich verliebt	habe mich verliebt	hätte mich verliebt
du	hast dich verliebt	habest dich verliebt	hättest dich verliebt
er	hat sich verliebt	habe sich verliebt	hätte sich verliebt
wir	haben uns verliebt	haben uns verliebt	hätten uns verliebt
ihr	habt euch verliebt	habet euch verliebt	hättet euch verliebt
sie	haben sich verliebt	haben sich verliebt	hätten sich verliebt
	Pluperfect		
ich	hatte mich verliebt		
du	hattest dich verliebt		
er	hatte sich verliebt		
wir	hatten uns verliebt		
ihr	hattet euch verliebt		
sie	hatten sich verliebt		
		Future Time	
	Future	*(Fut. Subj.)*	*(Pres. Conditional)*
ich	werde mich verlieben	werde mich verlieben	würde mich verlieben
du	wirst dich verlieben	werdest dich verlieben	würdest dich verlieben
er	wird sich verlieben	werde sich verlieben	würde sich verlieben
wir	werden uns verlieben	werden uns verlieben	würden uns verlieben
ihr	werdet euch verlieben	werdet euch verlieben	würdet euch verlieben
sie	werden sich verlieben	werden sich verlieben	würden sich verlieben
		Future Perfect Time	
	Future Perfect	*(Fut. Perf. Subj.)*	*(Past Conditional)*
ich	werde mich verliebt haben	werde mich verliebt haben	würde mich verliebt haben
du	wirst dich verliebt haben	werdest dich verliebt haben	würdest dich verliebt haben
er	wird sich verliebt haben	werde sich verliebt haben	würde sich verliebt haben
wir	werden uns verliebt haben	werden uns verliebt haben	würden uns verliebt haben
ihr	werdet euch verliebt haben	werdet euch verliebt haben	würdet euch verliebt haben
sie	werden sich verliebt haben	werden sich verliebt haben	würden sich verliebt haben

verlieren

to lose

PRINC. PARTS: verlieren, verlor, verloren, verliert
IMPERATIVE: verliere!, verliert!, verlieren Sie!

INDICATIVE		SUBJUNCTIVE PRIMARY	SUBJUNCTIVE SECONDARY
		Present Time	
	Present	(*Pres. Subj.*)	(*Imperf. Subj.*)
ich	verliere	verliere	verlöre
du	verlierst	verlierest	verlörest
er	verliert	verliere	verlöre
wir	verlieren	verlieren	verlören
ihr	verliert	verlieret	verlöret
sie	verlieren	verlieren	verlören
	Imperfect		
ich	verlor		
du	verlorst		
er	verlor		
wir	verloren		
ihr	verlort		
sie	verloren		
		Past Time	
	Perfect	(*Perf. Subj.*)	(*Pluperf. Subj.*)
ich	habe verloren	habe verloren	hätte verloren
du	hast verloren	habest verloren	hättest verloren
er	hat verloren	habe verloren	hätte verloren
wir	haben verloren	haben verloren	hätten verloren
ihr	habt verloren	habet verloren	hättet verloren
sie	haben verloren	haben verloren	hätten verloren
	Pluperfect		
ich	hatte verloren		
du	hattest verloren		
er	hatte verloren		
wir	hatten verloren		
ihr	hattet verloren		
sie	hatten verloren		
		Future Time	
	Future	(*Fut. Subj.*)	(*Pres. Conditional*)
ich	werde verlieren	werde verlieren	würde verlieren
du	wirst verlieren	werdest verlieren	würdest verlieren
er	wird verlieren	werde verlieren	würde verlieren
wir	werden verlieren	werden verlieren	würden verlieren
ihr	werdet verlieren	werdet verlieren	würdet verlieren
sie	werden verlieren	werden verlieren	würden verlieren
		Future Perfect Time	
	Future Perfect	(*Fut. Perf. Subj.*)	(*Past Conditional*)
ich	werde verloren haben	werde verloren haben	würde verloren haben
du	wirst verloren haben	werdest verloren haben	würdest verloren haben
er	wird verloren haben	werde verloren haben	würde verloren haben
wir	werden verloren haben	werden verloren haben	würden verloren haben
ihr	werdet verloren haben	werdet verloren haben	würdet verloren haben
sie	werden verloren haben	werden verloren haben	würden verloren haben

vermehren

PRINC. PARTS: vermehren, vermehrte, vermehrt, vermehrt
IMPERATIVE: vermehre!, vermehrt!, vermehren Sie!

to increase

	INDICATIVE	SUBJUNCTIVE PRIMARY	SUBJUNCTIVE SECONDARY
		Present Time	
	Present	(*Pres. Subj.*)	(*Imperf. Subj.*)
ich	vermehre	vermehre	vermehrte
du	vermehrst	vermehrest	vermehrtest
er	vermehrt	vermehre	vermehrte
wir	vermehren	vermehren	vermehrten
ihr	vermehrt	vermehret	vermehrtet
sie	vermehren	vermehren	vermehrten
	Imperfect		
ich	vermehrte		
du	vermehrtest		
er	vermehrte		
wir	vermehrten		
ihr	vermehrtet		
sie	vermehrten		
		Past Time	
	Perfect	(*Perf. Subj.*)	(*Pluperf. Subj.*)
ich	habe vermehrt	habe vermehrt	hätte vermehrt
du	hast vermehrt	habest vermehrt	hättest vermehrt
er	hat vermehrt	habe vermehrt	hätte vermehrt
wir	haben vermehrt	haben vermehrt	hätten vermehrt
ihr	habt vermehrt	habet vermehrt	hättet vermehrt
sie	haben vermehrt	haben vermehrt	hätten vermehrt
	Pluperfect		
ich	hatte vermehrt		
du	hattest vermehrt		
er	hatte vermehrt		
wir	hatten vermehrt		
ihr	hattet vermehrt		
sie	hatten vermehrt		
		Future Time	
	Future	(*Fut. Subj.*)	(*Pres. Conditional*)
ich	werde vermehren	werde vermehren	würde vermehren
du	wirst vermehren	werdest vermehren	würdest vermehren
er	wird vermehren	werde vermehren	würde vermehren
wir	werden vermehren	werden vermehren	würden vermehren
ihr	werdet vermehren	werdet vermehren	würdet vermehren
sie	werden vermehren	werden vermehren	würden vermehren
		Future Perfect Time	
	Future Perfect	(*Fut. Perf. Subj.*)	(*Past Conditional*)
ich	werde vermehrt haben	werde vermehrt haben	würde vermehrt haben
du	wirst vermehrt haben	werdest vermehrt haben	würdest vermehrt haben
er	wird vermehrt haben	werde vermehrt haben	würde vermehrt haben
wir	werden vermehrt haben	werden vermehrt haben	würden vermehrt haben
ihr	werdet vermehrt haben	werdet vermehrt haben	würdet vermehrt haben
sie	werden vermehrt haben	werden vermehrt haben	würden vermehrt haben

vernichten

to annihilate, exterminate, nullify

PRINC. PARTS: vernichten, vernichtete, vernichtet, vernichtet
IMPERATIVE: vernichte!, vernichtet!, vernichten Sie!

INDICATIVE		SUBJUNCTIVE	
		PRIMARY	SECONDARY
		Present Time	
	Present	(*Pres. Subj.*)	(*Imperf. Subj.*)
ich	vernichte	vernichte	vernichtete
du	vernichtest	vernichtest	vernichtetest
er	vernichtet	vernichte	vernichtete
wir	vernichten	vernichten	vernichteten
ihr	vernichtet	vernichtet	vernichtetet
sie	vernichten	vernichten	vernichteten
	Imperfect		
ich	vernichtete		
du	vernichtetest		
er	vernichtete		
wir	vernichteten		
ihr	vernichtetet		
sie	vernichteten		
		Past Time	
	Perfect	(*Perf. Subj.*)	(*Pluperf. Subj.*)
ich	habe vernichtet	habe vernichtet	hätte vernichtet
du	hast vernichtet	habest vernichtet	hättest vernichtet
er	hat vernichtet	habe vernichtet	hätte vernichtet
wir	haben vernichtet	haben vernichtet	hätten vernichtet
ihr	habt vernichtet	habet vernichtet	hättet vernichtet
sie	haben vernichtet	haben vernichtet	hätten vernichtet
	Pluperfect		
ich	hatte vernichtet		
du	hattest vernichtet		
er	hatte vernichtet		
wir	hatten vernichtet		
ihr	hattet vernichtet		
sie	hatten vernichtet		
		Future Time	
	Future	(*Fut. Subj.*)	(*Pres. Conditional*)
ich	werde vernichten	werde vernichten	würde vernichten
du	wirst vernichten	werdest vernichten	würdest vernichten
er	wird vernichten	werde vernichten	würde vernichten
wir	werden vernichten	werden vernichten	würden vernichten
ihr	werdet vernichten	werdet vernichten	würdet vernichten
sie	werden vernichten	werden vernichten	würden vernichten
		Future Perfect Time	
	Future Perfect	(*Fut. Perf. Subj.*)	(*Past Conditional*)
ich	werde vernichtet haben	werde vernichtet haben	würde vernichtet haben
du	wirst vernichtet haben	werdest vernichtet haben	würdest vernichtet haben
er	wird vernichtet haben	werde vernichtet haben	würde vernichtet haben
wir	werden vernichtet haben	werden vernichtet haben	würden vernichtet haben
ihr	werdet vernichtet haben	werdet vernichtet haben	würdet vernichtet haben
sie	werden vernichtet haben	werden vernichtet haben	würden vernichtet haben

PRINC. PARTS: verraten, verriet, verraten, verrät
IMPERATIVE: verrate!, verratet!, verraten Sie!

INDICATIVE		SUBJUNCTIVE	
		PRIMARY	SECONDARY
		Present Time	
	Present	(*Pres. Subj.*)	(*Imperf. Subj.*)
ich	verrate	verrate	verriete
du	verrätst	verratest	verrietest
er	verrät	verrate	verriete
wir	verraten	verraten	verrieten
ihr	verratet	verratet	verrietet
sie	verraten	verraten	verrieten
	Imperfect		
ich	verriet		
du	verrietest		
er	verriet		
wir	verrieten		
ihr	verrietet		
sie	verrieten		
		Past Time	
	Perfect	(*Perf. Subj.*)	(*Pluperf. Subj.*)
ich	habe verraten	habe verraten	hätte verraten
du	hast verraten	habest verraten	hättest verraten
er	hat verraten	habe verraten	hätte verraten
wir	haben verraten	haben verraten	hätten verraten
ihr	habt verraten	habet verraten	hättet verraten
sie	haben verraten	haben verraten	hätten verraten
	Pluperfect		
ich	hatte verraten		
du	hattest verraten		
er	hatte verraten		
wir	hatten verraten		
ihr	hattet verraten		
sie	hatten verraten		
		Future Time	
	Future	(*Fut. Subj.*)	(*Pres. Conditional*)
ich	werde verraten	werde verraten	würde verraten
du	wirst verraten	werdest verraten	würdest verraten
er	wird verraten	werde verraten	würde verraten
wir	werden verraten	werden verraten	würden verraten
ihr	werdet verraten	werdet verraten	würdet verraten
sie	werden verraten	werden verraten	würden verraten
		Future Perfect Time	
	Future Perfect	(*Fut. Perf. Subj.*)	(*Past Conditional*)
ich	werde verraten haben	werde verraten haben	würde verraten haben
du	wirst verraten haben	werdest verraten haben	würdest verraten haben
er	wird verraten haben	werde verraten haben	würde verraten haben
wir	werden verraten haben	werden verraten haben	würden verraten haben
ihr	werdet verraten haben	werdet verraten haben	würdet verraten haben
sie	werden verraten haben	werden verraten haben	würden verraten haben

verrecken

to die, (slang) croak

PRINC. PARTS: verrecken, verreckte, ist verreckt, verreckt
IMPERATIVE: verrecke!, verreckt!, verrecken Sie!

INDICATIVE		SUBJUNCTIVE	
		PRIMARY	SECONDARY
		Present Time	
	Present	(*Pres. Subj.*)	(*Imperf. Subj.*)
ich	verrecke	verrecke	verreckte
du	verreckst	verreckest	verrecktest
er	verreckt	verrecke	verreckte
wir	verrecken	verrecken	verreckten
ihr	verreckt	verrecket	verrecktet
sie	verrecken	verrecken	verreckten
	Imperfect		
ich	verreckte		
du	verrecktest		
er	verreckte		
wir	verreckten		
ihr	verrecktet		
sie	verreckten		
		Past Time	
	Perfect	(*Perf. Subj.*)	(*Pluperf. Subj.*)
ich	bin verreckt	sei verreckt	wäre verreckt
du	bist verreckt	seiest verreckt	wärest verreckt
er	ist verreckt	sei verreckt	wäre verreckt
wir	sind verreckt	seien verreckt	wären verreckt
ihr	seid verreckt	seiet verreckt	wäret verreckt
sie	sind verreckt	seien verreckt	wären verreckt
	Pluperfect		
ich	war verreckt		
du	warst verreckt		
er	war verreckt		
wir	waren verreckt		
ihr	wart verreckt		
sie	waren verreckt		
		Future Time	
	Future	(*Fut. Subj.*)	(*Pres. Conditional*)
ich	werde verrecken	werde verrecken	würde verrecken
du	wirst verrecken	werdest verrecken	würdest verrecken
er	wird verrecken	werde verrecken	würde verrecken
wir	werden verrecken	werden verrecken	würden verrecken
ihr	werdet verrecken	werdet verrecken	würdet verrecken
sie	werden verrecken	werden verrecken	würden verrecken
		Future Perfect Time	
	Future Perfect	(*Fut. Perf. Subj.*)	(*Past Conditional*)
ich	werde verreckt sein	werde verreckt sein	würde verreckt sein
du	wirst verreckt sein	werdest verreckt sein	würdest verreckt sein
er	wird verreckt sein	werde verreckt sein	würde verreckt sein
wir	werden verreckt sein	werden verreckt sein	würden verreckt sein
ihr	werdet verreckt sein	werdet verreckt sein	würdet verreckt sein
sie	werden verreckt sein	werden verreckt sein	würden verreckt sein

PRINC. PARTS: verrichten, verrichtete, verrichtet, verrichtet
IMPERATIVE: verrichte!, verrichtet!, verrichten Sie!

verrichten

to do, perform, execute

	INDICATIVE	SUBJUNCTIVE PRIMARY	SUBJUNCTIVE SECONDARY
		Present Time	
	Present	(*Pres. Subj.*)	(*Imperf. Subj.*)
ich	verrichte	verrichte	verrichtete
du	verrichtest	verrichtest	verrichtetest
er	verrichtet	verrichte	verrichtete
wir	verrichten	verrichten	verrichteten
ihr	verrichtet	verrichtet	verrichtetet
sie	verrichten	verrichten	verrichteten
	Imperfect		
ich	verrichtete		
du	verrichtetest		
er	verrichtete		
wir	verrichteten		
ihr	verrichtetet		
sie	verrichteten		
		Past Time	
	Perfect	(*Perf. Subj.*)	(*Pluperf. Subj.*)
ich	habe verrichtet	habe verrichtet	hätte verrichtet
du	hast verrichtet	habest verrichtet	hättest verrichtet
er	hat verrichtet	habe verrichtet	hätte verrichtet
wir	haben verrichtet	haben verrichtet	hätten verrichtet
ihr	habt verrichtet	habet verrichtet	hättet verrichtet
sie	haben verrichtet	haben verrichtet	hätten verrichtet
	Pluperfect		
ich	hatte verrichtet		
du	hattest verrichtet		
er	hatte verrichtet		
wir	hatten verrichtet		
ihr	hattet verrichtet		
sie	hatten verrichtet		
		Future Time	
	Future	(*Fut. Subj.*)	(*Pres. Conditional*)
ich	werde verrichten	werde verrichten	würde verrichten
du	wirst verrichten	werdest verrichten	würdest verrichten
er	wird verrichten	werde verrichten	würde verrichten
wir	werden verrichten	werden verrichten	würden verrichten
ihr	werdet verrichten	werdet verrichten	würdet verrichten
sie	werden verrichten	werden verrichten	würden verrichten
		Future Perfect Time	
	Future Perfect	(*Fut. Perf. Subj.*)	(*Past Conditional*)
ich	werde verrichtet haben	werde verrichtet haben	würde verrichtet haben
du	wirst verrichtet haben	werdest verrichtet haben	würdest verrichtet haben
er	wird verrichtet haben	werde verrichtet haben	würde verrichtet haben
wir	werden verrichtet haben	werden verrichtet haben	würden verrichtet haben
ihr	werdet verrichtet haben	werdet verrichtet haben	würdet verrichtet haben
sie	werden verrichtet haben	werden verrichtet haben	würden verrichtet haben

versagen

to refuse, fail

PRINC. PARTS: versagen, versagte, versagt, versagt
IMPERATIVE: versage!, versagt!, versagen Sie!

INDICATIVE		SUBJUNCTIVE PRIMARY	SUBJUNCTIVE SECONDARY
		Present Time	
	Present	*(Pres. Subj.)*	*(Imperf. Subj.)*
ich	versage	versage	versagte
du	versagst	versagest	versagtest
er	versagt	versage	versagte
wir	versagen	versagen	versagten
ihr	versagt	versaget	versagtet
sie	versagen	versagen	versagten
	Imperfect		
ich	versagte		
du	versagtest		
er	versagte		
wir	versagten		
ihr	versagtet		
sie	versagten		
		Past Time	
	Perfect	*(Perf. Subj.)*	*(Pluperf. Subj.)*
ich	habe versagt	habe versagt	hätte versagt
du	hast versagt	habest versagt	hättest versagt
er	hat versagt	habe versagt	hätte versagt
wir	haben versagt	haben versagt	hätten versagt
ihr	habt versagt	habet versagt	hättet versagt
sie	haben versagt	haben versagt	hätten versagt
	Pluperfect		
ich	hatte versagt		
du	hattest versagt		
er	hatte versagt		
wir	hatten versagt		
ihr	hattet versagt		
sie	hatten versagt		
		Future Time	
	Future	*(Fut. Subj.)*	*(Pres. Conditional)*
ich	werde versagen	werde versagen	würde versagen
du	wirst versagen	werdest versagen	würdest versagen
er	wird versagen	werde versagen	würde versagen
wir	werden versagen	werden versagen	würden versagen
ihr	werdet versagen	werdet versagen	würdet versagen
sie	werden versagen	werden versagen	würden versagen
		Future Perfect Time	
	Future Perfect	*(Fut. Perf. Subj.)*	*(Past Conditional)*
ich	werde versagt haben	werde versagt haben	würde versagt haben
du	wirst versagt haben	werdest versagt haben	würdest versagt haben
er	wird versagt haben	werde versagt haben	würde versagt haben
wir	werden versagt haben	werden versagt haben	würden versagt haben
ihr	werdet versagt haben	werdet versagt haben	würdet versagt haben
sie	werden versagt haben	werden versagt haben	würden versagt haben

PRINC. PARTS: versehren, versehrte, versehrt, versehrt
IMPERATIVE: versehre!, versehrt!, versehren Sie!

versehren

to wound, hurt, damage

INDICATIVE		SUBJUNCTIVE	
		PRIMARY	SECONDARY
		Present Time	
	Present	(*Pres. Subj.*)	(*Imperf. Subj.*)
ich	versehre	versehre	versehrte
du	versehrst	versehrest	versehrtest
er	versehrt	versehre	versehrte
wir	versehren	versehren	versehrten
ihr	versehrt	versehret	versehrtet
sie	versehren	versehren	versehrten
	Imperfect		
ich	versehrte		
du	versehrtest		
er	versehrte		
wir	versehrten		
ihr	versehrtet		
sie	versehrten		
		Past Time	
	Perfect	(*Perf. Subj.*)	(*Pluperf. Subj.*)
ich	habe versehrt	habe versehrt	hätte versehrt
du	hast versehrt	habest versehrt	hättest versehrt
er	hat versehrt	habe versehrt	hätte versehrt
wir	haben versehrt	haben versehrt	hätten versehrt
ihr	habt versehrt	habet versehrt	hättet versehrt
sie	haben versehrt	haben versehrt	hätten versehrt
	Pluperfect		
ich	hatte versehrt		
du	hattest versehrt		
er	hatte versehrt		
wir	hatten versehrt		
ihr	hattet versehrt		
sie	hatten versehrt		
		Future Time	
	Future	(*Fut. Subj.*)	(*Pres. Conditional*)
ich	werde versehren	werde versehren	würde versehren
du	wirst versehren	werdest versehren	würdest versehren
er	wird versehren	werde versehren	würde versehren
wir	werden versehren	werden versehren	würden versehren
ihr	werdet versehren	werdet versehren	würdet versehren
sie	werden versehren	werden versehren	würden versehren
		Future Perfect Time	
	Future Perfect	(*Fut. Perf. Subj.*)	(*Past Conditional*)
ich	werde versehrt haben	werde versehrt haben	würde versehrt haben
du	wirst versehrt haben	werdest versehrt haben	würdest versehrt haben
er	wird versehrt haben	werde versehrt haben	würde versehrt haben
wir	werden versehrt haben	werden versehrt haben	würden versehrt haben
ihr	werdet versehrt haben	werdet versehrt haben	würdet versehrt haben
sie	werden versehrt haben	werden versehrt haben	würden versehrt haben

verstehen

to understand

PRINC. PARTS: verstehen, verstand, verstanden, versteht
IMPERATIVE: verstehe!, versteht!, verstehen Sie!

	INDICATIVE	SUBJUNCTIVE PRIMARY	SUBJUNCTIVE SECONDARY
		Present Time	
	Present	(*Pres. Subj.*)	(*Imperf. Subj.*)
ich	verstehe	verstehe	verstände *or* verstünde
du	verstehst	verstehest	verständest *or* verstündest
er	versteht	verstehe	verstände *or* verstünde
wir	verstehen	verstehen	verständen *or* verstünden
ihr	versteht	verstehet	verständet *or* verstündet
sie	verstehen	verstehen	verständen *or* verstünden
	Imperfect		
ich	verstand		
du	verstandest		
er	verstand		
wir	verstanden		
ihr	verstandet		
sie	verstanden		
		Past Time	
	Perfect	(*Perf. Subj.*)	(*Pluperf. Subj.*)
ich	habe verstanden	habe verstanden	hätte verstanden
du	hast verstanden	habest verstanden	hättest verstanden
er	hat verstanden	habe verstanden	hätte verstanden
wir	haben verstanden	haben verstanden	hätten verstanden
ihr	habt verstanden	habet verstanden	hättet verstanden
sie	haben verstanden	haben verstanden	hätten verstanden
	Pluperfect		
ich	hatte verstanden		
du	hattest verstanden		
er	hatte verstanden		
wir	hatten verstanden		
ihr	hattet verstanden		
sie	hatten verstanden		
		Future Time	
	Future	(*Fut. Subj.*)	(*Pres. Conditional*)
ich	werde verstehen	werde verstehen	würde verstehen
du	wirst verstehen	werdest verstehen	würdest verstehen
er	wird verstehen	werde verstehen	würde verstehen
wir	werden verstehen	werden verstehen	würden verstehen
ihr	werdet verstehen	werdet verstehen	würdet verstehen
sie	werden verstehen	werden verstehen	würden verstehen
		Future Perfect Time	
	Future Perfect	(*Fut. Perf. Subj.*)	(*Past Conditional*)
ich	werde verstanden haben	werde verstanden haben	würde verstanden haben
du	wirst verstanden haben	werdest verstanden haben	würdest verstanden haben
er	wird verstanden haben	werde verstanden haben	würde verstanden haben
wir	werden verstanden haben	werden verstanden haben	würden verstanden haben
ihr	werdet verstanden haben	werdet verstanden haben	würdet verstanden haben
sie	werden verstanden haben	werden verstanden haben	würden verstanden haben

PRINC. PARTS: verstricken, verstrickte, verstrickt, verstrickt
IMPERATIVE: verstricke!, verstrickt!, verstricken Sie!

verstricken
to entangle, ensnare

INDICATIVE		SUBJUNCTIVE PRIMARY	SUBJUNCTIVE SECONDARY
		Present Time	
	Present	(*Pres. Subj.*)	(*Imperf. Subj.*)
ich	verstricke	verstricke	verstrickte
du	verstrickst	verstrickest	verstricktest
er	verstrickt	verstricke	verstrickte
wir	verstricken	verstricken	verstrickten
ihr	verstrickt	verstricket	verstricktet
sie	verstricken	verstricken	verstrickten
	Imperfect		
ich	verstrickte		
du	verstricktest		
er	verstrickte		
wir	verstrickten		
ihr	verstricktet		
sie	verstrickten		
		Past Time	
	Perfect	(*Perf. Subj.*)	(*Pluperf. Subj.*)
ich	habe verstrickt	habe verstrickt	hätte verstrickt
du	hast verstrickt	habest verstrickt	hättest verstrickt
er	hat verstrickt	habe verstrickt	hätte verstrickt
wir	haben verstrickt	haben verstrickt	hätten verstrickt
ihr	habt verstrickt	habet verstrickt	hättet verstrickt
sie	haben verstrickt	haben verstrickt	hätten verstrickt
	Pluperfect		
ich	hatte verstrickt		
du	hattest verstrickt		
er	hatte verstrickt		
wir	hatten verstrickt		
ihr	hattet verstrickt		
sie	hatten verstrickt		
		Future Time	
	Future	(*Fut. Subj.*)	(*Pres. Conditional*)
ich	werde verstricken	werde verstricken	würde verstricken
du	wirst verstricken	werdest verstricken	würdest verstricken
er	wird verstricken	werde verstricken	würde verstricken
wir	werden verstricken	werden verstricken	würden verstricken
ihr	werdet verstricken	werdet verstricken	würdet verstricken
sie	werden verstricken	werden verstricken	würden verstricken
		Future Perfect Time	
	Future Perfect	(*Fut. Perf. Subj.*)	(*Past Conditional*)
ich	werde verstrickt haben	werde verstrickt haben	würde verstrickt haben
du	wirst verstrickt haben	werdest verstrickt haben	würdest verstrickt haben
er	wird verstrickt haben	werde verstrickt haben	würde verstrickt haben
wir	werden verstrickt haben	werden verstrickt haben	würden verstrickt haben
ihr	werdet verstrickt haben	werdet verstrickt haben	würdet verstrickt haben
sie	werden verstrickt haben	werden verstrickt haben	würden verstrickt haben

versuchen

to attempt, try; tempt; sample

PRINC. PARTS: versuchen, versuchte, versucht, versucht
IMPERATIVE: versuche!, versucht!, versuchen Sie!

INDICATIVE		SUBJUNCTIVE PRIMARY	SUBJUNCTIVE SECONDARY
		Present Time	
	Present	(*Pres. Subj.*)	(*Imperf. Subj.*)
ich	versuche	versuche	versuchte
du	versuchst	versuchest	versuchtest
er	versucht	versuche	versuchte
wir	versuchen	versuchen	versuchten
ihr	versucht	versuchet	versuchtet
sie	versuchen	versuchen	versuchten
	Imperfect		
ich	versuchte		
du	versuchtest		
er	versuchte		
wir	versuchten		
ihr	versuchtet		
sie	versuchten		
		Past Time	
	Perfect	(*Perf. Subj.*)	(*Pluperf. Subj.*)
ich	habe versucht	habe versucht	hätte versucht
du	hast versucht	habest versucht	hättest versucht
er	hat versucht	habe versucht	hätte versucht
wir	haben versucht	haben versucht	hätten versucht
ihr	habt versucht	habet versucht	hättet versucht
sie	haben versucht	haben versucht	hätten versucht
	Pluperfect		
ich	hatte versucht		
du	hattest versucht		
er	hatte versucht		
wir	hatten versucht		
ihr	hattet versucht		
sie	hatten versucht		
		Future Time	
	Future	(*Fut. Subj.*)	(*Pres. Conditional*)
ich	werde versuchen	werde versuchen	würde versuchen
du	wirst versuchen	werdest versuchen	würdest versuchen
er	wird versuchen	werde versuchen	würde versuchen
wir	werden versuchen	werden versuchen	würden versuchen
ihr	werdet versuchen	werdet versuchen	würdet versuchen
sie	werden versuchen	werden versuchen	würden versuchen
		Future Perfect Time	
	Future Perfect	(*Fut. Perf. Subj.*)	(*Past Conditional*)
ich	werde versucht haben	werde versucht haben	würde versucht haben
du	wirst versucht haben	werdest versucht haben	würdest versucht haben
er	wird versucht haben	werde versucht haben	würde versucht haben
wir	werden versucht haben	werden versucht haben	würden versucht haben
ihr	werdet versucht haben	werdet versucht haben	würdet versucht haben
sie	werden versucht haben	werden versucht haben	würden versucht haben

PRINC. PARTS: verwalten, verwaltete, verwaltet, verwaltet
IMPERATIVE: verwalte!, verwaltet!, verwalten Sie!

verwalten

to administer, manage

	INDICATIVE	SUBJUNCTIVE PRIMARY	SUBJUNCTIVE SECONDARY
		Present Time	
	Present	(*Pres. Subj.*)	(*Imperf. Subj.*)
ich	verwalte	verwalte	verwaltete
du	verwaltest	verwaltest	verwaltetest
er	verwaltet	verwalte	verwaltete
wir	verwalten	verwalten	verwalteten
ihr	verwaltet	verwaltet	verwaltetet
sie	verwalten	verwalten	verwalteten
	Imperfect		
ich	verwaltete		
du	verwaltetest		
er	verwaltete		
wir	verwalteten		
ihr	verwaltetet		
sie	verwalteten		
		Past Time	
	Perfect	(*Perf. Subj.*)	(*Pluperf. Subj.*)
ich	habe verwaltet	habe verwaltet	hätte verwaltet
du	hast verwaltet	habest verwaltet	hättest verwaltet
er	hat verwaltet	habe verwaltet	hätte verwaltet
wir	haben verwaltet	haben verwaltet	hätten verwaltet
ihr	habt verwaltet	habet verwaltet	hättet verwaltet
sie	haben verwaltet	haben verwaltet	hätten verwaltet
	Pluperfect		
ich	hatte verwaltet		
du	hattest verwaltet		
er	hatte verwaltet		
wir	hatten verwaltet		
ihr	hattet verwaltet		
sie	hatten verwaltet		
		Future Time	
	Future	(*Fut. Subj.*)	(*Pres. Conditional*)
ich	werde verwalten	werde verwalten	würde verwalten
du	wirst verwalten	werdest verwalten	würdest verwalten
er	wird verwalten	werde verwalten	würde verwalten
wir	werden verwalten	werden verwalten	würden verwalten
ihr	werdet verwalten	werdet verwalten	würdet verwalten
sie	werden verwalten	werden verwalten	würden verwalten
		Future Perfect Time	
	Future Perfect	(*Fut. Perf. Subj.*)	(*Past Conditional*)
ich	werde verwaltet haben	werde verwaltet haben	würde verwaltet haben
du	wirst verwaltet haben	werdest verwaltet haben	würdest verwaltet haben
er	wird verwaltet haben	werde verwaltet haben	würde verwaltet haben
wir	werden verwaltet haben	werden verwaltet haben	würden verwaltet haben
ihr	werdet verwaltet haben	werdet verwaltet haben	würdet verwaltet haben
sie	werden verwaltet haben	werden verwaltet haben	würden verwaltet haben

verwechseln

to confuse; change by mistake

PRINC. PARTS: verwechseln, verwechselte, verwechselt, verwechselt
IMPERATIVE: verwechsle!, verwechselt!, verwechseln Sie!

INDICATIVE		SUBJUNCTIVE PRIMARY	SUBJUNCTIVE SECONDARY
		Present Time	
	Present	(*Pres. Subj.*)	(*Imperf. Subj.*)
ich	verwechsele*	verwechsele*	verwechselte
du	verwechselst	verwechselst	verwechseltest
er	verwechselt	verwechsele*	verwechselte
wir	verwechseln	verwechseln	verwechselten
ihr	verwechselt	verwechselt	verwechseltet
sie	verwechseln	verwechseln	verwechselten
	Imperfect		
ich	verwechselte		
du	verwechseltest		
er	verwechselte		
wir	verwechselten		
ihr	verwechseltet		
sie	verwechselten		
		Past Time	
	Perfect	(*Perf. Subj.*)	(*Pluperf. Subj.*)
ich	habe verwechselt	habe verwechselt	hätte verwechselt
du	hast verwechselt	habest verwechselt	hättest verwechselt
er	hat verwechselt	habe verwechselt	hätte verwechselt
wir	haben verwechselt	haben verwechselt	hätten verwechselt
ihr	habt verwechselt	habet verwechselt	hättet verwechselt
sie	haben verwechselt	haben verwechselt	hätten verwechselt
	Pluperfect		
ich	hatte verwechselt		
du	hattest verwechselt		
er	hatte verwechselt		
wir	hatten verwechselt		
ihr	hattet verwechselt		
sie	hatten verwechselt		
		Future Time	
	Future	(*Fut. Subj.*)	(*Pres. Conditional*)
ich	werde verwechseln	werde verwechseln	würde verwechseln
du	wirst verwechseln	werdest verwechseln	würdest verwechseln
er	wird verwechseln	werde verwechseln	würde verwechseln
wir	werden verwechseln	werden verwechseln	würden verwechseln
ihr	werdet verwechseln	werdet verwechseln	würdet verwechseln
sie	werden verwechseln	werden verwechseln	würden verwechseln
		Future Perfect Time	
	Future Perfect	(*Fut. Perf. Subj.*)	(*Past Conditional*)
ich	werde verwechselt haben	werde verwechselt haben	würde verwechselt haben
du	wirst verwechselt haben	werdest verwechselt haben	würdest verwechselt haben
er	wird verwechselt haben	werde verwechselt haben	würde verwechselt haben
wir	werden verwechselt haben	werden verwechselt haben	würden verwechselt haben
ihr	werdet verwechselt haben	werdet verwechselt haben	würdet verwechselt haben
sie	werden verwechselt haben	werden verwechselt haben	würden verwechselt haben

* 'e' preceding 'l' in these forms is usually omitted in colloquial speech. Some authorities, however, (*Duden: Rechtschreibung* v.g.) say it should be retained.

PRINC. PARTS: verweilen, verweilte, verweilt, verweilt
IMPERATIVE: verweile!*, verweilt!, verweilen Sie!

verweilen

to stay, stop, linger, tarry

INDICATIVE		SUBJUNCTIVE PRIMARY	SUBJUNCTIVE SECONDARY
		Present Time	
	Present	*(Pres. Subj.)*	*(Imperf. Subj.)*
ich	verweile	verweile	verweilte
du	verweilst	verweilest	verweiltest
er	verweilt	verweile	verweilte
wir	verweilen	verweilen	verweilten
ihr	verweilt	verweilet	verweiltet
sie	verweilen	verweilen	verweilten
	Imperfect		
ich	verweilte		
du	verweiltest		
er	verweilte		
wir	verweilten		
ihr	verweiltet		
sie	verweilten		
		Past Time	
	Perfect	*(Perf. Subj.)*	*(Pluperf. Subj.)*
ich	habe verweilt	habe verweilt	hätte verweilt
du	hast verweilt	habest verweilt	hättest verweilt
er	hat verweilt	habe verweilt	hätte verweilt
wir	haben verweilt	haben verweilt	hätten verweilt
ihr	habt verweilt	habet verweilt	hättet verweilt
sie	haben verweilt	haben verweilt	hätten verweilt
	Pluperfect		
ich	hatte verweilt		
du	hattest verweilt		
er	hatte verweilt		
wir	hatten verweilt		
ihr	hattet verweilt		
sie	hatten verweilt		
		Future Time	
	Future	*(Fut. Subj.)*	*(Pres. Conditional)*
ich	werde verweilen	werde verweilen	würde verweilen
du	wirst verweilen	werdest verweilen	würdest verweilen
er	wird verweilen	werde verweilen	würde verweilen
wir	werden verweilen	werden verweilen	würden verweilen
ihr	werdet verweilen	werdet verweilen	würdet verweilen
sie	werden verweilen	werden verweilen	würden verweilen
		Future Perfect Time	
	Future Perfect	*(Fut. Perf. Subj.)*	*(Past Conditional)*
ich	werde verweilt haben	werde verweilt haben	würde verweilt haben
du	wirst verweilt haben	werdest verweilt haben	würdest verweilt haben
er	wird verweilt haben	werde verweilt haben	würde verweilt haben
wir	werden verweilt haben	werden verweilt haben	würden verweilt haben
ihr	werdet verweilt haben	werdet verweilt haben	würdet verweilt haben
sie	werden verweilt haben	werden verweilt haben	würden verweilt haben

* The most famous imperative in German literature, "Verweile doch du bist so schön" occurs in Goethe's *Faust* — a command Faust never really gives.

verzehren

to consume; waste, spend

PRINC. PARTS: verzehren, verzehrte, verzehrt, verzehrt
IMPERATIVE: verzehre!, verzehrt!, verzehren Sie!

	INDICATIVE	SUBJUNCTIVE PRIMARY	SUBJUNCTIVE SECONDARY
		Present Time	
	Present	(*Pres. Subj.*)	(*Imperf. Subj.*)
ich	verzehre	verzehre	verzehrte
du	verzehrst	verzehrest	verzehrtest
er	verzehrt	verzehre	verzehrte
wir	verzehren	verzehren	verzehrten
ihr	verzehrt	verzehret	verzehrtet
sie	verzehren	verzehren	verzehrten
	Imperfect		
ich	verzehrte		
du	verzehrtest		
er	verzehrte		
wir	verzehrten		
ihr	verzehrtet		
sie	verzehrten		
		Past Time	
	Perfect	(*Perf. Subj.*)	(*Pluperf. Subj.*)
ich	habe verzehrt	habe verzehrt	hätte verzehrt
du	hast verzehrt	habest berzehrt	hättest verzehrt
er	hat verzehrt	habe verzehrt	hätte verzehrt
wir	haben verzehrt	haben verzehrt	hätten verzehrt
ihr	habt verzehrt	habet verzehrt	hättet verzehrt
sie	haben verzehrt	haben verzehrt	hätten verzehrt
	Pluperfect		
ich	hatte verzehrt		
du	hattest verzehrt		
er	hatte verzehrt		
wir	hatten verzehrt		
ihr	hattet verzehrt		
sie	hatten verzehrt		
		Future Time	
	Future	(*Fut. Subj.*)	(*Pres. Conditional*)
ich	werde verzehren	werde verzehren	würde verzehren
du	wirst verzehren	werdest verzehren	würdest verzehren
er	wird verzehren	werde verzehren	würde verzehren
wir	werden verzehren	werden verzehren	würden verzehren
ihr	werdet verzehren	werdet verzehren	würdet verzehren
sie	werden verzehren	werden verzehren	würden verzehren
		Future Perfect Time	
	Future Perfect	(*Fut. Perf. Subj.*)	(*Past Conditional*)
ich	werde verzehrt haben	werde verzehrt haben	würde verzehrt haben
du	wirst verzehrt haben	werdest verzehrt haben	würdest verzehrt haben
er	wird verzehrt haben	werde verzehrt haben	würde verzehrt haben
wir	werden verzehrt haben	werden verzehrt haben	würden verzehrt haben
ihr	werdet verzehrt haben	werdet verzehrt haben	würdet verzehrt haben
sie	werden verzehrt haben	werden verzehrt haben	würden verzehrt haben

PRINC. PARTS: verzeihen, verzieh, verziehen, verzeiht
IMPERATIVE: verzeihe!, verzeiht!, verzeihen Sie!

verzeihen

to pardon, forgive, excuse

	INDICATIVE	SUBJUNCTIVE PRIMARY	SUBJUNCTIVE SECONDARY
		Present Time	
	Present	*(Pres. Subj.)*	*(Imperf. Subj.)*
ich	verzeihe	verzeihe	verziehe
du	verzeihst	verzeihest	verziehest
er	verzeiht	verzeihe	verziehe
wir	verzeihen	verzeihen	verziehen
ihr	verzeiht	verzeihet	verziehet
sie	verzeihen	verzeihen	verziehen
	Imperfect		
ich	verzieh		
du	verziehst		
er	verzieh		
wir	verziehen		
ihr	verzieht		
sie	verziehen		
		Past Time	
	Perfect	*(Perf. Subj.)*	*(Pluperf. Subj.)*
ich	habe verziehen	habe verziehen	hätte verziehen
du	hast verziehen	habest verziehen	hättest verziehen
er	hat verziehen	habe verziehen	hätte verziehen
wir	haben verziehen	haben verziehen	hätten verziehen
ihr	habt verziehen	habet verziehen	hättet verziehen
sie	haben verziehen	haben verziehen	hätten verziehen
	Pluperfect		
ich	hatte verziehen		
du	hattest verziehen		
er	hatte verziehen		
wir	hatten verziehen		
ihr	hattet verziehen		
sie	hatten verziehen		
		Future Time	
	Future	*(Fut. Subj.)*	*(Pres. Conditional)*
ich	werde verzeihen	werde verzeihen	würde verzeihen
du	wirst verzeihen	werdest verzeihen	würdest verzeihen
er	wird verzeihen	werde verzeihen	würde verzeihen
wir	werden verzeihen	werden verzeihen	würden verzeihen
ihr	werdet verzeihen	werdet verzeihen	würdet verzeihen
sie	werden verzeihen	werden verzeihen	würden verzeihen
		Future Perfect Time	
	Future Perfect	*(Fut. Perf. Subj.)*	*(Past Conditional)*
ich	werde verziehen haben	werde verziehen haben	würde verziehen haben
du	wirst verziehen haben	werdest verziehen haben	würdest verziehen haben
er	wird verziehen haben	werde verziehen haben	würde verziehen haben
wir	werden verziehen haben	werden verziehen haben	würden verziehen haben
ihr	werdet verziehen haben	werdet verziehen haben	würdet verziehen haben
sie	werden verziehen haben	werden verziehen haben	würden verziehen haben

vorkommen

to occur, happen, be found, come forth, visit

PRINC. PARTS: vorkommen, kam vor, ist vorgekommen, kommt vor
IMPERATIVE: komme vor!, kommt vor!, kommen Sie vor!

INDICATIVE		SUBJUNCTIVE	
		PRIMARY	SECONDARY
		Present Time	
	Present	(*Pres. Subj.*)	(*Imperf. Subj.*)
ich	komme vor	komme vor	käme vor
du	kommst vor	kommest vor	kämest vor
er	kommt vor	komme vor	käme vor
wir	kommen vor	kommen vor	kämen vor
ihr	kommt vor	kommet vor	kämet vor
sie	kommen vor	kommen vor	kämen vor
	Imperfect		
ich	kam vor		
du	kamst vor		
er	kam vor		
wir	kamen vor		
ihr	kamt vor		
sie	kamen vor		
		Past Time	
	Perfect	(*Perf. Subj.*)	(*Pluperf. Subj.*)
ich	bin vorgekommen	sei vorgekommen	wäre vorgekommen
du	bist vorgekommen	seiest vorgekommen	wärest vorgekommen
er	ist vorgekommen	sei vorgekommen	wäre vorgekommen
wir	sind vorgekommen	seien vorgekommen	wären vorgekommen
ihr	seid vorgekommen	seiet vorgekommen	wäret vorgekommen
sie	sind vorgekommen	seien vorgekommen	wären vorgekommen
	Pluperfect		
ich	war vorgekommen		
du	warst vorgekommen		
er	war vorgekommen		
wir	waren vorgekommen		
ihr	wart vorgekommen		
sie	waren vorgekommen		
		Future Time	
	Future	(*Fut. Subj.*)	(*Pres. Conditional*)
ich	werde vorkommen	werde vorkommen	würde vorkommen
du	wirst vorkommen	werdest vorkommen	würdest vorkommen
er	wird vorkommen	werde vorkommen	würde vorkommen
wir	werden vorkommen	werden vorkommen	würden vorkommen
ihr	werdet vorkommen	werdet vorkommen	würdet vorkommen
sie	werden vorkommen	werden vorkommen	würden vorkommen
		Future Perfect Time	
	Future Perfect	(*Fut. Perf. Subj.*)	(*Past Conditional*)
ich	werde vorgekommen sein	werde vorgekommen sein	würde vorgekommen sein
du	wirst vorgekommen sein	werdest vorgekommen sein	würdest vorgekommen sein
er	wird vorgekommen sein	werde vorgekommen sein	würde vorgekommen sein
wir	werden vorgekommen sein	werden vorgekommen sein	würden vorgekommen sein
ihr	werdet vorgekommen sein	werdet vorgekommen sein	würdet vorgekommen sein
sie	werden vorgekommen sein	werden vorgekommen sein	würden vorgekommen sein

PRINC. PARTS: vorstellen, stellte vor, vorgestellt, stellt vor
IMPERATIVE: stelle vor!, stellt vor!, stellen Sie vor!

vorstellen

to set in front of, introduce

	INDICATIVE	SUBJUNCTIVE PRIMARY	SUBJUNCTIVE SECONDARY
		Present Time	
	Present	*(Pres. Subj.)*	*(Imperf. Subj.)*
ich	stelle vor	stelle vor	stellte vor
du	stellst vor	stellest vor	stelltest vor
er	stellt vor	stelle vor	stellte vor
wir	stellen vor	stellen vor	stellten vor
ihr	stellt vor	stellet vor	stelltet vor
sie	stellen vor	stellen vor	stellten vor
	Imperfect		
ich	stellte vor		
du	stelltest vor		
er	stellte vor		
wir	stellten vor		
ihr	stelltet vor		
sie	stellten vor		
		Past Time	
	Perfect	*(Perf. Subj.)*	*(Pluperf. Subj.)*
ich	habe vorgestellt	habe vorgestellt	hätte vorgestellt
du	hast vorgestellt	habest vorgestellt	hättest vorgestellt
er	hat vorgestellt	habe vorgestellt	hätte vorgestellt
wir	haben vorgestellt	haben vorgestellt	hätten vorgestellt
ihr	habt vorgestellt	habet vorgestellt	hättet vorgestellt
sie	haben vorgestellt	haben vorgestellt	hätten vorgestellt
	Pluperfect		
ich	hatte vorgestellt		
du	hattest vorgestellt		
er	hatte vorgestellt		
wir	hatten vorgestellt		
ihr	hattet vorgestellt		
sie	hatten vorgestellt		
		Future Time	
	Future	*(Fut. Subj.)*	*(Pres. Conditional)*
ich	werde vorstellen	werde vorstellen	würde vorstellen
du	wirst vorstellen	werdest vorstellen	würdest vorstellen
er	wird vorstellen	werde vorstellen	würde vorstellen
wir	werden vorstellen	werden vorstellen	würden vorstellen
ihr	werdet vorstellen	werdet vorstellen	würdet vorstellen
sie	werden vorstellen	werden vorstellen	würden vorstellen
		Future Perfect Time	
	Future Perfect	*(Fut. Perf. Subj.)*	*(Past Conditional)*
ich	werde vorgestellt haben	werde vorgestellt haben	würde vorgestellt haben
du	wirst vorgestellt haben	werdest vorgestellt haben	würdest vorgestellt haben
er	wird vorgestellt haben	werde vorgestellt haben	würde vorgestellt haben
wir	werden vorgestellt haben	werden vorgestellt haben	würden vorgestellt haben
ihr	werdet vorgestellt haben	werdet vorgestellt haben	würdet vorgestellt haben
sie	werden vorgestellt haben	werden vorgestellt haben	würden vorgestellt haben

wachen

to be awake, keep watch, guard

PRINC. PARTS: wachen, wachte, gewacht, wacht
IMPERATIVE: wache!, wacht!, wachen Sie!

	INDICATIVE	SUBJUNCTIVE PRIMARY	SUBJUNCTIVE SECONDARY
		Present Time	
	Present	(*Pres. Subj.*)	(*Imperf. Subj.*)
ich	wache	wache	wachte
du	wachst	wachest	wachtest
er	wacht	wache	wachte
wir	wachen	wachen	wachten
ihr	wacht	wachet	wachtet
sie	wachen	wachen	wachten
	Imperfect		
ich	wachte		
du	wachtest		
er	wachte		
wir	wachten		
ihr	wachtet		
sie	wachten		
		Past Time	
	Perfect	(*Perf. Subj.*)	(*Pluperf. Subj.*)
ich	habe gewacht	habe gewacht	hätte gewacht
du	hast gewacht	habest gewacht	hättest gewacht
er	hat gewacht	habe gewacht	hätte gewacht
wir	haben gewacht	haben gewacht	hätten gewacht
ihr	habt gewacht	habet gewacht	hättet gewacht
sie	haben gewacht	haben gewacht	hätten gewacht
	Pluperfect		
ich	hatte gewacht		
du	hattest gewacht		
er	hatte gewacht		
wir	hatten gewacht		
ihr	hattet gewacht		
sie	hatten gewacht		
		Future Time	
	Future	(*Fut. Subj.*)	(*Pres. Conditional*)
ich	werde wachen	werde wachen	würde wachen
du	wirst wachen	werdest wachen	würdest wachen
er	wird wachen	werde wachen	würde wachen
wir	werden wachen	werden wachen	würden wachen
ihr	werdet wachen	werdet wachen	würdet wachen
sie	werden wachen	werden wachen	würden wachen
		Future Perfect Time	
	Future Perfect	(*Fut. Perf. Subj.*)	(*Past Conditional*)
ich	werde gewacht haben	werde gewacht haben	würde gewacht haben
du	wirst gewacht haben	werdest gewacht haben	würdest gewacht haben
er	wird gewacht haben	werde gewacht haben	würde gewacht haben
wir	werden gewacht haben	werden gewacht haben	würden gewacht haben
ihr	werdet gewacht haben	werdet gewacht haben	würdet gewacht haben
sie	werden gewacht haben	werden gewacht haben	würden gewacht haben

PRINC. PARTS: wachsen, wuchs, ist gewachsen, wächst
IMPERATIVE: wachse!, wachst!, wachsen Sie!

INDICATIVE		SUBJUNCTIVE PRIMARY	SUBJUNCTIVE SECONDARY
		Present Time	
	Present	(*Pres. Subj.*)	(*Imperf. Subj.*)
ich	wachse	wachse	wüchse
du	wächst	wachsest	wüchsest
er	wächst	wachse	wüchse
wir	wachsen	wachsen	wüchsen
ihr	wachst	wachset	wüchset
sie	wachsen	wachsen	wüchsen
	Imperfect		
ich	wuchs		
du	wuchsest		
er	wuchs		
wir	wuchsen		
ihr	wuchst		
sie	wuchsen		
		Past Time	
	Perfect	(*Perf. Subj.*)	(*Pluperf. Subj.*)
ich	bin gewachsen	sei gewachsen	wäre gewachsen
du	bist gewachsen	seiest gewachsen	wärest gewachsen
er	ist gewachsen	sei gewachsen	wäre gewachsen
wir	sind gewachsen	seien gewachsen	wären gewachsen
ihr	seid gewachsen	seiet gewachsen	wäret gewachsen
sie	sind gewachsen	seien gewachsen	wären gewachsen
	Pluperfect		
ich	war gewachsen		
du	warst gewachsen		
er	war gewachsen		
wir	waren gewachsen		
ihr	wart gewachsen		
sie	waren gewachsen		
		Future Time	
	Future	(*Fut. Subj.*)	(*Pres. Conditional*)
ich	werde wachsen	werde wachsen	würde wachsen
du	wirst wachsen	werdest wachsen	würdest wachsen
er	wird wachsen	werde wachsen	würde wachsen
wir	werden wachsen	werden wachsen	würden wachsen
ihr	werdet wachsen	werdet wachsen	würdet wachsen
sie	werden wachsen	werden wachsen	würden wachsen
		Future Perfect Time	
	Future Perfect	(*Fut. Perf. Subj.*)	(*Past Conditional*)
ich	werde gewachsen sein	werde gewachsen sein	würde gewachsen sein
du	wirst gewachsen sein	werdest gewachsen sein	würdest gewachsen sein
er	wird gewachsen sein	werde gewachsen sein	würde gewachsen sein
wir	werden gewachsen sein	werden gewachsen sein	würden gewachsen sein
ihr	werdet gewachsen sein	werdet gewachsen sein	würdet gewachsen sein
sie	werden gewachsen sein	werden gewachsen sein	würden gewachsen sein

wagen

to dare

PRINC. PARTS: wagen, wagte, gewagt, wagt
IMPERATIVE: wage!, wagt!, wagen Sie!

INDICATIVE		SUBJUNCTIVE PRIMARY	SUBJUNCTIVE SECONDARY
		Present Time	
	Present	(*Pres. Subj.*)	(*Imperf. Subj.*)
ich	wage	wage	wagte
du	wagst	wagest	wagtest
er	wagt	wage	wagte
wir	wagen	wagen	wagten
ihr	wagt	waget	wagtet
sie	wagen	wagen	wagten
	Imperfect		
ich	wagte		
du	wagtest		
er	wagte		
wir	wagten		
ihr	wagtet		
sie	wagten		
		Past Time	
	Perfect	(*Perf. Subj.*)	(*Pluperf. Subj.*)
ich	habe gewagt	habe gewagt	hätte gewagt
du	hast gewagt	habest gewagt	hättest gewagt
er	hat gewagt	habe gewagt	hätte gewagt
wir	haben gewagt	haben gewagt	hätten gewagt
ihr	habt gewagt	habet gewagt	hättet gewagt
sie	haben gewagt	haben gewagt	hätten gewagt
	Pluperfect		
ich	hatte gewagt		
du	hattest gewagt		
er	hatte gewagt		
wir	hatten gewagt		
ihr	hattet gewagt		
sie	hatten gewagt		
		Future Time	
	Future	(*Fut. Subj.*)	(*Pres. Conditional*)
ich	werde wagen	werde wagen	würde wagen
du	wirst wagen	werdest wagen	würdest wagen
er	wird wagen	werde wagen	würde wagen
wir	werden wagen	werden wagen	würden wagen
ihr	werdet wagen	werdet wagen	würdet wagen
sie	werden wagen	werden wagen	würden wagen
		Future Perfect Time	
	Future Perfect	(*Fut. Perf. Subj.*)	(*Past Conditional*)
ich	werde gewagt haben	werde gewagt haben	würde gewagt haben
du	wirst gewagt haben	werdest gewagt haben	würdest gewagt haben
er	wird gewagt haben	werde gewagt haben	würde gewagt haben
wir	werden gewagt haben	werden gewagt haben	würden gewagt haben
ihr	werdet gewagt haben	werdet gewagt haben	würdet gewagt haben
sie	werden gewagt haben	werden gewagt haben	würden gewagt haben

wählen

PRINC. PARTS: wählen, wählte, gewählt, wählt
IMPERATIVE: wähle!, wählt!, wählen Sie!

to choose, select, vote

INDICATIVE		SUBJUNCTIVE PRIMARY	SUBJUNCTIVE SECONDARY
		Present Time	
	Present	*(Pres. Subj.)*	*(Imperf. Subj.)*
ich	wähle	wähle	wählte
du	wählst	wählest	wähltest
er	wählt	wähle	wählte
wir	wählen	wählen	wählten
ihr	wählt	wählet	wähltet
sie	wählen	wählen	wählten

	Imperfect
ich	wählte
du	wähltest
er	wählte
wir	wählten
ihr	wähltet
sie	wählten

		Past Time	
	Perfect	*(Perf. Subj.)*	*(Pluperf. Subj.)*
ich	habe gewählt	habe gewählt	hätte gewählt
du	hast gewählt	habest gewählt	hättest gewählt
er	hat gewählt	habe gewählt	hätte gewählt
wir	haben gewählt	haben gewählt	hätten gewählt
ihr	habt gewählt	habet gewählt	hättet gewählt
sie	haben gewählt	haben gewählt	hätten gewählt

	Pluperfect
ich	hatte gewählt
du	hattest gewählt
er	hatte gewählt
wir	hatten gewählt
ihr	hattet gewählt
sie	hatten gewählt

		Future Time	
	Future	*(Fut. Subj.)*	*(Pres. Conditional)*
ich	werde wählen	werde wählen	würde wählen
du	wirst wählen	werdest wählen	würdest wählen
er	wird wählen	werde wählen	würde wählen
wir	werden wählen	werden wählen	würden wählen
ihr	werdet wählen	werdet wählen	würdet wählen
sie	werden wählen	werden wählen	würden wählen

		Future Perfect Time	
	Future Perfect	*(Fut. Perf. Subj.)*	*(Past Conditional)*
ich	werde gewählt haben	werde gewählt haben	würde gewählt haben
du	wirst gewählt haben	werdest gewählt haben	würdest gewählt haben
er	wird gewählt haben	werde gewählt haben	würde gewählt haben
wir	werden gewählt haben	werden gewählt haben	würden gewählt haben
ihr	werdet gewählt haben	werdet gewählt haben	würdet gewählt haben
sie	werden gewählt haben	werden gewählt haben	würden gewählt haben

wähnen

to fancy, imagine, think

PRINC. PARTS: wähnen, wähnte, gewähnt, wähnt
IMPERATIVE: wähne!, wähnt!, wähnen Sie!

	INDICATIVE	SUBJUNCTIVE	
		PRIMARY	SECONDARY
		Present Time	
	Present	(*Pres. Subj.*)	(*Imperf. Subj.*)
ich	wähne	wähne	wähnte
du	wähnst	wähnest	wähntest
er	wähnt	wähne	wähnte
wir	wähnen	wähnen	wähnten
ihr	wähnt	wähnet	wähntet
sie	wähnen	wähnen	wähnten
	Imperfect		
ich	wähnte		
du	wähntest		
er	wähnte		
wir	wähnten		
ihr	wähntet		
sie	wähnten		
		Past Time	
	Perfect	(*Perf. Subj.*)	(*Pluperf. Subj.*)
ich	habe gewähnt	habe gewähnt	hätte gewähnt
du	hast gewähnt	habest gewähnt	hättest gewähnt
er	hat gewähnt	habe gewähnt	hätte gewähnt
wir	haben gewähnt	haben gewähnt	hätten gewähnt
ihr	habt gewähnt	habet gewähnt	hättet gewähnt
sie	haben gewähnt	haben gewähnt	hätten gewähnt
	Pluperfect		
ich	hatte gewähnt		
du	hattest gewähnt		
er	hatte gewähnt		
wir	hatten gewähnt		
ihr	hattet gewähnt		
sie	hatten gewähnt		
		Future Time	
	Future	(*Fut. Subj.*)	(*Pres. Conditional*)
ich	werde wähnen	werde wähnen	würde wähnen
du	wirst wähnen	werdest wähnen	würdest wähnen
er	wird wähnen	werde wähnen	würde wähnen
wir	werden wähnen	werden wähnen	würden wähnen
ihr	werdet wähnen	werdet wähnen	würdet wähnen
sie	werden wähnen	werden wähnen	würden wähnen
		Future Perfect Time	
	Future Perfect	(*Fut. Perf. Subj.*)	(*Past Conditional*)
ich	werde gewähnt haben	werde gewähnt haben	würde gewähnt haben
du	wirst gewähnt haben	werdest gewähnt haben	würdest gewähnt haben
er	wird gewähnt haben	werde gewähnt haben	würde gewähnt haben
wir	werden gewähnt haben	werden gewähnt haben	würden gewähnt haben
ihr	werdet gewähnt haben	werdet gewähnt haben	würdet gewähnt haben
sie	werden gewähnt haben	werden gewähnt haben	würden gewähnt haben

PRINC. PARTS: währen, währte, gewährt, währt,
IMPERATIVE: währe!, währt!, währen Sie!

währen

to last, continue, hold out

INDICATIVE		SUBJUNCTIVE	
		PRIMARY	SECONDARY
		Present Time	
	Present	*(Pres. Subj.)*	*(Imperf. Subj.)*
ich	währe	währe	währte
du	währst	währest	währtest
er	währt	währe	währte
wir	währen	währen	währten
ihr	währt	währet	währtet
sie	währen	währen	währten
	Imperfect		
ich	währte		
du	währtest		
er	währte		
wir	währten		
ihr	währtet		
sie	währten		
		Past Time	
	Perfect	*(Perf. Subj.)*	*(Pluperf. Subj.)*
ich	habe gewährt	habe gewährt	hätte gewährt
du	hast gewährt	habest gewährt	hättest gewährt
er	hat gewährt	habe gewährt	hätte gewährt
wir	haben gewährt	haben gewährt	hätten gewährt
ihr	habt gewährt	habet gewährt	hättet gewährt
sie	haben gewährt	haben gewährt	hätten gewährt
	Pluperfect		
ich	hatte gewährt		
du	hattest gewährt		
er	hatte gewährt		
wir	hatten gewährt		
ihr	hattet gewährt		
sie	hatten gewährt		
		Future Time	
	Future	*(Fut. Subj.)*	*(Pres. Conditional)*
ich	werde währen	werde währen	würde währen
du	wirst währen	werdest währen	würdest währen
er	wird währen	werde währen	würde währen
wir	werden währen	werden währen	würden währen
ihr	werdet währen	werdet währen	würdet währen
sie	werden währen	werden währen	würden währen
		Future Perfect Time	
	Future Perfect	*(Fut. Perf. Subj.)*	*(Past Conditional)*
ich	werde gewährt haben	werde gewährt haben	würde gewährt haben
du	wirst gewährt haben	werdest gewährt haben	würdest gewährt haben
er	wird gewährt haben	werde gewährt haben	würde gewährt haben
wir	werden gewährt haben	werden gewährt haben	würden gewährt haben
ihr	werdet gewährt haben	werdet gewährt haben	würdet gewährt haben
sie	werden gewährt haben	werden gewährt haben	würden gewährt haben

walten

to rule, govern

PRINC. PARTS: walten, waltete, gewaltet, waltet
IMPERATIVE: walte!, waltet!, walten Sie!

INDICATIVE		SUBJUNCTIVE	
		PRIMARY	SECONDARY
		Present Time	
	Present	(*Pres. Subj.*)	(*Imperf. Subj.*)
ich	walte	walte	waltete
du	waltest	waltest	waltetest
er	waltet	walte	waltete
wir	walten	walten	walteten
ihr	waltet	waltet	waltetet
sie	walten	walten	walteten

	Imperfect
ich	waltete
du	waltetest
er	waltete
wir	walteten
ihr	waltetet
sie	walteten

		Past Time	
	Perfect	(*Perf. Subj.*)	(*Pluperf. Subj.*)
ich	habe gewaltet	habe gewaltet	hätte gewaltet
du	hast gewaltet	habest gewaltet	hättest gewaltet
er	hat gewaltet	habe gewaltet	hätte gewaltet
wir	haben gewaltet	haben gewaltet	hätten gewaltet
ihr	habt gewaltet	habet gewaltet	hättet gewaltet
sie	haben gewaltet	haben gewaltet	hätten gewaltet

	Pluperfect
ich	hatte gewaltet
du	hattest gewaltet
er	hatte gewaltet
wir	hatten gewaltet
ihr	hattet gewaltet
sie	hatten gewaltet

		Future Time	
	Future	(*Fut. Subj.*)	(*Pres. Conditional*)
ich	werde walten	werde walten	würde walten
du	wirst walten	werdest walten	würdest walten
er	wird walten	werde walten	würde walten
wir	werden walten	werden walten	würden walten
ihr	werdet walten	werdet walten	würdet walten
sie	werden walten	werden walten	würden walten

		Future Perfect Time	
	Future Perfect	(*Fut. Perf. Subj.*)	(*Past Conditional*)
ich	werde gewaltet haben	werde gewaltet haben	würde gewaltet haben
du	wirst gewaltet haben	werdest gewaltet haben	würdest gewaltet haben
er	wird gewaltet haben	werde gewaltet haben	würde gewaltet haben
wir	werden gewaltet haben	werden gewaltet haben	würden gewaltet haben
ihr	werdet gewaltet haben	werdet gewaltet haben	würdet gewaltet haben
sie	werden gewaltet haben	werden gewaltet haben	würden gewaltet haben

PRINC. PARTS: wälzen, wälzte, gewälzt, wälzt
IMPERATIVE: wälze!, wälzt!, wälzen Sie!

to roll, turn about

INDICATIVE		SUBJUNCTIVE	
		PRIMARY	SECONDARY
		Present Time	
	Present	*(Pres. Subj.)*	*(Imperf. Subj.)*
ich	wälze	wälze	wälzte
du	wälzt	wälzest	wälztest
er	wälzt	wälze	wälzte
wir	wälzen	wälzen	wälzten
ihr	wälzt	wälzet	wälztet
sie	wälzen	wälzen	wälzten

	Imperfect
ich	wälzte
du	wälztest
er	wälzte
wir	wälzten
ihr	wälztet
sie	wälzten

		Past Time	
	Perfect	*(Perf. Subj.)*	*(Pluperf. Subj.)*
ich	habe gewälzt	habe gewälzt	hätte gewälzt
du	hast gewälzt	habest gewälzt	hättest gewälzt
er	hat gewälzt	habe gewälzt	hätte gewälzt
wir	haben gewälzt	haben gewälzt	hätten gewälzt
ihr	habt gewälzt	habet gewälzt	hättet gewälzt
sie	haben gewälzt	haben gewälzt	hätten gewälzt

	Pluperfect
ich	hatte gewälzt
du	hattest gewälzt
er	hatte gewälzt
wir	hatten gewälzt
ihr	hattet gewälzt
sie	hatten gewälzt

		Future Time	
	Future	*(Fut. Subj.)*	*(Pres. Conditional)*
ich	werde wälzen	werde wälzen	würde wälzen
du	wirst wälzen	werdest wälzen	würdest wälzen
er	wird wälzen	werde wälzen	würde wälzen
wir	werden wälzen	werden wälzen	würden wälzen
ihr	werdet wälzen	werdet wälzen	würdet wälzen
sie	werden wälzen	werden wälzen	würden wälzen

		Future Perfect Time	
	Future Perfect	*(Fut. Perf. Subj.)*	*(Past Conditional)*
ich	werde gewälzt haben	werde gewälzt haben	würde gewälzt haben
du	wirst gewälzt haben	werdest gewälzt haben	würdest gewälzt haben
er	wird gewälzt haben	werde gewälzt haben	würde gewälzt haben
wir	werden gewälzt haben	werden gewälzt haben	würden gewälzt haben
ihr	werdet gewälzt haben	werdet gewälzt haben	würdet gewälzt haben
sie	werden gewälzt haben	werden gewälzt haben	würden gewälzt haben

wandern

to wander, hike

PRINC. PARTS: wandern, wanderte, ist gewandert, wandert
IMPERATIVE: wandre!, wandert!, wandern Sie!

INDICATIVE		SUBJUNCTIVE PRIMARY	SUBJUNCTIVE SECONDARY
		Present Time	
	Present	(*Pres. Subj.*)	(*Imperf. Subj.*)
ich	wandere*	wandere*	wanderte
du	wanderst	wanderest	wandertest
er	wandert	wandere*	wanderte
wir	wandern	wandern	wanderten
ihr	wandert	wandert	wandertet
sie	wandern	wandern	wanderten
	Imperfect		
ich	wanderte		
du	wandertest		
er	wanderte		
wir	wanderten		
ihr	wandertet		
sie	wanderten		
		Past Time	
	Perfect	(*Perf. Subj.*)	(*Pluperf. Subj.*)
ich	bin gewandert	sei gewandert	wäre gewandert
du	bist gewandert	seiest gewandert	wärest gewandert
er	ist gewandert	sei gewandert	wäre gewandert
wir	sind gewandert	seien gewandert	wären gewandert
ihr	seid gewandert	seiet gewandert	wäret gewandert
sie	sind gewandert	seien gewandert	wären gewandert
	Pluperfect		
ich	war gewandert		
du	warst gewandert		
er	war gewandert		
wir	waren gewandert		
ihr	wart gewandert		
sie	waren gewandert		
		Future Time	
	Future	(*Fut. Subj.*)	(*Pres. Conditional*)
ich	werde wandern	werde wandern	würde wandern
du	wirst wandern	werdest wandern	würdest wandern
er	wird wandern	werde wandern	würde wandern
wir	werden wandern	werden wandern	würden wandern
ihr	werdet wandern	werdet wandern	würdet wandern
sie	werden wandern	werden wandern	würden wandern
		Future Perfect Time	
	Future Perfect	(*Fut. Perf. Subj.*)	(*Past Conditional*)
ich	werde gewandert sein	werde gewandert sein	würde gewandert sein
du	wirst gewandert sein	werdest gewandert sein	würdest gewandert sein
er	wird gewandert sein	werde gewandert sein	würde gewandert sein
wir	werden gewandert sein	werden gewandert sein	würden gewandert sein
ihr	werdet gewandert sein	werdet gewandert sein	würdet gewandert sein
sie	werden gewandert sein	werden gewandert sein	würden gewandert sein

* 'e' preceding 'r' in these forms is usually omitted in colloquial speech. Some authorities such as **Duden**, however, say it should be retained whenever possible.

PRINC. PARTS: waschen, wusch, gewaschen, wäscht
IMPERATIVE: wasche!, wascht!, waschen Sie!

INDICATIVE		SUBJUNCTIVE	
		PRIMARY	SECONDARY
		Present Time	
	Present	(*Pres. Subj.*)	(*Imperf. Subj.*)
ich	wasche	wasche	wüsche
du	wäschst	waschest	wüschest
er	wäscht	wasche	wüsche
wir	waschen	waschen	wüschen
ihr	wascht	waschet	wüschet
sie	waschen	waschen	wüschen
	Imperfect		
ich	wusch		
du	wuschest		
er	wusch		
wir	wuschen		
ihr	wuscht		
sie	wuschen		
		Past Time	
	Perfect	(*Perf. Subj.*)	(*Pluperf. Subj.*)
ich	habe gewaschen	habe gewaschen	hätte gewaschen
du	hast gewaschen	habest gewaschen	hättest gewaschen
er	hat gewaschen	habe gewaschen	hätte gewaschen
wir	haben gewaschen	haben gewaschen	hätten gewaschen
ihr	habt gewaschen	habet gewaschen	hättet gewaschen
sie	haben gewaschen	haben gewaschen	hätten gewaschen
	Pluperfect		
ich	hatte gewaschen		
du	hattest gewaschen		
er	hatte gewaschen		
wir	hatten gewaschen		
ihr	hattet gewaschen		
sie	hatten gewaschen		
		Future Time	
	Future	(*Fut. Subj.*)	(*Pres. Conditional*)
ich	werde waschen	werde waschen	würde waschen
du	wirst waschen	werdest waschen	würdest waschen
er	wird waschen	werde waschen	würde waschen
wir	werden waschen	werden waschen	würden waschen
ihr	werdet waschen	werdet waschen	würdet waschen
sie	werden waschen	werden waschen	würden waschen
		Future Perfect Time	
	Future Perfect	(*Fut. Perf. Subj.*)	(*Past Conditional*)
ich	werde gewaschen haben	werde gewaschen haben	würde gewaschen haben
du	wirst gewaschen haben	werdest gewaschen haben	würdest gewaschen haben
er	wird gewaschen haben	werde gewaschen haben	würde gewaschen haben
wir	werden gewaschen haben	werden gewaschen haben	würden gewaschen haben
ihr	werdet gewaschen haben	werdet gewaschen haben	würdet gewaschen haben
sie	werden gewaschen haben	werden gewaschen haben	würden gewaschen haben

wechseln

to change, exchange

PRINC. PARTS: wechseln, wechselte, gewechselt, wechselt

IMPERATIVE: wechsle!, wechselt!, wechseln Sie!

INDICATIVE		SUBJUNCTIVE PRIMARY	SUBJUNCTIVE SECONDARY
		Present Time	
	Present	(*Perf. Subj.*)	(*Imperf. Subj.*)
ich	wechsele*	wechsele*	wechselte
du	wechselst	wechselest	wechseltest
er	wechselt	wechsele*	wechselte
wir	wechseln	wechseln	wechselten
ihr	wechselt	wechselet	wechseltet
sie	wechseln	wechseln	wechselten
	Imperfect		
ich	wechselte		
du	wechseltest		
er	wechselte		
wir	wechselten		
ihr	wechseltet		
sie	wechselten		
		Past Time	
	Perfect	(*Perf. Subj.*)	(*Pluperf. Subj.*)
ich	habe gewechselt	habe gewechselt	hätte gewechselt
du	hast gewechselt	habest gewechselt	hättest gewechselt
er	hat gewechselt	habe gewechselt	hätte gewechselt
wir	haben gewechselt	haben gewechselt	hätten gewechselt
ihr	habt gewechselt	habet gewechselt	hättet gewechselt
sie	haben gewechselt	haben gewechselt	hätten gewechselt
	Pluperfect		
ich	hatte gewechselt		
du	hattest gewechselt		
er	hatte gewechselt		
wir	hatten gewechselt		
ihr	hattet gewechselt		
sie	hatten gewechselt		
		Future Time	
	Future	(*Fut. Subj.*)	(*Pres. Conditional*)
ich	werde wechseln	werde wechseln	würde wechseln
du	wirst wechseln	werdest wechseln	würdest wechseln
er	wird wechseln	werde wechseln	würde wechseln
wir	werden wechseln	werden wechseln	würden wechseln
ihr	werdet wechseln	werdet wechseln	würdet wechseln
sie	werden wechseln	werden wechseln	würden wechseln
		Future Perfect Time	
	Future Perfect	(*Fut. Perf. Subj.*)	(*Past Conditional*)
ich	werde gewechselt haben	werde gewechselt haben	würde gewechselt haben
du	wirst gewechselt haben	werdest gewechselt haben	würdest gewechselt haben
er	wird gewechselt haben	werde gewechselt haben	würde gewechselt haben
wir	werden gewechselt haben	werden gewechselt haben	würden gewechselt haben
ihr	werdet wechselt haben	werdet gewechselt haben	würdet gewechselt haben
sie	werden gewechselt haben	werden gewechselt haben	würden gewechselt haben

* 'e' preceding 'l' in these forms is usually omitted in colloquial speech. Some authorities, however, (*Duden: Rechtschreibung* v.g.) say it should be retained.

PRINC. PARTS: wecken, weckte, geweckt, weckt
IMPERATIVE: wecke!, weckt!, wecken Sie!

to wake, rouse

INDICATIVE		SUBJUNCTIVE PRIMARY	SUBJUNCTIVE SECONDARY
		Present Time	
	Present	*(Pres. Subj.)*	*(Imperf. Subj.)*
ich	wecke	wecke	weckte
du	weckst	weckest	wecktest
er	weckt	wecke	weckte
wir	wecken	wecken	weckten
ihr	weckt	wecket	wecktet
sie	wecken	wecken	weckten
	Imperfect		
ich	weckte		
du	wecktest		
er	weckte		
wir	weckten		
ihr	wecktet		
sie	weckten		
		Past Time	
	Perfect	*(Perf. Subj.)*	*(Pluperf. Subj.)*
ich	habe geweckt	habe geweckt	hätte geweckt
du	hast geweckt	habest geweckt	hättest geweckt
er	hat geweckt	habe geweckt	hätte geweckt
wir	haben geweckt	haben geweckt	hätten geweckt
ihr	habt geweckt	habet geweckt	hättet geweckt
sie	haben geweckt	haben geweckt	hätten geweckt
	Pluperfect		
ich	hatte geweckt		
du	hattest geweckt		
er	hatte geweckt		
wir	hatten geweckt		
ihr	hattet geweckt		
sie	hatten geweckt		
		Future Time	
	Future	*(Fut. Subj.)*	*(Pres. Conditional)*
ich	werde wecken	werde wecken	würde wecken
du	wirst wecken	werdest wecken	würdest wecken
er	wird wecken	werde wecken	würde wecken
wir	werden wecken	werden wecken	würden wecken
ihr	werdet wecken	werdet wecken	würdet wecken
sie	werden wecken	werden wecken	würden wecken
		Future Perfect Time	
	Future Perfect	*(Fut. Perf. Subj.)*	*(Past Conditional)*
ich	werde geweckt haben	werde geweckt haben	würde geweckt haben
du	wirst geweckt haben	werdest geweckt haben	würdest geweckt haben
er	wird geweckt haben	werde geweckt haben	würde geweckt haben
wir	werden geweckt haben	werden geweckt haben	würden geweckt haben
ihr	werdet geweckt haben	werdet geweckt haben	würdet geweckt haben
sie	werden geweckt haben	werden geweckt haben	würden geweckt haben

wehren*

to restrain, check; prevent

PRINC. PARTS: wehren, wehrte, gewehrt, wehrt
IMPERATIVE: wehre!, wehrt!, wehren Sie!

INDICATIVE	SUBJUNCTIVE PRIMARY	SUBJUNCTIVE SECONDARY
	Present Time	
Present	(*Pres. Subj.*)	(*Imperf. Subj.*)
ich wehre	wehre	wehrte
du wehrst	wehrest	wehrtest
er wehrt	wehre	wehrte
wir wehren	wehren	wehrten
ihr wehrt	wehret	wehrtet
sie wehren	wehren	wehrten
Imperfect		
ich wehrte		
du wehrtest		
er wehrte		
wir wehrten		
ihr wehrtet		
sie wehrten		
	Past Time	
Perfect	(*Perf. Subj.*)	(*Pluperf. Subj.*)
ich habe gewehrt	habe gewehrt	hätte gewehrt
du hast gewehrt	habest gewehrt	hättest gewehrt
er hat gewehrt	habe gewehrt	hätte gewehrt
wir haben gewehrt	haben gewehrt	hätten gewehrt
ihr habt gewehrt	habet gewehrt	hättet gewehrt
sie haben gewehrt	haben gewehrt	hätten gewehrt
Pluperfect		
ich hatte gewehrt		
du hattest gewehrt		
er hatte gewehrt		
wir hatten gewehrt		
ihr hattet gewehrt		
sie hatten gewehrt		
	Future Time	
Future	(*Fut. Subj.*)	(*Pres. Conditional*)
ich werde wehren	werde wehren	würde wehren
du wirst wehren	werdest wehren	würdest wehren
er wird wehren	werde wehren	würde wehren
wir werden wehren	werden wehren	würden wehren
ihr werdet wehren	werdet wehren	würdet wehren
sie werden wehren	werden wehren	würden wehren
	Future Perfect Time	
Future Perfect	(*Fut. Perf. Subj.*)	(*Past Conditional*)
ich werde gewehrt haben	werde gewehrt haben	würde gewehrt haben
du wirst gewehrt haben	werdest gewehrt haben	würdest gewehrt haben
er wird gewehrt haben	werde gewehrt haben	würde gewehrt haben
wir werden gewehrt haben	werden gewehrt haben	würden gewehrt haben
ihr werdet gewehrt haben	werdet gewehrt haben	würdet gewehrt haben
sie werden gewehrt haben	werden gewehrt haben	würden gewehrt haben

* The reflexive verb, sich wehren, wehrte sich, hat sich gewehrt, wehrt sich means to defend one's self, to resist.

PRINC. PARTS: weichen, wich, ist gewichen, weicht
IMPERATIVE: weiche!, weicht!, weichen Sie!

to yield, give way

INDICATIVE	SUBJUNCTIVE	
	PRIMARY	SECONDARY
	Present Time	
Present	*(Pres. Subj.)*	*(Imperf. Subj.)*
ich weiche	weiche	wiche
du weichst	weichest	wichest
er weicht	weiche	wiche
wir weichen	weichen	wichen
ihr weicht	weichet	wichet
sie weichen	weichen	wichen
Imperfect		
ich wich		
du wichst		
er wich		
wir wichen		
ihr wicht		
sie wichen		
	Past Time	
Perfect	*(Perf. Subj.)*	*(Pluperf. Subj.)*
ich bin gewichen	sei gewichen	wäre gewichen
du bist gewichen	seiest gewichen	wärest gewichen
er ist gewichen	sei gewichen	wäre gewichen
wir sind gewichen	seien gewichen	wären gewichen
ihr seid gewichen	seiet gewichen	wäret gewichen
sie sind gewichen	seien gewichen	wären gewichen
Pluperfect		
ich war gewichen		
du warst gewichen		
er war gewichen		
wir waren gewichen		
ihr wart gewichen		
sie waren gewichen		
	Future Time	
Future	*(Fut. Subj.)*	*(Pres. Conditional)*
ich werde weichen	werde weichen	würde weichen
du wirst weichen	werdest weichen	würdest weichen
er wird weichen	werde weichen	würde weichen
wir werden weichen	werden weichen	würden weichen
ihr werdet weichen	werdet weichen	würdet weichen
sie werden weichen	werden weichen	würden weichen
	Future Perfect Time	
Future Perfect	*(Fut. Perf. Subj.)*	*(Past Conditional)*
ich werde gewichen sein	werde gewichen sein	würde gewichen sein
du wirst gewichen sein	werdest gewichen sein	würdest gewichen sein
er wird gewichen sein	werde gewichen sein	würde gewichen sein
wir werden gewichen sein	werden gewichen sein	würden gewichen sein
ihr werdet gewichen sein	werdet gewichen sein	würdet gewichen sein
sie werden gewichen sein	werden gewichen sein	würden gewichen sein

weihen

to consecrate, ordain, devote

PRINC. PARTS: weihen, weihte, geweiht, weiht
IMPERATIVE: weihe!, weiht!, weihen Sie!

INDICATIVE		SUBJUNCTIVE PRIMARY	SUBJUNCTIVE SECONDARY
		Present Time	
	Present	*(Pres. Subj.)*	*(Imperf. Subj.)*
ich	weihe	weihe	weihte
du	weihst	weihest	weihtest
er	weiht	weihe	weihte
wir	weihen	weihen	weihten
ihr	weiht	weihet	weihtet
sie	weihen	weihen	weihten
	Imperfect		
ich	weihte		
du	weihtest		
er	weihte		
wir	weihten		
ihr	weihtet		
sie	weihten		
		Past Time	
	Perfect	*(Perf. Subj.)*	*(Pluperf. Subj.)*
ich	habe geweiht	habe geweiht	hätte geweiht
du	hast geweiht	habest geweiht	hättest geweiht
er	hat geweiht	habe geweiht	hätte geweiht
wir	haben geweiht	haben geweiht	hätten geweiht
ihr	habt geweiht	habet geweiht	hättet geweiht
sie	haben geweiht	haben geweiht	hätten geweiht
	Pluperfect		
ich	hatte geweiht		
du	hattest geweiht		
er	hatte geweiht		
wir	hatten geweiht		
ihr	hattet geweiht		
sie	hatten geweiht		
		Future Time	
	Future	*(Fut. Subj.)*	*(Pres. Conditional)*
ich	werde weihen	werde weihen	würde weihen
du	wirst weihen	werdest weihen	würdest weihen
er	wird weihen	werde weihen	würde weihen
wir	werden weihen	werden weihen	würden weihen
ihr	werdet weihen	werdet weihen	würdet weihen
sie	werden weihen	werden weihen	würden weihen
		Future Perfect Time	
	Future Perfect	*(Fut. Perf. Subj.)*	*(Past Conditional*
ich	werde geweiht haben	werde geweiht haben	würde geweiht haben
du	wirst geweiht haben	werdest geweiht haben	würdest geweiht haben
er	wird geweiht haben	werde geweiht haben	würde geweiht haben
wir	werden geweiht haben	werden geweiht haben	würden geweiht haben
ihr	werdet geweiht haben	werdet geweiht haben	würdet geweiht haben
sie	werden geweiht haben	werden geweiht haben	würden geweiht haben

weinen

PRINC. PARTS: weinen, weinte, geweint, weint
IMPERATIVE: weine!, weint!, weinen Sie!

to weep, cry

INDICATIVE		SUBJUNCTIVE	
		PRIMARY	SECONDARY
		Present Time	
	Present	*(Pres. Subj.)*	*(Imperf. Subj.)*
ich	weine	weine	weinte
du	weinst	weinest	weintest
er	weint	weine	weinte
wir	weinen	weinen	weinten
ihr	weint	weinet	weintet
sie	weinen	weinen	weinten
	Imperfect		
ich	weinte		
du	weintest		
er	weinte		
wir	weinten		
ihr	weintet		
sie	weinten		
		Past Time	
	Perfect	*(Perf. Subj.)*	*(Pluperf. Subj.)*
ich	habe geweint	habe geweint	hätte geweint
du	hast geweint	habest geweint	hättest geweint
er	hat geweint	habe geweint	hätte geweint
wir	haben geweint	haben geweint	hätten geweint
ihr	habt geweint	habet geweint	hättet geweint
sie	haben geweint	haben geweint	hätten geweint
	Pluperfect		
ich	hatte geweint		
du	hattest geweint		
er	hatte geweint		
wir	hatten geweint		
ihr	hattet geweint		
sie	hatten geweint		
		Future Time	
	Future	*(Fut. Subj.)*	*(Pres. Conditional)*
ich	werde weinen	werde weinen	würde weinen
du	wirst weinen	werdest weinen	würdest weinen
er	wird weinen	werde weinen	würde weinen
wir	werden weinen	werden weinen	würden weinen
ihr	werdet weinen	werdet weinen	würdet weinen
sie	werden weinen	werden weinen	würden weinen
		Future Perfect Time	
	Future Perfect	*(Fut. Perf. Subj.)*	*(Past Conditional)*
ich	werde geweint haben	werde geweint haben	würde geweint haben
du	wirst geweint haben	werdest geweint haben	würdest geweint haben
er	wird geweint haben	werde geweint haben	würde geweint haben
wir	werden geweint haben	werden geweint haben	würden geweint haben
ihr	werdet geweint haben	werdet geweint haben	würdet geweint haben
sie	werden geweint haben	werden geweint haben	würden geweint haben

weisen

to point out, show

PRINC. PARTS: weisen, wies, gewiesen, weist
IMPERATIVE: weise!, weist!, weisen Sie!

INDICATIVE	SUBJUNCTIVE PRIMARY	SUBJUNCTIVE SECONDARY
	Present Time	
Present	*(Pres. Subj.)*	*(Imperf. Subj.)*
ich weise	weise	wiese
du weist	weisest	wiesest
er weist	weise	wiese
wir weisen	weisen	wiesen
ihr weist	weiset	wieset
sie weisen	weisen	wiesen
Imperfect		
ich wies		
du wiesest		
er wies		
wir wiesen		
ihr wiest		
sie wiesen		
	Past Time	
Perfect	*(Perf. Subj.)*	*(Pluperf. Subj.)*
ich habe gewiesen	habe gewiesen	hätte gewiesen
du hast gewiesen	habest gewiesen	hättest gewiesen
er hat gewiesen	habe gewiesen	hätte gewiesen
wir haben gewiesen	haben gewiesen	hätten gewiesen
ihr habt gewiesen	habet gewiesen	hättet gewiesen
sie haben gewiesen	haben gewiesen	hätten gewiesen
Pluperfect		
ich hatte gewiesen		
du hattest gewiesen		
er hatte gewiesen		
wir hatten gewiesen		
ihr hattet gewiesen		
sie hatten gewiesen		
	Future Time	
Future	*(Fut. Subj.)*	*(Pres. Conditional)*
ich werde weisen	werde weisen	würde weisen
du wirst weisen	werdest weisen	würdest weisen
er wird weisen	werde weisen	würde weisen
wir werden weisen	werden weisen	würden weisen
ihr werdet weisen	werdet weisen	würdet weisen
sie werden weisen	werden weisen	würden weisen
	Future Perfect Time	
Future Perfect	*(Fut. Perf. Subj.)*	*(Past Conditional)*
ich werde gewiesen haben	werde gewiesen haben	würde gewiesen haben
du wirst gewiesen haben	werdest gewiesen haben	würdest gewiesen haben
er wird gewiesen haben	werde gewiesen haben	würde gewiesen haben
wir werden gewiesen haben	werden gewiesen haben	würden gewiesen haben
ihr werdet gewiesen haben	werdet gewiesen haben	würdet gewiesen haben
sie werden gewiesen haben	werden gewiesen haben	würden gewiesen haben

PRINC. PARTS: wenden,* wandte, gewandt, wendet
IMPERATIVE: wende!, wendet!, wenden Sie!

	INDICATIVE	SUBJUNCTIVE PRIMARY	SUBJUNCTIVE SECONDARY
		Present Time	
	Present	(*Pres. Subj.*)	(*Imperf. Subj.*)
ich	wende	wende	wendete
du	wendest	wendest	wendetest
er	wendet	wende	wendete
wir	wenden	wenden	wendeten
ihr	wendet	wendet	wendetet
sie	wenden	wenden	wendeten
	Imperfect		
ich	wandte		
du	wandtest		
er	wandte		
wir	wandten		
ihr	wandtet		
sie	wandten		
		Past Time	
	Perfect	(*Perf. Subj.*)	(*Pluperf. Subj.*)
ich	habe gewandt	habe gewandt	hätte gewandt
du	hast gewandt	habest gewandt	hättest gewandt
er	hat gewandt	habe gewandt	hätte gewandt
wir	haben gewandt	haben gewandt	hätten gewandt
ihr	habt gewandt	habet gewandt	hättet gewandt
sie	haben gewandt	haben gewandt	hätten gewandt
	Pluperfect		
ich	hatte gewandt		
du	hattest gewandt		
er	hatte gewandt		
wir	hatten gewandt		
ihr	hattet gewandt		
sie	hatten gewandt		
		Future Time	
	Future	(*Fut. Subj.*)	(*Pres. Conditional*)
ich	werde wenden	werde wenden	würde wenden
du	wirst wenden	werdest wenden	würdest wenden
er	wird wenden	werde wenden	würde wenden
wir	werden wenden	werden wenden	würden wenden
ihr	werdet wenden	werdet wenden	würdet wenden
sie	werden wenden	werden wenden	würden wenden
		Future Perfect Time	
	Future Perfect	(*Fut. Perf. Subj.*)	(*Past Conditional*)
ich	werde gewandt haben	werde gewandt haben	würde gewandt haben
du	wirst gewandt haben	werdest gewandt haben	würdest gewandt haben
er	wird gewandt haben	werde gewandt haben	würde gewandt haben
wir	werden gewandt haben	werden gewandt haben	würden gewandt haben
ihr	werdet gewandt haben	werdet gewandt haben	würdet gewandt haben
sie	werden gewandt haben	werden gewandt haben	würden gewandt haben

* The weak forms of the past tense **wendete**, and of the past participle **gewendet** are also found.

werben

to recruit, woo, court, solicit

PRINC. PARTS: werben, warb, geworben, wirbt
IMPERATIVE: wirb!, werbt!, werben Sie!

INDICATIVE		SUBJUNCTIVE PRIMARY	SUBJUNCTIVE SECONDARY
		Present Time	
	Present	*(Pres. Subj.)*	*(Imperf. Subj.)*
ich	werbe	werbe	würbe
du	wirbst	werbest	würbest
er	wirbt	werbe	würbe
wir	werben	werben	würben
ihr	werbt	werbet	würbet
sie	werben	werben	würben
	Imperfect		
ich	warb		
du	warbst		
er	warb		
wir	warben		
ihr	warbt		
sie	warben		
		Past Time	
	Perfect	*(Perf. Subj.)*	*(Pluperf. Subj.)*
ich	habe geworben	habe geworben	hätte geworben
du	hast geworben	habest geworben	hättest geworben
er	hat geworben	habe geworben	hätte geworben
wir	haben geworben	haben geworben	hätten geworben
ihr	habt geworben	habet geworben	hättet geworben
sie	haben geworben	haben geworben	hätten geworben
	Pluperfect		
ich	hatte geworben		
du	hattest geworben		
er	hatte geworben		
wir	hatten geworben		
ihr	hattet geworben		
sie	hatten geworben		
		Future Time	
	Future	*(Fut. Subj.)*	*(Pres. Conditional)*
ich	werde werben	werde werben	würde werben
du	wirst werben	werdest werben	würdest werben
er	wird werben	werde werben	würde werben
wir	werden werben	werden werben	würden werben
ihr	werdet werben	werdet werben	würdet werben
sie	werden werben	werden werben	würden werben
		Future Perfect Time	
	Future Perfect	*(Fut. Perf. Subj.)*	*(Past Conditional)*
ich	werde geworben haben	werde geworben haben	würde geworben haben
du	wirst geworben haben	werdest geworben haben	würdest geworben haben
er	wird geworben haben	werde geworben haben	würde geworben haben
wir	werden geworben haben	werden geworben haben	würden geworben haben
ihr	werdet geworben haben	werdet geworben haben	würdet geworben haben
sie	werden geworben haben	werden geworben haben	würden geworben haben

PRINC. PARTS: werden, wurde*, ist geworden**, wird
IMPERATIVE: werde!, werdet!, werden Sie!

werden

to become; shall or will†; be††

	INDICATIVE	SUBJUNCTIVE PRIMARY	SUBJUNCTIVE SECONDARY
		Present Time	
	Present	*(Pres. Subj.)*	*(Imperf. Subj.)*
ich	werde	werde	würde
du	wirst	werdest	würdest
er	wird	werde	würde
wir	werden	werden	würden
ihr	werdet	werdet	würdet
sie	werden	werden	würden

	Imperfect
ich	wurde
du	wurdest
er	wurde
wir	wurden
ihr	wurdet
sie	wurden

	INDICATIVE	SUBJUNCTIVE PRIMARY	SUBJUNCTIVE SECONDARY
		Past Time	
	Perfect	*(Perf. Subj.)*	*(Pluperf. Subj.)*
ich	bin geworden	sei geworden	wäre geworden
du	bist geworden	seiest geworden	wärest geworden
er	ist geworden	sei geworden	wäre geworden
wir	sind geworden	seien geworden	wären geworden
ihr	seid geworden	seiet geworden	wäret geworden
sie	sind geworden	seien geworden	wären geworden

	Pluperfect
ich	war geworden
du	warst geworden
er	war geworden
wir	waren geworden
ihr	wart geworden
sie	waren geworden

	INDICATIVE	SUBJUNCTIVE PRIMARY	SUBJUNCTIVE SECONDARY
		Future Time	
	Future	*(Fut. Subj.)*	*(Pres. Conditional)*
ich	werde werden	werde werden	würde werden
du	wirst werden	werdest werden	würdest werden
er	wird werden	werde werden	würde werden
wir	werden werden	werden werden	würden werden
ihr	werdet werden	werdet werden	würdet werden
sie	werden werden	werden werden	würden werden

	INDICATIVE	SUBJUNCTIVE PRIMARY	SUBJUNCTIVE SECONDARY
		Future Perfect Time	
	Future Perfect	*(Fut. Perf. Subj.)*	*(Past Conditional)*
ich	werde geworden sein	werde geworden sein	würde geworden sein
du	wirst geworden sein	werdest geworden sein	würdest geworden sein
er	wird geworden sein	werde geworden sein	würde geworden sein
wir	werden geworden sein	werden geworden sein	würden geworden sein
ihr	werdet geworden sein	werdet geworden sein	würdet geworden sein
sie	werden geworden sein	werden geworden sein	würden geworden sein

* The past tense form **ward** is sometimes found in poetry.
** In the perfect tenses of the passive voice, the past participle is shortened to **worden** after another past participle.
† When present tense is used as auxiliary in the future.
†† When used as the auxiliary in the passive voice.

werfen

throw, hurl, fling

PRINC. PARTS: werfen, warf, geworfen, wirft
IMPERATIVE: wirf!, werft!, werfen Sie!

INDICATIVE		SUBJUNCTIVE	
		PRIMARY	SECONDARY
		Present Time	
	Present	(*Pres. Subj.*)	(*Imperf. Subj.*)
ich	werfe	werfe	würfe
du	wirfst	werfest	würfest
er	wirft	werfe	würfe
wir	werfen	werfen	würfen
ihr	werft	werfet	würfet
sie	werfen	werfen	würfen
	Imperfect		
ich	warf		
du	warfst		
er	warf		
wir	warfen		
ihr	warft		
sie	warfen		
		Past Time	
	Perfect	(*Perf. Subj.*)	(*Pluperf. Subj.*)
ich	habe geworfen	habe geworfen	hätte geworfen
du	hast geworfen	habest geworfen	hättest geworfen
er	hat geworfen	habe geworfen	hätte geworfen
wir	haben geworfen	haben geworfen	hätten geworfen
ihr	habt geworfen	habet geworfen	hättet geworfen
sie	haben geworfen	haben geworfen	hätten geworfen
	Pluperfect		
ich	hatte geworfen		
du	hattest geworfen		
er	hatte geworfen		
wir	hatten geworfen		
ihr	hattet geworfen		
sie	hatten geworfen		
		Future Time	
	Future	(*Fut. Subj.*)	(*Pres. Conditional*)
ich	werde werfen	werde werfen	würde werfen
du	wirst werfen	werdest werfen	würdest werfen
er	wird werfen	werde werfen	würde werfen
wir	werden werfen	werden werfen	würden werfen
ihr	werdet werfen	werdet werfen	würdet werfen
sie	werden werfen	werden werfen	würden werfen
		Future Perfect Time	
	Future Perfect	(*Fut. Perf. Subj.*)	(*Past Conditional*)
ich	werde geworfen haben	werde geworfen haben	würde geworfen haben
du	wirst geworfen haben	werdest geworfen haben	würdest geworfen haben
er	wird geworfen haben	werde geworfen haben	würde geworfen haben
wir	werden geworfen haben	werden geworfen haben	würden geworfen haben
ihr	werdet geworfen haben	werdet geworfen haben	würdet geworfen haben
sie	werden geworfen haben	werden geworfen haben	würden geworfen haben

wetzen

PRINC. PARTS: wetzen, wetzte, gewetzt, wetzt
IMPERATIVE: wetze!, wetzt!, wetzen Sie!

to whet, grind, sharpen

	INDICATIVE	SUBJUNCTIVE PRIMARY	SUBJUNCTIVE SECONDARY
		Present Time	
	Present	(*Pres. Subj.*)	(*Imperf. Subj.*)
ich	wetze	wetze	wetzte
du	wetzt	wetzest	wetztest
er	wetzt	wetze	wetzte
wir	wetzen	wetzen	wetzten
ihr	wetzt	wetzet	wetztet
sie	wetzen	wetzen	wetzten
	Imperfect		
ich	wetzte		
du	wetztest		
er	wetzte		
wir	wetzten		
ihr	wetztet		
sie	wetzten		
		Past Time	
	Perfect	(*Perf. Subj.*)	(*Pluperf. Subj.*)
ich	habe gewetzt	habe gewetzt	hätte gewetzt
du	hast gewetzt	habest gewetzt	hättest gewetzt
er	hat gewetzt	habe gewetzt	hätte gewetzt
wir	haben gewetzt	haben gewetzt	hätten gewetzt
ihr	habt gewetzt	habet gewetzt	hättet gewetzt
sie	haben gewetzt	haben gewetzt	hätten gewetzt
	Pluperfect		
ich	hatte gewetzt		
du	hattest gewetzt		
er	hatte gewetzt		
wir	hatten gewetzt		
ihr	hattet gewetzt		
sie	hatten gewetzt		
		Future Time	
	Future	(*Fut. Subj.*)	(*Pres. Conditional*)
ich	werde wetzen	werde wetzen	würde wetzen
du	wirst wetzen	werdest wetzen	würdest wetzen
er	wird wetzen	werde wetzen	würde wetzen
wir	werden wetzen	werden wetzen	würden wetzen
ihr	werdet wetzen	werdet wetzen	würdet wetzen
sie	werden wetzen	werden wetzen	würden wetzen
		Future Perfect Time	
	Future Perfect	(*Fut. Perf. Subj.*)	(*Past Conditional*)
ich	werde gewetzt haben	werde gewetzt haben	würde gewetzt haben
du	wirst gewetzt haben	werdest gewetzt haben	würdest gewetzt haben
er	wird gewetzt haben	werde gewetzt haben	würde gewetzt haben
wir	werden gewetzt haben	werden gewetzt haben	würden gewetzt haben
ihr	werdet gewetzt haben	werdet gewetzt haben	würdet gewetzt haben
sie	werden gewetzt haben	werden gewetzt haben	würden gewetzt haben

widmen

to dedicate, devote

PRINC. PARTS: widmen, widmete, gewidmet, widmet
IMPERATIVE: widme!, widmet!, widmen Sie!

INDICATIVE		SUBJUNCTIVE PRIMARY	SUBJUNCTIVE SECONDARY
		Present Time	
	Present	*(Pres. Subj.)*	*(Imperf. Subj.)*
ich	widme	widme	widmete
du	widmest	widmest	widmetest
er	widmet	widme	widmete
wir	widmen	widmen	widmeten
ihr	widmet	widmet	widmetet
sie	widmen	widmen	widmeten
	Imperfect		
ich	widmete		
du	widmetest		
er	widmete		
wir	widmeten		
ihr	widmetet		
sie	widmeten		
		Past Time	
	Perfect	*(Perf. Subj.)*	*(Pluperf. Subj.)*
ich	habe gewidmet	habe gewidmet	hätte gewidmet
du	hast gewidmet	habest gewidmet	hättest gewidmet
er	hat gewidmet	habe gewidmet	hätte gewidmet
wir	haben gewidmet	haben gewidmet	hätten gewidmet
ihr	habt gewidmet	habet gewidmet	hättet gewidmet
sie	haben gewidmet	haben gewidmet	hätten gewidmet
	Pluperfect		
ich	hatte gewidmet		
du	hattest gewidmet		
er	hatte gewidmet		
wir	hatten gewidmet		
ihr	hattet gewidmet		
sie	hatten gewidmet		
		Future Time	
	Future	*(Fut. Subj.)*	*(Pres. Conditional*
ich	werde widmen	werde widmen	würde widmen
du	wirst widmen	werdest widmen	würdest widmen
er	wird widmen	werde widmen	würde widmen
wir	werden widmen	werden widmen	würden widmen
ihr	werdet widmen	werdet widmen	würdet widmen
sie	werden widmen	werden widmen	würden widmen
		Future Perfect Time	
	Future Perfect	*(Fut. Perf. Subj.)*	*(Past Conditional)*
ich	werde gewidmet haben	werde gewidmet haben	würde gewidmet haben
du	wirst gewidmet haben	werdest gewidmet haben	würdest gewidmet haben
er	wird gewidmet haben	werde gewidmet haben	würde gewidmet haben
wir	werden gewidmet haben	werden gewidmet haben	würden gewidmet haben
ihr	werdet gewidmet haben	werdet gewidmet haben	würdet gewidmet haben
sie	werden gewidmet haben	werden gewidmet haben	würden gewidmet haben

PRINC. PARTS: wiederholen, wiederholte, wiederholt, wiederholt
IMPERATIVE: wiederhole!, wiederholt!, wiederholen Sie!

wiederholen

to repeat

INDICATIVE		SUBJUNCTIVE PRIMARY	SUBJUNCTIVE SECONDARY
		Present Time	
	Present	*(Pres. Subj.)*	*(Imperf. Subj.)*
ich	wiederhole	wiederhole	wiederholte
du	wiederholst	wiederholest	wiederholtest
er	wiederholt	wiederhole	wiederholte
wir	wiederholen	wiederholen	wiederholten
ihr	wiederholt	wiederholet	wiederholtet
sie	wiederholen	wiederholen	wiederholten
	Imperfect		
ich	wiederholte		
du	wiederholtest		
er	wiederholte		
wir	wiederholten		
ihr	wiederholtet		
sie	wiederholten		
		Past Time	
	Perfect	*(Perf. Subj.)*	*(Pluperf. Subj.)*
ich	habe wiederholt	habe wiederholt	hätte wiederholt
du	hast wiederholt	habest wiederholt	hättest wiederholt
er	hat wiederholt	habe wiederholt	hätte wiederholt
wir	haben wiederholt	haben wiederholt	hätten wiederholt
ihr	habt wiederholt	habet wiederholt	hättet wiederholt
sie	haben wiederholt	haben wiederholt	hätten wiederholt
	Pluperfect		
ich	hatte wiederholt		
du	hattest wiederholt		
er	hatte wiederholt		
wir	hatten wiederholt		
ihr	hattet wiederholt		
sie	hatten wiederholt		
		Future Time	
	Future	*(Fut. Subj.)*	*(Pres. Conditional)*
ich	werde wiederholen	werde wiederholen	würde wiederholen
du	wirst wiederholen	werdest wiederholen	würdest wiederholen
er	wird wiederholen	werde wiederholen	würde wiederholen
wir	werden wiederholen	werden wiederholen	würden wiederholen
ihr	werdet wiederholen	werdet wiederholen	würdet wiederholen
sie	werden wiederholen	werden wiederholen	würden wiederholen
		Future Perfect Time	
	Future Perfect	*(Fut. Perf. Subj.)*	*(Past Conditional)*
ich	werde wiederholt haben	werde wiederholt haben	würde wiederholt haben
du	wirst wiederholt haben	werdest wiederholt haben	würdest wiederholt haben
er	wird wiederholt haben	werde wiederholt haben	würde wiederholt haben
wir	werden wiederholt haben	werden wiederholt haben	würden wiederholt haben
ihr	werdet wiederholt haben	werdet wiederholt haben	würdet wiederholt haben
sie	werden wiederholt haben	werden wiederholt haben	würden wiederholt haben

wiederholen

to bring or fetch back

PRINC. PARTS: wiederholen, holte wieder, wiedergeholt, holt wieder
IMPERATIVE: hole wieder!, holt wieder!, holen Sie wieder!

INDICATIVE		SUBJUNCTIVE PRIMARY	SUBJUNCTIVE SECONDARY
		Present Time	
	Present	*(Pres. Subj.)*	*(Imperf. Subj.)*
ich	hole wieder	hole wieder	holte wieder
du	holst wieder	holest wieder	holtest wieder
er	holt wieder	hole wieder	holte wieder
wir	holen wieder	holen wieder	holten wieder
ihr	holt wieder	holet wieder	holtet wieder
sie	holen wieder	holen wieder	holten wieder
	Imperfect		
ich	holte wieder		
du	holtest wieder		
er	holte wieder		
wir	holten wieder		
ihr	holtet wieder		
sie	holten wieder		
		Past Time	
	Perfect	*(Perf. Subj.)*	*(Pluperf. Subj.)*
ich	habe wiedergeholt	habe wiedergeholt	hätte wiedergeholt
du	hast wiedergeholt	habest wiedergeholt	hättest wiedergeholt
er	hat wiedergeholt	habe wiedergeholt	hätte wiedergeholt
wir	haben wiedergeholt	haben wiedergeholt	hätten wiedergeholt
ihr	habt wiedergeholt	habet wiedergeholt	hättet wiedergeholt
sie	haben wiedergeholt	haben wiedergeholt	hätten wiedergeholt
	Pluperfect		
ich	hatte wiedergeholt		
du	hattest wiedergeholt		
er	hatte wiedergeholt		
wir	hatten wiedergeholt		
ihr	hattet wiedergeholt		
sie	hatten wiedergeholt		
		Future Time	
	Future	*(Fut. Subj.)*	*(Pres. Conditional)*
ich	werde wiederholen	werde wiederholen	würde wiederholen
du	wirst wiederholen	werdest wiederholen	würdest wiederholen
er	wird wiederholen	werde wiederholen	würde wiederholen
wir	werden wiederholen	werden wiederholen	würden wiederholen
ihr	werdet wiederholen	werdet wiederholen	würdet wiederholen
sie	werden wiederholen	werden wiederholen	würden wiederholen
		Future Perfect Time	
	Future Perfect	*(Fut. Perf. Subj.)*	*(Past Conditional)*
ich	werde wiedergeholt haben	werde wiedergeholt haben	würde wiedergeholt haben
du	wirst wiedergeholt haben	werdest wiedergeholt haben	würdest wiedergeholt haben
er	wird wiedergeholt haben	werde wiedergeholt haben	würde wiedergeholt haben
wir	werden wiedergeholt haben	werden wiedergeholt haben	würden wiedergeholt haben
ihr	werdet wiedergeholt haben	werdet wiedergeholt haben	würdet wiedergeholt haben
sie	werden wiedergeholt haben	werden wiedergeholt haben	würden wiedergeholt haben

PRINC. PARTS: wiegen*, wog, gewogen, wiegt
IMPERATIVE: wiege!, wiegt!, wiegen Sie!

wiegen

to weigh

INDICATIVE		SUBJUNCTIVE	
		PRIMARY	SECONDARY
		Present Time	
	Present	(*Pres. Subj.*)	(*Imperf. Subj.*)
ich	wiege	wiege	wöge
du	wiegst	wiegest	wögest
er	wiegt	wiege	wöge
wir	wiegen	wiegen	wögen
ihr	wiegt	wieget	wöget
sie	wiegen	wiegen	wögen

	Imperfect
ich	wog
du	wogst
er	wog
wir	wogen
ihr	wogt
sie	wogen

		Past Time	
	Perfect	(*Perf. Subj.*)	(*Pluperf. Subj.*)
ich	habe gewogen	habe gewogen	hätte gewogen
du	hast gewogen	habest gewogen	hättest gewogen
er	hat gewogen	habe gewogen	hätte gewogen
wir	haben gewogen	haben gewogen	hätten gewogen
ihr	habt gewogen	habet gewogen	hättet gewogen
sie	haben gewogen	haben gewogen	hätten gewogen

	Pluperfect
ich	hatte gewogen
du	hattest gewogen
er	hatte gewogen
wir	hatten gewogen
ihr	hattet gewogen
sie	hatten gewogen

		Future Time	
	Future	(*Fut. Subj.*)	(*Pres. Conditional*)
ich	werde wiegen	werde wiegen	würde wiegen
du	wirst wiegen	werdest wiegen	würdest wiegen
er	wird wiegen	werde wiegen	würde wiegen
wir	werden wiegen	werden wiegen	würden wiegen
ihr	werdet wiegen	werdet wiegen	würdet wiegen
sie	werden wiegen	werden wiegen	würden wiegen

		Future Perfect Time	
	Future Perfect	(*Fut. Perf. Subj.*)	(*Past Conditional*)
ich	werde gewogen haben	werde gewogen haben	würde gewogen haben
du	wirst gewogen haben	werdest gewogen haben	würdest gewogen haben
er	wird gewogen haben	werde gewogen haben	würde gewogen haben
wir	werden gewogen haben	werden gewogen haben	würden gewogen haben
ihr	werdet gewogen haben	werdet gewogen haben	würdet gewogen haben
sie	werden gewogen haben	werden gewogen haben	würden gewogen haben

* **Wiegen** meaning *to rock, sway* is weak. PRINC. PARTS: wiegen, wiegte, gewiegt, wiegt.

wissen

to know (a fact)

PRINC. PARTS: wissen, wußte, gewußt, weiß
IMPERATIVE: wisse!, wißt!, wissen Sie!

	INDICATIVE	SUBJUNCTIVE PRIMARY	SUBJUNCTIVE SECONDARY
		Present Time	
	Present	*(Pres. Subj.)*	*(Imperf. Subj.)*
ich	weiß	wisse	wüßte
du	weißt	wissest	wüßtest
er	weiß	wisse	wüßte
wir	wissen	wissen	wüßten
ihr	wißt	wisset	wüßtet
sie	wissen	wissen	wüßten
	Imperfect		
ich	wußte		
du	wußtest		
er	wußte		
wir	wußten		
ihr	wußtet		
sie	wußten		
		Past Time	
	Perfect	*(Perf. Subj.)*	*(Pluperf. Subj.)*
ich	habe gewußt	habe gewußt	hätte gewußt
du	hast gewußt	habest gewußt	hättest gewußt
er	hat gewußt	habe gewußt	hätte gewußt
wir	haben gewußt	haben gewußt	hätten gewußt
ihr	habt gewußt	habet gewußt	hättet gewußt
sie	haben gewußt	haben gewußt	hätten gewußt
	Pluperfect		
ich	hatte gewußt		
du	hattest gewußt		
er	hatte gewußt		
wir	hatten gewußt		
ihr	hattet gewußt		
sie	hatten gewußt		
		Future Time	
	Future	*(Fut. Subj.)*	*(Pres. Conditional)*
ich	werde wissen	werde wissen	würde wissen
du	wirst wissen	werdest wissen	würdest wissen
er	wird wissen	werde wissen	würde wissen
wir	werden wissen	werden wissen	würden wissen
ihr	werdet wissen	werdet wissen	würdet wissen
sie	werden wissen	werden wissen	würden wissen
		Future Perfect Time	
	Future Perfect	*(Fut. Perf. Subj.)*	*(Past Conditional)*
ich	werde gewußt haben	werde gewußt haben	würde gewußt haben
du	wirst gewußt haben	werdest gewußt haben	würdest gewußt haben
er	wird gewußt haben	werde gewußt haben	würde gewußt haben
wir	werden gewußt haben	werden gewußt haben	würden gewußt haben
ihr	werdet gewußt haben	werdet gewußt haben	würdet gewußt haben
sie	werden gewußt haben	werden gewußt haben	würden gewußt haben

PRINC. PARTS: wohnen, wohnte, gewohnt, wohnt
IMPERATIVE: wohne!, wohnt!, wohnen Sie!

to reside, live, dwell

INDICATIVE		SUBJUNCTIVE	
		PRIMARY	SECONDARY
		Present Time	
	Present	*(Pres. Subj.)*	*(Imperf. Subj.)*
ich	wohne	wohne	wohnte
du	wohnst	wohnest	wohntest
er	wohnt	wohne	wohnte
wir	wohnen	wohnen	wohnten
ihr	wohnt	wohnet	wohntet
sie	wohnen	wohnen	wohnten
	Imperfect		
ich	wohnte		
du	wohntest		
er	wohnte		
wir	wohnten		
ihr	wohntet		
sie	wohnten		
		Past Time	
	Perfect	*(Perf. Subj.)*	*(Pluperf. Subj.)*
ich	habe gewohnt	habe gewohnt	hätte gewohnt
du	hast gewohnt	habest gewohnt	hättest gewohnt
er	hat gewohnt	habe gewohnt	hätte gewohnt
wir	haben gewohnt	haben gewohnt	hätten gewohnt
ihr	habt gewohnt	habet gewohnt	hättet gewohnt
sie	haben gewohnt	haben gewohnt	hätten gewohnt
	Pluperfect		
ich	hatte gewohnt		
du	hattest gewohnt		
er	hatte gewohnt		
wir	hatten gewohnt		
ihr	hattet gewohnt		
sie	hatten gewohnt		
		Future Time	
	Future	*(Fut. Subj.)*	*(Pres. Conditional)*
ich	werde wohnen	werde wohnen	würde wohnen
du	wirst wohnen	werdest wohnen	würdest wohnen
er	wird wohnen	werde wohnen	würde wohnen
wir	werden wohnen	werden wohnen	würden wohnen
ihr	werdet wohnen	werdet wohnen	würdet wohnen
sie	werden wohnen	werden wohnen	würden wohnen
		Future Perfect Time	
	Future Perfect	*(Fut. Perf. Subj.)*	*(Past Conditional)*
ich	werde gewohnt haben	werde gewohnt haben	würde gewohnt haben
du	wirst gewohnt haben	werdest gewohnt haben	würdest gewohnt haben
er	wird gewohnt haben	werde gewohnt haben	würde gewohnt haben
wir	werden gewohnt haben	werden gewohnt haben	würden gewohnt haben
ihr	werdet gewohnt haben	werdet gewohnt haben	würdet gewohnt haben
sie	werden gewohnt haben	werden gewohnt haben	würden gewohnt haben

wollen

to want, intend

PRINC. PARTS: wollen, wollte, gewollt (wollen when immediately preceded by another infinitive; see sprechen dürfen), will

IMPERATIVE: wolle!, wollt!, wollen Sie!

INDICATIVE		SUBJUNCTIVE	
		PRIMARY	SECONDARY
		Present Time	
	Present	(*Pres. Subj.*)	(*Imperf. Subj.*)
ich	will	wolle	wollte
du	willst	wollest	wolltest
er	will	wolle	wollte
wir	wollen	wollen	wollten
ihr	wollt	wollet	wolltet
sie	wollen	wollen	wollten
	Imperfect		
ich	wollte		
du	wolltest		
er	wollte		
wir	wollten		
ihr	wolltet		
sie	wollten		
		Past Time	
	Perfect	(*Perf. Subj.*)	(*Pluperf. Subj.*)
ich	habe gewollt	habe gewollt	hätte gewollt
du	hast gewollt	habest gewollt	hättest gewollt
er	hat gewollt	habe gewollt	hätte gewollt
wir	haben gewollt	haben gewollt	hätten gewollt
ihr	habt gewollt	habet gewollt	hättet gewollt
sie	haben gewollt	haben gewollt	hätten gewollt
	Pluperfect		
ich	hatte gewollt		
du	hattest gewollt		
er	hatte gewollt		
wir	hatten gewollt		
ihr	hattet gewollt		
sie	hatten gewollt		
		Future Time	
	Future	(*Fut. Subj.*)	(*Pres. Conditional*)
ich	werde wollen	werde wollen	würde wollen
du	wirst wollen	werdest wollen	würdest wollen
er	wird wollen	werde wollen	würde wollen
wir	werden wollen	werden wollen	würden wollen
ihr	werdet wollen	werdet wollen	würdet wollen
sie	werden wollen	werden wollen	würden wollen
		Future Perfect Time	
	Future Perfect	(*Fut. Perf. Subj.*)	(*Past Conditional*)
ich	werde gewollt haben	werde gewollt haben	würde gewollt haben
du	wirst gewollt haben	werdest gewollt haben	würdest gewollt haben
er	wird gewollt haben	werde gewollt haben	würde gewollt haben
wir	werden gewollt haben	werden gewollt haben	würden gewollt haben
ihr	werdet gewollt haben	werdet gewollt haben	würdet gewollt haben
sie	werden gewollt haben	werden gewollt haben	würden gewollt haben

PRINC. PARTS: wühlen, wühlte, gewühlt, wühlt
IMPERATIVE: wühle!, wühlt!, wühlen Sie!

to dig, burrow, rummage, agitate

INDICATIVE		SUBJUNCTIVE PRIMARY	SUBJUNCTIVE SECONDARY
		Present Time	
	Present	(*Pres. Subj.*)	(*Imperf. Subj.*)
ich	wühle	wühle	wühlte
du	wühlst	wühlest	wühltest
er	wühlt	wühle	wühlte
wir	wühlen	wühlen	wühlten
ihr	wühlt	wühlet	wühltet
sie	wühlen	wühlen	wühlten
	Imperfect		
ich	wühlte		
du	wühltest		
er	wühlte		
wir	wühlten		
ihr	wühltet		
sie	wühlten		
		Past Time	
	Perfect	(*Perf. Subj.*)	(*Pluperf. Subj.*)
ich	habe gewühlt	habe gewühlt	hätte gewühlt
du	hast gewühlt	habest gewühlt	hättest gewühlt
er	hat gewühlt	habe gewühlt	hätte gewühlt
wir	haben gewühlt	haben gewühlt	hätten gewühlt
ihr	habt gewühlt	habet gewühlt	hättet gewühlt
sie	haben gewühlt	haben gewühlt	hätten gewühlt
	Pluperfect		
ich	hatte gewühlt		
du	hattest gewühlt		
er	hatte gewühlt		
wir	hatten gewühlt		
ihr	hattet gewühlt		
sie	hatten gewühlt		
		Future Time	
	Future	(*Fut. Subj.*)	(*Pres. Conditional*)
ich	werde wühlen	werde wühlen	würde wühlen
du	wirst wühlen	werdest wühlen	würdest wühlen
er	wird wühlen	werde wühlen	würde wühlen
wir	werden wühlen	werden wühlen	würden wühlen
ihr	werdet wühlen	werdet wühlen	würdet wühlen
sie	werden wühlen	werden wühlen	würden wühlen
		Future Perfect Time	
	Future Perfect	(*Fut. Perf. Subj.*)	(*Past Conditional*)
ich	werde gewühlt haben	werde gewühlt haben	würde gewühlt haben
du	wirst gewühlt haben	werdest gewühlt haben	würdest gewühlt haben
er	wird gewühlt haben	werde gewühlt haben	würde gewühlt haben
wir	werden gewühlt haben	werden gewühlt haben	würden gewühlt haben
ihr	werdet gewühlt haben	werdet gewühlt haben	würdet gewühlt haben
sie	werden gewühlt haben	werden gewühlt haben	würden gewühlt haben

wünschen

to wish, desire

PRINC. PARTS: wünschen, wünschte, gewünscht, wünscht
IMPERATIVE: wünsche!, wünscht!, wünschen Sie!

	INDICATIVE	SUBJUNCTIVE PRIMARY	SUBJUNCTIVE SECONDARY
		Present Time	
	Present	*(Pres. Subj.)*	*(Imperf. Subj.)*
ich	wünsche	wünsche	wünschte
du	wünschst	wünschest	wünschtest
er	wünscht	wünsche	wünschte
wir	wünschen	wünschen	wünschten
ihr	wünscht	wünschet	wünschtet
sie	wünschen	wünschen	wünschten
	Imperfect		
ich	wünschte		
du	wünschtest		
er	wünschte		
wir	wünschten		
ihr	wünschtet		
sie	wünschten		
		Past Time	
	Perfect	*(Perf. Subj.)*	*(Pluperf. Subj.)*
ich	habe gewünscht	habe gewünscht	hätte gewünscht
du	hast gewünscht	habest gewünscht	hättest gewünscht
er	hat gewünscht	habe gewünscht	hätte gewünscht
wir	haben gewünscht	haben gewünscht	hätten gewünscht
ihr	habt gewünscht	habet gewünscht	hättet gewünscht
sie	haben gewünscht	haben gewünscht	hätten gewünscht
	Pluperfect		
ich	hatte gewünscht		
du	hattest gewünscht		
er	hatte gewünscht		
wir	hatten gewünscht		
ihr	hattet gewünscht		
sie	hatten gewünscht		
		Future Time	
	Future	*(Fut. Subj.)*	*(Pres. Conditional)*
ich	werde wünschen	werde wünschen	würde wünschen
du	wirst wünschen	werdest wünschen	würdest wünschen
er	wird wünschen	werde wünschen	würde wünschen
wir	werden wünschen	werden wünschen	würden wünschen
ihr	werdet wünschen	werdet wünschen	würdet wünschen
sie	werden wünschen	werden wünschen	würden wünschen
		Future Perfect Time	
	Future Perfect	*(Fut. Perf. Subj.)*	*(Past Conditional)*
ich	werde gewünscht haben	werde gewünscht haben	würde gewünscht haben
du	wirst gewünscht haben	werdest gewünscht haben	würdest gewünscht haben
er	wird gewünscht haben	werde gewünscht haben	würde gewünscht haben
wir	werden gewünscht haben	werden gewünscht haben	würden gewünscht haben
ihr	werdet gewünscht haben	werdet gewünscht haben	würdet gewünscht haben
sie	werden gewünscht haben	werden gewünscht haben	würden gewünscht haben

würzen

PRINC. PARTS: würzen, würzte, gewürzt, würzt
IMPERATIVE: würze!, würzt!, würzen Sie!

to spice, season

INDICATIVE		SUBJUNCTIVE	
		PRIMARY	SECONDARY
		Present Time	
	Present	(*Pres. Subj.*)	(*Imperf. Subj.*)
ich	würze	würze	würzte
du	würzt	würzest	würztest
er	würzt	würze	würzte
wir	würzen	würzen	würzten
ihr	würzt	würzet	würztet
sie	würzen	würzen	würzten
	Imperfect		
ich	würzte		
du	würztest		
er	würzte		
wir	würzten		
ihr	würztet		
sie	würzten		
		Past Time	
	Perfect	(*Perf. Subj.*)	(*Pluperf. Subj.*)
ich	habe gewürzt	habe gewürzt	hätte gewürzt
du	hast gewürzt	habest gewürzt	hättest gewürzt
er	hat gewürzt	habe gewürzt	hätte gewürzt
wir	haben gewürzt	haben gewürzt	hätten gewürzt
ihr	habt gewürzt	habet gewürzt	hättet gewürzt
sie	haben gewürzt	haben gewürzt	hätten gewürzt
	Pluperfect		
ich	hatte gewürzt		
du	hattest gewürzt		
er	hatte gewürzt		
wir	hatten gewürzt		
ihr	hattet gewürzt		
sie	hatten gewürzt		
		Future Time	
	Future	(*Fut. Subj.*)	(*Pres. Conditional*)
ich	werde würzen	werde würzen	würde würzen
du	wirst würzen	werdest würzen	würdest würzen
er	wird würzen	werde würzen	würde würzen
wir	werden würzen	werden würzen	würden würzen
ihr	werdet würzen	werdet würzen	würdet würzen
sie	werden würzen	werden würzen	würden würzen
		Future Perfect Time	
	Future Perfect	(*Fut. Perf. Subj.*)	(*Past Conditional*)
ich	werde gewürzt haben	werde gewürzt haben	würde gewürzt haben
du	wirst gewürzt haben	werdest gewürzt haben	würdest gewürzt haben
er	wird gewürzt haben	werde gewürzt haben	würde gewürzt haben
wir	werden gewürzt haben	werden gewürzt haben	würden gewürzt haben
ihr	werdet gewürzt haben	werdet gewürzt haben	würdet gewürzt haben
sie	werden gewürzt haben	werden gewürzt haben	würden gewürzt haben

zahlen

to pay

PRINC. PARTS: zahlen, zahlte, gezahlt, zahlt
IMPERATIVE: zahle!, zahlt!, zahlen Sie!

	INDICATIVE	SUBJUNCTIVE PRIMARY	SUBJUNCTIVE SECONDARY
		Present Time	
	Present	(*Pres. Subj.*)	(*Imperf. Subj.*)
ich	zahle	zahle	zahlte
du	zahlst	zahlest	zahltest
er	zahlt	zahle	zahlte
wir	zahlen	zahlen	zahlten
ihr	zahlt	zahlet	zahltet
sie	zahlen	zahlen	zahlten
	Imperfect		
ich	zahlte		
du	zahltest		
er	zahlte		
wir	zahlten		
ihr	zahltet		
sie	zahlten		
		Past Time	
	Perfect	(*Perf. Subj.*)	(*Pluperf. Subj.*)
ich	habe gezahlt	habe gezahlt	hätte gezahlt
du	hast gezahlt	habest gezahlt	hättest gezahlt
er	hat gezahlt	habe gezahlt	hätte gezahlt
wir	haben gezahlt	haben gezahlt	hätten gezahlt
ihr	habt gezahlt	habet gezahlt	hättet gezahlt
sie	haben gezahlt	haben gezahlt	hätten gezahlt
	Pluperfect		
ich	hatte gezahlt		
du	hattest gezahlt		
er	hatte gezahlt		
wir	hatten gezahlt		
ihr	hattet gezahlt		
sie	hatten gezahlt		
		Future Time	
	Future	(*Fut. Subj.*)	(*Pres. Conditional*)
ich	werde zahlen	werde zahlen	würde zahlen
du	wirst zahlen	werdest zahlen	würdest zahlen
er	wird zahlen	werde zahlen	würde zahlen
wir	werden zahlen	werden zahlen	würden zahlen
ihr	werdet zahlen	werdet zahlen	würdet zahlen
sie	werden zahlen	werden zahlen	würden zahlen
		Future Perfect Time	
	Future Perfect	(*Fut. Perf. Subj.*)	(*Past Conditional*)
ich	werde gezahlt haben	werde gezahlt haben	würde gezahlt haben
du	wirst gezahlt haben	werdest gezahlt haben	würdest gezahlt haben
er	wird gezahlt haben	werde gezahlt haben	würde gezahlt haben
wir	werden gezahlt haben	werden gezahlt haben	würden gezahlt haben
ihr	werdet gezahlt haben	werdet gezahlt haben	würdet gezahlt haben
sie	werden gezahlt haben	werden gezahlt haben	würden gezahlt haben

zeichnen

PRINC. PARTS: zeichnen, zeichnete, gezeichnet, zeichnet
IMPERATIVE: zeichne!, zeichnet!, zeichnen Sie!

to draw, sign

INDICATIVE		SUBJUNCTIVE	
		PRIMARY	SECONDARY
		Present Time	
	Present	(*Pres. Subj.*)	(*Imperf. Subj.*)
ich	zeichne	zeichne	zeichnete
du	zeichnest	zeichnest	zeichnetest
er	zeichnet	zeichne	zeichnete
wir	zeichnen	zeichnen	zeichneten
ihr	zeichnet	zeichnet	zeichnetet
sie	zeichnen	zeichnen	zeichneten
	Imperfect		
ich	zeichnete		
du	zeichnetest		
er	zeichnete		
wir	zeichneten		
ihr	zeichnetet		
sie	zeichneten		
		Past Time	
	Perfect	(*Perf. Subj.*)	(*Pluperf. Subj.*)
ich	habe gezeichnet	habe gezeichnet	hätte gezeichnet
du	hast gezeichnet	habest gezeichnet	hättest gezeichnet
er	hat gezeichnet	habe gezeichnet	hätte gezeichnet
wir	haben gezeichnet	haben gezeichnet	hätten gezeichnet
ihr	habt gezeichnet	habet gezeichnet	hättet gezeichnet
sie	haben gezeichnet	haben gezeichnet	hätten gezeichnet
	Pluperfect		
ich	hatte gezeichnet		
du	hattest gezeichnet		
er	hatte gezeichnet		
wir	hatten gezeichnet		
ihr	hattet gezeichnet		
sie	hatten gezeichnet		
		Future Time	
	Future	(*Fut. Subj.*)	(*Pres. Conditional*)
ich	werde zeichnen	werde zeichnen	würde zeichnen
du	wirst zeichnen	werdest zeichnen	würdest zeichnen
er	wird zeichnen	werde zeichnen	würde zeichnen
wir	werden zeichnen	werden zeichnen	würden zeichnen
ihr	werdet zeichnen	werdet zeichnen	würdet zeichnen
sie	werden zeichnen	werden zeichnen	würden zeichnen
		Future Perfect Time	
	Future Perfect	(*Fut. Perf. Subj.*)	(*Past Conditional*)
ich	werde gezeichnet haben	werde gezeichnet haben	würde gezeichnet haben
du	wirst gezeichnet haben	werdest gezeichnet haben	würdest gezeichnet haben
er	wird gezeichnet haben	werde gezeichnet haben	würde gezeichnet haben
wir	werden gezeichnet haben	werden gezeichnet haben	würden gezeichnet haben
ihr	werdet gezeichnet haben	werdet gezeichnet haben	würdet gezeichnet haben
sie	werden gezeichnet haben	werden gezeichnet haben	würden gezeichnet haben

zeigen

to show, indicate, point out

PRINC. PARTS: zeigen, zeigte, gezeigt, zeigt
IMPERATIVE: zeige!, zeigt!, zeigen Sie!

INDICATIVE		SUBJUNCTIVE PRIMARY	SUBJUNCTIVE SECONDARY
		Present Time	
	Present	*(Pres. Subj.)*	*(Imperf. Subj.)*
ich	zeige	zeige	zeigte
du	zeigst	zeigest	zeigtest
er	zeigt	zeige	zeigte
wir	zeigen	zeigen	zeigten
ihr	zeigt	zeiget	zeigtet
sie	zeigen	zeigen	zeigten
	Imperfect		
ich	zeigte		
du	zeigtest		
er	zeigte		
wir	zeigten		
ihr	zeigtet		
sie	zeigten		
		Past Time	
	Perfect	*(Perf. Subj.)*	*(Pluperf. Subj.)*
ich	habe gezeigt	habe gezeigt	hätte gezeigt
du	hast gezeigt	habest gezeigt	hättest gezeigt
er	hat gezeigt	habe gezeigt	hätte gezeigt
wir	haben gezeigt	haben gezeigt	hätten gezeigt
ihr	habt gezeigt	habet gezeigt	hättet gezeigt
sie	haben gezeigt	haben gezeigt	hätten gezeigt
	Pluperfect		
ich	hatte gezeigt		
du	hattest gezeigt		
er	hatte gezeigt		
wir	hatten gezeigt		
ihr	hattet gezeigt		
sie	hatten gezeigt		
		Future Time	
	Future	*(Fut. Subj.)*	*(Pres. Conditional)*
ich	werde zeigen	werde zeigen	würde zeigen
du	wirst zeigen	werdest zeigen	würdest zeigen
er	wird zeigen	werde zeigen	würde zeigen
wir	werden zeigen	werden zeigen	würden zeigen
ihr	werdet zeigen	werdet zeigen	würdet zeigen
sie	werden zeigen	werden zeigen	würden zeigen
		Future Perfect Time	
	Future Perfect	*(Fut. Perf. Subj.)*	*(Past Conditional)*
ich	werde gezeigt haben	werde gezeigt haben	würde gezeigt haben
du	wirst gezeigt haben	werdest gezeigt haben	würdest gezeigt haben
er	wird gezeigt haben	werde gezeigt haben	würde gezeigt haben
wir	werden gezeigt haben	werden gezeigt haben	würden gezeigt haben
ihr	werdet gezeigt haben	werdet gezeigt haben	würdet gezeigt haben
sie	werden gezeigt haben	werden gezeigt haben	würden gezeigt haben

PRINC. PARTS: zerstören, zerstörte, zerstört, zerstört
IMPERATIVE: zerstöre!, zerstört!, zerstören Sie!

INDICATIVE		SUBJUNCTIVE	
		PRIMARY	SECONDARY
		Present Time	
	Present	*(Pres. Subj.)*	*(Imperf. Subj.)*
ich	zerstöre	zerstöre	zerstörte
du	zerstörst	zerstörest	zerstörtest
er	zerstört	zerstöre	zerstörte
wir	zerstören	zerstören	zerstörten
ihr	zerstört	zerstöret	zerstörtet
sie	zerstören	zerstören	zerstörten
	Imperfect		
ich	zerstörte		
du	zerstörtest		
er	zerstörte		
wir	zerstörten		
ihr	zerstörtet		
sie	zerstörten		
		Past Time	
	Perfect	*(Perf. Subj.)*	*(Pluperf. Subj.)*
ich	habe zerstört	habe zerstört	hätte zerstört
du	hast zerstört	habest zerstört	hättest zerstört
er	hat zerstört	habe zerstört	hätte zerstört
wir	haben zerstört	haben zerstört	hätten zerstört
ihr	habt zerstört	habet zerstört	hättet zerstört
sie	haben zerstört	haben zerstört	hätten zerstört
	Pluperfect		
ich	hatte zerstört		
du	hattest zerstört		
er	hatte zerstört		
wir	hatten zerstört		
ihr	hattet zerstört		
sie	hatten zerstört		
		Future Time	
	Future	*(Fut. Subj.)*	*(Pres. Conditional)*
ich	werde zerstören	werde zerstören	würde zerstören
du	wirst zerstören	werdest zerstören	würdest zerstören
er	wird zerstören	werde zerstören	würde zerstören
wir	werden zerstören	werden zerstören	würden zerstören
ihr	werdet zerstören	werdet zerstören	würdet zerstören
sie	werden zerstören	werden zerstören	würden zerstören
		Future Perfect Time	
	Future Perfect	*(Fut. Perf. Subj.)*	*(Past Conditional)*
ich	werde zerstört haben	werde zerstört haben	würde zerstört haben
du	wirst zerstört haben	werdest zerstört haben	würdest zerstört haben
er	wird zerstört haben	werde zerstört haben	würde zerstört haben
wir	werden zerstört haben	werden zerstört haben	würden zerstört haben
ihr	werdet zerstört haben	werdet zerstört haben	würdet zerstört haben
sie	werden zerstört haben	werden zerstört haben	würden zerstört haben

ziehen

to draw, pull, tug, extract, bring up, move, go

PRINC. PARTS: ziehen, zog, gezogen, zieht
IMPERATIVE: ziehe!, zieht!, ziehen Sie!

INDICATIVE		SUBJUNCTIVE PRIMARY	SUBJUNCTIVE SECONDARY
		Present Time	
	Present	(*Pres. Subj.*)	(*Imperf. Subj.*)
ich	ziehe	ziehe	zöge
du	ziehst	ziehest	zögest
er	zieht	ziehe	zöge
wir	ziehen	ziehen	zögen
ihr	zieht	ziehet	zöget
sie	ziehen	ziehen	zögen
	Imperfect		
ich	zog		
du	zogst		
er	zog		
wir	zogen		
ihr	zogt		
sie	zogen		
		Past Time	
	Perfect	(*Perf. Subj.*)	(*Pluperf. Subj.*)
ich	habe gezogen	habe gezogen	hätte gezogen
du	hast gezogen	habest gezogen	hättest gezogen
er	hat gezogen	habe gezogen	hätte gezogen
wir	haben gezogen	haben gezogen	hätten gezogen
ihr	habt gezogen	habet gezogen	hättet gezogen
sie	haben gezogen	haben gezogen	hätten gezogen
	Pluperfect		
ich	hatte gezogen		
du	hattest gezogen		
er	hatte gezogen		
wir	hatten gezogen		
ihr	hattet gezogen		
sie	hatten gezogen		
		Future Time	
	Future	(*Fut. Subj.*)	(*Pres. Conditional*)
ich	werde ziehen	werde ziehen	würde ziehen
du	wirst ziehen	werdest ziehen	würdest ziehen
er	wird ziehen	werde ziehen	würde ziehen
wir	werden ziehen	werden ziehen	würden ziehen
ihr	werdet ziehen	werdet ziehen	würdet ziehen
sie	werden ziehen	werden ziehen	würden ziehen
		Future Perfect Time	
	Future Perfect	(*Fut. Perf. Subj.*)	(*Past Conditional*)
ich	werde gezogen haben	werde gezogen haben	würde gezogen haben
du	wirst gezogen haben	werdest gezogen haben	würdest gezogen haben
er	wird gezogen haben	werde gezogen haben	würde gezogen haben
wir	werden gezogen haben	werden gezogen haben	würden gezogen haben
ihr	werdet gezogen haben	werdet gezogen haben	würdet gezogen haben
sie	werden gezogen haben	werden gezogen haben	würden gezogen haben

zwingen

PRINC. PARTS: zwingen, zwang, gezwungen, zwingt
IMPERATIVE: zwinge!, zwingt!, zwingen Sie!

to force, compel

INDICATIVE		SUBJUNCTIVE	
		PRIMARY	SECONDARY
		Present Time	
	Present	(*Pres. Subj.*)	(*Imperf. Subj.*)
ich	zwinge	zwinge	zwänge
du	zwingst	zwingest	zwängest
er	zwingt	zwinge	zwänge
wir	zwingen	zwingen	zwängen
ihr	zwingt	zwinget	zwänget
sie	zwingen	zwingen	zwängen
	Imperfect		
ich	zwang		
du	zwangst		
er	zwang		
wir	zwangen		
ihr	zwangt		
sie	zwangen		
		Past Time	
	Perfect	(*Perf. Subj.*)	(*Pluperf. Subj.*)
ich	habe gezwungen	habe gezwungen	hätte gezwungen
du	hast gezwungen	habest gezwungen	hättest gezwungen
er	hat gezwungen	habe gezwungen	hätte gezwungen
wir	haben gezwungen	haben gezwungen	hätten gezwungen
ihr	habt gezwungen	habet gezwungen	hättet gezwungen
sie	haben gezwungen	haben gezwungen	hätten gezwungen
	Pluperfect		
ich	hatte gezwungen		
du	hattest gezwungen		
er	hatte gezwungen		
wir	hatten gezwungen		
ihr	hattet gezwungen		
sie	hatten gezwungen		
		Future Time	
	Future	(*Fut. Subj.*)	(*Pres. Conditional*)
ich	werde zwingen	werde zwingen	würde zwingen
du	wirst zwingen	werdest zwingen	würdest zwingen
er	wird zwingen	werde zwingen	würde zwingen
wir	werden zwingen	werden zwingen	würden zwingen
ihr	werdet zwingen	werdet zwingen	würdet zwingen
sie	werden zwingen	werden zwingen	würden zwingen
		Future Perfect Time	
	Future Perfect	(*Fut. Perf. Subj.*)	(*Past Conditional*)
ich	werde gezwungen haben	werde gezwungen haben	würde gezwungen haben
du	wirst gezwungen haben	werdest gezwungen haben	würdest gezwungen haben
er	wird gezwungen haben	werde gezwungen haben	würde gezwungen haben
wir	werden gezwungen haben	werden gezwungen haben	würden gezwungen haben
ihr	werdet gezwungen haben	werdet gezwungen haben	würdet gezwungen haben
sie	werden gezwungen haben	werden gezwungen haben	würden gezwungen haben

Weather Expressions and Impersonal Verbs

Weather Expressions

Weather-related expressions are usually impersonal, i.e., they are used primarily in the third person singular,

Ist Ihnen kalt? Mir ist warm.	Are you cold? I'm warm.
Es blitzt.	It is lightening. There is lightning
Es donnert.	It is thundering. There is thunder.
Es regnet.	It is raining.
Es schneit.	It is snowing.
Es hagelt.	It is hailing.
Es ist sonnig (windig, wolkig).	It is sunny (windy, cloudy).

Other examples of common weather expressions are:

Wie ist das Wetter heute?	How is the weather today?
Das Wetter ist schön (schlecht).	The weather is nice (bad).
Heute haben wir schönes (herrliches, schlechtes, scheußliches) Wetter.	Today we have nice (splendid, bad, awful) weather.
Der Wettergott ist uns (un)gnädig.	The god of the weather is (un)gracious to us.

In English we say, "It's raining cats and dogs." German expressions that are somewhat comparable are:

Das ist ein Hundewetter! Ein Sauwetter.
The weather is beastly (not fit to turn a dog out into).

Impersonal Verbs

In German weather expressions, the impersonal pronoun **es** usually is translated as "it" in English. Other expressions use the impersonal pronoun **es** in German but often have to be translated by a personal pronoun (I, you, we, they) in English. Some verbs used with impersonal instructions are:

fehlen—*to be lacking*
gefallen—*to be pleasing*
gelingen—*to be successful*
gelten—*to be valid, applicable*

The following example illustrates their usage.

„Es gefällt uns hier nicht mehr. Nichts ist uns hier gelungen. Es fehlt uns an Zeit und Geld. Jetzt gilt es, ein neues Leben anderswo aufzubauen," klagten sie.
"We don't like it here anymore. We didn't succeed in anything here. We lack time and money. What must be done (we must do) now is to construct a new life somewhere else," they complained.

There are numerous other idiomatic constructions that are impersonal.

„Wie geht es Ihrer Mutter?" "How is your mother doing?"
„Es geht ihr besser." "She's feeling better."
Es klopft. There is a knocking.
Es brennt. Fire!
Es zieht hier. There is a draft here.

Other idiomatic impersonal constructions with **sich** and in the passive are common. Generally, literal translations are not possible.

„Dieser Wein trinkt sich sehr leicht," sagte er.
„Jetzt wird nicht mehr getrunken," befahl seine Frau.
"This wine is easy to drink," he said.
"There'll be no more drinking now," ordered his wife.
In Bills Ballhaus in Bilbao tanzte es sich gut. Dort wurde oft die ganze Nacht getanzt.
Bill's ballroom in Bilbao was a great place for dancing. Often there was dancing there all night long.
Da wurde einem 'was geboten für sein Geld. (Brecht)
They really gave you something for your money there.

Proverbs are worth pondering, even—perhaps especially—when they are contradictory. As the poet Paul Heyse put it: **„Wenn sich die Sprüche widersprechen/Ist's eine Tugend und kein Verbrechen./Du lernst nur wieder von Blatt zu Blatt,/Daß jedes Ding zwei Seiten hat."** ("If proverbs contradict themselves,/It's a virtue, not a crime./You learn as you turn each page/That everything has two sides.")

Because they make generalizations, proverbs are often in the Present Tense:

Jugend ist Betrunkenheit ohne Wein.
Youth is intoxication without wine.
Wer liebt nicht Wein, Weib und Gesang bleibt ein Narr sein Leben lang.
Who loves not wine, woman, and song remains a fool his life long.
Was Hänschen nicht lernt, lernt Hans nimmermehr.
What Johnny doesn't learn, John will never learn. (You can't teach an old dog new tricks.)
Man lernt nie aus.
One is never done learning.
Unverhofft kommt oft.
The unhoped for comes often. (Expect the unexpected.)

Proverbs **(Sprichwörter)** can be classified according to grammatical or linguistic features. In the table of "Principal Parts of Some Strong Verbs—Arranged According to Pattern of Change," (page xvi) verbs in Groups V and VI add an umlaut to the "**a**" of the Infinitive in the second and third person singular of the present tense. The following proverbs are examples:

Der Apfel fällt nicht weit vom Baum.
The apple doesn't fall far from the tree. (Like father, like son.)
Wer andern eine Grube gräbt, fällt selbst hinein.
Who digs a ditch for others will fall in himself.
Morgenstund' hat Gold im Mund. Wer verschläft sich geht zu Grund.
Morning's hours are golden mouthed. Who oversleeps will come to grief. (Early to bed and early to rise make a man healthy, wealthy, and wise.)

The following idiomatic expressions use rhyme, alliteration (repetition of the same sound), or both. The first three examples are Infinitives, or Infinitives used as nouns:

sich schmiegen und biegen	to cringe, be submissive
auf Biegen oder Brechen	by hook or by crook
Scheiden und Meiden tut weh.	Going away and staying away are painful.
mit Kind und Kegel (Haus und Hof) ankommen	to arrive with bag and baggage (kith and kin)
Eile mit Weile	make haste slowly

A modern update of the same sentiment is: **„Raste nie. Doch haste nie. Dann**

hast du nie die Neurasthenie. (Rest not. Yet haste not. Then you'll never have neurasthenia.)''

Stein und Bein schwören to swear an oath by stone and bone (allusions to Thor's stone hammer and to bones associated with gods, and latter, with saints' relics)	
außer Rand und Band sein	to behave wildly
Das hat kei' Kraft und kei' Saft.	That has no force and no juice. (That's insipid.)
unter Dach und Fach	safe and sound
Hülle und Fülle haben	to have great abundance
in Saus und Braus leben	to live riotously
Das ist nicht Fisch, nicht Fleisch.	That is neither fish nor fowl (flesh).
mit Rat und Tat	by word and deed

Because most Past Participles begin with **ge** and because all end in either **en** or **t,** they readily provide sound similarities (alliteration and assonance) and rhyme. Numerous proverbs, idioms, and expressions therefore pair Past Participles, as in:

Wie gewonnen, so zerronnen.	Easy come, easy go.
Aufgeschoben ist nicht aufgehoben.	Put off is not put away.
Besser aufgeschoben als aufgehoben.	Better late than never.
gestriegelt und gebügelt	all spruced up
mit gefangen, mit gehangen.	caught with, hanged with (guilty by association)
Gut begonnen ist halb gewonnen.	Well begun is half won (done).
Gesagt, getan.	No sooner said than done.

In the following expressions, the verbs are understood but not expressed:

Wie du mir, ich dir.	As you do (act, behave) to me, I do to you.
Ende gut, alles gut.	All's well that ends well.
Ich muß fort.	I must (go) away.
Ein Mann, ein Wort.	A man is as good as his word.

The modal auxiliary **können** (to be able) can also mean ''to know'' (a language), as in **Sie kann Japanisch.** (She knows Japanese.) It is possible, but less idiomatic to say: **Sie kann Japanisch sprechen.** (She can speak Japanese.) More common is: **Sie kann Japanisch (Griechisch, Deutsch, Italienisch).**

Another idiomatic use of **können** is ''to be knowledgeable or capable'' and **tun** (to do) is understood but not expressed:

Was kann er?	What is he capable (of doing)?
Er kann alles.	He can (do) everything.
Nein, er kann nicht viel.	No, he's not very knowledgeable.

When translating proverbs, it is often necessary to take many liberties in order to convey the basic idea. For instance, **"Eulen nach Athen tragen"** (to carry owls to Athens) is best translated as "to carry coal to Newcastle." The German proverb alludes to the owl as an emblem of the Goddess of Wisdom, Pallas Athena. Owls figured prominently on ancient Greek (Athenian) coinage and on the Acropolis.

Cobblers, miners, tradesmen, tailors, butchers, bakers, candlestick makers, and makers of most everything else—all have sayings idiomatic to their occupation. Some of these sayings have entered the language, even though the original connection with a particular pursuit may no longer be remembered by most speakers. You may enjoy compiling further lists of German proverbs, classified along grammatical or language lines, according to subject (many relate to eating, drinking, marriage, animals), or according to the idea or concept they convey.

Index

All the verbs conjugated in this book are listed in this index. In addition, a large number of the many possible prefix verb compounds of basic verbs are also included. Many prefix verbs like *bekommen*—to receive, and *ankommen*—to arrive, have been conjugated in this book and the student may refer to them in their alphabetical order. Those which have not been conjugated are followed by the basic verb in parentheses after it. Thus, *einatmen*—to inhale and *ausatmen*—to exhale, are both followed by *atmen*—to breathe.

To aid the student in identifying them, the pedagogical convention of indicating separable prefix verbs by placing a hyphen (-) between the prefix and the basic verb has been followed. Thus, the Infinitive *ankommen*—to arrive, appears in the index as *an-kommen*.

Verbs may have both separable and inseparable prefixes, for example *aus-sprechen*—to pronounce (separable) and *versprechen*—to promise (inseparable). In both cases the student is referred to *sprechen*.

Reflexive verbs have been listed alphabetically under the first letter of the verb itself and not under the reflexive pronoun *sich*.

English-German Verb Index

The *to* of the English Infinitive has been omitted. In cases of prefix verbs not conjugated in the text, the basic verb has been given in parentheses. Separable prefix verbs have been indicated by a hyphen (-) between the prefix and the basic verb.

A

abandon **verlassen** (lassen)
abduct **entführen**
(be) able **können**
abound in **strotzen**
accept **an-nehmen** (nehmen)
accompany **begleiten**
accuse **beschuldigen, verklagen**
(become) accustomed **sich gewöhnen**
adjust **richten**
administer **verwalten**
admit **zu-geben** (geben)
advise **raten**
agree **zu-sagen** (sagen)
animate **beseelen**
annihilate **vernichten**
annoy **verdrießen**
answer **antworten, beantworten** (antworten)
appear **erscheinen** (scheinen)
arm **rüsten**
arrive **an-kommen**
ascertain **fest-stellen**
ask (a question) **fragen**
ask for **bitten** (um)
assent **bejahen**
(be) astonished **staunen**
attack **an-greifen** (greifen)
attempt **versuchen**
avenge **rächen**
avoid **meiden, vermeiden** (meiden)
(be) awake **wachen**

B

bake **backen**
bark **bellen**
bathe **baden**
be **sein; sich befinden**
beat **schlagen**
become **werden**
begin **beginnen; an-fangen**
behave **sich betragen** (tragen); **sich benehmen** (nehmen) **sich verhalten**
believe **glauben**
belong **gehören**
bend **biegen**
betray **verraten**
bind **binden**
(give) birth **gebären**
bite **beißen**
blacken **schwärzen**
bleed **bluten**
bless **segnen**
bloom **blühen**
blow **blasen**
boast **sich brüsten**
boil **sieden**

book **buchen**
break **brechen**
(eat) breakfast **frühstücken**
breathe **atmen**
brew **brauen**
bribe **bestechen** (stechen)
bring **bringen**
bring back **wiederholen; zurückbringen** (bringen)
brush **bürsten**
build **bauen**
burn **brennen**
burst **bersten**
buy **kaufen**

C

calculate **rechnen**
call **rufen**
caress **kosen**
carry **tragen**
carry out **vollziehen** (ziehen); **hinaus-tragen** (tragen)
catch **fangen**
change **wechseln**
chatter **schwatzen**
cheat **betrügen**
chew **kauen**
choke **ersticken**
choose **wählen**
circumcise **beschneiden** (schneiden)
clean **putzen; reinigen**
clean away **räumen**
climb **steigen**
close **schließen; zu-machen** (machen)
(catch a) cold **sich erkälten**
come **kommen**
come out **aus-kommen**
command **befehlen; gebieten** (bieten)
commit **begehen** (gehen)
commit (a crime) **verbrechen** (brechen)
comprehend **begreifen** (greifen)
conceal **verhehlen; verbergen** (bergen)
confess **gestehen** (stehen); **bekennen** (kennen)
confuse **verwechseln**
conquer **siegen**
consecrate **weihen**
consider **erwägen; bedenken** (denken); **sich überlegen** (legen)
consist (of) **bestehen** (aus) (stehen)
console **trösten**
consume **verzehren**
contain **enthalten**
contradict **widersprechen** (sprechen)
converse **sich unterhalten**
convert **bekehren**
cool **kühlen**
cook **kochen**
cost **kosten**
cover **decken**
create **schaffen**
creep **kriechen**
croak **krächzen**
cross-examine **verhören** (hören)
curse **fluchen**
cut **schneiden**
cut (classes, etc.) **schwänzen**

D

damage **schaden**
dance **tanzen**
dare **wagen**
darken **trüben**
decay **verkommen**
dedicate **widmen**
defy **trotzen**
delay **säumen**
depart **ab-fahren** (fahren)
describe **beschreiben** (schreiben)
designate **bezeichnen**
desire **begehren**

despise **verachten**
destroy **zerstören**
devour **verschlingen** (schlingen)
die **sterben; verrecken**
dig **graben; wühlen**
diminish **ab-nehmen** (nehmen)
disappear **schwinden; verschwinden** (schwinden)
discuss **besprechen** (sprechen)
disfigure **entstellen**
dispute **rechten**
dissolve **lösen**
distinguish **unterscheiden** (scheiden)
disturb **stören**
do **tun**
draw **zeichnen**
dream **träumen**
(get) dressed **sich anziehen**
drink **trinken; saufen**
drive **treiben**
drop **tropfen**
drown **ertrinken** (trinken); **ersaufen** (saufen)
duck **ducken**

E

earn **verdienen**
eat **essen; fressen**
educate **erziehen** (ziehen)
(feel) embarrassed **sich genieren**
embrace **herzen**
endeavor **trachten**
endure **aus-halten** (halten); **aus-stehen** (stehen); **ertragen** (tragen)
enjoy **genießen**
enliven **beleben**
entangle **verstricken**
entice **locken**
erect **errichten**
escape **entkommen; entgehen** (gehen); **entfliehen** (fliehen)
estimate **schätzen**
exaggerate **übertreiben** (treiben)
examine **untersuchen**
exclude **aus-schließen** (schließen)
excuse **entschuldigen**
execute (an order) **aus-führen** (führen)
exercise **üben**
exhale **aus-atmen** (atmen)
exhaust **erschöpfen**
exhibit **aus-stellen**
expel **vertreiben** (treiben); **aus-stoßen** (stoßen)
experience **erfahren** (fahren); **erleben** (leben)
explain **erklären**
exploit **aus-nutzen** (nützen)
(become) extinguished **erlöschen**

F

fail **versagen**
fall **fallen**
fear **fürchten**
feel **fühlen**
ferment **gären**
fight **fechten; kämpfen**
fill **füllen**
find **finden**
find out **heraus-finden** (finden); **erfahren** (fahren)
fit **passen**
flash **blitzen**
flee **fliehen**
fling **schmeißen**
flood **fluten**
flow **fließen; rinnen**
fly **fliegen**
foam **schäumen**
fold **falten**
follow **folgen**
forbid **verbieten** (bieten)
force **zwingen**
forget **vergessen**
forgive **vergeben**

freeze **frieren**
(be) frightened **erschrecken**

G

gain **gewinnen; zu-nehmen** (nehmen)
gape **glotzen**
get **kriegen**
get into (a vehicle) **ein-steigen** (steigen)
get out of (a vehicle) **aus-steigen** (steigen)
give **geben**
(be) glad **sich freuen**
glide **gleiten**
glitter **glänzen**
glow **glühen**
gnaw **nagen**
go **gehen**
grasp **fassen**
greet **grüßen**
grind **mahlen**
groan **ächzen; stöhnen**
grow **wachsen**
gulp **schlingen**
gush **quellen**

H

hang **hängen**
happen **geschehen; passieren; vorkommen; sich zu-tragen** (tragen)
hate **hassen**
have **haben**
have to (must) **müssen**
heap **schichten**
hear **hören**
heat **heizen**
help **helfen**
help one's self **sich bedienen**
hit **hauen; schlagen**
hold **halten**
honor **ehren**
hop **hüpfen**
hope **hoffen**
hurry **sich beeilen**
hurt **schmerzen**

I

imagine **wähnen; sich vor-stellen** (stellen)
incite **hetzen**
include **ein-schließen** (schließen)
increase **vermehren**
indicate **hin-weisen** (weisen); **anzeigen** (zeigen)
induce **bewegen**
inhale **ein-atmen** (atmen)
insist **bestehen** (auf) (stehen)
insult **beleidigen**
intend **vor-haben** (haben)
(be) interested **sich interessieren**
interpret **interpretieren**
interrupt **unterbrechen**
introduce **vor-stellen** (stellen)
invent **erfinden**
invite **ein-laden**

J

joke **scherzen**
jump **springen**

K

keep **behalten**
kill **töten, um-bringen** (bringen)
kiss **küssen**
knit **stricken**
knock **klopfen**
know **wissen; kennen**

L

lack **entbehren**
lament **klagen**

languish **schmachten**
last **währen**
laugh **lachen**
lay **legen**
lead **führen**
learn **lernen**
lease **pachten**
leave **weg-gehen** (gehen); **ab-fahren** (fahren) **lassen**
lend **leihen**
let **lassen**
liberate **befreien**
lick **lecken**
lie (be situated) **liegen**
(tell a) lie **lügen**
lift **heben**
lighten **lichten**
like **gefallen, mögen, gern haben** (haben)
listen to **lauschen**
live **leben**
load **laden; frachten**
long for **lechzen**
look **blicken, gucken**
loosen **lösen**
lose **verlieren**
love **lieben**
(be) loved **geliebt werden** (passive of lieben)
(fall in) love **sich verlieben**

M

make **machen**
make happy **beglücken**
manufacture **her-stellen** (stellen)
marry **heiraten**
(get) married **sich verheiraten** (heiraten)
mean **bedeuten**
measure **messen**
meet **treffen, begegnen, kennenlernen**
melt **schmelzen**
mention **erwähnen**
move **bewegen, rücken, um-ziehen**
muffle **dämpfen**

N

name **nennen**
(be) named **heißen**
need **brauchen**
negotiate **verhandeln**
nibble **naschen**
nod **nicken**
note **merken**
nourish **nähren**

O

object **ein-wenden** (wenden), **aussetzen** (setzen)
obtain **erhalten, bekommen**
offer **bieten**
omit **aus-lassen** (lassen); **unterlassen** (lassen)
open **öffnen, auf-machen** (machen), **auf-schließen** (schließen)
operate (a business, etc.) **betreiben** (treiben)
order **befehlen; bestellen** (goods)
originate **entstehen** (stehen)
overcome **überwinden**
owe **verdanken** (danken)

P

pack **packen**
paint **malen**
pardon **verzeihen**
participate **teil-nehmen** (nehmen)
paste **kleben**
pay **zahlen**
penetrate **dringen**
perceive **spüren, vernehmen** (nehmen), **wahrnehmen** (nehmen)

perform **verrichten** (richten); **aufführen** (führen)
(be) permitted **dürfen**
(be) permitted to speak **sprechen dürfen**
pinch **kneifen**
(take) place **statt-finden**
plague **plagen**
plant **pflanzen**
play **spielen**
plunge **stürzen**
point out **weisen**
polish **schleifen**
possess **besitzen**
pour **gießen**
pout **schmollen**
praise **loben, rühmen, preisen**
pray **beten**
prefer **vor-ziehen** (ziehen)
press **drücken**
print **drucken**
promise **versprechen** (sprechen)
pronounce **aus-sprechen** (sprechen)
prove **beweisen** (weisen), **nach-weisen** (weisen)
pull **ziehen**
push **schieben**
put **stellen**

Q

quarrel **streiten**

R

radiate **strahlen**
rage **toben**
rain **regnen**
rape **vergewaltigen**
reach **reichen**
read **lesen**
receive **empfangen, bekommen, erhalten**
recognize **erkennen** (kennen); **anerkennen** (erkennen)
recommend **empfehlen**
recover **genesen**
recruit **werben**
refer to **sich beziehen auf** (ziehen)
refresh **laben**
refuel (get gasoline) **tanken**
refute **widerlegen** (legen)
reject **verwerfen** (werfen); **zurückweisen** (weisen)
rejoice **frohlocken**
remain **bleiben**
remove **entfernen**
rent **mieten, vermieten** (mieten)
repair **flicken**
repeat **wiederholen**
reply **entgegnen**
report **berichten**
represent **dar-stellen** (stellen), **vertreten** (treten)
rescue **retten**
resemble **gleichen**
(be) resentful **grollen**
reside **wohnen**
respect **achten**
rest **ruhen**
restrain **wehren**
reward **lohnen**
ride (a horse) **reiten**
ring **klingen**
rinse **spülen**
roar **brüllen**
roast **rösten, braten**
roll **rollen, wälzen**
rub **reiben**
ruin **verderben**
rule **walten**
run **rennen, laufen**
rustle **rauschen**

S

salvage **bergen**
save **sparen, retten**
say **sagen**
scold **schelten**
scoop **schöpfen**

scratch **kratzen**
season **würzen**
seduce **verführen**
see **sehen, schauen**
seek **suchen**
seem **scheinen**
seize **greifen**
select **aus-suchen** (suchen), **aus-lesen** (lesen)
sell **verkaufen**
send **schicken, senden**
separate **scheiden**
serve **dienen**
set **stecken**
set up **auf-stellen** (stellen)
settle **schlichten**
shift **um-stellen** (stellen)
shine **scheinen, leuchten**
shoot **schießen**
shop **ein-kaufen** (kaufen)
shorten **kürzen**
shout **schreien**
shove **stoßen**
show **zeigen**
sift **sichten**
sigh **seufzen**
(be) silent **schweigen**
sing **singen**
sink **sinken**
sit **sitzen**
sit down **sich setzen**
sketch **entwerfen** (werfen)
slaughter **schlachten**
sleep **schlafen**
slip **schlüpfen**
smear **schmieren**
smell **riechen**
smile **lächeln**
smoke **rauchen**
snatch **haschen**
sneak **schleichen**
snow **schneien**
soar **schweben**
sparkle **sprühen**
speak **sprechen**
spend (money) **aus-geben** (geben)
spend (time) **verbringen** (bringen)
spin **spinnen**
spit **spucken**
split **spalten**
spoil **verwöhnen**
sprout **sprießen**
squirt **spritzen**
stand **stehen**
stand **stehen**
(be) startled **stutzen**
steal **stehlen**
step **treten**
stimulate **reizen**
sting **stechen**
stink **stinken**
stipulate **bedingen**
stir **rühren**
stoop **sich bücken**
stop **auf-halten, stehen-bleiben** (bleiben), **an-halten** (halten), **auf-hören** (hören)
storm **brausen**
stretch **strecken**
stride **schreiten**
strike **streichen**
strive **streben**
struggle **kämpfen, ringen**
study **studieren**
stuff **stopfen**
subjugate **unterwerfen**
succeed **gelingen**
succumb **unterliegen** (liegen)
suck **saugen, lutschen**
suffer **leiden**
suggest **vor-schlagen** (schlagen)
supply **versehen mit** (sehen)
support **stützen, unterstützen** (stützen)
(be) supposed to **sollen**
surprise **überraschen**
survive **überleben** (leben)
swear **schwören**

sweat **schwitzen**
sweep **kehren**
swell **schwellen**
swim **schwimmen**
swing **schwingen**
switch **schalten**

T

take **nehmen**
taste **schmecken, kosten**
teach **lehren, unterrichten** (richten)
tear **reißen**
tease **necken**
tell **erzählen**
thank **danken**
thicken **verdichten**
think **denken, sinnen, meinen**
thirst **dürsten**
thrive **gedeihen**
throw **werfen, schmeißen**
tie **schnüren, knüpfen**
torture **quälen**
trade **handeln**
traffic **verkehren**
transfer **versetzen** (sich setzen)
transfigure **verklären**
translate **übersetzen** (sich setzen), **übertragen** (tragen)
travel **fahren, reisen**
treat **behandeln** (handeln)
tremble **beben**
trust **trauen, vertrauen** (trauen)
turn **wenden**
turn out (well or badly) **geraten**

U

understand **verstehen**
(get) undressed **sich ausziehen**
unite **vereinigen**
use **verwenden** (wenden), **gebrauchen** (brauchen), **nutzen**
(be of) use **taugen**

V

(be) valid **gelten**
visit **besuchen**
vomit **sich erbrechen** (brechen), **kotzen**

W

wake **wecken**
walk **spazieren**
wander **wandern**
want **wollen**
wash **waschen**
weep **weinen**
weigh **wiegen**
wet **netzen**
whet **wetzen**
whisper **raunen**
whistle **pfeifen**
win **gewinnen**
wish **wünschen**
woo **freien, buhlen**
work **arbeiten**
wound **versehren**
write **schreiben**
write poetry **dichten**

Y

yawn **gähnen**
yield **weichen, nach-geben** (geben), **ergeben** (geben)

German-English Verb Index

A

ab-fahren (fahren) depart
ab-nehmen (nehmen) diminish
achten respect
ächzen groan
anerkennen (kennen) recognize
an-fangen begin
an-greifen (greifen) attack
an-halten (halten) stop
an-kommen arrive
an-nehmen (nehmen) accept
antworten answer
an-zeigen (zeigen) indicate
sich an-ziehen get dressed
arbeiten work
atmen breathe
auf-führen (führen) perform
auf-halten stop
auf-hören (hören) stop
auf-machen (machen) open
auf-schließen (schließen) open
auf-stellen (stellen) set up
aus-atmen (atmen) exhale
aus-führen (führen) execute (an order
aus-geben (geben) spend (money)
aus-halten (halten) endure
aus-kommen come out, make do
aus-lassen (lassen) omit
aus-lesen (lesen) select
aus-nutzen (nutzen) exploit
aus-schließen (schließen) exclude
aus-sehen (sehen) resemble
aus-setzen (setzen) object
aus-sprechen (sprechen) pronounce
aus-stehen (stehen) endure
aus-steigen (steigen) get out of (a vehicle
aus-stellen exhibit
aus-stoßen (stoßen) expel
aus-suchen (suchen) select
sich aus-ziehen get undressed

B

backen bake
baden bathe
bauen build
beantworten (antworten) answer
beben tremble
bedenken (denken) consider
bedeuten mean
sich bedienen help one's self
bedingen stipulate
sich beeilen hurry
befehlen order
sich befinden be, feel
befreien liberate
begegnen meet
begehen (gehen) commit
begehren desire
beginnen begin
begleiten accompany
beglücken make happy
begreifen (greifen) comprehend
behalten keep
beißen bite
bejahen assent
bekehren convert
bekennen (kennen) confess
bekommen receive
beleben enliven
beleidigen insult
bellen bark
sich benehmen (nehmen) behave
bergen salvage
berichten report
bersten burst
beschneiden (schneiden) circumcise
beschreiben (schreiben) describe
beschuldigen accuse
beseelen animate
besitzen possess
besprechen (sprechen) discuss
bestechen (stechen) bribe
bestehen (auf) (stehen) insist

bestehen (aus) (stehen) consist of
bestellen order (goods)
besuchen visit
beten pray
sich betragen (tragen) behave
betreiben (treiben) operate
betrügen cheat
bewegen move
bewegen induce
beweisen (weisen) prove
bezeichnen designate
sich beziehen auf (ziehen) refer to
biegen bend
bieten offer
binden bind
bitten (um) ask for
blasen blow
bleiben remain
blicken look
blitzen flash
blühen bloom
bluten bleed
braten roast
brauchen need
brauen brew
brausen storm
brechen break
brennen burn
bringen bring
brüllen roar
sich brüsten boast
buchen book
sich bücken stoop
buhlen woo
bürsten brush

D

dämpfen muffle
danken thank
dar-stellen (stellen) represent
decken cover
denken think
dichten write poetry
dienen serve
dringen penetrate
drucken print
drücken press
ducken duck
dürfen (to be) permitted
dürsten thirst

E

ein-atmen (atmen) inhale
ein-laden (laden) invite
ein-schließen (schließen) include
ein-steigen (steigen) get into (a vehicle)
ein-wenden (wenden) object
ehren honor
empfangen receive
empfehlen recommend
entbehren lack
entfernen remove
entfliehen (fliehen) escape
entführen abduct
entgegnen reply
entgehen (gehen) escape
enthalten contain
entkommen escape
entschuldigen excuse
entstehen (stehen) originate
entstellen disfigure
entwerfen (werfen) sketch
erfahren (fahren) experience, find out
erfinden invent
ergeben (geben) yield
erhalten obtain
sich erkälten catch a cold
erkennen (kennen) recognize
erklären explain
erleben (leben) experience
erlöschen to become extinguished
errichten erect
erscheinen (scheinen) appear
erschöpfen exhaust

erschrecken to be frightened
ersticken choke
ertragen (tragen) endure
ertrinken (trinken) drown
erwägen consider
erwähnen mention
erzählen tell
erziehen (ziehen) educate
essen eat

F

fahren travel
fallen fall
falten fold
fangen catch
fassen grasp
fechten fight
fest-stellen ascertain
finden find
flicken repair
fliegen fly
fliehen flee
fließen flow
fluchen curse
fluten flood
folgen follow
frachten load (freight)
fragen ask (a question)
freien woo
fressen eat
sich freuen be glad
frieren freeze
frohlocken rejoice
frühstücken eat breakfast
fühlen feel
führen lead
füllen fill
fürchten fear

G

gähnen yawn
gären ferment
gebären give birth
geben give
gebieten (bieten) command
gebrauchen use
gedeihen thrive
gefallen like
gehen go
gehören (hören) belong
geliebt werden be loved
gelingen succeed
gelten be valid
genesen recover
sich genieren feel embarrassed
genießen enjoy
geraten turn out (well or badly)
geschehen happen
gestehen (stehen) confess
gewinnen gain, win
sich gewöhnen to become accustomed
gießen pour
glänzen glitter
glauben believe
gleichen resemble
gleiten glide
glotzen gape
glühen glow
graben dig
greifen seize
grollen be resentful
grüßen greet
gucken look

H

haben have
halten hold
handeln trade
hängen hang
haschen snatch
hassen hate
hauen hit
heben lift
heiraten marry

heißen be named
heizen heat
helfen help
heraus-finden (finden) find out
her-stellen (stellen) manufacture
herzen embrace
hetzen incite
hinaus-tragen (tragen) carry out
hin-weisen (weisen) indicate
hoffen hope
hören hear
hüpfen hop

I

sich interessieren (für) be interested (in)
interpretieren interpret

K

kämpfen struggle
kauen chew
kaufen buy
kehren sweep
kennen know (a person), be familiar with
kennen-lernen meet
klagen lament
kleben paste
klingen ring
klopfen knock
kneifen pinch
knüpfen tie
kochen cook
kommen come
können be able
kosen caress
kosten cost, taste
kotzen vomit
krächzen croak, caw
kratzen scratch
kriechen creep
kriegen get
kühlen cool
kürzen shorten

L

laben refresh
lächeln smile
lachen laugh
laden load
lassen let
laufen run
lauschen listen to
leben live
lechzen long for
lecken lick
legen lay
lehren teach
leiden suffer
leihen lend
lernen learn
lesen read
leuchten shine
lichten thin out, lighten
lieben love
liegen lie (be situated)
loben praise
locken entice
lohnen reward
lösen loosen
lügen tell a lie
lutschen suck

M

machen make
mahlen grind
malen paint
meiden avoid
meinen think
merken note
messen measure
mieten rent
mögen like
müssen have to (must)

N

nach-geben (geben) yield
nach-weisen (weisen) prove
nagen gnaw
nähren nourish
naschen nibble
necken tease
nehmen take
nennen name
netzen wet
nicken nod
nutzen use

O

öffnen open

P

pachten lease
packen pack, grab
passen fit
passieren happen
pfeifen whistle
pflanzen plant
plagen plague
preisen praise
putzen clean

Q

quälen torture
quellen gush

R

rächen avenge
raten advise
rauchen smoke
räumen clear away
raunen whisper
rauschen rustle
rechnen calculate
rechten dispute
regnen rain
reiben rub
reißen tear
reiten ride (a horse)
rennen run
retten rescue
reichen reach
reisen travel
reinigen clean
reizen stimulate
richten adjust
riechen smell
ringen struggle
rinnen flow
rollen roll
rösten roast
rücken move
rufen call
ruhen rest
rühmen praise
rühren stir
rüsten arm

S

sagen say
saufen drink
saugen suck
säumen delay
schaden damage
schaffen create
schalten switch
schätzen estimate
schauen see
schäumen foam
scheiden separate
scheinen seem
schelten scold
scherzen joke
schichten heap
schicken send
schieben push
schießen shoot
schlachten slaughter
schlafen sleep

schlagen beat
schleichen sneak
schleifen polish
schlichten settle
schließen close
schlingen gulp
schlüpfen slip
schmachten languish
schmecken taste
schmeißen fling
schmelzen melt
schmerzen hurt
schmieren smear
schmollen pout
schneiden cut
schneien snow
schnüren tie
schöpfen scoop
schreiben write
schreien scream
schreiten stride
schwanken sway
schwänzen cut classes
schwärzen blacken, slander
schwatzen chatter
schweben soar
schweigen be silent
schwellen swell
schwimmen swim
schwinden disappear
schwingen swing
schwitzen sweat
schwören swear
segnen bless
sehen see
sein be, have (with 'sein' verbs)
senden send
sich setzen sit down
seufzen sigh
sichten sift
sieden boil
siegen conquer
singen sing
sinken sink
sinnen think
sitzen sit
sollen be supposed to, should
spalten split
sparen save (money)
spazieren walk
spielen play
spinnen spin
sprechen speak
sprechen dürfen be allowed to speak
sprießen sprout
springen jump
spritzen squirt
sprühen sparkle
spucken spit
spülen rinse
spüren perceive
statt-finden take place
staunen be astonished
stechen sting
stecken set, stick
stehen stand
stehen-bleiben (bleiben) stop
stehlen steal
steigen climb
stellen put
sterben die
stinken stink
stöhnen groan
stopfen stuff
stören disturb
stoßen shove
strahlen radiate
streben strive
strecken stretch
streichen strike
streiten quarrel
stricken knit
strotzen abound in
studieren study
stürzen plunge
stutzen be startled
stützen support
suchen seek

T

tanken refuel
tanzen dance
taugen be of use
teil-nehmen (nehmen) participate
toben rage
töten kill
trachten endeavor
tragen carry
trauen trust
träumen dream
treffen meet, hit
treiben drive
treten step
trinken drink
trocknen dry
tropfen drip
trösten console
trotzen defy
trüben darken
tun do

U

üben exercise
überleben (leben) survive
sich überlegen (legen) consider
überraschen surprise
übersetzen (sich setzen) translate
übertragen (tragen) translate
übertreiben (treiben) exaggerate
überwinden overcome
um-bringen (bringen) kill
um-stellen shift
um-ziehen move
unterbrechen interrupt
sich unterhalten (halten) converse
unterlassen (lassen) omit
unterliegen (liegen) succumb
unterscheiden (scheiden) distinguish
unterstützen (stützen) support
untersuchen (suchen) examine
unterwerfen (werfen) subjugate

V

verachten despise
verbieten (bieten) forbid
verbrechen (brechen) commit a crime
verbringen (bringen) spend (time)
verdanken (danken) owe
verderben ruin
verdichten thicken
verdienen earn
verdrießen annoy
vereinigen unite
verführen seduce
vergeben forgive
vergessen forget
vergewaltigen rape
sich verhalten behave
verhandeln negotiate
verhehlen conceal
sich verheiraten (heiraten) get married
verhören (hören) cross-examine
verkaufen sell
verkehren traffic
verklagen accuse
verklären transfigure
verkommen decay
verlassen (lassen) abandon
sich verlieben fall in love
verlieren lose
vermehren increase
vermeiden (meiden) avoid
vernehmen (nehmen) perceive
vernichten annihilate
verraten betray
verrecken die
verrichten perform
versagen fail
verschlingen (schlingen) devour
verschwinden (schwinden) disappear
versehen (sehen) supply
versehren wound
versetzen (sich setzen) transfer

versprechen (sprechen) promise
verstehen understand
verstricken entangle
versuchen attempt
vertreiben (treiben) expell
vertreten (treten) represent
verwalten administer
verwechseln confuse
verweilen linger
verwenden (wenden) use
verwerfen (werfen) reject
verwöhnen (sich gewöhnen) spoil, pamper
verzehren consume
verzeihen pardon
vollziehen (ziehen) carry out
vor-haben (haben) intend
vor-kommen occur
vor-schlagen (schlagen) suggest
vor-stellen (stellen) introduce
sich vor-stellen (stellen) imagine
vor-ziehen (ziehen) prefer

W

wachen be awake
wachsen grow
wagen dare
wählen choose
wähnen imagine
währen last
wahr-nehmen (nehmen) perceive
walten rule
wälzen roll
wandern wander
waschen wash
wechseln change
wecken wake
weg-gehen (gehen) leave
wehren restrain
weichen yield
weihen consecrate
weinen weep
weisen point out
wenden turn
werben recruit
werden become
werfen throw
wetzen whet
widerlegen (legen) refute
widersprechen (sprechen) contradict
widmen dedicate
wiederholen repeat
wieder-holen bring back
wiegen weigh
wissen know (a fact)
wohnen reside
wollen want
wühlen dig
wünschen wish
würzen season

Z

zahlen pay
zählen (like zahlen but umlauted) count
zeichnen draw
zeigen show
zerstören destroy
ziehen pull
zu-geben (geben) admit
zu-machen (machen) close
zu-nehmen (nehmen) gain (weight)
zurück-bringen (bringen) bring back
zurück-weisen (weisen) reject
zu-sagen (sagen) agree
zu-sehen (sehen) look on
sich zu-tragen (tragen) happen
zwingen force

Index of Verb Forms Identified by Infinitive

genoß **genießen**
gepfiffen **pfeifen**
gequollen **quellen**
gerieben **reiben**
geriet **geraten**
gerissen **reißen**
geritten **reiten**
gerochen **riechen**
geronnen **rinnen**
gerungen **ringen**
gerufen **rufen**
gesandt **senden**
geschah **geschehen**
geschieden **scheiden**
geschienen **scheinen**
geschliffen **schleifen**
geschlossen **schließen**
geschlungen **schlingen**
geschmissen **schmeißen**
geschmolzen **schmelzen**
geschnitten **schneiden**
geschoben **schieben**
gescholten **schelten**
geschossen **schießen**
geschrieben **schreiben**
geschrieen **schreien**
geschritten **schreiten**
geschwiegen **schweigen**
geschwollen **schwellen**
geschwommen **schwimmen**
geschwunden **schwinden**
geschwungen **schwingen**
gesessen **sitzen**
gesoffen **saufen**
gesogen **saugen**
gesonnen **sinnen**
gesotter **sieden**
gesponnen **spinnen**
gesprochen **sprechen**
gesprossen **sprießen**
gesprungen **springen**
gestanden **stehen**
gestiegen **steigen**
gestochen **stechen**
gestohlen **stehlen**
gestorben **sterben**
gestrichen **streichen**
gestritten **streiten**
getroffen **treffen**
gesungen **singen**
gesunken **sinken**
getan **tun**
getrieben **treiben**
getrunken **trinken**
gewann **gewinnen**
gewesen **sein**
gewichen **weichen**
gewiesen **weisen**
gewogen **wiegen**
gewonnen **gewinnen**
geworben **werben**
geworden **werden**
geworfen **werfen**
gewußt **wissen**
gezogen **ziehen**
gezwungen **zwingen**
gibt **geben**
gilt **gelten**
ging **gehen**
glich **gleichen**
glitt **gleiten**
griff **greifen**
grub **graben**
gor **gären**
goß **gießen**

H

half **helfen**
hast **haben**
hat **haben**
hieb **hauen**
hielt **halten**
hieß **heißen**
hilft **helfen**
hing **hängen**
hob **heben**

I

ist **sein**
ißt **essen**

K

kam **kommen**
kann **können**
kannte **kennen**
klang **klingen**
kroch **kriechen**

L

lag **liegen**
las **lesen**
lief **laufen**
lieh **leihen**
ließ **lassen**
liest **lesen**
litt **leiden**
log **lügen**
lud **laden**

M

mag **mögen**
maß **messen**
mied **meiden**
mißt **messen**
mochte **mögen**

N

nahm **nehmen**
nannte **nennen**
nimmt **nehmen**

P

pfiff **pfeifen**
pries **preisen**

Q

quillt **quellen**
quoll **quellen**

R

rang **ringen**
rann **rinnen**
rannte **rennen**
rieb **reiber**
rief **rufen**
riet **raten**
riß **reißen**
ritt **reiten**
roch **riechen**

S

sah **sehen**
sandte **senden**
sang **singen**
sank **sinken**
sann **sinnen**
saß **sitzen**
schalt **schelten**
schied **scheiden**
schien **scheinen**
schilt **schelten**
schlang **schlingen**
schlief **schlafen**
schliff **schleifen**
schloß **schließen**
schlug **schlagen**
schmilzt **schmelzen**
schmiß **schmeißen**
schmolz **schmelzen**
schnitt **schneiden**
schob **schieben**
scholt **schelten**
schoß **schießen**
schrie **schreien**
schrieb **schreiben**
schritt **schreiten**
schuf **schaffen**
schwamm **schwimmen**
schwand **schwinden**
schwang **schwingen**
schwieg **schweigen**
schwillt **schwellen**
schwoll **schwellen**
schwur **schwören**
sieht **sehen**
sind **sein**
soff **saufen**
sog **saugen**
sott **sieden**
spann **spinnen**
sprach **sprechen**
sprang **springen**
spricht **sprechen**
sproß **sprießen**
stach **stechen**
stahl **stehlen**
stak **stecken**
stand **stehen**
starb **sterben**
stieg **steigen**
sticht **stechen**
stiehlt **stehlen**
stieß **stoßen**
stirbt **sterben**
strich **streichen**
stritt **streiten**

T

tat **tun**
traf **treffen**
trank **trinken**
trat **treten**
trieb **treiben**
trifft **treffen**
tritt **treten**
trug **tragen**

U

überwand **überwinden**
überwunden **überwinden**
unterbrach **unterbrechen**
unterbricht **unterbrechen**
unterbrochen **unterbrechen**

V

verdarb **verderben**
verdirbt **verderben**
verdorben **verderben**
verdroß **verdrießen**
vergaß **vergessen**
vergißt **vergessen**
verlor **verlieren**
verstand **verstehen**
verzieh **verzeihen**

W

wandte **wenden**
war **sein**
wäre **sein**
warb **werben**
ward **werden**
warf **werfen**
weiß **wissen**
wich **weichen**
wies **weisen**
will **wollen**
wirbt **werben**
wird **werden**
wirft **werfen**
wirst **werden**
wog **wiegen**
wurde **werden**
wusch **waschen**
wußte **wissen**

Z

zog **ziehen**
zwang **zwingen**